雇用差別禁止法制の展望

浅倉むつ子

有斐閣

はしがき

　世界経済フォーラムによるジェンダー・ギャップ指数（GGI）ランキングで，長い間，日本は，常に低い位置にあった。それだけに，現政権は起死回生の策として，女性の活躍や非正規労働者の賃金格差縮小など，新たな方針を矢継ぎ早に打ち出している。ところがGGIは，2016年には更に大きく順位を下げて111位となった。これまでの最下位である。

　このような日本のジェンダー格差は，雇用分野ではとくに顕著である。その第一の要因は，日本社会に根強い性別役割分業にある。家事・育児責任は圧倒的に女性に集中し，今でも女性労働者の54.1％が出産を機に退職している（『平成26年版少子化社会対策白書』）。男性の家事・育児時間が長くなるほどその配偶者の離職率は低下しているので，実は，男性の生活時間の確保こそ，女性活躍の鍵であるといえる。女性労働者の活躍は，いわば「男性の働き方」改革にかかっているのである。

　ジェンダー格差の第二の要因は，企業社会に根強く定着している制度や慣行にあり，それらは判例法理に支えられている。たとえば配転だが，就業規則や労働協約に包括的な規定があり，実際にそれが行われていれば，使用者に包括的な配転命令権が認められる。時間外労働も，就業規則に規定がありその内容が合理的であれば，労働者は使用者の時間外労働命令に従わねばならない。このように，使用者に大幅な裁量的権限を認める法理を背景に，権利濫用と判断されないかぎり，労働者はケア労働との両立が難しい転勤や時間外労働の業務命令にも従わざるをえないのである。また，表面的には性中立的だが運用基準がきわめて曖昧な職能資格給制度は，女性労働者の「活躍」に逆行することが多い。査定で評価されるのは職務ではなく，労働者の潜在的能力であり，判断は上司の裁量に大幅に委ねられているからである。これらの基準を通じて行われる女性に対する低査定は，暗黙のうちに男性管理職のジェンダー観を反映しているのではないか。

　これらの格差創出要因から目をそらすことなく，労働法政策において，現在，

何をなすべきかを問う必要があるだろう。重要なことの第一は，日本の労働者，とくに男性労働者の働き方を改革して，ケア労働と就労を両立しうる労働環境を整備することである。それによってようやく，ケア労働を現に担っている女性労働者の離職を防ぎ，男性もともにケア労働を担えるようになる。労働時間短縮を中心とする労働法の規制強化こそが重要だといえよう。

　第二は，企業社会を支配しているさまざまな差別的な制度や慣行を改革するために，より効果的な差別禁止立法を整備することである。雇用差別をめぐっては，国連の人権条約の批准を契機として，日本でも，性別と障害の分野で差別禁止立法がようやく整備されつつある。EU諸国を中心にした包括的差別禁止法の動向は，日本にとってもおおいに示唆的である。

　このような認識の下に，本書は，最近のほぼ10年間に公表した論文を集めて，次のような構成を試みている。「第Ⅰ部　日本的雇用と労働法制」は，日本企業の雇用慣行がジェンダー差別を温存・強化しているという問題意識の下に，とくに賃金をめぐる国際条約の要請と国内法との乖離を浮き彫りにし（「第1章　日本的雇用慣行と性差別」），労働分野の性差別全般の課題を整理した（「第2章　労働分野における性差別の現状と課題」）。さらに，男女雇用機会均等法の変遷にそって，その問題点を指摘し（「第3章　男女雇用機会均等法の変遷」），日本的雇用慣行の代表ともいうべき男女別コース制をめぐる判例を分析した（「第4章　男女別コース制と賃金差別」）。

　「第Ⅱ部　ワーク・ライフ・バランス政策と妊娠・出産・育児差別」は，「保護か平等か」の議論を経て，当初の女性保護規定が，育児・介護責任を負う労働者保護へと変化した状況を背景に，少子化対策がワーク・ライフ・バランス政策の優位に立つ事態を批判的にとらえて，ワーク・ライフ・バランス政策の法規範的根拠を平等原則におくべきことを主張した（「第5章　少子化対策とワーク・ライフ・バランス」）。また，妊娠・出産・育児の不利益取扱いをめぐる日本とEUの判例を比較・分析して，育児中の深夜業免除制度をめぐる事件に関する意見書を収録した（「第6章　妊娠・出産・育児を理由とする差別への挑戦」）。

　「第Ⅲ部　性差別禁止法理の再編をめざして」は，労働法学におけるジェンダー視点の独自性と重要性を明らかにしたのちに（「第7章　労働法とジェンダーの視点」），ジェンダー視点から人格権侵害と把握できる事案をとりあげて，意

見書を収録した(「第8章 性差別と人格権侵害」)。とくに重要なテーマである同一価値労働同一賃金原則については,イギリスの立法・判例動向を分析したのちに,日本において同一価値労働同一賃金原則を実現する際の法改正提案を行っている(「第9章 同一価値労働同一賃金原則」)。

「終章 包括的差別禁止法制の構築に向けて」では,女性差別撤廃委員会による日本政府報告書の審査やイギリスの2010年平等法から示唆を得て,日本における包括的な差別禁止立法はどうあるべきかを課題にすえて,現行の雇用差別禁止法制を分析しながら,将来的な構想について論じている。

本書は,私にとって5冊目の単著であり,『労働法とジェンダー』(勁草書房,2004年)以後に公表した論文を選んで編纂している。記述の大半は性差別をめぐる問題に費やされているが,私の最終的な問題意識は,将来の日本の雇用平等法制は均等法モデルに限定されることなく,より広汎で包括的な差別禁止法制として組み替えられることが望ましく,本書ではそのための展望を描きたい,というところにあった。したがって,若干,羊頭狗肉の感を否めないのだが,『雇用差別禁止法制の展望』という表題にした。各論文は,公表当時のものを,原則として手を加えずにそのまま収録した。そのために随所に重複がみられ,また,時機に後れた記述も多く,読みにくいものとなっている。それらを補うために各節ごとに[追記]を設けたが,それだけでは十分なフォローになっていないかもしれず,この点はお許しいただくしかない。ただし終章だけは,できるかぎり最新の情報を盛りこんで,書き直している。

本書の元になった論文を執筆するにあたっては,多くの方々から知的刺激や直接・間接にわたる貴重なご意見をいただいた。勤務先である早稲田大学の先輩・同僚・後輩の皆さん,労働法学会,ジェンダー法学会,民主主義科学者協会法律部会,国際女性の地位協会,その他の学会や各種研究会における尊敬すべき研究者仲間の皆さん,具体的な訴訟において意見書を執筆する機会を下さった原告や弁護団の皆さん,労働組合や運動団体の皆さんなど,ご厚誼をいただいた多くの方々に,感謝を申し上げたい。また,最近では年齢相応に思うこともあったが,その都度,夫・浅倉義信からの助力は大きな支えになった。ここに記して謝意を表したい。

本書を企画したのは，2012 年の春先だったが，さまざまな事情により，出版が遅れることになった。辛抱強く原稿を待ち，刊行に至るまで励まして下さった有斐閣書籍編集第一部の佐藤文子さんには，心からお礼を申し上げたい。

　　2016 年 10 月

浅 倉 む つ 子

　＊　本書は，科学研究費補助金・平成 26～28 年度基盤研究(C)「雇用領域における複合差別法理の研究」(課題番号 26380082　研究代表者　浅倉むつ子）の研究成果の一部である。

目　　次

第Ⅰ部　日本的雇用と労働法制 ―――― 1

第1章　日本的雇用慣行と性差別 …………… 2

第1節　日本的雇用慣行と性差別禁止法理 …………… 2

はじめに（2）　**1** 日本的雇用慣行の特色（3）　**2** ジェンダー視点からみた日本的雇用慣行（4）　**3** 日本的雇用慣行の変化とジェンダー差別の温存・強化（5）　**4** 性差別禁止法理の再検討（7）　おわりに（16）

第2節　ILO 100号条約の不遵守と労基法4条の解釈・運用 ……… 19

はじめに（19）　**1** ILO 100号条約の制定時の議論（20）　**2** ILO 100号条約に関するILO基準監視機構からの「要請」（21）　**3** ILO憲章24条に基づく100号条約不遵守の申立事案（24）　おわりに――いま，何が必要なのか（31）

第2章　労働分野における性差別の現状と課題 …………… 34

第1節　最大化するジェンダー・ギャップ …………… 34

1 ジェンダー・ギャップ指数（34）　**2** 高学歴女性の未活用（34）　**3** ワーク・ライフ・バランスの実際（35）　**4** 非正規労働問題（36）

第2節　女性差別撤廃条約からの要請 …………… 39

はじめに――労働法制を方向づけた2つの潮流とその変革（39）　**1** 女性労働の現状（41）　**2** 女性差別撤廃条約が国内法に及ぼした影響（43）　**3** 国内における法改正の状況（45）　**4** 今後の課題（49）

第3章　男女雇用機会均等法の変遷 …………… 55

第1節　男女雇用機会均等法の20年 …………… 55

1 男女雇用機会均等法の制定と改正の経緯（55）　**2** 新

たな法改正への動き (58) **3** 間接性差別概念をめぐって (60) おわりに (64)

第 2 節 間接性差別禁止とポジティブ・アクション ………………… 68
はじめに (68) **1** 間接差別概念の革新性 (68) **2** 日本における間接性差別禁止規定 (70) **3** 日本におけるポジティブ・アクション (75) おわりに (79)

第 4 章 男女別コース制と賃金差別 ……………………… 82

第 1 節 男女別コース制をめぐる判例動向 …………………… 82
はじめに (82) **1** 賃金・昇格に関わる男女差別判例 (82) **2** 男女別コース制をめぐる判例理論の分析 (84) **3** 女性差別撤廃条約を援用した男女差別処遇の違法性解釈 (91)

第 2 節 兼松事件東京高裁判決について ……………………… 102

第Ⅱ部 ワーク・ライフ・バランス政策と
　　　　妊娠・出産・育児差別 ——————— 111

第 5 章 少子化対策とワーク・ライフ・バランス …………… 112

第 1 節 女性労働者保護の行方 ……………………………… 112
1 「平等か差異か」のディレンマ (112) **2** 日本における女性労働者保護規定をめぐる経緯 (113) **3** 均等法,労基法,育介法において変化した女性保護規定の現状 (117) **4** 今後の課題 (119)

第 2 節 少子化対策の批判的検討 …………………………… 124
1 本節の対象領域と視点について (124) **2** 少子化対策と両立支援策の展開 (128) **3** 妊娠・出産等の権利保障のために (138)

第 3 節 労働法と家族生活 …………………………………… 144
はじめに (144) **1** 伝統的な労働法理論と家族生活 (145) **2** 家族的責任と法をめぐる変化 (147) **3** 「仕事と生活の調和」政策 (149) おわりに (154)

第 4 節　ワーク・ライフ・バランスに必要な観点 ……………… 156

　　　　はじめに（156）　**1**　労働法と生活（157）　**2**　「男女平等政策」と「仕事と家庭の両立支援策」（160）　**3**　ワーク・ライフ・バランス政策の登場（164）　**4**　ワーク・ライフ・バランスの基本的要請（167）　**5**　重点課題について（172）

第 6 章　妊娠・出産・育児を理由とする差別への挑戦 ………… 178

第 1 節　妊娠・出産を理由とする不利益取扱いと性差別 ………… 178

　　Ⅰ　日本の判決──東朋学園事件　178

　　Ⅱ　外国の判決──チボー事件判決　185

　　Ⅲ　解　説　190

　　　　1　日本における妊娠・出産をめぐる不利益取扱い──法制度と実態（190）　**2**　東朋学園事件最高裁判決の意味するもの（194）　**3**　EUにおける妊娠・出産をめぐる不利益取扱い（199）　おわりに（205）

第 2 節　育児中の深夜業免除制度の検討 ………………………… 210

　　　　──日本航空インターナショナル事件東京地裁判決を
　　　　　契機として

　　　　はじめに（210）　**1**　日本航空インターナショナル事件について（212）　**2**　職業生活と家族生活の両立支援を目的とする立法政策の展開（221）　**3**　両立支援立法と労働契約理論（228）　**4**　深夜業免除申請者の勤務割当について（235）　**5**　日本航空インターナショナル事件判決に関する論評（241）　おわりに（252）

第Ⅲ部　性差別禁止法理の再編をめざして ────── 255

第 7 章　労働法とジェンダーの視点 ……………………………… 256

第 1 節　女性の権利 ……………………………………………… 256

　　　　1　「女性の権利」を扱う法学（256）　**2**　女性差別撤廃条約と女性の権利（262）　**3**　女性の権利をめぐる若干の今

日的論点（269）

第 2 節　ジェンダー視点の意義と労働法 ……………………………… 279

　　　　はじめに（279）　*1*　ジェンダーとは（280）　*2*　ジェンダー法学（284）　*3*　労働法とジェンダーの視点（287）

第 3 節　労働法の再検討 ………………………………………………… 296
　　　　──女性中心アプローチ

　　　　1　労働法の男性中心主義批判（296）　*2*　ワーク・ライフ・バランス論（301）　*3*　妊娠・出産と不利益処遇（305）　*4*　禁止されるべき「差別概念」の検討（307）　*5*　同一価値労働同一賃金原則（311）　おわりに（314）

第 4 節　ジェンダー労働法学 …………………………………………… 316

　　　　はじめに（316）　*1*　フェミニズム法学からジェンダー法学へ（316）　*2*　ジェンダー労働法学の存在意義（319）　*3*　ジェンダー労働法学の展開（320）　おわりに（323）

第 8 章　性差別と人格権侵害 …………………………………………… 325

第 1 節　セクシュアル・ハラスメント ………………………………… 325

　　　　1　問題の所在（325）　*2*　加害者の不法行為責任（325）　*3*　使用者に対する責任追及（327）　*4*　その他の論点（332）

第 2 節　雇い止めと人格権侵害 ………………………………………… 334

　　　　はじめに──本意見書のねらい（336）　*1*　人格権侵害と使用者の職場環境整備義務（337）　*2*　バックラッシュ勢力の横暴で執拗な言動について（341）　*3*　豊中市および財団による控訴人に対する態度の変化（344）　*4*　「組織変更」の名の下に行われた人格権侵害（349）

第 3 節　女性労働者へのパワー・ハラスメント ……………………… 361

　　　　はじめに（362）　*1*　各種「ハラスメント」の実態と対応（365）　*2*　本件事案の判断──ハラスメントの事実について（370）　*3*　本件事案の判断──解雇に関する法的検討（377）　*4*　結論──解雇無効ならびに被控訴人会社の不法

　　　　行為責任（387）

第 9 章　同一価値労働同一賃金原則 …………………………… 394
　第 1 節　イギリスにおける男女平等賃金をめぐる動向 ………… 394
　　　　はじめに（394）　*1*　男女平等賃金へのアプローチ──ILO 100 号条約の遵守をめぐって（396）　*2*　イギリスの男女間賃金格差（399）　*3*　平等賃金原則をめぐる近年の判例動向（400）　*4*　平等賃金をめぐる個別紛争の実情（409）　*5*　公務部門における同一賃金訴訟について（417）　*6*　新たな課題へ向けて──ジェンダー平等義務と単一平等法へ（419）　おわりに（426）
　第 2 節　イギリスにおける男女間賃金格差縮小政策 ……………… 429
　　　　はじめに（429）　*1*　イギリスの男女間賃金格差の現状と要因分析（430）　*2*　賃金訴訟を通じての男女間賃金格差解消策の現状（432）　*3*　平等賃金を確保するための手法──Equal Pay Review（EPR）（438）　*4*　さらなる課題に向けて（445）　おわりに（449）
　第 3 節　男女同一価値労働同一賃金をめぐる判例動向 ………… 451
　　　　──イギリスと EU
　　　　はじめに（451）　*1*　男女同一価値労働同一賃金法制の概要（452）　*2*　男女同一価値労働同一賃金原則をめぐる判例法理（455）　*3*　男女同一価値労働同一賃金原則の意義（480）
　第 4 節　イギリス 2010 年平等法における賃金の性平等原則……… 487
　　　　はじめに（487）　*1*　新平等法の成立（488）　*2*　賃金の性平等──旧法の継承という側面（491）　*3*　賃金をめぐる性平等の新機軸（494）　おわりに（504）
　第 5 節　同一価値労働同一賃金原則の実施にむけて …………… 507
　　　　はじめに（507）　*1*　「男女間」の同一価値労働同一賃金原則と労基法 4 条（508）　*2*　「正規・非正規労働者間」の同一価値労働同一賃金原則とパート労働法（509）　*3*　賃金差別の紛争解決手続──現状と課題（512）　*4*　「同一価値

労働同一賃金原則」を実施するために（513）

終章　包括的差別禁止法制の構築に向けて ……………………… 519

第1節　女性差別撤廃委員会による第5回目の日本レポート審査… 519

はじめに（519）　*1*　「性差別」の定義ならびに雇用関連項目をめぐる審査内容（520）　*2*　「慰安婦」問題をめぐる質疑応答（525）　*3*　「総括所見」とフォローアップ項目（527）　小　括（529）

第2節　イギリスにおける包括的差別禁止立法の意義 …………… 532

はじめに（532）　*1*　2010年平等法はなぜ必要だったのか（533）　*2*　立法の経緯（534）　*3*　2010年平等法（536）　小　括（553）

第3節　障害差別禁止をめぐる立法課題 ………………………………… 557

はじめに（557）　*1*　障害差別禁止法制をめぐる経緯（558）　*2*　障害差別禁止法制の基本的論点（561）　*3*　障害者差別解消法（572）　*4*　改正障害者雇用促進法（574）　小　括（585）

第4節　包括的差別禁止立法の検討課題 ………………………………… 588
――雇用分野に限定して

はじめに（588）　*1*　「女性活躍推進法」の概要と評価（589）　*2*　包括的差別禁止立法を構想する（603）

事項索引（625）
判例索引（629）

凡　　例

1　法令名略語

育児休業法　　育児休業等に関する法律
育児介護休業法（育介法）　　育児休業，介護休業等育児又は家族介護を行う労働者の福祉に関する法律（ただし，1999年3月までの名称は，育児休業等育児又は家族介護を行う労働者の福祉に関する法律）
高年齢者雇用安定法　　高年齢者等の雇用の安定等に関する法律
障害者雇用促進法　　障害者の雇用の促進等に関する法律
障害者差別解消法　　障害を理由とする差別の解消の推進に関する法律
男女雇用機会均等法（均等法）　　雇用の分野における男女の均等な機会及び待遇の確保等に関する法律
均等則　　雇用の分野における男女の均等な機会及び待遇の確保等に関する法律施行規則
パート労働法　　短時間労働者の雇用管理の改善等に関する法律
労基法　　労働基準法
労働者派遣法（派遣法）　　労働者派遣事業の適正な運営の確保及び派遣労働者の保護等に関する法律（ただし，2012年9月までの名称は，労働者派遣事業の適正な運営の確保及び派遣労働者の就業条件の整備等に関する法律）

2　欧語略語

ACAS：Advisory, Conciliation and Arbitration Service　　助言・斡旋・仲裁局
CA：Court of Appeal　　控訴院
CEDAW：Committee on the Elimination of Discrimination against Women
　　　　　女性差別撤廃委員会
DDA：Disability Discrimination Act　　障害差別禁止法
EAT：Employment Appeal Tribunal　　雇用上訴審判所
ECJ：European Court of Justice　　欧州司法裁判所
EHRC：Equality and Human Rights Commission　　平等人権委員会
EOC：Equal Opportunities Commission　　機会均等委員会
EPR：Equal Pay Review　　平等賃金レビュー
ET：Employment Tribunal　　雇用審判所
GGI：Gender Gap Index　　ジェンダー・ギャップ指数

GMF：genuinely due to a material factor　　（性別以外の）真に実質的な要因
HL：House of Lords　　貴族院
NHS：National Health Service　　全国保健サービス
TUC：Trade Union Congress　　労働組合会議
TUPE：Transfer of Undertakings（Protection of Employment）Regulations　　営業譲渡規則
UNISON　　公務員労働組合
WEU：Women and Equality Unit　　女性平等担当部

第Ⅰ部

日本的雇用と労働法制

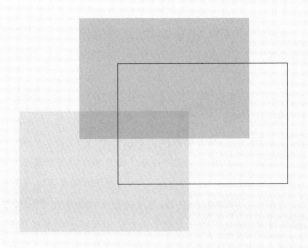

第1章　日本的雇用慣行と性差別

第1節　日本的雇用慣行と性差別禁止法理

はじめに

　長期雇用を正社員に保障する伝統的な日本的雇用慣行は，1990年代以降，大きく変化してきた。その中で，日本の大・中堅企業は，正社員向けに複線型雇用管理を導入し，正社員と非正社員の間の著しい格差処遇を維持・強化しながら，ジェンダー差別を，巧妙な形で温存・強化してきた。その結果，雇用上の男女格差は一向に縮小しないばかりか，短期的にみれば格差は拡大している傾向すらみられる。

　『男女共同参画白書』等によって，2011年のデータを眺めてみると，男女労働者の平均勤続年数は，男性13.3年に対して女性は9.0年に過ぎない。コース別雇用制度において，総合職女性は6％しかいないが，一般職女性は78％を占める。管理職の女性比率はなかなか上昇せず，民間企業の課長相当職の女性はたった8.1％である。第一子出産を機に退職する女性はなお6割を占めており，一般労働者の男性賃金を100とすれば女性は70.6にすぎない。女性の非正規労働者は年々増加して，女性労働者の54.7％が非正規である[1]。

　大きなジェンダー格差が存在する現状を改善し，雇用における性差別禁止立法の効果を高めるためには，労働者を分断している複線型雇用管理において，「同一の雇用管理区分」の男女差別のみを違法とする公定解釈を批判的に検討し，新たな性差別概念に基づく法理を構築していくことが，必要不可欠な課題である。

---

1) 『平成24年版　男女共同参画白書』（内閣府，2012年）。

1 日本的雇用慣行の特色

　いわゆる日本的雇用慣行は，日本の多くの企業で典型的に営まれてきた人事雇用管理の仕組みであって，「日本的経営」とか「長期雇用システム」と呼ばれることもある[2]。多くの論者は共通して，この雇用慣行の重要な特色に終身雇用と年功序列をあげる。

　日本的雇用慣行の下で，使用者は，長期に育成・活用する中核労働者に「正社員」という身分を与えてきた。個々の労働者は通常，職務を固定されずに採用され，長期的雇用関係の中で系統的な OJT（on the job training）を受け，定期的人事異動によって企業人としての豊富なキャリアを積む。長期間に多様な職務を経験することが，労働者の職務遂行能力を高めると考えられているため，労働者の年齢や勤続年数を賃金の決定基準とする「年功給」や，職務遂行能力を決定基準とする「職能給」は，日本的雇用慣行と相互補完的である[3]。企業が必要とする人材を企業内で育成するため，日本的雇用慣行は，強固な「内部労働市場」を成立させてきた。

　正社員に長期安定雇用を確実に保障するためには，一方で，一定数の短期雇用の労働者や経済変動に応じて雇用調整の対象となる非正社員の存在が必要不可欠であった。非正社員としての人材は，企業外の労働市場（「外部労働市場」）から調達される。外部労働市場は，未発達で多様な市場であり，内部労働市場とは異なり，地域最低賃金に左右されるほどの低賃金水準である。

　このように日本的雇用慣行の下で，企業は，必要とする労働力を明確に二分化し，それぞれを分断された労働市場から調達してきたのである。

2）　熊沢誠『日本的経営の明暗』（筑摩書房，1989 年），菅野和夫『新・雇用社会の法』（有斐閣，2002 年）など。
3）　遠藤公嗣『賃金の決め方──賃金形態と労働研究』（ミネルヴァ書房，2005 年）105 頁以下参照。遠藤は，欧米によくみられる，職務を基準とした賃金形態を「職務基準賃金」と呼び，日本によくみられる，年齢や勤続年数や能力など，労働者の属性に対して支払う賃金形態を「属性基準賃金」と呼んでいる。年功給や職能資格給は，個々の労働者の属性に着目するという点で「属性基準賃金」である。

2 ジェンダー視点からみた日本的雇用慣行

　日本的雇用慣行は，長期雇用と一定水準の労働条件という一種の「平等主義・画一主義・集団主義」に貫かれており，差別とは無縁の慣行であると理解されてきた。多くの労働組合がこの雇用慣行を支持してきたのも，そのためである。しかし，その場合の平等は，あくまでも内部労働市場にある正社員にとっての平等にすぎない。日本的雇用慣行が非正社員の存在を不可避に伴うものであることからすれば，それはそもそも，差別内包的な特色を色濃く有する慣行というべきである。

　ジェンダー視点からみれば，日本的雇用慣行のモデルとしての「正社員」は，「男性・世帯主」であった。女性は，たとえ正社員でも，事実上は「若年の短期労働者」として，長期雇用の恩恵の対象外にあるか，あるいは，非正社員（主婦パート）として，「平等主義」から排除される労働者であった。

　にもかかわらず，日本的雇用慣行の差別内包的な特色は，ある時期までは，さしたる矛盾として認識されてはいなかった。その理由は，日本には，強固なジェンダー構造をもつ性別役割分業社会が存在したからである。1960年代以降，日本では「男性稼ぎ主型家族」が多数を占めるようになり[4]，このタイプの家族から，正社員男性と非正社員主婦パートもしくは学生アルバイトが，安定的に供給されてきた。性別役割分業モデルの「男性稼ぎ主型家族」の存在があればこそ，日本的雇用慣行における「正社員の優遇」と「非正社員の低処遇」が，社会に矛盾なく受け入れられてきたのである。

　さらにいえば，日本的雇用慣行においては，「優遇」の代償として，正社員は長時間労働や頻繁な転勤などによる私生活上の不自由・不利益を甘受せざるをえないため，男性稼ぎ主は，ケア労働を担当する妻を必要とする。日本的雇用慣行は，このような性別役割分業型の家族形態と相互依存的な関係にあった。

---

[4]　夫が家計収入の主たる稼ぎ手，妻が家事・育児の担い手であることを想定した家族。1960年代に，日本では，農業・商業の共働き自営業主と家族従業者が減少し，都市型のサラリーマン世帯の男性稼ぎ主型家族が増えた。「ついこのあいだ，日本でいえば高度経済成長期に，女性はようやく主婦になったにすぎません」。落合恵美子「女は昔から主婦だったか」井上輝子他編『新版日本のフェミニズム第3巻　性役割』（岩波書店，2009年）248頁。

遠藤公嗣は,「日本的雇用慣行」と「男性稼ぎ主型家族」のセットを「1960 年代型日本システム」と呼んでいる[5]。

3 日本的雇用慣行の変化とジェンダー差別の温存・強化

(1) 社会的・経済的背景

正社員に長期雇用を保障する日本的雇用慣行に大きな変化が生じたのは,1990 年代以降のことである。この時期,日本では,①社会経済のグローバル化に伴う一国レベルの労働市場規制の困難性と国内外の競争の激化,②バブル経済崩壊とそれに引き続く長期の経済の低迷,③人口構造の変化(高齢化,少子化),④労働力の女性化,⑤情報化の進行による労働形態の多様化,⑥労使の意識変化など,さまざまな社会的かつ経済的な変化が生じた。このような変化を背景に,日本の企業は日本的雇用慣行を見直し,それに大幅な変更を加えていった[6]。

(2) 日本的雇用慣行の変化

1995 年に,日経連は『新時代の「日本的経営」』を出し,「事実上の終身雇用慣行解体宣言」を行ったが[7],事態はこれを先取りする形で進行していたといってよい。リストラの増加によって人員削減傾向は強まり,日本社会の失業率は増加するようになった。長期雇用を保障される正社員の数は大幅に削減され,企業は業務の外注化(アウトソーシング)を一挙に推し進めた。非正社員は大幅な増加傾向を示し,今や,全労働者に占める非正規労働者の割合は 3 割を超えるようになった[8]。内部労働市場を中心とする日本的雇用慣行の仕組みは変化して,人材ビジネスが活発化している。雇用は複線化,多様化,流動化が望ま

---

5) 遠藤公嗣「雇用の非正規化と労働市場規制」大沢真理編『ジェンダー社会科学の可能性第 2 巻 承認と包摂へ——労働と生活の保障』(岩波書店,2011 年) 143 頁以下。
6) 浅倉むつ子『労働法とジェンダー』(勁草書房,2004 年) 57 頁。
7) 萬井隆令 = 脇田滋 = 伍賀一道編『規制緩和と労働者・労働法制』(旬報社,2001 年) 74 頁。
8) ちなみに 2011 年の「労働力調査」(総務省)では,正規労働者 3,185 万人に対して,非正規労働者は 1,733 万人であり,35.2% を占めるようになった。とくに女性の場合は,雇用労働者の 54.7% が非正規である(男性は 19.9% が非正規)。

しいと言われるようになり，労働の規制緩和政策がそれらを後押ししている。

(3) ジェンダー差別の温存・強化

社会変化の中で生じた「労働力の女性化」によっても，ジェンダー差別は解消されなかった。日本的雇用慣行の下で，短期労働力と想定されていた女性労働者が長期定着化することは，企業負担を増大させる。そこで導入されたのが，あらかじめ昇進・昇格・昇給の上限を低く抑える「一般職コース」と，長期ストック型の従来型正社員のための「総合職コース」からなるコース別雇用管理もしくは複線型雇用管理であった。これによって企業は，一本化されていた職能資格給制度を細分化して，人件費の削減をねらったのである。募集・採用時に転勤の有無を選択させ，それを通じて，事実上，正社員女性労働者を差別的に処遇する人事管理システムが企業に導入された。このことによって，ジェンダー差別は，変化の時代を迎えた企業社会においても，いっそう巧妙に温存され，強化されたのである。

正社員と非正社員の著しい格差処遇も，相変わらず維持されている。ただし，少数精鋭化された正社員は，長期雇用の代償として，長時間労働，頻繁な転勤，成果主義・能力主義，個人的自由の大幅な制約などに一層苦しむようになり，過労やうつ病，自殺も増えた[9]。いまや正社員もまた，優遇されているとはいえず，到底，私生活上のケア労働と両立しうる労働条件を享受する状況にはない。それだけに，既婚・子持ち女性の現実的な選択肢としては，非正社員という道しか残されていないのである。

重要なことは，かつて労働力を安定的に供給してきた「男性稼ぎ主型家族」

---

9) 厚生労働省労働基準局「職場におけるメンタルヘルス対策検討会報告書」(2010 年 9 月 7 日) によれば，労働者の約 58％ が，仕事上の強い不安や悩み，ストレスを感じている，という。日本全体で毎年 3 万人を超える自殺者のうち労働者の自殺は約 9,000 人にのぼり，うち「勤務問題」が原因・動機の 1 つとなっている者は約 2,500 人に及ぶ。業務に起因する精神障害の労災申請も急増しており，メンタルヘルス対策は労働政策上の重要課題となっている。参照すべき文献も多い。笹山尚人『人が壊れてゆく職場』(光文社新書，2008 年)，「特集　職場の安全衛生・健康と法律問題」季刊労働法 233 号 (2011 年)，三柴丈典『裁判所は産業ストレスをどう考えたか——司法による過重負荷認定』(労働調査会，2011 年)，「特集　間違いだらけ？職場うつ対策の罠」POSSE 14 号 (2012 年)。

が，現在では，ほぼ虚像と化したことである。これまで日本的雇用慣行が良好に機能してきたのは，低賃金の非正社員が男性世帯主の被扶養者だったからである。しかし今や，非正社員が主たる生計維持者である世帯も増え，貧困世帯の増大が日本社会全体の安定性を脅かすようになった。日本では，共働きをしても低賃金世帯が多く，女性の稼得力はOECD諸国の中でも著しく低い。「ジェンダーこそが問題であることは，明らか」である[10]。

4 性差別禁止法理の再検討

これまで述べてきたように，日本の企業は，今日，日本的雇用慣行を大きく変容させながらも，内部の昇進・昇格・昇給ルートを細分化して，正社員の間に異なる雇用管理区分を設け，同時に，正社員と非正社員の間の著しい格差処遇を維持してきた。このような労働者分断型の雇用管理において，女性は常に低処遇のほうに追いやられ，その結果，ジェンダー差別は巧妙な形で温存・強化されている。

だからこそ，今日，雇用上のジェンダー差別を解消してゆくためには，企業が設けている労働者分断型の「雇用管理区分」にとらわれずに，性差別を効果的に是正しうる差別禁止法理を構築することが必要不可欠である。企業が意図的に労働者を格差づけるために導入している「雇用管理区分」の枠内で男女比較をしても，性差別の是正にとって効果があるはずはない。

しかし，男女雇用機会均等法（以下，均等法という）の指針・行政通達に代表される考え方は，強固に，性差別を「同一の雇用管理区分における男女間の異なる取扱い」に限定する解釈を行う。また，正社員と非正社員の間の差別禁止規定をおく唯一の実定法であるパート労働法は，短時間労働者（パート労働者）と通常の労働者の「人材活用の仕組みと運用」における同一性を，短時間労働者であることを理由とする差別的取扱いの成立要件としている[11]。それぞれの

---

10) 大沢真理『いまこそ考えたい　生活保障のしくみ』（岩波ブックレット，2010年）41頁。貧困についてみると，OECDにおいては，労働年齢人口の相対的貧困世帯の37.3%が有業者なしの世帯であり，夫婦共働き世帯の比率は17%である。しかし日本では，前者が17.3%，後者が39%と逆転している。この数字が意味するのは，日本では，有業でも貧困となるリスクが高く，共働きでも貧困から脱出できないということであり，そこには男女のワーキングプアの存在や女性の稼得力の貧弱さが示唆されている。

法改正が議論になる都度,比較対象の範囲をあまりに狭く設定するこのような既存の差別概念については,批判がなされてきたが,それが変化する兆しは一向にみられない。

実のところ,この考え方が強固に維持されているのは,その背景にある伝統的な「平等概念」のゆえであろうと思われる。これまで常識とされてきた伝統的な平等概念こそが,見直され,再検討されねばならないのかもしれない。以下,この点について論じることにする。

(1) 均等法と「雇用管理区分」

1985年の均等法制定当初から,均等法に基づく指針[12]は,募集・採用について事業主が努めるべきことは,「募集・採用区分〔職種,資格,雇用形態,就業形態の区分〕ごとに,女子であることを理由として」女性労働者を排除しないことであると解釈して,同一区分内における男女比較を要請してきた。

この解釈を採った結果,一般職の既婚女性に対する昇格の不利益処遇が均等法8条（当時）に違反するとして調停申請がなされた住友生命保険事件で,大阪婦人少年室は,1992年11月に,「一般職に比較する男性がいないから,差別されているかどうか判断できない」として,調停不開始決定を行った[13]。一般職の女性が専門職男性との昇格・昇進差別を訴えた住友電工事件においても,1994年9月に,同室から,一般職の女性は一般職の男性との昇進・昇格を比較すべきであるとして,同様の結論が出された[14]。当時の大阪婦人少年室長の認識は,本来,男女の均等取扱いあるいは機会の均等とは,類似の状況にあり

---

11) パート労働法8条は,短時間労働者が,①職務の内容,②期間の定めのない契約,③職務内容と配置の変更の範囲（人材活用の仕組みと運用）に関して,通常の労働者と同一である場合にのみ,差別的取扱いを禁止している〔2014年には改正された。本書第5章第4節の〔追記〕を参照〕。

12) 昭和61年1月27日労働省告示4号。

13) 宮地光子『平等への女たちの挑戦』（明石書店,1996年）61頁以下。本件は,1994年に指針の一部改正がなされたのちに再度,調停申請をしたが,やはり不開始決定を受け,その後,訴訟となった。住友生命保険事件・大阪地判平成13・6・27労判809号5頁は,既婚女性であることを理由に一律に低査定を行い昇格差別をすることは人事権の濫用,不法行為にあたると判断した。

14) 宮地・前掲注13) 129頁。

同一の条件を満たす男女間で議論されるべきものであり，その意味から，募集・採用区分が異なる男女の均等取扱いは均等法が最初から予定していない，というものであった。このような「同一の募集・採用区分」内での男女比較の要請は，均等法の差別是正効果を著しく縮減することになった。ちなみに調停不開始決定に関しては，裁判所もまた，均等法が求める均等取扱いは結果の平等ではなく機会の平等であり，機会が均等か否かは「条件が同一の男女間で判断されるべき」とした[15]。

　1997 年に均等法は，募集・採用から解雇に至るすべての雇用ステージで女性差別を禁止するように改正されたが，指針[16]は，かつての「募集・採用区分」を配置・昇進・教育訓練の場面にまで拡張して，「雇用管理区分」と称するようになった。2006 年改正時の新指針[17]も同様であり，現在も，「同一の雇用管理区分」の男女比較を通じて，性差別の成否判断が行われている。

　均等法の「雇用管理区分」の考え方は，労基法 4 条の解釈にも影響を及ぼし，労働基準監督行政も司法も，異なる職務・異なる職種・異なる雇用形態にある男女間の賃金格差については労基法 4 条は適用されない，とする解釈や運用を行う傾向がみられる。そもそも，性差別そのものである「男女別コース制」[18]の紛争において，「同一の職務・職種ではない」ことを理由に男女を比較不能とし，その結果，性差別の成立をことごとく否定するのであれば，それはまさに既存の不平等な雇用管理をそのまま正当化するにすぎない。男女比較を「同一の雇用管理区分」に限定するのは，きわめて不合理な解釈といわねばならない[19]。

　「雇用管理区分」については，ILO 理事会の判断もなされている。すなわち 2009 年に，日本の 3 つの労働組合[20]が ILO 憲章 24 条に基づき，異なる職務・職種の男女間賃金格差に労基法が適用されないことは ILO 100 号条約違反であ

---

15) 住友電工事件・大阪地判平成 12・7・31 労判 792 号 48 頁。
16) 平成 10 年 3 月 13 日労働省告示 19 号。
17) 平成 18 年 10 月 11 日厚労省告示 614 号。
18) 男女を異なるコースに配置する制度であって，コースを自由に選択できる「コース別選択制度」とは異なる。
19) 男女別コースをめぐる判例の動向については，浅倉むつ子「雇用における性差別撤廃の課題」国際人権 20 号（2009 年）30 頁以下参照。
20) ユニオン・ペイ・エクイティ，商社ウィメンズユニオン，全石油昭和シェル労働組合。

るとの申立を行ったところ，申立審査委員会が発足し，2011年11月11日に，ILO理事会は，「ILO 100号条約が定める同一価値労働同一賃金原則は，同一の職務・職種・雇用管理区分を超える広い範囲での比較を要請するが，日本ではこの比較が一般に行われていない」旨の申立審査委員会の報告を了承するという「結論」を下した[21]。同じ雇用管理区分内に限定される男女比較は，日本の企業社会の「常識」なのかもしれないが，国際社会では，到底，通用しない「非常識」である。

(2) 妊娠・出産と性差別

厳密にいって，類似の状況にある男性との異なる取扱いのみを性差別とする考え方をつきつめれば，妊娠・出産差別は果たして性差別かどうかが問題になる。なぜなら妊娠・出産は女性のみに生じる事柄であり，「類似の状況にある男性」とはそもそも比較不能だからである。机上の空論のように聞こえるかもしれないこの考え方は，現に均等法の解釈に反映されている。

1985年制定当初，均等法は，教育訓練，福利厚生，定年・解雇について，「労働者が女子であることを理由として」差別的取扱いをしてはならないと規定した（当時の9条，10条，11条1項）。労働省は，「女子であることを理由として」の意味は，「男子との比較において論じられるものなので，妊娠・出産等女子のみにあって男子にはない事柄を理由とする場合は含まれません」と解釈し，施行通達でそれを確認した[22]。同法11条が，1項で「女子であることを理由」とする定年，解雇差別を禁止しつつ，なお同条3項で，妊娠・出産を理由とする解雇を重ねて禁止したのは，妊娠・出産理由とする解雇は性差別ではなく1項の禁止事項には入らないが，日本の実情に鑑みればこのような解雇を禁止する必要があったためである，と説明された[23]。

---

21) International Labour Office, Report of the Director-General, 312th Session, Geneva, November 2011, GB. 312/INS/15/3. 浅倉むつ子「ILO100号条約の不遵守と労基法4条の解釈・運用――ILO憲章24条にもとづく申立審査委員会の結論の検討」労働法律旬報1773号（2012年）7頁以下参照〔本書第1章第2節〕。

22) 赤松良子『詳説男女雇用機会均等法及び改正労働基準法』（日本労働協会，1985年）275頁，均等法施行通達（昭和61年3月20日婦発68号）第二の1(5)。

23) 赤松・前掲注22) 284頁。

1997年改正均等法の施行通達も，6条（配置・昇進・教育訓練），7条（福利厚生），8条（定年・退職・解雇）における「女性であることを理由として」の意味について，上記の解釈をそのまま受け継いだ[24]。その後2006年に，均等法は，それまで妊娠・出産を理由とする解雇のみを禁止していた規定を改め，「不利益取扱い」全般を禁止するように改訂され，施行通達[25]からは，妊娠・出産差別を性差別から除外するという説明が消えた。しかし，法令につけられた条文見出しは，この考え方を鮮明に反映するものであった[26]。すなわち，募集・採用に係る5条と配置・福利厚生・職種等変更・定年・解雇等に係る6条については，「性別を理由とする差別の禁止」という見出しがついているが，婚姻，妊娠，出産差別等に係る9条には，「婚姻，妊娠，出産等を理由とする不利益取扱いの禁止等」という見出しになっている。その意味するところは，性差別については5条と6条が定めをおくが，妊娠・出産の不利益処遇禁止規定は，性差別とは異なる行為の禁止を定めるものである，ということであろう。

均等法が一貫して，性差別と妊娠・出産差別を異なる類型の行為と解釈していることは明白であり，その理由は，妊娠・出産という事柄については，比較すべき類似の状況にいる男性が見いだせない，というところにある。

(3) 均等法の公定解釈とその平等概念

均等法における上記のような公定解釈，すなわち，男女比較を「同一の雇用管理区分」内に限定し，また，比較すべき男性を見いだせない妊娠・出産差別を性差別概念から除外するという考え方の背景には，一定の平等観が共通に見いだされる。すなわち，「等しいものは等しく，等しからざるものは等しからざるように扱う」というアリストテレス的な平等概念である。この伝統的な平等概念によれば，「平等」とは，比較可能な者を同一に扱うことであり，それに反することを「差別」として否定する。ここでは，類似の状況にある他者との比較が，差別の本質的要素になる。

---

24) 均等法施行通達（平成10年6月11日女発168号）第二の1(5)。
25) 均等法施行通達（平成18年10月11日雇児発1011002号）。
26) 念のために述べておくと，この条文見出しは，六法編集の便宜上ではなく，法令そのものにつけられたものである。

この平等概念において,「等しいもの」であるかどうかは,ある者が到達している「基準」に他の者も達しているかどうかによって判断される。その「基準」とは,おのずから,社会で多数を占める人々,または主流を形成している人々の「基準」になる。性という尺度で企業社会をみれば,この社会の主流をなす男性労働者の「基準」が比較すべきものとなり,その「基準」に到達できない者に対する取扱いは,かえって平等規範によって正当化される。男性「基準」に到達できない女性に対する異別取扱いは,通説的平等概念の下では正当化されざるをえない。しかもその「基準」に到達できないことは,個人の責任とされる。前近代の社会とは異なり,機会の平等が誰にも保障されている建前にある現代社会では,それを生かせないのは個人的資質すなわち本人の能力や意欲の欠如だ,ということになる。一定の「基準」に到達できない者の自己責任は大きくなり,個人の能力差や意欲の欠如に原因が求められることになってしまう[27]。

　阿部浩己は,この平等概念・命題を,既存の不均衡な社会的関係を正当化する機能をもつものであって,集団としての女性の社会的地位の向上ではなく,男性優位の現状を固定化し深化させる結果をもたらす,と批判する。そのうえで,構造的に入り組んだ女性に対する差別を撤廃するには,社会における男女の不均衡な力関係を射程に入れて,平等・差別概念をあらためて構築し直す必要があると述べる[28]。

(4) 新たな性差別概念の構築に向けて

(a) 「差別＝不合理な格差」論批判

　笹沼朋子は,「差別とは,不合理な格差である」とする憲法学の通説を批判して,差別とは「一定の集団を市民社会において劣位に属する集団とみなし,その集団もしくはその構成員に対して諸々の権利と利益を侵害する行為類型」である,と定義する。笹沼によれば,性差別は「女性を男性よりも劣るものとみなし,両性の類似性を無視するだけでなく,男性との違いを理由として女性

---

27) 浅倉・前掲注6) 174〜175頁。
28) 阿部浩己「住友電工事件鑑定意見書」宮地光子監修『男女賃金差別裁判「公序良俗」に負けなかった女たち』(明石書店,2005年) 346頁,378頁。

に何重にも不利益をこうむらせるシステム」であって，差別の本質は「不合理な格差」ではなく，格付けなのだという[29]。

笹沼の主張を積極的に受け止め，中里見博は，性差別の問題性は，男女の異なる取扱いが「不合理かどうか」というところにあるのではなく，一方の性を「従属的な地位」に追いやり「不利益を被らせているかどうか」にある，とする。

中里見はまた，生物学的性差を「自然なもの」とみなすジェンダー論が陥る危険性をも指摘する。すなわち，生物学的性差に根拠づけられる異別取扱いも「両性の社会的不平等を固定化するための正当な理由にはならない」として，「生物学が異なる取扱いを正当化する場合を除いて，女性は男性と同じように取り扱われねばならない」という従来の性差別理論を批判する。従来のアプローチでは，妊娠・出産・哺育は女性にのみ存在する生物学的な性差であるから合理的な区別ということになるだろうが，中里見は，「子どもを産んだ者が不利益を被らない社会」を現実化するためには，「生殖に関する男女の異なる取扱い（形式的不平等）は一切排除されねばならない」のではないか，と問題提起する[30]。

以上のような中里見と笹沼の主張は，①たとえ形式的には平等な取扱いであっても，それらが一方の性別に与える「差別的効果」は否定されなければならないということ，また同時に，②生物学的性差に基づく異別取扱いが，そのまま合理的区別とされてはならないということ，この2点において，従来の「差別＝不合理な格差」論を批判するものといってよいであろう。このような問題提起は，新たな性差別概念の構築に向けて示唆に富んでおり，たとえば構造的差別に対抗する間接性差別概念の導入と親和的である。さらにいえば，「差別＝不合理な格差」論の否定は，比較を要件としないハラスメントという差別類型を規定する海外の立法[31]に倣うべき，という提言を説得力のあるものにす

---

29) 笹沼朋子「ジェンダー視座による労働法理」日本労働法学会誌106号（2005年）71頁。
30) 中里見博「ジェンダー法学の新たな可能性」日本労働法学会誌106号（2005年）96頁以下。
31) たとえば，新しい包括的差別禁止立法であるイギリスの2010年平等法（Equality Act 2010）は，年齢，障害，ジェンダー再指定，婚姻と民事パートナーシップ，妊娠・出産，

る。これら間接差別概念やハラスメントについては，ここでは触れることはできないが[32]，「雇用管理区分」と「妊娠・出産差別」問題への示唆のみを読み解くことにしたい。

(b) 「雇用管理区分」を超えた比較

性差別概念を，「類似の状況にある男女比較を必須要件として伴うもの」として把握すると，一般職女性と総合職男性との差別は，「両者が類似の状況にない」がゆえに，否定されることになる。それによって，差別禁止法理の効果はほぼ失われかねない。

とはいえ，直接性差別の成否判断において，「比較対象者の設定」をまったく不要としてしまうことは，すべての者は公平に扱われるべきだという抽象的な「公正な取扱い原則」と，本人の意思で免れることのできない一定の特性を理由に不利益取扱いをすることは規範的に許されないという「反差別の原則」を混同させ，かえって差別の反規範性を減退させてしまうのではないか，また具体的で実効性のある差別概念を放棄してしまうことにならないか，という懸念もある[33]。それだけに，肝心なことは，比較そのものを否定することなく，可能なかぎり「適切な比較対象」を設定できるようにすることであろう。その場合，イギリスの 2010 年平等法が「現実もしくは仮想の比較対象者」と規定して，比較対象者の範囲を拡大していることは参考になる（同法 13 条 1 項）[34]。

　　人種，宗教・信条，性別，性的指向を，差別禁止事由として掲げつつ，「直接差別」，「間接差別」，「合理的調整措置の不履行による差別」，「報復措置」，「ハラスメント」という類型の差別を禁止している。

32）以下を参照。和田肇「雇用分野での間接差別・複合差別」『講座ジェンダーと法第 4 巻』（日本加除出版，2012 年）53 頁，武田万里子「セクシュアル・ハラスメント法制」『講座ジェンダーと法第 3 巻』（日本加除出版，2012 年）51 頁，水谷英夫「『セクハラ』を考える視点──『ジェンダー』『支配』『差別』」『講座ジェンダーと法第 4 巻』（日本加除出版，2012 年）123 頁。

33）イギリス 2010 年平等法の制定過程で，比較対象者概念の放棄が論議されながらも，最終段階で維持された理由は，ここにあった。Incomes Data Services, *The Equality Act 2010: Employment Law Guide* (IDS, 2010), p. 27. 毛塚勝利「労働法における差別禁止と平等取扱──雇用差別法理の基礎理論的考察」角田邦重先生古稀記念『労働者人格権の研究（下）』（信山社，2011 年）18 頁も，このことに注意を促しているものと思われる。

34）2010 年平等法 13 条 1 項は，「A が B を，B 以外の者を扱うよりも，あるいは扱ったであろうよりも，不利に扱う場合」を，直接差別とする。これによって，女性は「比較対象男性が現に存在しない場合には，もし本人が男性であったら受けたであろう取扱

また同法が,「比較」とは,それぞれの状況の間で「本質的な違い（material difference）がない」場合をいう,と規定していることなども,おおいに参考になるであろう（同法23条1項）。

このような適切な基準に依拠すれば,一般職女性が比較対象となる男性を見いだせない場合でも,仮想の比較対象者を想定することによって,「もし男性だったら受けなかったはず」の異別取扱いを差別と主張できるだろう。また,一般職と総合職も名称ではなく,従事している仕事内容などに顕著な差がない以上は「本質的な違いはない」ものとして,比較可能と解されるであろう。法改正をするまでもなく,かかる解釈は,現行の規定の下でも十分に可能なはずである。

(c) 妊娠・出産による一切の差別排除を

妊娠・出産は,「類似の状況におかれた男性との比較」がそもそもありえない事柄である。とはいえ,そのことから,これを当然に性差別とは別個の差別類型と考えるべきかどうかは,検討を要する。

均等法のように,性差別とは別個の差別類型として,独自に妊娠・出産差別を禁止する立法政策もありうるかもしれない。しかしその場合には,性差別と同程度に,妊娠・出産差別に対する反規範的評価が下されるべきである。中里見が述べるように,「生殖に関する異なる取扱は一切排除されねばならない」という要請は,重要である。

この点,均等法9条3項は,妊娠・出産に係る不利益処遇を禁止してはいるが,均等法指針によれば,「妊娠・出産」による不利益が,妊娠・出産から生じる能率低下と均衡しているかぎり許容されることになる[35]。これでは,被る

い」との比較が可能になる。
35) 均等法9条3項は,妊娠・出産を理由とする「解雇その他不利益な取扱い」を禁止し,省令も「妊娠又は出産に起因する症状により労務の提供ができないこと」や「労働能率が低下したこと」も含めて,不利益取扱いを禁止する（均等則2条の2第9号）。ところが指針は,一定の類型の不利益については,「同じ期間休業した疾病等」との比較や,労働能率低下割合を「勘案して」判断すべきとしている。この解釈では,妊娠・出産差別も,一定の均衡のとれた不利益処遇なら許されることになり,性差別としての反規範性よりも緩やかな規制になっているのではないか。これについての批判は,浅倉むつ子「労働法の再検討——女性中心アプローチ」大沢編・前掲注5) 書50〜52頁参照〔本書第7章第3節〕。

不利益の強弱によって差別が許容されることになり，妊娠・出産差別は性差別よりも反規範的評価が弱いものになりかねず，妥当な立法政策とは言い難い。

　この点に関しても，イギリス2010年平等法は参考になる。イギリスでは，妊娠・出産を理由とする「一定の保護期間中の女性」差別は直接性差別である，としてきた。しかし2010年平等法は，直接性差別禁止規定（同法13条）とは別個に，「一定の保護期間中の」妊娠・出産差別禁止規定を設け（同法18条），同条7項で「妊娠・出産差別は性差別とはしない」旨を明確にした。しかし，解釈上，「一定の保護期間」以外の時期に妊娠・出産差別を受けた場合には，そのことが直接性差別に該当すると解釈することを阻むものは何もない，とされている[36]。このように同法の考え方の下では，妊娠・出産差別を特別に禁止する規定を設けても，そのことは，けっして，妊娠・出産差別の性差別該当性を否定するものではないのである。

　以上のように，妊娠・出産差別を性差別と別個に禁止する立法にも，日本型とイギリス型があることは，興味深い。さらに，妊娠・出産差別を正面から性差別の一類型と規定するEU法理もある[37]。

お わ り に

　近年，日本でも，差別禁止法制をめぐる動きが活発化している。国連の障害者権利条約（2006年）を批准するために，日本政府は，2013年までに障害者差別禁止法を制定する予定であり，そのために，内閣府と厚生労働省が並行して議論を進めている最中である[38]。障害者差別禁止法が制定されれば，障害者が

---

36) Incomes Data Servises, above, n. 33, p. 55.
37) 黒岩容子「妊娠・出産保護に関するEU法の展開(1)(2)」早稲田大学大学院法研論集137号57〜79頁，139号93〜118頁（2011年）参照。一方，差別禁止法理における妊娠・出産差別の位置づけについてきわめて精緻な理論的分析を行っている富永晃一は，適切な比較対象者を設定できない局面での弊害を避けるためには，何らかの形で「等しくない者をその相違に応じて等しく扱う」という均衡取扱い，あるいは比例的取扱いの考え方に拠らざるをえない，と述べている。富永晃一「性差別としての妊娠差別規制の問題点」日本労働法学会誌118号（2011年）135頁。この考え方も参考とすべきものの1つであろう。
38) 内閣府は，障がい者制度改革推進会議の下に差別禁止部会を設けて議論を進め，同部会は，2012年8月をめどに「まとめ」を行う予定である。一方，厚生労働省は，「労働・雇用分野における障害者権利条約への対応の在り方に関する研究会」を設けて検討

非障害者との平等を実質的に確保するために必要な合理的配慮を使用者に求めたときには，使用者は，「過度の負担」とならないかぎり，その「合理的配慮」を実施する義務を負うという規定が設けられることになる。これによって，合理的配慮義務の不提供が差別とされることになり，新しい差別概念が誕生する[39]。合理的調整義務不履行が差別になるという考え方を障害以外の他の事由にも拡張することができれば，妊娠した労働者への「合理的配慮」を使用者に義務づけることも不可能ではなくなるであろう。差別の本質を，人権という観点にたって，「比較」から解放するという考え方は，海外ではかなり進んでいるようだ[40]。差別禁止法理に関する議論をいっそう活発化して，長い間，効果的ではないと批判されてきた日本の性差別禁止法制を，根本から見直したいものである。

　　　　　（初出論文：「日本的雇用慣行と性差別禁止法理」ジェンダー法学会
　　　　　　編『講座ジェンダーと法第 2 巻　固定された性役割からの解放』
　　　　　（日本加除出版，2012 年）3〜17 頁）

［追記］
　本節執筆当時には，障害者差別禁止法の制定に向けた議論が内閣府において進行中であった。その後，2013 年 6 月 19 日に「障害を理由とする差別の解消の推進に関する法律」（障害者差別解消法）が成立し，これを受けて，2014 年 1 月 20 日，日本は国連の「障害者の権利に関する条約」の 141 番目の批准国と

　　を進めており，労働政策審議会障害者雇用分科会が 2010 年 4 月に「中間的なとりまとめ」を行った。いずれにおいても，障害者に対する雇用差別の禁止を法制度上に位置づけることに異論は出されていない。
39)　2011 年に改正された障害者基本法は，すでに，障害者の社会的障壁を取り除くために「合理的な配慮がされなければならない」旨の規定をおいている（4 条 2 項）。立法化が予定されている障害者差別禁止法では，合理的配慮義務のルール化がなされる予定である。
40)　近年ではむしろ，〈承認〉の実現を重視する立場から，差別の救済を効果的にするプロアクティブな方策が主張されている。たとえばサンドラ・フレッドマンは，平等の潜在的な「4 つの目標」（すべての人々の尊厳と価値の尊重，コミュニティ内部への受容・承認，外部グループの人々への不利益のサイクルの分断，社会への完全参加）を達成するための，国家の「積極的義務（positive duty）」の存在を強調している。Fredman, S., *Human Rights Transformed: Positive Rights and Positive Duties*（Oxford University Press, 2008），p. 179.

なった。また、雇用の分野に関しては、2013年6月13日に、「障害者の雇用の促進等に関する法律」（障害者雇用促進法）の改正法が成立し、同法は、障害者に対する差別禁止と雇用促進をあわせもつ性格の立法になった。雇用分野において、募集・採用から労働契約終了までのすべての雇用ステージの差別を禁止する具体的な立法としては、従来は「性別」に関する男女雇用機会均等法のみであったが、改正障害者雇用促進法によって、これに「障害」に関する差別禁止立法が加わったことになる。

　ところで、障害者雇用促進法の差別禁止規定は、ほぼ均等法に倣うものとなったが、異なる部分もある。障害者雇用促進法は直接差別のみを禁止し、均等法に規定されている間接差別禁止規定はない。他方、障害者雇用促進法は、事業主は「……労働者の障害の特性に配慮した職務の円滑な遂行に必要な施設の整備、援助を行う者の配置その他の必要な措置を講じなければならない」（36条の3）として、障害者に対する事業主の合理的配慮義務を定めており、これは、均等法にはない、障害に関する特有の規定である。障害をめぐる差別禁止立法の動向については、本書終章第3節を参照のこと。

第2節　ILO 100号条約の不遵守と労基法4条の解釈・運用

はじめに

　民主党への政権交代以降,同一価値労働同一賃金原則は,推進すべき具体的な施策として位置づけられるようになった[1]。労働組合も最近では,「貧困対策と格差是正のためには『同一価値労働同一賃金』の確立が急務」と強調するようになり[2],国際的な労働基準である同原則が,ようやく日本でも社会的コンセンサスを得つつあるかのようである。このことはおおいに歓迎すべき現象ではあるが,一方で,同一価値労働同一賃金原則の本来の意味をめぐって,混乱もある。

　ILO 100号条約が定める本来の同一価値労働同一賃金原則は,「客観的・分析的な職務の価値評価」に応じた賃金・処遇であるのに対して,日本の使用者団体が導入をめざすという同原則は,似て非なるものにすぎない。2011年,日経連は,同原則を,あくまでも「企業に同一の付加価値をもたらすことができる労働かどうか」に応じた賃金・処遇として理解すると明言した[3]。これはむしろ「日本的同一価値」というべきものであって,「『能力給』の名で,協調性などの主観的な評価項目を取り入れて労務管理に利用したこれまでの手法と同じことの繰り返し」にすぎない[4]。

---

1) 2010年6月18日に閣議決定された「新成長戦略」は,「ディーセント・ワーク（人間らしい働きがいのある仕事）」の実現に向けた主な施策の1つとして,「同一価値労働同一賃金に向けた均等・均衡待遇の推進」への取組を掲げた。2010年12月17日に公表された「第三次男女共同参画基本計画」では,「ILO第100号条約の実効性確保のため,職務評価手法等の研究開発を進める」,非正規雇用の雇用環境の整備として「同一価値労働同一賃金に向けた均等・均衡待遇を推進するため,法整備も含めて具体的な取組方法を検討する」などの具体的な施策が示された。
2) 遠藤公嗣「雇用の非正規化と労働市場規制」大沢真理編『ジェンダー社会科学の可能性第2巻　承認と包摂へ――労働と生活の保障』（岩波書店,2011年）160頁。
3) 日本経済団体連合会（日経連）2011年版「経営労働政策委員会報告」。
4) 竹信三恵子『ルポ賃金差別』（ちくま新書,2012年）210頁。

このような国内の現状を背景に，ILO憲章24条に基づき日本の労働組合が100号条約違反の申立を行った案件について，三者構成の申立審査委員会が結論を出し，2011年11月11日に，ILO理事会はそれを承認し，公表するに至った。本稿では，この審査委員会の結論について分析し，検討を加えることを通じて，ILO（国際労働機関）が100号条約の履行に関して日本に何を要請しているのか，改めて考えてみたい。

1 ILO 100号条約の制定時の議論

「男女同一価値労働同一賃金」原則を定める100号条約は，1951年，ILO第34回総会で採択された。その制定過程では，大きな2つの問題が争点となった。1つは，「同一価値労働同一賃金」の意味をめぐる問題，もう1つが，職務内容を評価する客観的な基準の設定をめぐる問題であった。

前者の問題，すなわち，「同一価値労働同一賃金」の意味については，事務局から，3つの解釈が示された。すなわち，①比較可能な仕事に従事する男女の業績に基づく報酬，②生産原価，あるいは使用者にとっての全般的な価値の評価に基づく報酬，③男女の区別なく職務内容に基づく賃金率，である。事務局が支持したのは③であり，総会における審議では②と③が対立したが，最終的に圧倒的多数の国から賛成を得た解釈は③であった[5]。100号条約は，職務を行っている個人の属人的な業績評価（①）ではなく，使用者にどれほどの利益をもたらすか（②）という基準でもなく（前述した日経連の理解はこの意味であろう），あくまでも③のように，職務それ自体の内容の価値評価に基づく報酬であることを確認しつつ，出発したのである。

後者の問題，すなわち，職務内容を評価する客観的な基準については，条約案および勧告案では，職務内容の客観的分析に基づく職務評価の方法をとることが示唆されていたものの，議論の末，職務評価の細目について政府は干渉すべきではなく，それは労使双方の団体協約によって決定されるべきであるという合意が形成され，条約としては，職務評価という手段をとることが望ましいという原則を承認するにとどまった[6]。

---

5) 木村愛子『賃金衡平法制論』（日本評論社，2011年）55～61頁。
6) 木村・前掲注5) 63頁。

2 ILO 100 号条約に関する ILO 基準監視機構からの「要請」

(1) ILO の基準監視機構

ILO 条約の文言自体は，上記にみたように，比較的緩やかな要請にとどまっているといえる。しかしながら，ILO は，2 つのシステムを通じて，これまで，日本に対して，100 号条約の遵守について，繰り返し要請を行ってきた。

1 つは，条約勧告適用専門家委員会（以下，「条勧委」とする）による「年次報告書」のシステムである。すなわち，条約を批准した加盟国は，条約を履行するためにとった措置について，定期的に条勧委に報告しなければならないが，条勧委は，この政府報告書や労使団体の意見書などに基づき，当該国の条約遵守状況を評価して年次報告書を作成し，それを翌年の国際労働総会に提出する。日本は 1967 年に 100 号条約を批准したため，この時期以降は，この条勧委の監視下におかれてきた。

もう 1 つは，毎年の総会において設置される総会基準適用委員会（以下，「総会委員会」とする）の個別審査のシステムである。総会委員会は，前述の条勧委の報告書の中から，長年にわたって解決されていない問題や，とりあげるにふさわしいと考える事案を抽出して，審査を行い，当該政府に対して説明を求め，改善を要請する[7]。

日本は，これまで，上記の 2 つのシステムを通じて，繰り返し，100 号条約の遵守について，要請を受けてきた。どのような要請であったのか，簡単にここで整理しておきたい。

(2) 「条勧委」による改善要請

条勧委は，日本が男女雇用機会均等法（均等法）を制定した後である 1980 年代後半以降，ほとんど毎年のように，日本政府に対して条約の遵守について，質問や要請を繰り返してきた[8]。木村愛子によれば，それまでの日本政府の曖昧な対応に疑問を抱き始めた条勧委は，1992 年年次報告書から，ついに，日

---

7) このような ILO の基準実施の監視機構については，吾郷眞一『国際労働基準法——ILO と日本・アジア』（三省堂，1997 年）114〜123 頁に詳しい。
8) この事情は，木村・前掲注 5) 222 頁以下に，整理されている。

本政府に対して具体的な要請を行い，たとえば，政府が職務内容に基づく賃金制度の導入についてどのようなアドバイスをしたのか等の情報提供を求めてきた。誠実な対応をしなかった日本に対して，さらに条勧委は態度を硬化させ，2003 年の年次報告書では，日本政府に，労基法や均等法を改正して 100 号条約の原則を盛り込むことを検討しているかどうか質問し，また，性差別賃金事件に関する情報提供を要請した。

さらに 2005 年条勧委の年次報告書は，「労基法 4 条は，同一価値労働同一賃金という概念を反映していない。同条の文言を改正し完全な法的表現に変えることによって，条約のより良い適用を促進するよう配慮を求める」と述べた。2007 年には，「条約の完全な履行を確実にするため，男女労働者に同一価値の労働に対する同一の報酬の原則という表現を法令に盛り込むことを検討し，次回の報告書にこれに関する進展について示すこと」と述べて，踏み込んだ提案を行い，2008 年には，「男女同一価値労働同一報酬原則は，男女が行う職務または労働を，技能，努力，責任，あるいは労働条件といった客観的要素に基づいて比較することを必ず伴う」ものであると強調しつつ，日本政府に対して，「法改正の措置をとるよう求め」た。また男女間のみならず，非正規労働にも立ち入って，パート労働法の「改正が男女間賃金格差の解消にどの程度，寄与したのかに関する」ことも含めて，情報の提供を要請した。「法改正の措置をとる」という表現からは，条勧委からの要請が一段と強まったことがあきらかである[9]。

2010 年の条勧委の報告書は，労基法 4 条の改正には改めて言及していないが，冒頭で，労働組合からの申立があったことに留意し，この申立は労基法 4 条と関係しており，理事会が設置した三者構成委員会で審議される予定である，と述べている。これが，本節がとりあげる憲章 24 条に基づく申立事案である。そのうえで条勧委は，正規労働者と非正規労働者との賃金格差が男女間の賃金格差の主な原因の 1 つだという自治労連や全労連の分析に留意し，また，臨時・短時間労働者の中に占める女性の割合が高い医療・介護スタッフの待遇格差やコース別人事制度における男女間の賃金格差に，改めて懸念を表明し，最

---

9) 森ます美＝浅倉むつ子編著『同一価値労働同一賃金原則の実施システム――公平な賃金の実現に向けて』（有斐閣，2010 年）「はじめに」参照。

後に,「性質は異なるが同じ価値のある労働に男女が従事している賃金差別事例について,労働基準監督行政に提供された具体的な方法や指導について」の情報提供を求めている[10]。

(3) 総会委員会による個別審査

これまでに総会委員会がILO 100号条約に関して日本を個別審査対象としたのは,1992年以降,11回にも及ぶとのことであるが[11],ここでは,2007年の総会委員会における個別審査について,まとめておきたい。審査では,日本の政労使がそれぞれの立場から意見を述べ,それに対して他の加盟諸国の代表が意見を述べ,最後に,総会議長が集約見解を示した。

その際の政府代表の見解は,①労基法4条は男女賃金差別を禁止し,均等法は賃金に大きく影響するその他の性差別を禁止している,②賃金格差は男女間の職階や勤続年数の格差によるものであり,これを是正するために2003年に「男女間賃金格差解消のためのガイドライン」を出している,③2007年パート労働法改正で不合理な格差是正に対応している,④ワーク・ライフ・バランスの実現に取組んでいる,⑤長年にわたる雇用管理や慣行の是正・見直しに今後とも取組んでいく,というものであった。使用者代表の見解は,経団連が2007年に,平等を基本とする賃金体系を再構築する提案を行ったことに言及しているものの,ほぼ政府見解を肯定するものであった。

これに対して,労働者代表は,①国内法をILO 100号条約に合致させ,男女同一価値労働同一賃金の原則を確立させ,職務評価方法の適用を促進する措置をとるべき,②男女賃金格差は,勤続年数の男女差などではなく,女性が行う仕事を組織的に低評価した結果であり,したがって間接差別全般を禁止すべき,③2007年改正パート労働法の差別禁止規定は,パート労働者全体の1〜5%しか適用されず,狭すぎる,④2004年の労働基準監督件数12万件のうち,労基法4条違反は8件のみで不十分である,という見解を述べた。

これらの発言ののち,パキスタン,シンガポール,インド,イギリスの労働

---

10) 「資料編 条約勧告適用専門家委員会の日本に関する報告」Work & Life 世界の労働第2号(2011年)56頁以下。

11) 木村・前掲注5)228頁。以下の記述も同書227〜232頁を参照。

者代表から，日本の労働者代表の見解を支持する意見が述べられ，その後に，議長が，以下のように見解を集約した。①法律上かつ慣行上，男女同一価値労働同一賃金原則をより積極的に促進すること，②法と諸措置の執行と監督を強化すること，③労働監督が間接差別および男女同一価値労働同一賃金に及ぼす影響について，測定し，評価すべきこと，④賃金差別是正の観点から，賃金・雇用管理制度が女性の収入に及ぼす影響について，さらに検討すること，⑤賃金格差の撤廃に役立つ環境整備を強く要請する。その中には，客観的職務評価方法を促進する努力をより積極的に行うことが含まれる。

さて，上記に述べたような手続は，いわば ILO による職権的な条約遵守のための審査であるが，以下においては，労働組合からの条約不遵守の申立に基づく審査手続きを検討する。

3　ILO 憲章 24 条に基づく 100 号条約不遵守の申立事案

(1)　ILO 憲章 24 条に基づく申立手続

さて，本節でとりあげる事案は，批准された条約の適用について問題が発生した場合に行われる手続きの 1 つで，ILO 憲章 24 条に基づく申立（Representation）といわれる。

ILO 憲章 24 条は，加盟国が条約の実効的な遵守をしていないことについて，使用者団体もしくは労働者団体が ILO 事務局に申し立てた場合，理事会は，この申立を当該政府に通知し，また，これについて政府が弁明するように勧告することができる，とする。この申立の形式的要件は，理事会が定めている手続規則における以下の 6 点である。①申立が書面でなされること，②労使団体によってなされていること，③ILO 憲章 24 条を明示的に引用していること，④ILO 加盟国に関するものであること，⑤加盟国が批准している条約に言及されていること，⑥加盟国が条約の実効的遵守をどの点でおろそかにしているかの指摘があること[12]。

ILO 事務局は，申立を受けると直ちに当該政府に申立があったことを通知し，申立文書は理事会役員に手渡される。前述の形式的 6 要件に該当し受理可能と

---

12)　『講座 ILO（国際労働機関）――社会正義の実現をめざして（上）』（財団法人日本 ILO 協会，1999 年）148 頁以下参照。

決定すると，理事会は，三者構成の「申立審査委員会」を発足させて実質審査を行う。審査報告は同委員会から理事会に対して行われ，その際，委員会は理事会としての決定を勧告する。理事会はその勧告を公表するか否かを判断して，当該政府と申立団体に通告する。

(2) 2009年の申立の経緯とその内容

2009年7月29日に，日本の3つの労働組合（ユニオン・ペイ・エクイティ，商社ウィメンズユニオン，全石油昭和シェル労働組合）は，ILO 事務局に対して，ILO 憲章24条に基づく申立を行った。日本は100号条約を遵守していないという内容である。この背景には，日本の政府と裁判所が，均等法の制定以来，「同一の雇用管理区分（職種・就業形態・契約形態・キャリア開発などの活用区分）」にある男女間の格差のみを性差別と判断する傾向があり，それが労基法4条をめぐる賃金差別事件にも及んでいるという事実があった。本件は，そのような法の解釈・運用によって裁判所を通じて十分な救済を受けられなかった原告らが中心になって行った申立である。

申立において条約の遵守が不十分である根拠としてとりあげられた訴訟は，①昭和シェル石油（野崎）事件（東京高判平成19・6・28労判946号76頁），②兼松事件（東京高判平成20・1・31労判959号85頁），③昭和シェル石油（現役女性）事件（東京地判平成21・6・29労判992号39頁），④京ガス事件（京都地判平成13・9・20労判813号87頁）である。

上記①の判決は，被告（控訴人）会社は，原告（被控訴人）に対して，女性であることのみを理由に賃金差別をしたと認めて，不法行為に基づく損害賠償を命じた。しかし一方で，判決は，原告女性が和文タイピストとして働いていた期間については，職務の価値を分析するなど客観的な根拠を示すことなく，和文タイピストは「職務遂行上，……困難性は高くはないという性質の仕事」であるとして，同期の男性との賃金差別を否定したのである。最高裁もこの判断を容認した（平成21年1月22日上告棄却確定）。②の判決は，男女別コース制の下での賃金格差を，原告女性たちの損害賠償請求期間の始期である1992年以降について，労基法4条違反であり違法とした画期的な判決であったが，その一方で，6名中2名の原告女性の請求を否定するという問題を残した。とりわ

け本件申立との関連では，原告の1名が「秘書業務」に従事していたことについて，格段の検討もすることなしに，「とくに専門性が要求される職務ではな」い，という結論を導いている。

また，③の訴訟は，①判決の原告の勝訴に力を得て，当該被告企業に働く現役女性が，なお差別は継続しているとして提起したものであり，裁判所は，職能資格および賃金における差別的取扱いの存在を認定し，会社の不法行為による損害賠償責任を認めた。しかしながら救済として，③判決は，たとえ労基法4条違反が認められるとしても，本件では，ありうべき賃金額が明確な基準として示されていないため，差額賃金分相当の損害賠償を認めることはできないとして，慰謝料のみの支払いを命ずるにとどまった。さらに④判決は，事務職である原告女性が，監督職である同期入社の男性を比較対象者として，両職務の同一価値性を主張したところ，裁判所がそれを認めて，労基法4条違反と判示したケースである。しかし本判決は，救済に関して，賃金の決定要素は職務だけではなく「個人の能力，勤務成績等諸般の事情も大きく考慮される」べきであり，本件ではそれら事情が十分に明らかではないから「損害を控えめに算出すべき」として，差別がなければ支払われたはずの賃金額は比較対象者の8割5分が相当，とした。

以上のような裁判例を根拠にして，2009年7月29日，上記3労働組合は，ILO事務総長に対して，ILO憲章24条に基づく100号条約違反の申立書を送付した。3労働組合は，上記に述べた判決の問題点を指摘したうえで，性中立的な職務評価のプロセスを経ないで性差別賃金であることを否定する労基法4条の運用は，ILO 100号条約に照らして誤りであること，しかも格差の完全な回復を回避するような労基法の運用もILO 100号条約違反であることを，主張した。そのうえで，5点にわたり，ILOから日本政府に勧告するよう，要望している。

第一の要望：日本政府は，異なる担当職務や職種の間の男女間賃金格差に労基法4条を適用しない法の運用を改めるべきである。

第二の要望：日本政府は，異なる「雇用管理区分」であっても，職務評価結果が同等な（同一価値労働とみなされる）男女間の賃金格差は，性差別とするように法の運用を改めるべきである。

第三の要望：職種の違いを根拠に労基法4条に違反しないとする場合には，性中立的な職務評価基準なしにそれを判断しないように，職務評価制度を確立すべきである。

　第四の要望：賃金格差が性差別であると判断された場合には，賃金格差の全額を是正し，将来に向かって格差是正措置を講じるべきである。

　第五の要望：雇用管理区分の違いによる男女間の大きな賃金格差を解消するためにも，職務評価制度を確立すべきである。

　以上の内容である。

(3) 日本政府の見解

　ILO 理事会は，第 307 回総会（2010 年 4 月）において，上記 3 労働組合からの本件申立を受理可能と判断して，「申立審査委員会」を発足させた。委員会の構成は，Mr. Vines（オーストラリア政府委員），Mr. Anderson（オーストラリア使用者委員），Mr. Adyanthaya（インド労働者委員）であった。第 312 回理事会（2011 年 11 月）には，Mr. Vines に替わって Ms. Williams（オーストラリア政府委員）が指名された。

　ILO 事務局から通知を受けた日本政府は，2010 年 7 月 30 日に，ILO 事務局あてに「日本政府見解」を提出した[13]。この日本政府見解は，本文は英文で 36 頁あり，その内容は，「1 章　はじめに」，「2 章　男女賃金格差の最近の動向」，「3 章　関連する裁判例」，「4 章　申立に関する日本政府の見解」となっている。本文には多くの資料が添付されており，統計資料や，均等法上の差別禁止に関する指針（平成 18 年 10 月 11 日厚生労働省告示 614 号）も含まれている。

　この日本政府見解の概要を紹介しておこう。前掲の労働組合からの 5 点の要望の内容にそって，日本政府は，以下のような見解を展開する。前掲第一の要望については，日本でも司法の判断において，労基法 4 条が，職務内容や職種の違う男女間の賃金格差にも適用された事例はあると述べ，日ソ図書事件（東京地判平成 4・8・27 労判 611 号 10 頁），京ガス事件（前掲・京都地判平成 13・9・

---

13)　Ministry of Health, Labour and Welfare, *Observations of the Government of Japan Concerning the Representation on ILO Convention 100 made under Article 24 of the ILO Constitution by Zensekiyu Syowa-Shell Labor Union, etc.*, 30 July 2010.

20），内山工業事件（広島高岡山支判平成 16・10・28 労判 884 号 13 頁），兼松事件（前掲・東京高判平成 20・1・31）を紹介し，申立人が危惧するような条約違反をしている事実はないと考える，という結論を述べる。

　前掲の第二の要望については，日本政府は，日本の大多数の会社は職務遂行能力によって賃金体系を決める方法を採用しており，その場合には仕事と賃金にはゆるやかな相関しかないため，担当業務だけで賃金を決めている会社は極めて少ないという一般的な実態を述べ，均等法に基づく性差別が個々の雇用管理区分のなかで判断されるべきという指針の規定も，そのような雇用管理の現状をふまえたものだと説明する。しかし政府もまた，男女の雇用管理区分が形式的に異なるというだけで賃金差別を否定するのは適切ではないと考えており，2006 年に指針は改正され，その内容によれば，「区分」が客観的で合理的な差異によるものかどうかを判断すべきだとしていると述べる。したがって，日本政府の説明によれば，労基法 4 条の解釈もそうなっており，労働基準監督官もまた，賃金格差が性別によるものか，それとも職務内容，能力，熟練度によるものかを調べるのであって，申立人が危惧するような条約違反の事実はない，としている。

　前掲の第三の要望と第五の要望については，日本政府は，条約も職務評価制度を導入するか否かは個々の国に任されるべきとしているものと解釈されること，また，職務遂行能力によって賃金体系を決める方法を採用している企業が大多数である現状をふまえると，職務評価制度を政府が一律に強制することはできないこと，ゆえに，条約違反はないと説明する。

　前掲の第四の要望については，労基法違反（賃金）や均等法違反があった場合，行政指導や紛争調整委員会による調整などの行政的な対応がはかられていること，また，訴訟においても，明瞭な基準がある事案やそうではない事案など，事案ごとにさまざまな対応をしているのであって，日本政府は，不平等賃金の是正は個々の事案ごとに適切な方法でとりくまれていると理解しており，条約違反はない，と説明している。

　さらに，日本政府は，組合からの 5 点の要望とは直接に関わらないことについても，以下のように反論している。①申立人らが判決に関して主張していることは「事実関係の誤りにもとづく主張」であるため，ILO としては，訴訟事

案について十分に精査して検討すること，②申立人は，コース別雇用管理制度そのものが差別であるとしているが，これは誤りであって，基幹的業務を男性，補助的業務を女性に割り当てるような制度ではないこと，③申立人は，非正規労働者の不当な低賃金は条約違反であるかのように主張しているが，日本政府は，非正規労働者の待遇問題は，条約適用とは関係がないと考えていること，である。

⑷ 申立審査委員会の結論と勧告

さて，理事会に任命された申立審査委員会（以下，「委員会」とする）は，申立人の申立内容と日本政府の見解の双方を検討したうえで，2011 年 11 月 11 日に，本件申立に関する「審査報告」をとりまとめ，その中で「結論」を述べて，理事会にこの報告を了承するように勧告した。理事会はこれを受け入れて審査報告を承認し，公表した[14]。これにより，審査報告の内容が，理事会の公式見解となったといってよい。以下，理事会が公表した審査報告における「結論と勧告」の概要を紹介しつつ，そこから得られる示唆を読み取ってみたい。

その第一は，法改正の必要性についての示唆である。すなわち，委員会は，この報告において，日本の法律（均等法も労基法も）の条文が同一価値労働概念を含んでいないことに留意し，条勧委の 2007 年と 2008 年の見解が「労働基準法は ILO 100 号条約の原理を完全には反映していない」と述べていることにも，改めて注意を促している（パラグラフ 47）。委員会は，同条約の原理として，「異なる職務に従事する男女の賃金を決定するには，異なる職務の内容の評価を基礎にして検討することが」必要であることを，改めて指摘している。今回の報告は，明確な法改正の要請をしているわけではないが，改めてこれまでの経緯を振り返りつつ，法改正を示唆する ILO の基本的な立場に注意を喚起しているといってよいであろう。

第二の示唆は，法の解釈・運用についてである。実は，今回の労働組合からの申立も，それに応える審査報告も，主としてこの点に焦点がある。すなわち，

---

14) ILO 第 312 回理事会（2011 年 11 月）資料より。International Labour Office, Governing Body, 312th Session, Geneva, November 2011, GB. 312/INS/15/3. 理事会としての結論は，この資料のパラグラフ 43 からパラグラフ 58 に掲載されている。

条文の解釈・運用について，委員会は，申立人が「異なる職務・職業」や「異なる雇用管理区分」での男女の同一価値労働の決定にあたって，客観的職務評価の重要性を強調していることに着目しつつ，日本政府が，法規定は「職務や雇用管理区分」の違いを根拠に差別を否定するものではないと説明していることにも留意する。委員会は，日本の法規定が，「職務や雇用管理区分」を超えた比較自体を排除しているわけではない，ということは認めているといってよいであろう（パラグラフ48，49）。

しかし，問題は，裁判所における解釈ならびに労働基準監督などの行政による運用実態であると，委員会はみている。すなわち，実績をみると，裁判所が「異なる職務・職業」間に労基法4条を適用した事例は，わずか2件でしかないこと（京ガス事件，内山工業事件），この2件でも「雇用管理区分」を超えた比較をしているわけではないこと，一方，異なる雇用管理区分の間の比較をした兼松事件でも，職務を「異なるが同一価値」と判断しているようには見えないこと，を指摘する（パラグラフ50）。

また，行政の運用実態をみると，労基法4条違反の定期監督数は非常に少なく（2009年の定期監督数10万535件のうち，労基法4条に関しては6件のみ），その違反が同一価値労働に関連しているかどうかの詳細情報は欠如していること，監督において「異なるが同一価値の労働」における賃金差別認定方法の詳細情報も欠落していること，均等法違反の行政指導や調停についても，同じように詳細な情報は欠落していることに留意している（パラグラフ51）。

この点に関する結論として，委員会は，同一価値労働概念は「同一」「類似」の労働を超える概念であるにもかかわらず，労基法4条が，「実際に」異なる職務，職種，雇用管理区分に対して適用されているという情報は欠落していることに留意して，日本では，「実際の法律の履行において，同一の職務・職種・雇用管理区分を超える広い範囲での比較が一般的に行われていない」という結論に達した，と述べている（パラグラフ52）。

第三に，職務の相対的価値評価について，委員会は以下のような示唆をしている。すなわち，委員会は，日本政府が，職務基準ではない賃金体系の実態があることや職務評価基準によって一律に改善が図られるわけではないと主張していることに一定の理解を示している。しかし，日本政府は，労基法4条違反

の審査のためには，賃金格差が性によるものではなく，職務内容，権限，責任，能率，技能などによるものかどうかを判断する必要があるとしながらも，「どのようにしてそのような評価がされるのか，詳細を提供していない」と批判する（パラグラフ53）。たしかに条約は特定の技法を定めるものではないのだが，「職務の客観的な評価を促進する措置をとる」ことは，100号条約3条1で求められていることであるため，委員会は，日本政府が「職務の相対的価値がどのように判断されているか」の情報を示していない，という結論に達している（パラグラフ54）。

　第四の示唆として，委員会は，日本政府が行っている賃金格差縮小のための努力を，一定程度，認めている。すなわち，日本政府が日本の男女間の賃金格差が大きいと認識していること，格差縮小のためにワーク・ライフ・バランスの政策を実施し，ガイドラインを出していることを評価する（パラグラフ55）。一方，申立内容の非正規労働者の低賃金については，申立に含まれる情報が不十分であるとしてここでは取り上げないとしつつ（パラグラフ56），結論として，法と実践の両方において，100号条約の履行について，労使の協力を得ながら一層の取組が必要である，という結論に達している（パラグラフ56）。

　さらに，委員会は，この「審査報告」の最後で，ILO理事会が，①この報告を了承すること，②日本政府に，次回のILO100号条約に関する報告で「職務の相対的価値がどのように判断されているか」等に関する詳細な情報を行うように要請すること，③この報告で提起されている事項についてフォローアップするように，条勧委に委任すること，④この報告を公開すること，という4点の勧告を行った（パラグラフ58）。

おわりに
——いま，何が必要なのか

　申立審査委員会の結論から，日本における同一価値労働同一賃金原則の履行のために，ILOは何を要請していると読み取るべきなのだろうか。

　まず，この原則を日本の法律の中で明文化することは，疑いもなく第一の明確な要請であるといってよい。ただし，どのような規定として整備すべきかは，要検討事項である。この点，労基法と均等法の関係も含み，議論のあるところ

だろう。

　私見では，労基法 4 条の現行規定（賃金に関する性差別の禁止）を 4 条 1 項として維持しながら，2 項を新設して，「同一労働・同一価値労働の男女に同一賃金が支払われていない場合には，性差別が推定される」と規定することを含めて，同一価値労働同一賃金原則を実現するための法改正を提案しているところである[15]。労基法 4 条に関していえば，もしこのように法改正がなされれば，原告が比較対象者と同一価値労働であることを主張する賃金差別事案については，裁判所は，同一価値労働同一賃金原則に則った法的判断を行うように義務づけられる。もっとも「同一価値労働」の男女に同一賃金が支払われていないことは直接ないしは間接の「性差別の推定」にすぎないから，使用者は当該賃金格差の合理性・正当性を反証することが可能である。

　次に重要なことは，今回の申立審査委員会の結論も示しているように，ILO は，法改正のみを求めているのではないということであろう。むしろ同委員会は，日本政府が，現行法は職務や雇用管理区分の違いを根拠に差別を否定するものではない，と説明していることに留意する。言い換えれば，異なる労働の価値比較を現行法は排除しているわけではないということを，ILO も認めていることがうかがえる。

　ただし，それを前提としてもなお，日本において，同一価値労働同一賃金原則が十分に遵守されているというためには，法解釈を行う裁判所や法を運用する行政機関が，当該原則を尊重していることが必要である。これが ILO からの第二番目の要請であるといえよう。この点について，日本では，裁判所にも行政機関にもその姿勢が欠如していることを，ILO の報告書は示唆している。

　たしかに，日本政府の見解も述べているように，裁判所の判決に政府が介入することはできない。それは ILO も当然のこととして認めるであろう。しかし，だからこそ ILO は，労基法 4 条に関わる監督や均等法に関わる行政指導・調停において，この問題がどのように意識されているのかという情報を提供するように求めているのである。雇用管理区分ごとの比較に限定されているかのように読める指針を改訂し，雇用管理区分を超えた比較をする事例を行政指導や

---

[15]　森＝浅倉・前掲注 9) 314 頁，浅倉むつ子「同一価値労働同一賃金原則実施システムの提案」労働法律旬報 1767 号（2012 年）57 頁以下。

調停において積み重ねていけば，それは間違いなく，行政の姿勢を変えたことの重要な証左になるであろう。

　第三番目の要請として，ILO は，職務の相対的価値評価の手法を促進することに向けて日本政府が努力しているのか否かの情報を求めている。たしかに，ILO 条約自体は，特定の職務評価の技法を定めるものではない。しかし，職務の客観的な評価を促進するために一定の努力を政府が行うことは，ILO の要請にかなうことである。

　日本における同一価値労働同一賃金原則の実施・履行を，どのように進めていくべきなのだろうか。そのことはたしかに簡単なことではなく，さまざまな包括的な施策によって可能となることがらであろう。私自身は，男女間の賃金差別事案における「同一価値労働」の成否の判断に関して，裁判所もしくは審判所を手助けする「独立専門家」の制度を設けることや，個別企業において実施されるような「平等賃金レビュー」という施策を，イギリスを参考にしつつ，日本でも実施するように提案している[16]。これらの施策を含めて，日本政府がILO の結論を受け止めて今後なしうることは多い，というべきだろう。

　　　　　（初出論文：「ILO100 号条約の不遵守と労基法 4 条の解釈・運用
　　　　　　　── ILO 憲章 24 条にもとづく申立審査委員会の結論の検討」労
　　　　　　働法律旬報 1773 号（2012 年 8 月）7〜15 頁）

［追記］
　本節が分析・検討の対象としている文書については，この初出論文が掲載された労働法律旬報 1773 号（2012 年）に，以下の翻訳が資料として掲載されている。参照していただきたい。
　資料①　ILO 憲章 24 条に基づく日本の男女賃金差別に関する 100 号条約違
　　　　　反申立書（2009 年 7 月 29 日）
　資料②　ILO 100 号条約に関する ILO 憲章 24 条に基づく全石油昭和シェル
　　　　　労働組合他の申立てに関する政府見解（2010 年 7 月 30 日）
　資料③　ILO 三者構成委員会勧告（翻訳）（2011 年 11 月 11 日）（翻訳　山崎
　　　　　精一）

16）　森＝浅倉・前掲注 9）317〜319 頁。本書第 9 章第 5 節参照。

第 2 章　労働分野における性差別の現状と課題

第 1 節　最大化するジェンダー・ギャップ

1　ジェンダー・ギャップ指数

　世界経済フォーラムという国際経済団体が,「ジェンダー・ギャップ指数 (GGI)」の国際比較を公表している。よく知られている国連の「ジェンダー・エンパワメント指数 (GEM)」は, 女性の社会進出の国際比較だが, GGI のほうは, 男女間の「格差」に注目したものである。この指数に関する限り, 日本の位置は, 愕然とするほど低い。しかも 80 位 (2006 年), 91 位 (2007 年), 98 位 (2008 年) と, 徐々に順位を下げており, 先進国の中では最低レベルである。2009 年には, いったんは世界 134 か国中で 75 位と公表され, 少しは改善されたのかと喜んだのもつかの間, 使用した統計に誤りがあったらしく, 修正された正しい順位は 101 位に下がった。

　GGI の低さの 2 大要因は,「政治参加」と「雇用の機会均等」の立ち遅れである。これまでにも, 日本の女性の稼得力が著しく低いということは指摘されてきた。共稼ぎ世帯でも貧困率が高いこと, 母子世帯の母親の就業率は 85% にも達しているのに貧困率が OECD でトップクラスであることなども,「女性の稼得力の貧弱性」という日本的特色を浮かび上がらせるものである。

2　高学歴女性の未活用

　GGI では, 教育水準にはそれほど格差がないにもかかわらず, 雇用分野の男女格差が大きいというところに, 日本的特色がみられる。高学歴なのに, なぜ日本の女性の稼得力は低いのだろうか。思い浮かぶのは, 女性労働力率が描く M 字型カーブである。第一子出産を機に, 約 6 割から 7 割の女性が退職しているという数値が, 非常に重い。これについては「女性側の意識の問題」を指摘する声も大きいが, 女性の「潜在的労働力率」は十分に山型になっている

ので，再就職を願う女性は多いのである。その再就職願望を阻止するものは，正社員としての復帰の困難性，ならびに，非正社員としての復帰がもたらす生涯所得の喪失の大きさ（パート・アルバイトとして再就職すると，就業継続者に比べて，生涯所得の 82.2% を喪失する）である。日本のジェンダー・ギャップの根源をさぐっていくと，どうしてもこの非正規労働問題にいきついてしまう。

　OECD のアンヘル・グリア事務総長は，2009 年 11 月 18 日に，日本には高学歴女性という未活用資源があると述べ，この貴重な資源の活用によって日本経済を再生するようにと助言した。その折，彼は，日本の女性労働力の未活用の要因について，以下の 4 点を指摘した。①ワーク・ライフ・バランス問題が家族生活と雇用の両立を難しくしていること，②非正規労働の増大が雇用の魅力を損なっていること，③賃金の年功制が男女格差を広げていること，④税制・社会保障が問題であること。いずれも妥当な指摘といえるだろう。ここでは第一点と第二点について，少しだけ私見を述べてみたい。

　もっとも，OECD から指摘されるまでもなく，これらの問題には，かねてから国内で政策的な取組がなされてきた，と言いたくなるかもしれない。法の世界では，たしかに，この 20 年ほどの間にずいぶんと進歩があった。数次にわたる男女雇用機会均等法，育児介護休業法，パート労働法の改正はめまぐるしいほどである。にもかかわらず，ジェンダー化された雇用構造はほとんど変化していない。現状では，法政策は「効果的ではない」という批判を甘んじてうけざるをえない。

3 ワーク・ライフ・バランスの実際

　第一点目のワーク・ライフ・バランス問題をみよう。女性や家族的責任をもつ労働者を対象とする措置である「仕事と家庭の両立支援策」に限定されない，より幅広い措置として，近年，ワーク・ライフ・バランスに関心が向けられていることは，歓迎すべきことである。「男性を含めた働き方の見直し」が，ワーク・ライフ・バランスと名づけられて，日本の労働政策の根幹に位置づけられるのであれば，かつて女性労働者のみを対象とした保護規定をめぐって繰り広げられた「保護と平等」論争にも決着がつき，新たな「男女共通規制」の理論的根拠が示されたことになる。すべての労働者に私生活と調和できる良質な

労働条件を保障する,という「労働のあり方」規制が,ワーク・ライフ・バランスという理念にこめられているのだといえよう。

　しかし,理念だけでは意味がない。今のところ日本では,ワーク・ライフ・バランスが実現しているとは,到底,言えない状況である。この理念を論拠にした効果的な法政策として,たとえば,すべての労働者を対象とする時間外労働の上限規制や休息時間の創設などの立法課題が論じられてこそ,ワーク・ライフ・バランス理念には存在価値があるというものである。しかし現実には,ワーク・ライフ・バランスをめぐる政策方針にはしばしば「選択」というキーワードがついて回り,「多様な働き方」や「さまざまなライフ・スタイル」の推進こそが重点施策であるかのように喧伝される。もし「多様な働き方」が,経済的自立を不可能にするような非正規という「働き方」を含むものであるとすれば,この主張は,かえってワーク・ライフ・バランスに逆行する。だからこそ「多様な働き方」は要注意である。ワーク・ライフ・バランスを掲げながら,不安定な非正社員ポストを増大する政策が実施されるなどということは,到底,許されてはならない[1]。

4　非正規労働問題

　それだけに,非正規労働の増大が雇用の魅力を損なっているというOECD事務総長の指摘が生きてくる。日本の「労働市場」の強固な二重性が,格差や貧困を生みだす基底となっていることは,改めて指摘するまでもないことである。「内部労働市場」にいる,比較的安定的で恵まれた労働条件を享受している正規労働者と,「外部労働市場」にいる,不安定で低水準の労働条件にいる非正規労働者は,強固な壁に隔てられており,両市場を移動しあうことはほとんどない[2]。2007年改正のパート労働法8条は,「通常の労働者と同視すべき短時間労働者」に対する差別を禁止したが,これは長期に企業組織内に定着した短時間労働者,すなわち「内部労働市場」にいる非正規労働者の保護をはか

---

1)　浅倉むつ子「労働法におけるワーク・ライフ・バランスの位置づけ」日本労働研究雑誌599号（2010年）41頁以下参照〔本書第5章第4節〕。
2)　島田陽一「労働法と企業」石田眞＝大塚直編『労働と環境』（日本評論社,2008年）22頁以下参照。

った条文といえる。しかしそもそも「内部労働市場」には，「非正規労働者」はほとんどいない。雇用形態の違いにもかかわらず正規労働者と非正規労働者を比較するという手法を取り入れたことは，十分に評価できるとしても，この条文の適用可能性はあまりにも少なく，到底，効果的とはいえない。まずは同条の適用可能性を高めるために，職務の内容，人材活用の仕組みと運用，契約期間を同じくするという3つの要件の充足によって初めて比較可能性が認められるという，厳格な条件を緩和するような法改正を行うべきであろう。

この問題については，2つの労働市場を隔てる「壁を低く薄くすることによって，双方の労働条件の連動性を高める」べきだとの提言がある[3]。そこで示されている「現実的かつ具体的な道筋」とは，正規労働者に手厚い税制・社会保障制度や企業の福利厚生機能を薄くして「正社員を多様化」する一方，外部市場にいる労働者の自立性を高めるために，最低賃金制度や雇用保険制度を整備することなどである。雇用を提供する企業に「無理を強いない政策」という利点はあるが，百年河清を俟つ感もあるため，同時に，企業社会内部の雇用慣行に法が立ち入り，それを変容させるという，より直截的な対策も考えられるべきである。

それらの手法としては，企業にさしたる経済的負担をかけずにすむものもある。たとえば企業の内部の「透明性」を高めて，労働条件や賃金格差の変化を公表させるという手法である。イギリスの2010年平等法（Equality Act 2010）では，「男女」の賃金格差情報の公表を，250人以上の民間企業にも義務づけることにした[4]。もっとも，イギリスの平等法では，この制度の実現までには相当の準備期間をおくことが予定されており，企業もそれまでに自ら格差是正の改善策に取組むという合意が前提となっている。このような手法を，日本では，正規・非正規間の賃金格差についても導入できないものだろうか。

手掛かりは，ないわけではない。パート労働法は，前述のように3つの要件に応じて「通常の労働者」と比較する手法を取り入れたが，そのうちの「職務

---

3) 島田・前掲注2) 41頁。
4) 「法的義務」以前に実施されていた男女の賃金格差状況把握の任意的取組である「平等賃金レビュー」については，浅倉むつ子「男女間賃金格差縮小政策と企業の取組み——イギリスの場合」石田＝大塚編・前掲注2) 書123頁参照〔本書第9章第2節〕。

内容」に関して，厚生労働省は，「職務分析・職務評価実施マニュアル」を示して，助成金により，企業内にこれらの制度の導入を図るよう支援している。このマニュアルは「格差の合理性」をかえって肯定するものだという女性労働者たちからの批判もあるが，それは今後，マニュアルの修正によって解決していかねばならない課題であろう。重要なことは，正規・非正規労働者の職務を，相互に「比較可能な」ものととらえて，実際に価値評価するという実践が日本の企業社会に及ぼす影響であろう。これらは労使が共同で取組むべき課題であるはずだが，残念ながら，マニュアルはそれに一切ふれていない。しかし，もしイギリスの「平等賃金レビュー」のように，労使が取組む実践課題という位置づけが与えられれば，正社員も企業の人事担当者も，企業内部の賃金格差により敏感になるに違いない。

つい最近まで，「同一価値労働同一賃金原則」の社会的基盤がないと言われてきた日本でも，パート労働者の均等待遇を契機として，賃金の支払い形態にまで立ち入る労働政策が進行していることは，注目すべきことであろう。労使自治や契約自由の原則は基本的に尊重されるべきだが，労働条件に関する平等原則や差別是正という普遍的な法原則が抑制的であってはならない。企業内の従業員相互の格差是正に，労働法は，より効果的な役割を果たすべきと思う。

　　　（初出論文：「最大化するジェンダー・ギャップ――労働法は何ができるのか」日本労働法学会誌 116 号（2010 年 10 月）105〜109 頁）

［追記］
　本節の冒頭に出てくる日本の GGI の順位は，その後も低下し続け，2012 年 101 位，2013 年 105 位，2014 年 104 位，2015 年には少し上昇したものの，101 位である。この数値に端的に現れている日本の女性労働の現状を打開するために，第 187 回国会（2014 年）には，「女性の職業生活における活躍の推進に関する法律案」（女性活躍推進法案）が登場した。この法案は，国・地方公共団体・民間事業主（従業員 301 人以上）に対して，女性の活躍を推進する「事業主行動計画」を策定する義務を課すという内容であり，次世代育成支援対策推進法に続く第二のポジティブ・アクション法ともいえるものであった。この法案は，2014 年にはいったん廃案となったものの，翌 2015 年の通常国会に再度登場して，可決・成立した。詳しくは，本書終章第 4 節を参照。また，パート労働法の 2014 年改正については，本書第 5 章第 4 節の［追記］を参照のこと。

第 2 節　女性差別撤廃条約からの要請

はじめに
──労働法制を方向づけた 2 つの潮流とその変革

　第二次大戦後，アメリカ占領軍の政治・経済の民主化政策と労働運動の解放によって，日本では本格的な労働者保護法が成立した。憲法 27 条 2 項の付託を受けた労働基準法は，労働者保護の「基本法」的な性格をもっており，産業構造が大幅に変化し始めた高度経済成長期には，この法律を中心にして，多彩な労働者保護法が生まれることになった。

　労働立法の展開は，1980 年代から新たな段階に入った。1985 年には女性差別撤廃条約批准のための国内法整備として男女雇用機会均等法が成立したが，同時に労働者派遣法も制定され，さらに 1987 年には，制定以来 40 年間大幅な改正がなかった労基法も，週 40 時間労働制の宣言と労働時間の弾力化がセットとされた改正をみせた。

　これ以降の日本の労働法制は，2 つの大きな潮流によって方向づけられてきた。1 つは規制緩和の潮流であり，もう 1 つは少子化対策の潮流である。

　規制緩和は全世界的な時代の要請ともいえるものであり，グローバリゼーションが進展した 1990 年代を決定づけた。日本企業はバブル崩壊後の不況期を脱出してグローバル化した競争に対応するために，大幅なコストダウンをめざし，企業組織を大きく変動させてゆく。1995 年の日経連による「新時代の『日本的経営』」は，日本企業の雇用政策を大きく転換させた[1]。大企業を中心に普及していた長期雇用慣行や年功賃金制が見直され，雇用形態が多様化し，非正社員の比率は著しく上昇した。今や，派遣労働者や外部委託の労働者が直用の労働者とともに同一企業で就労することは，日常的な光景になっている。

---

1)　これは，従来の日本的雇用システムを転換させ，社員層を，①ごく少数の企業経営の基幹を担う「長期蓄積能力活用型」，②専門的な知識や経験を活かす「高度専門能力活用型」，③定型業務を中心に担わせる「雇用柔軟型」の 3 グループにわけて管理し，活用するという方向を示すものであった。

労働者派遣法の度重なる改正と派遣事業の自由化（1999年，2003年），労基法改正による裁量労働制の導入（1987年，1998年），有期労働契約の期間制限の緩和（2003年）など，一連の法改正は，この潮流の中で具体化した。

　他方，少子化対策も，労働法制のもう一方の確かな潮流を形成しており，度重なる育児介護休業法の改正や少子化社会対策基本法（2003年）を生みだしていった。

　労働分野の性差別撤廃の検討という本節の主題に照らしてみると，日本では，少子化対策の一環として，すなわち少子社会における女性労働力の活用のための方策として，ジェンダー平等対策がある程度は講じられてきてはいるものの，問題は，あるべき平等立法についての全体像が示されずに，必要に応じた場当たり的な対策に留まっていること，さらに規制緩和対策の中で，市場競争ルールの中のジェンダー・バイアスは不問に付されたまま，女性労働者が激化する競争の中に投げ込まれているということである。とはいえ同時に，近年の法政策によって格差社会がもたらされたという批判が高まるにつれて，労働政策を見直す動きも強まっている。2007年のパート労働法改正，最低賃金法改正はその動きの反映といってよいだろう。

　さて，2009年9月には，戦後初の本格的な政権交代が実現した。これまでの2つの潮流を根本的に変革する好機が到来したといえるだろう。ではどのように変えていくべきなのか。ILOは，グローバル社会の到来による不安定な世界を前にして，男女が「働きがいのある人間らしい仕事（ディーセント・ワーク）」に従事しながら，ワーク・ライフ・バランスの実現をめざすという方向性を打ち出している[2]。日本でも，この方向性を真剣に受け止めなければならない。理念としては，働く人々が安定した生活を送ることができる社会的保護を基盤とした労働政策，単なる「少子化対策」ではない，ジェンダー平等を中核とした労働政策が必要である。後述するように，そのためになすべきことは多い。

---

[2] 木村愛子＝古橋エツ子『ディーセント・ワークとジェンダー平等』（日本ILO協会，2009年）3頁。

1 女性労働の現状

(1) **女性の貧困**

　近年の変化する雇用政策の下，女性労働者は全体として，過酷な格差と貧困の中におかれている。これまで女性の貧困は，単身女性世帯や母子世帯の特色として語られてきた。日本の母子世帯の貧困率はOECD諸国の中でトップクラスといわれ，85％の母子世帯が有業でありながら貧困に苦しんでいるという特色がある。

　ただ，一般の女性労働者の貧困は，これまでは配偶者による扶養がある標準世帯モデルの陰に隠れて見えにくくなっていた。女性の失業は顕在化しにくいのである。しかし，近年，男性労働者の雇用不安が「派遣切り」「ワーキングプア」問題として，かつてないほど世間の関心を集めていることによって，困難をかかえる女性もまた増加していることが浮き彫りになった。しかも長く続いてきた男女格差は一向に縮小せず，貧困問題は女性の生活状況を一層，悪化させていることに注目が集まっている[3]。

(2) **雇用における男女格差と女性非正規労働者の実態**

　男女格差の一端をみよう。正規労働者の男女間賃金格差は，男性を100とした場合，女性は67.8（2008年）であり，日本の格差は先進諸国の中では目立って大きい。女性の年齢階級別の労働力率が相変わらずM字型を描いているのも，日本の特色である。そして非正規労働者が全労働者の中に占める割合は，男性の場合には19.2％だが，女性は半数を超えて53.6％であり[4]，しかも女性非正規労働者の所定内給与は，女性正社員の69％，男性正社員の49％でしかない[5]。

　非正規雇用の中でも，近年注目を集めているのが派遣労働者の増加傾向である。派遣労働者数は2007年に321万人になったが，このほかに「偽装請負」

---

[3] 　男女共同参画会議／監視・影響調査専門調査会「新たな経済社会の潮流の中で生活困難を抱える男女について　とりまとめに向けた論点整理」（2009年3月26日）。
[4] 　厚生労働省「平成20年版　働く女性の実情」（2009年3月）。
[5] 　厚生労働省「平成19年賃金構造基本統計調査」（2008年3月）。

という事実上の派遣労働者が存在しており，それらをあわせれば400～500万人にのぼるといわれている[6]。派遣労働者の56.5％は女性であり，身分不安定な登録型派遣が多い（女性派遣労働者の57.3％，男性派遣労働者の24.8％が登録型）。職種や仕事内容のジェンダー間分離は鮮明である。男性が多いのは「物の製造」（42.4％），「ソフトウェア開発」（9.5％），「機械設計」（7.4％）であり，女性が多いのは「事務用機器操作」（28.1％）と「一般事務」（39.5％）である。職種に対応して賃金の男女格差も大きく，時間当り平均賃金は，男性1,373円，女性1,225円である[7]。

(3) コース別雇用の実態

均等法が施行されて20年以上たつが，正社員の男女格差も大きい。その原因の一端はコース別雇用制度にある。労働者の職種，資格や転勤の有無等によっていくつかのコースを設定して，コースごとに異なる雇用管理を行う，いわゆるコース別雇用制度を導入している企業は年々増加し，2006年度には11.1％になった。とくに5000人以上の大企業では，ほぼ半数（55.0％）の企業がこの制度を採用している。しかし，2003年段階で在職する総合職の女性割合は，3.0％と圧倒的に少ない。総合職の女性の割合が1割未満という企業が89.4％と大半を占めているのである[8]。

均等法の指針は，男女間差別を「雇用管理区分」というカテゴリーごとの男女別扱いに限定して禁止している。コース別雇用制度を採用する企業では，女性が圧倒的に一般職に集中しているため，女性労働者の多くは比較すべき男性労働者を見出せないことになる。すなわち均等法の適用を受けられない女性が多いということである。正規労働者における男女格差の大きな要因は，コース別雇用にもあると思われる。

[6) 脇田滋「派遣・請負労働の実態と派遣法改正の課題」女性労働研究53号（2009年）25頁。
[7) 厚生労働省「平成20年派遣労働者実態調査結果の概要」（2009年8月5日）。
[8) 厚生労働省「コース別雇用管理制度の実施状況と指導状況」（2004年7月23日）。

(4) **女性差別をめぐる紛争解決の実態**

　近年の女性差別事案は，複雑化しており，それらの中では妊娠・出産を理由とする解雇，解雇以外の不利益取扱い事案，さらにセクシュアル・ハラスメント事案の相談件数が増加傾向にある。均等法は，①労使からの申立を受けて行う都道府県労働局雇用均等室の助言，指導，勧告（17条），②紛争調整委員会による調停（18条），③均等室の職権による助言，指導，勧告（29条）などの履行確保制度を設けている。

　2回目の均等法改正が行われた翌2007年度には，均等室に寄せられた相談は2万9,110件であり，29条に基づき均等室が行った制度是正等の助言件数は1万5,069件にのぼった。案件はセクシュアル・ハラスメントに集中している（9,854件）。一方，17条の紛争解決援助申立受理件数は546件で，改正法によって新たに援助の対象となったセクシュアル・ハラスメント（11条関係）と婚姻・妊娠・出産を理由とした不利益取扱い（9条関係）の2事項で9割以上を占めている。調停申請の受理件数は62件であり，これも前年度の5件から大幅に増加した。調停の実施結果をみると，調停が開始された56件のうち調停案の受諾勧告を行ったものが31件であり，その9割近い27件が調停案を双方受諾して，解決に至っている[9]。

2 女性差別撤廃条約が国内法に及ぼした影響

(1) **国連・女性差別撤廃委員会（CEDAW）による第1～第3回の審査**

　1985年制定の均等法は，労基法が規定していない，賃金以外の労働条件に関する男女差別を規制する初の具体的な立法であったが，制定時の最大の問題は，募集・採用，配置・昇進に関わる均等待遇が，事業主の努力義務に委ねられたことであった。当時，採用における男女差別が単なる努力義務違反にすぎなかったということは，判例上，「男女別コース制」（＝採用時の男女差別。いずれのコースも男女が選択できるという建前の「コース別雇用制度」とは異なる）の公序違反性を否定する際の論拠とされてきた[10]。

---

　9) 厚生労働省・前掲注4) 参照。
　10) 1985年法の全般的問題点につき，浅倉むつ子『均等法の新世界』（有斐閣，1999年）11～14頁。均等法制定当初から，努力義務規定は男女別の「募集・採用，配置・昇進」

CEDAW（女性差別撤廃委員会）による日本政府レポートの審査の第1回目は，1988年に行われたが，このときの審査は，1991年の育児休業法の制定に影響を及ぼした。すなわち1988年の審査では，「育児休暇を女性のみに与えるのは，社会的役割を固定化してしまう危険はないか」との質問がなされ，その後，合計特殊出生率のいわゆる「1.57ショック」の影響もあって，3年後に日本は，育児休業法を制定した[11]。

第2回目の審査は1994年に行われた。翌95年に出されたCEDAWの最終コメントには，「日本政府は，民間企業での昇格及び賃金に関して，女性が直面している間接差別に対処するためにとった措置について，報告しなければならない」という一文があり，このことは，1997年の均等法改正時の議論に影響を及ぼした。ただし間接差別禁止規定は，1997年には均等法に盛り込まれずに終わった。

第3回目の審査は2003年に行われ，総括所見は，同年8月9日に国連のホームページに掲載された[12]。雇用の分野に関して，委員会は，①間接差別を含む女性差別の定義の導入，②男女賃金格差や政府のガイドラインに示されている間接差別の慣行と影響の認識不足，③パート労働者や派遣労働者の女性比率の高さと低賃金を指摘し，④暫定的特別措置を用いること等を，日本政府に要請した。これらを受けて，2006年に均等法改正が行われ，間接差別禁止規定が導入された。また2007年にはパート労働法が改正された。

に関する公序違反性を弱める論拠になりはしないかという懸念があったが，立法者は，「努力規定は，公序良俗等の一般的法理を積極的に排除するという趣旨で設けるものではありませんから，努力規定が設けられた分野における男女異なる取扱いの中に公序良俗に反する不当な取扱いがある場合には，法律行為は民法90条により無効となり，事実行為についても不法行為として損害賠償請求の対象となる」との解釈を示していた（赤松良子『詳説男女雇用機会均等法及び改正労働基準法』（日本労働協会，1985年）244頁）。このような立法者意思を否定するような判例のほうこそ批判されるべきである。

11) 浅倉むつ子『男女雇用平等法論』（ドメス出版，1991年）119頁。
12) Consideration of the reports submitted by States parties under article 18 of the Convention, Report of the Committee on the Elimination of Discrimination against Women on its twenty-ninth session（A/58/38, paras. 337-378）。

(2) 第6次レポートの審査

 日本政府は2008年4月に「第6次レポート」をCEDAWに提出した。2003年のCEDAWからの勧告，懸念，要請に関わる部分としては，①2006年均等法改正によって間接差別禁止規定が導入され，省令に3つの措置が規定されたこと，②コース別雇用に関する「留意事項」に沿った雇用管理を指導していること，③パート労働指針の改正が行われ，また，男女間賃金格差解消に取組むガイドラインが作成されたこと，④均等室は事実上生じている男女格差解消のためのポジティブ・アクションについても助言を行っていることなどについて，言及されている。

 なお，CEDAWによる第4回目の日本審査は，2009年7月23日に行われ，その後，極めて適切で包括的な総括所見が示された。雇用に関しては，①労働市場における男女の事実上の平等の実現を優先課題とすること，②男女賃金格差や妊娠・出産時の違法解雇をなくすこと，③暫定的特別措置を採用すること，④女性差別に対する制裁を確立し，差別是正手段へのアクセスを確保することなどの提言が盛り込まれている。

3 国内における法改正の状況

 雇用における性差別撤廃の動向に，CEDAWによる定期的な審査が大きな影響を及ぼしてきたことは間違いない。現在でもなお条約が要請する内容を国内法が完全に履行できているわけではないが，この間に行われてきた主要な法改正のうち，2006年均等法改正，2007年パート労働法改正，2009年育児介護休業法改正をとりあげて，簡単な検討を試みておきたい。

(1) 2006年均等法改正

 2006年には，第2回目の均等法改正によって，①「男女双方に対する差別（性差別）」が禁止され，②間接差別禁止規定が導入され，③妊娠，出産，産前産後休業の請求・取得等を理由とする不利益取扱いが禁止され[13]，④セクシュ

---

13) 妊娠，出産，産前産後休業の請求・取得等を理由とする不利益取扱いの禁止は重要な改正だが問題も残している。詳しくは浅倉むつ子「妊娠・出産を理由とする雇用上の不利益取扱い」浅倉むつ子＝角田由紀子編『比較判例ジェンダー法』（不磨書房，2007

アル・ハラスメントの防止が事業主の「措置義務」となった。

　もっとも注目すべき改正点は，間接差別禁止規定が初めて立法化されたことである。しかし均等法が禁止する間接差別は，厚生労働省令によって，以下の3例に限定された（同法施行規則2条）。①募集・採用にあたり，一定の身長，体重または体力を要件とすること。②コース別雇用管理制度における総合職の募集・採用に当たり，転居を伴う転勤を要件とすること。③昇進に当たり転勤経験を要件とすること。

　この3例のみに間接差別禁止規定が限定されたことは，本来のこの条文の効果を幾重にも減じてしまうであろう。実際，国会の議論でも，間接差別該当事例を限定すれば，より豊かな内容をもつはずの間接差別概念をいたずらに狭めてしまうという懸念が示され，その結果，①省令で規定する以外にも，司法判断で間接差別として違法とされる可能性があることを広く周知し，②省令で間接差別とする対象の追加・見直しを機動的に行う，との附帯決議が採択された。間接差別概念の見直し，省令の改訂などは，均等室への相談事例を参考にしながら早急に取組まれるべき課題である。

　2006年改正後の均等法になお存在している多くの問題のうち，1つだけ取り上げるとすれば，同法の法的性格・効果について明確な定めがないことがあげられよう。すなわち均等法には私法的効力はあるのかという問題である。近時の判決からは，1997年以降の均等法は強行規定となり，したがって私法的効力が備わったと解釈される傾向がみられる[14]。しかし，均等法違反があった場合に，行政による指導や調停以外に，いかなる法的救済が可能なのかという点は明確ではない。婚姻・妊娠・出産等を理由とする不利益取扱い禁止に関する9条4項は，「……解雇は，無効とする」と規定するが，性差別の禁止に関する5条，6条に，かかる規定はない。労基法4条が関わる「賃金・昇格差別」に関して，芝信用金庫事件（東京高判平成12・12・22労判796号5頁）は，原告らが性差別によって昇格しない地位にすえおかれればその行為は無効となり，

　　　年）を参照〔本書第6章第1節〕。
　14）　たとえば，野村證券事件・東京地判平成14・2・20労判822号13頁は，「男女別コース雇用」における処遇格差は，1999年に施行された改正均等法によって採用における女性差別が禁止された後には違法になった，旨の判断をしている。

その後，労働契約の本質および労基法 13 条の類推適用により，原告らは昇格したのと同一の法的効果を求める権利を有するものというべき，と判示した。しかし均等法違反の場合には，労基法 13 条には依拠できないため，前掲・芝信用金庫事件高裁判決がいう「労働契約の本質」というような，労働契約の補充的な解釈によることになるであろう[15]。とはいえ法規定上はそれが明文化されていないため，均等法の裁判規範としての存在はきわめて曖昧である[16]。

(2) 2007 年パート労働法（短時間労働者法）改正

　非正規労働者問題の 1 つはパート労働者の均等待遇である。1993 年に制定された当時のパート労働法は，均衡処遇の努力規定を定める法律にすぎなかったが，丸子警報器事件（長野地上田支判平成 8・3・15 労判 690 号 32 頁）は，実定法上の根拠に拘泥せず，女性正社員と女性臨時社員がまったく同じ業務内容である場合には，臨時社員に対する低賃金は，市民法の普遍的な原理である均等待遇の理念に反し，公序良俗違反になる場合があると述べる画期的な判断を示した。

　しかしその後，雇用形態の違いによる賃金格差は契約自由の範疇の問題であり違法ではないとする判決も出され[17]，丸子警報器事件判決の立場は司法上，確定することはなかった。しかも 1998 年 10 月 27 日の最高裁の裁判官協議会[18]では，正社員と臨時社員との間に賃金格差を設けることは，「実定法上，同一労働同一賃金の原則を定めた規定も見あたらないことから，公序に反する場合でない限り，有効と解すべき」とされ，公序違反といえる場合は「極めて例外的な場合」にすぎないということが確認された。

　そのような状況下，2007 年の改正パート労働法により，「通常の労働者と同視すべき短時間労働者」については，差別的取扱いが禁止されることになった。

---

15) すなわち，労働契約上の信義則の要請により，職場における男女の統一基準によって空白部分が補充されるべきであるというような解釈であろう。
16) その他にも，均等法のように，禁止事項を限定列挙して規定するとそこから抜け落ちるものがでてくるという問題，間接差別の禁止規定 7 条の法的効果という問題もある。
17) 日本郵便逓送事件・大阪地判平成 14・5・22 労判 830 号 22 頁。
18) 弁護士からの情報公開請求に対して最高裁が開示した文書（最高裁秘書第 353 号平成 13 年 7 月 10 日）による。

すなわち，事業主は，短時間労働者と通常の労働者を比較して，①「職務の内容」，②全期間の「職務の内容と配置の変更の範囲」，③「労働契約期間の定めの有無」が同じ場合には，短時間労働者であることを理由として差別的取扱いをしてはならない（同法8条1項）。この差別的取扱い禁止対象事項は，賃金をはじめとする労働者の待遇すべてに及ぶものであり，これに違反する事業主の行為は，不法行為と評価されることになる。さらに9条1項は，事業主は，すべてのパート労働者に対して，通常の労働者との「均衡を考慮し」て，職務の内容，成果，意欲，能力，経験などを勘案して賃金を決定するように努力せよと規定する。そのほか2007年の法改正では，一定の類型化された短時間労働者の態様に応じていかなる「均衡待遇」義務が事業主に課せられるかについて，詳細な規定が設けられることになった。

　2007年パート労働法改正については，差別的取扱いが禁止される「通常の労働者と同視すべき短時間労働者」は，現実のパート労働者のわずか1％もしくは4～5％にすぎない，という批判がある。また，そもそも「短時間労働者のみ」に対する法規制では，フルタイムとまったく同じ時間働くいわゆる疑似パート（フルタイム・パート）が保護されないという問題もある。とはいえ，ともあれパート労働法が，雇用形態を超えてすべての従業員に関わる「一般的均衡処遇原則」を初めて実定法化したことの意義は大きい。パート労働法の趣旨は，2007年12月に制定された労働契約法3条2項にも反映され，「就業の実態に応じた均衡処遇」が労働契約の一般原則にまで高められたといえよう[19]。

　労働法学では以前から，解釈論としても立法論としても，パート労働者の均等待遇・平等取扱いを否定する学説や，同一（価値）労働同一賃金原則は職務給を採用している欧州的な賃金形態を前提として構築されたものであるということを根拠に，日本における同原則の立法化を消極的に解する学説が根強かった[20]。しかし2007年の法改正は，明らかにこうした立法消極論から一歩足を踏み出したといえるのではないだろうか[21]。

---

19)　労働契約法3条2項は，「労働契約は，労働者及び使用者が，就業の実態に応じて，均衡を考慮しつつ締結し，又は変更すべきものとする」と規定する。

20)　菅野和夫＝諏訪康雄「パートタイム労働と均等待遇原則」北村一郎ほか編『現代ヨーロッパ法の展望』（東京大学出版会，1998年）131頁以下，大内伸哉ほか『雇用平等法制の比較法的研究』（労働問題リサーチセンター，2008年）第6章（大内執筆部分）

今後の課題は，労働契約法3条2項の規定を，有期労働者や派遣労働者などの非正規労働者全般にまで適用しうるような法改正の実現である。

(3) 2009年育児介護休業法改正

　ワーク・ライフ・バランス政策の中心にある立法として，育児介護休業法は数次の改正を経てきており，2009年にも重要な改正が講じられた。すなわち，①父母共に育児休業を取得する場合，育児休業取得可能期間が子の1歳2か月到達時まで延長されたこと（いわゆる「パパ・ママ育休プラス」），これに伴い，配偶者が子の養育に専念できる状況にある場合にはその労働者を労使協定によって育休取得者から除外する旨の規定が削除されたこと，②子の看護休暇の拡充（5日から10日へ）と親などの介護休暇の創設，③3歳未満の子を養育する労働者の請求に応じて，所定労働時間の短縮ならびに所定外労働の免除措置が義務化されたこと，等である。しかしまだ，育児休業を取得する男性は非常に少なく（2004年現在，0.56％），休暇期間中の所得保障は不十分である[22]。

4　今後の課題

(1)　喫緊の課題──男女同一価値労働同一賃金原則の実施

　国際条約の要請に照らせば，検討すべき課題はきわめて多いものの，ここでは，男女同一価値労働同一賃金原則を実施するための「法改正措置」という喫緊の課題をとりあげて，検討しておきたい。

　ILOの条約勧告適用専門家委員会の2008年度意見は，日本に，男女同一価値労働同一報酬原則を実施するための「法改正の措置」を求めた[23]。ILOは，男女の職務・労働を技能，努力，責任，あるいは労働条件など客観的要素に基づいて比較することを要請しているのであり，日本としては，同原則を法条に書き込むだけでなく，上記の要請を実現するシステムを具体的に構築する必要

　　　など。
21)　和田肇『人権保障と労働法』（日本評論社，2008年）289頁以下参照。
22)　賃金保障は法定されておらず，労使の合意にゆだねられているが，雇用保険からは休業前の賃金の40％（当面は50％）が育児休業給付金として支給される。
23)　97 th Session, 2008, Report of the CEACR, Japan, Equal Remuneration Convention, 1951 (No. 100), para. 6.

がある。すなわち同一価値労働同一賃金原則違反の救済を労働者が求めた場合に，国（裁判所）が，男女の職務・労働を客観的要素に基づき比較し，それらが同一価値であれば同一賃金の支給を命ずるという明確なシステムである。

　現行法の下ではどうか。現在でも労基法4条の下で同原則は排除されているわけではない[24]。ただ，裁判所が上記のような客観的要素に基づき男女の職務の価値を比較して，同原則の実施を命ずるケースは著しく少ない。賃金差別事案でも，比較すべき「要素」にまで言及している判決は，京ガス事件（京都地判平成 13・9・20 労判 813 号 87 頁）のみである。それだけに，立法において同原則を明確に規定すると同時に，同原則を実現するための制度的な担保を構築しておく必要がある。たとえば，イギリスの賃金差別事件の救済手続きでは，申立があった場合に，男女が同一価値労働に従事していることを客観的に判定するための専門家の関与システムが構築されているし[25]，行為準則（code of practice）において，性中立的な職務評価制度の紹介や，職場における平等賃金レビューの方法を提示している[26]。このような具体的な実施システムが構築されて初めて，同原則の実施の責務を，国が真に果たしているといえるのではないか。厚生労働省は 2008 年 6 月に「男女賃金格差に関する研究会」を発足させたが，研究会ではこのような平等賃金レビューの仕組みづくりを提案して欲しいものである。

　念のため述べておくと，日本の労基法4条には，性を理由とする賃金差別を禁止する部分もあり，この部分は，職務内容の同一性の有無を問わず，賃金に係る性差別全般を禁止するものである。労基法4条のこの部分に係る規定は残しておくべきであろう。

---

24)　労基法4条は，同原則を排除しているのではなく，「緩やかにこの原則を肯定していると解しうる」という見解に私も賛成である。浜田冨士郎「労基法4条による男女賃金差別の阻止可能性の展望」片岡曻先生還暦記念『労働法学の理論と課題』（有斐閣，1988 年）382 頁，浅倉むつ子『労働法とジェンダー』（勁草書房，2004 年）73 頁。
25)　浅倉むつ子「イギリスにおける男女平等賃金をめぐる最近の動向」労働法律旬報 1675 号（2008 年）6 頁以下参照〔本書第 9 章第 1 節〕。
26)　浅倉・前掲注 25）参照。

(2) 派遣労働者の均等待遇を

　規制緩和の先駆け立法であった1985年の労働者派遣法は，職業安定法が禁止する違法な労働者供給事業の一部を，法によって合法化するものであった。派遣元が雇用する労働者を派遣先に送りこみ，派遣先の指揮命令の下で就労させる「間接雇用」という形態である。制定されて以来，派遣法は数次の改正を経て，派遣対象業務は大幅に拡大した。1986年の施行時には専門的な13業務であったものが，1990年10月には16業務となり，1996年法改正では26業務にまで拡大し，さらに1999年法改正では「ネガティブ・リスト」化され，2003年改正では製造業も解禁となって，原則としてどの業務も派遣可能となったのである。

　一挙に拡大した労働者派遣の実態は，数えきれないほどの法律問題を引き起こした。派遣法の下では，使用者責任を果たすべき派遣先企業の責任は不当に免除され，しかも同一労働同一待遇の保障はまったくない。そのために劣悪で差別的な派遣労働が拡大・横行し，雇用全般が劣化し，崩壊したといわれる。また派遣法違反があっても派遣先との雇用関係が成立するわけではないという解釈がなされて，明確な救済はなされていない。

　一方，2006年あたりから規制緩和政策への国民的反発が顕在化して，派遣法改正の動きが強まった。日弁連は「労働と貧困」を人権問題としてとらえ，登録型派遣の廃止を含む派遣法の抜本的な改正を大会決議し，2008年11月，政府は派遣法改正案を上程した。しかし政府案は，労働者派遣の根本的批判に耐えうるものではなく，登録型派遣を禁止せず日雇い派遣の禁止のみが中心的な内容のものであった。この政府案には各種の批判があったが，最大の問題は，派遣労働者と派遣先企業の従業員との均等待遇が明確に規定されていないことである。この原則なくして小手先で派遣法を修正したとしても，抜本的な問題の解決にはならない。

　さて，当法案は廃案となり，2009年の政権交代後，改めて2010年の通常国会に向けて，派遣法改正案の議論がなされている。2009年12月の労働政策審議会の答申には，①登録型派遣の原則禁止，②製造業派遣の原則禁止，③日雇派遣の原則禁止，④派遣労働者と同種の業務に従事する派遣先の労働者との均衡待遇の考慮，⑤マージン率の情報公開，⑥違法派遣の場合における派遣先に

よる直接雇用の促進，などの項目が追加された。しかしなお，これらの条文には幅広い例外規定が想定されているため，現政権内部における調整の議論が続いている現状である。

(3) 今後の雇用平等立法のあり方

　近代法の基本理念である平等原則は，労働法分野では，①憲法14条1項に列挙されているような特別な理由（人種，信条，性別，社会的身分など）に基づいて差別を禁止する原則，②企業内部の雇用形態の違いなどによって賃金や労働条件を不当に格差づけられないための，一般的な従業員相互の格差を排除する原則，という2つの側面から，具体化されることができる。前者は，「特定の理由による差別禁止原則」，後者は，「一般的均等待遇原則」といえよう[27]。

　前者，すなわち「特定の理由による差別禁止原則」については，労基法が，国籍，信条，社会的身分による差別的取扱い，ならびに，性別に関する賃金差別を禁止し，均等法が賃金を除く性差別全般を禁止している。しかし近年，新たな差別事由も関心を呼ぶようになってきている。たとえば2004年の高年齢者雇用安定法改正，2007年の雇用対策法改正によって，年齢による雇用制限に注意が払われるようになり，2004年障害者基本法改正によって，障害者差別を禁止する一般条項が明文化された。しかし年齢や障害を理由とする差別が果たしてどこまで，どのように不正義といえるか，議論はまだ，なされていない。また，諸外国で差別事由として立法化されている性的指向，家族的責任，婚姻上の地位などによる差別については，日本ではまだ議論の萌芽すらない。雇用における差別禁止立法全般の議論は，不可欠な検討課題である。

　後者，すなわち「一般的均等待遇原則」については，すでに述べたように，2007年パート労働法改正によって，初めての実定法化がみられた。労働契約法3条2項も，パート労働法の「均衡処遇原則」を労働契約の一般原則にまで高めたものといえるであろう。とはいえ，この条文をめぐる解釈も一律ではない。労基法3条の「均等待遇」とは異なる「均衡処遇」原則が労働契約法に導

---

27) これまでは，「性差別の禁止」は「男女間の均等待遇」として同義にとらえられることが多く，差別禁止と均等待遇が，それ自体，さほど区別されるべき用語だと意識されてきたわけではない。

入されたことは，どのような問題を提起するのだろうか。今後の重要な検討課題である。

　　　　　　（初出論文：「労働分野における性差別撤廃の現状と課題」山下泰子
　　　　　　＝辻村みよ子＝浅倉むつ子＝戒能民江編『コンメンタール女性差
　　　　　　別撤廃条約』(尚学社，2010 年) 33～46 頁）

［追記］
　本節で言及されているパート労働法は 2014 年に改正された。本書第 5 章第 4 節の［追記］を参照のこと。また，ここでは 2 点を追記しておきたい。第一点目は CEDAW の 2009 年総括所見以後の経過である。本書第 7 章第 1 節でもふれているように，2009 年の「総括所見」は 60 項目にものぼる詳細なものであり，2 つの項目が，4 年後の政府レポートを待たずに 2 年以内に書面で情報を提供しなければならないフォローアップの対象となった。それらは，家族法における男女差別的条文の改正（パラグラフ 18）と，暫定的特別措置の採用（パラグラフ 28）であった。日本政府はこれらフォローアップ項目について，2011 年に再度報告書を提出し，CEDAW と「建設的対話」を続けた。2014 年 9 月には，第 7 次・第 8 次の日本政府レポートが CEDAW に提出され，第 5 回目の審査が 2016 年 2 月に行われた。この第 5 回目の審査については，本書終章第 1 節を参照。
　二点目は，労働者派遣法改正についてである。2012 年 3 月，民主党政権下で，労働者保護を強化する労働者派遣法改正が行われ，同法の名称は「労働者派遣事業の適正な運営の確保及び派遣労働者の保護等に関する法律」となり，目的条項も，労働者保護に重点をおくように修正された。このときの改正の最大の目玉は，労働者派遣の提供を受ける者が違法であることを知りながら派遣労働者を受け入れている場合，その者が派遣労働者に対して労働契約の申込みをしたものとみなすという規定を設けたことである（40 条の 6）。たとえば偽装派遣を知りながら派遣先企業が派遣労働を利用していた場合には，派遣先が派遣労働者に労働契約の申込みをしたものと「みなす」ことになる。この条文は 2015 年 10 月 1 日に施行されている。厚生労働大臣は，派遣労働者が直接雇用の申込みの「みなし」を承諾したにもかかわらず，派遣先が当該派遣労働者を就労させない場合には，必要な助言，指導，勧告を行い（40 条の 8 第 2 項），同勧告に従わない企業についてはその旨を公表しうることになった（同 3 項）。ところが，2014 年には早くも安倍政権下で，規制緩和をより推進する派遣法

改正案が登場し，いったんは廃案になったものの，翌 2015 年の国会には再登場し，同年 9 月 11 日に可決・成立した。この法改正については，本書終章第 4 節を参照。

第3章　男女雇用機会均等法の変遷

第1節　男女雇用機会均等法の20年

1　男女雇用機会均等法の制定と改正の経緯

(1)　均等法以前

すべての国民の法の下の平等を定める日本国憲法が公布された翌年，すなわち1947年に成立した労働基準法（労基法）は，3条で「均等待遇原則」を定め，4条で女性に対する賃金差別を禁止した。これらの条文は，憲法14条の法の下の平等原則を労働関係において具体化するものであり，罰則つきの強制力をもつ規定である。しかしこれらいずれの規定も，賃金以外の男女差別を明確に禁止する条文ではなかった[1]。

その後，働く女性の数は増加し，多くの企業が当然のように行っていた結婚退職制や女性の若年定年制にも異議を唱える女性が登場した。1966年には，はじめて女子結婚退職制度を無効とする住友セメント事件判決が出され（東京地判昭和41・12・20判時467号26頁）[2]，最高裁も1981年に，男女差別定年制をめぐる日産自動車事件判決で，「定年年齢において女子を差別しなければなら

---

1) なぜ，賃金以外の男女差別を労基法は明文で禁止しなかったのだろうか。その理由は，労基法が女性労働者保護規定を併せ持つ法だったからである。労基法は制定当初から，妊娠・出産に関する母性保護規定（たとえば産前・産後休暇の規定など）と一般女性保護規定（女性のみに時間外労働の上限を設けたり，深夜業を禁止する規定など）を設けて，女性労働者の保護を重要な施策の1つに位置づけていた。そこで，もし労基法3条で「性別」を理由とする労働条件の差別禁止が明文化されると，それは，これらの女性保護規定と矛盾を引き起こすのではないかという懸念があった。このような考慮の結果，男女差別の明文禁止規定は見送られたが，賃金については典型的な女性に対する差別であるために，明確に労基法4条で禁止されることになったのである。

2) 裁判所は，「性別を理由とする合理性を欠く差別……禁止は労働法の公の秩序を構成」するから，「差別待遇を定める労働協約，就業規則，労働契約は，いずれも民法90条に違反しその効力を生じないというべきである」と述べた。この判決をきっかけとして，雇用差別をめぐる下級審判決が増加した。

ない合理的理由は認められ」ず,「就業規則中女子の定年年齢を男子より低く定めた部分は,……性別のみによる不合理な差別を定めたものとして民法90条の規定により無効である」と判示した(最判昭和56・3・24労判360号23頁)。合理的な理由のない雇用における男女差別は公序違反であるという考え方は,この時点で,最高裁も支持する考え方になったといえる。

(2) 1985年均等法の成立

国連は1975年を国際婦人年として設定し,全世界的な規模で性別役割分業を解消するための行動を開始した。1979年には「女性の権利のカタログ」といわれる女性差別撤廃条約(正式名称は,「女子に対するあらゆる形態の差別の撤廃に関する条約」)が採択された。国際的な男女平等へのダイナミックな動きは,日本にも大きな影響を及ぼした。

日本は,1985年に女性差別撤廃条約を批准し,そのための国内法整備の一環として,同年,男女雇用機会均等法(均等法)を制定した。これは,それまで労基法が規定してこなかった,賃金以外の労働条件について男女差別を規制する具体的な立法である。

1985年の均等法制定時に,もっとも議論になったのは,「保護と平等」の問題であり,罰則付きの平等法でなければ意味がないという労働側の主張と,「平等も保護も」というのは「過保護」であるという経営側の主張は平行線をたどった。最終的には,一方で「募集・採用」「配置・昇進」差別を禁止することなく,使用者の努力義務とし,他方で非工業的職種(いわゆるホワイトカラー)の女性の保護規定を緩和するという,労使痛み分けの決着がはかられた。均等法は,対立する労使の妥協の産物として登場したのである[3]。

しかも,1985年の均等法は,1972年の勤労婦人福祉法の全面改正として制定された。これは女性たちが待ち望んでいた本来の「雇用平等法」としては限界のある立法でしかなかった。

その限界は,①重要な規定(募集・採用,配置・昇進に関わる均等待遇)が事業主の努力義務に委ねられていたこと,②女性の福祉に反しない限りで男女の均

---

[3] 赤松良子『均等法をつくる』(勁草書房,2003年)は,均等法制定の内実を知るための好著である。

等が確保されればよいとされたため，「女子のみ」の取扱いは許されるという解釈通達が出されたこと（片面的な効力）[4]，その結果，「パート＝女性のみ」あるいは「一般職＝女性のみ」という募集・採用が許されることになり，男女の職域分離が解消されなかったこと，③紛争解決のための調停委員会の開始には使用者の同意が必要とされていたこと，などに表れていた。

　このような均等法は，女性差別の有効な是正手段としては限界があった。均等法の施行によって，一時期，女性の雇用の入り口は広がったかのようにみえたが，バブル崩壊後の就職氷河期（1990年代初頭）には，女子学生に対する就職差別が頻発して，社会問題にもなった。女性たちからは，より強力な雇用平等法を求める声が，再度，浮上するようになった。

　また1989年の合計特殊出生率（1人の女性が生涯に産む平均子ども数）が1.57を記録して，これが1990年に公表されると，メディアはこぞって「1.57ショック」と書き立てた。それまで仕事と家庭の両立政策の立法化に消極的だった政府は，少子化対策の位置づけとして「育児休業法」を1991年に制定し，働く女性の就業環境整備を課題にし始めた。このような状況の変化の中から，均等法改正を求める声が徐々に高まることになった。

(3) 1997年均等法の改正——第二ステージ

　1997年に均等法は改正され，1999年から施行された。均等法の第二ステージである。

　1997年の法改正によって，第一に，名称から「福祉」という表現がなくなり，均等法は，「福祉法」という性格から「雇用差別を禁止する法」としての性格を強めた。その結果，女性の福祉にとって有害かどうかを問わず，男女別の雇用管理は法に違反すると解釈されるようになった。改正法の下では，「女性のみ」「女性優遇」も含め，原則として，女性を男性と異なって取り扱うことは均等法違反と解釈されている（平成10年6月11日女発168号）。

---

[4] 昭和61年3月30日婦発68号は，以下のように述べている。「均等法は……女子労働者の地位向上を図ることを目的として制定されたものである。したがって，男子が女性と均等な取扱いを受けていない状態については直接ふれるところではなく，……女子のみにより多くの機会が与えられていることや女子が有利に取り扱われていることは均等法の関与するところではない」。

第二に，努力義務規定はなくなり，募集・採用から定年・退職・解雇に至る全雇用ステージにおいて，使用者による女性差別が禁止されることになった（均等法5～8条）。

第三に，事業主の同意がなくても，労働者からの申請によって調停が開始するようになった（14条）。また，労働大臣は，法律に違反している事業主に差別を是正するように指導・助言・勧告を行い（25条），勧告に従わない企業に対してはその事実を公表することができるという規定が設けられた（26条）。

第四に，事業主は，職場におけるセクシュアル・ハラスメントを防止するために必要な配慮をしなければならないという規定が設けられた（21条）。

第五に，職場における事実上の男女格差を是正するために，事業主がポジティブ・アクションを実施するときには，国がその事業主を援助できるという規定が設けられた（20条）。

2 新たな法改正への動き

(1) 積み残された課題——附帯決議

1997年の均等法改正は，おおむね女性労働者たちからは歓迎されたが，他方で，差別を是正させるには行政指導と調停制度しかなく，救済命令を出す行政機関が整備されている欧米諸国の法制度に比較すると，なお不十分だという批判は根強く残っていた。また，均等法改正と同時に行われた労基法改正（女性のみを保護する規定の撤廃）に対しては，それに代替するより手厚い男女共通の労働条件保護規定の必要性が強調された。

1997年均等法改正のときに積み残された課題は多く，それらは衆参両議院の労働委員会における附帯決議として残され，また，本会議で改正法案が採択されたときも，衆参両議院の42名の女性議員が有志アピールを出した。

これら残された課題のうち，男女共通の労働条件保護規定に関わる項目を除いて，雇用平等関連項目のもっとも重要な部分は，「性差別禁止法の実現をめざし，間接性差別の内容について引き続き検討すること」というものである。

(2) 女性差別撤廃委員会による「最終コメント」

女性差別撤廃条約を根拠に設けられている女性差別撤廃委員会（Committee on

the Elimination of Discrimination against Women, 以下，CEDAW とする）に，日本はこれまで5つのレポートを提出した。それらに関する CEDAW の審査は過去3回にわたって行われたが，2003年の審査では，間接性差別をめぐるやりとりが興味を引いた[5]。審査の結果，2003年8月9日に出された CEDAW による「最終コメント」には，興味深い以下のような指摘が盛り込まれた。すなわち，①委員会は，国内法に差別の明確な定義が含まれていないことを懸念し，条約の1条にそった，直接差別および間接差別を含む，女性に対する差別の定義が国内法に導入されることを勧告する。また，②水平的・垂直的な雇用分離から生じている男女賃金格差の存在と，間接差別の慣行と影響についての均等法指針における認識不足を懸念し，さらにパート労働者や派遣労働者における女性の割合が大きく，しかも彼女らの賃金が一般労働者よりも低いことを懸念する。そして，③均等法の指針を改正し，条約の4条1項にそった暫定的特別措置を用いて事実上の機会均等を促進するように要請する。

(3) 均等法の第三ステージへ

均等法の再度の改正に向けて，厚生労働省は，2002年11月に，学識経験者8名により構成される「男女雇用機会均等政策研究会」（以下，「均等政策研究会」とする）を発足させ，同研究会は15回の検討を重ねて，2004年6月に報告書を公表した[6]。同年9月からは，公・労・使による三者構成の「労働政策審議会雇用均等分科会」が，均等法改正の議論を開始し，2005年12月16日に報告をとりまとめた。労働政策審議会は基本的に分科会の報告に基づいて，同年12月27日に「建議」を公表した。

厚生労働省は2006年1月27日に，「雇用の分野における男女の均等な機会及び待遇の確保等に関する法律及び労働基準法の一部を改正する法律案要綱」

---

[5] 坂東眞理子日本政府主席代表が，「間接差別についてはようやく政府が『間接差別』の研究会を組織した」と報告したが，委員からは，「2001年になってようやく政府が『間接差別』の研究会を開始したのは遅すぎる」と指摘された。また，均等法について「異なった雇用管理のカテゴリーを均等法の指針が許容しているのは問題である」という指摘もなされた。詳しくは，赤松良子＝山下泰子監修『女性差別撤廃条約と NGO』（明石書店，2003年）を参照。

[6] http://www.mhlw.go.jp/houdou/2004/06/h0622-1.html

を労働政策審議会に諮問し，同審議会は2月7日付けで「おおむね妥当」という答申を行った。ただし，答申には，労働者側委員からは「間接差別基準は限定列挙ではなく例示列挙にすべき」との意見，使用者側委員から，「間接差別概念の導入について懸念がある」という意見が，それぞれ示された旨が記載された。

2006年3月7日には，「雇用の分野における男女の均等な機会及び待遇の確保等に関する法律及び労働基準法の一部を改正する法律」が閣議決定され，同日，国会に提出された。法案は審議の後，第164回通常国会において，6月15日に可決成立したが，衆議院厚生労働委員会では，11項目の附帯決議がついた。本法は，2007年4月1日から施行されることになっている。

3 間接性差別概念をめぐって

(1) 間接性差別禁止規定立法化の意味

均等法改正をめぐっては，間接性差別禁止規定の立法化が最大の課題であることは間違いない。日本では，必ずしも性差別概念を「直接」と「間接」とに区分けしてこなかったが，欧米の雇用平等に関わる法では，差別に関するこの2類型の概念が明確に規定されていることが多い[7]。

間接性差別という考え方によれば，たとえば使用者が表面的に性中立的な条件・基準を採用し，職場の男女にそれを平等に適用したとしても，そのような条件・基準によって，結果的に多数の女性が不利益を被る場合には，その条件・基準を適用すること自体が，女性を「間接的に差別した」のではないかと推定される。このような場合には，使用者が当該条件を採用する正当な理由を有していることを証明しなければならない。もしその証明がなされない場合は，

---

[7] 女性であるという理由で昇進の対象から女性を排除したり，男性と異なる昇進基準をあてはめることなどは，直接に性別を理由とする差別であることから，「直接」差別といわれる。しかし男女に同じ基準が平等に適用されても，なお差別と認定されるものがあり，このような概念を，欧米では「間接差別（indirect discrimination）」（たとえばイギリス性差別禁止法1条2項b号）として，もしくは「差別的効果（disparate impact）に基づく違法な行為」（アメリカの1991年改正公民権法第7編703(k)(1)(A)条）として，禁止している。そもそもこの概念は，1971年にアメリカ連邦最高裁判所の判決（Griggs v. Duke Power Co., 401 U.S. 424, 1971）に登場した後，1975年にイギリス性差別禁止法に明文化され，その後，世界各国に広がって，現在ではEUの改訂「男女均等待遇指令」（2002年）にも導入されている（後注8）参照）。

使用者は，間接性差別という違法行為をしたことになるのである[8]。

　間接性差別禁止概念を立法化することの意味を改めて整理しておくとすれば，以下の2点であろう。第一に，間接性差別禁止規定の導入は，日常的に社会において通用してきた条件・基準・慣行などの中にも，性差別的な機能が内包されているという事実をあぶり出すことになるということである。とりわけヨーロッパでは，数多くの裁判例が蓄積されることを通じて，性差別的影響をもたらす性中立的な基準が見直され，是正されてきた。もしこの概念が日本に導入されることになれば，この国でも，人々がこれまで疑問をさしはさむことがなかったさまざまな社会通念の性差別性に気づくことになり，社会的な意識を変化させる契機がもたらされるだろう。その意味で，間接性差別禁止規定は，いわば社会通念の「包括的見直し機能」をもっているといえるのではないか。

　第二に，間接性差別禁止は，違法とされた後の差別の是正方法に特色がある。たとえば総合職の管理職昇進基準の1つに，「全国転勤3回以上の経験者」という要件があったとしよう。もし総合職女性が全国転勤を3回も経験したにもかかわらず，女性だからといって昇進から外された場合は，これは明らかに「直接性差別」にあたる。ところが，直接性差別の場合は，原告女性個人に対する取扱いが「差別」に該当し，彼女を男性並に扱えという命令が出されるとしても，肝心の「昇進基準」そのものは維持されることになるだろう。これに対して，間接性差別を争う場合は，基準そのものが問題になる。すなわち，

---

[8] 先進国における間接差別の定義は，以下のようになされている。EU の 2002 年男女均等待遇（改正）指令：「外見上は性中立的な規定，基準又は慣行が，他の性の構成員と比較して，一方の性の構成員に特定の不利益を与える場合。但し，当該規定，基準又は慣行が，正当な目的によって客観的に正当化され，その目的を実現する手段が適切かつ必要である場合はこの限りではない」。イギリス性差別禁止法：「当該行為者が男性に対し同様に適用し，又は適用するであろう以下のような規定，基準又は慣行を，女性に対して適用した場合。(1)それにより不利益を受ける女性の割合が，不利益を受ける男性の割合よりも相当程度大きく，かつ，(2)当該行為者がその適用される者の性別に関係なく正当であることを立証し得ず，かつ，(3)その女性に対し，不利益となるもの」。アメリカ 1991 年改正公民権法第 7 編：「以下のいずれかの場合には，差別的効果に基づく違法な雇用慣行になる。(1)原告が，ある使用者の行為により差別的効果が発生することを証明したのに対し，使用者が，それが当該地位における職務と関連性があり，かつ業務上の必要性に合致していることを証明しなかった場合，(2)原告が，それに代わる別の方法が存在することを証明したのに対して，使用者がその採用を拒否する場合」。

「全国転勤3回以上」という要件は，たしかに「外見上は」性中立的な基準であるが，グループとしての女性は，総じて男性よりも多くの家族的責任を負担しており，この要件を満たすことができる者は男性よりもかなり少ないために，不利益を被ることになる。したがって，この要件は，昇進基準として正当性があると証明されないかぎり，違法になる。この場合，違法な基準は無効となり，なんらかの基準が必要となる場合は，別の正当性のある基準によって置き換えられることになるのではないか。

　以上のように考えると，間接性差別概念は，直接性差別よりも洗練された概念であると言えよう。すなわち，直接性差別概念は，基準（ものさし）そのものはなお男性規範にとらわれたものであり，個人に焦点をあてた概念であるが，それに比較して間接性差別概念は，グループとしての女性に焦点をあて，かつ，男性基準そのものを変更する機能を果たすことになるのである。

　それだけに，もし立法上の間接性差別禁止規定において，当該概念の取扱い事案や適用範囲が狭く限定されるようなことになれば，この概念がもつ社会通念の「包括的見直し機能」が縮小されてしまうことになり，問題は大きいと考えられる。残念ながら2006年の均等法改正では，この懸念が的中するという結果となった。

(2) 間接性差別の定義と対象範囲

　先に述べた均等政策研究会の「報告書」は，CEDAWの審査にもふれながら，間接性差別の概念化の必要性を指摘し，「間接差別とは，外見上は性中立的な規定，基準，慣行等（以下「基準等」という。）が，他の性の構成員と比較して，一方の性の構成員に相当程度の不利益を与え，しかもその基準等が職務と関連性がない等合理性・正当性が認められないものを指す」と述べた。その上で，同報告書は，諸外国においても，この概念の適用状況にはさまざまな違いがあるとしつつ，日本で「間接性差別として考えられる例」として，7つの事例を示した。研究会報告では，7つの事例は，あくまでも今後，数多く生ずるであろう間接性差別事案の例示として出されたに過ぎない。

　2005年11月18日に，労働政策審議会均等分科会に事務局（厚生労働省雇用均等・児童家庭局雇用均等政策課）から提示された文書，「取りまとめに向けた検

討のためのたたき台」では，間接性差別について均等法に盛り込む場合の「対象」として，「募集・採用における身長・体重・体力要件」，「コース別雇用管理制度における総合職の募集・採用における全国転勤要件」，「昇進における転勤経験要件」の3つが示された。報告書が示した7つの「例示」は「たたき台」では3つに限定して列挙された。そして，労働政策審議会の「建議」でも，間接性差別の「対象基準」として，3つの事例を定めること，合理性・正当性の判断にあたっては判断の参考となる考え方を指針で示すことが適当とされた。

その後，法律案要綱では，間接性差別に関する項目については，以下のように記載されていた。「事業主は，労働者の性別にかかわりなく均等な機会を与えなければならないとされ，又は労働者の性別を理由として差別的な取扱いをしてはならないとされる事項に関し，労働者の性別以外の事由を要件とする措置を講ずる場合において，当該要件が当該要件を満たす男性及び女性の比率その他の事情を勘案して実質的に性別を理由とする差別につながるおそれがあるものとして厚生労働省令で定めるものに該当するときは，当該労働者が従事する業務の遂行に必要であること，当該事業主の事業の運営に必要であることその他の合理的な理由がある場合でなければ，当該措置を講じてはならないものとすること。厚生労働省令で定めるものは次のものとする。①募集又は採用における身長，体重又は体力要件　②コース別雇用管理制度における総合職の募集又は採用における全国転勤要件　③昇進における転勤経験要件」

法律案要綱には，「間接差別」という表現は使われていない。また，間接性差別の適用対象を省令で3つの事例に限定列挙しようとするものであった。これでは先にも述べたように，本来期待されている間接性差別概念がもつ社会通念の「包括的見直し機能」はほとんど期待できないことになりかねない。問題は大きい。そのために，国会における議論もここに集中することになった。

(3) 2006年改正均等法における間接性差別禁止規定

さて，2006年の改正均等法7条では，間接差別禁止について，「性別以外の事由を要件とする措置」という見出しの下，禁止対象を省令に委任する形式をもって規定されることになった。あらかじめ省令で決めて列挙したもののみを禁止するという，諸外国では例をみない特異な内容であり，国会の議論でも，

省令による限定列挙では，それ以外の多くの間接差別が事実上容認されてしまうのではないかという懸念が，しばしば提示された。それを受けて，附帯決議では，「間接差別は厚生労働省令で規定するもの以外にも存在しうるものであること，及び省令で規定する以外のものでも，司法判断で間接差別法理により違法と判断される可能性があることを広く周知し，厚生労働省令の決定後においても，法律施行の5年後の見直しを待たずに，機動的に対象事項の追加，見直しを図ること。そのため，男女差別の実態把握や要因分析のための検討を進めること」という項目が設けられた。

均等法の詳細は，省令および指針に委ねられている。そこで，現在，2007年4月の施行に向けて，省令と指針を改訂するという重要な作業が進行中である。厚生労働省は，2006年8月28日に，労働政策審議会に，「省令案要綱」および2つの「指針案」（「労働者に対する性別を理由とする差別の禁止等に関する規定に定める事項に関し，事業主が適切に対処するための指針案」と「事業主が職場における性的な言動に起因する問題に関して雇用管理上講ずべき措置についての指針案」）を諮問した。2006年8月末現在，これらの案に関してはパブリック・コメントが実施されている[9]。

おわりに

2006年均等法改正では，間接性差別禁止規定以外にも，重要な条文の改正が行われた。

第一に，均等法の「女性労働者に対する差別の禁止等」は，「性別を理由とする差別の禁止」となり（均等法第2章第1節），均等法は，女性差別禁止法から，男女双方に対する差別禁止規定が盛り込まれる法になった。今後は，男性からの性別役割分業社会へのクレームが顕在化してくることが予想される。

第二に，差別的取扱いが禁止される「配置」には，「業務の配分及び権限の付与」が含まれることが付記された（6条1号）。また，「昇進」差別の禁止に加えて，労働者の「降格」が加えられ（同条1号），「労働者の職種及び雇用形態の変更」に関する差別も対象となることが明記され（同条3号），また，「退

---

9) http://www.e-gov.go.jp/index.html

職の勧奨」と「労働契約の更新」に関する差別も禁止されることになる（同条4号）など，差別禁止の対象範囲が，若干ではあるが拡大されることになった。ただし，「建議」で，配置の差別的取扱いの事例には「日常的な業務指示」に関する差別行為は含まれないとされた。会議の出席や出張の有無，日常的な掃除やお茶くみといった日常的な業務の指示が男女の仕事差別を生み出していることをみると，さらに対象範囲は拡大される必要があるだろう。

　第三に，妊娠・出産を理由とする不利益取扱いの禁止が規定されることになった。具体的には，妊娠したこと，出産したこと，産前産後休業を請求したこと，当該休業をしたこと，「その他の妊娠又は出産に関する事由であって厚生労働省令で定めるものを理由として，当該女性労働者に対して解雇その他不利益な取扱いをしてはならない」と規定された（9条3項）。具体的に何が不利益にあたるかは指針で示されるが，国会答弁では「妊娠，出産に起因する能力低下や労働不能」を理由とする不利益の取扱いも禁止するとされている。さらに，妊娠中・出産後1年を経過しない女性労働者に対する「解雇は，無効とする」とされ，事業主が，妊娠・出産を理由とする解雇でないことを証明した場合のみ，有効であることが明記された（同条4項）。解雇理由の立証責任はそもそも使用者にあるために，これは当然のことを確認的に規定したものといえるだろう。しかしこの規定によって使用者による差別的な解雇が抑制されるという効果が期待される。

　第四に，セクシュアル・ハラスメントに関して，事業主の配慮は「措置義務」とされ，「必要な体制の整備その他の雇用管理上必要な措置を講じなければならない」とされた（11条1項）。なお，セクシュアル・ハラスメントについては，調停および企業名公表の対象となるなど（16条，18条，30条），防止のための対策が強化されたといえよう。

　さまざまに批判されてきた「雇用管理区分」には手がつけられず，均等法の法的な効力に関する議論，すなわち「行政指導法規」の域を超えている法であるのかどうかについても決着はついていない。

　また，均等法改正と同時に，労基法にも若干の改正があったことも付言しておく。すなわち，これまでの労基法の一般女性に対する坑内労働の禁止規定は，妊産婦等に対する禁止規定となったのである（第6章の2見出し）。一般女性に

対しては，坑内労働を原則許容し，「坑内で行われる業務のうち人力により行われる掘削の業務その他の女性に有害な業務として厚生労働省令で定めるもの」を例外的に禁止するという規定が設けられた（64条の2第2号）。

最後に，2006年の均等法改正における残された課題の1つを指摘して本節を閉じたい。それは，均等法の目的・理念規定に「仕事と生活の調和」を明記するか否かという議論に関わるものである。結局，2006年の法改正では，同文言は盛り込まれずに終わった。このことは，間接性差別禁止をめぐる議論とも大いに関連することであった。平等概念のベースをどこにおくかということが問われたからである。いわば，均等法がめざす平等は，「男性の働き方基準に女性を合わせる平等」なのか，それとも「仕事と生活を調和させた働き方を男女共通の基準とする平等」なのか，という基本問題である[10]。

現実の社会における性別役割分業は，実に強固であって，そう簡単には崩れそうにない。その結果，具体的な家族責任の担い手の多くが女性労働者であるという実態は，今後とも続くであろう。それだけに，男女差別の禁止は，実際に家族責任を果たさざるをえない労働者（主として女性）に不利益をもたらすような条件や基準の業務上の必要性等を見直して，それらを可能なかぎり，男女が平等にクリアできる条件や基準におきかえていく必要がある。「男性並み平等」ではなく，家族的責任をもつ男女が満たせる基準による平等である。このような手法が，すでに述べたように，間接性差別禁止原則なのであって，2006年改正均等法7条は，きわめて限界のある形ではあるが，これを具体化したものといってよいだろう。

それだけに，もし均等法の目的・理念規定として「仕事と生活の調和」という文言が盛り込まれれば，間接性差別禁止規定がめざすべき平等のあり方がより明確になり，均等法改正の意義はより評価されることになったのではないだろうか。

　　　　　　　　（初出論文：「均等法の20年――間接性差別禁止の立法化をめぐる
　　　　　　　　論議」嵩さやか＝田中重人編『東北大学21世紀COEプログラム
　　　　　　　　ジェンダー法・政策研究叢書第9巻　雇用・社会保障とジェンダ
　　　　　　　　ー』（東北大学出版会，2007年）35〜48頁）

10）　黒岩容子「雇用機会均等法等の改正」季刊労働者の権利265号（2006年）35頁。

[追記]
　本節に掲載した論文は，2006 年の男女雇用機会均等法改正が行われた直後に書いたものである。均等法改正をめぐる最新の動向については，本書第 3 章第 2 節の［追記］を参照していただきたい。

第2節　間接性差別禁止とポジティブ・アクション

はじめに

　間接性差別の禁止とポジティブ・アクションは，いずれも構造的な差別を排除して，実質的な男女平等を実現するための法技術である。本節では，これら2つの手法について，日本におけるこれまでの立法上の規定の変化を追いつつ，諸外国の法制と対比をさせた場合の日本的特色を明らかにしたい。そのことは，将来の立法上，解釈上の課題を浮き彫りにするであろう。ただし，私の専門領域から，ここでは主として雇用の分野における法的検討に限られることをお断りしておきたい。

1　間接差別概念の革新性

　間接差別とは，それ自体は差別を含まない中立的な制度や基準であっても，特定の人種や性別に属する人に不利な効果・影響をもたらすならば違法な差別になる，という考え方である。間接差別には，間接的な「性」差別や，間接的な「人種」差別などがある。

　初めてこの概念を登場させたのは，1971年のアメリカ連邦最高裁判決[1]であり，アメリカではこれを「差別的効果（disparate impact）法理」と呼んだ。この法理はヨーロッパに渡り，1975年に成立したイギリス性差別禁止法は，これを「間接差別」（indirect discrimination）として禁止する条文を設けた（同法1条(2)(b)）。この条文はその後，改正され，2005年改正の現行法では，次のように規定されている。

　「使用者が，ある規定，基準または慣行（a provision, criterion or practice）を，男性に適用するのと同様に女性にも適用し，または適用するであろう場合に，(i)それが，男性と比較して女性に特定の不利益を与え，あるいは特定の不利益を与えるであろう場合であって，また，(ii)それが，当該女性に不利益を与える場

---

[1]　Griggs v. Duke Power Co., 401 U.S. 424 (1971).

合であり，また，(iii)それが適法な目的を達成するための相当な手段であることを証明することができない場合」[2]。

今や，EC 男女均等待遇指令をはじめ多くの国の差別禁止立法は，人種や性を理由とする「直接的な差別」と同時に，間接差別を禁止する条文をあわせて設けるようになっている[3]。

欧米では，間接差別を違法とする法原則の導入は，以下の点で革新性をもつと考えられている。第一に，性・人種などを理由とする直接差別は，男女・人種等の異なる処遇・取扱いを問題にするが，間接差別は，性・人種中立的な基準や規範自体が女性（または男性）または特定の人種マイノリティに与える影響に注目する。つまり間接差別の場合，女性やマイノリティがその基準や規範を満たしにくいという事実を問題にするために，基準や規範の普遍性自体が疑われる。

第二に，直接差別は，個人としての男女もしくはマイノリティ人種に属する者に注目する概念だが，間接差別は，集団としての女性や男性に対する影響，集団としての一定のマイノリティ人種への影響に注目する概念である。もちろん救済の名宛人は集団ではなく個人であることはいうまでもない。

第三に，間接差別概念は，これまで社会において通用してきた基準や規範などの中にも，性差別的な機能もしくは人種差別的機能が内包されているという事実をあぶり出す。人々は，これまでは疑問をさしはさむことがなかったさまざまな社会通念の性差別性や人種差別性に気づくことになり，その結果，間接差別概念はいわば社会通念の「包括的見直し機能」をもつ。

第四に，間接差別の特色は，違法とされた後の差別の是正方法にも見いだされる。違法な直接差別の是正方法は，通常，女性を男性並みに扱うこと（たと

---

2) 2005 年改正は，2002 年 EC 男女均等待遇指令（Council Directive 2002/73/EC）を遵守するための国内法整備の一環であった。法改正における最大の変更点は，特定の性別の者に不利な影響を与えることが一般的に明白であれば，申立人が，基準または慣行に関する統計的な不均衡を証明する必要がなくなったということであろう。EC 指令に関しては，黒岩容子「EC 法における間接性差別禁止法理の展開」ジェンダーと法 4 号（2007 年）68 頁以下参照。

3) アメリカ，イギリス，EU，ドイツにおける間接差別に関する法規定については，厚生労働省「男女雇用機会均等政策研究会報告書」（2004 年 6 月 22 日）の付属資料を参照のこと。

えば女性にも昇進試験を受験させることなど），マイノリティ人種に属する人をマジョリティに属する人と平等に扱うことで足りるとされることが多く，男性やマジョリティに適用されてきた基準や規範そのものの変更を迫られるわけではない。たとえば，昇進試験の内容にたちいるわけではない。しかし間接差別の場合は，違法となった基準は無効となり，正当性が認められる基準によって置き換えられることになる。

このように，性差別に関していえば，直接差別は，基準（ものさし）そのものはなお男性規範にとらわれたものであり，個人に焦点をあてた概念であるが，一方，間接差別は，グループとしての女性に焦点をあて，かつ，男性基準そのものを変更する機能を果たすという点で，より革新性をもつ概念とされている。

もっとも，この概念が差別の廃絶に関して，万能薬でないことも述べておかねばならない。この法理では，「結果の不平等」（実際の格差というべきか）は差別の診断として使われているが，いまだ実際に達成されるべき目標にはなっていない。むしろ間接差別を禁止規定として定めることの目標は，女性やマイノリティにとってのある種の障害の除去であって，結果の平等よりもなお機会の平等の達成に焦点があるとされている[4]。

2　日本における間接性差別禁止規定

(1) 立法化に至る経緯

1997年の均等法改正の折にも，間接性差別禁止規定については国会で質疑がなされたが，実現には至らず，衆参両院の労働委員会における附帯決議において，政府が適切な措置を講ずべき事項として「間接差別概念の検討」が盛り込まれたにすぎなかった[5]。

一方，国際機関である国連・女性差別撤廃委員会（CEDAW）は，2003年の「最終コメント」において，日本に，直接差別および間接差別の両方を含む，女性に対する差別の定義を国内法に盛り込むことを勧告し[6]，このことが均等

---

4) Fredman, S., *Women and the Law*（Oxford University Press, 1997），p. 287.
5) 1997年5月16日均等法改正案に関する衆議院労働委員会「附帯決議」および同年6月10日参議院労働委員会「附帯決議」。
6) 女性差別撤廃委員会第29会期「第4次・第5次レポート審議に関する最終コメント」（2003年8月9日）パラグラフ21〜23。

法の改正論議にも大きな影響を与えた。

　間接差別に関しては，2000 年 4 月から施行された埼玉県の「男女共同参画推進条例」3 条 1 項（「男女が直接的であるか間接的であるかを問わず性別による差別的取扱いを受けないこと」）が初の明文規定といえようが，同条に基づき間接差別事案が苦情処理機関に申し立てられたという情報はない。

　2004 年 6 月に，厚生労働省「男女雇用機会均等政策研究会報告書」[7]は，公的な文書としては初めて，間接差別を定義した。ここでは，「間接差別とは，外見上は性中立的な規定，基準，慣行等……が，他の性の構成員と比較して，一方の性の構成員に相当程度の不利益を与え，しかもその基準等が職務と関連性がない等合理性・正当性が認められないものを指す」とされた。

　同報告書は，国内の裁判例を分析し，各国の立法上の規定を比較したうえで，日本で「間接差別として考えられる典型的な事例についてイメージを示す」として，7 つの例を掲げた[8]。

　2006 年 6 月 15 日に，第 164 回国会で「雇用の分野における男女の均等な機会及び待遇の確保等に関する法律及び労働基準法の一部を改正する法律案」が可決成立した。同法が間接差別の対象事項を省令により限定したために，衆議院厚生労働委員会は，附帯決議によって，この差別は「厚生労働省令で規定するもの以外にも存在しうるものであること，及び省令で規定する以外のものでも，司法判断で間接差別法理により違法と判断される可能性があることを広く周知」するとした[9]。

(2) 2006 年改正均等法 7 条の対象領域

　2006 年改正均等法は，5 条と 6 条で直接性差別を禁止し，7 条で間接性差別

---

[7]　厚生労働省・前掲注 3）。

[8]　これら 7 つの例とは，①募集，採用時の身長・体重・体力要件，②総合職の募集・採用時の全国転勤要件，③募集・採用時の学歴・学部要件，④昇進における転勤経験要件，⑤福利厚生適用や家族手当支給における世帯主要件，⑥正社員の有利な処遇，⑦福利厚生適用や家族手当支給からのパート労働者の除外である。

[9]　その後，平成 18 年 10 月 11 日雇児発 1011002 号の通知は，「〔施行規〕則 2 条に定める措置……以外の措置が……，司法判断において，民法等の適用に当たり間接差別法理に照らして違法と判断されることはあり得る」として，附帯決議の趣旨を補強している。

を禁止する。改正に伴って，直接性差別の禁止対象が若干，拡大されたものの（6条）[10]，その対象はなお限定的である。

一方，7条は，「事業主は，募集及び採用並びに前条各号に掲げる事項に関する措置であって労働者の性別以外の事由を要件とするもののうち，措置の要件を満たす男性及び女性の比率その他の事情を勘案して実質的に性別を理由とする差別となるおそれがある措置として厚生労働省令で定めるものについては……合理的な理由がある場合でなければ，これを講じてはならない」と規定する。すなわち7条は，禁止される間接差別の対象事項の範囲を，均等法が直接差別の対象として禁止する募集・採用（5条）と「前条〔6条〕各号に掲げる事項に関する措置」に限定し，かつ，省令で定める措置のみに限定したのである。加えて賃金差別についてはそもそも対象領域外とされている[11]。

さて，厚生労働省令である施行規則は，本条における禁止事項を3例のみに限定した（同規則2条）。すなわち①募集，採用時の身長・体重・体力要件，②総合職の募集・採用時の全国転勤要件，③昇進における転勤経験要件であり，前掲・男女雇用機会均等政策研究会報告書が「間接差別として考えられる例」として示した7例のうちの①②④に該当する。なぜこの3例に絞られたのか，理論的な説明はなされていない[12]。

均等法の指針は直接差別について，「一の雇用管理区分」ごとに一方の性別の者を排除したり優先したり異なる取扱いをすることを禁止するとしている[13]。他方，間接差別については，必ずしも「雇用管理区分」に言及していないが，

---

10) 均等法6条において，差別的取扱いが禁止される「配置」には，「業務の配分及び権限の付与」が含まれることが明記され，「昇進」差別の禁止に労働者の「降格」が加えられた（1号）。3号には，「労働者の職種及び雇用形態の変更」に関する差別が明記され，4号では「退職の勧奨」と「労働契約の更新」に関する差別も禁止されることになった。

11) 労基法4条が賃金差別を禁止しているために，そもそも均等法の対象範囲から「賃金」は除外されている。

12) 研究会報告書では，②④⑥⑦の事例について，女性自らの意思や選択に基づく結果であるという点で，これらを間接差別の俎上にのせることについて異議が出されていた。しかし省令では，②④が含まれることから，研究会報告とは異なる観点から3事例への絞り込みが行われたはずである。厚生労働省の説明では，労使のコンセンサスがなされた事例がこの3例であったとのことであるが，これは法理論上の説明とはいえない。

13) 平成18年10月11日厚生労働省告示614号第2の1および2。

7条が，すでにみたように，間接差別の対象を5条と6条の対象事項に限定しているところからすれば，間接差別についても「一の雇用管理区分」における男女への影響が問題になるはずというのは，ありうる解釈であろう[14]。このことが招来する結果は，コース別雇用における総合職と比較して劣位に扱われる一般職の処遇や，正社員と比較して劣位に扱われるパートの処遇などが，間接差別の対象外と扱われることである。研究会報告書が指摘した⑥⑦の事例は，そもそも間接差別の対象にならないことになる[15]。

使用者の抗弁については，指針により，「当該措置の対象となる業務の性質に照らして当該措置の実施が当該業務の遂行上特に必要である場合，事業の運営の状況に照らして当該措置の実施が雇用管理上特に必要であること等をいう」とされている[16]。これに対して，「差別が人格的・社会的・経済的な基本的権利を損なう人権侵害であることからすれば，経営上の必要があるからといってこれを放置することは許されない」という見解がある[17]。たしかに「事業の運営の状況に照らして……雇用管理上特に必要」という要件を，単なる企業の「経済上の効率的運営」の必要で足りると解釈することは，使用者の合理性の抗弁にとっては不十分というべきであろう。

(3) 対象領域を限定することの評価

欧米でも，国によって間接差別法理には違いがみられる。

第一に，賃金の取扱いである。英米ではともに，雇用差別全般を定める立法とは別に，同一賃金法が制定されている。

アメリカでは同一賃金法と公民権法第7編は，明文上，排他的関係にはないが，同一賃金法が，男女間の賃金格差が「性別以外の要素」によるものであれば違法ではないと定めている関係上（ベネット修正条項・公民権法第7編703条(h)），同一賃金法により是認される場合は公民権法第7編に反する違法な雇用行為で

---

[14] 神尾真知子「均等法改正における『性差別禁止』の広がりと深化——男女双方に対する性差別禁止と間接差別」季刊労働法214号（2006年）109頁。
[15] たとえば，女性が多い一般職の定年年齢を総合職よりも5年早くするような格差のある定年制度は，ここにいう間接差別とはみなされないことになる。
[16] 平成18年10月11日厚生労働省告示614号第3の1(2)。
[17] 中野麻美「間接差別——労働側の立場から」ジュリスト1300号（2005年）124頁。

はない。すなわち，賃金格差問題への差別的効果法理（間接差別のアメリカでの呼称）の適用は事実上否定される。

一方，イギリスでは，賃金その他雇用契約上の労働条件差別は同一賃金法が取り扱い，性差別禁止法は，契約に基づかない利益・給付，採用，昇進，職業訓練，解雇などの雇用関連事項の差別を禁止するため，規定上，両法は排他的関係にある。そして，間接差別禁止規定が性差別禁止法上に規定されているために，賃金に関しては間接差別概念が適用されないと解釈されていた時代があったが，EU法の影響によって，今日では，賃金面の性差別にも間接差別法理が適用されるに至っている[18]。

第二に，賃金以外の事項については，アメリカでは，雇用における基準等の事項のうち，先任権制度は，立法上，違法な雇用慣行ではないとされているし，また，パート労働者や家族的責任の有無等に係る事項が間接差別とされた例は把握されていない。これに比較してイギリスでは，賃金も含めてほとんどの雇用差別がとりあげられ，パート労働者や家族的責任等に係る事案なども，間接差別の争点になっている。

英米にみられるこの差異について，長谷川は，アメリカでは個人の選択の結果であるような基準が争点とされない傾向があると指摘しつつ，英米の考え方の差異の背景には，「主に使用者の関与による労使間における不公正な基準等の利用を否定するのか（アメリカ），あるいは社会との関係において一般的に相当性がないと評価される基準等を排除するのか（イギリス）という差別概念に込められた視点の相違が」あると論じている[19]。

とはいえ，アメリカでも，これは判例の蓄積の中で培われてきた原則であって，最初から特定の事案に適用範囲を限定することなどは行われていない。対して日本では，すでにみたように，二重，三重に，間接差別概念の対象範囲が立法において限定され，本来は豊かな広がりをもつはずの間接差別禁止規定の効果が著しく減殺される結果となったのである。

もっとも，日本において，均等法が定める間接差別概念は，あくまでも均等

---

[18] 黒岩・前掲注2）参照。
[19] 長谷川聡「雇用における間接差別の概念と理論」日本労働法学会誌108号（2006年）197頁以下。

法違反として，行政による報告聴取，助言・指導・勧告の対象となり，また調停の対象事項となる行為の対象を確定するものにすぎない[20]。これ以外にも，裁判上，間接差別として違法評価を受ける事案が存在することは，既述のように附帯決議でも明らかにされている。

ただし，間接差別が違法と判断された場合に，いかなる救済が可能かについては，改めて検討する必要がある。省令に規定されていない事案が司法上，違法と評価された場合，使用者が「故意・過失がない」ことを証明すれば不法行為による損害賠償責任は免れるのだろうか。その場合でもなお，間接差別行為や基準自体は無効であるから，たとえば世帯主基準による家族手当の不支給行為が違法評価を受ければ，基準が是正されると同時に，賃金支払い命令が出されねばならないであろう。

3 日本におけるポジティブ・アクション

ポジティブ・アクションについては，一方の性別の者に対する特別な機会の付与もしくは優遇が，憲法の定める実質的な機会の平等を実現する合理的なものであるか否かが法的な問題の焦点であろう[21]。しかし当面は，企業等に差別是正の機運が急速に醸成されていくとも思われず，また，立法上の規定も緩やかでしかないことから，具体的な立法や行為・基準の違憲性が現実に問われる可能性は低い。ここでは，まず，日本におけるポジティブ・アクションの法規定を整理しておく。

(1) 均等法とポジティブ・アクション

1985年均等法は片面的性格を有し，女性のみの取扱いは女性の福祉に反しないかぎり許容されるとの解釈がなされていた[22]。1997年改正を経てもなお

---

20) 2006年4月25日の参議院厚生労働委員会で，雇用均等・児童家庭局長は，均等法「第7条は，……違反の企業に対して行政権限を用いて間接差別を排除する仕組みを法制したもの」であり，一般法理としては「何でもその議論対象の俎上に上り得る広い概念で……あらかじめ排除されているということはない」とした。
21) 内閣府男女共同参画局ポジティブ・アクション研究会「ポジティブ・アクション研究会報告書」（2005年）8～9頁参照。
22) 昭和61年3月30日婦発68号。

この法は,「女性労働者が性別により差別されない」ことを基本理念とし,男性への適用を排除するという意味での片面性を残した。

ポジティブ・アクションに関するはじめての規定は,1997年の法改正によって設けられた（均等法旧20条）。この規定は,事業主のポジティブ・アクションの取組を緩やかに奨励するものであって,そこで想定される取組の中には,①女性労働者のみを対象とする取組と,②男女両方を対象とする取組があった[23]。②は差別禁止概念と抵触しないが,①は,「女性のみの扱い」をそもそも違法とした1997年法にとっては,抵触問題を惹起する。

そこで均等法9条は,①の措置も差別として排除されないという「特例」を法文によって認めた。特例が許容される条件は,1つの雇用管理区分において女性が男性よりも相当程度少ない状況にあることであり,それは,女性が4割を下回っている状態をさすとされた[24]。このような場合には「特例」が許容され,女性のみの取扱いや女性優遇が許容されたのである。

通達は,「採用の基準を満たす者の中から男性より女性を優先して採用する」という指針が限定する措置のみならず,「募集又は採用の対象を女性のみとすること」や,「男性と比較して女性に有利な取扱いをすること一般」を含んで例外とした[25]。これをみると,日本では,ポジティブ・アクションの導入自体を企業の自発性に委ねつつ,導入されたポジティブ・アクションの法的な評価としては,（4割を下回っているという）一定の条件さえ満たせば,差別として違法評価を受けることはないという仕組みを法的に保障したといえよう。

さて,2006年改正均等法は,既述のように,「女性差別禁止法」から「性差別禁止法」になり片面性を脱却したが,ポジティブ・アクションについては,差別の例外は「女性に対する有利な取扱い」のみに限定されたまま維持され,男性に対する有利な取扱いは許容されていない（均等法8条）[26]。改正されたのは,14条5号として,実施状況の開示に関する条項が追加されたのみであり[27],公的機関への報告義務も規定されなかった[28]。

---

23) 浅倉むつ子『労働とジェンダーの法律学』（有斐閣,2000年）376頁。
24) 平成10年3月13日労働省告示19号第4(1)ならびに平成10年6月11日女発168号第2の7(18)。
25) 平成10年6月11日女発168号第2の7(19)。
26) 平成18年10月11日厚生労働省告示614号第2の14。

これは，ポジティブ・アクションによって格差是正が求められるのは，「女性」の参加が過小な職業分野のみであるという労使の合意の結果であるが，均等法全体の作りとしては，理論的な整合性に欠けると批判されても仕方がない。

(2) 均等法以外のポジティブ・アクション関連条項

男女共同参画社会基本法2条2項は，国，地方公共団体が責務を負う施策として，「男女間の格差を改善するため必要な範囲内において，男女のいずれか一方に対し，当該〔男女共同参画の〕機会を積極的に提供する」ことを定めており，企業もそれに寄与しなければならない（同法10条）。この法律に基づいた男女共同参画基本計画の下，雇用以外の分野でもさまざまに女性の数を増やす取組が行われている。地方自治体の条例にも積極的改善措置は規定されており，一定規模以上の事業所に男女平等の実施状況について報告書を提出させる神奈川県，ポジティブ・アクション推進企業に「確認書」を公布して，公共事業の入札において評価を加点する宮城県などが注目される[29]。また，公務部門における女性公務員の採用・登用の拡大のためのポジティブ・アクションも実施されている[30]。

最近では，2003年に成立した次世代育成支援対策推進法が，300人〔その後の法改正により，現在は100人〕以上の規模の事業主に対して，次世代育成支援対策に関する計画である「一般事業主行動計画」を策定させ，厚生労働大臣への届出を義務づけている（12条）。

また，障害者雇用促進法は，障害者の法定雇用率を定めて，未達成の事業主に対して，①納付金を徴収する一方，②雇入れ計画作成を命じて（46条），計画期間中にその計画が適正に実施されない場合には，計画期間終了後，特別指

---

[27] すなわち，事業主がポジティブ・アクションの実施状況を開示する場合にも国の援助の対象になるという程度の意味である。

[28] 企業に「労働力活用状況分析」を義務づけて，それをしかるべき公的機関に提出することを義務づけてはどうかという提言については，浅倉・前掲注23) 302頁。

[29] 橋本ヒロ子「地方自治体における男女平等施策の現状と課題」ジェンダーと法3号（2006年）12頁。この場合，会計法上の基本原則としての「公正性・経済性」の要請との整合性に留意しなければならない。

[30] この場合は，平等原則との関係（国家公務員法27条），成績主義の原則との関係（同法33条）が問題になる。

導を行い（46条6項），それでもなお改善が認められない場合には企業名を公表すると規定する（47条）。納付金を支払っても雇用義務を免れるわけではないが，義務を免れるために納付金を支払うという企業が多いと言われてきた。かかる誤解を招かないためにも，特別指導と企業名公表が積極的に行われる必要がある。

(3) ポジティブ・アクション規定の日本的特色

日本において，実際にポジティブ・アクションと称して企業が行っていることの多くは，男女双方を対象とする「両立支援策」の実施でしかない。とはいえ，法制度的には，一方の性別を対象とする優先的な採用・配置・昇進を含む方策も許容されると解されており，ポジティブ・アクションとしての許容範囲には広いものがある。問題は，実効性であろう。

各国の法制度には，①一定のポジティブ・アクションが許容されることを法律上に定めるにとどめ，企業の自主的取組を尊重する政策をとる国（イギリス），②政府契約を締結しようとする企業に対して契約締結の条件として，雇用状況の分析と人種・男女平等の実現のための具体的措置を定めた計画の策定とその実施を要求する政策をとる国（アメリカ），③雇用状況報告の作成と企業委員会等への提出を義務づける国（フランス），男女平等計画の策定を義務づける政策をとる国（スウェーデン）などがある。

均等法上の規定はイギリスの法制と類似しているが，イギリスでは，企業の自主的な措置としてポジティブ・アクションの導入がかなり進んでおり，日英の乖離は大きい。こうした状況の背景としては，ポジティブ・アクションが顧客の人種・性別面での多様性確保に有効であること，有能な人材の採用や雇用維持にも有効であること，組織の抱える問題点の発見や改善に資するという効用をもつことに関する企業の認識の有無があげられよう[31]。

次世代育成支援対策推進法と障害者雇用促進法も参考にしつつ，均等法により実効性のあるポジティブ・アクションを制度化することが課題である。

---

31) 内閣府研究会・前掲注21) 155頁。

おわりに

　近年のコース別雇用管理や非正規雇用の拡大は，女性労働者の処遇の劣化と男女間の大きな賃金格差をもたらしている。女性労働者は，直接的な性差別を受けることは少なくなったとはいえ，雇用管理区分や雇用形態による不利益，妊娠・出産や育児・介護を担うことによる不利益を受けている。それだけに，意図的な差別は減少する一方，使用者による差別は巧妙化している。

　このような差別の実態に照らしてみれば，機会均等を阻害する制度や雇い主の意識などの障害を除去することによって，構造的差別を排除し，実質的平等を図る概念である間接差別禁止規定に期待されるところは大きい。今後，均等法において枠づけられた適用対象の限定を外していくことにより，間接差別禁止概念の拡大を図っていけば，可視化されない性差別の実態が目にみえるものとして認識され，現実に存在する「格差」を社会的に問題にしていくことができるであろう。その意味で，間接差別禁止規定は，活用如何によっては，重要な社会通念の見直し機能を果たすものである。

　一方，ポジティブ・アクションは，差別か否かの労働者側の立証を伴うことなく，性別格差が存在するときにその具体的な是正が使用者側のイニシアティブによってもたらされる。その意味では，間接差別禁止規定よりも，より直接的な格差是正の手法であるともいえるであろう。とはいえ，現実の立法上の規定によれば，ポジティブ・アクションはあくまでも企業のイニシアティブに依拠する手法にしかすぎない。法的にも，これは本来，現実の格差が存在する状況下での暫定的な手法としてのみ許容されるものである。

　それだけに，両者の目標とするところが一致しているとしても，ポジティブ・アクションが間接差別の代替になるものではない。間接差別はあくまでも「差別」という違法評価を通じて，実質的な平等を達成させようとするものであり，ポジティブ・アクションは，差別の是正を裁判所が命ずるような場合を除いては，当該企業における違法な差別状況を是正するものではない。あくまでも違法評価とは別個に，積極的な取組は行われる。

　両者は，代替的・補完的な存在ではないから，「ポジティブ・アクションへの企業の積極的な参加をより評価することで，間接差別の概念が目指そうとす

る均等な職場の実現を図ることのほうが望ましい」という見解には賛成しがたい[32]。とりわけ，ポジティブ・アクションのイニシアティブがあくまでも使用者側にある現行法を前提にした場合は，なおさらである。

（初出論文：「日本における間接差別禁止とポジティブ・アクション」ジェンダーと法（ジェンダー法学会誌）4号（2007年）55〜67頁）

[追記]

　本節に関しては2点を追記しておく。第一点は，ポジティブ・アクション法としての女性活躍推進法が2015年に可決・成立したことであり，詳細については本書終章第4節を参照されたい。第二点は，男女雇用機会均等法の見直し動向のその後である。均等法の第3回目の見直しは，2013年に行われた。しかし同年9月27日付けで出された労働政策審議会雇用条件分科会報告（「今後の男女雇用機会均等対策について」）は，法改正は行わず，指針や省令の見直しと均等法の周知に向けた提案にとどめる，というものであった。改正された施行規則や指針は，2014年7月1日より実施されている。改正の内容は，以下の通りである。①間接差別となりうる措置の範囲の見直しがなされ，省令に定めている3つの措置のうち，コース別雇用管理における「総合職」の募集または採用に係る転勤要件について，「総合職」という限定が削除され，労働者全般へと拡大された（均等法施行規則2条2号の改正）。②性別を理由とする差別に該当するものとして，結婚していることを理由に職種の変更や定年の定めについて男女で異なる取扱いをしている事例が追加された（平成18年厚生労働省告示614号第2の8(2)ロ①の改正）。③セクシュアル・ハラスメントの予防・事後対応について，職場におけるセクシュアル・ハラスメントには同性に対するものも含まれること，セクシュアル・ハラスメントの発生の原因や背景には性別役割分担意識に基づく言動もあることが明示され，また，被害者に対する事後対応の措置の例として，被害者のメンタルヘルス不調への相談対応を追加する，などの改正が行われた（平成18年厚生労働省告示615号の改正）。④コース別雇用管理について，従来は通達であったものが指針（平成25年12月24日厚生労働省告示384号）という形になり，コースの新設・変更または廃止にあたって事業主が法に抵触することになる例が具体的に示された。

　さて，均等法が制定されてすでに30年が経過したというのに，なお日本の

---

32) 木下潮音「間接差別——使用者側の立場から」ジュリスト1300号（2005年）129頁。

男女格差には著しいものがある。にもかかわらず，この程度の微細な修正しか行われていない法状況はおおいに問題である。男女間の雇用平等を実現する効果的な機能をほとんど果たしえない均等法については，いったい何が問題なのだろうか。このことが真剣に問い直されなければならない。

第4章　男女別コース制と賃金差別

第1節　男女別コース制をめぐる判例動向

はじめに

　国内外の男女差別撤廃運動の昂揚と連動して，国内の男女雇用差別訴訟は，1980年以降に急増した。賃金・昇格・昇進に関わる訴訟はその中核をなしており，2003年までに出された判決は22件にのぼる（表1参照）。本節では，その中でも男女別「採用・雇用管理区分」・「男女別コース制」[1]が存在したと認定された事案を素材にしつつ，女性差別撤廃条約が，解釈論上，企業の男女差別是正義務に及ぼす影響について，検討してみたい。

1　賃金・昇格に関わる男女差別判例[2]

(1)　**昇格・昇進格差をめぐる事案の類型**

　昇格・昇進は，労働者に資格や地位の上昇をもたらすと同時に，賃金の上昇を伴う。したがって，昇格・昇進差別は賃金差別でもある。賃金に加えて昇格・昇進の男女格差が争われた判決は，これまでに13件あるが，これらは事案としては2つに分類できる。

　第一は，同一の採用・雇用管理区分における男女の昇格格差が争点となった事案である（②③⑦⑫⑭⑯⑰＝数字は表1の事件番号。以下同じ）。男性が一律に昇

---

1)　一般に，業務内容や転居を伴う転勤の有無によっていくつかのコースを設定して，コースごとに異なる配置，昇進，教育訓練等の雇用管理を行うシステムを「コース別雇用管理制度」というが，本節で問題にする事案では，採用や雇用管理が明白に「男女別」に区分されていた事実が認定されており，その点で，少なくとも形式的には性中立的な「コース別雇用制」とは異なる。

2)　この部分について詳しくは，浅倉むつ子「賃金・昇進・昇格に係る男女差別に関する判例の動向」厚生労働省「男女間の賃金格差問題に関する研究会報告」（2002年）132頁以下を参照。なお，賃金差別事件をめぐる判例の分析手法としては，蛭原典子「雇用差別禁止法理に関する一考察」立命館法学269号（2000年）159頁以下が参考になる。

第 1 節　男女別コース制をめぐる判例動向　83

表 1　昇格・昇進に係る男女差別に関する判例一覧（時系列順）

①秋田相互銀行事件・秋田地判昭和 50・4・10 労民集 26 巻 2 号 388 頁（労旬 882 号 79 頁）
②鈴鹿市事件一審・津地判昭和 55・2・21 労判 336 号 20 頁（労民集 31 巻 1 号 222 頁）
③鈴鹿市事件二審・名古屋高判昭和 58・4・28 労判 408 号 27 頁（労民集 34 巻 2 号 267 頁）
④岩手銀行事件一審・盛岡地判昭和 60・3・28 労判 450 号 62 頁（労民集 36 巻 2 号 173 頁）
⑤日本鉄鋼連盟事件・東京地判昭和 61・12・4 労判 486 号 28 頁（労民集 37 巻 6 号 512 頁）
⑥日産自動車（家族手当）事件・東京地判平成元・1・26 労判 533 号 45 頁（労民集 40 巻 1 号 1 頁）
⑦社会保険診療報酬支払基金事件・東京地判平成 2・7・4 労判 565 号 7 頁（労民集 41 巻 4 号 513 頁）
⑧岩手銀行事件二審・仙台高判平成 4・1・10 労判 605 号 98 頁（労民集 43 巻 1 号 1 頁）
⑨日ソ図書事件・東京地判平成 4・8・27 労判 611 号 10 頁
⑩三陽物産事件・東京地判平成 6・6・16 労判 651 号 15 頁
⑪石崎本店事件・広島地判平成 8・8・7 労判 701 号 22 頁
⑫芝信用金庫事件一審・東京地判平成 8・11・27 労判 704 号 21 頁
⑬塩野義製薬事件・大阪地判平成 11・7・28 労判 770 号 81 頁
⑭シャープライブエレクトロニクスマーケティング事件・大阪地判平成 12・2・23 労判 783 号 71 頁
⑮住友電工事件・大阪地判平成 12・7・31 労判 792 号 48 頁
⑯商工組合，中央金庫事件・大阪地判平成 12・11・20 労判 797 号 15 頁
⑰芝信用金庫事件二審・東京高判平成 12・12・22 労判 796 号 5 頁
⑱住友化学事件・大阪地判平成 13・3・28 労判 807 号 10 頁
⑲内山工業事件・岡山地判平成 13・5・23 労判 814 号 102 頁
⑳京ガス事件・京都地判平成 13・9・20 労判 813 号 87 頁
㉑野村證券事件・東京地判平成 14・2・20 労判 822 号 13 頁
㉒昭和シェル石油事件・東京地判平成 15・1・29 労判 846 号 10 頁

格していながら，女性はごく一部の者しか昇格しないという場合には，男女差別の違法性が認容されやすい（②⑦⑫⑰）。他方，男性にも一律の昇格という事実は認められないとして，使用者の裁量権の幅を広く認め，昇格格差を違法と判断しなかったケースもある（③）。

　第二は，男女別の採用・雇用管理区分や男女別コース制における男女間の昇格格差が争点となった事案である（⑤⑬⑮⑱㉑）。

(2)　証明されるべき事実

　男女差別事案において「証明されるべき事実」としては，「比較対象者との賃金格差の存在」[3]，「差別意思」[4] と並んで，昇格格差・賃金格差の「合理的

理由」の有無がある。違法な差別が存在することの一応の推定が成立した場合には，その差別的取扱いを正当化できる合理的理由が他に存在することの立証責任を使用者が負い，職務遂行能力，能率，技能等における男女の差異を証明することになる。その場合，採用・雇用管理区分が男女同一である場合には，統計的に示された著しい男女昇格格差を正当化し得る証拠を使用者が提出することは，きわめて難しい。たとえば表1の⑰は，昇格の大幅な男女格差は「極めて特異な現象」だとして，昇格試験における男性の優遇を推認してこれを違法と判示した。

他方，男女別の採用・雇用管理区分や男女別コース制がある場合には，まずその「区分」自体の違法性が検討されなければならない。裁判所は，その際，当時の社会意識や社会的実態という時代的な制約の下では，「区分」自体は公序違反とはいえなかったとする理論的立場をとる傾向にあり（「時代制約論」），「区分」の結果としてもたらされた男女間の業務内容や職種の違いは，賃金・昇格格差の「合理的理由」として認められやすい。もっとも，表1の⑬のように，採用区分上，男女の職種は異なるものであったとしても，女性が男性と同じ職種を同じ量と質で担当しはじめた事実に着目して，その時期以降は男女格差を是正する義務が使用者に生じたはずだとする判決もある。

2 男女別コース制をめぐる判例理論の分析

本節では，男女別の採用・雇用管理区分や男女別コース制度が存在したと認定された事案の中で，「時代制約論」をとっている4つの判決を素材としてとりあげる（⑤⑮⑱㉑）。各判決の判示事項・概要については表2（94頁以下）に示した通りである[5]。

---

3) 原告が，勤続年数，年齢が比較的近く，質と量においてほぼ同等と評価しうる職務に従事している男性を選び，その者と原告との賃金格差を立証することになる。

4) 女性に対する不利益が存在し，使用者がその合理性を立証できないかぎり，使用者が女性もしくは原告を嫌悪していることや，結果として原告に不利益を及ぼすことを認容して差別していることまでを立証する必要はない。ただし，表1の⑩のように，性中立的な基準による不利益取扱いの事例では，使用者が「世帯主基準」や「勤務地限定基準」の適用の結果，女性に著しい不利益が生じることを容認していたことを立証する必要がある。

5) 表1の⑤は，男女別の「採用・処遇」（「業務内容」も相違するもの）があったと認

(1) 男女別採用区分・男女別コース制の実態

これらの事案では，企業は，男女を異なる位置づけで募集・採用していたが，就業規則や給与規定等には明確な区分はなく，応募者にも男女別の区分があることの説明はほとんどなかった（⑤⑮㉑）。男子は全社もしくは本社採用，女子は事業所採用という方法（⑮⑱）や，男子は本社採用，女子は地域の母店採用という方法（㉑）がとられ，採用後に男女には異なる処遇がなされ，そこから配置，昇格等の格差が生じたと認定された。

とはいえ，本当に男女の業務内容が異なっていたのかについては，かなり疑問である。たとえば，裁判所は，男子は「主として重要な仕事を担当」し，女子は「主として定型的・補助的な職務を担当」していたと述べ（⑤），男子は「主に処理の困難度の高い職務を担当し，女子は「主に処理の困難度の低い業務に従事する者として」処遇された（㉑）と認定する。しかし同時に，男女の業務は「基幹的業務」と「定型的・補助的業務」とに截然と区別されていたという企業側の主張を否定している。また，「事務職（一般職）で採用された男女」の職務内容がいかに異なるかについては，ほとんど具体的に認定せず，もっぱら，高卒男子は「将来の中堅幹部要員」，女子は「定型補助的一般事務を担当する社員」として採用されたとのみ述べて，「採用時の区分により，あるいはその後の変動によって職種，職分，職級が異なることになれば，賃金に格差が生じてくる」と述べるのみである（⑮）。これは，いわば「職務の内容によるコース設定」ではなく，「管理職候補者かそうでない者かの区別によるコース設定」であるにすぎないが，判旨は，このような男女別コースそのものの違法性について，明確な判断をしていない[6]。

このような「採用区分」や「別コース制度」の設定自体は，男女差別である以前に，職種・職務内容などの客観的・合理的な基準に基づく「区分」設定で

定されたケースであり，基本給や主任手当の男女格差と，基本給上昇率・一時金支給係数の男女差が争点となった。結論としては，後者のみが差別と認められたが，判旨は，「男女別コース」の募集・採用は，「少なくとも原告らが被告に採用された昭和44年ないし49年当時においては，……公の秩序に違反したということはできない」と述べ，後の判決のさきがけとなる判断を示した。

[6] 石田眞「男女『コース別』採用・処遇と性差別の違法性——野村証券（男女差別）事件」判例評論526号（2002年）48頁。

はないという点から，処遇・労働条件の格差自体に違法の疑いがある（職務配置の差別，昇格の差別）。そもそも「合理性が疑わしい」との指摘も当然といえよう[7]。

にもかかわらず裁判所は，男女の職務は同一ではないとの認識を出発点に，「同一職務の男女間」の賃金差別を禁止する規定として労基法4条を解釈して，同条の適用を排除した。その結果，当時，適用されるべき差別を禁止する実定法は存在しなかったとの認識を前提に，法的判断を進めている。まずは，この出発点に大きな問題があることを指摘しておきたい。

(2) 憲法14条と公序の判断

男女別採用区分や男女別コース制について，裁判所は，それらは性別による差別を禁じた憲法14条の「趣旨に反する」としつつも，憲法14条は私人間に直接適用されないために，民法1条1項の公共の福祉（⑮⑱）や民法90条の公序良俗（⑤⑮⑱㉑）の判断を通じて，私人間でも尊重されるという「間接適用説」をとる。

林弘子は，憲法14条と民法90条の解釈・適用に関するこれまでの男女雇用差別判例を子細に検討し，そこには微妙な判断上の差異が存在すると指摘する[8]。1つは，私的自治を重くみて，憲法の定める基本的人権に対する制約は，その制約が著しく不合理な場合にのみ，公序良俗違反として無効になるという考え方（私的自治説）[9]であり，もう1つは，憲法14条は私人間にも民法1条ノ2〔現2条〕を介して間接的に適用され，性により差別されないことは公序をなすのであるから，差別の合理性を根拠づける理由がない限り，公序良俗違反が成立するという考え方（公序形成説）[10]であるとする。最高裁並びに多く

---

7) 西谷敏「コース別雇用管理と女性差別の違法性」労働法律旬報1509号（2001年）59頁。
8) 林弘子「住友電工地裁判決鑑定意見書」労働法律旬報1529号（2002年）33頁。
9) 「私的自治説」と紹介されているのは，以下の判例である。「憲法は私人間の行為を直接規律するものではないから，憲法で保障されている基本的人権について，私人間の合意で制約を設けることも……一応は有効であるということができるが，右の制約が著しく不合理なものである場合には，民法90条により公序良俗違反として無効となるべきである」（東急機関工業事件・東京地判昭和44・7・1労民集20巻4号715頁）。
10) 「公序形成説」として紹介されているのは，以下の判決である。「憲法14条の趣旨を

の下級審判決は，かつては後者の考え方を採用してきたが，最近の男女別コース制をめぐる4判決は，これまでとは異なって，「時代制約説」を採用した。これは，原則として「公序形成説」をとりながらも，時代を限定して「私的自治説」をとり，公序違反の成立を否定する考え方である。この限定された時代とは，表1の㉑の考え方によれば，原告らが採用された昭和30年代から40年代にはじまり，1997年の改正均等法（以下，たんに「改正均等法」という）が施行された1999年以前までということになるだろう。

「時代制約説」の下では，男女別の募集・採用・処遇は，憲法14条1項の「趣旨に反する」「趣旨に合致しない」と評価されながらも，民法90条の公序良俗違反ではないと判断されている。その論拠としては，①実定法（労基法3条・4条）違反ではないこと，②1985年制定の均等法（以下，「旧均等法」という）はこれらを努力義務の対象にとどめていたこと，③企業には広範な採用の自由があること，④企業における効率的労務管理の必要性があったことなどが示されている（表2参照）。

しかし，実定法の規定がないという理由は極端な形式論である[11]。労基法に直接違反していれば，公序の判断は不要であるはずであり，形式論としても，民法1条ノ2という条文を無視しているという点で問題である[12]。にもかかわらず，公序違反性の判断においては，募集・採用・処遇の男女差別を具体的に禁止する法規定がなかったことが，大きな分岐点になっているのは奇妙としかいいようがない[13]。裁判所はまた，「採用の自由」と男女平等との調和の必要

　　　受けて，私法の一般法である民法は，その冒頭の1条ノ2において，『本法は個人の尊厳と両性の本質的平等を旨として解釈すべし。』と規定している。かくして，性による不合理な差別を禁止するという男女平等の原理は，国家と国民，国民相互の関係の別なく，全ての法律関係を通じた基本原理とされたのであって，この原理が，民法90条の公序良俗の内容をなすことは明らかである」から，「定年制における男女差別は，企業経営上の観点から合理性が認められない場合，あるいは合理性がないとはいえないが社会的見地において到底許容しうるものでないときは，公序良俗に反し無効であると解するのが相当である」（日産自動車事件・東京高判昭和54・3・12労判315号18頁）。これは最高裁でも維持された（日産自動車事件・最判昭和56・3・24労判360号23頁）。

11）　石田・前掲注6）52頁。
12）　樋口陽一「憲法・民法90条・『社会意識』」栗城壽夫先生古稀記念『日独憲法学の創造力　上巻』（信山社，2003年）137頁以下。
13）　表1の⑬は，「採用区分」の存在を認めつつ（基幹職男性と補助職女性），原告女性

性を強調する。しかしながら、実際に両者の調和をはかるにあたっては、「採用の自由」をことさらに重視する反面（三菱樹脂事件最高裁判決以来の傾向）[14]、実定法がなかったことを根拠に、男女平等は軽視される傾向にあり、むしろ「生の社会意識」が引き合いに出されてきた[15]。その結果、裁判所は、「〔被告会社としては〕その当時の社会意識や女子の一般的な勤務年数等を前提にして最も効率のよい労務管理を行わざるをえな」かったとして、高卒女子を定型的補助的業務にのみ従事する社員として位置づけたことの公序違反性を否定する結論に至るのである（表1の⑮、表1の⑱）。

裁判所は、公序良俗違反の判断において、行為がなされた時点における「当時の社会意識」を基準にしてきたが、この点に関して、西谷敏は、単なるその時代のSein（実在）としての意識ではなく、当時すでに存在していたSollen（当為）としての規範意識を重視すべきだと批判する[16]。裁判所は一般人の考え方をなにほどか超えたところに判断基準を設定すべきであるという学説も一考に値しよう[17]。社会通念は発展的動態において捉えねばならないとする判例も存在する[18]。

が男性と同じ職種を同じ量および質で担当しはじめた時点以降の賃金格差を、女性であることのみを理由に生じた賃金格差だと判断した。男女別採用ではあっても、「業務内容」が同じとされれば、労基法4条が直接適用されると解釈されて、他の判決とは異なる結論が導かれた。募集・採用・配置の問題として扱われた事案では、均等法ができるまでそれらに関する具体的な規定がなかったことが「公序」の判断に影響を及ぼしたといえる。樋口陽一は、住友生命保険事件・大阪地判平成13・6・27労判809号5頁について、本件では制定法上の権利（出産休暇の権利等）が規定されていたために、侵害行為が違法と評価されやすかったのではないかと分析している。樋口・前掲注12）140頁。

14) 憲法14条の趣旨に反する労務管理が公序良俗に反するかどうかは、使用者の採用の自由との関係で考慮されるべきとしたのは、表1の⑤以来の傾向であり、これは採用の自由についての三菱樹脂事件・最大判昭48・12・12民集27巻11号1536頁を強く意識したものである。西谷・前掲注7）65頁。しかし、三菱樹脂事件は思想信条を理由とした「採用拒否」が争われたケースであるのに対して、男女雇用差別事案は、男女を区別して「採用した」後の処遇・配置・労働条件格差が争われているのであって、局面は異なり、企業の一般的な採用の自由の問題ではない。
15) 樋口・前掲注12) 143頁。
16) 西谷・前掲注7) 66頁。
17) 蓼沼謙一「構造変動下の労働・労使関係と労働法原理」季刊労働法143号（1987年）17頁。
18) 山田省三は、表1の⑧が以下のように述べていることの重要性を指摘している。「社

(3) 均等法と公序の解釈

判例が，1985年均等法が採用・配置・昇進の均等取扱いを努力規定にとどめていることをもって，公序違反性を否定する論拠としたことについては，均等法の立法過程における議論を想起する必要がある。

1985年の旧均等法の制定にあたり，労働省は「努力規定は，公序良俗等の一般的法理を積極的に排除するという趣旨ではなく，努力規定が設けられた分野における男女異なる取扱は，法律行為は民法90条により無効となり，事実行為についても不法行為として損害賠償の対象となる」との解釈を示していた[19]。また，「努力規定」と「禁止規定」の法的効果については，前者は，公法上の効果として労働大臣または婦人少年室長（当時）に助言・指導または勧告を行わせるものであるが，私法上の効果をもつものではなく，後者は，同じく公法上の効果を有すると同時に，これに違反する就業規則には変更命令が出されるほか，私法上の効果として，損害賠償請求権の根拠規定となり，これに違反する法律行為は無効となると説明がなされた[20]。

この解釈は，たしかに，努力規定の分野でも民法90条を媒介として公序違反性が成立する余地があると認めてはいるものの，私法上の効果を異にする2つの規制類型を立法によって設けることが，差別行為の類型により反公序性評価に強弱をつけることになりはしないかという疑問を抱かせるものでもあった。

会通念，社会的許容性とか公序良俗という概念は，もともと不確定概念で，……認識や理解に相違のあることは否定できない。しかしながら，これら概念は不確定なるが故に発展的動態において捉えねばならない。そうでないと，旧態は旧態のままで社会の進歩発展は望み得ないことになるからである。それは私的自治の支配する私企業の労使関係における賃金等労働条件を規律する法的基準としても同様である。」そして，たとえ平均的住民の観念が，本件規定を「当り前のこととして容認し……ているとしても，日本国憲法14条1項（法の下の平等）は，性別により……差別されない旨定め，……男女平等の理念を示している。労基法4条の男女同一賃金の原則は右憲法の理念に基づく具体的規律規定である。そして，それは理念ではあっても達成可能な理念であるから，この理念達成という趣旨に悖るような観念は，『社会通念』，『社会的許容性』，『公の秩序善良の風俗』として，……法的評価の基準とすることはできないものといわなければならない」（山田省三「住友電気工業男女配置・昇格差別事件大阪地裁平成12年7月31日判決に関する意見書」労働法律旬報1509号（2001年）72頁）。

19) 赤松良子『詳説男女雇用機会均等法及び改正労働基準法』（日本労働協会，1985年）244頁。

20) 赤松・前掲注19) 243頁。

私は，懸念された結果を避けるために，均等法は全体として私法上の効果を直接的に左右する法ではなく，行政指導法規としての性格を有する立法にすぎないという解釈を提示した[21]。私見では，公序違反性に係る法的評価は，均等法の規定とは離れて独自に導かれるべきだということであった。もっとも，努力規定であることが公序違反性を否定する論拠になるという解釈は，立法者によっても明確に否定されていたのであるから，今日の裁判所の解釈は，当時の立法者意思にも完全に反するといわねばならない。

　そのうえでなお，解決されるべき理論的な課題がある。もし均等法の努力規定が「公序」違反性の強弱には影響しないと解釈するのなら，では，いつの時点から，男女別「処遇」全般が，「公序」違反評価を受けるようになったと解釈すべきなのだろうかという問題である。この点については，いくつかの考え方が示され得るだろう。

　第一は，戦後の民法改正により，「本法ハ個人ノ尊厳ト両性ノ本質的平等トヲ旨トシテ解釈スヘシ」とする民法1条ノ2が規定されて，私人間における平等が具体的な立法規定になったときであると解する説，第二は，1966年に住友セメント事件東京地裁判決（東京地判昭和41・12・20判時467号26頁）が，初めて女性に対する合理的な理由のない「労働条件差別（結婚退職制度）」を公序違反と述べて，制定法がなくとも公序違反が成立すると裁判所が公権的に判断した時点とする説，第三は，女性差別撤廃条約が日本で発効した1985年7月25日とする説[22]，第四は，旧均等法が施行された1986年4月1日とする説，第五は，1997年改正均等法が施行された1999年4月1日とする説である。

　本節がとりあげている4判決の原告らが採用されたのは，昭和30年代から40年代であり，第一説でいけば，すべての男女別処遇（採用差別も含めて）は，時代を問わず「公序違反」であったと解釈されなければならないだろう。しかし，公序良俗則が問題にするのは当該行為の社会的妥当性，反社会性である以上，その時代における社会のありようによって判断基準が変化することを全面

21）　浅倉むつ子『男女雇用平等法論――イギリスと日本』（ドメス出版，1991年）264頁。
22）　第三説も，条約は国内の実体私法を通じて，間接的に私人間に適用されるという解釈をとるなら，第四説とほぼ同じであると考えて良いだろう。阿部浩己「司法におけるジェンダー・バイアス――女性差別撤廃条約の適用可能性」（2002年）（阿部『国際人権の地平』（現代人文社，2003年）104頁以下に収録）。

的に否定することはできないと思われる。その意味で第一説には無理がある。しかしながら、道徳的な倫理違反とは異なり、個人の尊厳や差別禁止という普遍的な人権に関しては、ある時代の社会がいかに広範にこれを侵害しているとしても、その行為の反社会性評価が弱められてよいわけではない。したがって、基本的人権としての男女平等については、昭和40年代に男女差別を公序良俗違反とする判決が出されたことを重視して、この時代以降はこれを公序違反とする法的評価が確立したと解釈することは可能ではないだろうか。私は第二説を採用したい[23]。

さて、本節の課題との関連では、これに加えて、女性差別撤廃条約の批准・発効時期以降は、民法の一般規定に基づく公序違反性評価に加えて、女性差別撤廃条約の援用によって誘導される実体法（均等法）の解釈を通じても、男女別処遇の公序違反性評価がさらに強化されたといえるかどうか、この点を検討することにしよう。

3 女性差別撤廃条約を援用した男女差別処遇の違法性解釈

女性差別撤廃条約を批准しそれが発効したという事実は、少なくともこれまでの男女雇用差別の判例理論には、ほとんど反映されてこなかった。しかし、国際法上の通説によれば、同条約は1985年7月25日に日本において発効し、同日をもって当然にそのまま国内法として法的拘束力を有することになったはずであり、下位法である法令は、同条約に抵触する限りで無効となり、これを回避するためにも、国内法上の規定は同条約に適合するように解釈されなければならない[24]。もっとも、国内への適用の形態としては、同条約は、実体私法である均等法や、私法の一般原則を定める民法を通じて、間接的に私人間に適用されるのであるから、均等法の差別禁止法としての欠缺を補充するためにも、同条約は、解釈上もっと援用されてしかるべきである。同条約が、雇用差別の判例法理においてほとんど援用されることがなかったという現実こそ変える必要がある。

---

23) 浅倉むつ子「男女別採用区分と処遇格差の違法性：住友電工事件判決（大阪地裁平成12年7月31日判決労働判例792号48頁）」国際人権12号（2001年）97頁参照。
24) 阿部・前掲注22) 125頁。

男女別採用区分による採用差別が，条約発効時点（またはその国内法化である均等法施行時点）より前になされたという事実は，けっして条約の適用可能性を排除するものではない。これは，使用者は条約発効時以前の差別行為の責任を問われるべきでないということ（遡及効の否定）とは別問題であり，条約発効時以前から継続している差別行為（採用区分に基づく処遇差別）の是正義務が，条約の発効時以降に発生するというにすぎないからである。

1985年の均等法制定時に，政府は，募集，採用（旧7条），配置，昇進（旧8条）の均等取扱いを努力規定としたこと自体は，条約の要請との関係では問題にはならないと説明した。条約の文言では，婚姻・妊娠・出産を理由とする解雇と，その他の差別行為の規制については異なる表現が使われている[25]。政府は，少なくとも「婚姻・妊娠・出産を理由とする解雇」は「制裁」をつけて禁止されねばならないと解釈し[26]，その「制裁」とは損害賠償の根拠規定であることで足りるとした[27]。ゆえに，均等法の定年・解雇差別の禁止規定（旧11条1項ないし3項）は，少なくとも損害賠償請求の直接的な根拠規定でなければならなかったが，これさえ満たせば，他の条文は努力規定であっても，条約の最低限度の要請をクリアしていると解釈したのである。

---

[25] 条約は，「労働の権利」（11条1項a），「同一の雇用機会」（11条1項b），「職業の自由選択，昇進，雇用に関する条件など」（11条1項c）については，「すべての適切な措置をとる」としている。これに対して，11条2項aは，「妊娠・出産休暇を理由とする解雇」「婚姻をしているか否かに基づく差別的解雇」を，「制裁を課して禁止すること」と定めている。婚姻・妊娠・出産を理由とする解雇は，他の処遇等と異なり，「制裁を課して禁止する」ことが条件であるとされている。

[26] 条約2条(a)は，「男女平等原則の実際上の実現を法律および（and）その他の適当な手段によって確保する」と規定しており，2条(b)は，差別を禁止するために，「適当な場合には制裁を含む，適切な立法および（and）その他の措置をとること」と規定する。両規定とも審議過程で，当初は"or"となっていた接続詞が，"and"に修正された経緯がある。よって，いずれの条文においても，「法律」か「その他の手段」かのいずれかではなく，少なくとも「法律」という手段をとることが要請されたと理解される。浅倉・前掲注23）91頁以下。

[27] 条約2条(b)の制定過程で，日本政府からの修正によって，「適当な場合には」という用語が挿入された。ただし，繰り返すが，妊娠，出産休暇もしくは婚姻上の地位を理由とする解雇を禁止する条約11条2項(a)は，制裁をつけることを要請している。この条文については，日本政府からの修正案によって，当初は，penaltiesとなっていた表現が，sanctionsに修正された。この経緯から，sanctionsとpenaltiesは異なる内容だと推測される。同じく11条2項(a)に「もしくは無効の宣言による」という文言の付加を求めるオ

このような当時の政府解釈は，条約の関係で重大な問題を提起したことは間違いない[28]。とはいえ，条約批准の時点で，均等法上，募集・採用，配置・昇進の均等取扱いが努力規定にとどめられたことは条約違反であったかという問いに対しては，「努力規定は公序良俗など一般法理を排除しない」という立法者の解釈に依拠しても，あるいは，均等法は行政指導法規としての性格を有する法にすぎないという私見の解釈によっても，回答は否定的にならざるをえない。しかし，条約の批准後はそうではない。阿部浩己が指摘するように，条約が発効したあかつきには，「条約に適合しない原告らの処遇は，当該努力義務の誠実な履行を通じて是正されるべきもの」とされ，1999年の改正均等法施行よりも前に，「原告らの処遇を是正する義務は，……被告企業に課せられていた」と解釈し，「被告企業が原告らの処遇を是正するための措置をとらなかったことは，均等法によって課せられた努力義務の懈怠であり……，女性差別撤廃条約に違背する事態を存続させるものになったといわなければならない」[29]。このことは，同条約が，2条において「締約国は……女子に対する差別を撤廃する政策を……遅滞なく追求する」と規定していることからも明らかなように，いったん条約を批准し，それが国内で発効したからには，民法の一般法理に委ねるだけでなく，男女別処遇を是正するための措置を「遅滞なく」とるべき義務が政府には発生したと解釈すべきだからである。

ところが，「時代制約説」をとる裁判所の解釈は，条約批准のために制定された均等法が，国内の公序違反性の強弱の判断に影響を及ぼすことを，むしろ正面から認めているのである。それは，旧均等法が，条約の趣旨に反する規定を設けた立法であると説明するに等しく，むしろ立法府の瑕疵を顕わにする解釈でしかない。もし，均等法の努力規定が設けられたことによって，その対象分野における差別行為が公序良俗違反評価を免れるのであれば，その解釈は，均等法が条約批准に向けた差別撤廃措置の誠実な履行という要請を体現した立

ーストラリア案が採用されなかったことから，sanctions は，無効の宣言にとどまるものではないと考えられる。この点，日本政府は，sanctions は，「最低限，民事上の損害賠償請求権の直接的な根拠規定が担保されればよい」という見解（国会での政府説明）を示した。浅倉・前掲注23）92頁。

28) 阿部・前掲注22) 132頁。
29) 阿部・前掲注22) 132頁。

法であったという位置づけとは，完全に相反するものであるばかりか，女性差別撤廃条約の要請にも明らかに違反する立法であったと理解せざるをえない。このような国内法の解釈は，とうてい認めるわけにはいかないのである。

表2　男女別コース制度が認定された事案

事件名	判決日・原告らの入社日	男女別採用区分・コース制の実態	憲法14条と公序の関係	公序の判断基準
日本鉄鋼連盟事件 表1の⑤	東京地判昭61・12・4（労判486号28頁，労民集37巻6号512頁） 原告7名 昭44年ないし昭49年	①　就業規則及び給与規程においては，職員を「基幹職員」と「その余の職員」とに区別する定めはない。 ②　男子は大卒を論文・面接試験で採用，女子は高卒面接で採用。 ③　会社は，男子は「主として重要な仕事を担当し，将来幹部職員へ昇進することを期待されたものとして処遇し」，女子は，主として定型的，補助的な職務を担当するものとして処遇し，職員の採用にあたっても，右のように異なった処遇を予定していることから，それぞれ異なった採用方法をとっているというのが，いわば実態である。	被告が「男女別コース制」を採用していることは，合理的な理由を欠くのであって，法の下の平等を定め，性別による差別を禁止した憲法14条の趣旨に合致しないものというべきである。憲法14条は私人間の行為を直接に規律するものではなく，性別を理由とする差別が私人間において違法とされ，法律上無効とされるためには，その差別が民法90条にいう「公の秩序」に違反するものでなければならない。そして，賃金についてはもちろん，賃金以外の労働条件についても，合理的な理由がないのに性別による差別的取扱いをすることが公の秩序に違	①　労働者の募集・採用は，労基法3条に定める労働条件ではないこと。 ②　旧均等法においても労働者の募集及び採用については，女子に男子と均等の機会を与えることが使用者の努力義務であるとされているにとどまること。 ③　従来労働者の採用については使用者は広い選択の自由を有すると考えられてきたこと等に照らし，少なくとも原告らが被告に採用された昭和44年ないし49年当時においては，使用者が職員の募集，採用について女子に男子と均等の機会を与えなかったことをもって，公の秩序に違反したということはできないも

事件名	判決日・原告らの入社日	男女別採用区分・コース制の実態	憲法14条と公序の関係	公序の判断基準
			反することも前記の通りである。	のと解するのが相当である。
住友電工事件 表1の⑮	大阪地判平12・7・31（労判792号48頁）原告2名昭和41年および昭和44年	① 入社当時の制度では、高卒男女は事務職として採用され、男子はその後に全員が専門職に職種転換し、ほとんどが管理職に昇進。② 高卒男子は将来の「中堅幹部要員」で、全国展開して勤務することを予定して、勤務地無限定という条件で、全社採用。③ 高卒女子は、定型的補助的一般事務を担当する社員として、勤務地限定という条件で、事業所採用。④ 原告らが採用される時点で採用区分が存することの説明はなかった。	被告会社が、一方で幹部候補要員である全社採用から高卒女子を閉め出し、他方で事業所採用の事務職を定型的補助的業務に従事する職種と位置づけ、この職種をもっぱら高卒女子を配置する職種と位置づけたこと、その理由も結局は、高卒女子一般の非効率、非能率ということによるものであるから、これは男女差別以外のなにものでもなく、性別による差別を禁じた憲法14条の趣旨に反する。しかしながら、憲法14条は私人間に直接適用されるものではなく、労基法も男女同一賃金の原則（4条）は規定しているものの、採用における男女間の差別禁止規定は有していない。いうまでもなく、憲法14条の趣旨は民法1条1項の公共の福祉や同法90条の公序良俗の判断を通じて私人間でも尊重されるべきであって、雇用の分	① 昭和40年代ころは、男子は経済的に家庭を支え、女子は結婚して家庭に入り、家事育児に専念するという役割分担意識が強かったこと。② 女子が企業に雇用されて労働に従事する場合でも、働くのは結婚または出産までと考えて短期間で退職する傾向にあったこと。③ わが国の企業の多くにおいては、男子に対しては定年までの長期雇用を前提に、雇用後、企業内での訓練などを通じて能力を向上させ、労働生産性を高めようとするが、短期間で退職する可能性の高い女子に対しては、コストをかけて訓練の機会を与えることをせず、定型的補助的な単純労働に従事する要員としてのみ雇用することが少なくなかったこと。④ 女子に深夜労働などの制限があることや出産に伴う休業の可能性があるこ

事件名	判決日・原告らの入社日	男女別採用区分・コース制の実態	憲法14条と公序の関係	公序の判断基準
			野においても不合理な男女差別が禁止されるという法理は既に確立しているというべきであるが、他方では、企業にも憲法の経済活動の自由（憲法22条）や財産権保障（憲法29条）に根拠づけられる採用の自由が認められているのであるから、不合理な差別に該当するか否かの判断に当たって、これらの諸権利間の調和が図られなければならない。	となども、女子を単純労働の要員としてのみ雇用する一要因ともなっていることなどが考慮されなければならない。 ⑤ 採用における男女差別が、実定法上初めて禁止されたのは改正均等法5条によってであり、旧均等法7条ではこの点は事業主の努力義務にとどめられていたこと。 ⑥ 原告らが採用された昭和40年代の時点でみると、被告会社としては、その当時の社会意識や女子の一般的な勤務年数等を前提にして最も効率のよい労務管理を行わざるをえないこと。
住友化学事件 表1の⑱	大阪地判平13・3・28（労判807号10頁） 原告3名 昭37年ないし昭43年	① 社員の採用は、第1種ないし第4種採用試験および特別採用試験に分けられていた。 ② 2種採用は、事業所採用の高卒を採用する試験であり、中途採用も含まれていたが、3種採用は、本社採用の高卒新卒を採用選考する試験である。いずれも学科試験と採用面接が	憲法14条は、これが直接私人間に適用されるものではなく、私人に対しては、その趣旨が民法1条1項の公共の福祉や同法90条の公序良俗の判断を通じて反映されるものであり、雇用の分野においても不合理な男女差別が禁止されるという法理は確立しているというべきであ	① 昭和30年代から昭和40年代ころには、未だ、男子は経済的に家庭を支え、女子は結婚して家庭に入り、家事育児に専念するという役割分担意識が強かったこと。 ② 女子が働くのは結婚または出産までと考えて短期間で退職する傾向にあったこと。

事件名	判決日・原告らの入社日	男女別採用区分・コース制の実態	憲法14条と公序の関係	公序の判断基準
		あったが，3種採用の試験のほうが高度であった。 ③ 2種採用者は事業所勤務が原則，3種採用者は全国各地の配属が予定された。 ④ 2種採用の募集対象は昭和42年までは女子のみとし，43年からは男子も採用するようになったが，3種採用の募集対象は男子のみであった。 ⑤ 2種採用の女子も，入社後に職分3級登用審査に合格するなどして専門職務に従事することもできたのであって，3種採用の予定する処遇から確定的に排除されていたのではなく，3種採用の処遇を受ける機会は保障されていたというべきである。	るが，他方では，企業にも憲法の経済活動の自由（憲法22条）や財産権保障（憲法29条）に根拠付けられる採用の自由が認められているのであるから，不合理な差別に該当するか否かの判断にあたって，これらの諸権利間の調和が図られねばならない。	③ 男子に対しては定年までの長期雇用を前提に，雇用後，企業内での訓練などを通じて能力を向上させ，労働生産性を高めようとするが，短期間で退職する可能性の高い女子に対しては，コストをかけて訓練の機会を与えることをせず，定型的補助的な単純労働に従事する要員としてのみ雇用することが少なくなかったこと。 ④ 女子に深夜労働などの制限があることや出産に伴う休業の可能性があることなども，女子を単純労働の要員としてのみ雇用する一要因ともなっていたこと，社会一般の意識としても女子を危険有害業務やこれに隣接する業務に配置することへの抵抗が強かったこと。 ⑤ 原告らが採用された昭和40年前後ころの時点でみると，被告としては，その当時の社会意識や女子の一般的な勤務年数等を前提にして最も効率のよい労

事件名	判決日・原告らの入社日	男女別採用区分・コース制の実態	憲法14条と公序の関係	公序の判断基準
				務管理を行わざるをえないから、高卒女子を日常定型業務である一般職務にのみ従事する社員として採用したことをもって、当時の公序良俗に違反するとまでいうことはできない。
野村證券事件 表1の㉑	東京地判平14・2・20（労判822号13頁） 原告13名 昭32年ないし昭40年	① 原告らが入社した昭和32年ないし40年当時、会社は、男性については「大学新卒」「高校新卒」の別で、女性については「高校新卒」「中途採用」の別で、正社員を募集し、採用した。 ② 男性は本社または大阪支店等で採用選考し、本社人事部で採用を決定したが、女性は「所属地域採用」としてそれぞれ地域の母店で採用選考を行った。 ③ 男性社員については、主に処理の困難度の高い職務を担当し、将来幹部社員に昇進することが予定される者として処遇し、女性社員については、そのような処遇をすることは予定せずに、主に処理の困難度の低い業務に従事する者とし	男女をコース別に採用、処遇することは、その採用、処遇を性によって異にするというものであるから、法の下の平等を定め、性による差別を禁止した憲法14条の趣旨に反するものである。 しかしながら、憲法14条は、私人相互の関係を直接規律することを予定したものではなく、民法90条の公序良俗規程のような私的自治に対する一般的制限規定の適用を介して間接的に適用があるに止まると解するのが相当である。そして、性による差別待遇の禁止は、民法90条の公序をなしていると解されるから、その差別が不合理なものであって公序に反する場合に、違法、無効となると	① 労基法3条は、性による差別の禁止を規定したものではなく、また、労働条件についての差別的取扱いを禁止しているに止まる。募集、採用に関する条件は労働条件に含まれないから、会社のとった男女のコース別採用、処遇が労基法3条に違反するとはいえない。 ② 労基法4条は、性による賃金差別を禁止しているに止まるから、採用、配置、昇進などの違いによる賃金の違いは、同条に違反するものではなく、会社が行った男女のコース別の採用、処遇に違いにより男女に賃金に差が生じても、それは、採用、配置、その他の昇進の違いによるものであるから、同条に直接違反するも

事件名	判決日・原告らの入社日	男女別採用区分・コース制の実態	憲法14条と公序の関係	公序の判断基準
		て処遇していた。 ④ 原告らが入社した当時，会社の就業規則，給与規程等の賃金規程においては男女は区別されておらず，基幹的業務に従事する者と定型的・補助的業務に従事する者とで区別する旨の定めもなかった。	いうべきである。	のともいえない。 ③ 昭和60年の旧均等法は，募集，採用，配置，昇進についての男女の差別的取扱いに関して規定しているが，それをしないことを使用者の努力義務に止めており，その禁止が使用者の法的義務にまで高められたのは，改正均等法になってからである。 ④ 企業には労働者の採用について広範な自由がある。 ⑤ 原告らが入社した当時は，一般的にみて，企業においては，女性について全国的な異動を行うことは考え難かった。 ⑥ 企業においても効率的な労務管理を行う必要があった。 ⑦ 平成9年に均等法が改正された以降は，会社が，それ以前に会社に入社した社員について，男女のコース別の処遇を維持し，男性を総合職掌に位置づけ，女性のほとんどを一般職掌に位置づけていることは，配置及び昇進について，女性であることを理由

事件名	判決日・原告らの入社日	男女別採用区分・コース制の実態	憲法14条と公序の関係	公序の判断基準
				として，男性と差別的取扱いをするものであり，均等法6条に違反するとともに，公序に反して違法であるというべきである．

(林弘子「住友電工地裁判決鑑定意見書」労働法律旬報
1529号（2002年）37頁の表を参考にして作成）

（初出論文：「女性差別撤廃条約と企業の差別是正義務」国際人権（国際人権法学会年報）14号（2003年）28〜37頁，その後，芹沢健太郎＝棟居快行＝薬師寺公夫＝坂元茂樹編『講座国際人権法第2巻　国際人権規範の形成と展開』（信山社，2006年）61〜80頁に再録）

[追記]

　本節の表1（83頁）に主要な判例を追加記載する場合には，以下の判例は欠かせないところである。㉓兼松事件・東京地判平成15・11・5労判867号19頁，㉔岡谷鋼機事件・名古屋地判平成16・12・22労判888号28頁，㉕住友金属事件・大阪地判平成17・3・28労判898号40頁，㉖昭和シェル石油事件・東京高判平成19・6・28労判946号76頁，㉗阪急交通社事件・東京地判平成19・11・30労判960号63頁，㉘兼松事件・東京高判平成20・1・31労判959号85頁，㉙昭和シェル石油（現役女性）事件・東京地判平成21・6・29労判992号39頁，㉚中国電力事件・広島地判平成23・3・17労経速2188号14頁，㉛中国電力事件・広島高判平成25・7・18労経速2188号3頁，㉜フジスター事件・東京地判平成26・7・18労経速2227号9頁，㉝東和工業事件・金沢地判平成27・3・26労働判例ジャーナル40号16頁，㉞東和工業事件・名古屋高金沢支判平成28・4・27労働判例ジャーナル52号27頁。これらのうち，男女別コース制に関する㉓㉘については，本書第4章第2節を参照のこと。

　ここでは，同一の雇用管理区分の男女賃金差別事案の中で，多くの日本企業が導入している職能資格等級制度における査定差別が争点となった中国電力事件（㉚㉛）について，コメントしておきたい。本件の原告は，職能等級の昇格

において女性であることを理由として差別的取扱いを受けたと主張した。地裁で棄却されたのち(30), 高裁判決(31)は, 控訴人（原告）女性と同期・同学歴の男性従業員との間には, 賃金に著しい格差があると認定した。たとえば同期・同学歴の従業員のうち, 主任1級以上の職能等級である者は, 男子の90.4％, 女子の25.7％ であり, 昇格前の在級年数も女性のほうが男性より長いことなどである。ところが高裁判決は, 職能等級の昇格は人事評価によって決まり, 差別はなかったと結論づけた。その理由としては, ①人事考課の基準等に男女別の定めはない, ②評価基準は公表されている, ③同じ男性間にも昇格の早い者と遅い者があり, 層として明確に男女が分離しているわけではない, ④男女差が生じた理由は, 女性は管理職に就任することを敬遠する傾向があり, 自己都合退職も少なくなく, 旧女性保護法などの事情もうかがわれるから, という。さらに, 控訴人本人の人事考課が低かった項目は, 業績等と異なり数値化されることのない協力関係向上力や協調性というものであった。評価基準があいまいで評価者が裁量を有している場合には, その判断にジェンダーによるバイアスがあったという証明は, 統計的証拠を提出する以外には, 極端に難しいものとなる。本件は, 今日の男女賃金差別をめぐる訴訟の困難性を集約する事案といえよう。詳しくは以下を参照のこと。浅倉むつ子「連載　雇用とジェンダー(5)　中国電力の賃金差別」生活経済政策212号（2014年9月）32頁, 山口一男＝宮地光子＝中野麻美＝浅倉むつ子「（シンポジウム）　日本の男女間賃金格差を縮小するために！」労働法律旬報1829号（2014年）6頁, 相澤美智子「中国電力事件広島高裁判決に関する意見書」労働法律旬報1831＝1832号合併号（2015年）81頁。

第 2 節　兼松事件東京高裁判決について

東京高裁平成 20 年 1 月 31 日第 14 民事部判決（労働判例 959 号 85 頁）
（平成 15 年（ネ）第 6078 号損害賠償等請求控訴事件）

〈事実の概要〉

　X_1〜X_6（原告・控訴人）は，昭和 32 年から 57 年までの間に総合商社 Y（被告・被控訴人）に入社した女性従業員である。X_1 らの採用当時，Y は男女別に異なった募集，採用方法をとり，男性には，成約業務を中心とする職務を担う将来の幹部社員として「A 体系」賃金を適用し，女性には，主に成約以後の履行業務を担う社員として「B 体系」賃金を適用した。「A 体系」の賃金は「B 体系」よりも優遇されていた。

　昭和 60 年 1 月に，Y は職掌別人事制度を導入し，「A 体系」下の者を「一般職」として「一般職標準本俸表」を適用し，「B 体系」下の者を「事務職」として「事務職標準本俸表」を適用し，事務職から一般職への転換制度を設けた。転換には「能力・実績優秀な者」という条件があり，運用上，本部長の推薦を経て筆記試験を受ける必要があった。平成 9 年 4 月に，Y は新人事制度を導入して職掌の再編を行い，職掌および職務等級ごとに異なる基本給テーブルを適用した。同時に職掌転換制度が改正され，本部長の推薦は不要となったが，転換には TOEIC 600 点以上等の要件が必要であった。

　X_1 らは，「事務職」女性と同期の「一般職」男性との間の賃金格差は，違法な男女差別によるものであると主張して，同年齢の一般職の標準本俸・退職金と X_1 らが現に受領した本俸・退職金との差額（退職金は平成 9 年と同 8 年に退職した X_1 と X_6 の分）の支払いを求めた（請求期間は平成 4 年 4 月から平成 15 年 7 月まで）。

　第 1 審（東京地判平成 15・11・5 労判 867 号 19 頁）は，①入社時の男女コース別「採用，処遇の仕方」は，「憲法 14 条の趣旨に反する」が，当時は男女差別を禁止する法律もなく，「企業には労働者の採用について広範な採用の自由があることからすれば，……直ちに不合理とはいえず，公序に反するもの」では

ない，②改正均等法施行後，かかる採用，処遇は公序違反となったが，Yの新転換制度は合理的なものであり，したがって賃金体系は違法とはいえない，と述べて，X_1 らの請求を棄却した。X_1 らは控訴し，控訴審では，1審判決後に退職した X_2，X_3 による退職金差額請求が追加され，平成15年8月から平成19年2月までの本俸差額請求が拡張された。

〈判旨〉一部認容。

1　Yにおいては，「ほとんどすべての男性従業員（一般職）に適用される賃金体系とすべて女性である従業員（事務職）に適用される賃金体系とは異なっており，両者の間には相当な格差がある」。

2　「勤続期間が近似すると推認される同年齢の男女の社員間，あるいは，勤務内容や困難度に同質性があり，一方の職務を他方が引き継ぐことが相互に繰り返し行われる男女の社員間において賃金について相当な格差がある場合には，その格差が生じたことについて合理的な理由が認められない限り，性の違いによって生じたものと推認することができる」。本件では，女性（事務職）と男性（一般職）の賃金に相当の格差が存在し，Yは「比較的処理の困難度の高いと考えた業務を一般職（男性）に，比較的処理の困難度の低いと考えた……業務……を事務職（女性）に……従事させてきた」ものの，「少なくとも……本訴請求の対象としている期間においては，……基幹的業務と定型的・補助的業務（を）明確かつ截然と区別（二分）することは困難」である。

3　賃金「格差の合理性について判断するには，男女間の賃金格差の程度，X_1 ら女性社員がYにおいて実際に行った仕事の内容，専門性の程度，その成果，男女間の賃金格差を規制する法律の状況，一般企業・国民間における男女差別，男女の均等な機会及び待遇の確保を図ることについての意識の変化など，様々な諸要素を総合勘案して判断することが必要である」。

4　第1期（昭和59年12月まで：職掌別人事制度導入前）。男女のコース別採用・処遇は「性によって採用，処遇を異にする」もので「憲法14条の趣旨に反する」が，賃金格差は「職務内容の相違とこれに伴う採用，配置，昇進などの違いによるものであり，労働基準法4条に直接違反するものではな」く，「公序良俗違反の成否，不法行為の成否の問題として別途判断」すべきところ，

当時は募集，採用について旧均等法のような法律すらなく，企業には広範な採用の自由があり，Yにおいても「男女のコース別の採用，処遇という制度と男性及び女性それぞれ担当する職務内容の実態は概ね合致していたものと推察でき」，賃金格差には「それなりの合理的な理由が一応あるものというべきであ」る。

5　第2期（昭和60年1月から平成9年3月まで：職掌別人事制度新設時期から新人事制度導入直前）。「給与体系は……男女のコース別のA体系（男性）及びB体系（女性）が基本的に維持されたものであ」るが，この時代には，「長期勤続の女性社員の中には……少なくとも……旧一般1級と同じ職務，同等の困難度の職務」を行う者がおり，本件損害賠償請求期間の始期である平成4年4月1日に34年，27年，26年勤続していた X_1, X_3, X_4, および X_5（X_5については勤続15年となった平成7年4月1日以降）も「その中に含まれていたものであって……このような相当数の女性社員に関しては……一般職……と事務職の給与体系の間の格差の合理性を基礎付ける事実は……既に失われていた」。「事務職の勤務地が限定されていることは……格差を合理化する根拠とはなら」ず，旧転換制度も転換要件が厳しく「給与の格差を実質的に是正するもの」ではない。これに対して，X_2 は平成4年4月1日以降「専門性が必要な職務」を担当しておらず，X_6 は退職した時点で「約14年3月勤続」であり，給与の格差を違法ということはできない。

6　第3期（平成9年4月以降今日まで：新人事制度の導入時以降）。新人事制度によって「以前の男女のコース別の処遇を引き継いだ……一般職，事務職の区別の根幹は，改められたものとはいえ」ない。この時期には，長期勤続の女性社員の中にはより重要な仕事を行っている者も増え，男女差別の撤廃の必要性も一般企業や国民に浸透していたにもかかわらず，男女間の賃金格差は非常に大きく，X_3, X_4, X_5 の賃金と同年齢の男性新一般職1級の賃金との間の格差に「合理的な理由は認められず，性の違いによって生じたものと推認され，……このような状態を形成，維持したYの措置は，労働基準法4条，不法行為の違法性判断の基準とすべき雇用関係についての私法秩序に反する違法な行為であ」り，それは，X_3 については退職した平成19年2月末日まで，X_4 および X_5 については「請求期間の終期」まで継続した。なお「新転換制度は

7 X_1, X_3～X_5 の差額賃金相当損害の算定につき，それぞれ不法行為が成立した期間の「旧一般 1 級の 30 歳の社員の月例賃金及び夏冬の一時金あるいはその平均値と X らの……実際の賃金との差額を損害として的確に認定することはできない」が，「民事訴訟法 248 条の精神に鑑み，……1 か月 10 万円（年額 120 万円）の限度の損害額を認定するのが相当である」。また，退職した X_1 および X_3 の退職金の算出についても，旧一般 1 級と同様と評価して取り扱うことが相当である。慰謝料および弁護士費用も損害として認める。

〈解説〉

(1) 「男女別コース制」とは

1985 年の均等法制定を契機に，それまで男女別に異なる雇用管理を行っていた少なからぬ企業は，いわゆる「コース別雇用管理」を導入した。労働者の職種，資格等に基づき複数のコースを設定し，コースごとに異なる配置・昇進・教育訓練等の雇用管理を行うシステムである（「『コース等で区分した雇用管理についての留意事項』による啓発指導について」平成 19 年 1 月 22 日雇児発 0122001 号）。男女がいずれのコースをも自由に選択しうるかぎり，「コース別雇用管理」自体を違法なシステムというのは難しい。とはいえ，これも，事実上もしくは運用上から，直接的・間接的な性差別になる場合があることは，2006 年改正均等法も認識している（均等法 7 条並びに前掲通達）。

それに対して，本件を含み今世紀に入り次々と出された判決で争点となった「男女別コース制」は，均等法以前の「男女別雇用管理」そのものであって，労働者によるコースの選択は許されておらず，上記の「コース別雇用管理」とは似て非なるものであることを明記しておく。これら被告企業では「男女別コース制」自体は廃止されたが，その下での男女賃金格差がその後も維持され続けており，かかる賃金格差の違法性が争われている。

(2) これまでの判例動向

「男女別コース制」の存在を認定して，この下での賃金差別が争われた事案

としては、これまでに、①日本鉄鋼連盟事件（東京地判昭和61・12・4労判486号28頁）、②住友電工事件（大阪地判平成12・7・31労判792号48頁）、③住友化学事件（大阪地判平成13・3・28労判807号10頁）、④野村證券事件（東京地判平成14・2・20労判822号13頁）、⑤本件原審である兼松事件（東京地判平成15・11・5労判867号19頁）、⑥岡谷鋼機事件（名古屋地判平成16・12・22労判888号28頁）、⑦住友金属事件（大阪地判平成17・3・28労判898号40頁）がある。

初期のケースでは、「男女別コース制」に基づく処遇格差は「募集・採用」の違いに起因する問題とされ、使用者の広範な採用の自由並びに「時代制約論」（当時の社会意識や社会的実態という時代的制約の下では、男女の採用区分は公序違反ではないとするもの）により、公序違反性が否定された（①～③。ただし②③に関しては高裁で和解がなされ原告側の主張が全面的に認められている）。その後の判決（④～⑥）は、同じく「募集・採用」の違いとしながらも、1997年改正均等法の施行（1999年）後の「男女別コース制」は均等法6条および公序違反であるという異なる流れをつくった。ただし⑤は、合理的な転換制度の存在を理由に、結論として違法性を否定している。ちなみに、⑦は「男女別コース制」の下での賃金格差を、改正均等法施行後に限定せずに違法としたが、これは、女性を一括して最下位に処遇する「人事資料」の存在から男女差別を認定した特殊な事案である。ゆえにかかる特殊事情がないかぎり、これまでに「男女別コース制」の下での賃金格差を1999年以前について違法とした判決はなかった。その中で、本件判決は、X_1らの損害賠償請求期間の始期である平成4年以降につき賃金格差を違法としたものである。

(3) 本判決の特色と問題点
(a) 性差別の推認

本件判旨は、(α)「勤続期間が近似する……同年齢」の男女間、あるいは(β)「職務内容や困難性に同質性があり、一方の職務を他方が引き継ぐことが相互に繰り返し行われる」男女間の賃金に「相当な格差」がある場合には、「合理的な理由が認められない限り、性の違いによ」るものと推認するとした。「男女別コース」を時期を限定して違法とした④⑥判決はいずれも、「同時期に入社した同年齢の男女間に著しい格差がある場合」という、本件でいえば

(α) の男女間の賃金を比較しており,「職務内容」については賃金格差の合理性の枠組みにおいて問題としてきた。しかし本件判旨は,（β）という比較基準に着目し，その結果，X らと同質性のある職務内容を有する男性一般職との間の「相当な賃金格差」の存在から，性差別を推認するとした。このような手法は本件判旨の特色といえよう。

(b) **格差の合理性**

「格差の合理性」判断において，判旨は,「一般企業・国民間における……意識の変化など」を含む「様々な諸要素を総合勘案」し，そのうえで男女別コースの採用・処遇は実定法には直接違反せず,「公序良俗違反の成否，不法行為の成否」の問題だとする。これは,「男女別コース制」下の賃金格差の原因を「採用差別」に求め，労基法 4 条違反ではなく公序違反か均等法の採用・配置差別の問題として扱ってきた従来の判例の手法を踏襲するかのように読める部分である。事実，労基法 4 条は「性による賃金差別を禁止しているに止まるから，採用，配置，昇進などの違いによる賃金の違いは，同条に直接違反するものではない」という判示部分（この表現は，菅野和夫『労働法〔第 8 版〕』(2008 年) 150 頁と同じである）は，従来の判決でも，性差別的採用・配置に起因する賃金格差を労基法 4 条違反から除外する論拠になってきた。この点，違法な男女別コース制下での賃金格差の維持は，まずもって労基法 4 条違反として検討されるべきであるという批判がありうるのであり，もしそれを否定するものだとすれば判旨には賛成しがたい。しかし，判旨が第 1 期については労基法 4 条に「直接違反するものではない」としつつも，第 2 期，第 3 期には「労働基準法 4 条，不法行為の違法性判断の基準とすべき雇用関係についての私法秩序に反する」という表現を使っていることに注目したい。すなわち判旨は「労基法 4 条違反」と「雇用関係についての私法秩序違反」の双方を認めたものであって（昭和シェル石油事件・東京高判平成 19・6・28 労判 946 号 76 頁は，後者と同じ表現を使っている），労基法 4 条を軽視してきた従来の判例とは明らかに異なる姿勢を示していることがここからは読みとれるからである。

(c) **制度と実態の乖離という判断**

とりわけ判旨が「男女のコース別の採用，処遇という制度」と男女が「担当する職務内容の実態」の合致という合理性判断基準を提示したことは評価でき

る。判旨は，第1期の賃金格差については，制度と実態は「概ね合致していたものと推察でき」「それなりの合理的な理由が一応あ」り，公序違反ではないとしたが，第2期には，女性社員の勤続の長期化や職務内容から，制度と実態との乖離が生まれ，X_1ら4名を含む「相当数の女性社員に関しては」賃金格差の合理性を基礎づける事実は失われていたとする。それは第3期にも継続し，新転換制度によっても改められず，Yは，労基法4条と雇用関係についての私法秩序に反する違法行為をしたものと判断された。

このように「制度」と「実態」の乖離を根拠に「男女別コース制」下での賃金格差の合理性を検討する方法は，時代を限定せず，また採用時の「男女別コース制」の有無に左右されず，男女間の賃金格差の違法性を判断する手法として汎用性が高いと評価できる。とはいえ，男女間の賃金差別をめぐる判例では，職務内容に応じて賃金格差を是正する義務があるとする判断は以前からなされてきた。入社当時には男女の職務内容が異なっていたとしても，「質及び量において男子社員が従事するのと同等と評価し得る業務に従事するに至った」時期以降は，企業に男女の賃金を是正する義務があるとした日ソ図書事件判決（東京地判平成4・8・27労判611号10頁）や，採用時には基幹職，補助職という男女区分があっても，職種変更によって会社が男女に「同じ職種を同じ量及び質で担当させる以上は原則として同等の賃金を支払うべきであり，……格差を是正する義務が生じた」とする塩野義製薬事件判決（大阪地判平成11・7・28労判770号81頁）などである。したがって本件判旨が提示した基準は，男女賃金差別を争う判例法理としてはけっして目新しいものではないものの，「男女別コース制」下の賃金格差に関しては初の判断として評価できる。実は④～⑥いずれの判決も，ほぼ同じ表現を用いて，男女が行う業務の区別は明白ではないとしている（「両者の差異は相対的」〔④〕，「境目〔境界〕は明らかではな」い〔⑤⑥〕）にもかかわらず，そのような判断を活かすことなく，採用・配置の公序性評価へと目を転じてきたのである。それに対して本判決は，男女が従事する職務内容の同質性を賃金格差の法的判断に明確に反映させており，注目される。

(d) 問題点

他方，判旨がX_2とX_6の請求を棄却した部分は納得しがたい。職務内容が男性と同質性をもつ女性に対する賃金格差のみに，労基法4条や「雇用関係に

ついての私法秩序」が適用されると狭く解すべきではないからである。労基法4条は賃金にかかわる性差別を禁止するものであって，必ずしも労働の同一性を要件としていない。

　また，判旨が第2期以降の「制度」自体の違法性についての判断を避けたことは問題である。もし判旨が制度自体の違法性を④⑥判決のように判断したとすれば，1999年以降のX_2の請求は認められたはずであるし，さらに前掲・昭和シェル石油事件高裁判決のように，均等法施行後における配置・昇進の男女差別を拡大する措置の違法性を認めたとすれば，請求期間の始期である1992年から退職時（1996年）までのX_6の請求も認めざるをえなかったはずだからである。

　その他，職務の同質性判断にあたって採用された「15年ルール」（15年目になれば職務が同質になったという判断）の合理性，30歳の男性一般職の賃金額が差額賃金額算出の基礎になるとしたことの妥当性など，判旨には，今後検討すべき課題も多い。

　〈参考文献〉
　石田眞「兼松（男女賃金差別）事件東京高裁判決の意義と問題点」労働法律旬報1683号（2008年）6頁
　藤本茂「男女別『コース制』の違法性」労働法律旬報1683号（2008年）11頁
　中野麻美「コース別人事管理をめぐる最新労働判例――兼松事件（東京高判平20.1.31）」労働法学研究会報59巻18号（2008年）4頁
　石井保雄「男女コース別管理による賃金格差の合理性の有無」労判971号（2009年）5頁

　　　　　（初出論文：「男女別コース制の下での男女賃金格差の合理性――兼松事件」『平成20年度重要判例解説』（2009年）250～252頁）

[追記]
　コース別雇用管理に関する通達（平成19年1月22日雇児発0122001号）は，「コース等で区分した雇用管理を行うに当たって事業主が留意すべき事項に関する指針」（平成25年12月24日厚生労働省告示384号）の公布によって廃止され，2014年7月1日からは同指針が施行されている。通達が指針に格上げされたことによってとくに内容に変更はないようだが，同指針は通達よりも簡易化されている。行政指導は指針に基づいてなされるために，コース別雇用管理

に関する行政指導が、より積極的に行われるようになったか否か、注目したい。

　もっとも、同指針はコース別雇用管理自体を違法とするものではなく、望ましい事項の例として、性別役割を固定化してとらえがちな管理職等に対して研修等を実施して、「労働者の意欲、能力、適性等に応じた採用の実施の徹底を図る等の対策を講じること」（指針第4の二〔労働者の能力発揮のため実施することが望ましい事項の例〕の(2)）や、事実上、総合職に女性が少ないなどの実態がある場合には、「女性応募者を積極的に選考することや女性応募者に対し、採用面接の際に女性の活躍を推進する意思表示を積極的に行うこと」（同(3)）を掲げるにすぎない。

　しかしながら、兼松事件を含み、これまで裁判で争われてきた「男女別コース制」は、今日の「指針」に照らせば、コース新設時に「一方の性の労働者のみを一定のコース等に分け」たものであることから、指針第4の一（法に直ちに抵触する例）の(1)に当たるということができる。仮に、その後にコース間転換制度が設けられたとしても、一般職から総合職への転換に厳しいハードルが課されるのであれば、やはり指針に照らして、指針第4の一（法に直ちに抵触する例）に該当するといってよいだろう（「一方の性の労働者のみ特別な要件を課す」〔(2)〕もの、あるいは「実際の運用上は男女異なる取扱いを行う」〔(3)〕もの）。

第Ⅱ部

ワーク・ライフ・バランス政策と妊娠・出産・育児差別

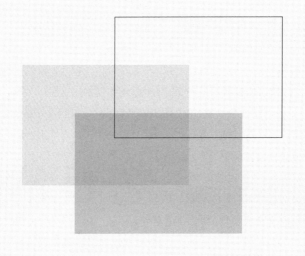

第5章　少子化対策とワーク・ライフ・バランス

第1節　女性労働者保護の行方

1　「平等か差異か」のディレンマ

「平等」をめぐる法の問題を解決するのは，とてもやっかいである。法における「平等原則」は，「等しい者は等しく取り扱う」という規範と同時に，「等しくない者は等しくないように扱う」という規範もまた含むものだからである。

「性の平等（sex equality）原則」も同様である。この原則のもとでは，まずは男性とほぼ同等の経歴を達成した女性のみが，男性と「等しい存在」として平等に処遇される。しかし彼女たちは，女性全体からみればごくわずかな存在でしかない。現実の社会が不平等であればあるほど，男性と「等しい存在」の女性は少なくなり，「性の平等原則」がなしうることは少なくなってしまう。男性と等しくない女性に対する異なる取扱いは，法によって正当化されるのである。

平等原則に対するアプローチとしては，「同一アプローチ」と「差異アプローチ」がある。「同一アプローチ」は，「男性と同じになれ」と女性に求めるものであるが，形式的平等原則として，これはそもそも限界をもっている。他方，男女の差異を強調する「差異アプローチ」は，女性は男性と異なる特別な特徴をもつのだということを正面から認めつつ，女性に特有の権利を擁護しようとする。実質的平等原則を追求するこのアプローチは，男性との「差異」によって，女性が「特別な受益」を得るべきことを強調し，妊娠・出産の保護やアファーマティブ・アクション（積極的差別是正措置）の必要性を説くのである。

しかし，キャサリン・マッキノンは，「性の平等原則」に関する「同一アプローチ」も「差異アプローチ」も，いずれも「性差」にとりつかれており[1]，

---

[1] MacKinnon, C. A., *Toward a Feminist Theory of the State*（Harvard University Press, 1991), p. 220. マッキノンはここで以下のように述べている。「同一アプローチ」と「差異アプローチ」はいずれも「性差にとりつかれている。……隠蔽されているのは，男性があら

男性との関係性および男性基準との近接性にしたがって女性を二分するものでしかないと批判する[2]。たしかにこの批判はあたっているだろう。そして現実にどの国でも，女性たちは，自分たちの運命の岐路を分かつ政策課題に直面するなかで，「平等か差異か」の葛藤のただなかにおかれ，いずれかを選択してこざるをえなかったのである。これはまさに，長いあいだ，フェミニストを苦しめてきたディレンマであった。

フランシス・オルセンが取りあげている女性労働者保護規定をめぐる議論[3]は，この「平等か差異か」というフェミニストのディレンマの具体的な応用問題にほかならない。私はここで，日本における「保護と平等」をめぐる労働法上の議論と女性労働者保護規定の変容の動向を整理して，残されている課題についてコメントすることにしたい。

2　日本における女性労働者保護規定をめぐる経緯

(1) 女性のみを保護する理由

1947年に成立した日本の労働基準法（労基法）には，女性のみを保護する規定が設けられていた。これらは，その性質からいって，大きく2つの分野に分けることができるものであった。

第一は，妊娠・出産・哺育という女性の生理的・身体的機能を保護する規定，いわゆる「母性保護規定」であり，適用対象は，主として妊娠中の女性および産後1年間の女性（妊娠・出産女性といっておく）に限られるものが多い。これ

ゆるものの判定基準になってきたのは，現実にはどのような経緯だったのか，である。同一アプローチでは，女性は男性との一致度によって計測され，……差異アプローチでは，女性は男性との同一性の欠如によって測定され」る。これらはいずれも，「女性を男性基準に固定しながら，性の平等と称するための二つの道筋を，法に」提供するにすぎない。

2) Ibid., p. 226. マッキノンは従来の「同一性アプローチ」「差異アプローチ」に対して，平等の問題を権力の配分の問題だととらえ，「支配のアプローチ」（dominance approach）を提唱する。これは男性の視点から定義されてきた主流的見解に「取って代わるべきオルタナティブなアプローチ」であるが，このアプローチによれば，「不平等は同一か差異かの問題ではなく，支配と従属の問題である。不平等は，権力，権力の定義，そして権力の不公正な分配にかかわる。不平等はその根源において，ヒエラルキーの問題として把握される」のである。Ibid., p. 242.

3) フランシス・オルセン（寺尾美子編訳）『法の性別——近代法公私二元論を超えて』（東京大学出版会，2009年）115頁以下。

らの規定には，産前産後休業，妊娠中の軽易業務転換，育児時間，妊娠・出産女性に対する危険・有害業務の禁止，時間外・休日労働の制限と深夜業の禁止があった。

第二は，とくに妊娠・出産女性に限定せず，女性全般を対象とする「一般女性保護規定」と呼ばれるものであり，坑内労働の禁止，危険・有害業務の禁止，生理休暇，時間外・休日労働の制限，深夜業の禁止などの規定であった。

労基法がこのように，女性のみを保護する規定を設けたのは，以下の3つの理由からであった。(1)女性が男性に比べて，危険から身を守る判断力や知力に劣り，身体機能や体力も弱いなど，心身ともに劣位にある「弱い性」であること，(2)女性が妊娠・出産機能をもっていること，(3)女性が家事・育児労働の多くを現実に担っていることである。労基法が制定された時代，すなわち全般的な労働条件が劣悪であった時代には，女性保護規定は必要不可欠であり，上記の3つの理由についてもさしたる異議が唱えられることなく，女性労働者保護は年少者保護とともに労基法第6章に位置づけられてきた。

(2) 「保護と平等」をめぐる理論状況

しかし1970年代に入り，女性の教育水準が向上し労働市場への参加が進み，また職場環境も変化し，かつ家事労働が軽減されるようになると，雇用における男女平等の議論が本格的にスタートした。女性保護規定の撤廃をめぐる議論も多方面から展開されるようになった。

「保護と平等」をめぐる議論の契機となったのは，1978年に労働基準法研究会第2小委員会報告が，「男女平等を法制化するためには，合理的理由のない保護は解消し，母性機能等男女の生理的機能の差等から規制が最少限必要とされるものに限られるべきである」として，女性労働者保護規定の縮小・廃止を提言したことであった。これに対しては，労働運動のみならず学界からも批判が相次いだ。しかし最終的には，1979年に採択された女性差別撤廃条約が示す一定の知見が幅広い支持を集める結果となり[4]，1985年の男女雇用機会均等法（均等法）制定時，1997年の同法改正時における議論は，「理論的」なレベ

---

[4] この間の議論の詳細は，浅倉むつ子『労働とジェンダーの法律学』（有斐閣，2000年）53頁以下を参照。

ルに限っていえば，この線にそって決着がつけられた。

　すなわち，第一に，女性が心身ともに劣るという偏見に基づく根拠は否定されるべきであり，第二には，妊娠・出産保護はより手厚くして充実させるべきだが，「母性」を強調しすぎて女性の母親としての役割を固定化してはならない。第三に，女性にとって危険で有害な労働は男性にとっても危険で有害であることを認めるべきである。第四に，家族的責任は男女が平等に担うことを前提にして法システムは構築されるべきである[5]。

(3) 立法政策における攻防

　さて，理論的にはこのように整理されるものの，現実の立法政策が理論にそって同じ道筋をたどりうるとは限らない。確かにオルセンも強調するように，この問題のもっともフェミニスト的な解決方法は，女性労働者保護規定を「放棄する」ことではなく，男性にもこれを「拡張する」という方法である。私もこの主張には基本的に賛成である。

　しかし，特定の時代の政治的力関係を背景にしたとき，具体的な立法政策上の選択肢として，「女性労働者保護規定を男性にも拡張する」ということが常に可能であるわけではない。日本でもこれがいかに実現困難な課題であったかは，均等法と労基法の改正問題の実際上の経緯が証明している。

　とりわけ問題を難しくしたのは，平等実現を主張する労働側と女性労働者保護の撤廃を主張する経営側の徹底した対立であり，1985年の均等法制定のときも，1997年の同法改正のときも，労使双方の合意をとりつけるためには，「平等の促進」と「保護の撤廃」を抱き合わせにした1つの「整備法」を国会に提出するしかなかったというのが，現実の政治的状況であった[6]。

　母性保護については手厚くして充実させ，それ以外の一般女性保護規定につ

---

[5] 浅倉むつ子『均等法の新世界』（有斐閣，1999年）127頁。
[6] 1985年の均等法が，独立の「男女雇用平等法」ではなく「勤労婦人福祉法改正」として国会に提案されたのは，まさにこの理由からであった。新しい男女雇用平等法の制定と労基法の改正となれば2本の法案になるため，万が一にも一方だけが抜け駆け的に採択されてしまうと，労使いずれかの主張のみが実現し「後に禍根を残す」からであった。したがって勤労婦人福祉法の改正と労基法の改正が1つの法案として「整備法」に盛り込まれたのである。赤松良子『均等法をつくる』（勁草書房，2003年）118頁。

いてはできるだけ男女を同一に扱うべきであるという基本的な方向には，労働法学会内部でも異論はなかった。しかしその具体的なプロセスもしくは方法については，意見が対立した。男女共通規制ができあがるまでは，女性労働者保護規定は撤廃すべきではないというきわめてまっとうな主張が，労働法学会の大勢であったと思う[7]。しかし具体的な国会内での攻防にこの主張をもって臨んだ場合の現実的な到達点は，均等法改正と労基法改正の両方を盛り込んだ「整備法」を葬り去ることでしかなかったであろう。その行きつく先は，1985年段階では均等法は制定されず，女性差別撤廃条約は批准されないということになり，1997年段階では均等法の禁止規定化が実現しないということになったはずである。私自身は，「男性を女性なみに扱う」ということが現実の政治状況のなかですぐに達成できない以上，当面は「整備法」をとおして，その後に男女共通規制の立法化を図るべきであると考えた[8]。いまでも私には，「当時，別の選択肢があったはずだ」と自信をもっていうことはできない[9]。

　このようなディレンマをかかえこんだまま，実際には次のような法改正が行われた。1985年の均等法制定時の労基法の改正においては，(1)年少者保護規定から区別して女性に関する第6章の2が新設され，(2)「一般女性保護」については，危険・有害業務の禁止規定は廃止された反面，時間外・休日労働の制限や深夜業の禁止規定は例外を拡大する方向で基本的には維持され，(3)「母性保護」については，多胎妊娠の産前休業期間と産後休業期間が拡大されるなど，原則として強化された。

　1997年の均等法改正時には，労基法上，一般女性保護規定のうち，時間外・休日労働制限と深夜業禁止規定が撤廃され，一方で「母性保護」はさらに強化された。また，母子保健法による保健指導・健康診査に必要な時間の確保

---

7)　西谷敏「平等の名による不平等の進行を恐れる」労働法律旬報1401号（1997年）21頁以下，和田肇「労働時間に関する女子保護規定」季刊労働法183号（1997年）43頁以下。

8)　浅倉むつ子「女性労働法制」法学セミナー1998年9月号58頁以下，同・前掲注5) 127頁以下，同・前掲注4) 18頁以下。私の見解に対しては「新自由主義」だという批判があるが（岩佐卓也「ジェンダー視点と新自由主義」賃金と社会保障1348号（2003年）4頁以下），生産的な議論を生み出しうる批判であったとは思わない。

9)　大脇雅子＝渡寛基「均等法改正法案は弾劾されるべきか」賃金と社会保障1199号（1997年）25頁以下は，当時の国会内の力関係をよく伝えている。

の規定が新たに設けられた（均等法旧 22 条）。

その後，ILO 156 号条約の批准（1995 年），「少子化」対策の総合的推進の要請によって，数次にわたる育児介護休業法（育介法）の改正が行われ，家族的責任をもつ男女労働者を対象とする保護規定がかなり充実してきている。さらに 2006 年の均等法改正時には，均等法の中に妊娠・出産を理由とする不利益取扱い禁止規定や，妊娠中・出産後 1 年を経過しない女性に対する解雇禁止規定が新設され（9 条），同時に，労基法上の女性に対する坑内業務の就業制限が緩和された（64 条の 2 参照）。

3 均等法，労基法，育介法において変化した女性保護規定の現状

ここで改めて，平等と保護の攻防の結果，女性労働者保護規定がどのように変容したのかについて，現状を整理しておこう。

第一に，「母性保護」規定は，労基法上，より手厚くなって維持されている[10]。また，均等法 12 条，13 条は，妊娠中および出産後の健康管理に関する事業主の措置義務について定めている。

第二に，「一般女性保護」規定の中の時間外・休日労働制限と深夜業禁止規定は，1997 年の労基法改正時に撤廃された。深夜業については，当面の間，女性を深夜業に従事させる場合には，通勤と業務の遂行にあたって女性の安全を確保するために必要な措置をとることが事業主の努力義務とされており（均等法施行規則 13 条），そのための「指針」（1998 年 3 月 13 日労働省告示 21 号）が出されている。時間外労働については，1997 年の労基法改正の折に，育児・介護を行う「女性」労働者の時間外労働の延長の限度を当面 150 時間とする激変緩和条項（133 条）が設けられたが，これは 2003 年に撤廃され，現在では，後述するように，育介法における時間外労働の制限へと組み替えられている。2006 年の労基法改正を経て，現在もなお残っている「一般女性保護」規定は，坑内労働の制限（労基法 64 条の 2，女性労働基準規則 1 条），危険有害業務の制限

---

[10] ここには産前産後休業（65 条 1 項・2 項），妊娠中の軽易業務転換（同条 3 項），育児時間（67 条），妊娠・出産女性に対する危険・有害業務の制限・禁止（64 条の 3 第 1 項），妊娠・出産女性に対する変形労働時間の適用制限および時間外・休日労働の制限と深夜業の禁止（66 条 1 項～3 項）規定がある。

（労基法64条の3第2項，女性労働基準規則2条・3条），生理日の休暇（労基法68条）のみにすぎない。

　第三に，一般労働者の男女共通の労働条件規制についてみよう。深夜業については，1998年の労基法改正により，労使の自主的な努力が推進されることになった（1998年労基法改正附則12条）。その結果，電機などのいくつかの産業や大企業においては，深夜業に関する自主的なガイドラインが作成されていると聞いているが，その実態はよくわからず，さしたる進展は期待できない。

　時間外労働についてはどうか。1998年の労基法改正により，厚生労働大臣が，労働時間の延長の限度その他必要な事項について，「限度基準」を定めることができると規定され（36条2項），現在，一定の期間ごとに時間外労働の限度基準が設定されている（平成10年12月28日労働省告示154号）。年間でみれば360時間が上限である。問題は，このような限度基準が設置されていても，サービス残業など，時間外労働として把握されない長時間労働が存在することである。確かに，過労死対策ともあわせた長時間労働対策として，2001年には閣議決定「労働時間短縮推進計画」が改定され，2002年には「過重労働による健康障害防止のための総合対策について」（平成14年2月12日基発0212001号）が発せられた。2003年には「賃金不払残業総合対策要綱」が策定され，サービス残業への監督が強化された。しかしながら一方で，時短促進法は「労働時間等の設定の改善に関する特別措置法」と名称を変更されて2006年から施行されており，全般的な労働時間短縮という政策目的は事実上放棄された。それだけに，日本の長時間労働の実態については，改善の見込みがなくなったという悲観的な見方も出ているところである。

　第四に，育児介護責任をもつ男女労働者については，労基法の一般女性保護規定の部分的撤廃を埋め合わせるような法改正が行われたといってよいだろう。「仕事と生活の調和」を強調した政策が，雇用・労働政策の根幹として位置づけられるようになったからである。たとえば2007年に制定された労働契約法3条3項は，「労働契約は，労働者及び使用者が仕事と生活の調和にも配慮しつつ締結し，又は変更すべきものとする」と定めた。より具体的な施策をみてみよう。育介法は，1年6月までの育児休暇および93日間の介護休暇の権利（5条1項・3項，11条1項）および年間5日の子の看護休暇の権利を定めている

(16条の2)。休暇以外についても、事業主は、育児介護労働者が請求したとき、育児については子の小学校就学前までの期間、①1月について24時間、1年について150時間を超えて労働時間を延長してはならず（育介法17条、18条）、②深夜業（午後10時から午前5時までの労働）をさせてはならない（19条、20条）。また、③子が3歳になるまで、勤務時間の短縮等の措置を講じなければならず（同法23条）、④子が3歳から小学校就学前までは、育児休業の制度または勤務時間の短縮等の措置に準じた措置を講ずるように努めなければならない（同法24条）。⑤さらに、労働者を転勤させようとするときには、事業主は、育児・介護が困難となる労働者について、その状況に配慮しなければならない（同法26条）。

　第五に、妊娠・出産したことや出産休暇等を請求したこと等を理由とする不利益処遇の禁止規定（均等法9条3項）、妊娠中および産後1年以内の女性労働者の解雇を無効とする規定（同条4項）、育介法における権利行使を理由とする不利益処遇の禁止規定（10条、16条、16条の4）の存在は重要である。法的な権利として規定されていても、それを実際に行使した場合にさまざまな不利益処遇がなされれば、事実上、労働者は、その権利行使を手控えざるをえないからである。

4　今後の課題

　1997年の均等法改正、労基法改正時には、女性労働者保護規定の撤廃の先行は、女性労働者の健康や生活破壊をもたらすだけではないかと懸念された。しかしその後の法規制の変遷をみると、一般女性保護規定は部分的に、育児介護労働者を対象とする「請求権」として規定されるようになっていることがわかる（育児に関する時間外労働制限につき育介法17条、深夜業免除につき同法19条）。法規定上は、「女性保護」から「育児介護」を理由とする性中立的な保護へと組み替えが行われたといえよう。

　とはいえ、ここにはなお大きな問題が存在する。第一は、条文そのものが有する限界性である。すなわち、時間外労働の制限にしても、深夜業の免除にしても、雇用されて1年に満たない者など、法令に定める一定の要件に該当する者は請求することができないし[11]、事業の正常な運営を妨げる場合には請求が認められないという問題があり、きわめて限定的なものでしかない。深夜業免

除規定をめぐっては，日本航空インターナショナル事件の東京地裁判決（東京地判平成 19・3・26 労判 937 号 54 頁）が，深夜業免除申請をした客室乗務員のうち，多数組合の組合員には深夜業免除パターンの乗務を月 12～13 日割り当てながら，少数組合の組合員（原告ら）には月 2 回程度しか割り当てなかったことについて，会社による正当な理由のない労務の受領拒否にあたるとして，原告らに対して，多数組合の組合員が受領した日数分の賃金の支払いを認めている。育児をしながら仕事をし続けることを実質的に保障するためには，使用者は，単に深夜業免除申請者に対して深夜業を命じないということだけではなく，当該制度が，労働者が従前の就労を継続しながら日々の育児に携わることができるようにするための支援策であるという趣旨を十分に活かして，深夜業免除パターンの就労を可能なかぎり割り当てる「相応の努力」を行う法的な義務を負う，と解すべきだろう[12]。

第二は，家族的責任のジェンダー格差がもたらす問題であり，きわめて重要である。じつは，時間外労働制限にしても，深夜業免除にしても，適用除外規定の解釈によって，男性が利用しにくいシステムになっている。専業主婦の妻をもつ男性労働者は，原則として，妻が産後 8 週間以内であるか，第二子を出産するときの産前 6 週間の期間であるか，あるいは妻が負傷または病気の状態にでもないかぎり，時間外労働制限を請求できない。また，共働きの夫婦の場合でも，多くの家族において現実に主たる生計維持者である夫が育介法 17 条に基づき時間外労働制限を請求すれば，時間外労働手当が減額されることになるため，実はこの条文は男性には利用しにくい規定でしかない[13]。条文が性中立的

---

11) ①雇用期間が 1 年に満たない労働者（17 条 1 項 1 号），②配偶者が常態として子を養育することができる労働者（同 2 号，すなわち，配偶者が職業をもたず，負傷や疾病によって子を養育することが困難な状態でなく，産前 6 週間産後 8 週間の期間ではなく，請求に係る子と同居している場合），③時間外労働制限の請求ができないことに合理的理由がある労働者（同 3 号，すなわち，1 週間の所定労働日数が 2 日以下の労働者，および夫婦以外の同居者が同条同項 2 号の「常態として当該子を養育することができるもの」である場合）は，適用除外される〔17 条 1 項 2 号は 2009 年に改正され，配偶者が常態として子を養育できる者の除外規定は削除された。本節の［追記］参照〕。

12) 浅倉むつ子「育児期間中の深夜勤務免除請求をめぐる法的検討」早稲田法学 83 巻 3 号（2008 年）183 頁以下〔本書第 6 章第 2 節〕。

13) 菅野淑子「時間外・深夜労働の免除請求」『労働法の争点〔第 3 版〕』（有斐閣，2004 年）229 頁。

になったからといって，けっして性中立的に利用・運用されているわけではない。このことは，育児「休業」の請求権についても同じようにいえることである。

　結局，女性保護規定が撤廃され育児介護労働者保護に組みかえられたとしても，女性は，女性という理由による二級労働者としてのスティグマからは免れたとしても，「育児介護労働者」というスティグマを新たに背負い込むことになったにすぎない。それだけに今後とも，育介法上の制度をより男性が利用できるように，また育児介護により被る不利益を最小化するように，制度改正を積み重ねていくことが必要不可欠である。

　さらに，家族的責任を有する労働者のみを「特別処遇」するのではなく，家族的責任を担う労働者を理念型として労働法を構築する試み（私はこれを「女性中心アプローチ」と呼んでいる[14]）を進めることも有益であろう。つまり，家族的責任を有する労働者が労働を継続することができるようなレベルへと，労働条件の一般的水準を引き上げることによって，「特別処遇」の必要性を縮小していくべきである。

　2004年12月には初の『少子化社会白書』（内閣府）が公表され，少子化対策が国民的関心事になった。このままの出生率と死亡率が将来ともに変わらないとすると，日本の人口は2050年には8,900万人，2340年にはわずか96万人まで減少するとまで言われている[15]。2003年に制定された少子化社会対策基本法は，「我らは，紛れもなく，有史以来の未曾有の事態に直面している」（前文）と述べて，危機感をいっそうつのらせた。両立支援がこのような「対策」に組み込まれていくと，日々の生活のなかで，女性の一定期間の育児への専念が奨励されたり，母親の役割が強調されるという伝統的な母性主義が台頭する結果になったりするのではないかと懸念される。社会にジェンダー平等の視座を根づかせることの重要性を改めて感じざるをえない[16]。

　　　　　（初出論文：「性の平等をめぐって——女性労働者保護の行方」フランシス・オルセン（寺尾美子編訳）『法の性別——近代法公私二元論を超えて』（東京大学出版会，2009年）137～146頁）

---

14) 浅倉むつ子『労働法とジェンダー』（勁草書房，2004年）21頁以下。
15) 石川晃「全国人口の再生産に関する主要指標：2002年」人口問題研究59巻3号（2003年）62頁。

[追記]

　育児介護休業法に関連して，2009年と2016年に，大きな法改正があった。2009年の育介法改正は，以下の3点にわたるものである。第一は，育児期間中の働き方の見直しであり，3歳までの子を養育する労働者に対して，短時間勤務制度（1日6時間）を設けることを事業主の義務とし（23条1項，則34条1項），労働者から請求があったときの所定外労働の免除を制度化した（23条3項）。また，子の看護休暇制度を拡充した（16条の2）。第二に，父親の育休取得を促進するための改正であり，父母がともに育休を取得する場合には，子が1歳2か月になるまで育休を取得できるようにし（9条の2，パパ・ママ育休プラス），父親が出産後8週間以内に育休を取得した場合は，再度の育休取得が可能となった（5条2項）。配偶者が専業主婦（夫）であれば育休取得を不可とすることができた制度は，廃止された（旧6条1項2号）。同様に，従前には時間外労働の制限・深夜業の制限の対象外とされていた，専業主婦家庭の夫（もしくは専業主夫家庭の妻）も，これらの制限を請求できるようになった。第三に，苦情処理紛争解決援助申立や調停の仕組みを創設し（52条の2ないし52条の6），勧告に従わない場合の公表制度を作り（56条の2），加えて，報告を求められても従わず，あるいは虚偽の報告をした事業主に対する過料を創設した（68条）。以上の改正は，条文に応じて，2009年から2012年の間に施行された。

　2016年には，「介護離職ゼロ」方針を実現するという主目的をもって，育介法・均等法・派遣法などの改正を1つのパッケージとする「雇用保険法等の一部を改正する法律案」が，2016年3月29日に可決された。介護関連の条文改正が中心だが，育児についても，以下のような改正がなされた。育介法に関しては，第一に，子ども1人あたり5日間取得できる看護休暇が，半日単位で取得可能となった（16条の2第2項）。第二に，有期契約労働者の育休取得要件が緩和され，子が2歳になるまで契約更新がないことが明らかなものという従来の要件が，子が1歳6か月に達する日までの間に労働契約が満了するものを除く，という規定になった（5条1項2号）。第三に，育休の対象となる子の範囲が拡大され，特別養子縁組の監護期間中の子や，養子縁組里親に委託されて

---

16) その意味で，国家貢献ではなく人格権として子育てを説く「父性論」に注目したい。海妻径子『近代日本の父性論とジェンダー・ポリティクス』（作品社，2004年）によれば，かつて日本にも，一條忠衞という卓越した父性論者がいたという。一條の父性論は，「甲斐性」としての男性性の強化に荷担した「母性主義」に対峙して，市場労働と結びついた男性性のなかに男性が囲い込まれることを拒絶したのである。

いる子などが，休業取得の対象として追加された（2条1号）。さらに，均等法改正と育介法改正によって，マタニティ・ハラスメント対策が講じられることになった。すなわち，均等法には，妊娠・出産等に関する就業環境を害する言動を防止するために，事業主に対して，雇用管理上の措置を義務づける11条の2が新設され，育介法には，育児・介護休業の利用に関する就業環境を害する言動を防止するために，事業主に対して，雇用管理上の措置を義務づける25条が新設された。

第 2 節　少子化対策の批判的検討

1　本節の対象領域と視点について

(1)　対象領域

　2004 年 12 月に，日本で初の「少子化社会白書」（内閣府）が公表された。今や少子化社会「対策」は国民的関心事になっている。思い起こせば，少子社会の到来が危機感をもって受け止められたのは，いわゆる「1.57 ショック」からである。1989 年の合計特殊出生率（15 歳から 49 歳までの女性の年齢別出生率を合計したもの）が，それまで最低だった「丙午（ひのえうま）」の年（1966 年）の 1.58 よりも低く，戦後最低値を示したという衝撃だった。2.1 といわれる人口置換水準を大きく下回っていることが改めて認識されたのである。

　1992 年には「少子化」という言葉が「国民生活白書」で使われ，政府はさまざまな対策を講じるようになった。にもかかわらず，出生率は一向に改善せず，ついに 2003 年には 1.29 にまで落ち込んだ。最近では，もし出生率と死亡率が将来ともに変わらないとすると，日本の人口は 2050 年には 8,900 万人，2340 年にはわずか 96 万人にまで減少するとまで言われている[1]。2003 年に制定された少子化社会対策基本法は，前文で，「我らは，紛れもなく，有史以来の未曾有の事態に直面している」と述べて，危機感をいっそう，つのらせている。

　少子化対策は，労働法にも多大な影響を及ぼしたことは間違いない。近年の労働関係法に顕著な傾向は，雇用に関する政策的立法の中でも，職業生活と家庭生活の両立を図るための施策（以下，「両立支援策」と称することがある）が急速に整備されたことであろう。なお，本節で以下，「両立支援策」という場合，その内容は，幅広い「私生活」に関わる事項の中から，「妊娠・出産・育児・介護」という活動（以下，「妊娠・出産等」とすることがある）のみをとりだして，それらの活動と職業生活との両立を図る施策のことをいう。近時，「仕事と生活の調和（ワーク・ライフ・バランス）」として，家族的責任を超えた幅広い「仕

---

　1)　石川晃「全国人口の再生産に関する主要指標：2003 年」人口問題研究 60 巻 3 号（2004 年）59 頁。

事以外の活動」(たとえば学習やボランティア活動など) と職業生活との調和を図るための諸施策が論じられているが，本節では，少子化との関連で問題になる男女の生殖活動および家庭における他者のケアという必要不可欠な活動 (すなわち妊娠・出産等) を論じることにしたい。

最近では，国が，緊急性と必要性に迫られた少子化対策の一環として両立支援策を推進すると位置づけているために，それらは，個々の企業からも，正面きって不合理だとか過剰な負担だというような否定的意見によって迎えられることはなくなりつつある。このことは，それらがほとんど「私事」として放任されていた1980年代までの時代と比べて，おおいなる様変わりであるともいえよう。

(2) 少子化対策に不可欠な3つの観点

しかしながら，少子化対策や両立支援策の対象になるのは，妊娠・出産という生殖に関わる個人の営みや，育児や介護という家族生活に関わる個人の営みに他ならない。これらは，ライフスタイルの選択にあたって，それぞれに十分に尊重されなければならない営みであって，職業生活との調和をはかるためにも，国や企業によって支援されることが望ましい。とはいえ，これらはあくまでも個人の選択に委ねられるべき領域のことがらであることから，国や企業がいたずらに一定の方向に誘導して個人の選択の自由を阻害するようなことは，厳に戒められなければならない。

ちなみに，日本国憲法の大原則は，社会の基礎は個人であり，国益や社会秩序，家族の利益などに関しても，あくまでも個人が優先すべきであるという思想に貫かれているものとして理解される。憲法13条の「個人の尊重」原則および憲法24条の「個人の尊厳」原則の意味を考慮すれば，社会の基礎は「家庭」ではなく，あくまでも「個人」であることを忘れてはならない。もし，少子化対策や両立支援策が，個人は家族の中の役割 (性別役割) をもった個人 (すなわち，妻や夫，母親や父親) にすぎないという理念を持ち出すのなら，それは家族における個人の尊厳や両性の平等原則と矛盾するものというべきであろう。家族形成の営み (妊娠・出産) や，家族内部の営み (育児・介護) を国が保護するのは結構なことだとは，単純にはいえないのである[2]。

そこで、妊娠・出産・育児・介護を「少子化対策」の中で取り扱う場合、前提としなければならない不可欠な観点を、以下に提示しておきたい。

まず第一に、個人による自己決定の尊重という観点である。生殖に関わる自己決定権は、国際的にもリプロダクティブ・ライツとして明確に定義されており[3]、ここには幅広い「自己の生殖をコントロールする権利」と「生殖に関わる健康の権利」が含まれると考えられる[4]。産むか産まないかを含めて、生殖については個人が決定するものであって、国家は、個人の自己決定の結果を尊重すべきである。国が行いうることは、その自己決定の自由を確保するために環境整備をするにとどまる。

第二に、労働分野において労働者個人の自己決定を尊重するためのもっとも重要な環境整備は、妊娠・出産等に関する不利益取扱い禁止の観点であるといえよう。たしかにある時期以降は、少子化対策と両立支援策によって、妊娠・出産等の社会的価値が尊重されるようになり、労働分野においても、これらに関わってさまざまな権利保障がなされるようになった[5]。しかし、両立支援策

---

[2] 中里見博『憲法24条＋9条――なぜ男女平等がねらわれるのか』（かもがわ出版、2005年）24頁。

[3] 女性の人工妊娠中絶に関する自己決定の権利主張の高まりと発展途上国の人口増加に対する人口政策問題の深刻化の中で、1992年の国連環境開発会議（リオデジャネイロ会議）は、「子の数と出産の間隔を決定する権利」を明確にし、1994年の国際人口開発会議（カイロ会議）では、生殖に関する自己決定権が、リプロダクティブ・ライツ（生殖の権利）として明確な定義を与えられた。1995年の世界女性会議（北京）における行動綱領は、この権利について再確認し、「女性の人権には、強制、差別及び暴行のない性に関する健康及びリプロダクティブ・ヘルスを含む、自らのセクシュアリティーに関する事柄を管理し、それらについて自由かつ責任ある決定を行う権利が含まれる」と述べている（パラグラフ96）。

[4] リプロダクティヴ法と政策センター編（房野桂訳）『リプロダクティヴ・ライツ』（明石書店、2001年）18頁。辻村は、この広範な解釈について、「厳密な意味で固有の権利の内容を示すものというよりは、むしろリプロダクティブ・ライツの外延に位置づけられるもの」であるとしている。辻村みよ子『ジェンダーと法』（不磨書房、2005年）171頁。

[5] 両立支援策の結果、育児・介護休業が権利として保障されたことは、「休暇」（年休や育児・介護休業を含めてここでは「休暇」としておく）の目的が、労働者自らの生命と健康の保持（すなわち労働力の保全）のみならず、労働者に依存する他者の健康や生存というものにまで拡大したことを意味する。たしかに、かつての休暇の概念には、雇用する労働者以外の他者の健康や生存について企業が配慮すべきだという発想はなく、年次有給休暇制度も、「従業員の休息の権利」保障であると同時に使用者にとっての「労

の充実にもかかわらず，妊娠・出産等の権利を行使したことを理由とする不利益取扱いは，なお事実上継続して行われているだけでなく，近年の成果主義的な人事管理の下で，権利を行使した労働者に対する劣等処遇事例はかえって増加している。このことは，妊娠・出産等の社会的価値の尊重とは，まったく相容れないものである。いくら妊娠・出産等が社会的意味をもつ行為だとして奨励されても，他方でそのための労働義務の免除や休暇の利用などが，労働者の処遇に何らかの不利益を及ぼすのであれば，法的な施策として一貫していないという批判があてはまるだけでなく，両立支援施策は労働者個人の自己選択を誤らせるものでしかない。妊娠・出産等を権利として保障するなら，それに関わってはいかなる不利益処遇も行ってはならないことは当然ではないだろうか。

　第三に，ジェンダー平等の視点である。すなわち，妊娠，出産，育児，介護を少子化対策や両立支援策において扱う場合，それらの施策が，果たしてジェンダー平等社会（人が男女という性別ではなく，個人の意欲・能力・適性にもとづき自己の生き方を選択できる社会，すなわち何人も強制や暴力や威圧を受けることなく個人として尊重される社会）への展望を視野に入れて実施されているかどうか，常に点検する必要があるということである。これらの施策には，性別・性差に由来する固定観念や偏見を排除するというジェンダーに敏感な視点が必要である。もしジェンダーに敏感な視点を欠くことになれば，女性が少子化対策の中で「産む性」として規定されてしまうことや，生殖に関する自己決定を剥奪されかねない危険性を看過してしまうことになるからである。また，育児・介護という役割が女性に押しつけられることによって，男女という性別にもとづく役割分業をより固定的に仕立て上げることにもなるからである。ジェンダーに敏感な視点を欠けば，女性のみが両立支援策を享受する性として位置づけられることの危険性や，それによって男性とは異なる雇用・就業形態を選択する存在として差別される危険性を看過してしまうことになる。少子化対策はもとより，

　　　働力の維持培養」として位置づけられる権利にすぎなかったのである。これに対して，育児介護休業制度は，休暇の概念を一変させた。育児や介護のための休業，労働時間短縮，深夜勤務の免除などが権利として制度化されたことは，労使間や企業の利益関係を超えた一種の社会的価値が，休暇制度に付与されたということを意味する。それは，妊娠・出産・育児・介護のもつ社会的な意味が認められたからに他ならない。野田進『「休暇」労働法の研究』（日本評論社，1999年）17頁。

両立支援策ですら，それ自体は必ずしも男女平等・反性差別的な施策であるとはいえないのであって，常にジェンダー平等の観点からの検証が不可欠である。

以上のような観点をふまえて，本節では，少子化対策および両立支援策の展開をたどり，そこに隠されている問題を洗い出してみることにしたい。

2 少子化対策と両立支援策の展開[6]

1990年代以降に展開する少子化対策は，家族，教育，女性，社会保障，労働，経済などを対象とする包括的で幅広い施策であり，このことは，出生力の決定に関する人口学的説明モデル[7]がきわめて広範な内容を含むことに呼応している。労働政策は少子化対策のごく一部を形成するにすぎない。とはいえ，少子化対策が労働政策の基本的方向性を決定する影響力をもち，その力が徐々に強化され，ついには少子化対策があらゆる個別施策の上位概念にまで拡大していることについて，私は大いに懸念を抱くものである。だからこそ，すでに述べた3つの観点（自己決定の尊重，不利益取扱いの禁止，ジェンダー平等）から，常に検証がなされなければならないと考える。

以下では，少子化対策と両立支援策の展開の足跡をみておきたい。なお，少子化社会対策の経緯については，表（130〜131頁）を参照のこと。また，以下で論じる際の時期区分は，神尾真知子の論文に依拠している[8]。

---

[6] この部分を書くにあたっては，2005年5月29日に行われた日本労働法学会のミニシンポジウム「ジェンダーと労働法」の準備過程における笹沼朋子（愛媛大学）と菅野淑子（北海道教育大学）との議論から学んだことが大きい。なお，菅野淑子「少子化対策と労働法——リプロダクティブ・ライツと家族概念からの検討」日本労働法学会誌106号（2005年）を併せて参照されたい。

[7] 国立社会保障・人口問題研究所の佐藤龍三郎によれば，出生力決定に関する人口学的説明モデルは，「社会経済構造（社会経済体制，人口年齢構造，都市化・住宅条件，産業職業構造，所得，ジェンダー構造，家族制度・家族構造，宗教，教育水準・教育制度，雇用・労働制度，出産・保育支援体制，保健水準，生物学的環境，関連政策など）」が，「男女パートナーシップ形成と子どもに関する規範」および「中間変数（結婚年齢，性行動，避妊など）に関する規範」を規定し，それらの規範が，最終的には「出生力」を規定するという壮大なものである（2005年1月27日に同研究所における研究会配布資料による）。

[8] 神尾真知子「少子化対策の展開と論点」国立国会図書館・調査及び立法考査局『調査資料2004-2』（2005年2月）23〜43頁。この論文については，時期区分のみならず，本節の執筆に際して，全般的に参考にさせていただいた。

(1) 少子化対策以前（1989年以前）

1972年に制定された勤労婦人福祉法は，働く女性への就業援助措置として，「育児に関する便宜の供与」を事業主の努力義務とした（同法11条）。1975年には，国・地方公共団体の学校・施設に勤務する女性の教員，看護婦，保母のための育児休業制度が立法化された（「義務教育諸学校等の女子教育職員及び医療施設，社会福祉施設等の看護婦，保母等の育児休業に関する法律」（特定職種育児休業法））。勤労婦人福祉法の規定は，同法が1985年に男女雇用機会均等法へと改正されたときにも引き継がれ，均等法28条として規定された。

1980年代後半には，中長期的に労働力不足基調が続く中で，女性労働力の増加が期待され，その中でも出産・育児期に継続就業を可能とする条件整備が不可欠となったことが認められるが，しかしながらこの時代の両立支援策はなお，今日のような積極的なものではなかった。すなわち，雇用する女性がたまたま育児責任を有する場合には，各事業主は，働く女性のための福祉的措置として，育児のための便宜供与をなすべく努力すべしというメッセージが含まれていた程度にとどまっていた。両立支援策は，あくまでも個別事業主の任意的な便宜供与にすぎず，その底流には，育児はもっぱら「女性のみ」が担う「私事」であるという発想があった。

(2) 少子化対策の形成期（1990～98年）

育児は「私事」という国の発想がにわかに転換し始めたのは，少子化対策の影響を受けてのことである。前述のように，1989年に合計特殊出生率の低下傾向が顕著となり，1.57という戦後最低を記録してから急激に，出生率低下の一因が仕事と育児の両立の困難にもあるのではないかと考えられるようになった。

1994年12月には，エンゼルプラン（「今後の子育て支援のための施策の基本的方向について」）が策定され，「少子化の原因や背景となる要因に対応して子ども自身が健やかに育っていける社会，子育てに喜びや楽しみを持ち安心して子どもを生み育てることができる社会〔の〕形成」をめざして，7つの重点施策[9]

---

9) ①仕事と育児の両立のための雇用環境の整備，②多様な保育サービスの充実，③安心して子どもを産み育てることができる母子保健医療体制の充実，④住宅及び生活環境の整備，⑤ゆとりある学校教育の推進と学校外活動・家庭教育の充実，⑥子育てに伴う経

表 1　少子化社会対策の経緯について

年次	合計特殊出生率	出生数(千人)		取　組
1990(平成 2)	1.54	1,222	3月 6月 8月	「平成元年版厚生白書」(長寿社会における子ども・家庭・地域) 「1.57ショック」 「健やかに子供を生みそだてる環境づくりに関する関係省庁連絡会議」の発足
1991(3)	1.53	1,223	1月 5月	同関係省庁連絡会議の報告 児童手当法改正(翌年1月から第1子より支給)
1992(4)	1.50	1,209	4月 9月 11月 12月	育児休業法施行(育児休業制度等の法制化) ウェルカムベビーキャンペーン 「平成4年将来推計人口(出生率[仮定値]1.80) 「平成4年度国民生活白書」(少子社会の到来、その影響と対応) 厚生大臣主宰「子どもと家庭に関する円卓会議」
1993(5)	1.46	1,188	7月 12月	厚生省児童家庭局長の私的研究会「たくましい子ども・明るい家庭・活力とやさしさに満ちた地域社会をめざす21プラン研究会」報告 「エンゼルプランプレリュード」策定
1994(6)	1.50	1,238	3月 4月 7月 12月	高齢社会福祉ビジョン懇談会「21世紀福祉ビジョン」 「平成5年版厚生白書」(未来をひらく子どもたちのために―子育ての社会的支援を考える―) こども未来財団設立(こども未来基金) エンゼルプランの策定 緊急保育対策等5か年事業の策定(平7〜11年度)
1995(7)	1.42	1,187	4月 10月	育児休業給付の支給(賃金25%)、育児休業中の健康保険、厚生年金保険の本人保険料の負担の免除 改正育児休業法施行(国などの支援措置の創設等)
1996(8)	1.43	1,207	5月	「平成8年版厚生白書」(家族と社会保障―家族一家族の社会的支援のために―)
1997(9)	1.39	1,192	1月 4月 10月	「平成9年将来推計人口(出生率[仮定値]1.61) 週40時間労働へ 人口問題審議会報告
1998(10)	1.38	1,203	4月 6月 12月	改正児童福祉法の施行(保育所入所方法の見直し等) 「平成10年版厚生白書」(少子社会を考える―子どもを産み育てる「夢」を持てる社会を―) 総理主宰「少子化への対応を考える有識者会議」の提言(「夢ある家庭づくりや子育てができる社会を築くために」)

第 2 節　少子化対策の批判的検討

年	合計特殊出生率	出生数	主な動き
1999 (11)	1.34	1,178	4月　育児・介護休業法施行（深夜業の制限の創設） 5月　「少子化対策関係閣僚会議」の開催 6月　「少子化への対応を推進する国民会議」の開催 7月　平成11年度第1次補正予算成立（「少子化対策臨時特例交付金」） 　　　少子化対策推進基本方針の策定 12月　新エンゼルプランの策定（平12～16年度）
2000 (12)	1.36	1,191	4月　介護保険法施行。「国民的な広がりのある取組みの推進について」（少子化への対応を推進する国民会議）。育児休業中の厚生年金保険料の事業主負担分の免除 5月　児童虐待の防止等に関する法律の公布 6月　児童手当法の一部を改正する法律の施行（支給対象年齢を義務教育就学前までに拡大）
2001 (13)	1.33	1,171	1月　育児休業給付の引き上げ（25％→40％） 3月　社会保障改革大綱の策定 6月　児童手当の所得制限の緩和 7月　「仕事と子育ての両立支援策の方針について」（閣議決定）（保育所待機児童ゼロ作戦の推進等） 11月　改正育児・介護休業法施行（休業に係る不利益取扱いの禁止）
2002 (14)	1.32	1,154	1月　平成14年将来推計人口（出生率〔仮定値〕1.39） 3月　「少子化社会を考える懇談会」開催 4月　改正育児・介護休業法施行（時間外労働の制限等） 　　　同懇談会中間取りまとめ 9月　厚生労働省「少子化対策プラスワン」策定
2003 (15)	1.29	1,124	3月　少子化対策推進関係閣僚会議「次世代育成支援に関する当面の取組方針」 7月　次世代育成支援対策推進法及び児童福祉法の一部を改正する法律の成立（9月施行） 9月　少子化対策基本法の成立 12月　少子化社会対策会議の設置 　　　少子化社会対策大綱検討会の開催（内閣府特命担当大臣等の関係閣僚及び有識者で構成）
2004 (16)	1.29	1,111	5月　自由民主党少子化問題調査会「今後の少子化対策の方向について」（中間とりまとめ） 　　　経済財政運営と構造改革に関する基本方針2004」の策定 6月　少子化社会対策大綱の策定 　　　児童手当法の一部改正（支給対象年齢を小学3年生修了までに拡大。4月に遡って実施）

（平成16年版 少子化社会白書 106頁より転載，加筆）

が示された。

　1997年10月には，人口問題審議会が，政府の少子化対策の基本的考え方を示す文書を公表した（「少子化に対する基本的考え方について」）。同審議会が，少子化の要因への対応の必要性を述べつつも，留意事項として，①子どもをもつ意志のない者や子どもを産みたくても産めない者を心理的に追いつめることがないようにすること，②この問題は，国民のあらゆる層によって論じられるべきこと，③ジェンダーによる偏向が生じないようにすること，④優生学的見地に立って人口を論じてはならないことをあげていた点には，改めて注目すべきである。出産等に関わる自己決定の尊重とジェンダー平等の観点が明確にふまえられていた。その際の施策の中心にすえられるべきことは，「固定的な男女の役割分業や仕事優先の固定的な雇用慣行の是正」と「育児と仕事の両立に向けた子育て支援」であった。すなわちこの時代には，ジェンダー平等原則にのっとった両立支援策こそが少子化対策の中心的施策として位置づけられていたといってよい。

　さて，この時期には，以前にはほとんど顧みられることがなかった育児休業の法制度化への対応が急速に行われ[10]，ジェンダー平等による両立支援策と，高齢・少子社会への対策の観点が一致して，広範な支持を獲得しつつ育児休業法が制定された（1991年5月制定，1992年4月より施行）。同法は，それまでの女性の就業援助という目的から脱皮し，「男女」に共通の休業の「権利」を保障する法規定を備えることになった。育児休業はまた，旧均等法における努力義務とは異なり，使用者に対する「強行的義務」づけ規定になったのである[11]。

　1995年6月には，ILO156号条約（「家族的責任を有する男女労働者の機会及び待遇の均等に関する条約」）が批准され，同時に，育児休業法は，育児介護休業法へと改正され，育児のみならず介護も家族的責任であるという考え方が採用された（介護休業部分の施行は1999年4月より）。雇用保険法から育児休業給付が支給されることになり（賃金の25%），健康保険，厚生年金保険の本人保険料負

　　済的負担の軽減，⑦子育て支援のための基盤整備，である。
　10）　藤井龍子「育児休業法制定の背景とその概要」季刊労働法163号（1992年）34頁。
　11）　荒木尚志「労働立法における努力義務規定の機能」『労働関係法の現代的展開』（信山社出版，2004年）37頁。

担の免除が行われるようになった。翌 96 年 6 月には，労働者派遣法の改正により，育児介護休業法の中に，育児介護休業取得者の業務への代替要員について労働者派遣事業を原則として認める特例が設けられた。

(3) **少子化対策の確立期（1999～2001 年）**

1999 年 1 月には，少子化対策議員連盟が発足し，5 月には，少子化対策推進関係閣僚会議が設置された。この頃から，少子化に対する総合的な対策を求める動きが急速に高まり，同年 12 月には，先の議員連盟が「少子化対策基本法案」を衆議院に提出した（その後，この法案は 2000 年 6 月にいったん廃案となる）。同閣僚会議は「少子化対策推進基本方針」を決定し，同方針に基づく重点施策の具体的実施計画として，同月に，新エンゼルプラン（「重点的に推進すべき少子化対策の具体的実施計画について」）が策定された（2000 年度～2004 年度）。神尾は，「エンゼルプランでは，子育て支援という名称だったが，新エンゼルプランでは，少子化対策という名称に変更された。その内容も拡大した」と位置づけている[12]。エンゼルプランと新エンゼルプランを比較すると，後者において，新たに「不妊専門相談センターの整備」という施策が加わったことがわかる。「不妊対策」が，個別の母子保健対策としてではなく，総合的な少子化対策として位置づけられたことは，「産むこと」に国がより積極的に介入することの予兆であったといえるのではないか。出産等に関する自己決定の尊重が，徐々に浸食されていく動きがみられる。

しかし一方で，この時期には，男女共同参画社会基本法（以下，「参画基本法」とする）が成立し（1999 年 6 月），社会のあらゆる分野で男女が共に参画できる社会をめざす法として，ジェンダー平等の原則を打ち出した。同法は，6 条で，家族を構成する男女が「家庭生活における活動」とそれ「以外の活動を行うことができるように」すべきだとする。家庭生活と職業の両立支援策は，この条文によって，揺るぎない政策上の位置づけを与えられたといえよう。この時代にはなお，ジェンダー平等原則に則った両立支援策という方向性が，参画基本法をベースにして打ち出されていたといえる。

---

12) 神尾・前掲注 8) 27 頁。

参画基本法に関しては，同法3条が定める「男女の個人としての尊厳が重んぜられること」の中に，出産の権利が含まれていると解釈されていた[13]。もっとも「男女の……尊厳」と規定されているとしても，男性のリプロダクティブ・ライツについての認識が具体的にあったわけではなさそうである。たとえば，2000年に策定された男女共同参画基本計画は，「リプロダクティブ・ヘルス／ライツに関する意識を広く社会に浸透させ，女性の生涯を通じた健康を支援するための取組の重要性についての認識を高めるという観点から，これらの問題について男女が共に高い関心を持ち，正しい知識・情報を得，認識を深めるために施策を推進する」と述べており，リプロダクション（生殖）の権利主体は，あくまでも「女性」として把握されていることがうかがわれる。

2001年には，行政改革の結果，厚生省と労働省が統合されて厚生労働省が発足し，同年7月に，「仕事と子育ての両立支援の方針について」が閣議決定された。

2001年11月には，育児介護休業法が改正された。すなわち，上限を超える時間外労働の免除請求権が，育児介護を行う男女労働者を対象として導入され（17条・18条），子の看護休暇措置の努力義務規定が設けられ（25条），勤務時間短縮等の措置の対象となる子の年齢が従来の1歳から3歳に拡大され（23条1項），労働者の転勤に際して子の養育の状況に配慮する義務が設けられた（26条）。加えて，育児介護休業を請求したことを理由とする解雇以外の不利益取扱い禁止規定が新設された（10条）[14]。

(4) 少子化対策の展開期（2002年以降）

その後も少子化の流れには歯止めがかからず，夫婦の出生力そのものの低下という新しい現象にも直面して，厚生労働省は2002年9月13日に，「少子化社会を考える懇談会中間とりまとめ」において，「男性を含めた働き方の見直し」を含む4つのアピールと10のアクションを提言し，同月20日には，それ

---

13) 内閣府男女共同参画局編『逐条解説　男女共同参画社会基本法』96頁。菅野・前掲注6）参照。

14) 法改正以前は，法の文言としては休業を理由とする解雇が禁止されていただけであって，「事業主が講ずべき措置に関する指針」（平成7年9月29日労働省告示108号）で，解雇以外の不利益取扱いに言及していたに過ぎない。

を総合的かつ計画的に推進する新たな施策として,「少子化対策プラスワン」を公表した。ここには,育児と仕事の両立支援に加えて,①男性を含めた働き方の見直し,②地域における子育て支援,③社会保障における次世代支援,④子どもの社会性の向上や自立の促進,という4つの柱が新たに盛り込まれた。「働き方の見直し」における「仕事と子育ての両立の推進」として,育児休業取得率の目標値(男性10%,女性80%)や,子どもの看護休暇等普及率の目標値(25%)の設定などが盛り込まれた。この目標値のあまりのジェンダー格差には驚くばかりである。

(a) **少子化社会対策基本法**

2003年7月には,少子化対策の法的根拠となる少子化社会対策基本法(「少子化基本法」とする)と,次世代育成支援対策推進法(「次世代法」とする)が成立した。

少子化基本法は,前文において,「我が国における急速な少子化の進展は,……21世紀の国民生活に,深刻かつ多大な影響をもたらす。我らは,紛れもなく,有史以来の未曾有の事態に直面している」と警告しつつ,この事態を克服するために,「家庭や子育てに夢を持ち,かつ,次代の社会を担う子どもを安心して生み,育てることができる環境を整備し,……子どもを生み,育てる者が真に誇りと喜びを感じることのできる社会を実現し,少子化の進展に歯止めをかけることが,今,我らに強く求められている」と述べる。

少子化基本法は,国,地方公共団体,事業主,国民の責務,並びに,政府の国会への年次報告提出義務等を定め,基本的施策として,①雇用環境の整備,②保育サービス等の充実,③地域社会における子育て支援体制の整備,④母子保健医療体制の充実等(不妊治療も含む),⑤ゆとりある教育の推進等,⑥生活環境の整備,⑦経済的負担の軽減,⑧教育及び啓発を定め,さらに,総理大臣を会長とする関係行政機関の長からなる「少子化社会対策会議」の設置も定められた。

この法をめぐって,国会で繰り返し示された懸念と批判は,①出産,育児に関する女性の自己決定権,個人のライフスタイル選択権の保障,配慮という視点が欠落しており,国による私生活への過剰な干渉が懸念されること,②親の「子育てについての第一義的責任」が強調されるあまり,子どもがいる家庭の

みが理想化され，子をもたない夫婦やシングルの人などのライフスタイルが否定されかねないこと，③男女共同参画の実現こそが少子化社会対策の鍵であるとの認識に欠けているため，国の環境整備義務の遅れよりも，個別家庭の責任が強調されることにならないか，④教育・啓発活動として示されている「生命の尊厳，家庭の役割」は，妊娠中絶の禁止につながりかねないため，むしろ「性別役割分業の見直し，男女共同参画社会の形成」を掲げるべきであること，⑤不妊治療の規定が突出しており，不妊に悩む女性を心理的に抑圧するのではないかという点などであった[15]。

両院の内閣委員会では，「結婚又は出産に係る個人の意思及び家庭や子育てに関する国民の多様な価値観を尊重」し，「子どもを有しない者の人格が侵害され」ないよう配慮すること，「女性の生涯を通じた身体的，精神的及び社会的な健康に関わる総合的な施策」の展開など，多くの附帯決議がつけられた。

2004年6月には，少子化基本法に基づく「少子化社会対策大綱」が作成され，同年12月には，これを具体化する「子ども・子育て応援プラン」が決定された。

(b) 次世代育成支援対策推進法と育児介護休業法

他方，次世代法は，少子化基本法とほぼ同じ目的を定めたうえで，国及び地方公共団体の責務（4条），「労働者の職業生活と家庭生活との両立が図られるようにするために必要な雇用環境の整備」に努める事業主の責務（5条），「次世代育成支援対策に協力」する国民の責務（6条）を定める。そして，主務大臣が定める次世代育成支援対策の行動計画の策定に関する指針（7条）に基づいて，市町村，都道府県はそれぞれ，次世代育成支援対策の実施に関する行動計画を策定し（8条，9条），常時雇用する労働者が301人以上の事業主は，一般事業主行動計画を策定し，厚生労働大臣のその旨を届け出なければならない（12条1項）。300人以下の事業主も同様の努力義務を負う（12条3項）。

この法は，2015年に失効する予定の時限立法であるが，事業主が，行動計画に定めた目標を達成した場合には，都道府県労働局長が認定マークを付与することになる。

---

15) 浅倉むつ子「少子化対策をめぐる法政策とジェンダー」法学セミナー588号（2003年）68頁以下参照。

育児介護休業法が規定する育児休業，勤務時間短縮措置，看護休暇等の利用が容易になるような労働環境の保障は，次世代法における行動計画の策定・実施を通じて，事業主に対してゆるやかに義務づけられたのである。両立支援対策は，以降，育児介護休業法と次世代法の2つの車輪によって推進されることになった。

　その後，次世代育成支援対策の一環として，育児休業の期間や介護休業の回数の弾力化が更に議論となり，2004年には，次のような育児介護休業法の改正が行われた。①雇用の継続が見込まれる一定の範囲の期間雇用者を原則的に育児介護休業の適用対象としたこと（5条，11条1項），②一定の場合において，子が1歳6か月に達するまで育児休業期間を延長できるとしたこと（5条3項），③介護休業の取得回数の制限が緩和されて，要介護状態ごとに対象家族1人につき通算93日まで取得可能としたこと（11条2項），④子の看護休暇を年5日まで取得できるように制度化したこと（16条の2）[16]。

(c)　「仕事と生活の調和」へ

　この時代にもう1つ注目したいのは，「仕事と家庭の調和」のみならず「仕事と生活の調和」が政策的に強調され始めたことである。2004年6月には，厚生労働省から「仕事と生活の調和に関する検討会議報告書」が公表された。報告書は，「誰もが生涯の各々の段階で，その希望に応じて様々な態様による社会参画を実現し，……主体的な人生キャリアの形成が図られるようにすることが基本」であるとし，仕事については，「誰もが自らの選択により，家庭，地域，学習やボランティア活動などの様々な『仕事以外の活動』すなわち『生活』と様々に組み合わせ，両者の『調和』を図ることができるようにする必要がある」としている。具体的な施策としては，これまでにも個々に実施されてきた対策を整理して提起しているに過ぎないが，①労働時間について（所定外労働の抑制，年休の取得促進，労働時間規制にとらわれない働き方の実現），②就業の場所について（在宅勤務の推進など），③所得の確保について（賃金についての情報提供，最低賃金制度の見直し），④均衡処遇について（労働時間と契約期間が異なる働き方相互間での処遇の均衡の実現に向けた対応），⑤キャリア形成・展開につい

---

16)　この点については，内藤忍「2004年育児介護休業法改正の内容と問題点」日本労働法学会誌105号（2005年）119頁以下参照。

て(「職業キャリア権」を労働政策の基軸にすえること)があげられている。

　報告書が提起する個別の施策の方向性には評価しうることも多いが，家族的責任も含めた「仕事以外の活動」を，単に「生活」と一括りにしていることには，根本的な疑問をもたざるをえない。他者の依存を引き受けて圧倒的に女性のみが担わざるをえない無償労働を，私生活一般と仕事との調和の中に解消してしまってよいのだろうか。報告書にはジェンダー平等の視点が欠けているのではないか。

3　妊娠・出産等の権利保障のために

　神尾は，少子化対策の範囲が徐々に拡充していると指摘する[17]。すなわち，少子化対策の展開期(2002年以降)には，「社会保障における次世代支援」「若者の自立した生活促進」「児童虐待」「障害児支援」「子どもの安全確保」などが，少子化対策の施策に新たに加わったというのである。個々の対策を否定するわけではないが，私も，神尾と同じく，少子化対策が拡充を続け，個々の具体的施策を「統合」「包括」する上位概念へと日々「成長」をとげていることに懸念を抱くものである。少子化対策が，全般的な国家政策を左右する上位概念となり，いかなる社会政策もここに統合され，かぎりなくその範囲を拡大していくことになれば，「産むこと」のみが奨励され，「産まない」ことの決定は「わがまま」で「無責任」だと非難され，男女の性別役割が強調され，伝統的な家族の価値が重視されるようになるのではないか。そうなれば，当然のことながら，私が冒頭に示した3つの観点(自己決定の尊重，不利益取扱いの禁止，ジェンダー平等)など，片隅に追いやられるのは目にみえている。

　実は，私がそのような懸念を抱くには十二分の根拠がある。なぜなら，2004年6月の自民党憲法調査会の憲法改正プロジェクトチームが公表した改憲に向けた「論点整理」は，きわめて明確に「婚姻・家族における両性平等の規定(現憲法24条)は，家族や共同体の価値を重視する観点から見直すべきである」と指摘したからである。その根底にある考え方は，同文書の中の以下の部分から明らかである。「……本プロジェクトチーム内の議論の根底にある考え

---

17)　神尾・前掲注8) 36頁。

方は，近代憲法が立脚する『個人主義』が戦後のわが国においては正確に理解されず，『利己主義』に変質させられた結果，家族や共同体の破壊につながってしまったのではないか，ということへの懸念である。権利が義務を伴い，自由が責任を伴うことは自明の理であり，われわれとしては，家族・共同体における責務を明確にする方向で，新憲法における規定ぶりを考えていくべきではないか」。その後，2005 年 8 月に公表された新憲法草案の条文案では 24 条の改訂の提案は見送られた。しかし男女「不平等」な性別分業型の伝統的な家族像に対する政権党の強いこだわりは，現在，全国各地で生じている「ジェンダー・フリー・バッシング」の源でもある[18]。

それだけに，妊娠・出産等の権利保障と矛盾しない少子化対策のあり方として，3 つの観点からの課題について，最後に指摘しておこう。

第一に，現在の日本では，自己決定，とくに「性的自己決定」は，理論上も法政策上も未確立である。性的自己決定は，「身体」と「セクシュアリティ」に関わる権利として，もっとも基底的な人権であるはずだが，この権利が現実の日本社会で，また法の世界において，どのように扱われてきたのかをみると，実際，権利が保障されているというにはほど遠い実情にあることがわかる。女性と性をめぐる問題については，法律学がとりあげるべき問題だという認識すら欠けているという指摘[19]があるほどだが，かろうじてそれがとりあげられる場合でも，人権問題という位置づけよりは，環境浄化，風俗，道徳，政策の問題であるとされる傾向が強い[20]。また，生殖に関する決定権が女性にあると

---

18) ジェンダー・フリー・バッシングについて，伊藤公雄『「男女共同参画」が問いかけるもの』（インパクト出版会，2003 年）が参考になる。

19) 2004 年 12 月の第 2 回ジェンダー法学会における報告で，角田由紀子は，女性と法をめぐる問題自体に対しては，「法律学という権威の世界が持つ拒否感があるのではないか。『汚い』問題を扱うことは『学問』としての評価につながらない，あるいは評価にマイナスになるということはなかったか？」と問いかけた。角田由紀子「売買春と女性の人権を法律はどのように扱っているか」ジェンダーと法 2 号（2005 年）74 頁も参照。

20) たとえば，売春防止法 5 条は，「公衆の目にふれるような方法で」の勧誘，誘引を禁止しており，これらの行為は，売春行為それ自体の違法性とは直接には関係のない，風紀を乱す行為，公衆の迷惑防止という観点から処罰されるものである。搾取されているのが「女性の人権」であるという発想はみじんもない。また，ポルノグラフィにかかわる「わいせつ物規制」は，社会の健全な性道徳の維持でしかなく，女性の性への侵害と

いう発想は，社会においてはきわめて弱く[21]，性暴力や性に対する加害行為も，「同意」があったという論拠によって免罪されている[22]。現に，参画基本法，少子化基本法のどこにも，性的自己決定の権利を保障する明文規定はない。「産む」ことが女性自身の自己決定であるということを確認する規定もない。まずはこのような基本的な原則を，しっかりと明文化する必要があるのではないか。

　第二に，妊娠・出産・育児・介護をする者は，労働の場においてなお不利益に扱われている。少子化対策によって両立支援策がかなり充実したことは事実ではあるが，実際には，働く女性たちが，各種の不利益を被りながらその権利を行使しているというのが現状である。出産休暇期間中の所得保障は60％にすぎず，ILO 183号条約（「母性保護条約」）すら批准できない状況であり，育児・介護休業については4割の所得保障しかない〔［追記］を参照のこと〕。また，最高裁は，賞与の支給要件である出勤率の算定にあたり，産後休業，育児のための勤務時間短縮措置による育児時間を欠勤扱いしたことは，法の趣旨に反し，法が権利を「保障した趣旨を実質的に失わせるものというべき」であるとした原審の判断を維持したが，一方で，賞与全額の支払義務を肯定した原審の判断を破棄して，「賞与の額を一定の範囲内でその欠勤日数に応じて減額するにとどまる」場合は無効とまではいえないとした[23]。休業したことによる不利益（この場合は賞与の減額）は，欠勤日数に比例するかぎりは許されるという趣旨にも読める点で問題である。このような不利益が課されていれば，育児・介護におけるジェンダー平等はけっして実現できないだろう。

　　いう発想はない。
21)　たとえば妊娠中絶に関して，女性の生殖に関わる選択の問題であるという発想はほとんどなく，女性の罪悪感を強調しながら法（母体保護法）によって許される範囲での中絶が容認されているにすぎない。女性は自らの「好み」で中絶を選択しているわけではなく，いわば余儀なくされた選択にすぎないが，そのような理解が欠如している。
22)　強姦罪が成立するには，「同意」がないことを証明するために，「暴行・脅迫」の存在が求められるが，単に「暴行・脅迫」があったというだけでなく，その強度が必要とされている（最判昭和24・5・10刑集3巻6号711頁）。しかし「同意」がないことの証明のためであれば，「暴行・脅迫」に一定以上の強度が必要である理由はまったくないはずである。
23)　東朋学園事件・最判平成15・12・4労判862号14頁。

第三に，ジェンダー平等に関しては，これを定める共同参画法を改訂し，性別役割を強化すべきだという主張が，政権党から生まれているとも聞く。自治体の男女共同参画条例の中には，「男女が，男らしさ女らしさを一方的に否定することなく男女の特性を認め合い，互いにその人格と役割を認めるとともに，尊厳を重んじ合うこと……男女がその特性と能力を発揮する機会が確保されること」(2002年6月制定の宇部市男女共同参画推進条例) として，男女不平等な性別役割規定を定めるものが現れた。このような主張がまかり通るジェンダー不平等社会では，育児・介護におけるジェンダー格差の実態は，けっして改善されることはない。たしかに育児・介護休業は，男女に平等に権利として保障されているとはいえ，実際には，育児休業の取得率には著しいジェンダー格差がある。休業取得者は，女性 64.0% に対して男性 0.33% にすぎない。次世代法に基づき，男性の育児休業取得率を 10% にまで引き上げるとの目標が示されたが，各職場では，まず1人だけでも男性の取得者を出すことが至上命題とされている。このような著しいジェンダー格差を解消していくためには，休業等の権利行使に伴う不利益取扱いをなくすと同時に，社会全体のジェンダー平等をめざす政策が不可欠であり，それを担うのが共同参画法に他ならない。少子化基本法は，むしろ共同参画法をベースにしなければならないにもかかわらず，男女不平等な性別役割を宣言するように共同参画法を改訂することは，少子化対策の性格を根本から変質させることになる。

職業生活と家庭生活の両立に関わる一連の法政策と立法の出現によって，家族的責任のための休業等が法制度化されたことは，労働法理論にも大きな影響を及ぼしてきた[24]。しかしながら，少子化対策の動向いかんによっては，両立

---

24) たとえば労働契約に関して，島田は，「そもそも使用者には，継続契約関係に伴う信義則として，……私生活配慮義務」があると述べ，使用者の転勤命令権の「行使が適法とされるためには，使用者は労働者に対する私生活配慮義務を履行しなければなら」ないとする (島田陽一「労働者の私的領域確保の法理」法律時報 66 巻 9 号 (1994 年) 52 頁)。和田は，島田のような私生活「配慮義務」構成をとらないが，時間外労働については個別の事前の合意に根拠があり，配転命令に関しては労働者の義務は個別の合意に基づいて根拠づけられると説き，これを労働者の労働生活と家庭生活の調和を図るための新たな法理論のあり方として提示する (和田肇「業務命令権と労働者の家庭生活」『講座 21 世紀の労働法第 7 巻』(有斐閣, 2000 年) 208 頁)。前出注 5) で述べた休暇に

支援策が形成してきた労働者の権利保障のための理論的素地も根底から崩されることになりかねない。女性の母性としての役割をいくら強調しても，国が，結婚や出産のために性を管理することは不可能であるし，到底それは許されるべきことではない。むしろ，すべての人が主人公として自分の人生を生きることができるように，国は個人の尊厳を保障する役割を果たすしかないと思われる。安心して出産・育児ができる社会の構築は，そのような限定を前提に注意深く進められるしかないのである。

（初出論文：「少子化対策の批判的分析——妊娠・出産・育児・介護の権利保障の観点から」労働法律旬報 1609 号（2005 年 10 月）4〜14 頁）

[追記]

　本節執筆当時（2005 年）に比較すると，育児・介護をめぐる法制度はかなり大規模な改正を経ている。育児介護休業法をめぐる 2009 年と 2016 年の法改正については，本書第 5 章第 1 節の［追記］を参照していただきたい。ここでは，次世代育成支援対策推進法（次世代法）について，追記しておく。2003 年制定の次世代法は，本節執筆以降に 2 度の法改正を経ることになった。2008 年の改正では，①一般事業主行動計画の策定・届出の義務づけの範囲が，従業員 301 人以上企業から従業員 101 人以上企業に拡大され（2011 年 4 月 1 日施行），②一般事業主行動計画の公表・従業員への周知が，101 人以上の企業については義務に（但し 101 人以上 300 人以下の企業は 2011 年 3 月 31 日までは努力義務），100 人以下の企業については努力義務になった。また，2014 年の改正により，①この法律の有効期限は平成 37 年（2025 年）3 月 31 日まで 10 年間延長され（附則 2 条），②認定事業主のうち，とくに次世代育成支援対策の実施状況が優良なものについては，新たに「特例認定事業主」制度が作られることになった（15 条の 3，15 条の 4）。特例認定事業主は，認定事業主の「くるみん」マークに代えて「プラチナくるみん」マークを取得することになり，一般事業主行動計画の策定義務が免除され，その代わりに，毎年少なくとも 1 回，次世代育成支援対策の実施状況を厚生労働省のウェブサイト（「両立支援のひろば」）に公表することになる。

　加えて，休暇中の所得保障制度にも変更があった。また，本節執筆当時，出

関する野田の理論も参照のこと。

産休暇中の所得保障は 60％ だったが，現在では，健康保険法の出産手当として「標準報酬日額の 3 分の 2 に相当する金額」が支給される（健康保険法 102 条，2017 年 4 月以降は 99 条 2 項・3 項を準用する）ため，ILO 基準を満たすことになった。育児休業中の所得保障（育児休業給付金）は，雇用保険法上，休業開始時賃金日額の「100 分の 40 に相当する額」（雇用保険法 61 条の 4 第 4 項）と規定されているが，当分の間は，休業開始から 6 か月間は 67％，その後は 50％ と暫定的に読み替えられている（同法附則 12 条）。

第3節　労働法と家族生活

は じ め に

　労働法は，主として使用者に雇われて働くという雇用関係の場を中心として，そこに展開される諸々の問題を取り扱う学問である。しかし同時に労働法は，労働者の私生活や家族生活にも目を向けざるをえない。なぜなら，労働者が職場に拘束される時間が長ければ，当然に家庭や地域で過ごす時間が短くなるからであり，職場における労働条件は，直接，その裏側にある私生活・家族生活の豊かさを左右するからである。だからこそ，労働と生活のバランスのよい配分を実現することが必要になる。労働者の豊かな人生設計には，働きがいのある職場を作り上げることと同時に，労働時間の短縮や休暇制度を利用して私生活・家族生活を充実させることが，負けず劣らず重要なのである。

　しかし，家族をめぐる様相はきわめて複雑である。「家族生活の尊重」を「国家を支える基礎単位としての家族の重視」という観点からとらえてしまうと，国は，「国民生活の安定」のために個々の家族の紐帯を強めてその崩壊を防ぐことに力点をおくことになる。現実社会における男女の役割の非対称性（性別役割）をそのままに，家族生活の尊重が声高に叫ばれれば，女性は「産む者」「子育てをする者」という暗黙の強制が働く。その枠組みから外れる「産まない」という決定は，「わがまま」で「無責任」だと非難されかねない。また，「子育て」という「重大な」責任が付与される結果，実際に職場でいかなる労働に従事しているかを問われることなく，女性は「育児責任を果たす二流の労働者」として扱われかねない。そうなれば，望ましいはずの「家族生活の尊重」という理念が得てして個人の尊厳と両性の平等と対立する，という構図が登場しかねないのである。

　本節では，「家族生活の尊重」という理念におけるこのような両義性を念頭におきつつ，労働法における家族生活の諸問題をとりあげて，「職業生活と家族生活の両立」もしくは「仕事と生活の調和」という労働政策上の課題の現状を描きつつ，そこに含まれている問題点について，検討を加えたい。

1 伝統的な労働法理論と家族生活

(1) 日本的雇用慣行と伝統的な労働者像

　日本の雇用慣行は，長時間で不規則な労働や頻繁な転勤などによる私生活の不安定性を代償にしつつ，長期の雇用保障と一定水準の安定した労働条件を確保してきた。そこでは，同一学歴の労働者に対しては多かれ少なかれ共通の処遇をするという「一種の平等主義」も支配しており[1]，企業に依存しているかぎり一定の生活保障が与えられたという意味で，日本的雇用慣行が労働者生活の安定に果たした役割には大きなものがあった。

　しかし日本的雇用慣行は，社会における「標準的家族像」を前提として形成されてきたものであり，そこには性別役割分業型の家族モデルがあった。かかる家族像を前提にしてはじめて，夫たちは家族生活を犠牲にするほどの長時間労働を通じて会社に貢献することが可能だったのである。しかもこの家族像は妻の「座権」を強化し，家事・育児に専念する妻を優遇する税制・年金に関する法制度によって強固に支えられていた。

　それだけに，日本的雇用慣行が内包する「一種の平等主義」は，あくまでも正社員相互の平等にすぎない。企業社会は一方で，労働現場の中心に位置する正規労働者とその周縁に位置する非正規労働者という階層的構造によって成り立ってきた。日本的雇用慣行の恩恵を被るのはもっぱら正規労働者であり，非正規労働者はその恩恵から排除されてきたのである。そして企業社会における階層の中にも，ジェンダーは深く埋め込まれてきた。男性正規労働者は，企業の求めに応じて，仕事の範囲・割当て，所定外労働時間，働く場所などを変更できる機能的なフレキシビリティを持つ労働力であり，女性非正規労働者は，補助的労働を割り当てられ，経済不況に直面したときの調整弁としての数量的フレキシビリティを持つ労働力であった[2]。

　日本的雇用慣行が主流であった時代の伝統的な労働法の世界が描いた典型的労働者像は，それだけに，製造業に働く，熟練・フルタイムの男性正社員労働者であった。彼らは，期間の定めのない労働契約を締結し，扶養すべき家族を

---

[1] 西谷敏『労働法における個人と集団』（有斐閣，1992年）1頁。
[2] 熊沢誠「企業社会と女性労働」日本労働社会学会年報6号（1995年）6頁以下。

もち，家族を養うに値する賃金（家族賃金）を集団的に使用者に要求する存在であった。労働法が想定する「人間像」は，抽象的には性中立的な存在ではあったが，労働法の「規範」からいえばあくまでも「男性労働者」が想定されてきたのであり，さまざまな概念や制度は，男性を中心に構成されていた[3]。

(2) 家族生活の位置づけ

日本的雇用慣行をベースとする伝統的な労働法理論は，家族生活をどのように位置づけてきたのだろうか。伝統的な労働法が想定した労働者像が男性正社員労働者であったことから当然に，家族的責任とは，当時は，男性労働者にとってのそれでしかなかった。彼らにとっての「家族的責任」とは，あくまでも，家族を扶養する賃金（家族賃金）を獲得することであって，経済的責任である。家族圏でなされる「家事・育児・介護」などの具体的なケア・ワークは，無償労働として常に女性が担ってきたのだが，労働法は，具体的なケア・ワークを家族的責任とはみなしてこなかった。労働者の家族構成が，賃金のレベルや家族手当の支給条件として考慮対象であったことは否定できないが，労働時間や休日・休暇問題の中でケア・ワークが考慮されることは，ほとんどなかったといってよい。

労働者保護法ならびに労働契約に関する伝統的な労働法理論は，このように，労働者の家族的責任をほとんど考慮に入れずに，労働力の保有者である労働者本人のみをとらえて法理論を構築してきた。伝統的な労働法の世界では，ケア・ワークという側面での家族的責任はまったくの「私事」であった[4]。

---

[3] 浅倉むつ子『労働法とジェンダー』（勁草書房，2004 年）8 頁参照。
[4] 荒木誠之は，このことを「労働法，家庭に入らず」と批判的に表現した。荒木誠之『生活保障法理の展開』（法律文化社，1999 年）236 頁。もっとも，労働者の家族状況や家族的責任が，法的な問題局面において，まったく考慮されなかったわけではない。たとえば解雇や配転命令について，企業の必要性と労働者が被る不利益を比較考量し，権利濫用の法理を適用してその効力を否定する判断は，広く認められており，このような発想は，労働力の主体である労働者自身のみならず，その家族の状況をも視野に入れているという点で，伝統的な労働契約の考え方からは一歩ふみだしたものであった。しかし，あくまでもこれらは例外であるために，労働契約理論の本流から外れたケースとして，裁判所は，権利濫用の法理や信義則の適用という一般法理を駆使する以外なかったのである。

2 家族的責任と法をめぐる変化

(1) 背景事情の変化

　その後，労働契約や労働者保護法をとりまく背景的な事情は一変した。1990年代には，社会経済のグローバル化，国内外の競争の激化，人口構造の変化，労働力の女性化，情報化の進行など，数多くの社会的・経済的変化が生じた。終身雇用制度は空洞化し，雇用の流動化が進み，雇用形態はより一層多様化し，正社員はスリム化した。賃金や昇進の決定に関する年功的な要素は後景に退き，能力主義的要素が前面に登場した。定期昇給やベア方式による賃金制度は，職能や業績を重視した昇給制度や成果主義的賃金制度にとってかわられた。正社員男性労働者が処遇されてきた一種の「平等主義」も崩壊しつつある。企業に依存しているかぎりで労働者生活の安定に貢献してきた日本的雇用慣行は，大きくゆらいだのである。

　家族の形態をみると，性別役割分業型の家族は少なくなり，夫婦共働き家族が増えている。女性の職場進出が進み，女性が労働力の主要な担い手となる時代が到来した。既婚女性労働者の増加は，たしかに労働法をして，現実に彼女らが担っているケア・ワークに目を向けさせることになった。

　1980年代後半から，家族生活にも関わる重要な立法が相次いで出現した。女性差別撤廃条約によって「性別役割分業の見直し」が国際社会の趨勢となったことが，日本にも大きな影響をもたらしたのである。男女雇用機会均等法（均等法）の制定（1985年）と改正（1997年），それに伴う労働基準法上の女性労働者保護規定の見直し（1997年）[5]，男女労働者に休業の権利を認める育児（介護）休業法の制定（1991年）と数次にわたる改正（1995年，2001年，2004年），ILO156号条約の批准（1995年），男女共同参画社会基本法の制定（1999年）など，日本の強固なジェンダー規範をゆるがすような法制度が登場した。これらの法制度によって，少なくとも法的には，男女の機会均等，性別役割分業の見

---

　5)　「保護と平等」をめぐる議論は，「理論的」にはこの改正で決着がつき，①女性が心身ともに男性より劣るという偏見は払拭されること，②妊娠・出産の保護は手厚く充実させること，③女性にとって危険で有害な労働は男性にとっても有害であること，④家族的責任は男女が共に担うべきことが，コンセンサスを得たといえよう。浅倉むつ子『均等法の新世界』（有斐閣，1999年）127頁。

直し，職業生活と家族生活の両立が，政策上の基本方向を示す原則となった。

(2) 労働法理論の変化

以上の背景事情の変化は，労働法の基本原則および労働契約法理をも変容させるものであった。

たとえば休暇に関わる法理について，野田進は以下のように指摘する[6]。ある時期まで，多くの休暇制度は，企業利益（使用者あるいは従業員である労働者の利益）の確保を中心的な目的としているものであった。年次有給休暇は，労働者にとっては休息の権利の保障である一方，使用者にとっては「労働力の維持培養」を目的とする企業利益に資するものである。病気休暇も，短期間の労働不能が労働契約の解消をもたらさないように労働者の精神や肉体を保護し，労働力を確保する目的をもち，出産休暇も，出産という労務提供の短期的な障害への対処として，労働者の心身の保護を通じて労働力の安定的確保という企業利益に資するものである。これに対して，職業生活と家族生活の両立支援政策である育児休業や介護休業の付与が使用者の法的義務になったことは，労働者の労務提供義務を阻却させる新たな要素として，労働者自身の精神や肉体の保護（そしてその結果としての企業利益）とは別ものである「育児責任」もしくは「家族的責任」が容認されたことを意味する。このことは，育児という行為に一種の社会的価値が付与されたというべきであり，使用者は，そのための「休暇」取得による業務上の支障を受忍すべき地位におかれることになった。

労働契約法理に関する学説でも新たな展開がみられる。たとえば島田陽一は，配転法理に関して，使用者は，労働契約締結時点での包括的合意を根拠として転勤を命ずることができるが，「そもそも使用者には，継続契約関係に伴う信義則として，……私生活配慮義務」があるとする。また，時間外・休日労働命令の行使にあたっても，「使用者は，……労働者の私生活を不当に侵害しないように配慮する義務」があり，「育児・介護および看護に責任を有する労働者に対する優遇措置」は使用者の私生活配慮義務の内容であるという[7]。配転における使用者の私生活配慮義務にふれる裁判例も，いくつか登場した[8]。

---

6) 野田進『「休暇」労働法の研究』（日本評論社，1999 年）16 頁以下。
7) 島田陽一「労働者の私的領域確保の法理」法律時報 66 巻 9 号（1994 年）52 頁。

和田肇は，「育児介護休業法は，平等に家庭責任を担う権利を労働契約上のもの（形成権）として男女労働者に保障している」と述べ，ILO 156 号条約の趣旨や男女共同参画社会基本法の制定などにも言及しつつ，「労働生活と家庭生活を調和させることは労働者の権利とされ，使用者にもこれが可能になるような措置を講ずることが要求されている」と述べる[9]。

　上記のような労働法理における新展開は，職業生活と家族生活の両立支援政策の展開が及ぼした影響を物語るものである。

3　「仕事と生活の調和」政策

　すでにみたように，1980 年代後半から 90 年代にかけての家族生活にかかわる法政策においては，男女の機会均等，性別役割分業の見直し，職業生活と家族生活の両立は，少なくとも理念上は尊重されるべき法原則であった。もっともこれらの原則に基づく立法にも，規制緩和論と少子化対策が常に重大な影響を及ぼしており，近年の法状況は単純な評価にはなじむものではない。今世紀になってからはさらに，規制緩和論と少子化対策の勢いが増大して，今や「規制改革」が労働政策を先導し，少子化対策が男女共同参画を含むあらゆる国家政策を左右する上位概念へと浮上してきた。この動向には，きわめて危険なものが含まれているように思われる。

---

8)　基本的には東亜ペイント事件最高裁判決（昭和 61・7・14 労判 477 号 6 頁）の流れに立ちながらも，それに若干の修正を加えて，家族生活への配慮を考慮する下級審判決として，帝国臓器（単身赴任）事件下級審判決（東京地決平成 5・9・29 労判 636 号 19 頁，東京高判平成 8・5・29 労判 694 号 29 頁）があるが，この判決は，結論的には，独身寮の提供，別居手当の支給等の経済的補償によって配慮義務が果たされたとして，配転命令を有効と判断した。しかし明治図書出版事件（東京地決平成 14・12・27 労判 861 号 69 頁）では，裁判所は，2001 年に改正された育児介護休業法 26 条に言及して，事業主は労働者の育児・介護に関する家庭状況に配慮すべき義務に基づき，転勤命令について高度の業務上の必要性があるかどうかを検討すべきであり，これを欠いているときには同命令は権利濫用として無効になるとした。

9)　和田肇「業務命令権と労働者の家庭生活」『講座 21 世紀の労働法第 7 巻』（有斐閣，2000 年）208 頁以下，同「配転命令と家庭生活（家族責任）への配慮」ジュリスト 1298 号（2005 年）124 頁以下。

(1) 規制改革

1997年の「規制緩和推進計画」には，①広義の労働時間関係の規制緩和，②女性保護規定の撤廃，③労働者派遣のネガティブ・リスト化，④有料職業紹介が盛り込まれ，これ以降は，総合規制改革会議およびその後継組織が労働法制改革を先導し始めた。労働者派遣法の度重なる改正による派遣事業の自由化（1999年，2003年），労働基準法改正による専門業務型と企画業務型の裁量労働制の導入（1987年，1998年），有期労働契約の期間制限の緩和（2003年）などの一連の法改正は，これにそって行われた。多様な雇用形態の労働者の使い勝手をより良いものにして，市場への法の介入を極力避けるという方向が打ち出されたのである。

最近では，内閣府に設けられた「規制改革・民間開放推進会議」によって，労働政策の基本方向が決定されているかのようであり，労働契約法制をめぐる議論の経緯はその一端を示すものである[10]。

(2) 少子化対策

少子化対策[11]については，1999年に少子化対策議員連盟が発足した頃から急速に動きが高まり，同年12月に策定された新エンゼルプランでは，「不妊対

---

10) 労働契約法制に関しては，むしろ学界がリードする形で1990年代から本格的な議論が開始され，日本労働弁護団もまた独自の提案を行ってきた。2004年には厚生労働省が「今後の労働契約法制のあり方に関する研究会」を設け，同研究会がとりまとめた「報告」に基づき，労働政策審議会労働条件分科会が審議を開始した。ところが厚生労働省が2006年6月13日に中間とりまとめの案として「素案」を提出したところ，労使はともにこれに異論を出し，審議は事実上ストップするという状態に至っている。これに対して，規制改革・民間開放推進会議は，7月21日に，「労働契約法制及び労働時間法制のあり方に関する意見」を出し，2006年度内に労働契約法制の整備に関する結論を得ることを前提に，「素案」に対する意見を「率直に表明」した。かかる意見表明は，規制改革という上位にたつ政策判断が労働政策の行方を決定しかねない動きとして懸念される。なお，労働契約法制に関しては，数多くの文献があり，最新の情報については，日本労働法学会誌107号（2006年）や季刊労働者の権利265号（2006年）が詳しい。
11) 少子化対策については，神尾真知子「少子化対策の展開と論点」国立国会図書館・調査及び立法考査局「調査資料2004-2」（2005年2月）23〜43頁，同「少子化対策をジェンダー法学はどう見るか」ジェンダーと法3号（2006年）80頁以下，浅倉むつ子「少子化対策の批判的分析──妊娠・出産・育児・介護の権利保障の観点から」労働法律旬報1609号（2005年）4頁以下〔本書第5章第2節〕を参照のこと。

策」が総合的な少子化対策として位置づけられた。2002年9月の「少子化対策プラスワン」では，「男性を含めた働き方の見直し」という，従来の対策からは一歩進めた柱が盛り込まれたが，育児休業取得率の目標値は，男性10％，女性80％と設定され，ジェンダー格差を明白に反映したものになった。

　そして，2003年7月には，少子化対策の法的根拠となる少子化社会対策基本法と，次世代育成支援対策推進法が成立した。2004年6月には，「仕事と生活の調和に関する検討会議報告書」が出された。これを機に，政策的には，「仕事と家庭の調和」から「仕事と生活の調和」（ワーク・ライフ・バランス）が強調されはじめた。たしかに，この報告書が提起する個別の施策には，基本的に賛成できることが多い[12]。また「仕事と生活の調和」を推し進めることによって，家族的責任をもつ労働者に対する「特別な支援」を相対的に軽減していくことができれば，家族的責任をもつ労働者ともたない労働者の差別的処遇をも，縮小させることができるであろう。したがって私も，この提言自体を非難するものではない。

　とはいえ，「仕事と生活の調和」政策に関しては，譲れない留意点がある。第一に，自己啓発，社会貢献活動などの容認は，職場全体の雰囲気を変えるかもしれず，それ自体は重要である。しかし，そのことは，妊娠・出産・育児・介護といった再生産（reproduction）活動が自己啓発活動等と同列に扱われればよいということを意味しない。再生産には，妊娠・出産という生殖活動と，家事・育児・介護などのケア労働があるのだが，これらの分野に係る権利保障は，他の活動に優先するものとして把握されなければならない。第二に，労働時間に関して働き方の自己選択の幅を広げることが有意義であるという報告書の指

---

[12] 同報告書は，「仕事については，誰もが自らの選択により，家庭，地域，学習やボランティア活動などの様々な『仕事以外の活動』すなわち『生活』と様々に組み合わせ，両者の『調和』を図ることができるようにする必要がある。そして，今後の我が国においては，この『調和』の実現を通じて，すべての働く者が安心・納得できるようにすることの重要性が増している」と述べている。その後，2006年5月15日の少子化社会対策推進専門委員会報告書「これからの少子化対策について」も，ワーク・ライフ・バランス（仕事と生活の調和）に基づく働き方の実現が施策の目玉であることを強調して，「両立支援の対象を，育児ばかりでなく，介護や自己啓発，社会貢献活動なども対象にするなど，幅を広げて，職場全体の働き方の雰囲気を変え，必要に応じこれらの活動を優先することにも違和感がないようにすることが重要である」と述べる。

摘があるが，現在〔2006年〕，労働契約法制において争点となっている「自律的労働にふさわしい制度」の創設とあまりにも似通った表現が使われているところに，懸念をぬぐえない。自律的労働であれば時間管理責任が免除されるという制度設計が，「仕事と生活の調和」のためにどこまで効果的だろうか。むしろ使用者の時間管理責任を明確にして，労働者に対する安全配慮義務を実施させることに重点をおくべきではないだろうか。

　少子化対策は今日，いかなる社会政策をも統合しつつ，かぎりなくその範囲を拡大している。しかも妊娠・出産と深く関わる対策でありながら，少子化社会対策基本法のどこにも，性的自己決定の権利を保障する明文規定はなく，「産むこと」が女性自身の自己決定であることを確認する規定もない[13]。

(3) 妊娠・出産・育児に関わる諸問題と均等法改正

　これだけ少子化対策の重要性が声高に叫ばれている一方で，妊娠・出産を機に多くの女性が退職するという現状は変わらない。妊娠・出産を理由とする解雇事案も多い。全国の雇用均等室に寄せられた個別紛争解決援助の申立件数の中で，退職強要や解雇事案は，2004年度には125件であり，うち妊娠・出産等を理由とする解雇は106件（84.4％）と，圧倒的多数を占める。

　これらの事例の中には，産前産後休業を申し出たところ契約更新を拒否された事例，出産後の職場復帰にあたってパートへ身分変更するように言われた事例，妊娠したために深夜業の免除を申し出たが拒否され，深夜業をしないのなら退職するように勧奨された事例などがある。出産を前に退職を迫る会社で働く女性からは，「日々大きくなるおなかの中でさかんに動く赤ん坊を抱え，産休の日程も，復帰できるかどうかさえも決まらず働き続けている。身重の，必ずしも万全とはいえない心身状態で，組織を相手に個人で交渉するのは，正直いってつらい」との投書がなされてもいる（2006年8月25日付朝日新聞）。この

---

13) 1997年の人口問題審議会の報告書「少子化に対する基本的考え方について」では，留意事項として，①子どもを持つ意思のない者などを心理的に追いつめることがないようにすること，②ジェンダーによる偏向が生じないようにすること，③優生学的見地にたって人口を論じてはならないこと等があげられており，当時は，少子化対策が個人の出産等にかかわる自己決定を尊重しなければならないことが十分意識されていたことをうかがわせる。

ような事態を放置しながら，国が出産を推奨するのは，論外である。

　しかし法的には，このところ若干の進展があった。2006年6月15日に可決成立した改正均等法では，妊娠したこと，出産したこと，産前産後休業を請求したこと，当該休業をしたこと，「その他の妊娠又は出産に関する事由であって厚生労働省令で定めるものを理由として，当該女性労働者に対して解雇その他不利益な取扱いをしてはならない」という規定が設けられた（9条3項）。具体的に何が不利益にあたるかは，今後示される指針によるが，国会の議論をみるかぎり，「妊娠・出産に起因する能力低下・不能」を理由とする不利益取扱いも禁止される方向のようである。さらに，妊娠中・出産後1年を経過しない女性労働者に対する「解雇は，無効とする」とされ，事業主が，妊娠・出産を理由とする解雇でないことを証明した場合のみ，有効であることが明記された（同条4項）。解雇理由の立証責任はそもそも使用者にあるから，これは当然のことを確認的に規定したものにすぎないが，規定が設けられたことによる差別的解雇の抑制効果が期待される。

　育児はどうか。2004年度に出産した女性労働者の育児休業取得率は72.3％と前年よりも1.7％上昇した。しかし男性の取得率は前年の0.56％からわずかではあるが低下して，0.50％になった[14]。育児休業をめぐる男女格差は相変わらず大きい。その理由はきわめて明白である。休業を取得することに伴う所得の中断と諸々の不利益に，男性は堪えられないからである。性別分業が相変わらず根強い現状では，かかる不利益は女性が甘んじて引き受けざるをえない構図になっている。このような著しいジェンダー格差を解消していくためには，休業等の権利行使にともなう不利益取扱いをなくすと同時に，休業以外の育児支援策をより充実させることが必要である[15]。

---

[14] 厚生労働省「平成17年度女性雇用管理基本調査」結果概要（2006年8月9日発表）より。

[15] 育児休業以外の育児支援策の1つとして，育児介護休業法における深夜業免除請求制度がある（同法19条1項）。一定の期間，職場を離脱することになる休業とは異なり，労働者が従前の就労を継続しながら日々の育児に携わることができる点で，この制度は職業生活と家族生活の両立支援を目的とする法制度の中でもとりわけ重要な意味をもつ。現在，深夜業免除請求をした客室乗務員に，深夜業以外の業務を月間2～3日しか割り当てず，それ以外の日を無給とした会社の取り扱いについて争われている日本航空インターナショナル（深夜業免除請求）事件訴訟がある。これは当該制度をめぐる初の訴訟

おわりに

このように，規制改革と少子化対策の強大化の中で，「家族生活の尊重」を強調しすぎることは，逆に個人の生活上の選択を危うくしかねない事態をもたらすようになった。この現状をふまえつつ，私生活・家族生活の尊重のためには，前提とすべき不可欠な観点があることを，ここで確認しておきたい。

第一に，再生産に関わる自己決定の尊重という観点である。この点については，自由な選択に基づく個人の決定がなによりも尊重されるべきであって，国家は，個人の選択の自由を確保するために環境整備をするにとどまらねばならない。

第二に，仕事と生活の調和を確保する施策を行うならば，それらは，私生活や家族生活につき一定の選択をする労働者に対していかなる不利益をも及ぼさないように，具体的な権利保障がなされるべきである。そのことは，国にとっては，具体的な立法やそれらを基礎づける法原則にのっとった責務であり，企業にとっては，具体的な立法や労働契約関係における当事者として信義則上負うべき責務であると解釈される。これらの責務に違反する行為や不作為が放置されてはならない。

第三は，男女差別の禁止，男女平等の実現という観点である。現実の社会における性別役割分業は実に強固であって，そう簡単に崩れそうにない。その結果，具体的な家族責任の担い手の多くは女性労働者である。それだけに，男女差別の禁止は，実際に家族責任を果たさざるをえない労働者（主として女性）に不利益をもたらすような条件や基準の業務上の必要性等を見直して，それらを可能なかぎり，男女が平等にクリアできる条件や基準におきかえていく必要がある。「男性なみ平等」ではなく，家族的責任をもつ男女が満たせる基準にたった平等である。このような手法が間接性差別禁止原則であり，2006年改正均等法7条は，きわめて限界のある形ではあるが，これを具体化した[16]。

であり，行方が注目される〔東京地判平成19・3・26労判937号54頁（確定）。本書第6章第2節参照〕。

16) 均等法7条は，「性別以外の事由を要件とする措置」という見出しの下，禁止対象を省令に委任する形式をもって規定された。このような規定形式は，あらかじめ省令で決めて列挙したもののみを禁止するという，諸外国では例をみない特異な間接差別禁止規

なお，2006年の均等法改正において，法の目的・理念規定に「仕事と生活の調和」を明記するか否かをめぐって議論がなされたが，結局，同文言は盛り込まれずに終わった。このことは，平等概念のベースをどこにおくか，すなわち，「男性の働き方基準に女性を合わせる平等」なのか，それとも「仕事と生活を調和させた働き方を男女共通の基準とする平等」なのか，という基本問題に関わるものである[17]。これが平等原則に明文で盛り込まれれば，「家族生活の尊重」理念が含む危険性も，相当程度，緩和されるかもしれない。今後の課題である。

　　　（初出論文:「労働法と家族生活――『仕事と生活の調和』政策に必
　　　要な観点」法律時報78巻11号（2006年10月）25～30頁）

　　定であり，法案への批判もこの点に集中した感がある。国会の議論でも，省令による限定列挙では，それ以外の多くの間接差別が事実上容認されてしまうのではないかという懸念が，しばしば提示された。それを受けて，附帯決議では，「間接差別は厚生労働省令で規定するもの以外にも存在しうるものであること，及び省令で規定する以外のものでも，司法判断で間接差別法理により違法と判断される可能性があることを広く周知し，厚生労働省令の決定後においても，法律施行の5年後の見直しを待たずに，機動的に対象事項の追加，見直しを図ること。そのため，男女差別の実態把握や要因分析のための検討を進めること」という項目が設けられた。
17）　黒岩容子「雇用機会均等法等の改正」季刊労働者の権利265号（2006年）35頁。

第4節　ワーク・ライフ・バランスに必要な観点

はじめに

　この2年ほどの間に，労働法や法律の専門誌で，ワーク・ライフ・バランスの特集が多くみられるようになった[1]。直接の契機は2007年末に策定・公表された「ワーク・ライフ・バランス憲章」(以下，「憲章」という)と「仕事と生活の調和推進のための行動指針」(以下，「行動指針」という)であったが，労働法分野の施策との関わりでは，憲章に先立ち公表された厚生労働省の検討会議の「報告書」の存在も大きかった[2]。「報告書」は，実現すべきワーク・ライフ・バランス社会とは，「個々の働く者が労働時間と生活時間を場所等も含め様々に組み合わせ，バランスのとれた人間的なリズムのある働き方や生き方を実現し，その意欲と能力を十分に発揮できる懐の深い社会」と定義している。さしあたり本節では，これらの定義も考慮しつつ，ワーク・ライフ・バランスを，「すべての労働者を対象とした，生活とのバランスが確保される労働のあり方」，という意味として把握しておきたい。

　「憲章」や「行動指針」において示された政策理念や方針は，単なるリップサービスにとどまらず，以後の労働政策において常に中心的な位置を占めてきており，個別立法の制定・改正にあたっても影響を及ぼしている[3]。欧米に比べて，労働者の「生活」への配慮に欠けると批判されてきた日本の労働社会も，ようやくワーク・ライフ・バランスの実現に向かって歩を進め始めているのだろうか。そうだとすれば，これはおおいに歓迎すべき動向である。

---

1)　「〈特集〉ワーク・ライフ・バランスは実現できるか？」季刊労働法220号 (2008年)，「〈特集〉ワーク・ライフ・バランス (WLB) の現状と課題」日本労働研究雑誌583号 (2009年)，「〈特集〉ワーク・ライフ・バランスの実現に向けて」ジュリスト1383号 (2009年) など。
2)　厚生労働省「仕事と生活の調和に関する検討会議報告書」(2004年6月)。
3)　たとえば2007年労働契約法，2007年改正パート労働法，2009年改正育児介護休業法，2008年改正労働基準法など。最近の教科書は，「ワーク・ライフ・バランス法制」の中に，育児介護休業法，パート労働法，労働者派遣法などの非典型雇用に関する法規制を位置づけている。荒木尚志『労働法』(有斐閣，2009年) 77頁。

しかし一方，ワーク・ライフ・バランスという理念はあまりにも包括的であるために[4]，これをとりまく政策における優先順位が不明で，効果的ではないという指摘[5]や，盛り込まれている具体的な政策内容によっては，ワーク・ライフ・バランスは労働者の生活の安定や幸福の追求という重要な要請と矛盾するのではないかという批判[6]もある。そこで本節では，改めて，ワーク・ライフ・バランスという考え方をジェンダーに敏感な視点にも照らしながら，位置づけ直して，これが新たな労働法を展望するにあたって含意するものについて，検討を加えてみたい。

1 労働法と生活

(1) 出発点：労働と生活の分離

ワーク・ライフ・バランスとは，文字通り，労働と生活のバランスがとれている状態をさすのだが，この要請と労働法は，そもそもどのような関係にあるのだろうか。

イギリスの労働法学者，ヒュー・コリンズは，伝統的労働法学とは異なる斬新な発想に基づくイギリス労働法の教科書に「労働と生活」という１章を設け，その叙述をラダイト運動から説き起こしている[7]。19世紀初頭，熟練職工たち

---

[4] ワーク・ライフ・バランスには，労働時間短縮，雇用形態の多様化，キャリア育成など，幅広い施策が含まれている。

[5] 「行動指針」には，理想とすべき雇用社会の具体的な数値が挙げられているが，理想を実現するための順序および克服すべき課題を明確にしていないので，説得力がない。また，対象が広がったことによって，むしろ混乱を招いたのではないか，との指摘がある。橋本陽子「短時間正社員・短時間勤務制度――ワーク・ライフ・バランスと労働法」ジュリスト1383号（2009年）77頁。同様の懸念を示すものとして，高畠淳子「ワーク・ライフ・バランス施策の意義と実効性の確保」季刊労働法220号（2008年）15頁以下も参照。

[6] たとえばホワイトカラー・エグゼンプション制度が自律的働き方として称賛され，派遣労働の規制緩和が，働き方の自由としてワーク・ライフ・バランス政策推進の一環として位置づけられることに，労働者からは，当然のように異論が出されている。非正規労働の女性からは，「家事・育児も負担しながら，労働基準法が適用される普通の労働者でいたい」という切実な要求や，「ワーク内がぼろぼろでは，ライフもバランスもあったものではない」「ワーク・ライフ・バランスは，パートや派遣で細切れ労働をする女性にとっては意地悪発言としか映らない」という声が寄せられてもいる。

[7] ヒュー・コリンズ（イギリス労働法研究会訳）『イギリス雇用法』（成文堂，2008年）88頁以下。

の秘密組織であるラダイトは，仕事と生計を脅かす自動機械を備えた工場の出現に暴力をもって抵抗し，弾圧を受けた。コリンズは，彼らに向けられた銃声こそ，労働の新たな社会的分業の到来を告げるものであったという。すなわち，熟練職工たちの前に立ちはだかった工業化・産業化は，職場と家庭を物理的に区別し，同時に時間をも分化した。家内労働と異なり，工場の労働時間からは柔軟性が失われ，労働時間の総量を決定する主体は企業の所有者となり，労働時間は提示される労働条件の1つにすぎなくなった。このような時間的かつ空間的な職場の分離は，同時に家庭内の新たな分業をも意味したのであって，職場で労働に従事する者は家事に従事することができなくなり，産業化された社会では非常に強固な性別分業がみられるようになったのである。

　ジェンダー法史学の知見によれば，近代社会では，それまで性差（ジェンダー要因）をおおいかくしていた前近代の身分的要因がとりのぞかれた結果，かえってジェンダー要因は，前近代より強く前面にあらわれるようになった。同時に，前近代の都市市民にみられた夫婦の「パートナーシップ」も失われていった。近代社会における「公私二元的ジェンダー規範」は，公的領域を男性が，私的領域を女性が担うという性別分業の規範であり，企業社会を含む「経済的市民社会」におけるジェンダー規範は，「資本主義的ジェンダー規範」ともいうべきものとして形成されていった。経済的市民社会という領域では，誰からのケアも必要としない「利己的・自律的」に判断し行動する「ひと」（＝男性）が本来的主体とされ（古典派経済学でいう「合理的経済人」），ケアをする者（＝女性）は，アンペイド・ワークを担いつつ補助労働をする二流市民という存在になったのである[8]。

(2) **伝統的労働法における生活の位置づけ**

　労働法は，労働と生活が分離された近代社会を起点とする法である。ここで交わされる労働契約は，企業を舞台とする契約であり，そもそも，労働者が使用者の指揮命令に従って労働することを内容とする他人決定契約である。それだけに，伝統的な労働法では，労働と生活の分離は，ある意味で当然の前提と

---

[8] 三成美保『ジェンダーの法史学』（勁草書房，2005年）35〜56頁参照。

されており，日本の労働法ももちろん例外ではなかった。労働基準法（労基法）を中心とする労働者保護法ならびに労働契約に関する伝統的な労働法理論は，労働者の「私生活」というものを，ほとんど考慮に入れてこなかった。かろうじて，労働力の保有者である労働者本人の生命・健康のみをとらえて，規制を行い，それにみあった法理を提示してきたのである。

経済学上のモデルのみならず，現実の労働市場においても，ある時期まで，労働力の根幹は成年の男性労働者であった。企業社会では，家族的責任は労働者の配偶者である妻が担うのが当然という社会通念が形成されていた。男性労働者からは，家族を養うに値する賃金（家族賃金）や，長時間労働による残業手当の獲得には関心が寄せられても，家庭内でのケア労働を担うための労働時間短縮に関心が払われることは，ほとんどなかったといってよい。それを反映して，使用者にとってもまた，契約当事者である労働者本人の労働のみが関心事であり，その外延にある労働者の私生活については，労働契約とは無縁なものと捉えていた。国もまた，労働者の生命・健康に危害が及ばないように「労働力」を保全する法制度を整備してはいたが（労働者保護法），それを超えて労働者の私生活の充実を確保するための労働政策を具体化することは，ほとんどなかったのである[9]。

もっとも，伝統的な労働法理論において，労働者の家族状況や家族的責任が，まったく法的な問題局面において考慮されてこなかったわけではない。たとえば解雇や配転命令の法的検討において，企業の必要性と労働者が被る不利益を比較考量し，権利濫用の法理を適用してその効力を否定するという判断手法は，広く認められていた。このような発想は，労働力の主体である労働者自身のみならず，その家族の状況をも視野に入れるという点で，伝統的な労働契約の発想からは一歩踏み出したものであった。しかしだからこそ，解雇や配転にあたって労働者の家族生活の実態を考慮するという場合には，労働契約理論の本流からはずれた「例外」として，権利濫用の法理や信義則の適用という一般法理を駆使する以外になかったのである[10]。

---

[9] 荒木誠之『生活保障法理の展開』（法律文化社，1999年）236頁，浅倉むつ子「ジェンダー視点による労働法の再構築」姫岡とし子他編『労働のジェンダー化』（平凡社，2005年）。

2 「男女平等政策」と「仕事と家庭の両立支援策」

　その後，現実の世界において，労働契約や労働保護法をとりまく事情は一変する。女性の職場進出が進み，女性が労働力の主要な担い手となり，既婚女性労働者も増加した。家族形態は大きく変化して，サラリーマンの専業主婦世帯の減少，共働き世帯の増大現象がおきた[11]。このような労働力構成の変化，家族形態の変化は，労働法をして，男女平等政策に関心を向けさせ，同時に，女性たちがもっぱら担ってきた家族内のケア労働に目を向けさせることになった。後者は，仕事と家庭の両立支援策として位置づけられるようになった。

(1)　男女平等政策――一般女性保護から男女共通規制へ

　日本では，労働法と私生活に関する最初の問題提起は，男女雇用機会均等法（均等法）制定時の保護と平等の規範的相関関係をめぐる議論によって，行われた。女性労働者のための保護規定は，女性の生理的・身体的機能を保護する「母性保護規定」と，女性全般を対象とする「一般女性保護規定」とに区別されるが，そもそも労基法がこれら女性労働者保護規定を設けた理由は，①女性が男性よりも「弱い性」であること，②女性が妊娠・出産機能を持っていること，③女性が実際に家庭内でケア労働を担っていること，の3点に求められてきた。しかし雇用における男女平等の議論が本格化した段階では，保護と平等をめぐる立法政策をめぐって，①女性のみの保護は妊娠・出産という女性特有の生理的機能の保護に限定されるべきであり，②それ以外の一般女性保護規定は，できるかぎり男女平等にすべきであるという考え方にたって，理論的整理が行われた。このような方向性は，ILOや国連の文書においても示された知見であった。

　この問題のもっともフェミニスト的な解決方法は，当時，現実に行われたような女性労働者保護規定の「放棄」ではなく，男性にもこれらを拡張することであった[12]。すなわち，女性労働者のみの保護規定を，すべての労働者を対象

---

10)　荒木・前掲注9) 230頁。
11)　1992年には，サラリーマン世帯では，専業主婦世帯よりも共働き世帯が多くなり，両者の数は逆転した。内閣府「平成20年版男女共同参画白書」78頁より。

とする男女共通の規制へと組み替えることであった。当時も，良心的な労働法学者からは，男女共通規制を実現してから女性保護を廃止すべきだとの主張がなされた。しかし現実には，そのような主張の実現可能性はほとんど見いだせなかったのみならず[13]，この主張が説得力をもつためには，理論的にも，保護規定の根拠となる理念の組み換えが必要不可欠であった。つまり，男女共通規制というからには，すべての労働者を対象とする全般的な労働条件規制の法的根拠が示されねばならず，それは決して「女性の保護」ではなく，すべての労働者にとってのワーク・ライフ・バランスの実現であったはずである。ところが，現実にはほとんど家族的責任を担うことのない男性労働者も含めてしまうと，ワーク・ライフ・バランスの実現という主張は当時としては現実味がなく，労働者たちにとって切迫した要求であるとは受け止められなかった。男女共通規制をめぐる議論は，理論的にも一向に深められることのないまま，具体的な施策が講じられることもなかった。

　結果として，女性保護規定の廃止と引き換えに行われた労基法の改正は，わずかなものにとどめられた。女性の深夜業禁止規定の廃止に代替する男女共通規制はほとんどなく[14]，女性の時間外労働の上限規制の廃止に代替する男女共通規制としては，法改正ではなく，告示によって，年間360時間という時間外労働の限度基準が設定されただけであった[15]。

---

12) アメリカのフェミニスト法学者，フランシス・オルセンも，「保護を男性へ拡張することによっても女性に対する保護を廃止するのと同じようにジェンダー平等は，達成できる」としている。フランシス・オルセン（寺尾美子編訳）『法の性別――近代法公私二元論を超えて』（東京大学出版会，2009年）129頁。

13) 私は，当時，現実の政治的力関係における具体的な立法政策として，理想的な解決策が実現可能であったとは思えず，女性労働者保護規定の「放棄」という選択肢を選ぶしかないと考えていた。この点について，浅倉むつ子「『性の平等』をめぐって――女性労働者保護のゆくえ」オルセン・前掲注12）137頁以下参照〔本書第5章第1節〕。

14) 男女労働者を対象とする深夜業の規制については，1998年の労基法改正によって，労使の自主的な努力が推進されることになった（1998年労基法改正附則12条）。その結果，電機などのいくつかの産業や大企業においては，深夜業に関する自主的なガイドラインが作成されていると聞いているが，その実態はよくわからず，さしたる進展は期待できない状況である。

15) 1998年の労基法改正により，厚生労働大臣が，労働時間の延長の限度その他必要な事項について，「限度基準」を定めることができると規定され（36条2項），一定の期間ごとに時間外労働の限度基準が設定された（平成10年12月28日労働省告示154号）。

以上の経緯の中で改めて確認しておきたいのは，労働条件の男女共通規制は，本来，男女平等政策にとって不可欠な意味を有するということである。すなわち，現実の労働市場において，女性労働者のみを保護することによる「女性＝二流労働者化」を防止するには，すべての労働者を対象とする，より手厚い労働条件の保障措置をとることが，最も効果的な施策なのだということである。

(2) 仕事と家庭の両立支援策——全般的労働条件の改善

一方，家族内のケア労働への労働政策上の関心は，徐々に高まり，1991年の育児休業法は，男女労働者に休業の権利を認め，1995年にはILO 156号条約が批准された。「仕事と家庭の両立支援」は，この時期以降の男女労働者を対象とする労働政策上の基本原則になっていった。育児・介護責任をもつ労働者を対象とする両立支援策は，主として育児介護休業法（育介法）の数次にわたる改正によって，以後も着々と実現されている。しかしこれら両立支援策は，すべての労働者を対象とする働き方の改善とは，なお距離があるといわざるをえない。

実は，家族的責任に関するILO 156号条約・165号勧告には，ワーク・ライフ・バランスの実現に通じる画期的な考え方が含まれていたのであり，その意味では，これらはもっと注目されてよい文書である。同条約と勧告は，①家族責任は男女が共に有していること，②それは，子どものみならず近親者への責任も含むこと，③家族的責任を有する労働者と，それを有しない労働者との間の平等をめざしていること，④家族的責任を有する労働者の平等は，これら労働者の特別なニーズに対応した措置によってのみならず，すべての労働者の全般的な労働条件の改善によって達成されること，について述べている[16]。中でも，④の後段が，重要である。

④の前段にある措置，すなわち家族的責任をもつ労働者を対象とする特別な措置として，各種のサービスや訓練・労働条件が保障されるべきことはいうま

年間では360時間が上限となっている。
16) 浅倉むつ子＝相馬照子＝早川紀代「家族的責任と調和する労働生活をもとめて——ILO 156号条約・165号勧告の成立経緯について」労働法律旬報1173号（1987年）4～17頁参照。

でもない。しかし、より注目されるのは、④の後段部分であり、ここでは、家族的責任の有無に関わらず、すべての労働者を対象とした全般的な労働条件の改善が強調されている。たとえばILO 165号勧告は、1日当たりの労働時間の漸進的な短縮および時間外労働の短縮、ならびに、作業計画、休息時間及び休日に関する一層弾力的な措置をとることを、各国に求めている（18項）。すなわち、同条約と勧告は、家族的責任をもつ労働者の差別を撤廃するという目的を達成するためには、当該労働者を対象とする特別措置も重要だが、同時に、すべての労働者を対象とした全般的労働条件の改善、まさにワーク・ライフ・バランスこそが重要だという考えを示している。この点にこそ、これら文書の新しい発想があった。

日本では、1995年に同条約を批准するとき、育児休業法に介護休暇制度を導入した（法律名も育児介護休業法となった）のみであって、残念ながら、全般的労働条件の改善についての議論はほとんどなされなかった。ここでもまた、ワーク・ライフ・バランスの要請は、ほとんど注目されることがなかったのである。

(3) 伝統的な労働法理論の変化

立法政策上の変化は、それを分析する労働法理論にも、変化を及ぼしている。たとえば休暇に関する法理をみよう。

そもそも各種の休暇制度においては、企業利益（使用者あるいは従業員である労働者の利益）の確保が中心的な目的であった。年次有給休暇は、労働者にとっては休息の権利の保障である一方、使用者にとっては「労働力の維持培養」を目的とする企業利益に資するものである。病気休暇も、短期間の労働不能が労働契約の解消をもたらさないように労働者の精神や肉体を保護し、労働力を確保する目的を有するものである。

これに対して、休暇をめぐる労働法の学説は、仕事と家庭の両立支援策において、育児介護休業の付与が使用者の法的義務として位置づけられたのは、労働者の労務提供義務を阻却させる新たな要素として、労働者自身の生命・精神・肉体の保護とは別ものである「育児責任」もしくは「家族的責任」が容認されたことを意味する、と分析している。すなわち、使用者は、この段階で、

必ずしも労働力の保全目的ではない休暇，すなわち育児という社会的価値が付与された行為のための休暇を労働者が取得することによる業務上の支障を受忍すべき地位におかれた，といえるのである[17]。このような学説は，両立支援策を推進する具体的政策が，労働法の理論全般にも，また労働契約をめぐる法理にも多大な影響を及ぼしていることを示唆するものであった。

しかし，家族的責任の有無に関わらず，すべての労働者を対象とした全般的な労働条件の改善について，労働法上の関心が向けられることは，この時代においてもなお，ほとんどなかったように思われる。

3 ワーク・ライフ・バランス政策の登場

(1) 男性の働き方の見直し

事態が動いたのは，少子化対策の進展の中であった。少子化対策自体は，今世紀に入ってからめざましい進展をみせ，2002年9月13日に，厚生労働省の「少子化社会を考える懇談会中間とりまとめ」は，「男性を含めた働き方の見直し」を含む4つのアピールと10のアクションを提言した。同月20日には，それを総合的かつ計画的に推進する新たな施策として，「少子化対策プラスワン」が公表された。ここには，育児と仕事の両立支援に加えて，①男性を含む働き方の見直し，②地域における子育て支援，③社会保障における次世代支援，④子どもの社会の向上や自律の促進，という4つの柱が盛り込まれた。ここで初めて，男性も含めた全ての労働者の働き方が，本格的な見直しの対象として登場したのである。

続いて2003年には「少子化社会対策基本法」が，同年に「次世代育成支援対策推進法」（次世代法）が，それぞれ立法化された。これ以降，仕事と家庭（育児・介護）の両立支援策は，育介法と次世代法の2つの車輪によって推進されることになった。

(2) 具体的ワーク・ライフ・バランス政策——広義と狭義

少子化対策において打ち出された「男性を含めた働き方の見直し」方針は，

---

17) 野田進『「休暇」労働法の研究』（日本評論社，1999年）16頁以下参照。

その後，ワーク・ライフ・バランスという位置づけを付与されていく。本節の冒頭で述べた厚生労働省の検討会議の「報告書」[18]は，働き方の二極化（拘束度の高い正社員と拘束度の限定的な非正社員という働き方）を前提とした社会から，労働者が，労働時間や就業場所についても様々な組み合わせを選択できる社会をめざして，ワーク・ライフ・バランスを推奨した。ここではワーク・ライフ・バランスとは，①すべての労働者を対象にする政策であり，②育児・介護のみならず，あらゆる「仕事以外の活動」と仕事とを調和させるための施策であるという点で，それまでの施策にはない特色をもち，さらに「選択」というキーワードに重点がおかれた。労働者の選択肢を増やすために，「働き方の多様化」が推進されなければならないとされ，具体的な施策としては，①労働時間の短縮と柔軟性，②就業の場所，③所得の確保，④均衡処遇，⑤キャリア形成・展開という，非常に幅広い包括的な内容が含まれることになった。

前述の「憲章」は，「仕事と生活の調和が実現した社会とは」「国民1人ひとりがやりがいや充実感を感じながら働き，仕事上の責任を果たすとともに，家庭や地域生活などにおいても，子育て期，中高年期といった人生の各段階に応じて多様な生き方が選択・実現できる社会」であると位置づけた。ここでも「選択」はキーワードである。ワーク・ライフ・バランスが実現した理想的な社会として，①就労による経済的自立が可能な社会，②健康で豊かな生活のための時間が確保できる社会，③多様な働き方・生き方が選択できる社会，という3つの社会が描かれている。

このような社会を実現する具体的な国の取組について，「行動指針」は，キャリア教育，フリーターの常用雇用支援，経済的自立が困難な者の就労支援（上記①の社会の実現のために），長時間労働の抑制と年休取得促進，家事サービス等の情報提供支援等（上記②の社会の実現のために），育児介護休業，短時間正社員制度，テレワークなどの働き方の推進とパート労働者の均衡待遇の推進など，女性や高齢者の多様な働き方の条件整備，在宅就業の環境整備，男性の育児参加の支援・促進，職業能力の形成支援等（上記③の社会の実現のために），多彩な施策を具体的に提起している。

---

18) 厚生労働省・前掲注2）5〜9頁。

このような包括的なワーク・ライフ・バランス政策は，それまでの両立支援策とはいかなる関係にたつのだろうか。福田内閣当時に発足した「『子どもと家族を応援する日本』重点戦略検討会議とりまとめ」（2007年12月）は，少子化対策の「車の両輪」として，「働き方の見直しによる仕事と生活の調和（ワーク・ライフ・バランス）の実現」と「その社会的基盤となる『包括的な次世代育成支援の枠組みの構築』」を提示し，これらに同時並行的に取組むことが必要不可欠であると位置づけた。この文書では，育児介護休業のような「両立支援策」はむしろ前者（仕事と生活の調和の実現）に含まれるとされており，後者（次世代育成支援枠組みの構築）としては，育児に関連する給付・サービスなど社会保障制度を含む体系的整備を目的とする施策が，想定されている。

　改めて整理すれば，現段階における国の政策構想では，社会保障や税制を除いて労働政策のみに焦点を合わせた場合，すべての労働者を対象とするワーク・ライフ・バランス政策が包括的な内容をもつ次世代育成支援枠組みの構築として描かれ，その一部に，家族内のケア労働の責任をもつ男女労働者を対象とする「両立支援策」が位置づけられているのである。前者を広義のワーク・ライフ・バランスとすれば，後者は狭義のワーク・ライフ・バランスということができよう[19]。

(3) 労働契約法理におけるワーク・ライフ・バランス

　労働契約法理との関連では，2001年11月の育介法改正で，労働者の転勤に際して子の養育の状況に配慮することを事業主に義務づける規定が成立したことの意味は大きい（同法26条）。この法改正では，育児介護休業を請求したことを理由とする解雇以外の不利益取扱い禁止規定も新設された（同法10条）。

---

19) 厚生労働省「今後の仕事と家庭の両立支援に関する研究会報告――子育てしながら働くことが普通にできる社会の実現に向けて」（2008年7月）は，今後の両立支援制度の考え方として，すべての労働者を対象とするワーク・ライフ・バランスに向けた取組を推進し，同時に，育児介護を抱えるすべての労働者を対象とする両立支援制度の充実を図る，としている。ワーク・ライフ・バランスを「狭義」と「広義」に区別しつつ，法規範的根拠を明確にすることを強調するのは，労働政策研究・研修機構編「労働政策研究報告書 No.116 ワーク・ライフ・バランス比較法研究（中間報告書）」（2010年）10頁，198頁。

明治図書出版事件（東京地決平成 14・12・27 労判 861 号 69 頁）は，育児介護休業法 26 条に言及して，事業主が労働者の育児・介護に関する家庭状況に配慮すべき義務に基づき，転勤命令について高度の業務上の必要性があるかどうかの検討を欠いているときは，配転命令は無効になるとした。東亜ペイント事件（最判昭和 61・7・14 労判 477 号 6 頁）の法的判断枠組み――すなわち，使用者に転勤命令権があることを認めたうえで，その行為については権利濫用法理あるいは配慮義務構成によって制約を課していくという枠組み――を，ワーク・ライフ・バランスの観点から批判する学説も登場している[20]。

　2007 年の労働契約法は，ワーク・ライフ・バランスを正面から労働契約の基本原則として位置づけ，「労働契約は，労働者及び使用者が仕事と生活の調和にも配慮しつつ締結し，又は変更すべきものとする」（3 条 3 項）と定めるに至った。この条文の解釈からただちに，労働契約上，ワーク・ライフ・バランスに配慮した雇用上の措置や労働条件内容を使用者の義務として創設する効果が得られるかどうかについては，なお検討が必要であろう。しかし少なくとも，この条文が，休暇や配転に関わって形成されてきたワーク・ライフ・バランスを尊重する労働契約法理を，さらに推進する効果をもつものであることは間違いない。

4　ワーク・ライフ・バランスの基本的要請

(1)　「ワークの規制」と「ライフの自由」

　ワーク・ライフ・バランスの理念により，国は，バランスのとれた「ワーク」と「ライフ」の実現をめざす効果的な施策を推進する義務を負う。ただし労働法の観点からみた場合，重要なことは，ワーク・ライフ・バランス政策における「ワーク」と「ライフ」の双方は，決して同じように国家による介入・規制を予定されるものとして位置づけられているわけではないということである。

　労働法に問われているのは，「ワーク」のあり方の枠組みを示し，その権利義務関係等を明確にすることであるが，他方，「ライフ」のあり方については，

---

[20]　緒方桂子「『ワーク・ライフ・バランス』時代における転勤法理」労働法律旬報 1662 号（2007 年）34〜46 頁。

あくまでも個々人の自由の領域である。自ら「ライフ」のあり方を決め，選択するのは，いうまでもなく労働者個人であり，国と企業は，個人による「ライフ」の選択の自由を阻害しない「ワーク」すなわち「働き方」の実現を義務づけられるにすぎない。それゆえ，「ワークの規制」と「ライフの自由」が，この政策の内容を構成するといえよう[21]。

(2) 生命・健康の確保が前提

もっとも，「ライフ」は自由であるとしても，「ライフ」の内容に応じて「ワーク」の規制内容，位置づけ，法制度のあり方は異なるということも，認めざるをえない。いかなる内容の「ライフ」と「ワーク」のバランスをとるべきか，それによって労働のあり方をめぐる法制度の構想にも差異が生じるのではないか[22]。このことは，ワーク・ライフ・バランスの議論が，従来の労働法上の規制に何を新たに付与したのかを考えるという意味でもある。

「働き方」の最低基準を定めるのは，労基法をはじめとする労働保護法である。憲法27条2項は，労働条件の決定を労使の自由にゆだねず，国が契約内容に介入して，労働条件基準を法をもって定めると宣明している。それは，長時間労働や過酷な働き方が労働者の健康を損ない，ひいては生命を危険にさらすことを予防するためであり，この憲法上の趣旨にのっとって，各種の労働保護法が，生存権理念を反映した労働条件基準の意義を明らかにし，最低労働条件を定めている。その意味では，「働き方」をどうするかは，古典的な労働法の命題であった。

ただし，これら労働保護法が伝統的に考慮してきたのは，「働き方」によって労働者自身の「生命」「健康」が危険に晒されてはならないということであ

---

21) その点，少子化対策の効果をあげるためにワーク・ライフ・バランスを強調することは，個々人の「ライフの自由」を阻害しかねないために慎重でなければならず，少子化の阻止は「ワーク」規制の反射的な効果として位置づけられるにすぎないことを確認しておくべきであろう。浅倉むつ子「少子化対策の批判的分析——妊娠・出産・育児・介護の権利保障の観点から」労働法律旬報1609号（2005年）4頁以下〔本書第5章第2節〕。
22) この点については，両角道代「ワーク・ライフ・バランスの基本原理」大原社会問題研究所雑誌594号（2008年）36頁以下が参考になった。

って、その際、労働者の生活とのバランスや私生活上の選択が尊重され、関心を払われていたわけではない。主として労働者自身の「生命」「健康」に危害が及ばないように「労働力」を保全することが、労働保護法の主要な関心事であった。

　それに比較して、ワーク・ライフ・バランスにおける「ライフ」は、その政策的展開の経緯からみれば、労働者であれば誰に対しても最低限保障されるべき「生命・健康」を確保したうえで登場する、より良質な「ライフ」である。国は、労働者の生命・健康に危害が及ばないように「労働力」を保全する法制度を整備したうえで（労働者保護法）、それを超えて労働者の私生活の充実を確保するための具体的立法の法的な根拠となる理念として、ワーク・ライフ・バランスを登場させている。ワーク・ライフ・バランスは、それだけに、生命・健康の確保を不可欠の前提として、その上に積み上げられる政策理念である。すなわち、労働者保護立法の理念と矛盾する方向性をもつワーク・ライフ・バランスは許されないし、もしそのような矛盾した政策が考案されれば、それは国家政策としては否定的評価を下されるべきものである。その意味で、労働時間制度の適用除外であるホワイトカラー・エグゼンプションが、労働時間を自由に決定できるというメリットからワーク・ライフ・バランスの一環として主張されることには、異論がある。際限のない労働強化につながりかねないという懸念が払拭されないからである。

(3)　社会的価値が付与された活動の尊重が優先

　「男性・世帯主」が中心であった労働者集団に女性労働者が参入するようになると、妊娠・出産という、男性とは異なる「生命」「健康」の保障が必要になり、さらに、労働力の再生産のための家族内のケア活動、すなわち育児・介護と労働との両立が、労働法の課題として意識されるようになった。育児・介護と両立する労働のあり方を求めることは、労働と生活が分離された近代社会を起点とする労働法にとっては、いったん奪われた労働時間に関する決定権を、部分的であるにせよ、労働者の手に取り戻すという画期的な試みでもある。

　では、理論的説明として、育児・介護など家族内のケア活動のための時間は、なぜ、国や使用者によって、制度的に保障されなければならないのだろうか。

それはおそらく，当該活動の「社会性」に求めることができるのだろう。たしかに「ライフ」の選択は自由であり，誰もそれを強制することはできないが，このケア活動は，社会を支える再生産活動そのものであり，誰かが担わなければならない不可欠な社会的価値が付与されているものである。それだけに，誰かに代替させた場合にどれだけの費用がかかるかを計算しうる活動であり，機会費用という議論の対象となる活動でもある[23]。したがって，さまざまな「ライフ」のうちでも，家族内のケア活動は優先的に尊重されるべきであり，政策的に労働とのバランスを保障されるべき「ライフ」の最優先順位に位置づけられることは，否定すべくもないであろう。

その意味で，広義のワーク・ライフ・バランスにおける「ライフ」として，すべての労働者を対象とする，自らのキャリアを豊富化するための自己啓発や社会貢献活動のための休暇の確保なども含まれるのは当然であるが，もし休暇日数の確保に上限がある場合や，業務上の必要性から配転すべき労働者の一定数を確保しなければならないという場合などにおいては，優先的に配慮されるべき「ライフ」として，まず「家族内のケア活動」がくることは当然といえよう。

(4) 法規範的根拠

以上のように，ワーク・ライフ・バランス政策の実施をめぐっては，前提となる条件を無視しないように，注意深い考慮が払われる必要があるし，政策的な優先順位についても理解が求められる。しかし，それらを忘れない限り，すべての労働者を対象としたワーク・ライフ・バランス政策が，労働法にとってきわめて重要かつ積極的な意味をもたらすことは，疑いないところである。も

---

[23] 育児費用は，教育関連費や食糧費など，子どものために直接支出する費用のみならず，育児によって就業などが中断したことによって生じる所得の減少（すなわち機会費用）も含まれる。今なお，現実に，妊娠・出産を機に，それまで就労していた女性の7割が離職している。大卒の女性標準労働者が就労を中断せずに定年まで勤務した場合に得ると推計される所得に対して，28歳に一時退職し第一子を生み，31歳で第二子を生む女性が，離職後にパートとして再就職するという場合の所得を比較すると，もし6年後に再就職したとしても，生涯所得の逸失額は2億2,700万円にのぼり，逸失率は82.2％に達するとのことである。『平成17年版国民生活白書』第3章第1節3「機会費用」より。

しこのワーク・ライフ・バランス理念を労働法の中心にすえることができれば，新たな労働法の展望が切り拓かれることになるだろうし，労働政策にもさまざまな改革がもたらされるだろう。そのようなワーク・ライフ・バランスの法規範的根拠は，どこに求められるのだろうか。

　ワーク・ライフ・バランスは，労働時間に関する使用者の一方的な決定権に制限を加え，労働者の生活に関する自己決定を一定の範囲で保障するという意味をもつ。そのかぎりで，ワーク・ライフ・バランスの法規範的根拠は，まず，第一に，労働条件に関する労使対等決定の原則（労基法2条1項，労働契約法3条1項）に求めることができるだろう。

　また，ワーク・ライフ・バランスは，男女平等政策を実質的に確保するにあたって，女性労働者のみの特別保護を不要とする効果をもつ「男女共通規制」という意味をもつと同時に，家族的責任をもつ労働者の平等を実質的に確保するにあたって，家族的責任をもつ労働者のみの特別保護を不要とする効果をもつ「すべての労働者の全般的な労働条件の改善」という意味を有するものであった。このようなワーク・ライフ・バランスの積極的な意味からいえば，ワーク・ライフ・バランス政策の第二の法規範的根拠として，憲法14条にいう平等原則・均等待遇原則を掲げるのは，当然であろう。この原則を根拠として，ときに使用者は，労働契約上または法制度上，①女性労働者ならびに家族的責任をもつ労働者に対して，一定の措置を特別に講じることを義務づけられ，また，その権利を行使した労働者の不利益処遇を禁じられ，あるいは，ワーク・ライフ・バランスの理念にそった特別な配慮を求められるのであり，同時に，②すべての労働者に対しても，ワーク・ライフ・バランスの理念にそった具体的な対応を，ときとして義務づけられ，ときとして配慮するように求められるのである。

　しかしながら，各種の政策が展開された今日，ワーク・ライフ・バランスは，女性や家族的責任をもつ労働者のみを対象とする措置ではなく，すべての労働者を対象とする措置として位置づけられるようになった。すなわち，すべての労働者に対して，生活とバランスが確保されるような労働のあり方を実現するための施策がワーク・ライフ・バランスである。その意味で，憲法13条が保障する幸福追求権や人間の尊厳の保障こそが，広義のワーク・ライフ・バラン

ス施策の第三の法規範的根拠であるといってよいだろう。個々の労働者が，自らの生活の質の向上を求めて，それぞれの生き方を選択できること，それを通じて幸福を追求するとき，そのような選択を阻害されないような働き方が，ワーク・ライフ・バランス理念によって保障されなければならないのである。

5 重点課題について

広義のワーク・ライフ・バランスの施策として掲げられている内容は，実に幅広いものである。本来，ワーク・ライフ・バランスを労働法上に位置づけるとすれば，それぞれの施策を体系的に整理する必要があるだろう。だが，紙幅の関係で，それは到底不可能である。したがって最後に，ワーク・ライフ・バランスとして実施される具体的な労働政策において重視されなければならない課題を，2点にわたって指摘しておきたい。

(1) 「経済的自立」を可能にする社会の実現について

「憲章」は，ワーク・ライフ・バランスが実現した社会として，「就労による経済的自立が可能な社会」を掲げ，「行動指針」もそのための各種の施策を提起している[24]。現実に経済的自立が困難な層として，若者と母子家庭の母が主たる政策的なターゲットになっている。これ自体は注目すべきことであるが，次のような問題もある。

その1つは，常用雇用化の対象となるフリーターの定義である。フリーターについては，2006年現在187万人であるところ，5年後，10年後には，それぞれ162万人，144万人程度に減らすという数値目標が掲げられている。フリーターのジェンダー比率は，男性よりも女性が多いのだが[25]（学卒者で就職が決

---

[24] 「行動指針」は，このために，①若者が学校から職業に円滑に移行できること，②若者や母子家庭の母の経済的自立，③非正規雇用から正規雇用への移行，④就業形態に拘わらず，公正な処遇や能力開発機会が確保されることなどを示し，国に対しては，学齢期からのキャリア教育，若者や母子家庭の母の就労支援，フリーターの常用雇用化などを求め，企業に対しても，トライアル雇用の活用，パート労働者の正規雇用への移行，就業形態に関わらない公正な処遇などを求めている。

[25] 6年ぶりに増加に転じたと報道された2009年の178万人のフリーターのうち，男性は81万人，女性は97万人であった。2010年4月10日産経新聞による。

まりにくい者としては，男性よりも女性が多い），「フリーター」の定義には既婚女性が含まれていない。総務省の労働力調査による定義では，フリーターとは，15歳から34歳までで，男性は既卒者，女性は既卒で未婚者のうち，①パート，アルバイトの者，②完全失業者のうち探している仕事の形態がパート，アルバイトの者，③非労働力人口のうち希望する仕事の形態がパート，アルバイトで，家事・通学等をしていない者，の合計である。ここからわかることは，女性の場合は既婚者になると，若者で失業していてもフリーター統計からは外されることである。フリーター対策として企業がトライアル雇用を実施しても，その対象から既婚女性は除外されてしまうのではないか。これは，男女平等原則に反する問題のある対策であり，施策に存在するジェンダー・バイアスは，全体を通じて早急に見直されるべきである。

　第二に，母子世帯の母の経済的自立について，どのような効果的な対策が講じられているのか，必ずしも明確ではないことが問題である。日本の母子世帯の母親は，84.5％が就労していながら，その平均年収は236万円程度であり，母子世帯の貧困率はOECDでトップクラスである[26]。日本の母子世帯は，有業でありながらきわめて貧困なのである。それだけに，母子世帯の経済的自立に必要なことは，単なる就労支援ではなく，多くの母親が就労せざるをえない非正規労働の低賃金問題こそが政策的なターゲットとされる必要がある。このことを理解すべきであろう。

　先に紹介したコリンズの教科書では，今日の雇用法が職場における有償労働とその他の活動とのよりよいバランスを達成し，社会的排除を防止するための方法として，まず「低賃金問題の克服」を掲げている[27]。そこでは，「最低賃金立法」と，「男女平等賃金」が，課題として検討されている。日本の母子世帯の貧困状況に注目すれば，日本ではさらに，雇用形態に関する「均衡処遇原則」の実現が，いっそう重視されねばならない（これについては後述する）。

　さて，最低賃金制度がワーク・ライフ・バランス政策において重要であるということは，厚生労働省の検討会議の「報告書」でも指摘されており[28]，2007

26）厚生労働省「全国母子世帯等調査」（2006年），同「国民生活基礎調査」（2007年），OECD『対日経済審査報告書』（2006年）等より。
27）コリンズ・前掲注7）91頁。

年には最低賃金法の改正が行われた。しかし「憲章」や「行動指針」には，最低賃金制度の位置づけはない。非正規労働者（とりわけパート）の賃金水準はほぼ最低賃金水準に近い形で設定されているために，パート労働者の時給はせいぜい900円から1000円程度であり，結局，パート労働者は年間2000時間働いたとしても年収180万〜200万程度にすぎない。これでは到底「経済的自立」を標榜する政策の名に値しない。もっとも最低賃金のみによって，人々の十分な生活水準が達成されるという制度構想には無理があり，むしろ，国による支援や社会保障・税額控除も加味した生活できる収入の確保をめざす政策的な構想が必要であろう。

(2) 非正規労働に関する均衡処遇原則と公正賃金

ワーク・ライフ・バランスをめぐる議論では，多様な働き方・生き方が選択できる社会が理想的な社会として示され，そのためには労働者の選択肢を増やし，「働き方の多様化」が推進されなければならない，と論じられることが多い。たしかに現実の「働き方」は，正社員と非正社員に極端に二極化されており，その格差をなくすための政策は重要な課題であろう。

しかし現実には，いったん非正社員になった者が正社員になることは，針の穴を通るがごとく難しく，両者の処遇格差はあまりにも著しいために，非正社員の働き方を労働者が「自由に選択」するというのは，ほとんどフィクションである。正社員を選択できないからこそ，非正社員として就労しているのである。それだけに「働き方の多様化」を推進することが，かえって不安定な雇用を増大することになってはならない。労働者は，不安定な非正社員のポスト増大を望んではおらず，政策として期待されるのは，非正規労働に関する均衡処遇原則の推進である。

この点，近年では，非正規労働における均衡処遇問題にはかなりの進展がみられる。2007年改正パート労働法は，「通常の労働者と同視すべき短時間労働者」の差別的取扱いを禁止する規定をおいた（8条）。事業主は，短時間労働者と通常の労働者を比較して，①職務の内容，②全期間を通じての職務の内容と

28）厚生労働省・前掲注2）20頁。

配置の変更（人材活用の仕組みと運用）の範囲，③労働契約期間の定めの有無が同じ場合には，短時間労働者であることを理由として差別的取扱いをしてはならないとする。この条文に違反する事業主の行為は，不法行為と評価されることになるだろう。また，これら①から③の要件に応じて類型化された短時間労働者の態様に応じた「均衡待遇」義務が，事業主には課せられることになった（同法9条，10条，11条）。

　パート労働法 8 条の適用を受ける「通常の労働者と同視すべき短時間労働者」は，現実のパート労働者の 1% もしくは 4% に過ぎないと批判されてはいるが，この法律が，雇用形態の相異を超えて，すべての従業員に関わる一般的な均衡処遇原則を初めて実定法化したことの意義は大きい。さらに重要なことは，改正パート労働法の趣旨は，2007 年 12 月に制定された労働契約法 3 条 2 項にも反映され，「就業の実態に応じて，均衡を考慮」するという原則が労働契約の一般原則にまで高められたことである。労働契約法の均衡処遇原則は，パート労働者以外の非正規雇用労働者にも通じるものとしても，尊重されねばならない。

　均衡処遇原則は，就労の実態の差異に応じたバランスのとれた処遇を意味するものであり，雇用形態や「雇用管理区分」における「就労の実態」の差異があることを前提にしている。そのうえで，賃金等の処遇格差が就労の差異と均衡のとれた合理的なものでなければならない，とする原則である。この均衡処遇原則は，実定法上の根拠規定をもたない有期雇用や派遣労働にも，労働契約法 3 条 2 項を通じて適用されるはずである。有期契約労働者は，同一の使用者と労働契約を締結している無期契約労働者と比較して，有期契約であることに伴って合理的に認められる差異を除いて，均衡のとれた処遇を受けなければならない。派遣労働者と派遣先の直用労働者との均衡処遇は，労働契約の相手方が異なることから，解釈上の原則であるよりは，立法上の検討事項とされがちであるが，福利厚生や教育訓練に関しては，現実に派遣先で指揮命令を受けて就労していることに着目した均衡処遇が要請されると解釈されるべきである。

　この均衡処遇原則を，職種や職務，雇用形態が異なる場合でも，従事する職務や労働の価値に比例した賃金の支払いを求める公正賃金原則へと発展させることが，今後は期待される。そのためには，職務や労働の価値を抽出して比較

する手法を構想し，そのためのシステムを考案する必要がある。ワーク・ライフ・バランス社会がめざすべき真の意味の「選択」が保障されるためには，労働者が従事する職務・労働の実態に応じた均衡のとれた合理的な処遇が必要であり，それを追求していく中で，おそらく日本企業の実際の雇用管理システムも，徐々に労働の実態に応じたものへと変化していくのではないだろうか。そのような将来が描けるのであれば，ワーク・ライフ・バランスは確実に，新しい労働法理論が構築されるにあたって，中心にすえられるべき重要な理念となるであろう。ワーク・ライフ・バランス理念に期待できるゆえんである。

（初出論文：「労働法におけるワーク・ライフ・バランスの位置づけ」日本労働研究雑誌599号（2010年6月）41～52頁）

[追記]
　本節で言及されている2007年改正パート労働法8条は，「通常の労働者と同視すべき短時間労働者」に対する差別的取扱いを禁止するものであったが，この適用条件はいかにもハードルが高すぎると批判されてきた。しかし，本条違反として救済に至った裁判例もなかったわけではない。貨物自動車運転手として正社員と同じ仕事に従事し，1年間の準社員契約を7年にわたって更新してきた労働者が提訴したケースで，裁判所は，原告は同法8条にいう「通常の労働者と同視すべき短時間労働者」であると認めて，賞与額，週休日の日数，退職金の支給に関する相違は差別的取扱いであり，パート労働法8条1項違反であるとして，不法行為に基づく損害賠償請求を認容した（ニヤクコーポレーション事件・大分地判平成25・12・10労判1090号44頁）。
　さらに，この間，非正規労働をめぐる法制度改正もあった。2012年の労働契約法改正によって，有期契約労働者の労働条件が無期契約労働者の労働条件と相違するときには，その相違は，労働者の職務の内容や配置の変更の範囲その他の事情を考慮して「不合理と認められるものであってはならない」とする20条が新設された。同法施行通達は，20条は「列挙されている要素を考慮して『期間の定めがあること』を理由とした不合理な労働条件の相違と認められる場合を禁止するものである」とする。
　この改正労働契約法20条（対象は有期契約労働者）と本節でふれた2007年改正のパート労働法8条（対象は短時間労働者）を比較すると，後者のほうが対象労働者の範囲を狭く限定していると解しうるため，パート労働法も労働契

約法に合わせた条文形式が望ましいとの意見が反映されて，2014 年 4 月 16 日には，再度，パート労働法改正が行われた。改正後のパート労働法（新）8 条は，「短時間労働者の待遇の原則」を定め，事業主が，雇用するパート労働者の待遇と通常の労働者の待遇を相違させる場合には，その待遇の相違は，両者の「職務の内容」，「職務の内容及び配置の変更の範囲」，その他の事情を考慮して，不合理と認められるものであってはならない，とする。これは労働契約法 20 条と同一の形式である。不合理性の基準自体は明確になっているわけではないものの，パート労働法新 8 条は，旧 8 条のようにはじめから限られた短時間労働者のみに適用を限定するという手法ではなく，すべてのパート労働者を対象に上記の諸要素を考慮しながら，労働条件や給付の内容ごとに，相違の不合理性を判断するという手法をとることになった。政策的には一歩前進と評価してよいだろう。

第6章　妊娠・出産・育児を理由とする差別への挑戦

第1節　妊娠・出産を理由とする不利益取扱いと性差別

I　日本の判決——東朋学園事件

東京地裁平成10年3月25日判決（労判735号15頁）
東京高裁平成13年4月17日判決（労判803号11頁）
最高裁第1小法廷平成15年12月4日判決（労判862号14頁）
（差戻審）東京高裁平成18年4月19日判決（労判917号40頁）

〈事実の概要〉

1審原告（2審被控訴人・最高裁被上告人）Xは、学校法人である1審被告（2審控訴人・最高裁上告人）Yに、昭和62（1987）年から事務職として雇用されていたところ、平成6（1994）年7月8日に男児を出産し、翌日から9月2日までの8週間、産後休業を取得した。その後、Xは、同年10月6日から翌年7月8日までの約9か月間、Yの育児休職規程13条に基づいて、1日につき1時間15分の勤務時間短縮措置を受けた。

Yは、就業規則で産前6週間産後8週間の「特別休暇制度」を設けており（45条7号）、育児休職規程では、育児休職を申し出ない者は勤務時間短縮を申し出ることができる旨を定めていた（13条1項）。一方、給与規程において、賞与の支給は年2回とすること（19条1項）、賞与は出勤率が90％以上の者に支給すること（同条2項2号）と定めており、支給の詳細は回覧にて知らせるとしていた（同3号）。

Xが出産した後の平成6年11月29日に、Yは、「平成6年度期末賞与の支給について」と題する文書（平成6年度回覧文書）を従業員に回覧したが、そこでは、①期末賞与の支給対象者は賞与支給対象期間の出勤率（出勤した日数÷出勤すべき日数）が90％以上の者であること（以下、「90％条項」とする）、②「就

業規則第45条・第7号，8号の特別休暇については欠勤日数に加算する」こととされていた（平成6年度回覧文書「備考④」とする）。Xは産後休業を取得していたために，支給対象期間の出勤率は68%であり，本件90%条項を充足することができず，その結果，平成6年度期末賞与を支給されることはなかった。

さらにYは，平成7（1995）年6月8日に，「平成7年度夏期賞与の支給について」と題する文書（平成7年度回覧文書）を従業員に回覧したが，そこには，平成6年度回覧文書と同じく90%条項が書き込まれており，加えて，「育児休職規程第13条の勤務時間の短縮を受けた場合には，短縮した分の総時間数を7時間45分（7.75〔＝1日の所定労働時間数〕）で除して欠勤日数に加算する」ことが記載されていた（平成7年度回覧文書「備考⑤」とする）。Xは勤務時間短縮措置を受けたことにより，1日当たり約16%の割合で欠勤した計算となり，本件90%条項を充足しないという理由から，平成7年度夏期賞与を支給されなかった。

なお，Yにおいては，従業員の年間総収入額に占める賞与の比重が大きく，Xの場合，年間総収入額に占める賞与の割合は，平成6年度は27%，平成7年度は31%であった。また，Yの平成6年度回覧文書では，配偶者が出産したときに従業員が取得する休暇については出勤扱いしていたことが認められた。Xは，賞与不支給の根拠となった就業規則の定めは，労働基準法（労基法），育児休業法（当時の呼称）の趣旨に反すること，賞与の不支給は女性差別であることを主張して，賞与の支払いを求め，また，債務不履行もしくは不法行為による損害賠償の支払いを求めて，提訴した。

（第1審）東京地裁平成10（1998）年3月25日判決

〈判旨〉請求認容。

1　本件の「賞与は，労働の対償としての賃金性を有するものであり，使用者であるYらの裁量にゆだねられた恩恵的・任意的給付であるということはできない」。

2　産前産後休業の期間及び勤務時間短縮措置による育児時間について，「労働者の責めに帰すべき事由による不就労と同視して，これを取得した女性労働者に同様の不利益を被らせることは」，法がこれらを「保障した趣旨を没

却させるものであり……公序良俗に違反して違法・無効となると解するのが相当である」。違法・無効の判断にあたっては、「労働者が受ける不利益の内容、程度、各権利の取得に対する事実上の抑止力の強弱等の事情を勘案して、各権利、法的利益の行使、享受を著しく困難とし、労基法や育児休業法が女性労働者や子育てをする労働者の保護を目的として」これらの規定を設けた趣旨を失わせるか否かを検討すべきである。本件 90％ 条項により、労働者は「ノーワーク・ノーペイの原則により甘受すべき収入減を超える不利益を受けることにな」り、「このような不利益を受けることを慮って、請求にかかる権利についてはその行使を控え、さらには、勤務を継続しての出産を断念せざるを得ない事態が生ずることが考えられ、……事実上の抑止力は相当大きいものということができ」るから、この条項は、「労基法や育児休業法が労働者に各権利・法的利益を保障した趣旨を没却するものというべきである」。「本件 90％ 条項中、出勤すべき日数に産前産後休業の日数を算入し、出勤した日数から産前産後休業の日数及び勤務時間短縮措置による育児時間を除外することと定めている部分……は、労基法 65 条、育児休業法 10 条、労基法 67 条の趣旨に反し、公序良俗に反するから、無効であると解すべきであ」り、右無効部分を除く本件賞与の発生根拠条項に基づき、X は賞与請求権を取得する。

（第 2 審）東京高裁平成 13（2001）年 4 月 17 日判決

〈判旨〉控訴棄却、原告の請求認容。

1　「従業員の高い出勤率を確保することを制度の主たる趣旨・目的として本件 90 パーセント条項の効力について検討している原判決の判断が偏頗なものであるとはいえない」。貢献度についていえば、Y においては「『配偶者が出産したとき』は 5 日の特別休暇（有給）が与えられるのに対して、従業員本人が出産したときはすべて無給とされ、かつ賞与もカットされることとなり、均衡を失する規定となっていること」、また「主として女性が予定されている休暇について欠勤に加算して処理されるという不合理な取扱いとなっている」。

2　本件 90％ 条項の「趣旨・目的は一応の経済的合理性を有しているが、その本来的意義は、……労働者の責めに帰すべき事由による出勤率の低下を防止するところにあり、……法により権利、利益として保障されるものについて

は，そのような労働者の責めに帰すべき事由による場合と同視することはできないから」，本件 90％ 条項中，「出勤すべき日数に産前産後休業の日数を参入し，出勤した日数から産前産後休業の日数及び勤務時間短縮措置による育児時間を除外すると定めている部分……は，労基法 65 条，育児休業法 10 条，労基法 67 条の趣旨に反し，公序良俗に違反するから，無効であると解すべきである」。

3 無効の範囲について考えるに，「出産休暇及び勤務時間短縮措置による育児時間について，これらを賞与・一時金支給における減額控除の対象とするか否か及びその基準については，各業界・企業によってその取扱いは区々であり，減額する場合であっても休業した期間の一定日数又は一定割合を出勤扱いとする制度設計もあり得るのであって，休業日数に正比例して賞与をカットすることが一般原則であるとまでは認めるには足りないというべきであ」り，賞与全額の支払を命じた原判決に不合理はない。

最高裁第 1 小法廷平成 15（2003）年 12 月 4 日判決

〈判旨〉原判決中上告人敗訴部分破棄，差戻し。

1 原審の判決のうち，1 と 2 は是認できるが，3 の本件各賞与支払いについての判断は是認できない。その理由は，次のとおりである。

2 労基法 65 条は「産前産後休業が有給であることまでも保障したものではな」く，同法 39 条 7 項は，本来欠勤である産前産後休業期間を「年次有給休暇の付与に際しては出勤したものとみなすことによりこれを有利に取り扱うこと」としたものである。また，同法 12 条 3 項 2 号をみても，「産前産後休業期間を一般に出勤として取り扱うべきことまでも使用者に義務付けるものではない」し，育児休業法 10 条に基づく勤務時間の短縮等の措置も同様である。すなわち，「当該不就労期間を出勤として取り扱うかどうかは原則として労使間の合意にゆだねられているというべきである」。

3 ところで，「従業員の出勤率の低下防止等の観点から，出勤率の低い者につきある種の経済的利益を得られないこととする措置ないし制度を設けることは，一応の経済的合理性を有するものである」が，本件 90％ 条項は，労基法 65 条および育児休業法 10 条で認められた権利に基づく不就労を含めて出勤

率を算定するものである。その場合には，「労働基準法65条及び育児休業法10条の趣旨に照らすと，これにより上記権利等の行使を抑制し，ひいては労働基準法等が上記権利等を保障した趣旨を実質的に失わせるものと認められる場合に限り，公序に反するものとして無効となると解するのが相当である」。

4 「本件90％条項は，賞与算定に当たり……産前産後休業を取得するなどした従業員に対し，……出勤率が90％未満の場合には，一切賞与が支給されないという不利益を被らせるものであり」，「勤務を継続しながら出産し，又は育児のための勤務時間短縮措置を請求することを差し控えようとする機運を生じさせ」，「権利等の行使に対する事実上の抑止力は相当強いものとみるのが相当である。そうすると，本件90％条項のうち，出勤すべき日数に産前産後休業の日数を算入し，出勤した日数に産前産後休業の日数及び勤務時間短縮措置による短縮時間分を含めないものとしている部分は，上記権利等の行使を抑制し，労働基準法等が上記権利等を保障した趣旨を実質的に失わせるものというべきであるから，公序に反し無効であるというべきである」。

5 ところで，本件90％条項のうち，上記の部分が無効であるとしても，「産前産後休業の日数及び勤務時間短縮措置による短縮時間分は，本件各回覧文書の定めるところに従って欠勤として減額の対象となるというべきである。そして，上記各計算式は，本件90％条項とは異なり，賞与の額を一定の範囲内でその欠勤日数に応じて減額するにとどまるものであり，加えて，産前産後休業を取得し，又は育児のための勤務時間短縮措置を受けた労働者は，法律上，上記不就労期間に対応する賃金請求権を有しておらず，Ｙの就業規則においても，上記不就労期間は無給とされているのであるから，本件各除外条項は，労働者の上記権利等の行使を抑制し，労働基準法等が上記権利等を保障した趣旨を実質的に失わせるものとまでは認められず，これをもって直ちに公序に反し無効なものということはできない」。「ところが，原審は，……本件各除外条項が公序に反する理由については，具体的に示さないまま，直ちに本件各除外条項がない状態に復するとして，上記各計算式を適用せず，Ｙの本件各賞与全額の支払義務を肯定した」のであり，「この原審の判断には，判決に影響を及ぼすことが明らかな法令の違反があ」るから，「原判決中Ｙ敗訴部分は破棄を免れない」。「そして，本件においては，原審において判断されていない就業規則

の不利益変更及び信義則違反の成否等の点について更に審理を尽くさせる必要があるから，前記部分につき本件を原審に差し戻すこととする。」

6　なお，横尾和子裁判官の意見は，平成7年度の夏期賞与について勤務時間短縮を受けた時間を欠勤として扱うとする部分（平成7年度回覧文書の「備考⑤」）は，Xが短縮勤務を開始した後に新たに定められたものであって，公序違反であり無効というべきである，とするものである。

7　泉徳治裁判官の反対意見は，以下の通りである。平成6年度の期末賞与について特別休暇を欠勤日数に加算するという部分（平成6年度回覧文書の「備考④」）は，「その挿入時期，趣旨，内容からして，女性のみを対象とし，出産特別休暇及び生理特別休暇の取得を労働者の責めに帰すべき欠勤と同視して，これを取得した女性従業員に欠勤同様の不利益を被らせ，その不利益も高率の賃金減額であって，女性従業員がこのような不利益を受けることをおもんぱかって権利の行使を控え，更には勤務を継続しての出産を断念せざるを得ない事態を生じさせる規定であり，労働基準法65条が女性労働者に産前産後休業の権利を保障した趣旨を実質的に失わせるものであって，同法3条，4条及び68条並びに……〔均等法〕の精神にも反し，公序良俗違反により無効というべきである。」また，平成7年度回覧文書の備考⑤も，同様の評価が成りたち，「育児休業法10条が労働者に勤務時間短縮の措置を受ける権利を保障した趣旨を実質的に失わせるものである」。「しかも，備考⑤は，Xが育児短時間勤務をした賞与の対象期間……後……になって挿入されたものであって，実際上は，X1人を対象とした一種の遡及適用規定である」から，これは「法規不遡及の法理，就業規則の周知義務（労働基準法106条参照）に違反する」。

（差戻審）東京高裁平成18（2006）年4月19日判決

〈判旨〉原告の請求一部認容，一部棄却。

1　「本件90％条項のうち，出勤すべき日数に産前産後休業の日数を算入し，出勤した日数に産前産後休業の日数及び勤務時間短縮措置による短縮時間分を含めないものとしている部分は，……公序に反し無効である」が，その残余の効力を認めることは労使双方の意思に反しないから，90％条項の一部無効は，賞与支給の根拠条項の効力に影響を及ぼすものではない。

2　賞与の一部不支給という支給計算基準条項は，①賞与の額を一定の範囲内でその欠勤日数に応じて減額するにとどまるものであり，②産前産後休業と勤務時間短縮措置を受けた労働者は，「法律上……不就労期間に対応する賃金請求権を有しておらず，……就業規則においても……不就労期間は無給とされているのであるから，本件各除外条項〔備考④及び備考⑤〕は，労働者の上記権利等の行使を抑制し，労働基準法等が上記権利等を保障した趣旨を実質的に失わせるものとまでは認められず」，公序違反とはいえない。

3　備考④と⑤の導入は労働条件を定めた就業規則の不利益変更に当たるが，本件各除外条項が必要性に基づいた合理的なものとして効力を有するか否かを検討すると，「従業員の出勤率の低下防止等の要請」と産前産後休業等の権利保障の要請の調整のために，「出勤率の低い者につきある種の経済的利益を得られないこととする措置ないし制度を設けることには，相応の合理性があり，賞与の支給について，欠勤日数に応じてある程度の不利益を被るものとする措置ないし制度を設けること」は許される。そして，産前産後休業または育児時間取得者は賃金請求権を有していないし，法律上も就業規則上もこれらは無給とされているから，「労使間に特段の合意がない限り，賞与の支給に関しても当該不就労期間を欠勤扱いとしたからといって，直ちにこれを不合理ないし必要性を欠くものということはできない」。就業規則の変更は合理性かつ必要性がある。

4　本件除外条項のうち，備考⑤は，Xが勤務時間短縮を受けた後に挿入されたものであり，Xが育児時間をとるときには不利益に扱われるとは想定できなかったし，年間総収入額に占める賞与の比重も大きいため，かかる不利益は前もって周知されなければならないところ，「このような規定のなかったときに勤務時間短縮措置を受けた従業員にまで遡って不利益を及ぼすことは，信義誠実の原則に反して許容」できない。したがって備考⑤を適用して賞与の金額をカットすることは許されない。

II　外国の判決——チボー事件判決

欧州司法裁判所[1] 1998 年 4 月 30 日判決（Case C-136/95 Caisse Nationale d'Assurance Vieillesse des Travailleurs Salariés (CNAVTS) v. Evelyne Thibault[2]，[1998] ECR I-2011，[1998] IRLR 399）

〈事実の概要〉

本件は，フランスで生じた事件である。Evelyne Thibault（以下，「チボー」とする）は，1973 年に，全国被用者老齢保険金庫（CNAVTS．以下，「金庫」とする）に雇用された。フランスの社会保障関連の金庫職員に適用される全国労働協約 29 条～31 条は，給与の 40% を上限としてキャリア昇給を可能とする手続きを定めていた。すなわち，被用者の給与は，勤続 2 年満了時までは，勤続期間に応じて毎年 2% が加算される。3 年目以降は，勤続による昇給 2% と業績評価による昇給 2%（業績加算とする）がプラスされることになり，これらは給与の 24% を上限とする。そして 24% から 40% までは，年 2% の加算となる。ただし，業績加算を受けるにあたっては，年間，最低 6 か月以上の出勤が必要であると定められていた。1983 年に，チボーは，まず，病気のために 2 月から 6 月の間に合計 52 日間，欠勤し，加えて，16 週間の出産休暇，6 週間の育児休暇を取得した。その結果，彼女は，1983 年に 155 日間しか出勤しなかったことになる。「金庫」は，彼女は年間 6 か月以上出勤するという要件を満たしていないとして，彼女の業績を評価することを拒否し，その結果，チボーは業績加算を受けることができなかった。ただし，チボーがもし出産休暇を取得しな

---

1) 欧州司法裁判所（The European Court of Justice．以下，「EC 裁判所」とする）は，15 人の裁判官で構成され，8 人の法務官により補佐されている。法務官の職務は，事件について理由を付した見解を提示することである。EC 裁判所は，加盟国が条約に基づく義務を遵守しているかどうかを判断する権限をもつと同時に，加盟国の裁判所または裁判官の要請にもとづき，EC 法の解釈に関する先決的判決をなす権限を有する（EC 条約 234 条）。その先決的判決は，最終的には国内裁判所の判断を拘束する。

2) この判決については，柴山恵美子＝中曽根佐織編訳『EU 男女均等法・判例集』（日本評論社，2004 年）の 276～278 頁に概要の紹介があり，白鳥蓉子「妊娠・出産労働者の不利益取扱いをめぐる法的課題」労働法律旬報 1609 号（2005 年）31～32 頁でも，簡単な紹介がなされている。

かったならば，彼女は，出勤 6 か月以上という要件を満たすことができたはずであった。チボーは，性による差別を受けたと主張して，パリ労働審判所に「金庫」を相手取って提訴した。

パリ労働審判所は，1985 年 12 月 17 日に，チボーの主張を認める判断を下した。しかし「金庫」からの控訴を受けた破棄院は，1989 年 2 月 9 日，労働協約上の条文は従業員が必ず昇給しうるという権利を定めているわけではないとして，パリ労働審判所判決を破棄し，事件をムラン労働審判所に差し戻した。1990 年 1 月 24 日の判決で，ムラン労働審判所は，チボーが業績評価を受けられなかったことは彼女から昇給の機会を奪ったものであるとした。そもそも出産休暇による欠勤は，事実上労働に従事したものとして扱われるべきであり，それを欠勤として扱ったことは，フランス労働法典 L123-1(c)が禁止する性差別に該当する[3]として，同審判所は，「金庫」に対して，1984 年の業績加算分を支払うように命じた。「金庫」は，そもそも労働における平等原則は，男女両性にとって利用可能な権利についてのみ適用されるのであって，出産という女性のみに適用される権利に関する本件は，性を理由とする差別の問題には該当しないと主張して，再度，控訴した。

破棄院は，フランス労働法典 L123-1(c)は，EC の 1976 年男女均等待遇指令（Council Directive 76/207/EEC)[4]をフランス法に置き換えたものであるため，その解釈については EC 裁判所の判断を仰がねばならないとして，1995 年 3 月 28 日に，本件を EC 裁判所に付託し，同理事会指令の解釈に関する先決的判決を求める決定を下した。先決的判決を求めて付託した事項は，以下の通りであった。「1976 年 2 月 9 日の EC 男女均等待遇指令の 1 条 1 項，2 条 1 項，5 条 1 項，また関連があるとすれば 2 条 4 項は，女性が，出産休暇のために欠勤したことを理由として，業績評価を受ける権利およびそれによって職業上の昇格を可能

---

[3] フランス労働法典 L123-1 は，「いずれかの性別に属することが職務または職業活動の遂行における決定的条件である場合を除いて，何人も，以下のことを行うことはできない。ただし，本法典に特別な規定がある場合はこの限りではない」としつつ，同条(c)において，「性別を考慮して，報酬，訓練，配置，資格，格付け，昇格または配置転換に関するあらゆる処遇を行うこと」をあげている。

[4] 正式名称は，「雇用，職業訓練および昇進へのアクセス，並びに労働条件に関する男女の均等待遇原則の実施に関する 1976 年 2 月 9 日理事会指令」。

とする権利を剥奪されるものではないと解釈されるべきかどうか」。

ちなみに，本件に関連する EC 男女均等待遇指令の条文は，以下の通りである。

1条1項　この指令の目的は，昇進を含む雇用および職業訓練へのアクセスならびに労働条件に関して，さらに2項に言及する社会保障に関する条件について，男女均等待遇原則を加盟国において実施させることにある。以下，この原則を均等待遇原則という。

2条1項　以下の規定の目的に照らして，均等待遇原則とは，直接に，または婚姻上または家族上の地位に関して間接に，性別を理由とするいかなる差別もあってはならないことを意味する。

2条3項　この指令は，とくに妊娠および出産に関する女性の保護に関する規定を侵害してはならない。

2条4項　この指令は，とくに1条1項に定める範囲内で，女性の機会を損なう現存する不平等を除去することによって男女の機会均等を促進する措置を侵害してはならない。

3条1項　均等待遇原則の適用とは，活動のいかなる分野または部門を問わず，すべての雇用または職務およびすべての職階レベルへのアクセスのために，選考基準を含む条件において性を理由とするいかなる差別もあってはならないことを意味する。

5条1項　解雇を規制する条件を含む労働条件に関する均等待遇原則の適用とは，男性および女性に，性を理由とするいかなる差別もなく同一の条件を保障することを意味する。

フランス政府と EC 委員会は，付託事項について肯定的な回答を提出した。

一方，英国政府は，(1)出産休暇のための欠勤という女性の状態は，他の労働者と比較することができず，したがって業績査定がなされなかったとしても性差別があったとはいえない，(2)出産休暇中の権利については，各加盟国が決定すべき問題である，(3)男女均等待遇指令は，出産を理由とする欠勤期間を出勤したものと扱うべきであるという要請を含むものではない，と述べて，否定的な回答を提出した。

1997 年 2 月 9 日，法務官 Ruiz-Jarabo Colomer は，概要，以下のような意見を提出した。すなわち，業績加算を受けるために 6 か月以上の出勤を必要とす

るルール自体は，男女に中立的な基準であるようにみえるが，実際には，病気休暇に加えて出産休暇を取得する女性が被る不利益は，病気休暇のみしか取得しない男性が被る不利益よりも大きいものである。したがって，労働協約上のルールを，異なる状況にある者に平等に適用することは，かえって差別的な効果を生むことになる。実際に異なる状況にある者には異なるように取り扱うことが必要なのである。以上の理由から，雇用に関して男女を実質的に平等に扱うためには，出勤率の算定にあたって，病気休暇期間に加えて出産休暇期間を欠勤として扱うことはできない。

〈判旨〉

「男女均等待遇指令は，たとえば出産休暇のような妊娠や出産に関わる特有の権利を女性に保障する国内法上の規定を許容していることに留意すべきである」（パラグラフ24）。

「さらに，同指令2条3項は，加盟国に妊娠・出産に関わって女性を保護する規定を保持し導入する権利を与えることによって，第一に，妊娠・出産後の女性の身体的条件を保護すること，第二に，妊娠・出産に引き続く一定の期間内の子どもと女性との間の特別な関係を保護することについて，均等待遇原則の見地から，これらを合法としているものである」（パラグラフ25）。

「男女均等待遇指令によって認められたこのような権利は，雇用機会へのアクセス（3条1項）と労働条件（5条1項）に関する男女の均等待遇原則の履行を確保するという意味をもつのである。したがって，2条3項の下で女性に与えられた権利の行使は，雇用機会へのアクセスもしくは労働条件に関する不利益処遇の対象となってはならない。そのことを考慮すれば，男女均等待遇指令によって追求される結果は，形式的な平等ではなく，実質的な平等である」（パラグラフ26）。

「毎年，被用者が，自らの業績を評価されて，その結果，昇進・昇給の資格を得るという権利は，男女均等待遇指令5条1項が意味する雇用契約上の条件の不可欠な部分を形成している」（パラグラフ27）。

「したがって，本件で争点となっている当該ルールは，男女均等待遇指令5条1項と，関連する2条3項に照らして，それらが男女労働者に，性別を理由

とする差別なく同一の条件を保障しているかどうかを決定するために，審査されなければならない」（パラグラフ 28）。

「非差別原則は，出産休暇中も雇用契約によって使用者に拘束され続ける女性は，男女双方に適用されかつ雇用関係の結果である労働条件に関する利益を，決して奪われてはならないということを要請する。本件のような事情において，毎年行われる業績評価を受ける権利を女性被用者に否定することは，労働者としての彼女の能力に関して差別することである。なぜなら，仮に女性が妊娠しておらず，権利として与えられている出産休暇を取得しなかったなら，彼女は，当該年度の業績評価を受けたであろうし，その結果，昇進する資格を得ることができたはずであるからだ」（パラグラフ 29）。

「英国政府が述べていること，すなわち『欧州裁判所は，指令が与えている枠組みの中で，妊娠と出産に関して女性を保護するための方法や詳細な取り決めについて，各加盟国が裁量権を有することを認めてきた』という指摘は，たしかに事実である」（パラグラフ 30）。

「しかしそのような裁量は，指令の命ずる範囲内で行われなければならないし，労働条件に関して女性を不利に処遇する根拠を提供することは，決して許されてはならない」（パラグラフ 31）。

「ゆえに，女性労働者が，出産休暇による欠勤の結果，その年度の業績評価を受ける権利を奪われ，その結果，昇進する資格を得る機会を奪われるという不利益を被ることは，妊娠および出産休暇を理由として差別されたものと結論づけられるべきである。そのような行為は，男女均等待遇指令の意味する性別を理由とする直接的な差別を構成する」（パラグラフ 32）。

「ゆえに，付託された質問に対する回答は，以下の通りである。男女均等待遇指令 2 条 3 項と 5 条 1 項は，出産休暇を取得するために欠勤したことを理由として，女性労働者から業績評価を受ける権利を奪い，その結果，昇進する資格を取得する可能性を奪う国内ルールを否定するものである」（パラグラフ 33）。

III 解　説

1 日本における妊娠・出産をめぐる不利益取扱い
　　　──法制度と実態

(1) 妊娠・出産に関わる権利をめぐる法規定

　女性が雇用労働者として働くときに直面するもっとも困難な問題の1つが，妊娠・出産・育児という私生活上の問題である。女性労働者にとっては，妊娠・出産・育児が労働の中断につながりやすい。

　妊娠・出産・育児に関しては，以下のように，日本の労働法でも，それらの権利を保障する明確な規定がある。

　妊娠・出産・育児に関しては，女性労働者だけを対象とする「母性保護規定」として，①産前6週間（双子以上の多胎妊娠の場合は14週間），産後8週間（産後は強制，但し，産後6週間を経過した女性が請求し，医師が支障がないと認めた業務に就かせることは差し支えない）の出産休暇（労基法65条1項・2項），②出産一時金の支給（健康保険法101条）および一定の労務に服さなかった期間，1日につき標準報酬日額の3分の2に相当する出産手当金の支給（同法102条），③妊娠中の女性からの請求による軽易業務転換（労基法65条3項），④妊産婦に対する危険有害業務（重量物取扱い業務や有毒ガスを発散させる場所における業務など）の就労禁止（同法64条の3），⑤妊産婦からの請求による，フレックスタイム制以外の変形労働時間制度下での労働，時間外・休日労働，深夜業の禁止（同法66条），⑥生後1年未満の乳児を育てる女性からの請求による1日2回各々少なくとも30分の育児時間（同法67条），⑦母子保健法上の保健指導，健康診査を受けるために必要な時間を確保し，指導事項を守るために勤務時間を変更し，勤務を軽減する等必要な措置を講ずる事業主の義務（均等法12条・13条）などが規定されている。

　また，育児・介護に関しては，男女労働者を対象として，育児介護休業法において以下の権利が定められている。①子が1歳6か月に達するまでの育児休業（同法5条1項・3項），93日を限度とする介護休業（同法11条1項），②小学校就学前の子を養育する労働者ならびに家族介護労働者に対する時間外労働の

制限ならびに深夜業の免除(同法17条~20条),③3歳未満の子を養育する労働者ならびに家族介護労働者に対する勤務時間短縮等の措置(同法23条),④小学校就学前の子を養育する労働者に対する年5日の子の看護休暇(同法16条の2),⑤3歳から小学校就学前までの子を養育する労働者ならびに家族介護労働者について,休業制度または勤務時間短縮等の措置に準じて必要な措置をとる事業主の努力義務(同法24条),⑥労働者の配置の変更にあたって育児・介護に配慮すること(同法26条),⑦育児・介護休業の申し出をし,または休業したことを理由とする解雇その他の不利益取扱いの禁止(同法10条・16条)。

(2) 妊娠・出産をめぐる各種の不利益取扱いの実態について
(a) 解雇を含む明白な不利益取扱いの実態

ところが,法律上,妊娠・出産をめぐる権利が規定されているにもかかわらず,近年,妊娠・出産を理由とする解雇を含む不利益取扱い事案は増加する一方であった。その実態をみておこう。なお,ここに示す均等法の条文は,2006年改正前の旧条文である。

雇用均等室における個別紛争解決の援助(均等法旧13条に基づく援助)の件数は,毎年増加してきたのだが,中でも,法旧8条関係(定年・退職・解雇)の援助件数は,69件(2000年度),84件(2001年度),98件(2002年度),123件(2003年度),125件(2004年度)と,増加傾向が著しい。そして,それらの援助件数のうち,妊娠・出産を理由とするケースは,98件中77件(2002年度),123件中96件(2003年度),125件中106件(2004年度)と圧倒的多数を占めている。

この事例の中には,産前産後休業を申し出たところ契約更新を拒否された事例,出産後の職場復帰にあたってパートへ身分変更するように言われた事例,妊娠したために深夜業の免除を申し出たが拒否され,深夜業をしないのであれば退職するように勧奨された事例などが含まれていた[5]。このように妊娠・出産・育児を理由とする解雇を含む不利益取扱いは,けっして過去の問題ではなく,女性の就労にとっての現在進行形の障壁でもある。

---

5) 厚生労働省「平成16年度男女雇用機会均等法の施行状況」(http://www.mhlw.go.jp/houdou/2005/05/h0530-2e.html)。

(b) **産前産後休業の取得等による不就業期間の取扱いについて**

　上記のような明白な不利益取扱い事案ばかりではなく，本節で問題にする東朋学園事件において争点となったような「妊娠・出産による休業等を欠勤として扱う」という事案は，おそらく多くの企業が「不利益取扱い」という認識もないままに実施してきたことであった。

　実際，厚生労働省の調査[6]によれば，「昇進・昇格の決定」「昇給の決定」「退職金の算定」について，産前産後休業による不就業期間の取扱いを「特に決めていない」とする事業所割合は，それぞれ，51.9％，50.2％，46.4％と半数前後を占めている。多くの企業は，産前産後休業をどう扱うかのルールを設けるべきだという認識すら持っていないということだろう。

　しかし，「昇進・昇格の決定」「昇給の決定」「退職金の算定」にあたって，労働者の出勤状況を考慮している企業は，32.0％，34.4％，38.9％と3割程度存在する。それらの企業の中では，産前産後休業による「不就業期間を就業したものとみなす」企業割合は，それぞれ，51.2％，51.7％，52.9％である。つまり出勤状況を考慮する企業の約半数は，産前産後休業による不就業を出勤扱いしている。

　妊娠中及び出産後の症状等に対応する休業に関する同様の取扱いについては，労働者の出勤状況を考慮している事業所のうち，「不就業期間を就業したものとみなす」企業の比率は，42.8％（昇進・昇格の決定），41.3％（昇給の決定），46.1％（退職金の算定）と，産前産後休業に比較して，より低くなっている。

　いずれにせよ，妊娠・出産に伴う休業等は，権利として法的な保障を受けているにもかかわらず，権利行使をしたことによってなにがしかの不利益な影響を被る場合が多いということであろう。いったいこのような取扱いは法的にどう考えるべきなのだろうか。

(3) **妊娠・出産に関わる不利益取扱禁止規定：2006年改正均等法**

　2006年に均等法が改正されるまで，妊娠・出産に関わる不利益取扱いに関しては，立法上の重大な欠陥があった。育児介護休業法においては，前述のよ

---

[6] 厚生労働省雇用均等・児童家庭局雇用均等政策課「平成16年度女性雇用管理基本調査結果報告書」。

うに，育児休業を申し出たこと，または育児休業を取得したことを理由とする不利益取扱いを禁止する同法10条の規定が存在していたにもかかわらず，妊娠・出産に関しては，同様の規定が存在しなかったからである。すなわち，改正前均等法8条は，妊娠・出産または産前産後休業の取得を理由とする解雇を禁止し，労基法19条は，産前産後休業中および産前産後休業後30日間の解雇を禁止していたにもかかわらず，妊娠・出産を理由とする解雇以外の不利益取扱いを明確に禁止する規定が，どこにも存在しなかったのである。

このようなアンバランスな規定のあり方に対しては，以前から批判があったため，2006年改正均等法は，以下の条文を新設した。9条3項と4項である。それらは，以下のように規定する。

> 9条3項　事業主は，その雇用する女性労働者が妊娠したこと，出産したこと，労働基準法……第65条第1項の規定による休業を請求し，又は同項若しくは同条第2項の規定による休業をしたことその他の妊娠又は出産に関する事由であって厚生労働省令で定めるものを理由として，当該女性労働者に対して解雇その他不利益な取扱いをしてはならない。
>
> 9条4項　妊娠中の女性労働者及び出産後1年を経過しない女性労働者に対してなされた解雇は，無効とする。ただし，事業主が当該解雇が前項に規定する事由を理由とする解雇でないことを証明したときは，この限りでない（傍点は浅倉による）。

厚生労働省令である均等法施行規則2条の2は，上記9条3項にいう「妊娠又は出産に関する事由」に，「妊娠又は出産に起因する症状により労務の提供ができないこと若しくはできなかったこと又は労働能率が低下したこと」を含めている（2条の2第9号）。そして，均等法指針（平成18年10月11日厚生労働省告示614号）は，9条3項により禁止される「解雇その他不利益な取扱い」として，(イ)解雇，(ロ)契約更新拒否，(ハ)契約更新回数の引き下げ，(ニ)契約変更の強要，(ホ)降格，(ヘ)就業環境を害することをあげ，これらは「直ちに不利益な取扱いに該当する」とした（指針第4の3(2)(3)）。このことは，妊娠・出産に伴う不利益取扱いの一定範囲を明文で禁止する方針を打ち出したものとして評価に値する。

しかし他方で，同指針は，「解雇その他不利益な取扱い」のうち，(ト)不利益

な自宅待機命令, ㈏減給または賞与等における不利益算定, ㈐昇進・昇格の人事考課における不利益取扱い, ㈑不利益な配置変更, ㈒派遣先による派遣役務の提供の拒否については, 不利益な取扱いに該当するか否かの判断にあたって勘案すべき事柄を詳細に述べている (指針第4の3(3))。

注目したいことは, ここに, 上記㈏に関わって, 以下の4点のことが述べられていることである。それは, ①能率低下が実際には生じていないのに, 賃金・賞与・退職金を減額すること, ②妊娠・出産による不就労期間分を超えて賃金を不支給とすること, ③賞与・退職金の支給額算定にあたり, 疾病等と比較して, 妊娠・出産を不利に取り扱うこと, ④賞与・退職金の支給額算定にあたり, 休業した期間や労働能率が低下した割合を超えて, 休業した, 又は労働能率が低下したものとして扱うこと, である。ここには, 妊娠・出産に関わる不利益取扱いについては, 重要な原則が示されている。すなわち, 第一は, 妊娠・出産に伴う不就労・能率低下は疾病と同様に扱うべきであるという原則, 第二は, 賃金の不支給は, 不就労期間についてのみ行うべきであるという原則, 第三は, 賞与・退職金の算定にあたり減額する場合には, 妊娠・出産に伴う不就労・能率低下に比例的に行うべきであるという原則である。これらは, 本節Ⅰでとりあげている東朋学園事件最高裁判決が示した原則とまさに一致するものである。最高裁判決は, このように, 指針を通じて, 2006年改正均等法の条文解釈上のガイドラインにもなっている。

2 東朋学園事件最高裁判決の意味するもの

(1) 本判決の位置づけ

(a) 争われた事案の類型

一口に妊娠・出産を理由とする不利益取扱いといっても, そこには多様な類型が存在する。ここで改めて整理しておこう。

まず, いかなる事由による不利益取扱いなのかである。①単に妊娠・出産したことのみを理由とする不利益取扱いか, ②法に定められている妊娠・出産に関わる権利を行使したことを理由とする不利益取扱いか, あるいは, ③妊娠・出産に伴う職務能力の低下を理由とする不利益取扱いなのか。

さらに, 不利益取扱いの類型も多様である。それは, ④休暇中の賃金を支給

しないことなのか（無給取扱い），⑤さまざまな労働条件の決定に関して，他の欠勤と同様に「出勤しなかったもの」として取り扱うことなのか，そして，その労働条件の決定としては，「昇進・昇格」「昇給」「退職金」などの算定に関する決定なのか，あるいは「賞与の算定」に関する決定なのか。

　Ⅰで紹介した東朋学園事件は，賞与の支給にあたって，支給対象期間の出勤率が90％以上という支給要件を定めたうえで，出勤率の算定に当たって，産後休業日数および育児のための勤務時間短縮措置を受けた時間を欠勤日数に算入するという不利益取扱いが問題になった事案である。すなわち上記の不利益取扱いの類型でいえば，法に定められた権利行使を理由とする（②），賞与の算定にあたって「出勤しなかったものとして取扱う」ことが問題になった（⑤）事案である。

(b)　これまでの判決の流れと東朋学園事件最高裁の判旨

　これまで，妊娠・出産・育児等を理由とする解雇以外の不利益取扱いについて争われた事案としては，産休取得を理由とする不利益取扱いについて判断した日本シェーリング事件最高裁判決（最判平成元・12・14労判553号16頁，民集43巻12号1895頁）がある。

　日本シェーリング事件は，「賃上げは稼働率80％以上の者とする」旨の労使協定の条項（80％条項）に関して，年休，産休，育児時間，労災による休業・治療通院のための時間，団交・争議による不就労を含めて稼働率を算定するという取扱いが問題になった事案であるが，1審（大阪地判昭和56・3・30労判361号18頁），2審（大阪高判昭和58・8・31労判417号35頁）ともに，同条項は労基法その他の法律上認められた権利行使を抑制する機能をもつものであって無効である，と判断した。最高裁はしかし，不就労の理由は，①労基法等の権利行使に基づく不就労と，②それ以外の不就労に区分されるべきであり，前者については権利行使を抑制し，法が労働者に権利を保障した趣旨を実質的に失わせる場合には同条項は無効になると判示し，後者については，効力を否定するいわれはないからとして，条項全体を無効であるとした原判決を破棄して，原審に差し戻した。

　東朋学園事件最高裁判決の多数意見は，産前産後休業および育児短時間勤務による短縮時間について，①これらの期間を出勤として扱うかどうかは，原則

として労使の合意に委ねられているとしつつ、しかし、②本件90％条項によって賞与をいっさい支給しないとすることは、その経済的不利益の大きさと90％という数値からみて、労基法や育児休業法がこれらの権利を保障した趣旨を実質的に失わせるものであるというべきであるから、公序に違反するとした。すなわち、労働者による権利行使を抑制する不利益取扱は公序違反であるという日本シェーリング事件最高裁判決の論理を、改めて確認したものといえよう。したがって、本件の90％条項のうち、「出勤すべき日数に産前産後休業の日数を算入し、出勤した日数に産前産後休業の日数及び勤務時間短縮措置による短縮時間分を含めないものとしている部分」（「出勤率算出基準部分」）は無効になると判示した。この点については、第1審、第2審の判断を最高裁は認容したのである。

ところが、その先の判断については、最高裁と下級審判決では異なる結論が導かれた。つまり、本件2審判決は、出勤率算出基準部分が無効になればYにおける計算式の除外条項が存在しない状態になったとして、賞与の全額の支払いを命じた。しかし最高裁は、計算式についてまで無効ということはできず、これら休業日数の除外条項と計算式は、なお労基法が権利を保障した趣旨を実質的に失わせるとまでは認められないとした。その理由としては、①計算式によっても賞与の額が「一定の範囲内でその欠勤日数に応じて減額するにとどまる」からであり、②産前産後休暇や育児のための勤務時間短縮措置は、法律上も就業規則上も無給であるからであるとするのである。つまり最高裁の判断では、産前産後休業や育児短時間勤務による短縮時間についても、欠勤として扱い、一定の範囲で「欠勤日数に応じて」賞与を減額するという取り扱いは許されうるという判断をしたものである。そのうえで、本件の場合には、原審が判断しなかった就業規則の不利益変更および信義則違反の成否の点について審議を尽くすべきであるとして、原審に差し戻したのである。

(2) 最高裁判決の評価

この最高裁の判断には、以下の点で疑問がある。

まず、最高裁が本件計算式の無効を否定する理由として掲げる2つの論拠のうち、最初のもの、すなわち、本件計算式によっても賞与は「欠勤日数に応じ

て減額するにとどまる」(比例的な減額)から，それは権利行使を抑制するものではないという理由については，実態からいっても疑問がある。なぜなら本件の計算式によって計算した場合でも，原告は，平成 6 年度期末賞与について 31 万円余り，平成 7 年度夏期賞与について 13 万円余り減額になるのであり[7]，これが果たして権利行使を抑制しない程度の，すなわち，許容される範囲の減額であるかどうかは大いに疑問だからである。

また，もう 1 つの論拠，すなわち法的にもこれらの休暇は無給扱いでよいとされているからという理由については，以下のように考える。たしかにこれらの休暇について，法規定上は有給とする定めはない。しかし，法律上これらの期間が無給とされていることからただちに，これらの休暇や短縮時間を他の欠勤と同列に扱ってよいということにはならないであろう。法制度上は有給扱いされていないとしても，法律上の権利として規定されている以上は，法律上の権利に基づかない他の欠勤と同列に扱われてよいという理由にはならないはずだからである。

このように，最高裁が採用している考え方は，産前産後休暇の取得によって被る不利益が「権利を保障した趣旨を実質的に失わせる」場合にのみ公序違反とするものであって，あらゆる不利益が禁止されるべきであるというわけではない。しかし果たしてそれでよいのだろうか。

もし出産後に職務上の能率が落ちたとか，勤務に支障が生じたという場合ならともかく，単に法的に認められた休暇や時短措置を取得したことを理由として，労働条件の決定に関して他の欠勤と同様に不利益取扱いがなされる場合には，いくらその不利益が控えめなものであるとしても，制度の趣旨にもとるものとして違法評価を受けるべきではないのだろうか。制度的に権利として保障されているものであれば，権利の行使者は，権利を行使しなかった場合と比較して，いかなる不利な取扱いも許されてはならないと解釈されるべきである。

---

[7] 上告審において Y は，仮に 90% 条項が適用されなくても，本件計算式によって X の平成 6 年度末賞与は 46 万 3640 円，平成 7 年度夏期賞与は 35 万 1570 円になると主張する。1 審判決が支払いを命じたのは，平成 6 年度期末賞与 77 万 4500 円，平成 7 年度夏期賞与 48 万 7800 円であるから，Y の主張によれば，なお X の賞与は，平成 6 年度期末につき 31 万 860 円，平成 6 年度夏期につき 13 万 6230 円が減額されるべきということになる。

その場合，これらの休暇が法制度上無給であることは，いかなる意味でも格別な不利益取扱いを許容する意味に解されてはならない。法的に無給扱いがなされている理由は，もし出産休暇期間中の賃金保障を使用者の負担にすれば，使用者が女性の雇用が高くつくと考えて経済的負担感をつのらせるのではないか，そのことがひいては使用者による女性の雇用の敬遠を引き起こすのではないか，それをおもんぱかっての措置である。そのことを防止するためには，出産期間中の所得保障は，出産手当給付として社会保険制度に委ねることが好ましいという政策的な判断が法制度に反映しているのである。すなわち，そこには，この期間中の所得保障は，使用者ではなく国家が負担すべきであるというコンセンサスが存在するということは言えても，この期間を無給扱いしてよいというコンセンサスを読み取ることはできない。出産休暇中の所得が健康保険法上，出産手当金として支給される意味はそこにある[8]。

したがって，無給扱いであることはその意味でしかなく，これをもって，妊娠・出産・育児を他の欠勤と同様に不利益取扱いすることを許容する理由にはできない。最高裁はこの点を誤解しているのではないだろうか。

なお，最高裁はあくまでもこの問題を，女性差別にあたるかどうかという観点からではなく，妊娠・出産に関わる権利行使を認めている法の趣旨を失わせるか否かという観点から，公序違反性を評価している。しかし，妊娠・出産は女性のみに発生する事柄であるから，これを理由とする不利益取扱いは女性のみに対する不利益取扱いに他ならず，端的に女性差別として違法と評価すべきであろう。もし均等法の特定の条文に違反するといえない場合でも，憲法14条1項の趣旨，民法2条（両性の本質的平等），労基法3条および4条の趣旨，民法90条に照らして，性差別として違法と評価すべきではないか。これらの点もあわせて考慮しながら，以下，外国の判決と対比してみたい。

---

8) この点は出産保護に関するILO条約も，一貫して規定しているところである。すなわち，1919年の「母性保護に関する3号条約」は，「公的基金又は保険制度」による給付が与えられるべきであるとし（3条），1952年の「母性保護に関する103号条約」は，「強制的社会保険又は公的基金」による，「従前の所得の3分の2を下回らない」給付について定めをおき（4条6項・7項），2000年の「母性保護に関する183号条約」も同様の規定をおいている（6条3項・8項）。

3　EUにおける妊娠・出産をめぐる不利益取扱い

(1)　性差別の禁止と妊娠・出産に関わる権利をめぐる法制

　ここでとりあげる比較判例は，Ⅱで紹介した EC 裁判所のチボー事件判決である。

　EC では，1976 年に，男女均等待遇指令[9]において，直接に，または間接に，「性別を理由とするいかなる差別もあってはならない」と定め（2 条 1 項），男女労働者の実質的平等の確保という観点からも，「この指令は，女性の保護に関する規定，特に妊娠・出産に関する規定を侵害してはならない」（2 条 3 項）という規定をおいた。妊娠・出産を理由とする不利益取扱いは，男女均等待遇指令 2 条 1 項に照らして「性差別」に該当するかどうかが争われることになったが，2 条 3 項は，女性のみを対象とする妊娠・出産に関わる権利は男性との均等待遇に反しないという原則を確認していたのである。

　妊娠・出産に関わる権利については，1992 年に，妊娠労働者に関する指令（Council Directive 92/85/EEC）が採択された[10]。同指令は，妊娠・出産・授乳中の労働者について，安全な作業環境を確保すること，夜間労働を強制しないこと，出産休暇を付与し，解雇を禁止すること等について定めをおくものである。出産休暇については，概要，以下のような規定をおいている。

8 条 1 項	労働者が，産前・産後の連続 14 週間の出産休暇を取得する権利
2 項	1 項の出産休暇は最低 2 週間の強制休暇を含む。
9 条	就業時間中に産前検診を受けるために，有給の休暇を取得する権利
10 条 1 項	妊娠・出産休暇終了までの解雇禁止。ただし例外的な事例では監督機関が同意を与えた解雇は許される。
11 条 2 項	休暇期間中の賃金の保障および／または適切な手当を受給する権利
3 項	2 項の手当は，少なくとも疾病による休業の場合の受給額に相当

---

[9]　前掲注 4) 参照。
[10]　正式な名称は，「妊娠中の労働者，最近出産した労働者または授乳中の労働者の作業中の安全および健康の改善を促進する措置の導入に関する 1992 年 10 月 19 日理事会指令」。同指令の翻訳は，柴山＝中曽根・前掲注 2) 127 頁以下を参照のこと。

する所得保障が適切であること。

　この指令を国内法に導入する加盟国の義務の最終期限は，1994年10月19日であり，現在，すべての加盟国が，この指令の内容を国内法において実現している。産前産後休業期間は国によって差があるが[11]，すべての国で，賃金水準の80～100％の所得が社会保障給付によって制度的に保障されている[12]。

　2002年には，1976年男女均等待遇指令が改正された。旧指令2条3項は，2002年指令の2条7項となり，ここに「1992年『妊娠労働者に関する指令』に定める妊娠もしくは出産休暇中の女性の不利益取扱いは，この指令に定める差別である」と規定された。この条文は，これより以前のEC裁判所の先決的判決の到達点を具体化したものである。

　さて，2002年に男女均等待遇指令が改正される以前にも，妊娠・出産に係る権利の行使をめぐる不利益取扱いが性差別に該当するのか否かについて，EC裁判所は，各加盟国の裁判所から，先決的判決を下すべく付託されてきた。本件のチボー判決は，その中の一例である。

(2) **チボー事件判決について**

　EC裁判所で争われた妊娠・出産を理由とする不利益取扱いにも，さまざまな事案がある。本件チボー事件は，フランスの事案であり，労働者が法定の出産休暇・育児休暇を取得したために，労働協約において定められている昇進・昇給のための業績評価を受ける資格である「年間6か月以上の出勤要件」を満足していないとして，昇進・昇給を否定されたことが，男女均等待遇指令にいう差別にあたるかどうかが争われた。

　差別には該当しないという主張が根拠としているのは，①そもそも平等原則は，男女両性にとって利用可能な権利についてのみ適用されるのであるから，出産という女性のみに適用される権利に関しては，性差別の問題にはならない（使用者である「金庫」による主張，英国政府による主張），②出産休暇中の権利に

---

11) EU加盟国の出産休暇期間は，スウェーデンの52週が最長，30週のデンマーク，26週のアイルランド，20週のポルトガル，16週のオーストリア，フランス，オランダ，スペイン，18週のフィンランド，英国，15週のベルギー，ドイツなど，多様である。柴山恵美子＝中曽根佐織編著『EUの男女均等政策』（日本評論社，2004年）187頁参照。

12) 柴山＝中曽根・前掲注11) 187頁。

ついては加盟各国が決定すべき問題である（英国政府の主張），③男女均等待遇指令は，出産による欠勤を出勤したものとして扱うべきだとの要請を含まない（英国政府の主張）という3点である。

これに対して，EC裁判所は，概要，以下のように判断した。

①については，妊娠・出産を理由とする差別は「性による直接差別」である。

②については，たしかに加盟国は女性保護の方法や詳細な取り決めについての裁量権を有するが，それも「指令が命ずる範囲で行わねばならない」のであるから，大幅な裁量の存在は否定されねばならない。

③について，判旨は以下のように述べている。「仮に女性が妊娠しておらず，権利として与えられている出産休暇を取得しなかったなら，彼女は，当該年度の査定を受けたであろうし，その結果，昇進する資格を得ることができたはず」であるから，女性に当該権利を否定することは，「非差別の原則」に反するものである，と。

この①と③に関する判断は，日本の最高裁判決と比較して，興味を引くものである。

(a) 妊娠・出産を理由とする不利益取扱いは性差別か

判旨は，妊娠・出産を理由とする不利益取扱いを「性差別」と位置づけている（チボー事件EC裁判所判決パラグラフ32参照）。

チボー事件判決が出された当時は，既述のように，1976年男女均等待遇指令において妊娠・出産を理由とする不利益取扱いと性差別の関係について明確な定めはなされていなかった。EC裁判所においてこれが性差別であるという法的な判断が確立されるまでには，相当の時間が必要だった。その理由としては，いくつかのことを指摘することができる[13]。

第一に，妊娠・出産・育児がプライベートな領域とみなされることによって，それらの保護が雇用立法の対象から外されてきたことである。

第二に，性差別が成立するためには男女の比較が必須であるという考え方によれば，妊娠・出産を理由とする不利益取扱いは性差別ではないという解釈がなされやすい。なぜなら，妊娠・出産の場合には，そもそも比較すべき男性が

---

13) 宮崎由佳「EUにおけるジェンダー平等へのアプローチ」労働法律旬報1609号（2005年）20頁。

見いだせないからである。これはイギリスの雇用審判所がしばしば陥った，平等に関する形式主義的かつ硬直的な判断でもあった[14]。

第三に，妊娠・出産労働者を雇用し続けることが使用者にもたらす負担感のため，裁判所にも，これらの労働者に対する不利益を性差別と評価することへのためらいがあったのであろう。

このような背景において，初めて妊娠・出産を理由とする不利益取扱いを性差別と認める判断をしたEC裁判所の先決的判決は，妊娠・出産を理由とした採用拒否が問題になった1990年のDekker事件判決[15]であった。EC裁判所は，ここで，①妊娠という事実を理由として使用者が女性を採用しないことは，性にもとづく直接差別であること，②妊娠・出産に関わっては同じ状況にある比較すべき男性は存在しないが，それは重要ではないこと，③使用者は妊娠女性を採用することが経済的損失になると主張するが，直接差別については経済的損失という理由による正当化は許されないこと，を明確にした。

チボー事件のEC裁判所判決も，このDekker事件判決の上記の判断部分を踏襲したものである。そして，かかる判決の蓄積によって，2002年改正の男女均等待遇指令の規定がもたらされたのである。

なお，アメリカでも，公民権法第7編の701条(k)は，第7編が禁止する「性を理由とする差別」は「妊娠，出産またはこれらに関連する健康状態」を理由とする差別も含むことを規定している。この規定は「妊娠差別禁止法」[16]と呼

---

14) イギリスの性差別禁止法5条3項は，比較される男女は「他の関連する事情が同一または実質的に相違しない」者同士でなければならないと規定しており，妊娠を理由に差別された女性の場合でも，比較対象者である男性を見いださねばならないという形式的解釈がなされてきた。たとえばReaney v. Kanda Jean Products, [1978] IRLR 427 ; Turley v. Allders Department Stores Ltd., [1980] IRLR 4. その後の判決では，妊娠女性と病気の状況下にある男性が比較されるべきだとの判断がなされるようになった。浅倉むつ子『男女雇用平等法論』（ドメス出版，1991年）481頁以下。

15) Dekker v. Stichting Vormingscentrum voor Jong Volwassen Plus, 1990. 11. 8, [1991] IRLR 27. 本件は，オランダの事案である。労働者の疾病・出産休暇中の手当支給を行うオランダの社会保険基金には，採用時に予見可能であった労働不能については基金からの給付は行わないという規定があった。したがって，採用時に妊娠している労働者の出産休暇中の給与は，基金の給付がなされないために，使用者が直接，負担しなければならない。本件は，使用者が，コストの観点から，妊娠した労働者を採用しなかったという事案である。なお，EC裁判所の妊娠・出産をめぐる判例の分析としては，白鳥・前掲注2)が参考になる。

第1節　妊娠・出産を理由とする不利益取扱いと性差別　203

ばれ，1978年の法改正で追加されたものである。

(b)　性差別か否かを判断する際に誰と比較するのか

では，性差別か否かを判断する場合に，誰と比較するのか。この点について，EC裁判所は，本件チボー事件判決において，特色のある判断をした。繰り返すと，同判決は，「仮に女性が妊娠しておらず，権利として与えられている出産休暇を取得しなかったなら，彼女は，当該年度の査定を受けたであろうし，その結果，昇進する資格を得ることができたはず」であるから，女性に当該権利を否定することは，「非差別の原則」に反するものである，としている。すなわち，女性が「権利行使をしなかった状態」と比較して，不利益を被ることがあってはならないと判断しているのであり，比較対象は男性ではなく，当該女性が「権利行使をしなかった場合」なのである。

この点，アメリカでは，妊娠・出産または関連する医学的状態により影響を受けている女性は，福利厚生を含むすべての雇用に関連する条件において，「同様の労働能力または不能力の状態にある他の労働者と同じ取扱いを受けなければならない」とされている（公民権法第7編701条(k)第1文後半）。妊娠・出産に関して，アメリカでは，産休等の措置を女性のみを対象とする母性保護措置としては設けず，女性被用者が妊娠・出産した場合は，他の労働者が疾病に罹患したのと同様に「重大な健康危険状態」にあるものとして，休暇取得を可能とする仕組みを設けている[17]。すなわち，妊娠・出産または関連する医学的状態に影響を受けている女性は，同様の労働能力または労働不能の状態にある他の労働者と同じ扱いを受けなければならないということが原則とされている。

これに対して，EC裁判所は，チボー事件判決において，権利行使をすることによって被るいかなる不利益も容認することができないと判断していると解釈される。2002年改正の男女均等待遇指令では，「産休を取得した女性は，産休明けに，休暇中に受けられるはずであった労働条件の改善の恩恵を受ける権利を有する」（2条7項）という規定も設けられ，趣旨はより明確になった。

とくに興味深いのは，チボー事件に関する法務官の意見であり，そこでは，

---

16)　Pregnancy Discrimination Act.
17)　アメリカの家族・医療休暇法（Family and Medical Leave Act）は，その考え方にたっている。中窪裕也『アメリカ労働法』（弘文堂，1995年）242頁以下。

「業績加算を受けるために 6 か月以上の出勤を必要とするルール自体は，男女に中立的な基準であるようにみえるが，実際には，病気休暇に加えて出産休暇を取得する女性が被る不利益は，病気休暇のみしか取得しない男性が被る不利益よりも大きいものである」から，「労働協約上のルールを，異なる状況にある者に平等に適用することは，かえって差別的な効果を生むことになる。実際に異なる状況にある者には異なるように取り扱うことが必要なのである。以上の理由から，雇用に関して男女を実質的に平等に扱うためには，出勤率の算定にあたって，病気休暇期間に加えて出産休暇期間を欠勤として扱うことはできない」と述べられている。

アメリカのように病気休暇と産休を同等に扱えばよいという発想とは異なり，EC 裁判所は，男性には休暇取得事由としては病気のみしかないが，女性には，病気プラス出産という二重の休暇取得事由があることを考慮して，比較対象は「男性」ではなく，当該女性が「休暇をとらなかった場合」の取扱いでなければならないとしているのであろう。

(3) 出産休暇中の賃金をめぐって

とはいえ，妊娠・出産をめぐる不利的取扱い事例のうち[18]，最大の争点は，出産休暇中の賃金をめぐる問題である。裁判所はこの点については 100% の所得保障を命じているわけではない。EC 裁判所による Gillespie 事件[19] は，労働協約において，出産休暇の最初の 4 週間は 100% の賃金保障がなされたものの，続く 2 週間は賃金の 90%，さらに続く 12 週間は賃金の半額しか支給されず減額されたこと，そして，出産休暇期間中に遡及的な昇給があったが出産手当の算定にはこの昇給が反映されなかったこと，この 2 つの点が，男女均等待遇指令が禁止する直接性差別であるとして提訴された事案である。EC 裁判所は，前者の点，すなわち，出産休暇中の所得保障は休暇前の賃金の満額の支払いを要求するかどうかについては，出産手当の金額は国内の立法によるもので

---

18) 妊娠・出産をめぐっては数多くの争点がある。たとえば，妊娠・出産に起因する疾病を契機とする欠勤や解雇が争われた場合には，不利益取扱いの評価をめぐって裁判所には混乱がみられる。白鳥・前掲注 2) 31 頁参照。

19) Joan Gillespie and others v. Northern Health and Social Services Board and others, ECJ, 1996. 2. 13 [1996] IRLR 214.

あり，その水準は妊娠労働者に関する指令に違反しないかぎり，必ずしも満額を要請するものではないとして違法性を否定した。しかし後者については，出産休暇中の女性も休暇前または休暇中に与えられた昇給の利益を享受すべきであり，「非差別原則は，出産休暇中の女性も他の労働者と同じように，あらゆる昇給の利益を得ることを要求するものであり，出産休暇中の女性にそのような利益の享受を否定することは，彼女に対する差別である。なぜなら，彼女がもし妊娠していなかったら，昇給を受けていたからである」として，チボー事件判決の判断を踏襲した。

このようなEC裁判所の判断は，その後も一貫しており，Alabaster事件[20]においても同様の判断が下されている。

考えるに，EC裁判所は，出産休暇期間中の賃金支払いに関する問題については，法制度上，有給であることが規定されているわけではないため，100%の有給保障については否定的である。しかし，そのことはただちに出産休暇の取得を他の欠勤と同様に扱ってよいとして，不利益を被らせる正当事由として認めるわけではない。実際，チボー事件，Gillespie事件判決，Alabaster事件判決でも，それぞれ，休暇取得を理由とする昇給・昇格に関する不利益取扱いは差別であり，女性は，「妊娠しなければ得られたであろう利益」を享受できなければならないと判断した。

おわりに

以上のようなEC裁判所の判断は，日本の最高裁における妊娠・出産をめぐる不利益取扱いに関する判決にとって，おおいに示唆的である。

日本では既述の通り，産前産後休業を通常の欠勤と同様に取り扱い，昇給や一時金の査定にあたって不利益に取り扱うという事例もなお多い。出産休暇や育児休業，育児に伴う勤務時間短縮制度などは，法に記載された権利であり，年次有給休暇の出勤率算定にあたっても「出勤したものとみなす」ことになっており（労基法39条7項），その意味からも，昇進・昇格における不利益取扱いの根拠になるべきではなく，また，昇給・一時金の支給において一般の欠勤と

---

[20] Alabaster v. Woolwich plc and Secretary of State for Social Security, ECJ, 2004. 3. 30 [2004] IRLR 486.

同列に扱われるべきではない。しかし，実際には，これらが法的には無給であることから，ノーワーク・ノーペイ原則からいっても「出勤したものとみなす」べきではないという考え方が幅をきかせているように思われる。

　この際，EC 裁判所が判断したように，日本でも，妊娠・出産に関わる権利行使をした女性は，労働条件等に関して，権利行使をしなかった場合と比較していかなる不利益をも被ってはならないという原則を，法解釈としては明確にすべきであろう。現在の最高裁の考え方によれば，不利益が「権利保障の趣旨を実質的に失わせる」場合のみを公序違反とするものであって，あらゆる不利益が禁止されるべきであるという解釈とは相当に距離がある。しかし果たしてこれでよいのだろうか。もし出産後に能率が落ちたとか，勤務に支障が生じたという場合ならともかく，単に法的に認められた休暇や勤務時間短縮措置を取得したことを理由として不利益取扱いがなされることは，たとえその不利益がわずかなものであったとしても，制度の趣旨にもとるものとして違法評価を受けるべきであろう。権利取得者は権利を取得しなかった場合と比較して，いかなる差別的取扱いも許されてはならない。

　解釈の問題を離れて考えれば，立法論として，妊娠・出産・育児についての社会的な十分な保障が一層，必要である。それなくしては，女性に対する雇用差別は決して解消されない。日本の医療保険は，一般の傷病，疾病を現物給付の対象としているが，妊娠・出産を現物給付の対象から外して，それにかかる費用の一部を金銭給付することにしているにすぎない（出産育児一時金，配偶者出産育児一時金）。これは，妊娠・出産をあくまでも自己負担を建前として把握している結果といえよう。被保険者である女性が出産のために欠勤するときに支給される出産手当金は，健康保険法上は一応，標準報酬日額の 3 分の 2 が産前・産後期間中支給されるが，国民健康保険においては，これらが任意給付であるため，ほとんどの市町村国保では，出産手当金は支給されていない。従業員数 5 人未満の事業所に働く女性やパート労働者などは，しばしば，出産期間中，企業からの賃金支給も保険からの給付も受けることがないということになる。

　このような不十分な規定を改正し，女性が有するリプロダクティブ・ヘルス／ライツを社会的に保障するという理念のもとに，妊娠・出産に関する公的保

障を充実させ，妊娠・出産を傷病と同じく医療保険の現物給付の対象とすること，国民健康保険においても出産手当金を法定給付とすることなどの制度改革が，一刻も早くなされることが望ましい。

〈参考文献〉
本文中に引用したものの他，以下のものが参考になる。
西原博史『平等取扱の権利』（成文堂，2003年）
濱口桂一郎『EU労働法形成過程の分析(1)(2)』（東京大学大学院法学政治学研究科附属比較法政国際センター，2005年）
ロジェ・ブランパン（小宮文人＝濱口桂一郎監訳）『ヨーロッパ労働法』（信山社，2003年）

（初出論文：「妊娠・出産を理由とする雇用上の不利益取扱い」浅倉むつ子＝角田由紀子編『比較判例ジェンダー法』（不磨書房，2007年）184〜215頁）

[追記]
　第一子出産を契機に6割もの女性が仕事を辞めているという事情は，日本の労働社会の負の特色である。女性が妊娠・出産期に経験する葛藤や困難は，近年，マタニティ・ハラスメントという概念で表現されている。2013年5月に，連合非正規労働センターが初めて「マタニティ・ハラスメント（マタハラ）に関する意識調査」を公表したことから，この問題は，俄然，注目を集めることになった。
　同調査によれば，妊娠未経験者の78.4%が「働きながら子育てしたい」と希望しているが，在職中に妊娠がわかった女性の63.0%が，「仕事と妊娠・子育てへの不安を感じた」と回答したそうである。妊娠と関わって職場で精神的・肉体的ハラスメントを経験した25.6%の人たちは，「心ない言葉を言われた」(9.5%)，「解雇や自主退職へ誘導された」(7.6%)，「妊娠中・産休明けに残業や重労働を強いられた」(4.7%)，「望まない異動をさせられた」(1.9%)，「雇用形態を契約社員等へ変更された」(1.9%)，「給料を減らされた」(1.3%)など，具体例を示している。法的には，育児休業・介護休業等に関わる不利益取扱いや，妊娠・出産に関わる不利益取扱いを禁止する条文が明文で存在するにもかかわらず（育介法10条・16条・16条の4・16条の7，均等法9条3項），多くの紛争が生じてきた。
　裁判例としては，育児休業を取得して職場復帰した女性に対して，①担当業

務の一方的変更（海外ライセンス業務から国内ライセンス業務へ），②役割グレードの引下げ，③年俸の減額という不利益処遇がなされたコナミデジタルエンタテインメント事件がある。東京高判平成23・12・27労判1042号15頁は，上記の②と③を人事権の濫用で違法と判断したものの，育児休業明けの一方的担務変更（上記①）を休業取得に関わる不利益取扱いとしてはとらえず，この点は権利濫用とは認められなかった。

しかし，広島中央保健生活協同組合事件の最高裁判決（最判平26・10・23労判1100号5頁）は，出産に伴う軽易業務転換を申し出た女性に対して業務転換を契機に管理職を免ずる降格を行った使用者の措置は，原則として均等法9条3項の禁止する取扱いに当たると明確に判示して，原判決を破棄するに至った。最高裁は，かかる降格が許されるのは，①本人の「自由な意思に基づいて降格を承諾したものと認め」る場合，または，②降格なしに軽易業務へ転換することが「業務上の必要性から支障がある」など「特段の事情が存在する」場合にかぎる，としている。

この最高裁判決が出た後に，2015年1月23日，厚労省は均等法と育児介護休業法の解釈通達の一部改正を行った（平成27年1月23日雇児発0123第1号）。均等法の新解釈通達（平成18年10月11日雇児発第1011002号）は，「妊娠・出産等の事由を契機として不利益取扱いが行われた場合は，原則として妊娠・出産等を理由として不利益取扱いがなされたと解される」とし，ここにいう「『契機として』については，基本的に当該事由が発生している期間と時間的に近接して当該不利益取扱いが行われたか否かをもって判断する」が，「定期的に人事考課・昇給等が行われている場合においては，請求後から育児時間の取得満了後の直近の人事考課・昇給等の機会までの間に……不利益な評価が行われた場合は，『契機として』行われたものと判断すること」と述べる（第2の4⑸）。このような裁判所や行政の取組は，社会に向けてマタハラ防止・解消の必要性を発信する役割を果たしているといってよい。

しかし，妊娠・出産・育児を契機とする不利益取扱いにかかわる未解決な問題はなお多い。たとえば，育児介護休業法は，休業後の原職復帰を明記しておらず，同法22条は「事業主は，……休業後における就業が円滑に行われるようにするため，……労働者の配置その他の雇用管理……に関して，必要な措置を講ずるよう努めなければならない」，とするのみである。同22条に関する指針（平成21年12月28日厚生労働省告示509号）第2の7⑴も，「育児休業……後においては，原則として原職又は原職相当職に復帰させることが多く行われているものであることに配慮すること」，としているだけである。実際には多

くの労働者が，もとの仕事に復帰できるのかどうか不安を感じつつ，休暇をとっている現状にあるのである。

前述の広島中央保健生活協同組合事件最高裁判決で補足意見を述べた櫻井龍子裁判官は，この事案では，育休後の職場復帰にあたり管理職（原職）に復帰させなかったことが育介法10条違反かどうかについても判断されるべきであるとして，育休明けの原職復帰措置は，「法の実効性を担保し育児休業をとりやすい職場環境の整備を図るための制度の根幹に関わる部分」だと述べている。重要な指摘である。

第2節　育児中の深夜業免除制度の検討
——日本航空インターナショナル事件東京地裁判決を契機として

はじめに

　先進諸国においては，近年，労働者が家族的責任を果たしながら職業生活を継続することができるように，職業生活と家族生活の両立支援を目的とする法制度の充実がめざましい[1]。日本でも1991年の育児休業法（当時）を嚆矢として，かかる両立支援策の立法化が図られてきている[2]。

　この両立支援立法の中心に位置する育児介護休業法（育介法）は，労働者が，1歳に満たない子を養育するために育児休業をする権利（5条1項）を，またその子が1歳から1歳6か月に達するまでの期間についても，育児休業をする権利を定める（5条3項）。この法はまた，上記の休業制度に加えて，1999年以降には，小学校就学前の子を養育する者は深夜業の免除を請求できること（19条1項）など，就労しながら子の養育を行う労働者への両立支援措置を定めるようになった。一定の期間，一時的であるにせよ職場を離脱することになる「休業」とは異なり，深夜業免除制度等の両立支援措置制度は，労働者が従前の就

---

　1)　職業生活と家族生活の両立をめぐる法政策については，OECDの調査報告が詳しい。OECDは数カ国ずつを対象に実施した調査報告書を，2002年から毎年，出版している。2003年に出版された第2回の報告書は，オーストラリア，日本，アイルランドが対象であり，これは邦訳されている。OECD（高木郁郎監訳）『国際比較：仕事と家族生活の両立』（明石書店，2005年）。EUとイギリスの法政策については，宮崎由佳「EUにおけるジェンダー平等へのアプローチ」労働法律旬報1609号（2005年）15頁以下，内藤忍「イギリスにおける仕事と家庭生活の両立のための法政策の進展」労働法律旬報1609号（2005年）39頁以下，ジョアン・コナハン（浅倉むつ子監訳）「女性，労働，家族：英国の革命か？」労働法律旬報1609号（2005年）53頁以下などを参照のこと。

　2)　近年の育児介護支援策と少子化対策については，以下のものを参照。浅倉むつ子「少子化対策の批判的分析——妊娠・出産・育児・介護の権利保障の観点から」労働法律旬報1609号（2005年）4頁以下〔本書第5章第2節〕，菅野淑子「少子化対策と労働法——リプロダクティブ・ライツと家族概念からの検討」日本労働法学会誌106号（2005年）83頁以下，神尾真知子「少子化対策をジェンダー法学はどう見るか」ジェンダーと法3号（2006年）80頁以下。

労を継続しながら日々の育児に携わることができるという点で、両立支援立法に規定されている施策の中でも、とりわけ重要な位置を占めるものである[3]。しかしこれまでは、これら両立支援措置制度のあり方や法的意義について正面から論じた学説・判例は、ほとんどなかったといってよい。

本節を執筆する契機となった裁判例、日本航空インターナショナル事件（東京地判平成19・3・26労判937号54頁）は、育介法に規定されている各種の措置の中でも、就労を継続しながら両立支援を図る制度である深夜業免除制度が初めて法的な争点となったケースである。本件訴訟の結果によっては、職業生活と家族生活の両立支援立法の中心的施策の1つとして位置づけられている深夜業免除制度が、実際にはほとんど利用されえない「絵に描いた餅」に終わるのか、それとも子を養育する労働者にとって実質的な支援として有意義に機能する制度たりうるのかが左右されかねないとして、研究者の注目も集めていた。その意味で、本件訴訟は、両立支援策の行方にとっての重要な分岐点としての意味をもつものであった。

しかも本件訴訟の被告会社は、日本の航空産業を代表する大企業であり、女性労働者を数多く擁する企業でもあるため、本件における深夜業免除制度の運用が法的にどのように評価されるのかは、日本企業の今後の雇用管理にも影響を及ぼさざるをえないものであった。それだけに、本件訴訟には労使双方から重大な関心が寄せられてもいた。

本節は、このような意味をもつ日本航空インターナショナル事件を素材として、日本における職業生活と家族生活の両立支援をめぐる立法政策の動向を整理し、これら両立支援立法が労働法理論もしくは労働契約法理にいかなる影響を及ぼしてきたのかについて検討したうえで、本件訴訟の争点である深夜業免除制度について法的に分析しつつ、私見を述べようとするものである。

---

[3] 本節で両立支援措置制度というときは、現行育介法の時間外労働制限制度（17条・18条）、深夜業免除制度（19条・20条）、勤務時間短縮等の措置（23条・24条）をさすものとする。

1 日本航空インターナショナル事件について

⑴ 認定された事実の概要

まず本件判決が認定した事実の概要を，簡単に整理しておこう。

Y社（被告会社＝日本航空インターナショナル）は，国際線および国内幹線における定期航空運送事業等を目的とする企業であり，X_1〜X_4（原告）は，1978年から1983年の間にY社に雇用され，国際線への乗務を主とする成田基地に配置されていた客室乗務員である。X_1〜X_3は現在もY社に勤務しており，X_4は2006年1月末日でY社を退職した。

Y社における深夜業免除制度においては，以下の事実が認められる。㈠深夜業免除を申請した客室乗務員については，午後10時から午前5時（以下，「深夜時間帯」という）の勤務が免除される。㈡客室乗務員が深夜業の免除を請求し，不就業が発生した場合には無給となる。すなわち，Y社の賃金規定14条3号（就業規則15条11号，就業規則解釈運用基準15条10項H号）は，「客室乗務員が深夜業の免除を請求し，不就業が発生した場合」についての賃金の支払いはその都度決定する旨規定しているところ，Y社は，2003年7月15日〔判決文では2004年（平成16年）となっているが誤りである〕，「客室乗務員が深夜業の免除を請求し，不就業が発生した場合」については賃金を支払わない旨決定した。㈢「乗務手当一般保障」[4]が，不就業日が発生した日数分について案分して停止される。すなわち，客室乗務員が所定の乗務員編成の一員として乗務に従事した場合，あるいはY社または他社の航空機に便乗した場合には乗務手当が支払われるが，この額が1か月あたり65時間に相当する乗務手当額を下回る場合にはその差額が乗務手当一般保障として支払われていたところ，Y社は同日，客室乗務員諸手当規程16条1項8号を新設し，「客室乗務員が深夜業の免除を請求し，不就業が発生した場合」については乗務手当一般保障が停止される旨を規定した。㈣Y社に勤務する全客室乗務員の約85％により組織されているジャル労働組合（以下，「JALFIO」という）は，上記各規定及びこれに従った取扱いに合意している。なおJALFIOとの合意をとりつける際にY社は，

---

[4] 判決文において「業務手当」と言及されている箇所が複数あるが，正しくは「乗務手当」である。

「勤務日数の保障はしかねるものの，……当面の間，1暦月において5日間の勤務日を確保する」旨を約束した。

Xらはいずれも日本航空客室乗務員組合（以下，「客乗組合」という）の組合員であり，客乗組合は，上記各規定およびこれに従った取扱いに合意しなかったため，Y社が2003年8月に深夜業免除申請をした者について上記の取扱いを開始して以降は，Xらは，多くても月2回程度の乗務しかアサイン（勤務割当）されないようになり，一方，JALFIO所属の客室乗務員に対しては，1月に5日～13日（概ね10日前後）の乗務がアサインされてきたことが認められる。なお，Y社が「客室乗務員が深夜業の免除を請求し，不就業が発生した場合」に該当するとした場合，その日は無給日（以下，「MSH」という）として指定されている。

Xらは，Y社のかかる取扱いについて，①主位的請求として，Xらが「債務の本旨に従った」労務の提供をしたにもかかわらず，Y社が正当な理由なく当該労務の受領を拒否したものであると主張し，反対給付である賃金請求権を主張した。すなわち2003年10月1日から2004年3月31日までの間に，もし月間20日ないし21日間就労していれば支払われたはずの基準内賃金および基準外賃金から，実際に受け取った金額を差し引いた分の賃金，すなわち，カットされた賃金全額の支払いを求めた。また，②予備的請求として，Y社側の業務上，経営管理上の都合によるXらの休業については，労基法26条の「使用者の責に帰すべき事由」による休業というべきであるから，Xらは休業手当請求権を有するとして，同期間において不就労・無給日として扱われた日について，平均賃金の6割を支払うように請求した。

(2) 判　　旨

東京地裁（土屋昭彦裁判官）は，Xらの主位的請求を一部認容して，ほぼ請求額の半額の支払いをY社に命じた。その理由は，以下の通りである。

(a) Xらは，「深夜業の免除を申請することによって，深夜時間帯における就労の免除を求めたにすぎない」から，Xらは「それ以外の時間帯において，客室乗務員としての労務を提供する意思及び能力を有しており，その履行を提供していたことは，客観的に見て明らか」である。育介法19条1項は，「深夜

時間帯が所定労働時間内であるか否かにかかわらず，深夜時間帯における労働者の労務提供義務が消滅することを明らかにしたと解す」べきところ，Xらには，「深夜時間帯における労務提供義務はないのであるから……Xらのした労務の提供が債務の本旨に従った労務の提供として欠けるところはなかったというべきである」。Y社は，「本件MSHをMSHと指定し，Xらに対して乗務をアサイン」しなかったのであるから，Y社は，「Xらが提供した債務の本旨に従った労務の受領を拒絶したと認めることができる」。

(b) Xらは，「客室乗務員が深夜業の免除を請求し，不就業が発生した場合」とは，Y社が可能な限り深夜業以外の勤務につかせる措置をとったうえでなお勤務を指定できず不就業になる場合をさすと解すべきであるとして，本件MSHについては，Y社がかかる措置をとったことが認められないため，上記の「不就業が発生した場合」にはあたらないと主張した。たしかにY社は，「勤務割の作成に際しても，1か月に1日から2日程度の乗務をアサインした後は，所定の休日等を除く空白日に別の乗務をアサインできるかどうかについて特に検討することもなく，MSHと指定しているにすぎないことが認められる」。しかし，「深夜業免除者に割当てることができる乗務は，基地への出頭が午前5時以降の便で，午後8時半までに帰着する国内線又は午後7時半までに帰着する国際線の便にかかる乗務（以下「深夜業免除パターン」という。）であるが」，これは「全乗務パターンの約2ないし3パーセントしかな」く，割当に関する諸事情を勘案すれば，「約75名の分しか確保し得ないことが認められる」。一方，「本件請求期間における深夜業免除者は75名を大きく上回っていたのであるから，……免除者の全勤務予定日に乗務を割当てることは物理的に不可能」であった。また，Xらは，より多くの深夜業免除パターンを割り当てるための方策を種々指摘するが，①既存の乗務パターンを分割して深夜業免除パターンを創設することは膨大なコストがかかること，②代替するために待機する乗務であるスタンバイ勤務は，乗務パターンの約98％が深夜時間帯を含む乗務パターンであるため，深夜業免除者に割り当てる意味はあまりないこと，③羽田客室乗務部（HJZ）または羽田フライト旅客部（KPN）への配転は，業務運営上必ずしも適切ではないこと，④地上勤務への割当ても同様であること，⑤JALジャパンへの出向は，同社におけるマンニング不足を補うためであ

って目的に添わないことが認められ，仮にこれら各種方策を「Y社に求めるとすれば，過大な負担をY社に課す結果となるといわざるを得ない」。「しかしながら，深夜業免除制度を定めた育介法は，就労を免除された深夜時間帯の勤務についてすら有給であることを保障していないのであって，ましてや上記のような過大な負担を課す結果となることを使用者に義務付けていると解することは到底できないから，……各種方策を実施することがY社に義務付けられていると認めることはできないし，『客室乗務員が深夜業の免除を請求し，不就業が発生した場合』の解釈についても，Xらが主張するように限定して解釈すべき根拠もない」。

(c) しかし，客室乗務員の実際のパターン編成及び勤務体制は，必要に応じて随時柔軟に運用されているので，「ベーシックパターンにない深夜業免除パターンが深夜業免除者に対してアサインされることもあ」り，また，「JALFIO所属の客室乗務員に対して，1か月に5日から13日（概ね10日前後）の乗務がアサインされている」ことからみれば，Xらに対しても「同程度のアサインをすることは，十分に可能であったと認めるのが相当である」。したがって，JALFIOに所属する深夜業免除者に乗務がアサインされた日数に「至るまでの日数については『客室乗務員が深夜業の免除を請求し，不就業が発生した場合』にはあたらないと認め」，この日数については，「Y社の受領拒絶によるXらの債務の履行不能はY社の責に帰すべき事由に基づくものである」というべきである。なお，Xらは，賃金規定14条3号（就業規則15条11号・就業規則解釈運用基準15条10項H号）に基づく上記のような取扱いが従来にはなかった不利益取扱いであるとも主張するが，その事実は認められない。

(d) 客室乗務員諸手当規程16条1項8号が新設されたために，Xらは客室乗務手当一般保障を支給されなくなったのであり，これは「いわゆる就業規則の不利益変更にあたると解する余地」があるが，①Y社は深夜業免除者を多く受け入れることを前提とした制度維持のために，「既に多額のコストを負担して」いること，②「Xらは，自らの意思で深夜業免除の申請をしている上，……自ら選択した職務の特殊性の故に，……結果的に不就業を余儀なくされるに至ったにすぎ」ず，③Xらの被る不利益も，Xらが実際には乗務していない時間にかかる乗務手当相当額にすぎないこと，④乗務手当保障は，「客室乗務

員に対して1か月65時間の乗務を指定することが期待できることを前提として，実際にアサインされた乗務時間の不公平を是正するための制度であるから，そのような前提を欠く深夜業免除者にこの制度を適用することはそもそも合理的なものではない」こと，⑤「全客室乗務員の約85％により組織されているJALFIOが……取扱いに合意していること」，また「Y社は，……客乗組合との間で団体交渉等を行っており，Y社のこの間の対応が不誠実なものであったと認めるに足る証拠もない」ことなどから，客室乗務員諸手当規程16条1項8号は合理的なものであると認められるので，「客室乗務員が深夜業の免除を請求し，不就業が発生した場合」にあたると判断された日数については，乗務手当一般保障が停止される。

(e) 予備的請求については，Xらの不就業がY社に起因する経営，管理上の障害によるものということはできない。

(f) 結論として，XらにもJALFIO所属の乗務員並みのアサインをなすべきであったとすれば，Xらにはほぼ1日あたり4時間の乗務時間が加算されたはずであるので，新たな客室乗務員諸手当規程16条1項8号の下においても，Xらには，支給されなければならない乗務手当が存在する。それらを計算して，判旨は，Xらに対して，JALFIO所属の客室乗務員にアサインされた日数に満たない日数分の基準内賃金差額分と未払いの乗務手当差額分を支払うようにY社に命じた。支払いを命じられた金額は，Xらの請求額のほぼ半額であった。

(3) **判旨のポイント**

判旨について，注目すべきポイントは，以下の点である。

第一に，判旨が，Xらが「客室乗務員としての労務を提供する意思及び能力を有しており，その履行を提供していた」と認め，同時に，Y社が「Xらが提供した債務の本旨に従った労務の受領を拒絶した」と認めたことである（前掲(2)(a)）。このような認定によって，本件の法的な争点は，まさに，Y社によるXらの労務の受領拒絶が正当と認められるかどうかという点であるとされた。

第二に，判旨は，Y社の取扱いは「勤務割の作成に際して……空白日に別の乗務をアサインできるかどうかについて特に検討することもなく，MSHと指定しているにすぎない」として，Y社の行為の従業員への配慮のなさを認めつ

つ，しかし一方で，受領拒否の正当事由については基本的に Y 社の主張をことごとく採用し，さらに，育介法は使用者に過大な負担を課すことを義務づけていないとして，X の提示した方策をすべて否定したことである（前掲(2)(b)）。

　第三に，とはいえ，判旨は，JALFIO 所属の客室乗務員にアサインしたのと同程度の乗務を X らにアサインすることは十分に可能であったはずであるとして，JALFIO 並みのアサイン日数に至らない X らの乗務日数分は，Y 社の責に帰すべき事由に基づく受領拒否に該当すると判示した（前掲(2)(c)）。

　第四に，就業規則の不利益変更にあたるかどうかという点について，判旨は，①賃金規定 14 条 3 号（就業規則 15 条 11 号，就業規則解釈運用基準 15 条 10 項 H 号）の規定に基づく「客室乗務員が深夜業の免除を請求し，不就業が発生した場合」の基本給不支給という取扱いは，従来にはなかった不利益な取扱いであるという X らの主張を否定する一方で，②客室乗務員諸手当規程 16 条 1 項 8 号が新設されたことは，就業規則の不利益変更にあたるとして，その変更の合理性について内容にわたる判断を行い，その結果，当該規程の合理性を認めている。

　判決は，そのような判断をした上で，結果的には，半額であったとはいえ，X らの請求をほぼ認容したものであって，それゆえに X らは控訴することなく，本件は確定した。しかし残念ながら，判旨は，もっとも期待されていたところの，職業生活と家族生活の両立支援を目的とする法制度の根幹である深夜業免除制度そのものに関する立法趣旨や法規範性について，ほとんど述べずに終わっている。X らの主張を認めたのは，上記からも明らかなように，Y 社が併存する労働組合の組合員間で差別的取扱いをしていたからであって，もしかかる差別的取扱いがなかったとしたら，いったい本件のような Y 社の行為には，果たしてどのような法的評価が下されたのかについては，その疑問に応えるものではなかった。もし Y 社のような取扱いが認められるとすれば，深夜業免除を請求した者は，深夜業自体は免除されるとしても，深夜業以外の勤務がアサインされずに多額の賃金がカットされることになり，いわば自宅待機が命じられるのと同様の取扱いを受けることになってしまう。これでは，深夜業免除申請者は自宅で霞を食っていればよいというに等しい取扱いであって，到底，法の趣旨に合う取扱いとはいえないのではないか。それが，率直な感想である。

そもそも本件判決は，冒頭に述べたように，深夜業免除制度が，実際にはほとんど利用されえない「絵に描いた餅」に終わるのか，それとも実質的な支援として有意義に機能する制度たりうるのかについて，分岐点としての意味をもっていたはずであった。そこで，本節では，判旨が述べなかったことについても，検討を深めてみたい。

(4) 補充的事実

理論的な検討を行う前に，本節は判例評釈ではないので，判旨が認定しなかった詳細な事実についても，補足しておきたい[5]。

そもそもY社が本件の深夜業免除制度を導入したのは，1999年3月のことであった。Y社は，1999年4月1日に施行された改正育介法に基づいて，同法19条（施行当時は同法16条の2）の規定と同様の深夜業免除制度を導入することにしたのであった（1999年3月18日改訂就業規則20条2項[6]，就業規則解釈運用基準20条2[7]）。これによって，小学校就学前の児童を養育する客室乗務員は，適用を希望する月の前月1日までにY社に申請することを通じて，認定事実のように，深夜業を免除されることになった。Y社は，当初，免除申請をした客室乗務員を，始・終業時刻が深夜時間帯にかからない国内便，あるいは国際便のうち中国便・韓国便などの日帰り便の乗務に従事するように勤務割を行ってきた。すなわち当該制度が始まってから当分の間は，深夜業免除制度を適用された客室乗務員は，適用を申請しない者と同じ月間約20日間の勤務に従事していたのである[8]。

---

[5] ここに補足する事実は，私が本件に関わって裁判所に「意見書」（2006年9月1日東京地裁宛「日本航空インターナショナル（深夜業免除請求）事件に関する意見書」）を提出した際に，原告側弁護団から提供された事実に基づいている。

[6] Y社の就業規則20条2項は，「小学校就学の始期に達するまでの子を養育する者または要介護状態にある対象家族を介護する者が請求する場合は，深夜業を免除する。ただし，これにより事業の正常な運営が妨げられる場合はこの限りではない」と定めている。

[7] 就業規則解釈運用基準20条2は，就業規則20条2項に関する解釈について定めており，「適用期間」は1申請につき，原則として暦日単位で最長6か月とすること（連続申請可），「申請方法」は，「原則として適用希望期間の前月の1日までに」，申請書に必要事項を記入して所属長経由，勤務管理担当グループ長宛に申請することなどを定めている。

2003年2月に，Y社は，「4月以降は，深夜業免除制度の対象者を75名枠とし，新規適用者は抽選とする」旨の方針を提示した。この時点で，深夜業免除制度の適用を受けていた者は約60名であり，これに加えて，新規に同制度の適用を申請する予定の者は約100名であった。Y社がここで提示した方針は，継続適用者60名を除き，新規申請者約100名から抽選で約15名を選抜し，選抜された者のみに深夜業免除制度を適用し，残り85名には同制度を適用しないというものであった。

Y社によれば，方針変更の理由は，第一に，「JJ統合（日本航空と日本エアシステムの両社の統合）に伴う国内線の路線構成が再編されたことに伴い」，Y社の「日帰り勤務パターンの数が減少する」からであり，第二に，「深夜業免除申請者が増加するため，4月以降は従前のように，日帰り勤務のみで申請者全員の1ヶ月間の勤務予定日（20〜21日）を埋めることができなくなる見込みとなった」ため，というものであった。

上記の方針変更に対して，客乗組合からは，育介法19条違反であるという批判が上がった。東京労働局は，同年3月6日に，Y社に対して，①「深夜業制限を適用する労働者の枠」の拡大努力とそこから「外れた者に対する配慮」の検討，②「緊要度の高い者を優先する等合理的な方法が求められること」，③「恒常的に深夜業の制限を拒むことを前提に業務運営を行うことは問題があり，制限を希望する労働者が制限の適用を受けられるよう，人員体制の整備を可及的速やかに検討し，実施すること」，という3項目にわたる指導を行った。

Y社はこの後，75名枠に漏れた新規対象者については，「離基地日数4日以内の乗務をアサインし，これに乗務できない場合は本人の申告により特別休職制度（無給）を設ける」ことを提案した。これにより，連続4日の乗務ができない者は，無給の休職の申請を余儀なくされることになり，かかる取扱いが2003年4月から7月まで継続されたのである。

さて，2003年6月4日，Y社は，さらにシステムを変更することを提案した。

---

8) 客室乗務員就業規程23条は，「国内線，国際線にかかわらず，勤務割単位期間（1暦月単位）内における休日は少なくとも10暦日を基地において与える」とし，客室乗務員の月間休日が10日である旨を定めているため，勤務割当（アサイン）は月間20日ないし21日であった。

それは，同年8月以降は，深夜業免除申請者に，「深夜業免除パターン」を可能な限り割り当てることを基本として，申請者の勤務割が「深夜業免除パターン」のみで作成・運用できない場合は，「深夜業免除パターン」を「申請者全員に極力均等に割当て」，それ以外の日については，「深夜業免除日」として無給扱いとし（MSH），かつ，乗務手当の月間65時間分の保障を停止する，というものであった。

ところで，Y社における客室乗務員の賃金は，基準内賃金と基準外賃金によって構成されている。乗務手当はこの基準外賃金の中核をなすものであって，客室乗務員が乗務に従事した場合またはY社あるいは他社の航空機に便乗（客室乗務員が乗務もしくは訓練で飛行に伴い，自社機または他社機により基地または目的地に移動すること）した場合に支給され，その額は，各客室乗務員の経験年数に従って算定される乗務時間単価に当該客室乗務員の実乗務時間数を乗じて決定される。そして，乗務手当が1か月当たり65時間に相当する乗務手当額を下回る場合には，その差額の支給が就業規則により保障されていた（客室乗務員諸手当規程第12条別表-3）。

同年6月下旬，Y社は，上記「深夜業免除日は無給，乗務手当保障の停止」の受入を内容とする労働協約の締結を条件に，当面の間，「月間5日分の勤務アサイン」を提案し，JALFIOはこの提案を受け入れ，労働協約を締結し，客乗組合は締結を拒否した。客乗組合がこれを拒否した理由は，第一に，月間で5日分しか賃金を払われず，深夜業免除日を当然に無給とされたのでは，深夜業免除申請者は生活ができなくなるため，深夜業免除制度自体の趣旨を没却するこのような措置を受け入れることはできないからであり，第二に，Y社提案の「月間5日」の勤務アサインも，あくまでも「当面」のことにすぎず，将来的には5日分の賃金さえ支払われなくなる可能性があると判断したからである。

7月25日にY社は，就業規則，就業規則解釈運用基準を変更し，さらに客室乗務員諸手当規程を改訂して，「深夜業免除日は無給，乗務手当の月間65時間分保障は停止」という取扱いを実施した[9]。

---

[9] ここで行われた変更とは，以下のことである。すなわち，就業規則・就業規則解釈運用基準15条（無事故扱い）10項2号の適用事例のH号に，「就業規則第20条第2項の定めにより深夜業の免除を請求し，不就業が発生した場合」が新設された。これによっ

上記のような経緯を経て，2003年8月から，Y社は，深夜業免除申請をした者について，JALFIO所属の組合員には月間概ね10日前後の深夜業免除パターンを割り当てる一方，Xら客乗組合員には月間1日から2日程度の割当しか行わないという取扱いをしてきたものである。その結果，Xらの賃金は大幅にカットされた。なお，Y社には，2004年1月末現在で，6,574名の客室乗務員がいたことが認められている。

2 職業生活と家族生活の両立支援を目的とする立法政策の展開

　まず，職業生活と家族生活の両立をめぐる施策の展開を整理して，育介法19条の趣旨について検討を加えてみたい。

(1) 育児休業の法制化

　1972年に制定された勤労婦人福祉法は，初めて，働く女性への就業援助措置として，「育児に関する便宜の供与」を事業主の努力義務とした（同法11条）。1975年には，国・地方公共団体の学校・施設に勤務する女性の教員，看護婦，保母のための育児休業制度が立法化された（「義務教育諸学校等の女子教育職員及び医療施設，社会福祉施設等の看護婦，保母等の育児休業に関する法律」〔特定職種育児休業法〕）。勤労婦人福祉法のこの規定は，同法が1985年に男女雇用機会均等法（均等法）へと全面改正されたときにも，同法28条へと引き継がれた。
　その後，1980年代後半には中長期的に労働力不足基調が続く中で，女性労働力の増加が期待され，その中でも出産・育児期に継続就業を可能とする条件整備が不可欠となったこと，さらに，合計特殊出生率[10]の低下傾向が顕著と

　　て，深夜業免除日による不就業は「無事故扱い」となった。その場合の賃金は，規程上は「その都度決定する」とされたままであったが，Y社はこれを期に，これを「無給とする」決定を行った。乗務手当については，客室乗務員の乗務により計算された乗務手当が月間65時間分の一般保障額を下回る場合は，その差額が乗務手当保障として支払われるとされていたが（客室乗務員諸手当規程14条），同規程16条（乗務手当の停止）1項8号に，「客室乗務員が深夜業の免除を請求し，不就業が発生した場合」が新設され，深夜業免除による不就業者には当該乗務手当保障が停止されることになった。
10)　15歳から49歳までの女性の年齢別出生率を合計した人口統計上の指標で，1人の女性が一生に産む子供の数を示す数値に相当するといわれる。この数値によって，将来の人口の自然増減を推測することができる。1989年の合計特殊出生率は当時，戦後最低

なり，出生率低下の一因が仕事と育児の両立の困難にもあるのではないかと考えられるようになり，育児休業の法制度化の要請が高まった[11]。その結果，「女性労働者の能力発揮の促進の観点と，高齢・少子社会への対策の観点が合致して，幅広い支持のなかで」[12] 育児休業法が制定された（1991 年 5 月制定，1992 年 4 月より施行，ただし 30 人以下の小規模事業所については 3 年間適用が猶予されたため，1995 年 4 月から全面適用）。この時点において，同法は，女性の就業援助のための規定ではなく，男女に共通の休業の「権利」を保障する法規定を備えることになった。育児休業は，1985 年制定時の均等法における努力義務とは異なり，使用者に対する「強行的義務」づけ規定になった[13]。

　育児や介護のための休業制度については，その後，改正が重ねられていく。1995 年 6 月に日本は ILO 156 号条約[14]を批准し，同条約は「誠実に遵守することを必要とする」法規範として（憲法 98 条 2 項），国内法と同等の効力をもつに至った。これにより，家族的責任を有する男女労働者が差別されることなく，また，できる限り職業上の責任と家族的責任との間に抵触が生ずることなく職業に従事する権利を行使することができるようにすることは，国の政策目的となったのである（同条約 3 条）。同条約の趣旨を具体化してより高いレベルの措置をとることを勧告する 165 号勧告もまた重要である。ILO の勧告は，勧告に記載されている内容が国内で実施されていることを ILO 事務局長に報告することによって，政府に一定の行動指針を提示するものと解されており[15]，日本政府も，「勧告……の内容をふまえた国内施策を行っていく」という立場を明らかにしている[16]。

　　を記録し，1.57 ショックといわれた。
11)　藤井龍子「育児休業法制定の背景とその概要」季刊労働法 163 号（1992 年）34 頁。
12)　菅野和夫『労働法〔第 6 版〕』（弘文堂，2003 年）357 頁。
13)　荒木尚志「労働立法における努力義務規定の機能──日本型ソフトロー・アプローチ？」『労働関係法の現代的展開』（信山社出版，2004 年）37 頁。
14)　正式名称は，「家族的責任を有する男女労働者の機会及び待遇の均等に関する条約」。1981 年 6 月 23 日，ILO 総会にて採択された。
15)　ニコラス・バルティコス（吾郷眞一訳）『国際労働基準と ILO』（三省堂，1984 年）48 頁，68 頁。
16)　大脇雅子「ILO156 号条約の批准と今後の立法課題」労働法律旬報 1381 号（1996 年）8 頁，第 132 回国会参議院外務委員会議録 8 号 6 頁。

1995 年 6 月には，介護休業を法制化する改正育児介護休業法（育介法）が制定された（介護休業制度の義務化は 1999 年 4 月から施行）。1996 年 6 月には，労働者派遣法の改正により，育介法の中に，育児介護休業取得者の業務への代替要員について労働者派遣事業を原則として認める特例が設けられた。

　2001 年 11 月の育介法改正では，子の看護休暇措置の努力義務規定が設けられ（25 条），さらに育児介護休業を請求したことを理由とする不利益取扱禁止が規定された（10 条）。

　その後も少子化の流れには歯止めがかからず，夫婦の出生力そのものの低下という新しい現象にも直面して，厚生労働省は 2002 年 9 月に「少子化対策プラスワン」をとりまとめ，育児と仕事の両立支援に加えて，男性を含めた働き方の見直しという項目も盛り込むようになった。そして，2003 年 7 月には，少子化対策の法的根拠となる少子化社会対策基本法と次世代育成支援対策推進法が成立し，後者の立法を根拠として，301 人以上の従業員を使用する一般事業主には，職業生活と家庭生活の両立を支援するための行動計画の策定が義務づけられた[17]。

　次世代育成支援対策の一環として，育児休業の期間や介護休業の回数の弾力化が議論となり，2004 年には，以下のような育介法の改正が行われた。①雇用の継続が見込まれる一定の範囲の期間雇用者を原則的に育児介護休業の適用対象としたこと（5 条，11 条 1 項），②一定の場合において，子が 1 歳 6 か月に達するまで育児休業期間を延長できるとしたこと（5 条 3 項），③介護休業の取

---

17) 次世代育成支援対策推進法は，常時雇用する労働者の数が 300 人を超える「一般事業主」の「一般事業主行動計画」策定・届出義務（12 条 1 項），ならびに 300 人以下の「中小事業主」の同行動計画策定・届出の努力義務（12 条 3 項）を定め，当該届出をしない一般事業主に対しては，厚生労働大臣が届出を勧告することができると定めている（12 条 4 項）。一般事業主行動計画に盛り込まれる内容は「行動計画策定指針」（平成 15 年 8 月 22 日関係 7 大臣連名告示）において示されており，この指針は，とくに事業主に，①子の出生時の父親の休暇取得の促進，育児休業期間中の代替要員の確保などを含む，子育てを行う労働者等の職業生活と家庭生活の両立支援のための雇用環境の整備，②所定外労働の削減や年休取得などを含む，働き方の見直しに資する多様な労働条件の整備を，計画に盛り込むように求めている。その中には，「……深夜業の制限の育児・介護休業法に基づく労働者の権利……等の関係法令に定める諸制度について，広報誌に記載する等，手法に創意工夫を凝らし労働者に対して積極的に周知する」ことも含まれている。

得回数の制限が緩和されて，要介護状態ごとに対象家族1人につき通算93日まで取得可能としたこと（11条2項），④子の看護休暇を年5日まで取得できるように制度化したこと（16条の2）。

2004年6月には，少子化社会対策基本法に基づく「少子化社会対策大綱」が作成され，同年12月には，これを具体化する「子ども・子育て応援プラン」が決定された。今や，「仕事と家庭の調和」のみならず「仕事と生活の調和」を強調した施策は，この国の労働政策の根幹として位置づけられるようになっている[18]。

(2) 就労を継続しながら育児に携わる権利

(a) 休業以外の両立支援措置制度の重要性

育児休業制度はもちろん，職業生活と家族生活の両立を図るための重要な労働条件の1つであることは間違いない。しかし一時的にせよ一定期間職場を離脱することを内容とする休業とは異なって，労働者が従前の就労を継続しながら日々の育児・介護に携わることができる休業以外の両立支援措置制度もまた，これに負けず劣らず重要である。

なぜなら，第一に，育児休業は，部分的には保険制度でカバーされているとはいえ[19]，賃金については法の定めがなく労使の話し合いに委ねられているため，長期間の休業が場合によっては相当程度の所得の減少をもたらすことになりかねない。有給であることが法によって明示されていない両立支援措置制度においても，その点では同じである。しかしながら，両立支援措置制度の下で

---

18) 浅倉むつ子・前掲注2）参照。
19) 2007年改正の雇用保険法は，育児休業給付として，賃金の30%に該当する「育児休業基本給付金」および暫定的に20%に該当する「育児休業者職場復帰給付金」を労働者に支給する旨の定めをおいている（同法61条の4・61条の5，雇用保険法附則9条）。育児休業期間中は，健康保険と年金保険の保険料の本人負担分および事業主負担分は免除され（健康保険法159条，厚生年金保険法81条の2），免除された期間分も保険料は支払ったものとして扱われることになっている。このように休業する労働者に対しては，賃金相当額の50%分に該当する所得保障がなされているとはいえ，長期間にわたる休業期間中に50%の収入減が生じることの経済的影響は大きい。そしてこのことは，夫婦のうちより高い収入を得ている夫が育児休業を取得するという選択を妨げる大きな要因になっているのである。

は，労働者の就労そのものは継続されているだけに，所得の減少はより部分的であり，休業に比較して，労働者生活への経済的影響は相対的に少ない。その意味で，両立支援措置制度が設けられていることには，大きな意義がある。

　第二に，育児休業は，職業生活を一時といえども中断することになり，それが職業能力の低下につながりかねない不安をもたらすが，休業以外の両立支援措置制度は，その不安を払拭するものである。

　第三に，法制度上は，育児休業の期間はせいぜい子が1歳半になるまでの期間に限定されているが，その他の両立支援措置制度は，より長期にわたって利用することが可能であり[20]，育児中の労働者にとってはより実質を伴う有効な支援策たりうるからである。

　また，育児休業を取得したことによる不利益処遇は法的には禁止されているとはいえ（育介法10条），休業期間中を「就労したもの」として取り扱うことが完全に保障されているわけではない[21]。それだけに長期の育児休業を取得することは長期の不就労期間を生み出すことになり，労働者の処遇に不利益をもたらすことがないわけではない。実際に育児休業の利用者が圧倒的に女性に偏っている現在では[22]，育児休業制度の充実も，一方では性別役割分業を固定化

---

[20] 法規定上，時間外労働の制限（育介法17条）や深夜業の制限（同法19条）は，小学校就学の始期に達するまでの子を養育する労働者を対象としている。

[21] 育介法指針（平成16年12月28日厚生労働省告示第460号）は，育児休業期間中または子の看護休暇取得日について賃金を払わないことや，退職金や賞与の算定にあたり現に勤務した日数を考慮する場合に休業した期間等を日割りで算定対象期間から控除すること等，もっぱら休業期間等を「働かなかったものとして取り扱うことは，不利益な取扱いには該当しない」としている（第二の3(3)ハ）。産前産後休業期間中ですら，不就業期間の取扱いは，事実上，一定していない。ある調査によれば，昇進・昇格の決定，昇給の決定，退職金の算定について出産に伴う不就業期間の取扱いをきいたところ，とくに定めていないとする事業所が約半数である。労働者の出勤状況を考慮している事業所は約3割であるが，そのうち「不就業期間を就業したものとみなす」事業所は，実際には半数にすぎない。厚生労働省雇用均等・児童家庭局雇用均等政策課『平成16年度女性雇用管理基本調査結果報告書』（2005年）16～17頁。出産や育児を理由とする不利益取扱いに関する検討は，浅倉むつ子「妊娠・出産を理由とする雇用上の不利益取扱い」浅倉＝角田編『比較判例ジェンダー法』（不磨書房，2007年）184頁以下参照〔本書第6章第1節〕。

[22] 2003年に，在職中に出産した者または配偶者が出産した者に占める育児休業取得者の割合は，女性は70.6％，男性は0.56％である。また，育児休業取得者のうちの男女別割合をみると，女性が96.1％，男性が3.9％となっている。厚生労働省雇用均等・児

する結果をもたらしかねないという矛盾を内包しているのである。それだけに，雇用平等の観点からみても，休業以外のさまざまな両立支援措置制度を充実させる意義は大きい。

(b) **深夜業免除制度の法制化**

以下では，このように重要な意味をもつところの，休業以外の両立支援措置制度，とりわけ本件で問題となっている深夜業免除制度の法制化の経緯とその内容を整理しておこう。

従来，深夜業の制限・禁止規定は，女性に対する特別な保護規定として位置づけられてきた。それは，そもそも女性労働者自身の身体的・生理的保護を目的とする規定であって，家族的責任を視野に入れた規定として位置づけられていたものではなかった。一般女性を対象とする深夜労働の制限・禁止規定，時間外労働の制限と休日労働の禁止規定，生理休暇規定，妊産婦を対象とする産前産後の就業禁止と解雇禁止等の規定は，女性労働者本人（もしくは胎児）の心身の保護を目的としており，女性がおかれている家族構成のいかんは，保護規定の内容や適用になんら影響を及ぼすものではなかった。これが大きく変化したのは，1997 年の均等法改正時であった。

すなわち，1997 年 6 月の均等法改正と同時に行われた労基法改正により，一般女性保護規定（時間外・休日労働制限規定〔旧 64 条の 2〕，深夜業禁止規定〔旧 64 条の 3〕）が撤廃された[23]。その結果，同じ時期に，育介法に，育児介護に従事する労働者が男女を問わず深夜業の就労免除を請求できる権利が規定された（旧 16 条の 2・16 条の 3，現行法 19 条・20 条）。また，深夜労働に従事する女性労働者の職場環境整備については，指針によって事業主にさまざまな安全と防犯上の配慮が求められることになった[24]。

童家庭局雇用均等政策課・前掲注 21）19 頁，64 頁。

23) 1997 年までは，労基法上，女性労働者に対してのみ，深夜業への就労自体が禁止されていた（64 条の 3）。ただし，①保健衛生，接客娯楽，電話交換業務，農林水産業に従事する者，②女性の健康及び福祉に有害でない業務で命令で定めるものに従事する者，③「指揮命令者」または「専門業務従事者」，④業務の性質上深夜業が必要な業務に従事する者，⑤労働者の申し出に基づき使用者が行政官庁の承認を得た者は，例外とされていた（64 条の 3 第 1 項 1 号ないし 5 号，女子労働基準規則 3 条ないし 7 条）。

24) 「深夜業に従事する女性労働者の就業環境等の整備に関する指針」（平成 10 年 3 月 13 日労働省告示 21 号）は，(a)通勤及び業務の遂行における安全の確保，(b)仮眠室，休

ちなみに、時間外労働の制限規定の行方についても付言しておこう。こちらについてはまず一般女性保護規定が労基法から削除された1997年に、労基法改正の附帯決議において、「中央労働基準審議会における時間外・休日労働等の在り方についての検討に際しては、女子保護規定の解消により、家庭責任を有する女性労働者が被ることとなる職業生活や労働条件の急激な変化を緩和するための適切な措置について、労使の意見を十分に尊重しつつ、検討が行われるように努めること」と規定され、これ以降の労基法改正の際の検討事項とされた。そして、翌98年9月の労基法改正で、99年に女性保護規定が失効するときを見越して、この時期から3年の間の「激変緩和措置」が講じられた（労基法改正附則133条）。すなわち、これまで時間外・休日労働が制限されてきた女性のうち育児介護に携わる者については、従来の女性の時間外労働の上限どおりの基準（年間150時間）が36協定に定める時間外労働の上限時間に関する基準として設定されたのである。その後、2001年11月に、再度、育介法が改正されたとき、先の「激変緩和措置」と同じ内容の規制が、同法の中に男女共通の規定として設けられた（育介法17条・18条）。育児介護を行う男女労働者を対象とした上限を超える時間外労働の免除請求権である。また、勤務時間短縮等の措置の対象となる子の年齢は、従来の1歳から3歳に拡大され（23条1項）、労働者の転勤に際して子の養育の状況に配慮する義務に関する規定（26条）も設けられた。

　以上の経緯をみると、育児介護を行う労働者に対する深夜業免除制度および時間外労働免除制度などの両立支援を定める諸規定は、当初の一般女性労働者保護規定としての位置づけから、育児介護責任をもつ男女労働者を対象とする制度へと組み替えられてきたものであることがわかる。

養室などの整備について、事業主の配慮を求めている。aについては、送迎バスの運行、公共の交通機関の運行時間に配慮した勤務時間の設定、従業員駐車場の防犯灯の整備、防犯ベルの貸与、通勤にかかるタクシーの補助などが該当する。また、業務遂行時の措置に関しては、防犯上の観点から、周囲に労働者がいない状態で女性が1人で作業をすることや、男性ばかりの中で女性が1人で作業することなど、女性が深夜に1人で作業することをできるかぎり避けることが求められている。

3 両立支援立法と労働契約理論

(1) 伝統的な労働法理論と家族的責任

　従来，労基法などの労働者保護法ならびに労働契約に関する伝統的な労働法理論は，労働者の家族的責任をほとんど考慮に入れずに，労働力の保有者である労働者本人のみをとらえて規制を行い，それにみあった法理論を提示してきた。荒木誠之は，その背景には，次のような事情があったと分析している[25]。

　第一に，労働力の根幹が成年男性の労働者であり，家族の責任はその配偶者である妻が行うのが当然という社会通念があったからである。使用者にとっては契約当事者である労働者本人の労働のみが関心事であり，家族の態様は労働契約とは無縁だと考えられてきた。

　第二に，労働者保護法の形成から展開の過程において，法が描く女性労働者像は，家計補助的な結婚前の独身者であったため，立法者にとっては労働者の家族的責任などの観念はほとんど考慮外のことであった。

　第三に，労働法にとっては労働者の家庭内部の事情はたかだか労務管理上の関心事にすぎず，「労働法，家庭に入らず」が当然とされていた。

　たしかに，労働契約を「労働力の売買」とみる資本主義社会の通念からすれば，原則として，労働契約法理において労働者本人の労働能力以外の要素が考慮されることがないとしても，さして不思議ではないというべきかもしれない。その労働者が労働の場を離れていかなる私生活を送っているのかは，基本的に労働契約法理の外におかれる考慮事項にすぎず，労働契約の当事者はあくまでも労働者と使用者であるからであろう。このように伝統的な労働法が，労働者本人の労働のみを関心事として，家族の態様や家族的責任を労働契約とは無縁のものと考えてきた背景事情に関しては，この荒木の説明は十分に説得的である。

　伝統的な労働法における家族の責任のとらえ方について，私も，荒木とは若干角度を変えて，以下のように論じたことがある[26]。一時期までは，伝統的な労働法の世界が描いてきた典型的な労働者像は，製造業に働く，熟練・フルタ

---

[25]　荒木誠之『生活保障法理の展開』（法律文化社，1999年）236頁。
[26]　浅倉むつ子「ジェンダー視点による労働法の再構築」姫岡とし子他編『労働のジェンダー化』（平凡社，2005年）15頁。

イムの男性正社員労働者であった。彼らは，期間の定めのない労働契約を締結し，扶養すべき家族をもち，家族を養うに値する賃金（家族賃金）を集団的に要求してきた。彼らも「家族的責任」とまったく無縁ではなかったが，男性労働者が負う「家族的責任」とは，あくまでも家族を扶養する賃金を獲得することであって，経済的な責任にかぎられていた。家族圏においてなされる具体的な「労働」，すなわち「家事労働」「育児」「介護」などは，市場労働としての「ペイド・ワーク」とは無縁の「アンペイド・ワーク」にすぎず，それらは労働法の対象外の労働である。それに比較して，労働法が関心を払わざるをえない「家族的責任」とは，あくまでも「世帯の主たる経済的担い手」としての男性労働者が果たす賃金面における経済的責任なのであった。

　さて，伝統的な労働法理は，以上のように，家族的責任をごく限定的にしか考慮に入れてこなかったのである。とはいえ，職業生活と家族生活の両立支援を目的とする立法が出現する以前の労働法理論においても，労働者の家族状況や家族的責任が，法的な問題局面で全く考慮されなかったわけではない。たとえば使用者の解雇や配転命令について，企業の必要性と労働者が被る不利益を比較考量し，権利濫用の法理を適用してその効力を否定する判断は広く認められていた[27]。このような発想は，労働力の主体である労働者自身のみならず，その家族の状況をも視野に入れるという点で，伝統的な労働契約の考え方からは一歩ふみだしたものであったといえよう。しかし，だからこそ，解雇や配転に当たって労働者の家族の実態を考慮するという場合には，労働契約理論の本流から外れた「例外」として，権利濫用の法理や信義則の適用という一般法理

---

[27]　たとえば配転について，労働者の家庭状況を考慮して配転命令の効力を否定した例としては，九州国際観光バス事件・大分地判昭和49・4・17労判201号81頁，ナカヨ無線通信機事件・前橋地判昭和52・11・24労判293号69頁，日本軽金属新潟東港工場事件・新潟地判昭和59・10・15労判446号43頁などがあった。しかし東亜ペイント事件・最判昭和61・7・14労判477号6頁以降は，配転命令を，家庭状況を理由として権利濫用と判断したケースはごくわずかである。むしろ判例では，家族生活を優先するという考え方が社会的に成熟していないとして，これを重視したいという労働者の自己決定は否定され（帝国臓器（単身赴任）事件・東京高判平成8・5・29労判694号29頁；最判平成11・9・17労判768号16頁），通勤距離が長くなる事業所への転勤に際しては，労働者の側で転居するなどして協力すべき義務があるとされている（ケンウッド事件・東京地判平成5・9・28労判635号11頁；東京高判平成7・9・28労判681号25頁；最判平成12・1・28労判774号7頁）。

を駆使する以外，なかったのである[28]。

(2) 両立支援立法以降の労働法理論

しかしその後，労働契約や労働者保護法をとりまく背景的な事情は一変した[29]。女性の職場進出が進み，数的にも，女性は今や労働力の主要な担い手となっている。既婚女性労働者の増加は，労働法をして，現実に彼女らが担っている家族的責任に目を向けさせることになった。しかも男女共同参画社会をめざす国の方針ならびに国際社会がめざす各種の条約の趣旨等とあいまって，性別役割分業の見直しが進み，職業生活と家族生活の両立は，女性労働者のみならず，男女労働者が直面する問題だと認識されるようになった。このような社会の現実的動向を反映して，法政策の方向性にも修正が加えられ，先に述べてきた一連の職業生活と家族生活の両立支援を目的とする立法も制定されるようになったのである。

職業生活と家族生活の両立支援立法の急速な整備をうながした直接・間接の主な要因の中には，既婚女性労働者の労働市場への進出のみならず，少子化対策という意味合いも含まれていたことは間違いない。それだけに，これらの両立支援措置制度は，労働者の家族的責任に基づいて当該労働者の労務提供義務の免除という画期的な内容を含むものであるにもかかわらず，使用者側からも，不合理であるとか過保護であるというような否定的意見はほとんどなく，むしろ経営者団体も国も，あげて法に基づく対策を講ずるのに熱心である[30]。

---

28) 荒木誠之・前掲注25) 230頁。
29) 労働法においても，男性労働者を中心としてきた理論を見直し，むしろ家族的責任を具体的に担う存在である女性労働者の観点から，労働法の法理を構築すべきであると考えて，私は，労働法における「女性中心アプローチ」を提示したことがある。浅倉むつ子『労働法とジェンダー』（勁草書房，2004年）。
30) すでに指摘したように，2003年7月に少子化社会対策基本法と次世代育成支援対策推進法が成立した。少子化社会対策基本法は，前文において，「我が国における急速な少子化の進展は，……21世紀の国民生活に，深刻かつ多大な影響をもたらす。我らは，紛れもなく，有史以来の未曾有の事態に直面している」と警告しつつ，この事態を克服するために，「家庭や子育てに夢を持ち，かつ，次代の社会を担う子どもを安心して生み，育てることができる環境を整備し，……少子化の進展に歯止めをかけることが，今，我らに，強く求められている」と述べる。そのうえで，この法は，国，地方公共団体，事業主，国民の責務，ならびに，政府の国会への年次報告提出義務を定め，基本的施策

このことは，労働法理の基本原則および労働契約法理をも変容させるものであるといえよう。たとえば休暇に関わる法理をみよう。従来，法に定められた休暇としては，年次有給休暇制度（労基法39条）があり，その休暇の利用目的は法が関知しないところであるとされてきた（林野庁白石営林署事件・最判昭和48・3・2民集27巻2号191頁）。他方，産前産後休暇制度（労基法65条）や企業が任意に設けている病気休暇制度に関しては，その利用目的は，労働者の出産や病気というものに特定されている。そのような違いはあるにせよ，野田進によれば，年次有給休暇制度や産前産後休業の制度，病気休暇制度など，多くの休暇制度は，ほぼ企業の労働関係の枠内において，企業利益（使用者あるいは従業員である労働者の利益）の確保を中心的な目的としているものであった[31]。たとえば年次有給休暇は，労働者にとっては賃金を失うことのない休息の権利の保障である一方，使用者にとっては「労働力の維持培養」を目的とするものとされており，その意味では企業利益に資するものである。また病気休暇も，短期間の労働不能が労働契約の解消をもたらさないように労働者の精神や肉体を保護し，労働力を確保することを目的とする休暇である。また，出産休暇も，出産という労務提供の短期的な障害への対処として労働者の心身の保護を通じて，労働力の安定的確保という企業利益に資するものである。

　これに対して，職業生活と家族生活の両立支援を推進する政策の具体化として，育児休業や介護休業の付与が使用者の法的義務になったことは何を意味するのだろうか。これは，労働者の労務提供義務を阻却させる新たな要素として，それまでの休暇制度が目的としてきた，労働者自身の精神や肉体の保護（そしてその結果としての企業利益）とはまた別のものである「育児責任」もしくは「家族的責任」が容認されることになったということではないかと，野田は論ずる。「育児のための『休暇』には，労使間や企業の枠内での利益関係を超えた，一

　　として，①雇用環境の整備，②保育サービス等の充実，③地域社会における子育て支援体制の整備，④母子保健医療体制の充実，⑤ゆとりある教育の推進等，⑥生活環境の整備，⑦経済的負担の軽減，⑧教育および啓発を定め，さらに，総理大臣を会長とする関係行政機関の長からなる「少子化社会対策会議」の設置も定めている。次世代育成支援対策推進法についても，注17）で述べたように，一般事業主行動計画の策定，届出義務が定められており，事業主にも相応の負担を課している。
31）　野田進『「休暇」労働法の研究』（日本評論社，1999年）16頁以下参照。

種の社会的価値が付与されたということができ，そのために使用者は，『休暇』取得による業務上の支障を受忍すべき地位にあるといいうる」のである[32]。

野田による以上の記述は，職業生活と家族生活の両立支援を推進する政策の具体化が，休暇法理のみならず，労働法の理論全般にも，また，労働契約をめぐる法理にも多大な影響を及ぼしていることを示唆するものである。

たとえば最近の配転をめぐる裁判例でも，基本的には東亜ペイント事件最高裁判決（前掲注27））の枠組みに立ちつつ，それに若干の修正を加えて，家族生活への配慮を考慮するような下級審判決の登場をみることができる。帝国臓器（単身赴任）事件下級審判決（東京地判平成5・9・29労判636号19頁；東京高判平成8・5・29労判694号29頁）は，結論としては原告の主張を否定するが，使用者は労働契約における信義則上，労働者に生じる経済的・社会的・精神的な不利益を「軽減，回避するために社会通念上求められる措置をとるよう配慮すべき義務」を負うという考え方を部分的に示したものとして注目に値する[33]。

また，例外的な事案であるとしても，配転命令を権利濫用とする結論に達した下級審判決も近年ではいくつかみられるようになった。たとえば，躁鬱病の疑いのある長女と脳炎の後遺症がある次女がおり，病身の両親を支えて農業を行わねばならない労働者について，帯広から札幌への転勤が命じられた事例（北海道コカ・コーラボトリング事件・札幌地決平成9・7・23労判723号62頁）や，非定型精神病を患っている妻がいる労働者と在宅介護を必要とする母親がいる労働者について，姫路から霞ヶ浦へ配転命令が出された事例（ネスレジャパンホールディング事件・神戸地姫路支決平成15・11・14判時185号151頁）などにおいては，配転命令の効力が否定された。

さらに，転勤命令において生ずる配慮義務が金銭的な不利益の軽減に限定されないことを示した下級審の判断も登場した。明治図書出版事件判決（東京地決平成14・12・27労判861号69頁）は，2001年に改正された育介法26条に言及して，事業主は，労働者の育児・介護に関する家庭状況に配慮すべき義務に基

---

[32] 野田進・前掲注31）17頁。
[33] ただし結論的には，本件では，独身寮の提供，別居手当の支給，家族帯同の際の持ち家の管理の申し出という経済的補償によって，この配慮義務が果たされたとしており，配転命令は有効と判断された。

づき，転勤命令について高度の業務上の必要性があるかどうかを検討すべきであるとして，これを欠いているときには，配転命令は権利濫用として無効になるとしたのである。

　上記のような判例動向は，労働契約法理論に関する学説にも影響を及ぼしている。

　たとえば島田陽一は，配転法理に関わって，使用者は，労働契約締結時点での包括的合意を根拠として転勤を命ずることができるが，「そもそも使用者には，継続契約関係に伴う信義則として，……私生活配慮義務」があると述べる。したがって配転命令を適法に行使するためには，使用者はその労働者に対する私生活配慮義務を行使しなければならず，そもそも転勤が，①単身赴任を余儀なくする場合には「余人をもって替え難い」程度の厳格さが必要であり，②単身赴任期間の終了の目処が示されねばならず，③代償措置が必要であるとする。また，時間外・休日労働命令の行使にあたっても，「使用者は，……労働者の私生活を不当に侵害しないように配慮する義務」があるのであって，「育児・介護および看護に責任を有する労働者に対する優遇措置」は使用者の私生活配慮義務の内容であるとする[34]。

　また和田肇は，「育児介護休業法は，平等に家庭責任を担う権利を労働契約上のもの（形成権）として男女労働者に保障している」と述べ，さらにILO 156号条約や男女共同参画社会基本法の制定などにも言及しつつ，「労働生活と家庭生活を調和させることは労働者の権利とされ，使用者にもこれが可能になるような措置を講ずることが要求されている」と述べる[35]。

(3) 労働契約法理と両立支援のための配慮義務

　このように新たな段階を迎えた労働法理論において，労働契約上の労使の権利義務と両立支援は，いかなるものとして整理できるのだろうか。

　労働契約は，労働者による労務の提供とこれに対する賃金の支払いを基本的

---

34) 島田陽一「労働者の私的領域確保の法理」法律時報66巻9号（1994年）52頁。
35) 和田肇「業務命令権と労働者の家庭生活」『講座21世紀の労働法第7巻』（有斐閣，2000年），同「配転命令と家庭生活（家族責任）への配慮」ジュリスト1298号（2005年）。

要素とする契約である。労働者は，約定した労働を履行すべき義務を負い，使用者は，約定された労働を受領して賃金を支払う義務を負う。しかしこのような基本的な権利義務にとどまらず，労使はそれぞれ，労働契約上，信義則を根拠として，一定の付随的な義務を負う。信義則とは，一定の社会関係において相手方の期待を裏切らない，その期待に沿うように自らが行動しなければならないという相互信頼を基礎におく行為原則であって，労働契約関係においても，この信義則に基づいて，労使双方に，契約当事者として為すべき，もしくは負うべき義務として，さまざまな契約上の義務が導き出されるのである[36]。

信義則による契約上の義務の構成は，現行法上の労働関係法制を基礎づける法原則にのっとったものでなければならず，ここに立法の変遷に伴う時代の要請が反映されるべきことは当然であろう。そうであるなら，これまで述べてきたような職業生活と家族生活の両立支援を目的とする各種の立法の登場によって，信義則による労働契約上の義務の内容にも，時代の要請に伴う変化がもたらされねばならない。

使用者は，当然のことながら，職業生活と家族生活の両立のための各種の支援立法を遵守・履行すべき法的義務を負う。しかし法の要請はそればかりではない。使用者がそれら両立支援立法に含まれる基本的な法原則にのっとった対応をとる責務は，信義則に基づき労働契約上の付随義務の内容になっていると考えねばならない。ここではこのような使用者の責務を，「両立支援のための配慮義務」と言っておきたい。これはすなわち，ILO 156 号条約，ILO 165 号勧告，育介法，同法指針，男女共同参画社会基本法，次世代育成支援対策推進法等が，家族的責任を有する労働者に対して職業生活と家族生活の両立を保障している基本的な法原則にのっとって，使用者は，可能な限り，労働者が職業生活と家庭生活の両立を実現できるように配慮しなければならないということを内容とするものである。このような配慮義務の構想が決して使用者に無理難題を強いるようなものではないということは，2007 年 12 月に成立した労働契約法 3 条 3 項が，労働契約の原則として「労働契約は，労働者及び使用者が仕

---

36) 唐津博「労働者の『就労』と労働契約上の使用者の義務——『就労請求権』と『労働付与義務』試論」西村健一郎他編『新時代の労働契約法理論』(信山社，2003 年) 162 頁．

事と生活の調和にも配慮しつつ締結し，又は変更すべきものとする」と規定することからも十分理解できる。この条文は，新たな配慮義務を創設したと理解すべきではなく，これまでにも労働契約に内包されてきた基本原則を明文で確認したものといえよう。実は冒頭に引用した日本航空インターナショナル事件において問題になった深夜業免除請求をめぐっては，まさにこの労働契約上の両立支援のための配慮義務の具体的な履行方法が問われるべきであった。しかし裁判所は，ほとんどこの点について判断を下さなかった。そこで，本節では，裁判所が，本来は同訴訟について，いかなる方向性で議論を行うべきであったのかという問題について，以下，論じてみたい。

4 深夜業免除申請者の勤務割当について

(1) 育児介護休業法19条の趣旨と内容

　育介法における家族的責任を有する男女労働者の深夜業免除請求権（旧16条の2・16条の3）は，既述のように，1997年の労基法改正により同法における深夜業に関する一般女性保護規定が撤廃されたことに伴って，自宅において深夜に子を保育する者や家族を介護する者がいなくなる場合が生じるとして，このような事態に対応するために，同時に改正された育介法において，家族的責任を有する男女労働者が深夜業の免除を請求することができる制度として，新設されたものである。日本航空インターナショナル事件の事案も，法規定に対応して設けられた深夜業免除制度が問題になったものである。したがって，まずはこの育介法上の規定の内容をみておこう（条文は現行法では19条であるが，旧16条の2と比較して変更されているわけではない）。

　深夜業の免除請求をすることができる労働者は，小学校就学の始期に達するまでの子を養育する労働者および要介護状態にある対象家族を介護する労働者である（育介法19条1項・20条1項）。ただし，①当該事業主に継続して雇用された期間が1年未満の者，②深夜において常態としてその子の保育または対象家族の介護ができる同居の家族等がいる労働者，③その他請求できないことについて合理的な理由があると認められる労働者は，請求することができない（同法19条1項1号ないし3号）。「深夜において常態としてその子の保育または……介護ができる同居の家族」とは，16歳以上の同居の家族であって，①深

夜に就業していないこと（深夜における就業日数が1月について3日以下の場合を含む），②負傷，疾病等により子の保育または対象家族の介護が困難な常態でないこと，③6週間（多胎妊娠の場合は14週間）以内に出産予定ではなくまたは産後も8週間以内でないこと，のいずれにも該当する者をいう（育介法施行規則31条の11）。「請求できないとすることについて合理的な理由があると認められる労働者」とは，①1週間の所定労働日数が2日以下の労働者，または，②所定労働時間の全部が深夜にある労働者であるとされている（同規則31条の12）。

上記の要件に照らして該当する労働者と認められれば，その者は男女を問わず，1か月以上6か月以内の期間について，開始の日および終了の日を明らかにして，深夜業の免除を請求することができる（育介法19条2項）。この請求には，回数の制限はなく，何度でも行うことができるが，1か月前に請求しなければならないとされている。

なお，育介法19条に関しては，厚生労働大臣指針（平成10年3月13日労働省告示23号，現行〔本節執筆当時〕は平成16年12月28日厚生労働省告示460号）により，労働者の育児や介護の状況，勤務の状況がさまざまであることに対応して，事業主は「制度の弾力的な利用が可能となるように配慮する」ように要請されている（同指針第二の5(3)）。また，あらかじめ「労働者の深夜業の制限期間中における待遇（昼間勤務への転換の有無を含む。）に関する事項を定めるとともに，これを労働者に周知させるための措置を講ずるように配慮する」こと（同指針第二の5(2)），労働者が深夜業の制限を請求したこと，または深夜業の制限を受けたことを理由として，当該労働者に対する解雇その他の不利益な取扱いをしないこと（同指針第二の5(4)）なども，要請されている。

使用者は，一方，深夜業の免除が「事業の正常な運営を妨げる場合」にはその請求を拒否することができる（育介法19条1項但書）。事業の正常な運営を妨げるか否かの具体的な判断基準として，解釈通達は，当該労働者の所属する事業場を基準として，当該労働者の担当する作業の内容，作業の繁閑，代行者の配置の難易等諸般の事情を考慮して客観的に判断すべきこと，事業主は，労働者が請求どおりに深夜業の制限を受けることができるように通常考えられる努力をすべきであること，業務遂行上不可欠な人員について，通常考えられる相当な努力をしたとしても，なお事業運営に必要な業務態勢を維持することが著しく

困難なときには,「事業の正常な運営を妨げる」場合に該当するとしている[37]。

具体的には,①同一時期に多数の労働者の請求が競合した場合,②専門性の高い職種の労働者等が請求した場合であって,代替が著しく困難であるという場合が考えられるとされている[38]。

(2) 深夜時間帯以外への勤務割当

日本航空インターナショナル事件の原告 X らは,育介法に基づき設けられた Y 社の制度にのっとって,深夜業免除請求をした。育介法 19 条は,労働者が深夜業免除を請求した場合には,事業主はその者を「午後 10 時から午前 5 時までの間(以下……において「深夜」という。)において労働させてはならない」と規定しており,請求があった場合には,当該労働者に深夜業を命じないことが,使用者に義務づけられていると理解される。このことを労働者の側からみれば,制度趣旨にのっとった免除請求をすることによって,午後 10 時から午前 5 時までの間の労務提供義務は消滅することになる。厚生労働省の解釈通達においても,育介法 19 条 1 項の「『午後 10 時から午前 5 時までの間(……)において労働させてはならない』とは,午後 10 時から午前 5 時までの間においては,所定労働時間内であるか否かに関わらず,労働者の労務提供義務が消滅することをいうものである」とされている(解釈通達第五の 2(5))。判決においても,X らは「深夜時間帯における労務提供義務はないのであるから……X らのした労務の提供が債務の本旨に従った労務の提供として欠けるところはなかった」と判示されているところである。

---

[37] 平成 14 年 3 月 18 日職発第 0318009 号／雇児発第 0318003 号。

[38] 労働省女性局「育児・介護休業法のあらまし」パンフレット No. 98, 21 頁。「事業の正常な運営を妨げる場合」という文言は,労働者の年次有給休暇の時季指定権に対する使用者の時季変更権の成立要件と同じであり,それとの異同が問題となる。学説では,年次有給休暇制度が余暇権の行使であるのに対して,深夜業免除制度は育児または介護という差し迫った生活上の必要から設けられているという制度の趣旨の相違に鑑みて,深夜業免除請求に関しては,事業主の努力がより求められ,裁量権がより厳格に解釈される必要があると主張されている。相澤美智子「育児介護責任と時間外・深夜労働」労働法律旬報 1439 = 1440 号(1998 年)30〜31 頁,川口美貴「職業生活と家庭生活の調和と労基法改正」ジュリスト 1153 号(1999 年)54 頁,山田省三「女性雇用と深夜業務等勤務時間をめぐる課題」法律のひろば 1999 年 4 月号 15 頁など参照。

問題は，本件Y社が行ったように，「深夜において労働させてはならない」という法の要請のみを機械的に遵守するだけでこと足れりとして，労働者に深夜時間帯以外の勤務（本件では「深夜業免除パターン」と称されている勤務）への割当をほとんど行わないことが法の趣旨からみてどのように判断されるべきかである。本件では，そのような使用者の行為の結果，深夜業免除申請を行った労働者は，第一に，深夜時間帯以外の勤務を行う労働の意思と能力がありながら，月間2日程度の乗務しかアサインされなくなり，第二に，その結果，大幅な賃金カットが行われて，収入が激減した。このような事態がもたらされた場合，かかる会社の行為は，先に述べた労働契約上の両立支援のための配慮義務に違反するというべきか否か。本件事案は，この問いに対する法的判断がなされるべきであった。

　労働者は，約定した労働を履行すべき義務を負うものであるが，そのことは具体的には，労働契約が本来予定する範囲内で使用者の指揮命令に従って誠実に労働する義務を負うという意味にほかならない。使用者の指揮命令権（もしくは労務指揮権）は，「不特定債務にとどまる労働義務の内容を，労働契約が本来予定する範囲内で決定・変更（具体化）する権利」と定義されるのであるが[39]，それは，たしかに使用者にとって重要な意味を有すると同時に，労働者にとっても重要である。そもそも労働契約内容には一定の幅があるので，ある時点において遂行すべき具体的な業務の内容や方法は，使用者の指揮命令がなければ特定されず，特定されなければ労働者には労働するすべがないからである。

　すなわち，労働契約上の労働義務の履行といっても，それは使用者の指揮命令がなければ完成しない。使用者が適切な指揮命令を行わないかぎり，労働者は労務の給付を開始することも継続することも，完結することもできないのである。労働契約上の債務の履行は，その債務（給付）の内容を特定しないかぎり行使できないのであり，本件事案の場合にもあらわれているように，深夜時間帯以外の労働時間帯における労働義務を示す使用者による新たな勤務割当がなければ，労働者にとっては債務の履行自体が不可能である。

　労働者にとっては，深夜勤務免除を請求したことによって，先に述べたよう

---

[39]　土田道夫『労務指揮権の現代的展開』（信山社，1999年）236頁。

に，深夜時間帯における労務を提供する義務はなくなる。しかしこれはけっして，深夜時間帯以外の労働時間帯における労働義務がいっさいなくなるということを意味するものではなく，労働義務は，深夜を除く労働時間帯において，依然として存在しているのである。しかしながらその労働の義務の履行は，使用者による具体的な勤務の割当によって初めて遂行できるものであるし，とりわけ本件のように変形制などの勤務形態で働く労働者にとっては，深夜時間帯以外の勤務を割り当てられることが労務遂行の必要条件である。

　たしかに，法は，深夜業免除申請を受領した場合に，使用者が当該労働者に深夜時間帯を除く時間帯の新たな勤務割を講じなければならないということについて明示的な定めをおいていない。しかし深夜業免除制度は，すでに述べたように，労働生活から一時的に離れることになる育児休業制度とは異なり，労働者が就労を継続しながら日々の育児に携わることができ，収入の減少が相対的に少なく，職業能力を低下させずに育児と仕事の両立を可能にする支援策であるところにこそ，その趣旨を見いだしうるものである。その制度の趣旨を生かすためには，使用者が，申請労働者に対して可能なかぎり深夜時間帯以外の勤務を割り当てることが，制度上，当然に予定されているはずである。制度的にそのことが明示されていないからといって，使用者が新たな勤務割をなす責務が否定されているというわけではない。なぜなら，もし単に労働者を深夜業務から排除すれば済むということになれば，使用者は，深夜業免除請求を認める一方で，労働の意欲も能力もある労働者に対して深夜以外の勤務時間帯に勤務を割り当てず，いっさい就労させないことが許されるということになってしまう。そのような対応は，本制度の趣旨に反するというべきである。だとすれば，労働契約上の付随義務の内容となっているところの使用者の責務，すなわち両立支援のための配慮義務の中には，深夜業免除を申し出た労働者に対して深夜時間帯以外の勤務割を講じる使用者の配慮義務が当然のごとく含まれていると解することこそ，制度の趣旨にそった解釈であるといえよう[40]。

---

40)　制度的にみても，使用者にとって新たな勤務割を講じることが著しく難しい仕組みになっているとは思えない。育介法19条2項は，労働者に深夜勤務免除を1か月前に請求するように要請している。このことは，本件事案のように，1か月単位の変形労働時間制度を採用している企業においては，1か月前に申請を受け付けないかぎり次の月

もっとも，当該法制度は，「深夜時間帯のみ」に就労する労働者を適用から除外していると考えられる。すなわち育介法19条1項3号が，「〔免除〕請求をできないこととすることについて合理的な理由があると認められる労働者として厚生労働省令で定めるもの」を除外しており，育介法施行規則31条の12第2号は，「所定労働時間の全部が深夜にある労働者」をそこに含めている。その趣旨からすれば，同法は使用者に対して，深夜時間帯のみに就労する労働者の労働契約内容の変更を強制するものではないと考えられる。しかしこのことは逆に，「深夜時間帯のみ」に就労する労働者以外の労働者，すなわち，交替制勤務の場合や所定労働時間の一部が深夜時間帯にかかっている労働者については，適用対象に含まれると解釈されることを意味するものであり（解釈通達第五の2⒅），その労働者に関する適切な勤務の割振りについて使用者に責任が存することは当然といえよう。

⑶　「配慮義務」上，使用者に要請される努力の程度

　では，両立支援のための配慮義務の中には，深夜業免除を申請した労働者に対して深夜時間帯以外の勤務を割り当てる配慮義務が当然に含まれていると考えるとして，その配慮義務は，使用者にどの程度の努力を要請するものだろうか。

　これは使用者に対する明示的な法定の義務ではない。そのことも考慮すれば，使用者に対して，条件のいかんにかかわらず免除申請者に深夜勤務以外の勤務割当を義務づけることや，結果として使用者に対して過度な負担を負わせるような解釈をすることは，適切とはいえないだろう。育介法指針でも，使用者が「あらかじめ，労働者の深夜業の制限期間中における待遇（昼間勤務への転換の有無を含む。）に関する事項を定めるとともに，これを労働者に周知させるための措置を講ずるように配慮するものとすること」（第二の5⑵）としているのみであって，昼間勤務への転換，労働者の労働時間や賃金等に関する事項については，あらかじめ労使間で同意されることが望ましいことが想定されているにすぎない。その意味では，条件のいかんにかかわらず労働者に昼間勤務への転換「請求権」を認めるという解釈は，たしかに難しいであろう。そのこと

───────
の勤務割を講ずることが困難になることを見越しての制度的な仕組みであるとも考えられる。

は，使用者に対して過度の負担を負わせることになるからである。

　他方，労働者からすれば，昼間勤務を可能なかぎり割り当てるという使用者の配慮義務が果たされなければ，いっさい就労することができなくなるのであり，それによって相当程度の不利益を被ることになってしまう。したがって安易にそのような事態を招くような解釈をすべきではない。このように考えれば，結局のところ，使用者には，労働者に深夜時間帯以外の勤務を割り当てるべく「相応の努力をする」ことが要請されているというべきではないだろうか。

　すなわち，当該配慮義務は，使用者に対して，労働者に昼間勤務を割り当てる「相応の努力」をすることを要請するものではあるが，その結果，使用者に「過度の負担」を課すものであってはならないと解することが，妥当かつ適切な解釈であると考える。

5　日本航空インターナショナル事件判決に関する論評

　さて，本件事案では，Xらは，Y社が両立支援のための配慮義務に違反して月間1日から2日程度の勤務割当しか行わない結果，Xらの賃金が大幅にカットされたと主張し，カットされた賃金の支払いを請求した。Xらは，昼間勤務時間帯に就労させよという就労請求権を主張したわけでもなく，また，Y社の両立支援のための配慮義務違反による損害賠償を請求したわけでもなく，あくまでも，賃金の支払いを請求したのであった。判旨はこれに対して，Xらの主張を一部認めて，Xらに対して，併存組合であるJALFIO所属の客室乗務員にアサインされた日数に不足する日数分の基準内賃金差額分と乗務手当差額分を支払うようにY社に命じたものである。

　判旨に関しては，その結論はともかく，結論に至る理由については十分な理論構成がなされているとは思われないため，本節では，この点について若干の論評を加えていきたい。

(1)　Y社の帰責事由によって生じた履行不能

　まず本件においては，Xらが債務の本旨に従った労務の提供をしようとしていたにもかかわらず，Y社が当該労務の受領を拒否したためにその労務の履行が不能になったと考えられるか否か，が問われた。もしこの点が肯定されれば，

Xらは反対給付である賃金請求権を失わないと解される。判旨は，Xらが「客室乗務員としての労務を提供する意思及び能力を有しており，その履行を提供していた」と認め，Y社が「Xらが提供した債務の本旨に従った労務の受領を拒絶した」と判断しており，この点に異論はない。ただし，判旨はこの部分について多くを語っていないために，この判旨の考え方について，若干の補足をしておきたい。

そもそも労務の履行不能の場合の賃金請求権については，その不能が，賃金債務者である使用者の「責めに帰すべき事由」によるものであるか否かによって判断される（民法536条）。労務の履行不能は何らかの客観的な事件によっても生じるが，使用者の労務受領の拒絶という主観的な行為によっても生じる。本件は，まさに使用者であるY社の帰責事由によって，すなわち使用者による労務受領の拒絶によって生じた履行不能に他ならないから，Xらが賃金債権を失わないことは，当然といわねばならないだろう。

もっとも，Xらが現実的に就労不能であったにもかかわらず，Y社の帰責事由によって賃金請求権を失わないというためには，Xらが債務の本旨にしたがった労務の履行の提供をしていることが前提となる。この「債務の本旨に従った労務の履行」とは，労働契約に内包される労働の提供がなされることである。その点，Xらの「労働契約」について考えるに，Xらが，育介法19条に従って深夜勤務を免除申請したことによって，労働契約上の深夜時間帯の労務提供義務は消滅したのである（解釈通達第五の2(5)）。したがって，深夜時間帯以外の時間に働くことが，Xらの労働契約の内容になっていたものと解釈すべきである。すなわち，Xらにとっては，深夜時間帯以外の時間において客室乗務員としての労務に従事するということが，債務の本旨に従った労務の履行であるということになる。

さて，使用者が労務の受領拒絶の意思を有している場合には，債務の本旨に従った履行の提供という要件は，労働者の履行の意思と能力が客観的に認められることで十分であるとされている[41]。本件では，Y社は深夜時間帯以外の時間において労務を提供するための必要条件である勤務割当を行わないというこ

---

41) 菅野・前掲注12) 214頁。

とを通じて，まさに労務の受領を拒絶していたというべきである。一方，Xらが，深夜時間帯を除く時間における就労の意思と能力を有していることは客観的に明示されていたのであって，Xらにおける債務の本旨に従った労務を履行する意思と能力は明らかであったというべきであろう。

最高裁は，労働者が職種や業務内容を特定せずに労働契約を締結している事案について，現実に就業を命じられた特定の業務について労務の提供が十全にはできないとしても，当該労働者を配置する現実的な可能性のある他の業務への労務の提供を申し出ている場合には，なお債務の本旨に従った履行の提供があると判示した（片山組事件・最判平成 10・4・9 労判 736 号 15 頁）。この判断は，労働契約における「債務の本旨に従った労務の提供」を柔軟に解釈すべきであるという考え方を明らかにしたものと評価できる。このような最高裁の判断傾向に照らしてみても，本件事案においては，Xらによる「債務の本旨に従った労務の履行の提供」があったと解釈しうることは間違いない。

(2) 会社の受領拒否の正当性に関する判断

次に，Y社による労務の受領拒否にやむをえない正当事由が認められるか否かについて，検討しておく必要がある。判旨もその趣旨から，本件 MSH が「客室乗務員が深夜業の免除を請求し，不就業が発生した場合」に該当し無給扱いとした Y 社の取扱いの正当性について判断している。すなわち判旨は，Y社が深夜業免除申請者により多くの深夜業免除パターンをアサインすることは，Y社にとって過大な負担を課すものであったのかどうかについて検討を加えている。

(a) 配慮義務の構造に関する無理解

ただし判断の筋道は，判旨を読むかぎりあまり明確ではない。私見によれば，この Y 社による受領拒否の「正当事由」の存否は，労働契約上，使用者が負っているところの両立支援のための配慮義務を履行するために，Y 社が，まずは X らを昼間勤務に割り当てるに関して「相応の努力」をしたか否か，そして相応の努力をしてもなお昼間勤務の割当が不可能であったといえるかどうか，さらに，不可能とまではいわなくとも，そのようにすることが Y 社に対して「過度な負担」を負わせるものであったのかどうかという総合的判断にかかっ

ていると位置づけるべきである。果たして本件では，使用者である Y 社は配慮義務が要請するところの「相応の努力」を行ったといえるのだろうか。

本件において Y 社は，客室乗務員の昼間帯勤務パターン（昼間帯のみの勤務パターン）は全体の 2% しか存在しないことを繰り返し強調し，申請者の数が増えれば労働の機会は確保されないと主張していた。判旨はそれをそのまま認容して，深夜業免除パターンは「全乗務パターンの約 2 ないし 3 パーセントしかな」く，諸事情を勘案しても，「約 75 名の分しか確保し得ないことが認められる」一方，深夜業免除者はそれを大きく上回っていたから，「免除者の全勤務予定日に乗務を割当てることは物理的に不可能」であったとしている。

しかし，判旨は，使用者が勤務割全般に関して「相応の努力」をしたか否かを問うことをしていないし，その検討のあとはみられない。X らは，Y 社はほとんど新たな努力も工夫もすることもなく，従来の勤務割当方法を不変のものとしつつ，機械的に労働者を割り当てているにすぎないと主張したが，判旨も，たしかに Y 社が「勤務割の作成に際しても，1 か月に 1 日か 2 日程度の乗務をアサインした後は，所定の休日等を除く空白日に別の乗務をアサインできるかどうかについて特に検討することもなく，MSH と指定しているにすぎない」と認めている。にもかかわらず，現状の勤務パターンを前提にすれば Y 社が免除者に乗務を割り当てることは不可能であったという結論を安易に導いている。判旨は，いわば，会社が新たな勤務割に関する努力を行う必要性を認めず，ただ現状の「深夜勤務免除パターン」を便宜的に免除申請者に割り当てることのみが要請されていると理解しているかのようである。そこには，使用者の配慮義務の存在や，会社が「相応の努力」を要請されているという発想はみられない。しかしその判断は問題である。

本来，使用者が配慮義務を履行するために行うべき「相応の努力」の中には，従来の勤務割当方法そのものを見直すことも含まれていると考えるべきだろう。育介法指針でも，使用者は，「労働者の子の養育……の状況，労働者の勤務の状況等が様々であることに対応し，制度の弾力的な利用が可能となるように配慮する」こととしている（第二の 5(3)）。使用者は，制度の弾力的な利用が可能になるように，各種の新たな工夫をなすべきなのである。

X らは，使用者が以下のような新たな措置をとれば，X らをはじめとする客

室乗務員を始・終業時間帯にかからない国内便，昼間の地上勤務等に就労させることは十分可能であると主張した。すなわち，①宿泊パターンを分割して深夜業免除パターンを作る措置。これは，(a)羽田‐大阪の往復フライト，(b)羽田‐福岡の往復フライト，(c)羽田‐福岡の往復フライトを1泊2日((b)で福岡に到着後1泊)という形で1人で乗務していたパターンを，(a)と(b)+(c)の2つのパターンに分割して，(a)を深夜勤務免除者に割り当て，(b)+(c)をそれ以外の者に割り当てるという方法である。②深夜業免除を受けた者を，国際線が多い成田事業所から，国内線の多い羽田事業所に配置するという措置。③深夜業免除を受けた者を深夜業免除パターンに集中して配置する措置。④現JALジャパンへの出向の措置，⑤地上勤務へつかせる措置。もっとも，それらの措置をとる際には，本人の事情を聴取しながら，本人のニーズに応じた対応をするように努力すべきであるし，とりわけ④と⑤については，本人の同意を得ることが前提であるといえよう。

　このような措置をとることがXらから具体的に提示されたことを受けて，たしかに，判旨もこれらについて逐一，検討を加えている。しかし率直に言って，その検討内容は不十分であって，ほとんどY社の主張をそのまま認めたものにすぎない。そしてXらが提案したこれら各種方策を「Y社に求めるとすれば，過大な負担をY社に課す結果となるといわざるを得ない」との結論に達している。しかもその理由として，深夜業を免除された深夜時間帯の勤務について有給であることが保障されていないことをあげている。免除された時間帯の勤務の有給保障の有無と深夜業免除パターンの割当に関する使用者の努力とが，なぜこのように直結するのか。その説明は不明である。私見ではこの両者が関連しているとは思えない。

　判旨がこのような結論に達した原因は，ひとえに判旨が，すでに述べてきた使用者が負うべき両立支援の配慮義務の構造を理解していないからであろう。本来，両立支援の配慮義務を負担する使用者側が，まずは深夜業免除パターンの新たな割当を含めた可能な限りの努力をしなければならない。そして，かかる「相応の努力」をしてもなお，深夜業免除パターンの割当が不可能であったとして正当理由があることを示すのはY社である。そのためには，もしかかる措置をとればY社にとって「過度な負担」になることを立証しなければな

らない。このような立証責任が使用者には存在するはずである。

　かかる正当理由に関する釈明を精査しないままに、Y社のようなやり方が許容されて、その結果、労働者の賃金請求権が否定されることになれば、育介法19条が予定する措置は、安易に労働者を不就労の状態におきつつ賃金を著しく減額することを許すものであるということになる。かかる制度の下では、当然のことながら、労働者は育介法19条に基づく権利行使を手控えざるをえないであろう。それだけに、Y社のような制度の運用は、法に定められた権利行使を抑制し、ひいては育介法19条が深夜業免除請求権を定めた趣旨を実質的に没却してしまうことになると批判されてしまうのではないだろうか。

　最高裁は、出勤率が90％以上の従業員を賞与支給対象者とするという90％条項の運用に関して、使用者が、産前産後休業の日数と育児のために短縮された労働時間分を欠勤としてカウントするとしたことは、「労働基準法や育児休業法が労働者に産前産後休業等の権利ないし法的利益を保障した趣旨を没却するものというべきであ」り、「公序良俗に違反するから、無効である」と判断した（東朋学園事件・最判平成15・12・4労判862号14頁）。本件においても、Xらは、法に定められた権利である深夜業免除申請を行ったことによって、使用者の配慮義務の不履行の結果として、賃金の著しい低下という不利益を被ることになったのである。このような取扱いが法に定められている権利の行使に対して及ぼす抑止力の強さにかんがみれば、本件は、最高裁判決に照らしても違法評価を受けるものであったのではないか。

(b) 組合間差別に依拠した判断

　とはいえ、本件判旨は、結論として、Y社の受領拒否の正当性を認めるものではなく、前述のように、JALFIO所属の客室乗務員にアサインしたのと同程度の乗務をXらにアサインすることは十分に可能であったはずであるとして、JALFIOに対するアサイン日数からXらの乗務日数を差し引いた日数分は「客室乗務員が深夜業の免除を請求し、不就業が発生した場合」にはあたらないとし、この日数については「Yの責に帰すべき事由に基づく」受領拒否に該当すると判示したのである。いわば組合間差別という事実が存在したことが、本件Xらの主張を認める根拠となったものである。

　この点については、私も、判旨を批判するつもりはない。むしろ組合間差別、

第 2 節　育児中の深夜業免除制度の検討　247

すなわち JALFIO と客乗組合の組合員の処遇格差に注目すれば，深夜勤務免除パターンのアサイン方法の不合理性，不当性が際だつため，判旨のこの部分には説得力がある。ただ，深夜業免除制度の運用が，もし本件とは異なり併存する労働組合の組合間差別という事実がないような前提の下で争われたとしてもやはり，使用者の配慮義務の不履行という論理の運びによって，会社側の受領拒否の正当性が否認されたはずであるということを，再度，強調しておきたい。

(3)　深夜業免除による不就業日を無給とすることについて
(a)　諸規定に関する Y 社の主張

さて，若干，複雑に感じられる本件事案の各種規定について，Y 社の主張を通じて整理しておきたい。すなわち，Y 社は，本件取扱いは賃金規定や就業規則に基づく合法的な取扱いにすぎないと主張して，以下のように説明していた。

基準内賃金については，2003 年 7 月に就業規則解釈運用基準 15 条 10 項 2 号の適用事例に H 号が追加され，就業規則 15 条 11 号により「無事故扱い」となる不就労事由に，新たに「就業規則第 20 条第 2 項の定めにより深夜業の免除を請求し，不就業が発生した場合」が追加された。そして，深夜業免除による不就業はこれによって「無事故扱い」となった。その「無事故扱い」の場合の賃金については，賃金規定 14 条 3 号に定めがあり，「就業規則第 15 条第 11 号の場合は，その都度決定する」とある。そして Y 社は，2003 年 6 月 4 日に，客乗組合に対して，深夜業免除日を「無給扱い」とすることを通知した。また，基準外賃金については，客室乗務員諸手当規程 16 条（乗務手当保障の停止）1 項に，8 号が追加され，「客室乗務員が深夜業の免除を請求し，不就業が発生した場合」には，乗務手当保障が停止されると規定された。

そこで Y 社は，これらの規程どおり，X らに対して，勤務割において深夜業免除日として指定した日について，基準内賃金を支払わず，かつ，乗務手当一般保障を停止したに過ぎないと述べていたのである。

(b)　裁判所の判断

さて，判旨は，Y 社の賃金規定 14 条 3 号（就業規則 15 条 11 号，就業規則解釈運用基準 15 条 10 項 H 号）が，深夜業免除の結果として生ずる不就業の賃金については「その都度決定する」と規定していたところ，Y 社は，2003 年 7 月 15

日に,「深夜業免除請求による不就労」について賃金を支払わないと決定したと認定した。そして,「なお,Xらは,賃金規定……に基づく上記のような取扱いが従来にはなかった不利益な取扱いであるとも主張するようであるが,そのような事実を認めるに足る証拠はない」と述べる。ここで判旨がいかなる判断をしたのかについて,正確に理解することは難しい。しかし裁判の過程で,Y社が,「就業規則の不利益変更とは,新たな就業規則の作成又は変更によって既得の権利を奪うことであるのに,本件では,以前から深夜業免除により発生した不就業に賃金を支払うという権利も運用も存在しなかったのであるから,『無給扱い』は既得権を奪うものではなく,したがって就業規則の不利益変更に該当しない」旨の主張をしていたことに照らしてみれば,判旨は,これを認めたのではないかと推測される。とはいえ,この主張は,労働条件の不利益変更がなかったというものではなく,深夜業免除パターンの割当に関する変更はすなわち労働条件の不利益変更であるとしても,不就業について基本賃金を無給扱いする取扱いについて,とくに変更があったわけではないと判示したにすぎない。

　私見では,そもそもY社が2003年7月に賃金規定14条3号（就業規則15条11号,就業規則解釈運用基準15条10項H号）を改訂する前までは,深夜業の免除請求による不就労に対する不払い規定自体が存在しなかったのに（事実上,免除日は不払いであったとしても,深夜業免除パターンの割当によってそれは顕在化していなかったのである）,同規定が設けられたことによって,不払いという取扱いが顕在化したのであるから,このことは,同規定の導入による従来の取扱いの不利益変更であるとしてもよいと考える。

　とはいえ,この判断はさして重要ではない。なぜなら,就業規則の変更を伴わないとしても,本件が,深夜業免除パターンの割当に関する変更であることは間違いなく,ゆえに,労働契約上の労働条件の変更について,使用者がその必要性と合理性を主張しなければならないことは当然だからである。

　(c)　MSHと指定すれば「無給」扱いになるのか

　Y社は,自らがMSHと指定した日をすべて機械的に無給扱いとすることが就業規則に則った取扱いであると主張している。判旨も,上記に述べたように,このような取扱いが事実上存在したことを認めている。それでは,果たしてこ

のようなMSHについて，法的にはどう評価すべきだろうか。

　再三，繰り返すことになるが，深夜業免除申請制度の趣旨を考慮すれば，深夜業の免除を申請した労働者ができるかぎり従前と同じ労働時間にみあう労務提供ができるように深夜業以外の勤務帯の割当を行うにあたって「相応の努力」をすることは，使用者にとって労働契約上の付随義務である。それを前提とすれば，当該制度の趣旨に照らして，本件の就業規則の規定は，Y社が「相応の努力」をしてもなお発生した不就業について無給扱いをすることを定めているに過ぎないと解釈すべきであろう。そうでなければ，就業規則の規定によって，使用者が「相応の努力」もせずにMSHを機械的に割り当てることによってその日がすべて無給扱いできることになってしまい，そもそも深夜業免除申請を規定した法の趣旨がまったく顧みられない解釈が許されることになるからである。このような解釈は，到底，法的に許されるものではない。

　またこのことは，Y社が2003年6月4日に，客乗組合に対して，深夜業免除日を「無給扱い」とすることを通知した文面に照らしても，明らかであると考える。すなわち，同日のY社による文面は，深夜業免除措置の取扱いについて，「申請者全員に対して深夜業を免除する」と宣言し，日帰りの乗務である「深夜業免除パターン」を「可能なかぎり申請者に割りあてることを基本とする」と述べたうえで，その「深夜業免除パターン」以外の日については「深夜業免除日」(MSH)として就業を免除し，これを無給扱いとするとしているのである。

　ここには，上記に述べたような法の趣旨にのっとった取扱いが反映されている。すなわち，「可能なかぎり」深夜業免除パターンを割り当てること，つまり勤務割を行うにあたって「相応の努力」をするという意思が表明されていると考えることができるのである。この時点では，Y社も，かかる努力をしてもなお深夜業免除パターンの割当がなしえなかった場合の就業免除日についてのみ，無給扱いとする趣旨であると理解していたに違いない。このように考えれば，重要なことは，Xらの勤務割におけるMSHが，就業規則において無給扱いとされるべき深夜業免除日に該当するのかどうか，すなわち使用者が「相応の努力」をしたにもかかわらず，やむをえず生じてしまった深夜業免除日であるのかの判断である。そして，このことを立証する責任は，Y社にあるという

べきだろう。本件では，就業規則の改訂によってY社がMSHと指定した日をすべて機械的に無給扱いとすることができる規程が設けられたとするY社の解釈は，到底，認められるものではない。

この点，判旨は，アプローチを異にするものの，やはりJALFIOとの差が生ずる日数についてはMSHにはあたらないとするのであって，無給扱いする日数を，JALFIOに割り当てた日数を超える日数に限定している。結論として妥当と言うべきであろう。

(d) **乗務手当のカットについて**

判旨は，乗務手当に関しては，客室乗務員諸手当規程16条1項8号の新設によって，Xらが客室乗務手当一般保障を支給されなくなったのであるから，「いわゆる就業規則の不利益変更にあたると解する余地」があるとした。しかし，①Y社は深夜業免除者を多く受け入れることを前提とした制度維持のために，「既に多額のコストを負担して」いること，②「Xらは，自らの意思で深夜業免除の申請をしている上，……自ら選択した職務の特殊性の故に，……結果的に不就業を余儀なくされるに至ったにすぎ」ず，③Xらの被る不利益も，Xらが実際には乗務していない時間にかかる乗務手当相当額にすぎないこと，④乗務手当保障は，「客室乗務員に対して1か月65時間の乗務を指定することが期待できることを前提として，実際にアサインされた乗務時間の不公平を是正するための制度であるから，そのような前提を欠く深夜業免除者にこの制度を適用することはそもそも合理的なものではない」こと，⑤「全客室乗務員の約85％により組織されているJALFIOが……取扱いに合意していること」，また「Y社は，……客乗組合との間で団体交渉等を行っており，Y社のこの間の対応が不誠実なものであったと認めるに足る証拠もない」ことなどから，乗務員諸手当規程16条1項8号は合理的なものであると認められると判示している。

さて，就業規則による労働条件の不利益変更が個別労働者の労働条件を拘束するための要件については，最高裁によって，「新たな就業規則の作成又は変更によって，既得の権利を奪い，労働者に不利益な労働条件を一方的に課することは，原則として，許されない」が，「労働条件の集合的処理，特にその統一的かつ画一的な決定を建前とする就業規則の性質からいって，当該規則条項

が合理的なものであるかぎり，個々の労働者において，これに同意しないことを理由として，その適用を拒否することは許されない」と判示されている（秋北バス事件・最大判昭和43・12・25民集22巻13号3459頁）。そして，そのもっとも重要な論点である「変更の合理性」については，その後の判例によって，「変更によって労働者が被る不利益の程度，使用者側の変更の必要性の内容・程度，変更後の就業規則の内容自体の相当性，代償措置その他関連する他の労働条件の改善状況，労働組合等との交渉の経緯，他の労働組合又は他の従業員の対応，同種事項に関する我が国社会における一般的状況等を総合考慮して」判断されると述べられている（第四銀行事件・最判平成9・2・28労判710号12頁）。

判例法は，このようにほぼ大枠として，①「当該変更の必要性」とその変更によって「労働者が被る不利益の程度」との比較衡量を基本に，②それに伴って行われた代償措置や関連する労働条件の改善の有無・内容を十分考慮しつつ，③変更の社会的相当性や労働組合との交渉等の要素も勘案して，合理性判断を行っている。

問題は，Y社にとっての就業規則の「変更の必要性」の立証が，果たしてどこまでなされているのだろうかということである。判旨は，Y社は「既に多額のコストを負担している」と述べるが，詳細は明らかではない。これによって必要な証明が果たされているとは考えにくい。就業規則の改訂，すなわち当該労働条件を変更するにあたって，企業にとってはいかなる必要性があったのか，その必要性はどの程度のものであるのか。まずはそれを明らかにしないかぎり，議論はスタートしえないはずである。

判旨は，そのような企業による労働条件の変更の必要性を補足する事実として，以下のような論拠を持ち出している。すなわち，①Xらは，自ら選択した職務の特殊性のゆえに不就業を余儀なくされていること，②Xらの被る不利益は，実際には乗務していない時間にかかる乗務手当額にすぎないこと，③乗務手当保障は実際に乗務の指定が期待できることが条件であるので深夜業免除者にこれを適用することはそもそも合理的ではないこと，④多数組合の合意が存在すること，である。①については，職務の特殊性があるからこそかかる問題が発生するのであり，導入の必要性の論拠にはならない。②と③は，労働者が被る不利益性が少ないことの論拠になるかもしれないが，会社側の必要性を補

強するものではないだろう。④については，たしかに考慮すべき要件であることは否定しないが，この論拠のみでは就業規則の改訂の合理性を導くことはできそうもない。しかもこの判断をする際に不可欠とされる，不利益変更に伴って行われた代償措置や関連する労働条件の改善の有無・内容は示されているのだろうか。これを立証する部分はどこにもない。

　以上の論拠から，本件事案では，就業規則の不利益変更に合理性を認めることはできそうもない。だとすれば，Y社から指示を受けた業務を履行したXらは，いかなる減額をなされることもなく，基準内賃金全額および乗務手当一般保障を受領する権利を有するというべきであった。

おわりに

　本節は，育介法における深夜業免除制度をめぐる初の訴訟であった日本航空インターナショナル事件東京地裁判決を契機として，職業生活と家族生活の両立支援に関する労働契約上の配慮義務について検討しようとしたものである。

　私は，本節において，今日の時代的要請の中で，使用者は，職業生活と家族生活の両立をめぐる支援立法を遵守し履行するという法的な義務を負うのみならず，労働契約上の付随義務として，労働者のための「両立支援の配慮義務」を負っていると理解すべきだとする私見を展開した。それによれば，両立支援措置の具体化である深夜業免除制度を運用するにあたっては，使用者は，単に深夜業免除申請者に対して深夜業を命じないということだけではなく，当該制度が，労働者が従前の就労を継続しながら日々の育児に携わることができるようにするための支援策であるという趣旨を十分に活かして，深夜業免除パターンを可能なかぎり割り当てるための「相応の努力」を行う義務を負っていると考えられる。

　日本航空インターナショナル事件の事案においては，被告会社はその配慮義務を果たしたものとはいえず，むしろ深夜業免除申請者による労務の履行の提供に対して，正当な理由なく当該労務の受領を拒絶したものであったと判断される。このような場合には，労働者は反対給付である賃金請求権を失うものではなく，被告会社は，カットした賃金全額を原告らに対して支払う義務があるというべきである。

少子化時代の労働政策において，「ワーク・ライフ・バランス」が緊急課題として位置づけられている昨今においてもなお，本件のような事例が裁判によって争われなければならないという事実そのものに，私は矛盾を感じざるをえない。しかも，さらに深刻なのは，育介法上，免除される深夜時間帯とは，午後10時から午前5時までの時間にすぎないことである。本件において，「深夜勤務免除パターン」を割り当てられても，午前5時には出勤を命じられ，午後10時までは退社を禁じられれば，これもまた，子どもにも親にも，きわめて過酷な勤務であることは間違いない。本件の陳述書で，原告は次のようにつづっている。

　「朝3時30分に起きて，その日にもっていく朝ご飯を作り，自分の支度をしました。朝4時に2歳の子をたたき起こし，着替えさせました。子どもは朝ごはんを食べずに，4時半に家をでて，保育ママさんに預けました。保育ママさんが食事を食べさせてくれて7時に保育園に連れて行ってくれました。その後，私は成田に向かいました。……夜は22時に保育ママさんのところへ迎えに行きました。ほっとしました。」

　両立支援のための勤務免除であるならせめて，通常の労働時間帯である午前9時から午後5時という時間帯以外の「不便な時間帯」の勤務も免除すべきではないか。日本では「不便な時間帯」という発想はない。しかし通常の日勤時間帯以外の「不便な時間帯」をできる限り少なくすることを，ILO 149号条約（看護職員条約），同157号勧告は求めている（149号条約6条(a)，157号勧告30(d)，37(1)，43(a)）[42]。交替制や深夜業を不可欠とする労働においては，両立支援のためにさらなる配慮が必要なのである。国家政策として，なすべきことは多い。

　　　　（初出論文：「育児期間中の深夜勤務免除請求をめぐる法的検討——
　　　　　日本航空インターナショナル事件東京地裁判決を契機に」早稲田
　　　　　法学83巻3号（2008年）183〜234頁）

---

[42]　ILO 149号条約の正式名称は，「看護職員の雇用，労働条件及び生活状態に関する条約」。1977年6月21日，ILO総会にて採択された。157号勧告は，同名の勧告で，同時に採択された。中山和久編著『看護職員——その権利と労働条件』（労働旬報社，1979年）が詳しい。

第Ⅲ部

性差別禁止法理の再編をめざして

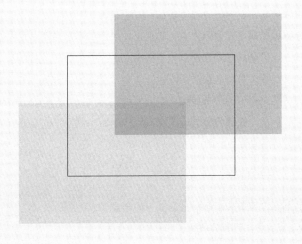

第7章　労働法とジェンダーの視点

第1節　女性の権利

「女性の権利」という包括的なタイトルによって論じるべきことは多様であり，どこに焦点を絞るべきかが，非常に悩ましい問題である。そこで，私の専門とするジェンダー法という立ち位置をまず明らかにしたうえで，ジェンダー法学が「女性の権利」を論じることにいかなる意味があるのか，すなわち，既存の法学に対してどのようなメッセージを送ることができるのか，なお残されている課題とは何かについて考えることにする。本節では，まずジェンダー法とはどのように発展してきた学問領域なのか，その存在意義はどこにあるのかをとりあげ（*1*），次に，女性の権利について包括的に言及している国際条約，女性差別撤廃条約の内容と展開について検討を行い（*2*），最後に，ジェンダーの視座からみた，女性の権利に関するいくつかの課題に的を絞って，論じてみることにしようと思う（*3*）。

1　「女性の権利」を扱う法学

(1)　フェミニズムによるジェンダーの発見

(a)　フェミニズム理論の展開

第一波フェミニズムは，19世紀中葉にヨーロッパやアメリカで展開された。法制度的にも女性に対する明白な差別がなお存在していた時代に，第一波フェミニズムは，女性の参政権と法の下の平等を運動の主要な獲得目標とした。これらは，主として公的分野における女性の権利主張であった。

一方，1960年代の第二波フェミニズムにとっては，「法的な平等原則にもかかわらず男性優位主義が社会に充満しているのはいったいなぜだろうか」という問いが，出発点であった。第二波フェミニズムは「個人的なことは政治的である（The personal is political.）」という命題を生み出し，政治や労働という公的な分野のみならず，性や家族という私的な分野においてこそ，女性を抑圧する

権威的なシステムが存在することを明らかにした。すなわち「家父長制（patriarchy）」システムである。家父長制は，女性の抑圧的で搾取的な関係を総体として表現する言葉として，重要性を与えられた[1]。

　第二波フェミニズムは，このように近代家父長制の下で女性が性支配を受けている近代家族の特質を明らかにし，近代人権論が前提とする「公／私二分論」も批判したのである。フェミニズムは，近代人権論の限界性を鋭く問いかける，運動と一体化した理論である。

(b)　ジェンダーの発見

　第二波フェミニズム以前には，性差は生物学的セックスによって決まり「宿命であって変えられない」という固定的な性別観が，社会において支配的であった。これに対して第二波フェミニズムは，ジェンダーという概念（社会的・文化的性別）を発見し，それを通じて宿命からの解放をめざした。すなわち，人の性別・性差はセックスではなく，ジェンダーによって決まるというのである。性別には社会的・文化的多様性があり，社会を作っている人が性別・性差を変えることができるという主張である。

(2)　フェミニズム法学からジェンダー法学へ：欧米の流れ

(a)　第三波フェミニズム

　フェミニズム理論はさらに発展を続け，1980年代には，ジェンダー概念の位置づけも大きく変容することになる。辻村みよ子は，従来の男性／女性の二分論やアイデンティティ論を批判するジュディス・バトラーの登場が，第二波フェミニズムによって発見されたジェンダーの視点の疑問視につながったとして，この段階において「第三波フェミニズムという言葉も出始めた」と紹介している[2]。

---

[1]　「家父長制」という用語は，字義通りには「父親の支配」を意味し，1人の高齢の男性（家父長）が家族の他のメンバーに対して絶対的権力をもつ社会構造をあらわすものであり，当初は，特定の歴史上の社会構造をさす用語として使われていた。しかし第二波フェミニズムは，男性が女性の生殖能力を管理するあらゆる社会にこの概念を適用することによって，すべての女性は形態は違っても，男性による抑圧に苦しめられており，単に経済のしくみを変えるだけでは抑圧をなくすことはできないと認識するようになった。リサ・タトル（渡辺和子監訳）『フェミニズム事典』（明石書店，1991年）285頁。

(b) ジェンダーとセックスの新たな関係

　この第三波フェミニズムの時代には，セックスとジェンダーの関係性をめぐる議論に新たな展開が加わった。著名な歴史学者，ジョーン・スコットは，ジェンダーに「肉体的差異に意味を付与する知」という定義を与え[3]，社会が構築したこのジェンダーという知識が，セックスという「身体的性差」そのものに意味を与えている，と述べたのである。

　バトラーは，このスコットのジェンダー概念を用いて，「セックスは，つねにすでにジェンダーなのだ」「セックスを前‐言説的なものとして生産することは，……ジェンダー……が行う結果なのだ」という命題を提起した[4]。すなわち，バトラーは，生物学的な性差研究も，性別二元論を前提とした，当該社会のジェンダーに関する知識を使用して行われている，という観点を示したのである。たしかに，もし生物学自体に「男／女」という二元的な性別そのものの根拠がないのであれば，私たちが信じ切っている二元的な性別の根拠は，肉体という対象をみつめる私たちの＜まなざし＞にある，ということになる。人間が，「人には男と女しかいないのは当然だ，それ以外の人間は異常だ」という規範的な理由づけをし，それに適合するような法や制度を作り上げているところにこそ，二元的性別の根拠があり，そのことが，バトラーのいうところの，「ジェンダーがセックスを生産する」という意味であった。

(c) ジェンダー法学へ

　第二波フェミニズムによって，女性に対する権利侵害の実態，それが救済されずに放置されていること，法制度においてすら女性に対する差別的な立法や判決がみられることなどが告発された結果，欧米では，1970年代に，feminist jurisprudenceと呼ばれるフェミニズム法学や「女性と法」と題する講義が増えた[5]。法律を学ぶ女性たちは，意識的に，女性の権利について議論を始めたの

---

2) 辻村みよ子『ジェンダーと法〔第2版〕』(不磨書房，2010年) 11～12頁。
3) ジョーン・W・スコット (荻野美穂訳)『ジェンダーと歴史学』(平凡社，1992年) 16頁。
4) ジュディス・バトラー (竹村和子訳)『ジェンダー・トラブル』(青土社，1999年) 28～29頁。
5) アメリカでは，暗い保守主義の時代から抜け出した1960年代，女性が大量にロースクールに入学し，これがフェミニズム法学の契機となった，といわれている。公民権法運動を担ったロースクールの学生たちは，法を「改革の道具」として認識し，自分たち

である。

　第三波フェミニズムの段階に至ると、「フェミニズム法学」や「女性と法」という講義は、「ジェンダー法」という講義名へと変化し始めた。大学のロージャーナルにも「ジェンダーと法」という名称のものが登場するようになった。この時代のジェンダー概念の新たな使用法に照らせば、欧米では、「ジェンダー法」という名称を意識的に使うことによって、男／女の性差二分論や性の関係性そのものを取り上げる学問を位置づけようという意図が示された、と考えられる。

(3) 日本のジェンダー法学
(a) 端緒としての法女性学

　日本で最初に登場した「法女性学」の先駆的業績は、金城清子『法女性学のすすめ』だった[6]。1991年には、角田由紀子『性の法律学』が、セクシュアリティと法に関する新鮮な知的刺激をもたらした[7]。一方、法制度としては、1985年の女性差別撤廃条約の批准、男女雇用機会均等法（均等法）の制定、1999年の男女共同参画社会基本法の制定が、固定的な性別役割分業の見直しという機運を高めた。

　しかし、法女性学やフェミニズム法学という講義は、いくつかの短大や女子大ではみられたものの、共学の4年制大学法学部においては、ほとんど開講されることはなかった。法学専門教育との関わりは、もう少し遅れて始まったといえよう。

(b) ジェンダー法学のスタート

　今世紀に入ってようやく、「ジェンダーと法」という科目が、比較的多数の法学部や法科大学院で開講されるようになった。したがって、日本では、「フェミニズム法学」も「ジェンダー法学」も渾然一体となって「女性の権利」と関わる法学専門教育としてスタートしたのであり、その意味では、両者の違い

で「女性と法」という自主講座をスタートさせ、その中から、女性教員の採用を強く要求し、多くの改革を行った。この経緯は、フランシス・オルセン（寺尾美子編訳）『法の性別』（東京大学出版会、2009年）57頁以下に詳しい。
　6）　金城清子『法女性学のすすめ』（有斐閣、1983年）。
　7）　角田由紀子『性の法律学』（有斐閣、1991年）。

がさほど明確に意識されていたわけではない。

　日本におけるジェンダー法学の登場は，司法制度改革や法科大学院の設置と大きく関係していた。当初，司法制度改革においては，国民を中心に据えた司法という標語が掲げられたものの，マイノリティや女性の権利についてはほとんど意識的な取組はなく，ジェンダー視点も不十分であった[8]。後に改革の議論が進んだ結果，司法におけるジェンダー・バイアス批判が法曹界で行われるようになり，検事任官の女性枠問題が世間を騒がせ，ジェンダー法学教育の必要性が認識されるようになり，「すべての人にとって手の届く司法」をめざす司法改革の理念の実現と連動して，大規模な法科大学院では，「ジェンダーと法」の講義をおくようになったのである。そして，2004年4月の法科大学院制度のスタートを前に，ジェンダー法学会は，2003年12月に発足した。

　(c)　ジェンダー法学とは何か

　上述のように日本では，法女性学やフェミニズム法学とジェンダー法学の違いは，発足当時には，あまり意識されていなかった。とはいえ，「ジェンダー法学」が新たに登場したことの意味は大きい。なぜならジェンダー法学は，女性解放や女性の立場にたったフェミニズムという観点のみならず，法学分野のジェンダー問題を発見し，探求し，分析するという観点を備える学問だからである。すなわちジェンダー法学は，男女の性差そのものを問題にし，セクシュアリティに敏感な視点を重視し，ジェンダーの観点からあらゆる権利問題を論じ，法学に幅広くジェンダー視点を導入する学問である。

　それだけに，その対象領域は全法学分野におよぶのであって，ジェンダー法学は，法学の既存の一専門領域と並び立つ位置を占めるというよりは，各専門領域にジェンダー視点を導入するという，ある種の方法論である，とも考えられる。

(4)　ジェンダー秩序と法

　ジェンダー法学の対象領域が全法学分野に及ぶのは，法が支配する社会のあらゆる領域において，ジェンダー秩序が貫徹されているからである。実際，ジ

---

8)　浅倉むつ子「司法改革・法学教育・ジェンダー」法の科学30号（2001年）218頁。

ェンダーに関わる科学的「知識」は，歴史的にも，近代以降の国の制度や市場秩序を正当化してきたことがうかがえる[9]。

　三成美保は，社会を支配する権力は，国家や共同体が認める「法」という最高の権威と権力をもって，ジェンダー秩序を表現するとして，「法は，ジェンダー規範の最たる表現」であり，その本質において「ジェンダー法システム」にほかならない，と述べる[10]。さらに三成は，近代法の基礎となった西欧近代社会のジェンダーに関する社会秩序総体を描き出す優れた著書[11]の中で，国家，市場，家族といったあらゆるレベルの社会単位は，それが属する社会のジェンダー秩序にしたがって機能している，という。このジェンダー秩序を見事に示したのが次頁の図である。

　現代社会にも通じるところの，フランス革命以降のヨーロッパの近代社会は，この図に示されているように，3つの「市民社会」と1つの「私的分野」から成り立っている。「公的」な社会としての3つの市民社会のうち，右上が「政治的市民社会」すなわち近代国家，左上が「経済的市民社会」すなわち市場経済，右下が「非政治的・非経済的市民社会」すなわち公共圏であり，それらの裏面には，左下の「親密圏」すなわち家族という世界がある。この社会を貫いている「公私二元的なジェンダー規範」は，①性別役割分業（国家と市場は男性，家族は女性），②分業の非対称性（優越的地位にある公共領域を男性が担い，従属的地位にある私的領域を女性が担う。公的領域は自由・平等という規範が支配し，私的領域は恭順に基づく支配・従属関係が作用している），③3つの市民社会と私的分野それぞれにジェンダー・バイアスが付着している，などの特色を有する。そして法制度は，当該社会のジェンダー規範を反映し，それを体現するものとして成立してきたのである。

　以上のような理解によれば，近代以降の社会では，あらゆる領域にジェンダー秩序が行き渡っており，法制度は，「ジェンダー規範」を反映し，それを体

---

9)　たとえば，女性は妊娠するから為政能力がない，として参政権を否定され，市場取引の行為能力を制限されてきた。
10)　三成美保「ジェンダー概念の展開と有効性」ジェンダーと法5号（2008年）78頁。
11)　三成美保編『ジェンダーの比較法史学』（大阪大学出版会，2006年）。浅倉むつ子「ジェンダー研究の有用性を証明する法史学」早稲田大学比較法研究所編『比較法と法律学』（成文堂，2010年）229頁以下，も参照。

図　市民社会と親密圏

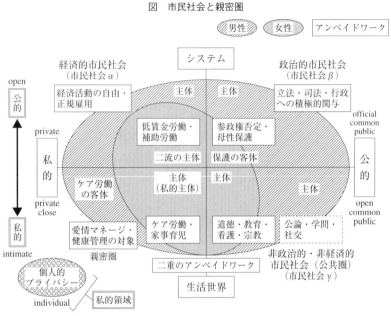

三成美保編『ジェンダーの比較法史学』(大阪大学出版会, 2006年) 47頁より。

現するものとして成立してきたといえる。そして，このような西欧近代市民社会におけるジェンダー規範の系譜は，若干の修正を加えられながらも，今日の日本社会にも引き継がれてきている。

現代社会における基底的な規範が「ジェンダー規範」であるということを理解すれば，それを対象とする学問が登場することに何の不思議もないであろう。ただし再論になるが，「ジェンダー法学」は，個別分野の法学（民法や刑法など）とは異なり，いわば，「ジェンダーに敏感な視点で法と社会を深く分析し，研究すること」や，「法におけるジェンダー・バイアスを発見し，それを批判すること」などの目的を共有している法学の総称，と言ってよいのではないだろうか。

2　女性差別撤廃条約と女性の権利[12]

女性の権利について分析する場合，国連が1979年に採択した「女性差別撤

廃条約」[13]の意義についてふれないわけにはいかない[14]。この条約については，2011年1月現在，186か国が批准しており，未批准国は，イラン，ナウル，パラオ，ソマリア，スーダン，トンガ，米国と，ごくわずかである。

(1) 条約における女性の権利とは
(a) 男性と同一の権利

女性差別撤廃条約は，女性に対する差別撤廃のための立法を含む適切な措置をとることを，締約国に要求しており，その意味では，徹底して「性差別の撤廃＝平等の実現」を追求した文書である。同条約は，男性と平等な条件で，政治的・経済的・社会的活動における具体的な諸権利を，女性に対して，明瞭な形で保障しているのであり，各規定は女性に対する「男性と同一の権利」保障である。

(b) 女性固有の権利

問題は，この条約が，男性ないし人間一般のヒューマン・ライツとは異なる「女性固有の権利」としてのウィメンズ・ライツに明文で言及していないことである。このことは，同条約が制定された当時の時代状況の反映でもあった。

「女性固有の権利」に関しては，国際的には1990年代になってから，動きがみられた。1993年世界人権会議の成果である「ウィーン宣言」は，「女性の人権」として，公的・私的生活における女性に対する暴力，セクシュアル・ハラスメント，女性の搾取と売買等を例示して，その根絶の努力を強調した。同年12月の国連総会では「女性に対する暴力の撤廃に関する宣言」が採択された。これらの文書は，1979年の女性差別撤廃条約においては言及されていなかった女性固有の権利を改めてとりあげるものであった。

---

12) この部分は，浅倉むつ子「女性差別撤廃条約30周年と個人通報制度」生活経済政策160号（2010年）に，若干手を加えて，書きあげた。
13) 正式名称は，「女子に対するあらゆる形態の差別の撤廃に関する条約（Convention on the Elimination of All Forms of Discrimination against Women）」であり，1979年12月18日に第34回国連総会で採択された。
14) 女性差別撤廃条約の参考文献は多いが，さしあたり，国際女性の地位協会編（編集委員：山下泰子＝辻村みよ子＝浅倉むつ子＝戒能民江）『コンメンタール女性差別撤廃条約』（尚学社，2010年）参照。

女性差別撤廃条約は，しかしながら，成立後も一貫して内容的発展をとげてきているところにも特色を有している。現在，女性差別撤廃委員でもある林陽子は，「私見では，女性に対する暴力が条約で禁止する差別であり権利の侵害であること，そしてそれに関して国家に責任があることが，一般勧告および最終見解によって採択されるようになり，さらにその内容が個人通報の見解を通じて確認・強化されつつある点が，この条約の 30 年間のもっとも大きな成果だと思う」[15]，と述べている。

女性に対する暴力に関していえば，当初，条約はこの問題について沈黙していた。しかし 1989 年には，女性差別撤廃委員会（Committee on the Elimination of Discrimination against Women. 以下，「CEDAW」とする）が，「女性に対する暴力に関する一般勧告 12 号」を採択し，締約国に，女性に対する暴力発生状況を報告書に記載するように求めた。さらに 1992 年に採択された一般勧告 19 号は，ジェンダーに基づく暴力を定義して，強制結婚，女性性器切除（FGM），ポルノグラフィ，人身売買，武力紛争下での性的暴力など幅広い暴力の形を例示し，それら暴力は条約 1 条が意味する差別の範囲に該当する，と明言した。

CEDAW は，これまでに 28 の一般勧告を採択してきており[16]，それらを通じて条約の解釈基準を示すと同時に，条約の内容を補足し，豊富化し，現代化しているのである。

(2) 選択議定書と CEDAW
(a) 選択議定書の仕組みと運用

女性差別撤廃条約の選択議定書は，条約が制定されてから 20 年たった 1999 年に採択され，2000 年に効力を発生した。2011 年 1 月現在，100 か国がこれを批准している。

選択議定書は，女性差別撤廃条約の実施措置として，個人通報制度と調査制

---

15) 林陽子「女性差別撤廃条約——30 年目の成果と課題」国際人権 21 号（2010 年）100 頁。
16) 一般勧告 1〜26 号までは，国際女性の地位協会編・前掲注 14）551〜552 頁に一覧があり，それらの日本語訳は内閣府男女共同参画局のホームページに掲載されている。一般勧告 27 号は「高齢女性」，一般勧告 28 号は「締約国の差別撤廃義務」であり，CEDAW 第 47 会期（2010 年 10 月）で採択された。

度を設けている。個人通報制度は，締約国の管轄下にある個人からの条約に基づく権利侵害の申立について，CEDAW が権利侵害の有無を判断し，委員会としての見解を締約国に通知し，被害者を救済する仕組みである。調査制度は，条約に定められている権利の「重大または組織的な侵害」が行われているとの情報に基づき，CEDAW が職権的に調査を行い，その結果，締約国に対して意見および勧告を出すという仕組みである。

　これまでに同条約に関しては 24 件の個人通報が登録されており，16 件が結論に至り，うち 5 件については「権利侵害あり」という違反の認定が下された（オーストラリア 2 件，ハンガリー 2 件，フィリピン 1 件）。5 件のうち 3 件は DV のケース，1 件は不妊手術のケース，1 件は強姦のケースである。

　不妊手術に関するハンガリーのケース[17] では，CEDAW は，通報者の主張を認めて，申立人に対して相当な賠償を支払うこと，医療従事者に女性のリプロダクティブ・ヘルスに関する啓発をすること，不妊手術のインフォームド・コンセントに関する法律を見直すことを勧告した。直接的な人権侵害を行った医師・病院ではなく，国家が賠償義務を負う根拠については，非国家主体が行う行為について，国家がこれを防止せず，迅速な対応をしない場合には，国が「相当な注意（due diligence）」を怠ったものとみなされる，という説明が理解を助けてくれるであろう[18]。

　調査制度に関しては，これまでに受理・検討され，結論に至ったケースは 1 件のみである。すなわち，メキシコで頻発している女性を対象とした大規模な誘拐殺人事件について，CEDAW は調査を実施して，条約締約国メキシコに対して，当該事件の捜査，犯人の処罰，被害者の保護，女性に対する暴力の防止等，16 項目にわたる義務を実施するように，との勧告を出した。

　日本では，2010 年 5 月に，外務省内に人権条約履行室が発足し，選択議定書の受諾に向けた準備作業が本格化しているが，なお，その具体的な日程はみえてきていない。

---

17) 厳格なクリスチャンであるロマの通報者が，同意なしに公立病院の医師によって不妊手術をされたという事例。A.S. 対ハンガリー（No. 4/2004）。
18) 林・前掲注 15) 101 頁。

(b) CEDAW

　CEDAW は，締約国による条約の履行を確保するためのモニター機関という位置にあり，「徳望が高く，かつ，この条約が対象とする分野において十分な能力を有する専門家」（女性差別撤廃条約 17 条 1 項）である 23 人の委員により構成されている。CEDAW の主な任務は，①締約国から定期的に国連に提出される条約実施状況に関する国家報告を，審議し，「総括所見」を出すこと，②条約の解釈や内容補充となる一般勧告を作成すること，③選択議定書に基づく個人通報や調査について審査し，判断を行うこと，である。

(3) 日本の女性の権利をめぐる状況
(a) 条約の批准と政府報告書審査

　女性差別撤廃条約を批准するにあたって，日本では，1984 年の国籍法改正（子の国籍に関する父系血統主義から父母両系主義へ），1985 年の均等法制定，同年の学習指導要領の改訂着手（女子のみの家庭科必修の見直し）という国内法・制度の改正を行った。

　1985 年の条約批准以来，日本は，1988 年（「第 1 次報告書」に関する第 1 回審査），1994 年（「第 2 次報告書」「第 3 次報告書」に関する第 2 回審査），2003 年（「第 4 次報告書」「第 5 次報告書」に関する第 3 回審査），2009 年（「第 6 次報告書」に関する第 4 回審査）と，4 回にわたって，CEDAW による審査を受けてきた。私自身は，第 1 回から第 3 回の審査を傍聴した。

　第 1 回審査は，和やかな「建設的対話」であったが，審査結果としてまとまった CEDAW による見解の公表はなかった[19]。第 2 回審査からは，国別に「最終コメント」が公表されたが，その公表は審査の翌年であり，また「勧告および提案」としてはわずか 3 項目にすぎなかった[20]。第 3 回審査では，22 項目にわたる本格的な「主要な懸念事項および勧告」が公表され，その内容は，日本の NGO の意見を相当程度反映したものであった[21]。

---

　19) 浅倉むつ子「男女差別撤廃への課題——第 7 回女子差別撤廃委員会傍聴記」法の科学 16 号（1988 年）185 頁，浅倉むつ子「日本政府レポートの逐条審議と評価(1)(2)」国際女性の地位協会編『女子差別撤廃条約』（三省堂，1990 年）120 頁以下参照。
　20) 浅倉むつ子「国連女子差別撤廃委員会における日本政府レポートの審査について」労働総研クォータリー 15 号（1994 年）28 頁参照。

第4回審査では,「最終コメント」が「総括所見」に名称変更され,前回よりもさらに充実した内容で,全体では60項目,「主要な懸念事項および勧告」だけでも48項目にわたる文書が,2010年8月に公表された。これは,まさに日本における「女性の権利」の実現状況に関する国連からの包括的な審査報告である[22]。

　CEDAWは,総論的に,日本において性差別的法規定が存在することについて,早急にそれらを廃止すべきであると要請した（パラグラフ18）。そして,条約には法的拘束力があること,条約が国内法体制に完全に適用可能となること,裁判において活用すべきこと,選択議定書の批准の検討についても繰り返し勧告し（パラグラフ20）,国際法の拘束性に関する日本政府の認識不足,条約の国内適用の不十分性について懸念を表明した。さらに,直接・間接差別を含む差別の定義を国内法に組み込む措置をとること（パラグラフ22）,独立した国内人権機関の早急な設置（パラグラフ23）,女性の地位向上のための国内本部機構の強化（パラグラフ26）,学界を含めた雇用および政治的・公的活動分野における女性の参加促進のため,暫定的特別措置の採用を要請した（パラグラフ28）。

　各論的な課題としては,ステレオタイプ（固定的性別役割分業意識）の根絶,女性に対する暴力撤廃の取組,人身売買および売買春による搾取の抑止,政治的・公的生活における平等参加の実現,教育におけるジェンダー平等,雇用における事実上の平等,家庭と職業の調和の支援・奨励,性の健康へのアクセスの確保,マイノリティ女性の差別撤廃,弱い立場にある女性グループに対する実態把握と政策的措置など,包括的に,詳細な勧告がなされている。

(b) フォローアップ項目

　第4回審査後の「総括所見」では,フォローアップ項目として指定された2項目について,2年以内に,勧告の実施に関する書面での詳細な情報を提出することが要請された（パラグラフ59）。

　その一つ目は,パラグラフ18にある民法（家族法）改正であり,内容として

---

21) 浅倉むつ子「間接性差別禁止の立法化を——CEDAWからのメッセージ」国際女性17号（2003年）5頁以下,同「女性差別撤廃条約——CEDAWコメントをめぐって」労働の科学59巻2号（2004年）5頁以下参照。
22) 国際女性の地位協会・前掲注14) 539頁以下。

は，①男女ともに婚姻最低年齢を18歳に設定すること，②女性のみに課せられている6か月の再婚禁止期間を廃止すること，③選択的夫婦別氏制度を採用すること，④婚外子とその母親に対する民法および戸籍法の差別的規定の撤廃，である。

その二つ目は，パラグラフ28にある暫定的特別措置の採用であり，とくに学界の女性を含め女性の雇用および政治的・公的活動への女性の参加に関する分野に重点をおくこと，また，あらゆるレベルでの意思決定の地位への女性の参加を引き上げるための数値目標とスケジュールをもった措置を採用することが，要請されている。

日本女性差別撤廃条約NGOネットワーク（JNNC）が2010年に招請した，総括所見のフォローアップ特別報告者であるドゥブラヴカ・シモノヴィッチCEDAW委員によると，フォローアップ手続きに対する締約国の対応についての評価は，以下のような分類によってなされるとのことである[23]。①申し分なし：さらなる情報も行動も不要。②合格点：次回の定期報告でさらなる履行情報を求める。③協力的だが不十分：「追加的説明を要請」，「次回定期報告に追加的情報を盛り込む」，「技術的支援を推奨する」のうち，いずれかを行う。④履行できていない：「追加的説明を要請」，「次回定期報告に追加的情報を盛り込む」，「技術的支援を推奨する」のすべて，あるいはいずれかを行う。⑤対応なし：督促せざるをえない。

フォローアップ手続きの具体的な効果については，なお不明なことが多い。ただ，法的強制力は望めないとしても，このフォローアップ手続きについては，国内人権機関，国連の当該国担当チーム，国連機関，NGOを系統的に招請して，関連情報を提供してもらい，その情報をウェブサイトに公表することを通じて，未解決の勧告事項への取組を確実に進展させていこうというCEDAWの決意が読み取れるところである。

---

[23] 日本女性差別撤廃条約NGOネットワーク『2010 JNNC ドゥブラヴィッチ委員招聘活動：国連女性差別撤廃委員が語る日本の課題　報告集』（2010年）8頁。

3 女性の権利をめぐる若干の今日的論点

(1) ジェンダー法学の意義と課題
(a) ジェンダーに敏感な視点

　フェミニズム法学は，既存の法律学における女性の不在を鋭く批判してきた。近代以降の法制度や人権論が，すべての人の普遍的人権を保障したかのような外見をとりながらも，実際には，性差別や人種差別を内包していたということを明らかにしたのは，フェミニズム法学の功績である[24]。これは，近代人権観念の歴史性（虚偽性）を問うことであり，男性中心的な人権論を根底から揺さぶる批判であった。このような近代人権思想の限界性については，以下の文章がよく説明している。

　　「人一般の権利」として主張されながらも，アメリカ独立宣言（1776年）にしても，フランス人権宣言（1789年）にしても，身分制支配から解放された個人を主体とする「人一般の権利」の「生来性，不可譲性，不可侵性」を主張したにもかかわらず，実際には「有産者（ブルジョアジー）・男性・白人」に固有の自由・権利を「人権」と称することで「労働者（プロレタリアート）・女性・先住民族」を「人権」の主体から排除したという問題をかかえていた[25]。

　その後，人権主体の範囲は，徐々に時間をかけて女性にまで拡張されていった。今日では，法の主体に女性が含まれていないような実定法をもつ国は，先進国においてはほとんどないと言ってよいだろう。しかしながらなお，現代においても，法の基底にある「公私二元的ジェンダー規範」の存在が，実態として女性の権利を脅かしている。そのことに，ジェンダー法学は鋭い批判の矛先を向けている。

　一見，性中立的にみえる既存の法制度も，実は社会におけるジェンダー規範

---

[24] オリヴィエ・ブラン著（辻村みよ子訳）『女の人権宣言――フランス革命とオランプ・ドゥ・グージュの生涯』（岩波書店，1995年）。すべての人と市民の権利を保障したはずのフランス人権宣言では，女性の権利は無視されており，その後の革命期における法制度下でも，女性の権利は全面的に排斥され続けた。辻村みよ子『女性と人権』（日本評論社，1997年）44頁以下。

[25] 愛敬浩二「近代人権論と現代人権論」愛敬浩二編『講座人権論の再定位第2巻　人権の主体』（法律文化社，2010年）4頁。

や女性の無権利性を，そのまま放任しているにすぎない。そのような中で，法律学がジェンダー中立を保ち，ジェンダー・ブラインド（ジェンダーの無視）を志向しても，それは既存のジェンダー規範の追認になりかねない。法律学に求められているのは，むしろジェンダーに敏感な視点である。そのことを，ジェンダー法学はさまざまな事案において明らかにしてきた[26]。

(b) ジェンダー法学の目的と課題

辻村みよ子は，日本のジェンダー法学の目的ないし射程を，①法学におけるジェンダー問題の発見・探求・分析・啓発，②司法・立法におけるジェンダー・バイアスの発見・分析・批判・解消，③ジェンダー視点からの法構造の構築，④法実践（訴訟等）への理論提供・支援，⑤政策提言，⑥ジェンダー・センシティブな学生・法曹実務家・公務員等の養成・教育として，まとめている[27]。これらは，私が考えるジェンダー法学の課題でもある。以下，辻村が指摘する6つの目的・課題にそって，具体的な問題を例示しつつ，私なりにコメントしておきたい。

第一の課題は，法の分野におけるジェンダー問題の発見・探求・分析・啓発であるが，中でも重視すべきは，「ジェンダー問題の発見・可視化の達成」であろう。一例をあげれば，セクシュアル・ハラスメントという言葉が発見されたことによって，長い間，事実としては存在しながらも目に見えることのなかったこの行為の「権利侵害性」が明確になった[28]。今日では，日本でも，セクシュアル・ハラスメントは法制度上，事業主が防止措置を講ずべき性的言動であるとされ[29]，裁判においても，不法行為として損害賠償が命じられている。

---

26) 後に述べるように，ジェンダーを無視した中立的な法解釈の限界性は，平等論をめぐってあらわになる。機会均等は男性にも女性にも平等な機会を与えるという意味で，ジェンダー・ブラインドであるが，実際には，社会において男性と同じ条件で競争しうる環境にある女性は，わずかでしかない。

27) 辻村・前掲注2) 275頁。

28) セクシュアル・ハラスメントは，アメリカのフェミニスト団体が使い始めた言葉だが，このような行為は1970年代以降，裁判を通じて，公民権法第7編違反の性差別に当たると解釈されるようになった。奥山明良『職場のセクシュアル・ハラスメント』（有斐閣，1999年），水谷英夫『セクシュアル・ハラスメントの実態と法理』（信山社出版，2001年），キャサリン・A・マッキノン（村山淳彦監訳）『セクシャル・ハラスメント オブ・ワーキング・ウィメン』（こうち書房，1999年）参照。

29) 男女雇用機会均等法11条，人事院規則10-10。

これからも同じような課題は数多く，生じるだろう。

第二の課題は，司法・立法におけるジェンダー・バイアスの発見・分析・批判・解消であるが，これについては，司法改革以降，実務の分野から大きな問題提起がなされてきた[30]。

第三の課題としての，ジェンダー視点からの法構造の構築については，法哲学，法社会学，法思想など，基礎法分野の研究者による精力的な研究に負うところが大きい。

第四の課題である法実践（訴訟等）への理論提供・支援については，実定法分野の研究者や実務家が貢献できる分野であり，実践例は枚挙にいとまがない。この実践は，必ずしも国家が設置している裁判所における活動にとどまらないというべきである。好例として，第二次大戦時の戦時性暴力をめぐる「女性国際戦犯法廷」の試みをあげることができる。裁判所でことごとく救済を否定された原告女性たちのために，日本の女性NGOは，1997年から民衆裁判としての国際戦犯法廷をたちあげ，被害女性の救済のみならず，今なお続く戦争による性暴力を断ち切ることをめざして，2001年12月4日のハーグ判決に連なる一連の法実践を行った。これは世界に誇りうる活動である[31]。

第五の課題である，政策提言についてのジェンダー法学からの貢献は，2010年末の「第3次男女共同参画基本計画」に集約された数多くの具体的な提言，そして既述のCEDAWによる法制度改正の勧告などに，おおいに反映されている。

第六の課題としての，ジェンダー・センシティブな学生・法曹実務家・公務員等の養成・教育も，重要である。日本全国で，可能なかぎり幅広くジェンダー法学教育が行われることが望ましい。学校教育では小学校から大学院まで，対象は，学生，企業経営者，労働者，公務員に至るまで，全国各地で，ジェンダー・センシティブな法的思考が養われる必要がある。

ちなみに法曹養成を担う法科大学院では，2006年段階で，40％弱の法科大

---

[30] 第二東京弁護士会両性の平等に関する委員会・司法におけるジェンダー問題諮問会議編『事例で学ぶ　司法におけるジェンダー・バイアス〔改訂版〕』（明石書店，2009年）参照。

[31] VAWW-NET Japan編『日本軍性奴隷制を裁く――2000年女性国際戦犯法廷の記録』（全6巻）（緑風出版，2000～2002年）参照。

学院が，何らかの形でジェンダーと法に関する科目を設けているという調査結果が得られた[32]。ジェンダー法は先端・展開科目であり，司法試験とは無縁な科目であるため，この数値をより高めることができるかどうかは予断を許さない。もっとも，すべての教員がジェンダーに敏感な視点をもってさえいれば，各科目の教育を通じて学生がジェンダー問題に触れることが可能になり，あえて「ジェンダーと法」という科目をおく必要性はなくなるかもしれない。しかし現状では，学生の教育と同時に，教員の教育もまた不可欠であろう。

(2) 「平等論」をめぐる理論課題
(a) 差別概念の検討と救済のあり方

女性の権利をめぐって，従来，もっとも中心的に議論されてきたテーマは，平等論・差別禁止法理であった。すなわち，男性に保障されてきた権利を，どのように女性にも実質的に保障するべきかが，女性の権利に関するこれまでの最大の課題であった。憲法学上は，形式的平等から実質的平等へという理論的な流れが形成されてきた。また，各国の実定法としての性差別禁止立法の展開の中では，差別禁止法理の発展として位置づけることができる問題でもある。

性差別禁止法理と関わる主要な課題として，3つのことを指摘しておきたい。

第一は，各国の平等立法の中における「禁止されるべき差別概念」の展開を理解し，分析することである。たとえば最新の包括的差別禁止立法として注目されるイギリスの2010年平等法（Equality Act 2010）は，年齢，障害，性別再指定，婚姻と民事パートナーシップ，妊娠・出産，人種，宗教・信条，性別，性的指向を，差別されない事由として掲げつつ，「直接差別」，「間接差別」，「合理的調整義務の不履行」，「報復」，「ハラスメント」を禁止している。とくに「直接差別」，「間接差別」，「合理的調整義務の不履行」の概念の相互関係・異同の見極めと，それぞれの禁止される行為の理解またそれらの救済方法が，性差別禁止法理を考える際にも重要である。

日本でも，雇用分野における性差別のみに限定しても，さまざまな問題がある。①直接差別については，労働基準法（労基法）3条・4条違反の救済のあり

---

32) 後藤弘子「ジェンダーと法曹養成教育」ジェンダーと法4号（2007年）3頁参照。

方33)や,均等法違反の救済のあり方の議論34)が必要である。②間接差別については,均等法7条がそれを禁止するが,その範囲が省令（施行規則2条）によって限定されていることについて,批判されなければならない。そもそも間接差別概念が,意図しない差別を発見して使用者に対する問題提起を通じて差別禁止内容を発展させていくものであることに照らせば,この概念をはじめから限定しておくことは論理矛盾だという指摘は,的を射たものであろう35)。③「合理的調整義務の不履行」の禁止については,障害者権利条約の批准を目前にした障害者基本法の改正や,その後立法化が予定されている障害差別禁止法には,導入される予定になっている36)。

　第二は,性差別とその他の事由による差別が交差する「複合差別」禁止法理をめぐる理解と分析の必要性である。CEDAWによる勧告や内閣府の「第三次男女共同参画基本計画」においても,複合差別に苦しむ女性の情報把握や対策の必要性への言及があるが,これらは,法理としての複合差別を提起するものだとは受け止められていない37)。しかしながら,単一の差別ではなく,2つの

---

33) たとえば賃金に関する性差別を禁止する労基法4条の解釈においても,賃金差別を受けた労働者が,損害賠償請求のみならず差額賃金請求権を有するという場合に,何を根拠としてそれが認められるのかについて,議論がある。賃金差別が昇格差別と連動している場合には,昇格した地位確認請求を認めた判例は,まだわずかしかない。芝信用金庫事件・東京地判平成8・11・27労判704号21頁；東京高判平成12・12・22労判796号5頁。

34) 均等法にはそれ自体の法的性格・効果について明確な定めがなく,私法的効力を有する法律か否かが不明であるが,裁判所は,1997年改正以降,均等法が強行規定になったと解釈する傾向にある（例：野村證券事件・東京地判平成14・2・20労判822号13頁）。ただし,均等法には労基法13条のような直律的効力を定める条文がないため,せいぜい,不法行為にもとづく損害賠償請求および行政的な実効性確保手続きがとられるに過ぎない,という見方もある。

35) 長谷川聡「性差別禁止の現代的展開」日本労働法学会誌117号（2011年）15頁以下。

36) 2010年12月17日内閣府障がい者制度改革推進会議「障害者制度改革の推進のための第二次意見」参照。アメリカでは,1990年の障害を有するアメリカ人法（Americans with Disabilities Act）から示唆を得て,妊娠した労働者への「合理的配慮」を義務づけるアプローチを採用すべきだと主張する有力な学説もある,と紹介されており,この概念が性差別にも導入される可能性は否定できない。富永晃一「比較対象者の視点からみた労働法上の差別禁止法理(6)」法学協会雑誌127巻11号（2010年）1788頁。

37) 性別を含む人種・民族・宗教・文化等の多様な属性や要素を有する諸個人の共生を,ジェンダー平等と多文化共生という観念で包括的にとらえようという試みは,日本でもなされており,参考になる。辻村みよ子＝大沢真理編『ジェンダー平等と多文化共生

事由が結合する「結合差別（combined discrimination）」、2つ以上の事由が重複する「複合差別（multiple discrimination）」については、差別の立証可能性を拡大する法的な概念として、重要な意味があるように思う。この法的な概念の検討は緒に就いたばかりである[38]。

第三は、差別の救済をめぐる理解と分析の必要性という課題である。とくにCEDAWから日本が勧告されている「暫定的特別措置」（日本では、積極的改善措置もしくはポジティブ・アクション）について、どこまで可能であるかどうか法的な検討を行い、可能なものについては積極的に導入する必要がある。「第三次男女共同基本計画」は、政治分野に関して、女性候補者比率のクォータ制を導入することや、雇用分野に関して、男女共同参画への積極的な取組等を公共調達の受託企業の条件とする法整備を行うことなどが示されており、参考になる[39]。

(b) フェミニズムからの「平等要求」批判

フェミニストたちは、平等理念を一方では強く追い求めつつ、他方で、その限界性を明らかにして、女性に対する抑圧のない世界を実現しようとしてきた。そのようなたゆみない試みが、すでに述べたような差別禁止法理の発展を生みだしてきたことについては、今さら指摘するまでもないであろう。そのようなフェミニズムによる最近の注目すべき平等批判として、キテイの主張を紹介しておこう[40]。

まず、キテイは、既存のジェンダー平等要求には、3つの定式があるという。第一の定式は、「機会の平等」であり、社会的に価値が高いとされるものへのアクセスを妨げるジェンダーを理由とする障壁を終焉させる要求である。第二の定式は、平等を、性支配を終わらせる戦略として位置づけて、法的・社会的・政治的制度におけるジェンダー・バイアスをなくす要求である。この要求は、あらゆる法制度におけるジェンダー中立政策を求めるものである。第三の

　　　──複合差別を超えて』（東北大学出版会、2010年）参照。ただしここでも、「複合差別」の法的な理論化の試みは、まだ未知数である。
38) 浅倉むつ子「複合差別」労働法律旬報1735＝1736合併号（2011年）4頁参照。
39) 浅倉むつ子「暫定的特別措置」国際女性24号（2010年）127頁参照。
40) エヴァ・フェダー・キテイ（岡野八代＝牟田和恵監訳）『愛の労働あるいは依存とケアの正義論』（白澤社、2010年）36頁以下。

定式は，より積極的に，女性がこれまで排除されてきたすべての領域へ女性を包摂しようという要求である。

以上のように，3つのジェンダー平等要求を定式化したうえで，キテイは，フェミニストによってなされている，平等理念への批判アプローチを紹介する。一つ目は，「差異派フェミニスト」による批判であるが，このアプローチは，第一の定式である「機会の平等」の実現によって男性との平等を要求することは，女性の身体や生活に適さない状態に女性を無理にあわせようとするものだ，と批判する。これは，社会的財を獲得するための機会均等の競争に参加する基準となっているのが男性である，ということについての批判として，理解できよう。

二つ目は，「支配派フェミニスト」による批判であり，これは，第二の定式である，性支配を終わらせる戦略としてのジェンダー中立的な政策要求を，問題視する。すなわち，現代のような性差別社会では，平等は，男性支配の終焉にとって有効なものではないという批判である。フェミニストの改革にとって重要なことは，男女の権力の不平等＝「支配と従属」の関係性そのものを転換させ，男性による女性の性的虐待をなくさなければならないと主張するのである。

三つ目は「多様性批判」というべきアプローチであって，フェミニストの中の差異派も支配派も，女性間の差異を無視しているとして，ジェンダー平等の問題を考える際には，常に，男女双方の中に存在する多様性を考慮する必要があるということを強調する。

さて，キテイは，上記のいずれとも異なる「依存批判」というべきフェミニスト・アプローチをとって，これまで排除されてきたすべての領域に女性が包摂されるべきだという，もっとも積極的な平等の主張である第三の定式について，異を唱える。それは，平等要求が，男性の側に女性を包摂することにしか目を向けないからである。キテイ自身の主張は，「個人」からではなく「依存する人々のつながり」から，平等と正義が実現される社会を構想しようとするもので，従来の平等論の常識を覆すインパクトをもっている。

キテイに代表されるような考え方，すなわち，女性が人権主体となるための前提条件である「ケア関係」の構築の必要性を説く考え方が，このところ日本

でも，静かに賛同の和を広げてきている[41]。今後の平等理念の展望を語る際にも，十分に考慮せざるをえない論点であるといえよう。

(3) 国家の介入の是非をめぐって

(a) ポルノグラフィ規制

従来，ポルノグラフィを含む性表現は，刑法175条におけるわいせつ罪によって規制されてきており，リベラリズムの立場からは，この規制が表現の自由を侵害するか否かをめぐって論じられてきた。「わいせつ」という文言は明確性に欠けるため，表現の自由に対する萎縮効果をもつし，「社会の健全な性道徳の維持」という目的によって表現の自由を侵害してよいのかは，おおいに疑問である。「わいせつ」概念を限定的に解釈して，表現内容の規制をできるかぎり限定しようというリベラリズムの努力自体は評価すべきである。

しかし，「表現」であるかぎりはいかなる場合でも制約することが許されないのか，という問いに対しては，フェミニズムの中から，明確な反論がなされている。ポルノグラフィの害悪が具体的な人権侵害にまで及んでいる場合があるという事実を示しつつ，そのような場合には，いかに表現の自由といえども，「他人の尊厳や人権の侵害」と衝突するかぎり，国家による規制が許されるべきだ，という主張である[42]。詳述する余裕はないが，この問題は，「児童買春・ポルノ禁止法」改正問題を含めて大きな論争になっており，売買春に対する規制を含む性の商品化に対する法のあり方として，検討されなければならない問題であろう[43]。

(b) 親密圏における暴力規制

配偶者暴力防止法（2001年），児童虐待防止法（2000年），ストーカー規制法

---

41) 岡野八代「家族の新しい可能性へ——国家からの家族の解放はどこまで可能なのか？」ジェンダーと法7号（2010年）51頁以下，南野佳代「女性の人権」愛敬編・前掲注25）書117頁以下。

42) 中里見博『ポルノグラフィと性暴力』（明石書店，2007年），角田由紀子『性差別と暴力——続・性の法律学』（有斐閣，2001年）参照。

43) 辻村みよ子は，「売買春をめぐる自己決定論・契約の自由論（女性の権利論）は，グローバリゼーションや南北問題，男性支配型社会の『性の二重基準』や性支配論など，根底的な構造論を踏まえて検討されなければならない」と述べるが，賛成である。辻村・前掲注2）259頁。

(2000年)など,親密圏における人間関係に国家・警察権力が一定の介入をすることを制度化した立法が,21世紀になった日本においても,成立した[44]。このような立法動向について,無批判に国家権力に依存するという危険を冒している,として反対する意見もあるようだが,そのような意見は,親密圏における暴力が人権侵害行為であるという本質をあまりにも無視しているものではないだろうか。暴力行為を防止すべき国家の責任は,たとえ家庭内といえども,軽減されるべきではなく,国家権力の濫用を戒める方策は別個に講じられるべきだからである。とはいえ,この問題の根本的な解決をめざす方策の一環として,国家による予防や保護を要求することと同時に,民間団体の協力や被害者救済の法制度的な整備などを求めることは,必要不可欠であろう。

(初出論文:「女性の権利」早稲田大学大学院法学研究科・組織的な
大学院教育改革推進プログラム編『法学研究の基礎——法と権利』
(早稲田大学大学院法学研究科,2011年) 189〜212頁)

[追記]

2016年2月に行われたCEDAWによる第5回目の日本報告審査については,本書の終章第1節を参照していただきたい。また,本節3(2)(a)で述べた障害者権利条約の批准と障害者基本法改正に伴う「合理的調整義務の不履行」に関わる動向についても,本書終章第3節が詳しく述べているので,そちらを参照して欲しい。

ここでは2点について,追記しておく。第一に,本節執筆時以降の女性差別撤廃条約に関わる最新情報である。2016年7月現在,当該条約の締約国は189か国,選択議定書の加盟国は106か国であり,CEDAWによる一般勧告は,29号(約16条に関する一般勧告 婚姻,家族関係及びその解消の経済的影響),30号(紛争予防・紛争中・紛争後の状況における女性),31号(有害慣行),32号(女性の難民としての地位,庇護,国籍および無国籍状態のジェンダーに関する側面),33号(司法へのアクセス),34号(農村女性)が採択されている。

第二に,本節2(3)(b)でふれたフォローアップ項目に関わる国内の動向について,追記しておく。CEDAWの2009年総括所見とその後の経過については,本書第2章第2節および同節の[追記]において,新たな動きとして紹介しておいた。ここでは,そのフォローアップ項目パラグラフ18にあった家族法関

---

44) 戒能民江『ドメスティック・バイオレンス』(不磨書房,2002年) 参照。

係の条文の改正にふれておく。まず，2013年末に，婚外子と婚内子の相続差別を定めていた民法900条4号ただし書き部分が削除された。同条をめぐっては，多くの違憲訴訟が提起されており，下級審レベルで初の違憲判断を示したのは東京高決平成5・6・23判時1465号55頁であったが，そのときから，最高裁大法廷の合憲判断（最大決平成7・7・5民集49巻7号1789頁）を挟んで，20年を超える年月の末に，ようやく2013年に，最高裁の違憲判断がでた（最大決平25・9・4民集67巻6号1320頁）。同違憲決定は，婚外子相続分差別を定める民法の規定は，制定当時は合憲であったが，その後の社会的状況の変化によって違憲になったとする社会的状況変遷論を根拠とするものであった。その後，先にも述べたように2013年12月5日に民法改正が実現し，900条4号ただし書きの当該部分は削除された。フォローアップ項目で指摘された他の条文についても最高裁判決の行方が注目されていたが，2015年末，最高裁大法廷は2つの判決において対照的な結論に達した。すなわち，女性に6か月の再婚禁止期間を定める民法733条1項については，100日超過部分を憲法違反と判断した（但し，結論としては立法不作為の違法性を否定）（最大判平成27・12・16民集69巻8号2427頁）。一方，夫婦に同一姓を強制する民法750条は，憲法13条，14条1項，24条のいずれに照らしても違憲ではない，との結論に達した（最大判平成27・12・16民集69巻8号2586頁）。その結果，前者についてのみ2016年6月1日に民法改正が行われ，733条1項は修正され，再婚禁止期間は100日に短縮されたところである。

第2節　ジェンダー視点の意義と労働法

はじめに

　1999 年に男女共同参画社会基本法が制定されて以来，学術の分野においても，男女共同参画に強い関心が向けられるようになり，女性研究者の比率を高めること[1]と同時に，ジェンダー視点の意義が強調されるようになった。

　とくに日本学術会議は，各種の報告書において，学問分野へのジェンダー視点導入の意義を強調してきた[2]。第 20 期日本学術会議の学術とジェンダー委員会『対外報告：ジェンダー視点が拓く学術と社会の未来』(2006 年) は，その意義について，①学術活動において要請されている「客観性や普遍性」という価値理念を自省的に検証することにつながるとともに，②社会の構成員に男女両性を含めることにより，学術研究活動の成果を普遍化するもの，と位置づけている。日本学術会議が総力をあげて取組んできた『日本の展望——学術からの提言 2010』においても[3]，ジェンダー研究は，人種・民族・階級・年齢・障碍の有無など多様に分かれる人々が，それによって差別されることなく，相互交流・相互依存していくべき 21 世紀の社会の形成にとって，不可欠な研究として位置づけられる。

　本節では，以上のような学術研究をめぐる新たな展開を背景として，ジェンダー視点の導入が，労働法分野においてどのような意義と影響をもたらすのか

---

[1] 女性研究者の比率向上，学術分野のポジティブ・アクションについては，辻村みよ子『憲法とジェンダー』280 頁以下 (有斐閣，2009 年) 参照。

[2] たとえば第 18 期学術会議ジェンダー問題の多角的検討特別委員会『ジェンダー問題と学術の再構築』報告書 (2003 年)，第 19 期学術会議ジェンダー学研究連絡委員会＝21 世紀の社会とジェンダー研究連絡委員会『男女共同参画社会の実現に向けて——ジェンダー学の役割と重要性』(2005 年) などがある。

[3] 『日本の展望』と題する文書は，2010 年 4 月の日本学術会議総会で採択されたが，日本学術会議が担う政府への政策提言の集大成として，持続可能な人類社会と日本社会の展望を切り開くために，基礎研究を明確に位置づける学術政策への転換の必要性が強調されている。なお『日本の展望』は，学術会議の各部，各分野別委員会ごとにも，とりまとめられており，人文・社会科学分野である第一部の文書では，ジェンダーの視座の意義が強調されている。

について，論じてみたい。

1 ジェンダーとは

(1) ジェンダー概念の多義性

まず，ジェンダー視点とは何かを問わねばならない。ジェンダー概念は，1980年代から，女性学・ジェンダー学研究者によって，広く採用され定着してきたが，これは時代とともに精緻化し，同時に，多義的な用い方をされてもいる。代表的なジェンダー学研究者である江原由美子は，ジェンダーという言葉は一般に「社会的・文化的性別」という定義を核としながらも多様に使用されているとして，比較的多い7つの使用法を，以下のように示している[4]。

第一は，性別とほとんど同義で使用する場合である。たとえば社会調査研究などでは，階級・エスニシティのような変数と並んで，ジェンダーが「単に性別」を意味する語として使用されている。

第二は，当該社会で見出しうる「事実上の性差」という意味で使用する場合であり，たとえば男女の高等教育における進路格差，などの用例がある。当該社会で見出しうる事実上の性差や統計的性差においては，生物学的要因と同時にジェンダーという社会的・文化的影響も大きいと判断されるからであろう。

第三は，男女の性別特性のうち，生物学的特性とは別の，「社会的・文化的特性」をさす用法であり，これが最も一般的な使用法である。

第四は，身体的・生物学的性別や性差に対する，「社会的・文化的意味づけ」という意味で使用する場合である。たとえば生物学的にみて脳の容量の性差は確かに存在するが，その意味を，「知能の性差の証拠」と解するかどうかは，時代によって異なる。

第五は，当該社会において共有されている「性別や性差についての知識一般」という意味で使用する場合である。身体や生物学的性差についての知識も，社会的・文化的な活動によって，生産され，維持され，正当化されるのである。

第六には，その社会の「性別カテゴリーに関連する社会規範および社会制度」をさす用法がある。たとえば「性差がある」という主張は，「男女で異な

---

[4] 江原由美子「ジェンダー概念の有効性について」若桑みどり＝加藤秀一＝皆川満寿美＝赤石千衣子編著『「ジェンダー」の危機を超える！』（青弓社，2006年）38～60頁。

る性別規範やそれに基づく社会制度を維持すべきだ」という主張と結びついて使用されることがある。

　第七に、男女の権力関係を意味する用法もある。第六の用法で一定のジェンダーを前提とすると、当該社会において男女間に権力的な関係が形成されることが考えられるため、このような用法も成り立っている。

　他の研究者も、多かれ少なかれ、江原が示す以上の7つの用法のいずれかに該当する意味合いで「ジェンダー概念」を使用してきており、この概念が多義性をもつことは、研究者の間でほぼ了解ずみである[5]。ジェンダー概念に複数の用法があり、この用語自体が多義的であることは、なんら問題ではない。「有効な概念」は使用され続け、「不要な概念」は淘汰されていくというにすぎないからである。それよりも重要なのは、なぜ「ジェンダー概念」が登場したのか、ということであろう。

(2) ジェンダー概念の登場の意味

　性差・性別を示す言葉として、「セックス」と「ジェンダー」という2つの言葉があるが、「セックス」は「生物学的な性別カテゴリー」であり、「ジェンダー」は「社会的文化的な性別カテゴリー」である。問題は両者の関係である。なぜ、フェミニズムは、1980年代に、新たにジェンダー概念を導入したのだろうか。

　「ジェンダー論」登場以前には、性差は生物学的セックスによって決まる「宿命」であり、変えられず、生まれもった肉体的な性別こそが男女それぞれの魂のあり方を決定づけているという、きわめて固定的な性別観が幅を利かせていた。これに対して「ジェンダー」論は、その宿命からの解放をめざし、人の性別・性差はセックスではなくジェンダーによって決まるのであり、性別に

---

[5]　たとえば加藤秀一は、ジェンダーを、①性別それ自体、②性別自認、③性差、④性役割、という水準で区別されるものだと述べる。加藤秀一『知らないと恥ずかしいジェンダー入門』(朝日新聞社、2006年) 23頁。また、伊田広行は、ジェンダーの意味を、①単なる性別としてのジェンダー、②社会的性別・性質としてのジェンダー、③規範としてのジェンダー、④性に関わる差別・支配関係を示す概念としてのジェンダー、として説明している。日本女性学会ジェンダー研究会編『Q＆A　男女共同参画／ジェンダーフリー・バッシング』(明石書店、2006年) 12頁。

は社会的・文化的な多様性がある，としたのである。それは，社会を作っている人が性別・性差を変えることもできるという理解をもたらした。あまりにも有名なボーボワールの言葉にその発想は含まれている。すなわち，「ひとは女に生まれない。女になるのだ」というわけである。

(3) ジェンダーとセックスの新たな関係[6]

その後，ジェンダーとセックスの関係性をめぐる議論は，さらに発展した。著名な歴史学者，ジョーン・スコットは，ジェンダーに「肉体的差異に意味を付与する知」という定義を与えた[7]。これによって「ジェンダー」は，経験的に認知する対象である性差を意味する場合と，性差についての知識を意味する場合との，2つの用法に分かれることになった。つまり，認知の対象としての性差としては，生物学的性差すなわちセックスと，社会的性差すなわちジェンダーとが，それぞれ独自のものとして定義される。一方，性差についての知識のあり方としては，「男・女」という厳格な「性別二元論」の枠組みのジェンダーが，人間の性別（セックス）とはどのようなものかを認知するのである。その意味で，セックスという「身体的性差」そのものにどのような意味を与えるのかは，その社会が構築したジェンダーという知識による，ということになる。ここでは，「生物学的な性差という知識もまた社会的に形作られたものであり，セックスとジェンダーを厳密に区別することはできない」という説明が成り立つであろう[8]。このようなジェンダーの使用法は，江原による第五の用法である（*1*(1)参照）。

ジュディス・バトラーは，このスコットの概念を用いて，「セックスは，つねにすでにジェンダーなのだ」「セックスを……生産することは，……ジェン

---

6) この部分については，注5）に掲げた文献以外にも，上野千鶴子「ジェンダー概念の意義と効果」『東北大学21世紀COEプログラム　ジェンダー法・政策研究叢書第10巻　ジェンダーの基礎理論と法』（東北大学出版会，2007年）27頁以下，同「差異の政治学」『岩波講座現代社会学第11巻　ジェンダーの社会学』（岩波書店，1995年）1頁以下など，多くの好著があり，それらを参照した。

7) ジョーン・W・スコット（荻野美穂訳）『ジェンダーと歴史学』（平凡社，1992年）16頁。

8) 加藤秀一＝石田仁＝海老原暁子『図解雑学ジェンダー』（ナツメ社，2005年）24〜25頁。

ダー……が行う結果なのだ」という命題を提起した[9]。ここで「セックスはジェンダーだ」とバトラーが言っていることは，生物学的な性差研究も，性別二元論を前提とした，当該社会のジェンダーに関する知識を使用して行われている，という観点を示したものである。バトラーは，著書の中で，「結論としての非科学的な補遺」として，このことを具体例をあげて詳細に説明している[10]。

バトラーが述べるように，もし生物学的に「男・女」という二元的な性別そのものの根拠がないのであれば，私たちが信じ切っている二元的な性別の根拠は，肉体という対象をみつめる私たちの〈まなざし〉にある。人間が，「人間には男と女しかいないのは当然だ，それ以外の人間は異常だ」という規範的な理由付けをし，それに適合するような法や制度を作り上げているところにこそ，二元的性別の根拠があり，そのことが，バトラーのいうところの，「ジェンダーがセックスを生産する」という意味であろう。

このことを理解しておけば，「セックスはジェンダーだ」というバトラーの言説をターゲットとして，ジェンダー論は「いっさいの生物学的性差を認めないといって，人間の中性化をねらっている」などという，いわれなき非難に反論することは容易である[11]。

---

9) ジュディス・バトラー（竹村和子訳）『ジェンダー・トラブル』（青土社，1999年）は，以下のように述べる。「セックスの自然な事実のように見えているものは，じつはそれとはべつの政治的，社会的な利害に寄与するために，さまざまな科学的言説によって言説上，作り上げられたものにすぎないのではないか。セックスの不変性に疑問を投げかけるとすれば，おそらく，『セックス』と呼ばれるこの構築物こそ，ジェンダーと同様に，社会的に構築されたものである。実際おそらくセックスは，つねにすでにジェンダーなのだ。そしてその結果として，セックスとジェンダーの区別は，結局，区別などではないということになる」（28〜29頁），「セックスを前‐言説的なものとして生産することは，ジェンダーと呼ばれる文化構築された装置が行う結果なのだと理解すべきである」（29頁）。
10) バトラー・前掲注9）191頁以下。
11) いわれなき非難と私が述べているのは，今世紀に入って急速に，ジェンダー学やジェンダーという用語に対して拡大した，いわゆる「ジェンダー・フリー・バッシング」といわれる一連の動きである。その中には，①東京都の委託事業である国分寺市の人権講座講師に予定されていた上野千鶴子教授が「ジェンダー・フリーという用語を使うかもしれない」という理由から，東京都教育庁が反対し，講座そのものが中止されたという事件（2005年11月），②DV防止講演会開催へのバックラッシュ勢力からの抗議メールを受けて，つくばみらい市が講演会を中止したという事件（2008年1月），③公立図書館からジェンダー関連の図書が隠されるという事件，④養護学校の性教育が「過激

2 ジェンダー法学

(1) ジェンダー秩序と法

　法学におけるジェンダー概念の意義についても検討しておきたい。近代以降の法制度や人権論が，すべての人の普遍的人権を保障したかのような外見をとりながらも，実際には，性差別や人種差別を内包していたということについては，フランス人権宣言を批判したオランプ・ドゥ・グージュの主張を引用するまでもない[12]。

　スコットのように，「ジェンダー」をある社会における「知（知識）として構築される性別」という広義のものとしてとらえてみた場合，これは法とどのような関わりをもつのだろうか。実際，ジェンダーに関わる科学的「知識」は，歴史的にも，近代以降の国の制度や市場秩序を正当化してきたことがうかがえる[13]。三成美保は，社会を支配する権力は，国家や共同体が認める「法」という最高の権威と権力をもって，ジェンダー秩序を表現するとして，「法は，ジェンダー規範の最たる表現」であり，その本質において「ジェンダー法システム」にほかならない，と述べる[14]。さらに三成は，近代法の基礎となった西欧近代社会のジェンダーに関する社会秩序総体を描き出す優れた著書[15]の中で，国家，市場，家族といったあらゆるレベルの社会単位は，それが属する社会のジェンダー秩序にしたがって機能している，という。このジェンダー秩序を見

だ」と威圧的に批判した都議の行為や，それを根拠に教員を処分した東京都の行為が，名誉棄損で妥当性なし，とされた七生養護学校事件・東京地判平成 21・3・12 LEX/DB 25450446〔東京高判平成 23・9・16 LEX/DB 25472532，最決平成 25・11・28 LEX/DB 25502565〕，⑤バックラッシュに抵抗した男女共同参画拠点施設の三井マリ子館長を，さまざまな情報操作を行いつつ再任しなかった豊中市と財団の措置が人格権侵害として争われた訴訟は原告の請求を棄却したが（大阪地判平成 19・9・12 判例集未登載），控訴審である大阪高判平成 22・3・30 労判 1006 号 20 頁は，原告に対する人格権侵害があったことを認定し，市と財団に連帯して 150 万円の損害賠償を命じた）などがある。私は最後の⑤の事案について「意見書」を大阪高裁に提出した〔本書第 8 章第 2 節〕。

12）　オリヴィエ・ブラン（辻村みよ子訳）『女の人権宣言――フランス革命とオランプ・ドゥ・グージュの生涯』（岩波書店，1995 年）。
13）　たとえば，女性は妊娠するから為政能力がない，として参政権を否定され，市場取引の行為能力を制限されてきた。
14）　三成美保「ジェンダー概念の展開と有効性」ジェンダーと法 5 号（2008 年）78 頁。
15）　三成美保『ジェンダーの比較法史学』（大阪大学出版会，2006 年）。

事に示したのが，本書262頁に掲載した図である。

　現代社会にも通じるところの，フランス革命以降のヨーロッパの近代社会は，この図に示されているように，3つの「市民社会」と1つの「私的分野」から成り立っている。「公的」な社会としての3つの市民社会のうち，右上が「政治的市民社会」すなわち近代国家，左上が「経済的市民社会」すなわち市場経済，右下が「非政治的・非経済的市民社会」すなわち公共圏であり，それらの裏面には，左下の「親密圏」すなわち家族という世界がある。それらの社会を貫いている「公私二元的なジェンダー規範」は，①性別役割分業（国家と市場は男性，家族は女性），②分業の非対称性（優越的地位にある公共領域を男性が担い，従属的地位にある私的領域を女性が担う。公的領域は自由・平等という規範が支配し，私的領域は恭順に基づく支配・従属関係が作用している），③3つの市民社会と私的分野それぞれにジェンダー・バイアスが付着している，などの特色を有する。そして法制度は，当該社会のジェンダー規範を反映し，それを体現するものとして成立してきたのである。

　以上のような理解によれば，近代以降の社会では，あらゆる領域にジェンダー秩序が行き渡っており，法制度は，「ジェンダー規範」を反映し，それを体現するものとして成立してきたといえる。そして，このような西欧近代市民社会におけるジェンダー規範の系譜は，若干の修正を加えられながらも，今日の日本社会にも引き継がれてきているのである。

(2)　ジェンダー法学の展開

　現代社会における基底的な規範が「ジェンダー規範」であるということを理解すれば，それを対象とする学問が登場することに何の不思議もない。とはいえ，「ジェンダー法学」は，個別分野の法学（民法や刑法など）のように，一般的に承認された法体系や方法論があるわけではなく，いわば，ジェンダーに敏感な視点で法と社会を深く分析し，研究することや，法におけるジェンダー・バイアスを発見し，それを批判することなどの目的を共有している法学の総称，と言ってよいかもしれない。

　アメリカでは，暗い保守主義の時代から抜け出した1960年代，女性が大量にロースクールに入学したことが，フェミニズム法学の契機となった。公民権

法運動を担ったロースクールの学生たちは，法を「改革の道具」として認識し，自分たちで「女性と法」という自主講座をスタートさせ，その中から，女性教員の採用を強く要求し，多くの改革を行った[16]。

日本では，金城清子『法女性学のすすめ』（有斐閣，1983年）が，男女平等の実現という観点から，法や制度の望ましいあり方を描き出し，角田由紀子『性の法律学』（有斐閣，1991年）が，セクシュアリティと向き合う法律学として，新鮮な知的刺激をもたらした。1997年から98年にかけて岩波書店から出版された『岩波講座現代の法』シリーズでは，1997年配本の第11巻が初めて，「ジェンダーと法」というタイトルで編集された。また，法制度的には，1985年の女性差別撤廃条約の批准，男女雇用機会均等法（均等法）の制定，1999年の男女共同参画社会基本法の制定などが，固定的な性別役割の見直しという機運をもたらした。

「司法改革」とジェンダー法学との密接な関わりについても指摘しておきたい。司法制度改革においては，国民を中心に据えた司法という標語が掲げられたものの，当初，マイノリティや女性の権利についてはほとんど意識的な取組はなく，ジェンダー視点も不十分であった[17]。しかしその後，司法におけるジェンダー・バイアス批判が登場し，検事任官の女性枠問題も世間を騒がせ，ジェンダー法学教育の必要性が認識されるようになり，「すべての人にとって手の届く司法」をめざした司法改革の理念の実現と連動して，大規模な法科大学院では，「ジェンダーと法」の講義をおくようになった。ジェンダー法学会は，2004年4月からの法科大学院のスタートを前に，前年の12月に発足した。

(3) ジェンダー法教育

2006年段階では，40％弱の法科大学院において，何らかの形でジェンダーと法に関連する科目が設けられた[18]。法科大学院でジェンダー関連の教育を実施することには，いくつかの格別な意義を見出すことができる。第一に，女性

---

16) この経緯は，フランシス・オルセン（寺尾美子編訳）『法の性別』（東京大学出版会，2009年）57頁以下に詳しい。
17) 浅倉むつ子「司法改革・法学教育・ジェンダー」法の科学30号（2001年）218頁。
18) 後藤弘子「ジェンダーと法曹養成教育」ジェンダーと法4号（2007年）3頁。

やマイノリティが抱える問題に共感することを通じて，法曹としての資質を高めることができるし，第二に，法曹が人権に配慮する役割を担うことに着目すれば，ジェンダー法教育は人権教育としての役割も担うというべきである。そして第三に，ジェンダー法を通じて，既存の法理論を批判的にみる視点が養成され，さらに，すべての知識を連結させて問題解決のために有効な方法を探る訓練としての意味も見出しうるであろう[19]。

実際，早稲田大学での私自身の経験からも，学生たちの反応は悪いものではなく，授業評価の結果からは，知識の量ではなく，法曹としての役割や自覚を問い直すような講義としての意義が見いだされているように思う[20]。しかし一方，テーマによっては既存の法理論との衝突場面が多く，学生たちからのとまどい，疑念，反発もある[21]。制度的な課題もある。ジェンダー法は先端・展開科目であり，司法試験とは無関係な科目であるため，試験の合格率を重視すれば，この科目を廃止する法科大学院もでてくるであろう。また，法科大学院の教員の中には，必ずしもジェンダー視点への理解が十分ではないという傾向もみられる。もしすべての教員がジェンダーに敏感な視点をもってさえいれば，各科目の教育を通じて，学生がジェンダー問題に触れることが可能になり，「ジェンダーと法」という科目自体をおく必要性はなくなるかもしれない。しかし現状では，学生の教育と同時に，教員の教育も不可欠であるといわざるをえない。

3 労働法とジェンダーの視点

(1) アプローチの手法

ジェンダー視点をもって労働法にアプローチする場合，その手法にも多彩なものがある。たとえば，第一に，従来から「女性労働問題」としてとりあげられてきたことに，ジェンダーの視点から改めて分析を加え，それにより既存の

---

19) 後藤・前掲注18) 15頁以下。
20) 「自ら考える機会や時間を大切にしている講義だと思う」「視点を変えて身近な物事を見るようになった」という感想を寄せてくれる学生も多い。
21) 私の経験では，強姦罪・性犯罪のテーマでは刑法の謙抑性との衝突が，ポルノグラフィのテーマでは表現の自由との衝突が問題になり，また売買春問題をめぐってはフェミニズム内部の対立もあり，議論が混迷することがしばしばである。

労働法学に新たな知見をもたらすというアプローチが可能である。雇用平等法理の研究、妊娠・出産をめぐる差別問題、同一価値労働同一賃金問題など、例示できることは多い。この中には、セクシュアル・ハラスメントのように新しい概念の創出も含まれる。

　第二には、労働法の基礎理論の再構築にとっても、ジェンダーの視点は有益であろう。労働契約法理や集団的労働法の基礎理論が形成された時代に労働法研究者が念頭においていた労働者のモデルは、「男性・世帯主」であった。しかし、原則として「選択の自由」を有する者として描かれるそのような男性労働者モデルをベースとした労働契約法理は、果たして「家族のケアを引き受けざるをえない」労働者（＝女性）にも、当然に適用されるべき法理たりうるのか。ジェンダー視点をもって労働法における人間像を転換することは、労働法の基礎理論の見直しという問題を提起するであろう。

　第三に、ジェンダー視点は、労働法がこれまで「他者」として排除してきたさまざまな問題に焦点をあてる契機をうながす。労働法は、労働の世界にさまざまな境界を設け、非労働者、女性、アンペイド・ワークなどを、明らかに異なる領域としてきた。しかし、こうした境界の自明性は大きく揺らぎ始めている。ジェンダー視点の導入は、労働法が排除してきた「他者」に目を向けた労働法研究をうながすことになるのではないか。すなわち各種の非正規雇用労働者、従属的自営業者、性産業従事者、外国人労働者、家族従業者などを、改めて労働法の対象として浮かび上がらせることになる。

　以下、紙幅の関係から多くを取り上げるわけにはいかないが、ジェンダー視点から見直されるべき労働法理論のいくつかについて、述べてみたい。

(2) 妊娠・出産を理由とする不利益処遇

　法のレベルでは、妊娠・出産に関わる各種の保護的な制度・措置が確実に充実してきており、女性の権利は、十分に保障されているかのようにみえる。しかし、妊娠・出産を理由とする不利益禁止規定を検討していくと、労働法におけるジェンダー視点の欠如という問題もまた浮かび上がってくる。

　均等法の指針（平成18年10月11日厚生労働省告示614号「労働者に対する性別を理由とする差別の禁止等に関する規程に定める事項に関し、事業主が適切に対処するた

めの指針。以下「指針」とする）によれば，妊娠・出産を理由として禁止される「不利益」のうち，「減給や賞与において不利益な算定を行うこと」，「人事考課における不利益」，「不利益な配転」などについては，それだけでは直ちに「不利益」とは認定せず，さまざまなことを勘案して判断されるべきだという（「指針」第4の3(3)ニ，ホ，ヘ）。たとえば，「減給や賞与において不利益な算定を行うこと」について，「指針」では，「不就労期間や労働能率の低下を考慮の対象とする場合において，同じ期間休業した疾病等や同程度労働能率が低下した疾病等と比較して，妊娠・出産……について不利に取り扱うこと」や，「現に妊娠・出産等により休業した期間や労働能率が低下した割合を超えて，休業した，又は労働能率が低下したものとして取り扱うこと」が禁止されている（「指針」第4の3(3)ニ③④）。しかし，これらを反対解釈すれば，疾病労働者と同じであれば，妊娠・出産による不就労や能率低下を考慮する不利益処遇は許されるし，休業期間や労働能率の低下の割合に応じて，不利に扱ってもよいということに他ならない。すなわち妊娠・出産休暇という労基法上の権利行使を理由にした減給や賞与の一定の不利益算定は可能であると，「指針」は宣言しているのである。現実には全く労働能率の低下を伴わない妊娠・出産などは想定しにくいのであり，このことは，労働法が，生殖活動そのものを不利益処遇の根拠としているということではないだろうか。

「指針」におけるこの考え方は，東朋学園事件最高裁判決（最判平成15・12・4労判862号14頁）に依拠したものである。最高裁は，本件で，出勤率が90％を超えないかぎり賞与を不支給とする「90％条項」を，労働者に与える不利益が大きく，産休取得という労働者の権利行使を抑制するものとして無効とする一方，賞与の計算において産休による欠務日数を欠勤として算定することは適法とした。最高裁が，産休の欠勤日数に応じて賞与の減額を可とした論拠の1つは，産前産後休暇が，年休とは異なり法律上有給ではなく，就業規則でも無給とされているところにある。すなわち最高裁は，制度上，労働者に産休期間中の賃金請求権がないこと，つまり無給であることをもって，産休という権利を他の休暇の権利よりも劣後させる根拠と解している。しかし，このような理解にこそ問題がある。

そもそも妊娠・出産休暇はなぜ法制度的に無給なのか。母性保護に関する

ILO 103号条約は,「……出産休暇による休業中,女性は,金銭および医療の給付を受ける権利を有する」(4条1項)とし,「金銭および医療の給付は,強制的社会保険または公の基金によって与えなければならない」(同条4項)とする。そして,同条8項では「いかなる場合にも,使用者は,その使用する女性に与えられるべき前記の給付の費用について個人として責任を負わない」と規定する。すなわちILOは,休業中の女性の所得保障を社会保険など公の財源によって確保すべきとしており,その結果,個別使用者の負担を免除しているのである。ニコラス・バルティコスは,これについて,「〔母性保護に関する3号,103号という〕2つの条約とも,使用者がこれらの給付の費用について個人として責任を負うことがないよう定めている。これは,女性の雇用に関して差別的な措置がとられたり,支払自体の問題を防ぐことを目的としている」のだと説明する[22]。出産休暇が無給であることは,その権利性を弱めるものではなく,むしろ,生殖活動それ自体がいかなるマイナス効果ももたらしてはならないというメッセージに他ならない。それを理解しない最高裁判決は,ジェンダーの視点を欠落させているといえないだろうか[23]。

(3) セクシュアル・ハラスメント

現実世界における男女の社会的位置を直視することは,ジェンダーの視点を身につける場合に必要不可欠である。セクシュアル・ハラスメントについても,単に職場に「異常な人間」が紛れ込んだために生じる現象として把握するのではなく,現実の社会構造,すなわち職場や大学というホモ・ソーシャルな社会構造が,こうした問題を生じさせやすいということに目を向けるべきである。そのことは,密室における強姦事件など性暴力に関して根強く存在する固定観念や偏見,すなわち「強姦神話」を「経験則」とするような,加害者側の主張に敏感になるということでもある[24]。

---

22) ニコラス・バルティコス(吾郷眞一訳)『国際労働基準とILO』(三省堂,1984年) 256頁。

23) 浅倉むつ子「妊娠・出産を理由とする雇用上の不利益取扱い」浅倉むつ子=角田由紀子編『比較判例ジェンダー法』(不磨書房,2007年) 184頁以下参照〔本書第6章第1節〕。

24) これら固定観念や偏見とは,「本当に嫌だったら徹底して抵抗するはず」,「逃げられ

経験則の転換という点で，日本のセクシュアル・ハラスメント裁判に大きな足跡を残したのは，京都大学事件（京都地判平成9・3・27判時1634号110頁）である。今なお，この訴訟をめぐる訴状，準備書面，意見書などは参照されてよいものばかりである[25]。本件では，加害者側が提示した時代錯誤の法律学による「強姦神話」が，被害者側が提示した「フェミニスト心理学の成果」によって，見事に突き崩された。

この事件は，世界的な著名な学者Y教授が秘書の女性Aに対して長年行ってきた性的関係の強要が明るみに出て，それを知った同僚の小野和子教授がY教授を批判して，「学者と人権感覚」と題した論評を発表したところ，Y教授のほうから名誉毀損の訴えが提起されたものであり，通常のセクシュアル・ハラスメント事件における原告・被告の立場が逆転している訴訟といえる。Y教授側は，Aとの関係は7年もの間続いた合意に基づくものであり「意に反した」ものではないと主張したが，その際に用いた理論が1935年のウィグモアの『証拠法入門』[26]であり，1956年のハウツの「証拠から証明へ」という論文であった[27]。これに対して被害者側は，最新のフェミニズム心理学を論拠とした主張を展開し，京都地裁は後者の理論を採用したのである。

京都地裁判決は，AとY教授の関係は一般にレイプと言われる関係であったと認定し，AがY教授の誘いのままにホテルの部屋に入ったこと，逃げ出そうとしなかったことも，「意に反して行われた」性的関係を否定する事実ではなく，「強姦の被害者が意に反した性交渉をもった惨めさ，恥ずかしさ，そして自らの非を逆に責められることを恐れ，告発しないことも決して少なくないのが実情であって，自分で悩み，誰にも相談できないなかで葛藤する症例（いわゆるレイプ・トラウマ・シンドローム等）もつとに指摘されるところである

たはず」，「本当に被害を受けたならすぐに助けを求めたり誰かに打ち明けたはず」というような「強姦神話」である。
25) 小野和子編著『京大・矢野事件』（インパクト出版会，1998年）が参考になる。
26) 「婦人の反抗を抑圧して強姦が行われた場合，その婦人は自分の家その他避難場所にたどりつくとすぐその暴行を人に訴えるのが自然であり，また人間性の必然である」というもの。京都大学事件・被告（小野）準備書面（五）より（前掲注25）書117頁）。
27) 「申告の長い遅延は虚偽の訴えを指し示すものである」というもの。京都大学事件・被告（小野）準備書面（五）より（前掲注25）書117頁）。

から，……告発しなかったことをもって……意に反したものではなかったということはできない」とした。Y教授はその後に本件以外にも4件の提訴を自ら行い，すべて棄却・取下げになっている。

「強姦神話」を否定する「経験則」は，その後，横浜事件や秋田県立農業短期大学事件においても，地裁判決を覆した高裁判決によって採用されており[28]，今日では，一定の流れを形成しているところである。

(4) 男女間の賃金差別訴訟

最後に，男女間の賃金差別訴訟を取り上げたい。「男女別コース制度」をめぐる裁判は，男女間の賃金差別事案の大きな部分を占めている。1985年の均等法制定を機に，それまで男女別に異なる雇用管理を行ってきた企業が，いわゆる「コース別雇用管理」を導入したからである。男女が自らの意思に基づき自由にコース選択ができるかぎり，この制度そのものを男女差別と判示するのは難しいものの，今世紀に入って次々と出された判決において争点となっているのは，「男女別コース制」，すなわち，労働者によるコース選択が許されていたわけではない事案である。すなわち，従来の「男女別」の違法な雇用管理がもたらした男女格差をそのまま引き継いだ制度である。

ところが「男女別コース制」の存在を認定しているにもかかわらず，判決の動向は，紆余曲折を経た。初期のケースでは，「男女別コース制」に基づく処遇格差は「募集・採用」の違いに起因する問題とされ，使用者の広範な採用の自由，ならびに「時代制約論」（当時の社会意識や社会的実態という時代的制約の下では，男女の採用区分は公序違反ではないとする理論）によって，公序違反性は否定された[29]。

その後には少し異なる流れが登場し，同じく「募集・採用」の違いとしながらも，改正均等法の施行（1999年）後の「男女別コース制」は，均等法6条お

---

28) 横浜事件・横浜地判平成7・3・24労判670号20頁；東京高判平成9・11・20労判728号12頁，秋田県立農業短期大学事件・秋田地判平成9・1・28判時1629号121頁；仙台高判平成10・12・10労判756号33頁。

29) 日本鉄鋼連盟事件・東京地判昭和61・12・4労判486号28頁，住友電工事件・大阪地判平成12・7・31労判792号48頁，住友化学事件・大阪地判平成13・3・28労判807号10頁。

よび公序違反であるという判決が出るようになった[30]。しかし 1999 年以前については，特別な事情により明白な女性差別が認定された事案[31]を除いては，これを違法とした判決はなかった。

　その中で，兼松事件・東京高裁判決（東京高判平成 20・1・31 労判 959 号 85 頁）は，原告女性たちの損害賠償請求期間の始期である 1992（平成 4）年以降につき，男女間の賃金格差を違法とした点で，異なる流れを作ったと評価できる。とりわけ，本件判旨は，原告ら 6 人中 4 人について，職務内容や困難度に同質性があり，職務の引継ぎが相互に繰り返されている男性と比較して，賃金に「相当な」格差がある場合は，合理的な理由がない限り，性差別と推認されると判断した。職務内容に注目して，同質の仕事をしている限り，賃金に格差があれば違法とする考え方は，採用時や配置の格差のみに賃金差の要因を求めてしまう従来の判例の流れとは異なり，同一価値労働同一賃金原則のほうに親和的な判断であり，評価できるものであろう[32]。

　ただしこの判決に，女性職に対する「ジェンダー・バイアス」が暗黙のうちに反映されていないかどうかを問うてみたい。判旨は，ある原告につき「専門性が必要な職務を担当していない」と認定し，賃金格差を違法としなかったが，その職務は秘書業務であった。判例集に掲載された判旨では「秘書業務」の詳しい分析はなされておらず，「女性職」への偏見の有無は明確ではない。しかし職務の価値を要素ごとに分析して男性の職務と比較するという手法をとらないかぎり，裁判官の職業に関する固定的なジェンダー・バイアスが判旨に反映されていないという確実な保障はない[33]。この点，男女間の同一価値労働同一賃金原則を法に定め，職場内に職務評価制度が存在しない場合には，個別労使紛争処理機関である労働審判所において，申立労働者と比較対象者の労働の価

---

30) 野村證券事件・東京地判平成 14・2・20 労判 822 号 13 頁，岡谷鋼機事件・名古屋地判平成 16・12・22 労判 888 号 28 頁。
31) 住友金属事件・大阪地判平成 17・3・28 労判 898 号 40 頁。
32) 本件について詳しくは，浅倉むつ子「評釈：男女別コース制の下での男女賃金格差の合理性――兼松事件（平成 20.1.31 東京高判）」ジュリスト臨時増刊『平成 20 年度重要判例解説』（2009 年）250～252 頁参照〔本書第 4 章第 2 節〕。
33) たとえば昭和シェル石油事件・東京高判平成 19・6・28 労判 946 号 76 頁）では，和文・英文タイプの仕事について，繰り返し，「困難性は高くはない」と評価しているが，これも職務の価値を要素ごとに分析した客観的な判断とはいえないものである。

値を評価する手続きを設けているイギリスの制度[34]は，ILO の条約勧告適用専門家委員会や女性差別撤廃委員会などの国際機関から，繰り返し，労働市場における男女の事実上の平等を実現すべく勧告を受けている日本[35]にとっても，おおいに参考になるに違いない。

　　　　　(初出論文：「ジェンダー視点の意義と労働法」佐藤進先生追悼『社
　　　　　会保障法・福祉と労働法の新展開』(信山社，2010 年) 409～427
　　　　　頁)

[追記]

　本節 *2*(3)で述べた法科大学院におけるジェンダー法教育について，現状を補足しておきたい。法科大学院のジェンダー法教育に関する実態調査としては，本節注 18) にある後藤弘子による 2006 年の調査 (これを「2006 年調査」とする) と，2012 年 11 月に日本学術会議「法学委員会・ジェンダー法分科会」が実施した「2012 年調査」がある。2012 年調査については，以下の 2 つの論文がとりまとめている (三成美保「大学教育におけるジェンダー法学教育の現状と課題」ジェンダー法研究 1 号 (2014 年) 75 頁以下，二宮周平「ジェンダーとロースクール教育」同誌 17 頁以下)。

　2006 年調査では，全国 74 の法科大学院のうち，ジェンダー法関連科目を開講していたのは 27 校 (36.5%) であり，2012 年調査では，24 校 (32.4%) であった (2012 年調査には，ホームページ上で開講が確認できた大学や単位互換校を加えた)。したがって，この 2 つの調査を比較するかぎり，開講校の数や全体の中の割合については，この 10 年間にさほどの変化はみられなかったといえる。

　2006 年調査で開講校であったのに 2012 年に不開講となったのは，国立 4 校 (東京大，金沢大，大阪大，香川大・愛媛大連合)，私立 4 校 (獨協大，創価大，法政大，南山大) であり，一方，2012 年調査で新たに開講校と回答したのは，国立 2 校 (静岡大，琉球大)，私立 3 校 (中京大，東洋大，桐蔭横浜大) であった。しかし 2012 年の開講校であった法科大学院の相当数も，その後，学生の募集停止に至っており (たとえば大宮大，静岡大，新潟大，中京大，龍谷大，東洋大)，

---

34) 浅倉むつ子『労働とジェンダーの法律学』(有斐閣，2000 年) 199 頁以下参照。
35) 第 6 次日本報告の審議結果として出された国連・女性差別撤廃委員会の 2009 年 6 月の総括所見については，以下の文献を参照。浅倉むつ子＝林陽子「対談：女性差別撤廃条約の 30 年」労働法律旬報 1711 = 1712 合併号 (2010 年) 101 頁以下，国際女性の地位協会編『コンメンタール女性差別撤廃条約』(尚学社，2010 年) 37 頁以下。

2016年9月現在の開講校の数は著しく減少しているはずである。しかも，法科大学院における司法試験合格者の偏りは，一層，激しくなっている。合格者人数でみると，2015年司法試験合格者は，上位10校で56.4%，上位20校で72.6%を占めている。わずか20校が全法曹の7割を輩出していることになる。当然ながら上位の法科大学院には大規模校が多いため，多数の法曹を世に送りだす大規模校の責任は重大である。規模が大きな法科大学院ほど，教員数も多いためにカリキュラムに多様性をもたせることができるのであり，それだけにジェンダー関連科目についても開講割合が高いのは当然であろう。それにもかかわらず2012年調査では，大規模校6校のうち，私学4校（慶應義塾大，中央大，明治大，早稲田大）はすべてジェンダー関連科目を開講しているのに，国立である東京大学と京都大学が不開講校であった。国立の大規模校でしかも合格率が高い2校がジェンダー関連科目不開講校であるということは，「国民に身近な司法」をめざす司法改革の精神からいってもおおいに問題を感じざるをえない。社会的責任の観点からも，東京大学と京都大学は早急にカリキュラム編成を見直すべきではないだろうか。

第3節　労働法の再検討
―― 女性中心アプローチ

1　労働法の男性中心主義批判

(1)　労働法の登場：近代市民法に対するアンチテーゼ

　近代市民革命が確立した近代市民法秩序は，封建的な規制・束縛から解放された個人を主体とする「人一般の権利」の「生来性，不可譲性，不可侵性」を基調とする。そのような対等な「人」が合意によって締結する「契約自由の原則」を尊重することは，市民社会の基礎をなすが，労働法は，この近代市民法に対するアンチテーゼとして登場した。

　労働法の登場の背景には，産業革命に伴う工業化・都市化の進展があった。19世紀初頭の産業革命によって，かつての小規模作業所における，徒弟的だが熟練的で人間的な労働関係は，急激に変化した。熟練職工たちは機械によって駆逐され，大量の工場労働者は，劣悪な労働条件・労働環境で働くことを余儀なくされたのである。ヒュー・コリンズによれば，この時代から，職場と家庭の物理的区別が始まり，時間の分化が始まった[1]。工場の労働時間からは柔軟性が失われ，労働の総量を決定する主体は企業の所有者となり，労働時間は提示される労働条件の1つにすぎなくなった。

　このような社会実態において，労使の関係性を市民法的な「契約自由の原則」に委ねることは，非熟練労働者が個人の自由意思に基づく「契約というフィクション」の下で非人間的に取り扱われるという事態を，放置してしまうことになる。そこで，労働者を危険で過酷な労働から保護するために，法律が定める最低基準に反する契約を無効とするなどの方法によって，契約自由の原則をはじめとする「市民法的な原則」を修正する労働法というものが，登場したのである。

　それだけに労働法は，そもそも近代法に対するアンチテーゼであった。労働

---

1)　ヒュー・コリンズ（イギリス労働法研究会訳）『イギリス雇用法』（成文堂，2008年）88頁。

法学は，近代法が想定する「自由で平等な個人」という人間像が，現実といかに乖離しているかを認識し，そこから出発した学問である。労働法は，労働関係を自由平等な労働力商品の交換過程としてしか把握できなかった近代市民法の形式性，虚偽性を批判して，それに対抗する独自の法原理を構築した。労働法学は，このように，「従属労働」に従事する労働者が，実際に，自主的で主体的な人格を回復するために有益な法理を提唱する学問として，出発したのである。

(2) 労働法の男性中心主義

労働法は，近代市民法を批判し，「有産者（ブルジョアジー）」に固有なものであった人権・権利を，「労働者（プロレタリアート）」にも拡大するという役割を果たした。労働者を「他者」として排除していた近代市民法に対抗して，労働法は「労働者」に〈承認〉を与えたのである。これによって，ようやく「人権」は，労働者を含む「人一般の権利」になり，権利そのものが法の普遍性の下に包摂されたかのようであった。

しかし，労働法が包摂したのは男性労働者であり，女性労働者ではなかった。なぜなら，そもそも労働契約法理や集団的労働法の基礎理論の形成にあたり，労働法が対象とする「労働」とは，あくまでも市場労働としての「ペイド・ワーク（有償労働）」であり，その中心に位置したのは常に男性であったからである。

労働法が形成・発展した当時の社会における標準的な労働者像は，「工場で集団的・従属的に働く均質な労働者」であり[2]，そのような労働者を効率よく管理する生産管理システムとして，テイラー主義が普及していた。労働法研究者が念頭においていた労働者のモデルも，熟練・フルタイムの「男性・世帯主」であった。彼らは，期間の定めのない労働契約を締結し，扶養すべき家族をもち，家族を養うに値する賃金（家族賃金）を集団的に要求する労働者と想定されていた。労働法が想定する「人間像」は，抽象的には中性的な人間であっても，「規範」としてはあくまでも「男性」労働者であった。

---

2) 水町勇一郎『労働法改革』（日本経済新聞出版社，2010年）23頁。

もっとも，現実の労働者は，きわめて多層化している。社会・経済の発展と変容は著しく，日本においても，1990年代には，①グローバル化に伴う一国労働市場の維持の困難性，②国内外の競争の激化，③人口構造の変化（高齢化，少子化），④労働力の女性化（フェミナイゼーション），⑤労使の意識変化など，急速な社会変化がみられた。このような中で，かつての標準的な労働者は減少し，多様なタイプの労働者が増大した。1995年に日経連が出した『新時代の「日本的経営」』は，非正規労働者の大胆な拡大を方向づけ，その後，短期間の間に，日本の労働者全体の「正規」から「非正規」への転換が，大規模に生じたのである。

　今や労働者全体の35％に迫ろうとしている非正規労働者の中心にいるのは，女性労働者である。ただし，女性は正規労働者の中心ではない。実は，資本主義の時代を通じてずっと重要な労働力であり続けていたにもかかわらず，2つの理由によって，女性は常に「二流の労働者」であった。1つは，家族圏で担う「ケア労働」（アンペイド・ワーク）のために，もう1つは，妊娠・出産する身体をもつ存在であるために。

　ケア労働は対価を伴わないアンペイド・ワークとして，労働法の対象外であり，そのケア労働を担う者が女性であるため，女性は常に，労働法においては周縁的で補助的な労働者という位置づけられてきた。女性はまた，常に「労働する身体」と「産む身体」の矛盾の中で生きており，一時的に「労働する身体」として敬意やメンバーシップを獲得し〈承認〉されたとしても（たとえば「男性並の有能さ」を認められた総合職女性），いったん妊娠・出産というプロセスに至れば，まぎれもない「女の身体」による困難さを経験する[3]。労働法は，このような「女性」を，二流の労働者として「保護の対象」とすることはあっても，労働法の中心的担い手として登場させることはないのである。

(3) 女性中心アプローチの提唱

　ジェンダーという視座から労働法の脱構築をはかるためには，労働者モデルそのものを修正すべきであろう。これまでの労働法が，「労働者としての男性

---

[3] 杉浦浩美『働く女性とマタニティ・ハラスメント――「労働する身体」と「産む身体」を生きる』（大月書店，2009年）参照。

の経験」に依拠した学問であったことを見直して，むしろそれとは異なる，「労働者としての女性ならではの経験」を中心におく理論を展開してはどうだろうか。そのような観点から，私は，ジェンダーに敏感な視座をもつアプローチを「女性中心アプローチ」(women-centered approach) と呼んできた[4]。先にも述べたように，「女性としての経験」を中心におく理由は，労働市場の労働とあわせて家族圏の「ケア労働」を行う労働者であること，そして，妊娠・出産する身体をもつ労働者であること，その2つである。

　女性中心アプローチは，従来の労働法理論にさまざまな修正を迫る。女性労働者は，労働市場において，低賃金で社会的評価の低い労働に従事してきた。女性の労働には，正当な経済的評価が与えられず，十分な物質的対価が付与されてこなかった。最低賃金制度の遵守，同一価値労働同一賃金原則の実現は，誰よりもまず，女性労働者にとって不可欠な要求である。女性は，男性が自分では引き受けたくない無償のケア労働を主として負担しているため，アンペイド・ワークとペイド・ワークをあわせれば，男性よりも長時間労働に従事してきたことになる[5]。労働時間短縮と休暇取得による私生活の確保は，女性労働者にとって何よりも優先すべき要求である。女性労働者は，妊娠・出産する身体をもつため，男性モデルとは異なり，格別な「生命・健康」の保障を必要とする。にもかかわらず，妊娠・出産・育児・介護により，女性労働者はしばしば就労できなくなったり，労働能力が低下したりすることが多く，これらに関連した不利益取扱いを経験してきた。

　職場は男性労働者を中心に形成されたホモ・ソーシャルな世界であり，そこ

---

[4] 浅倉むつ子「労働法とジェンダー――『女性中心アプローチ』の試み」日本労働法学会編『講座21世紀の労働法第6巻　労働者の人格と平等』(有斐閣，2000年)。その後，浅倉『労働法とジェンダー』(勁草書房，2004年) 第2章に所収。

[5] 1996年7月，経済企画庁内に「無償労働に関する研究会」が組織され，翌1997年5月15日に「無償労働の貨幣評価について」が発表された。この測定は調査データの不備があると指摘されたが，①総体として無償労働時間の9割を女性が担っていることを明示したこと，②ペイド・ワークとアンペイド・ワークの合計では，女性が男性を上回っていること (女性52.5％，男性47.5％) を，統計上，明らかにした。日本におけるアンペイド・ワーク論議については，竹中恵美子「家事労働論の現段階」久場嬉子編『叢書現代の経済・社会とジェンダー第1巻　経済学とジェンダー』(明石書店，2002年) 参照。

に紛れ込む「産む性」「労働能力の劣る性」として，女性は，数多くのセクシュアル・ハラスメント，ジェンダー・ハラスメント，マタニティ・ハラスメントを経験してきた[6]。「労働する身体」モデルが「男性の身体」という強靱な体力・能力を前提とするものであるとすれば，そのモデル自体の強制に異議を唱え，障害のある人，病気の人などを含む「多様な身体」をもつ労働者モデルが提示されるべきであろう。そして，性暴力や偏見をなくし，職場における人権侵害を根絶すること，すべての労働者の人格の尊厳を確保することは，職場の内部に「多様な身体」を受容し，〈承認〉することであって，これは女性中心アプローチにとっての基本的な要求である。

　ただし，重要な留意点を2つ，述べておきたい。1つめは，労働法のモデルとなる労働者像を女性労働者にするということは，女性だけを取り出して特別扱いするということではない，ということである。従来「女性労働問題」としてとりあげられてきた問題にジェンダーの視座から改めて分析を加え，そこから引き出される知見を労働法理論の中心に据えて，「男女」を含むあらゆる労働者に，より広範に適用するのである。さまざまな雇用差別を禁止する法理，ワーク・ライフ・バランスの保障，妊娠・出産・ケア労働を理由とする不利益取扱いの禁止，同一価値労働同一賃金原則などは，女性のみならず，障害のある人や非正規労働者にも汎用性の高い理論を提供してきた。セクシュアル・ハラスメントの概念を生み出した研究も，他の多彩なハラスメント概念の定着に貢献してきた。女性中心アプローチは，労働法がこれまで「他者」として排除してきたさまざまな人々の問題に焦点をあて，それらの人々の〈承認〉の理論ともいえる。

　留意点の2つめは，ここで変更を迫られる「男性労働者モデル」は，決して男性労働者の実像ではない，ということである。現実の男性労働者は，強靱な体力・能力を有し，私生活をうち捨てて職場に没頭できる条件のある人々ばかりではなく，身体的・心理的な脆弱性を有し，かつ，家庭でも職場でも，女性によるケアを支えにかろうじて職務をこなしている人々だと言っては言い過ぎだろうか。しかし，だからこそ男性特有の問題が生じるのであり，「男性学」

---

[6] マタニティ・ハラスメントについては，杉浦・前掲注3）参照。

の有用性がある。それだけに，女性中心アプローチは，実は「男性規範」にとらわれ苦闘している現実の男性労働者の〈承認〉の理論でもある。

本節では，女性中心アプローチを通じて浮き彫りになる労働法上の基本的な問題の中からいくつかの代表的なものを取り上げて，検討を加えるものである。

2 ワーク・ライフ・バランス論

女性中心アプローチはケア労働を負担する女性労働者の経験を重視するため，労働者にとって，労働と生活のバランスがとれている状態を実現することが，不可欠な要求となる。国の施策としてもワーク・ライフ・バランス[7]が推奨されており，このところ，労働法や法律の専門誌もワーク・ライフ・バランスを特集するようになった[8]。ワーク・ライフ・バランスを「すべての労働者を対象とした，生活とのバランスが確保される労働のあり方」という意味だとすれば，ワーク・ライフ・バランスの推進政策は，女性中心アプローチにとっても，歓迎すべき動向というべきである。

ただし，現状のワーク・ライフ・バランス理念はあまりにも包括的であり，優先順位が不明で効果的ではないという指摘もある[9]。のみならず，盛り込まれている政策内容によっては，労働者の生活の安定や幸福の追求という重要な要請と矛盾するのではないか，という疑念を完全に振り払うことはできない。したがって，ワーク・ライフ・バランス政策を，女性中心アプローチというジェンダーに敏感な視点から位置づけ直すという課題は重要である。

(1) 「少子化対策」とワーク・ライフ・バランスの関係

労働法は，労働と生活が分離された近代社会を起点とする。ここで交わされる労働契約は企業を舞台とする契約であり，また，労働を提供する例が労働内

---

[7] このテーマに関しては，浅倉むつ子「労働法におけるワーク・ライフ・バランスの位置づけ」日本労働研究雑誌599号（2010年）41頁以下に詳しい〔本書第5章第4節〕。
[8] 季刊労働法220号（2008年），日本労働研究雑誌583号（2009年），ジュリスト1383号（2009年），日本労働研究雑誌599号（2010年）など。
[9] 橋本陽子「短時間正社員・短時間勤務制度――ワーク・ライフ・バランスと労働法」ジュリスト1383号（2009年）77頁，高畠淳子「ワーク・ライフ・バランス施策の意義と実効性の確保」季刊労働法220号（2008年）15頁。

容を決定する請負や委任とは異なって，労働者が他人である使用者の指揮命令に従って労働することを内容とする他人決定契約である。それだけに，労働法では，労働と生活の分離はある意味で当然の前提であり，労働法理論は，労働者の「私生活」というものをほとんど考慮にいれてこなかった。かろうじて，労働力の保有者である労働者本人の生命・健康のみをとらえて規制を行い，それにみあった法理を提示してきたに過ぎない。

このような「生活」の位置づけに変化が生じたのは，今世紀に入ってから全面展開された「少子化対策」を通じてであった。それ以前の「男女平等化政策」（たとえば 1985 年均等法），「仕事と家庭の両立支援政策」（たとえば 1991 年育休法）は，労働法における「労働と生活の分離」を見直すチャンスではあったものの，なお「男性労働者モデル」（これは「ケアレス・マン」〔ケア不在の人〕モデルともいえる）[10]を前提に，これに同化できる女性のみを総合職として迎え入れ，ケア労働分担のジェンダー不平等を放置してきた。

今世紀になってからの「少子化対策」は，上記の 2 つの政策を「統合」「包括」し，あらゆる社会政策の上位概念へと「成長」をとげた。中心には少子化社会対策基本法（2003 年）があり，「生活」への介入に抑制的な労働諸立法を尻目に，「子どもを産み，育てる者が真に誇りと喜びを感じることのできる社会を実現し，少子化の進展に歯止めをかける」と，生活の内容にまで踏み込む前文をもつ。これに対しては，個人のライフスタイル選択権の保障・配慮の視点の欠落，私生活への過剰な干渉，という批判が繰り返し行われた[11]。しかしこのような「危うさ」を内包しつつも，今日，少子化対策は，「男性の働き方」を見直し[12]，ワーク・ライフ・バランスを組み込んだ包括的な取組として推進されている。2007 年の労働契約法も，「仕事と生活の調和」への配慮を労働契約の基本原則として位置づけるに至った（同法 3 条 3 項）。

---

10) 久場嬉子「『男女雇用機会均等法』から『男女共同参画社会基本法』まで ── 『ケアレス・マン（ケア不在の人）』モデルを超えて」北九州市立男女共同参画センター"ムーブ"編『ジェンダー白書 2 女性と労働』（明石書店，2004 年）16 頁以下。

11) 浅倉むつ子「少子化対策の批判的分析」労働法律旬報 1609 号（2005 年）〔本書第 5 章第 2 節〕は，このような観点から，少子化対策の問題点を浮き彫りにしたものである。

12) 少子化対策の中で，「男性の働き方の見直し」に言及したのは，2002 年 9 月 20 日の厚生労働省「少子化対策プラスワン」である。

ワーク・ライフ・バランスの内容については，2007年末に策定・公表された「ワーク・ライフ・バランス憲章」と「同行動指針」が，その大枠を示している[13]。そこには，すべての労働者を対象とする包括的な「仕事と生活の調和政策」（広義のワーク・ライフ・バランス）と，家族内のケア労働の責任をもつ男女労働者を対象とする「仕事と家庭の両立支援政策」（狭義のワーク・ライフ・バランス）が含まれている。このようにワーク・ライフ・バランス政策の全容が示されている現段階でなすべきことは，ワーク・ライフ・バランスを，少子化対策に従属するジェンダー不平等を伴う政策としてではなく，憲法・労基法などに規範的根拠をおく，ジェンダー平等の基本的要請にかなう政策として位置づけるために，積極的な提案をすることであろう。それが「女性中心アプローチ」にとっての課題である。

(2) ワーク・ライフ・バランスの法規範的根拠

ワーク・ライフ・バランスの法規範的根拠を，どこに求めるべきだろうか。広義のワーク・ライフ・バランスは，労働時間に関する使用者の一方的な決定権を制限し，労働者の生活に関する自己決定を一定の範囲で保障する意味をもつ。それゆえ，ワーク・ライフ・バランスの第一の法規範的根拠は，労働条件に関する労使対等決定の原則（労基法2条1項，労働契約法3条1項）である。次に，ワーク・ライフ・バランスは，男女平等政策における「男女共通規制」という意味[14]と同時に，家族的責任をもつ労働者の平等政策における「すべての労働者の全般的な労働条件の改善」という意味を有する[15]。それゆえ，ワー

---

13) 仕事と生活の調和推進官民トップ会議「仕事と生活の調和（ワーク・ライフ・バランス）憲章」及び「仕事と生活の調和推進のための行動指針」（2007年12月18日）。一部改訂は，2010年6月29日。
14) 均等法制定時の「保護と平等」をめぐる議論でも，女性労働者保護規定の「放棄」ではなく，「男女共通規制」として男性にもこれらを拡張すべきという主張がなされたが，当時は，男性を含む「すべての労働者」にとっての労働条件規制は，非現実的なものとしてしか受け止められなかった。
15) ILO 156号条約，165号勧告には，家族的責任を有する労働者の平等は，これら労働者の特別なニーズに対応した措置によるだけでなく，すべての労働者の全般的な労働条件の改善によって達成されること，が述べられている。浅倉むつ子＝相馬照子＝早川紀代「家族的責任と調和する労働生活を求めて――ILO 156号条約・165号勧告の成立経緯について」労働法律旬報1173号（1987年）4頁以下参照。

ク・ライフ・バランス政策の第二の法規範的根拠は，憲法14条が定める平等原則[16]，それらを具体化した各種の立法上の均等待遇原則である（労基法，均等法，育介法，労働契約法等）。さらに，広義のワーク・ライフ・バランスは，生活とのバランスが確保される労働のあり方を実現するための政策でもあり，その意味で，憲法13条が保障する幸福追求権や個人の尊重・人間の尊厳の原則が，ワーク・ライフ・バランス政策の第三の法規範的根拠である。

では「女性中心アプローチ」の観点から，ワーク・ライフ・バランス政策が備えるべき基本的要請とは何だろうか。第一の基本的要請は，「ワークの規制」と「ライフの自由」である。法は，「ワーク」のあり方の枠組みを示し，その権利義務関係等を明確にする役割を担うが，他方，「ライフ」のあり方は，個々人の自由の領域でなければならない[17]。第二の基本的要請は，生命・健康の確保であり，それと矛盾する施策は排除されるべきである。ワーク・ライフ・バランスにおける「ライフ」は，「生命・健康」を確保した上で登場する，より良質な「ライフ」である。それだけに，国にとって，労働者保護立法の理念と矛盾する方向性をもつワーク・ライフ・バランス政策を推進することは許されない[18]。第三の基本的要請は，社会的価値が付与された活動の尊重が優先するということである。育児・介護など家族内のケア活動は，社会を支える再生産活動そのものであり，不可欠な社会的価値が付与されている。広義のワーク・ライフ・バランスにおける「ライフ」には，すべての労働者を対象とする，自己啓発や社会貢献活動のための休暇の確保なども含まれるが，休暇日数の確

---

16) 憲法学の通説では，この「平等」は相対的平等を意味し，憲法規定の私人間への適用については間接適用説が採用されていることについて，辻村みよ子『憲法〔第3版〕』（日本評論社，2008年）158頁以下参照。ただし憲法14条と公序との関係をめぐって，男女別コース制に関する近年の判例の公序良俗論（時代制約説）には，大きな問題がある。浅倉むつ子「女性差別撤廃条約と企業の差別是正義務」芹田健太郎他編集代表『講座国際人権法2 国際人権規範の形成と展開』（信山社，2006年）61頁以下。

17) その点，少子化対策の効果をあげるためにワーク・ライフ・バランスを強調することは，個々人の「ライフの自由」を阻害しかねない。少子化の阻止はあくまでも「ワーク」規制の反射的な効果でしかないことを強調しておきたい。

18) その意味で，労働時間制度の適用除外であるホワイトカラー・エグゼンプションが，労働時間を自由に決定できるというメリットから，ワーク・ライフ・バランスの一環として主張されることには異論がある。際限のない労働強化につながる懸念が払拭されないからである。

保に上限がある場合や，業務上の必要性から配転すべき労働者の一定数を確保しなければならない場合などにおいては，優先的に配慮されるべき「ライフ」として，まず「家庭内のケア活動」がくることは当然といえよう。

3 妊娠・出産と不利益処遇

妊娠・出産期間の女性は，一定期間，就労継続が困難となり，従前と比較して，なにがしかの就労能力の低下が生じる場合もある。したがって妊娠・出産女性に特別な休暇を権利として保障し，同時に，妊娠・出産を理由とする不利益取扱いを禁止することは，「女性中心アプローチ」にとって不可欠な課題である。現行法も「妊産婦」にはさまざまな権利を保障しているが[19]，これら権利行使を理由とする不利益処遇に関する法理には，なお問題がある。妊娠・出産をめぐるあらゆる不利益処遇を違法とする理論を構築することが必要である。

(1) 不利益処遇禁止規定

2006年改正均等法9条3項は，女性労働者が妊娠・出産したことや出産休暇を請求したこと等を理由とする「解雇その他の不利益取扱い」を禁止した。厚生労働省令は「妊娠又は出産に起因する症状により労務の提供ができないこと」や「労働能率が低下したこと」も含めて，不利益取扱いを禁止する（均等則2条の2第9号）。

ところが，均等法の指針は，一定の類型の不利益については，直ちに「不利益」とは認定せず，「同じ期間休業した疾病等」との比較や，労働能率が低下した割合を「勘案して」判断すべきだとする[20]。この解釈によれば，「疾病労働者と同じであれば，妊娠・出産による不就労や能率低下を考慮する不利益処

---

19) 産前6週間（多胎妊娠は14週間）・産後8週間の休業（労基法65条1項・2項），軽易業務への転換（同条3項），有害業務の就労禁止（同法64条の3第1項），育児時間（1日2回各30分以上，同法67条），母子保健法上の保健指導・健診のために必要な時間の確保（均等法12条，13条）などの規定。
20) 平成18年10月11日厚生労働省告示614号「労働者に対する性別を理由とする差別の禁止等に関する規程に定める事項に関し，事業主が適切に対処するための指針」第4の3(3)ニ。詳しくは浅倉むつ子「妊娠・出産を理由とする雇用上の不利益取扱い」浅倉むつ子＝角田由紀子編『比較判例ジェンダー法』（不磨書房，2007年）184頁以下参照〔本書第6章第1節〕。

遇は許される」し,「休業期間や労働能率の低下の割合に応じて,不利に扱ってもよい」ということになる。産前・産後休暇という労基法上の権利行使を理由にする減給や賞与の不利益算定すら,「休業期間に応じ」るものであるかぎりは許されると,指針は解釈するのである。このような指針の考え方は,「妊娠・出産」それ自体を不利益処遇の根拠とすることを許容しているのではないだろうか。

(2) 出産休暇はなぜ「無給」なのか

2006年の均等法改正前から,判例は,妊娠・出産にかかる不利益処遇禁止規定の欠缺を,一般条項によって補ってきた[21]（公序良俗違反〔民法90条〕ないし権利濫用〔民法1条3項〕等）。その理論的な枠組みは,妊娠等に関わって労基法上保障されている権利の行使に対して,不利益処遇が事実上の抑止力となるか否かという観点から,権利濫用の有無を判断する,というものである。判例法理のこの枠組みは,「妊娠・出産に関わるいかなる不利益も許容しない」という考え方とは,大きな落差がある。先に述べた指針は,基本的に,この判例法理の枠組みを継承するものである。では,判例法理は,法が定める権利行使であるにもかかわらず,何を根拠にして,不利益処遇を許容するのか。

東朋学園事件最高裁判決（最判平成15・12・4労判862号14頁）[22]は,その1つの論拠を,産前産後休暇が,年休等とは異なって,法律上有給と規定されていないところに求めている[23]。法制度上,賃金請求権がないことをもって,産休という権利を他の休暇の権利よりも劣後させる根拠と解しているのであり,それゆえ,不就労の割合に応じた不利益を許容する。

では,そもそも法制度的に妊娠・出産休暇はなぜ無給とされているのか。実

---

21) 代表的な判決は,日本シェーリング事件・最判平成元・12・14労判553号16頁。
22) 最高裁は,本件で,出勤率が90％を超えないかぎり賞与を不支給とする「90％条項」を,労働者に与える不利益が大きく,産休取得という労働者の権利行使を抑制するものとして無効とする一方,賞与の計算において,産休による欠務日数を欠勤として算定することは適法とした。
23) 最高裁判決は,産前産後休業を取得する労働者が,法律上,不就労期間に対応する賃金請求権を有していないことから,賞与の一部カットも公序違反とはいえないと述べている。

はILOも，使用者に出産休暇中の賃金支給義務を負わせていない。母性保護に関するILO 103号条約は，「いかなる場合にも，使用者は……給付の費用について個人として責任を負わない」と規定する（4条8項）。しかしその意味は，出産休暇中の金銭・医療給付は，「強制的社会保険または公の基金」によるべきだからである（同条4項）。ニコラス・バルティコスは，「これは，女性の雇用に関して差別的な措置がとられたり，支払自体の問題を防ぐことを目的としている」と説明する[24]。すなわち，出産休暇の使用者負担の免除は，休暇の権利性を弱めるものではなく，むしろ，妊娠・出産が，女性労働者にいかなるマイナス効果ももたらしてはならない，というメッセージに他ならない。

産前産後休暇は，他の休暇に増して，より強固な権利性を付与された休暇であると位置づけられているのであり，それを理解しない最高裁判決の法理は，ジェンダー視点を欠落させているものでしかない。

4 禁止されるべき「差別概念」の検討

「女性中心アプローチ」が中心的に取組んできた課題の1つに，平等論・差別禁止法理の構築がある。男性に保障されてきた権利を，どうしたら女性も獲得できるのか，それがフェミニズム理論が，長い間，挑み続けてきた差別禁止の課題であった[25]。差別禁止法理は，歴史的に，各国の平等立法を作り上げ判例法理を生み出し，めざましい発展をとげてきている。

差別禁止法理の今日的課題はきわめて多様であり，喫緊のものだけでも，「禁止されるべき差別概念」をどう理解するのか，とくに「直接差別」，「間接

---

24) ニコラス・バルティコス（吾郷眞一訳）『国際労働基準とILO』（三省堂，1984年）256頁。

25) フェミニズムは，一方では「平等要求」を強く追い求めつつ，他方で，その限界性を明らかにして，女性に対する抑圧のない世界を実現しようとしてきた。最近では，従来の平等論（等しい者は等しくという発想）の常識を覆す新しい主張もみられる。たとえばキテイによる「依存批判」というべきフェミニスト・アプローチは，女性が人権主体となるための前提条件である「ケア関係」の構築の必要性を説き，このところ日本でも賛同の輪を広げている。エヴァ・フェダー・キテイ（岡野八代＝牟田和恵監訳）『愛の労働あるいは依存とケアの正義論』（白澤社，2010年）36頁以下，岡野八代「家族の新しい可能性へ――国家からの家族の解放はどこまで可能なのか？」ジェンダーと法7号（2010年）51頁以下，南野佳代「女性の人権」愛敬浩二編『講座人権論の再定位第2巻 人権の主体』（法律文化社，2010年）117頁以下。

差別」,「合理的調整義務の不履行」という概念の相互関係・異同の見極め,それぞれの差別概念に伴う救済方法の検討,性差別とその他の事由による差別が交差する「複合差別」禁止法理など,数多くの課題がある。

(1) ソフトロー・アプローチの問題点

最近,ソフトロー（社会的規範,努力義務規定など）の概念を用いて,労働立法で多用されている努力義務規定を積極的に肯定する考え方（日本型ソフトロー・アプローチ）が提唱されている。立法化の合意が得られず,強行的規制が時期尚早との判断から設けられた努力義務規定も,当該規範への意識の高まり等によって,強行規定（ハードロー）化される可能性がある,という理由からである。もっともこの説も,「人権に関わる差別禁止法制」の分野でソフトロー・アプローチをとることについては,別個の本格的考察が必要だとするが,結論的には,人権保障問題からソフトロー・アプローチを一律に排除することには否定的である[26]。

このようなソフトロー・アプローチに対して,和田肇は,行政指針や行政指導に委ねるための根拠である努力義務規定は,法規範の希薄化を招き,強制を伴わない手法として限界もあり,ハードロー化する立法政策の担保もないから,ソフトローの多用は,法律の規範論としても,法政策の実現手段としても,疑問であると述べる[27]。両角道代は,ハードロー化を予定した「過渡的努力義務規定」の役割を,スウェーデンでは,労働組合・使用者団体の上部組織が締結する基本協定等が果たしていると紹介しつつ,男女雇用差別の禁止は,協約による逸脱を許さない純粋な強行規定である,と述べる[28]。

私は,性差別の撤廃という課題において,1985年均等法が一定の役割を果

---

[26] 荒木尚志「労働立法における努力義務規定の機能」中嶋士元也先生還暦記念『労働関係法の現代的展開』（信山社出版,2004年）19頁以下,同「企業の社会的責任（CSR）・社会的責任投資（SRI）と労働法」山口浩一郎先生古稀記念『友愛と法』（信山社出版,2007年）1頁以下,同「労働法におけるハードローとソフトロー──努力義務規定を中心に」ソフトロー研究6号（2006年）25頁以下。

[27] 和田肇「労働法におけるソフトロー・アプローチについて」渡辺洋三先生追悼『日本社会と法律学』（日本評論社,2009年）723頁以下。

[28] 両角道代「努力義務規定の概念と機能について──コメント」ソフトロー研究6号（2006年）50頁以下。

たしたことを否定しないが，同法の努力義務規定は政治的妥協の産物でしかないと考えるので，ソフトロー・アプローチによる同規定の法規範的評価には，賛成できない。雇用差別の撤廃のためには，可能なかぎり実効性のある制度を設ける手法以外，ありえないであろう。もっとも，違法な「差別」撤廃に強行的に介入する政策を放棄しない限り，それと並行して，自発性・任意性を重視する「格差」是正の法政策もありうると思う。後に述べる「平等賃金レビュー」はその一例である。

　近年ではむしろ，〈承認〉の実現を重視する立場から，平等を促進するプロアクティブな方策が主張されている。たとえばサンドラ・フレッドマンは，平等の潜在的な「4つの目標」(すべての人々の尊厳と価値の尊重，コミュニティ内部への受容・承認，外部グループの人々への不利益のサイクルの分断，社会への完全参加)を達成するための，国家の「積極的義務（positive duty）」の存在を強調している[29]。

　さて，差別禁止法理に関連する課題の検討は，紙幅の関係で，ほんの概要程度にとどまらざるをえないが，差別概念の中の「間接差別」と「複合差別」について，以下でとりあげておこう。

(2) 間接差別の禁止

　検討すべき差別概念の1つは「間接差別」である。そもそも「間接差別（indirect discrimination）」とは，性別に関していえば，直接的に性別を理由とする差別（直接差別）とは異なり，外見上，性中立的な基準を当てはめることによって，結果的に一方の性別の者に不利益な結果を及ぼすことになるような差別をいう。1971年のアメリカ連邦最高裁判決[30]に始まり(「差別的効果法理」)，1975年のイギリス性差別禁止法による条文化を経て，今や，EU指令をはじめ，各国の差別禁止立法では，人種や性別等に関わる間接差別を禁止する規定を設けることが当然とされている。「直接差別」における基準（ものさし）そのものは，なお男性規範にとらわれており，しかも個人に焦点をあてているが，それに対

---

29) Fredman, S., *Human Rights Transformed: Positive Rights and Positive Duties*（Oxford University Press, 2008), p. 179.
30) Griggs v. Duke Power Company 401 U.S. 424, 1971.

して間接差別は，グループとしての女性に焦点をあて，さらに男性基準そのものを変更する機能を果たすという点で，より革新性をもつ概念である[31]。

ところが，均等法7条は，一応，「間接差別」を禁止するものの，その範囲を厚生労働省令で定めるもののみに限定している。具体的には，①募集・採用時の身長，体重または体力要件，②コース別雇用管理制度における総合職の募集・採用時の転勤要件，③昇進時の転勤経験要件，という3つである（均等則2条）。省令による限定には批判も強く，2006年均等法改正時の附帯決議では，厚生労働省令で規定する以外にも司法判断で間接差別が違法とされる可能性があること，厚生労働省令の見直しを機動的に行うことが，確認された。そもそも間接差別概念が，意図しない差別を発見し，使用者に対する問題提起を通じて差別禁止内容を発展させていくものであることに照らせば，この概念をはじめから限定することは論理矛盾以外の何ものでもない[32]。

(3) 複合差別の禁止

もう1つ，検討しておくべき概念は「複合差別」である[33]。ある人に対して，差別事由が2つ以上重複する場合には，その差別的効果や被害は甚だしくなる。たとえば，人種とジェンダーが交差する差別について，ある論者は，黒人女性と白人女性が経験する差別が類似しているというのは誤った仮説だ，と述べる[34]。人種とジェンダーが一緒になると，差別の2つが加算・総計されたものよりも，さらに悪化した条件がもたらされ，相乗効果が生まれる，というのである。このような認識に基づき，最近のEU指令やイギリスの立法は，「複合

---

31) ①処遇や基準が中立的なものであっても，女性やマイノリティに及ぼす「差別的な影響」に注目していること，②「個人」ではなく「集団」としての影響に注目していること，③社会において通用してきた基準や規範の「差別性」をあぶり出す「包括的見直し機能」をもつこと，④違法となった基準は無効となり，正当性が認められる基準におきかえられることなどに，間接差別禁止規定の革新性が認められる。浅倉むつ子「日本における間接差別禁止とポジティブ・アクション」ジェンダーと法4号（2007年）55頁以下参照〔本書第3章第2節〕。
32) 長谷川聡「性差別禁止の現代的展開」日本労働法学会誌117号（2011年）15頁以下。
33) 詳しくは，浅倉むつ子「複合差別」労働法律旬報1735＝1736合併号（2011年）4頁以下。
34) Solanke, I., "Putting Race and Gender Together: A New Approach to Intersectionality", *Modern Law Review*, Vol. 72, May 2009 issue, p. 731.

差別 (multiple discrimination)」や「結合差別 (combined discrimination)」を禁止する条文を設けるに至った[35]。

　重要なのは，かかる複合差別禁止概念を設けることによって，差別の立証が容易になるということである。イギリスでは，2010年平等法が結合差別禁止規定を設けたことによって，差別救済の訴えは10％程度増大するだろうと予想されている[36]。

　日本でも，女性差別撤廃委員会（CEDAW）による，日本政府第6次報告に関する「総括所見」（2009年8月7日）や，内閣府の「第三次男女共同参画基本計画」（2010年12月17日閣議決定）などにおいて，複合差別に苦しむ女性の情報把握や対策の必要性が言及されているが，これらはまだ，法理としての複合差別の提起とは受け止められていない。法的な概念の検討は緒に就いたばかりである。

5　同一価値労働同一賃金原則

(1) 日本における実現可能性

　日本の男女間／正規・非正規間の賃金格差は，非常に大きい。もし職種や職務，雇用形態が異なっていても，職務の価値を評価して同一価値とされる労働に同一賃金を支払うという原則が実現すれば，これら賃金格差は，明らかに妥当な水準にまで縮小するに違いない。しかし，労働法の学説には，同一価値労働同一賃金原則は，職務給を採用している欧州的な賃金形態を前提として構築されたものであり，日本では適用不可能であるとか，あるいは，かなり日本的にアレンジしたものでないかぎり適用できない，とする否定的な見方がある[37]。たしかに日本と欧米の賃金支払形態は異なる。欧州では，企業横断的に締結さ

---

[35]　2000年のEU「人種，民族均等指令」（2000/43/EC），「一般雇用均等指令」（2000/78/EC）は，「特に女性がしばしば複合差別の被害にあうことが多いので，差別撤廃と男女平等を促進することをめざ」す（前者の前文(14)，後者の前文(3)）と述べ，イギリスの2010年平等法14条は，「2つの重要な保護されるべき特性の結合を理由として，AがBを，その特性のいずれをも有しない者を扱いあるいは扱ったであろうよりも不利に扱う場合は」「結合差別」に該当する，と述べる。

[36]　IDS, *The Equality Act 2010* (Incomes Data Services Ltd, 2010), p. 36.

[37]　たとえば日本ILO協会編『雇用平等法制の比較法的研究――正社員と非正社員との間の賃金格差問題に関する法的分析』（労働問題リサーチセンター，2008年）278頁。

れる労働協約によって職務給を定めるシステムがとられているが，大半の日本企業が採用している賃金制度の多くは「職能給」である。ILO 条約勧告適用専門家委員会も強調するように[38]，同原則を実施するうえで「職務評価システム」は欠くことのできない手段であるとしても，職務給を採用していない日本では，この原則を実施することは不可能なのだろうか。

この問いに応えるには，そもそもこの原則を否定してかかるべきでなく，いかにすれば「同一価値労働同一賃金原則」を日本でも実施することができるのか，そのための具体的な提案はできるのか，そこを出発点にすべきである。私たちが 2010 年に提案した同一価値労働同一賃金原則の実施システムの概要を，以下において紹介しておきたい[39]。

(2) 同一価値労働同一賃金原則の条文化

まず，同一価値労働同一賃金原則を，男女間および正規・非正規労働者間に適用される立法において明文化する必要がある。男女間の賃金差別を禁止する条文である労基法 4 条には，「同一価値労働同一賃金」を定める明文規定はない。男女が「同一労働」「同一価値労働」に従事しながらも別賃金を支払われていることは，労基法 4 条違反の性差別を推定させる事実ではあるが，性差別の立証にはそれだけでは不十分である。したがって，まずは労基法に，明文で，男女同一労働・同一価値労働同一賃金原則を盛り込む必要がある。

もっとも私見では，男女間の賃金については，現行の労基法 4 条の下でも男女同一価値労働同一賃金原則が排除されているわけではないと考える[40]。女性

---

38) International Labour Conference, 97th Session, 2008, *Report of the Committee of Experts on the Application of Conventions and Recommendations: observations concerning particular countries, Japan*, p. 350.

39) 浅倉むつ子「日本の賃金差別禁止法制と紛争解決システムへの改正提案」森ます美=浅倉むつ子編『同一価値労働同一賃金原則の実施システム——公平な賃金の実現に向けて』（有斐閣，2010 年）301 頁以下。

40) 労基法 4 条は，同原則を排除しているのではなく，「緩やかにこの原則を肯定していると解しうる」という見解に，私は賛成である。浜田富士郎「労基法 4 条による男女賃金差別の阻止可能性の展望」片岡曻先生還暦記念『労働法学の理論と課題』（有斐閣，1988 年）382 頁，浅倉・前掲注 4) 73 頁。このことは，歴史的には ILO 100 号条約制定当時，「(男女)同一価値労働同一賃金」は，むしろ「同一労働同一賃金」としてのみ理解されていたという，居城論文，林論文の主張を否定しない（居城舜子「ヴェルサイユ

労働者が,「同一価値労働」に従事する男性労働者を比較対象として,自らの低賃金を違法だと主張し,認められた事案もないわけではない(京ガス事件・京都地判平成 13・9・20 労判 813 号 87 頁)。しかし,現行法では,男女同一価値労働同一賃金原則にのっとって判断することが司法に義務づけられているわけではない。ここに問題がある。現に,裁判所が客観的要素に基づき男女の職務の価値を比較して司法判断を下したケースは著しく少なく,比較すべき「要素」にまで言及した裁判例は,京ガス事件判決のみである。それだけに,法改正を行うことの重要性は,きわめて大きい。

また,正規・非正規労働者間でこの原則を具体化するために,労働契約法,パート労働法を改正し,「使用者は,合理的な理由がある場合を除いて,同一価値労働同一賃金原則を遵守しなければならない」旨を条文化することも,必要である[41]。

(3) 「実施システム」の概要

もっとも,条文にこれらの原則を書き込めば足りるというわけではなく,より重要なことは,日本にかかる原則を根づかせ,かつ,裁判所や行政機関が同原則にのっとって判断する「具体的なシステム」を構築し,提案することである[42]。

そのための「具体的システム」の1つは,「得点要素法」による職務評価システム実施マニュアルの策定である。マニュアルに基づく実践は強制ではないが,職能給制度しか経験していない企業には,職務の価値評価の可能性を示す

条約における同一価値労働同一賃金原則の含意」常葉学園大学研究紀要教育学部 29 号(2009 年)27 頁以下,林弘子「労基法 4 条と『男女同一賃金の原則』をめぐる法的問題」安西愈先生古稀記念『経営と労働法務の理論と実務』(中央経済社,2009 年)367 頁以下)。「価値」の比較に注目が集まったのは,むしろ近年のことである(浅倉・前掲注 4) 180 頁)。とはいえ,このような国際条約等の成立の経緯から,労基法 4 条は男女間の「同一価値労働同一賃金」原則を否定していると解釈することには,賛成できない。立法当時に想定されなかった事態がその後に認識されることは,まれではなく,その場合には条文を柔軟に解釈することを否定すべきではなく,解釈は「立法者意思」のみに依拠するものではない。また,柔軟な解釈をしたからといって,立法論としての法改正提案を否定するものではない。

41) 詳細は,森 = 浅倉編・前掲注 39) 第 9 章参照。
42) 詳細は,森 = 浅倉編・前掲注 39) 第 10 章参照。

メッセージとなる。厚生労働省は，2010年4月に，「職務分析・職務評価実施マニュアル」を公表し，パート労働者と通常労働者の職務を比較する提案をした。ただしこれは，比較すべき職務の範囲がきわめて狭い「単純比較法」である。これに対して，私たちの提案は，「知識・技能，負担，責任，労働環境」の4大ファクターを採用する「得点要素法」であり，労使が参加する7つの段階を踏むことを求めている。

第二は，「賃金差別」に事後的に対処するため，司法の領域において「独立専門家」制度を設けることである。労働審判委員会もしくは裁判所から委託を受けた職務分析の専門家が，申立人と比較対象労働者の労働が同一価値ないしは比例価値であるかどうかを判断し，結果を報告書として提出するという制度であり，これによって，申立人の立証責任の軽減と迅速な事案の解決が期待される。

第三は，賃金の平等をより積極的に推進する政策としての「平等賃金レビュー」の実施という提案である。イギリスの政策に倣い，企業が労働組合と一体となって，個別訴訟を待つことなく，事前に積極的に組織内の賃金格差の有無をチェックして，自らの手で可能なかぎり不合理な賃金格差の解消を図るというものである。

おわりに

女性中心アプローチが，女性のみならず労働者全体に対して，人権侵害を根絶し人格の尊厳の確保達成に貢献しえた事例として，セクシュアル・ハラスメント法理の展開をあげることができる。セクシュアル・ハラスメント行為そのものは，女工哀史の時代から存在していたが，これが社会問題化したのは，ようやく1980年代後半になってであった。それより以前，労働法は，職場で発生するハラスメント行為を労使関係と切り離して，従業員相互の個人的な問題，あるいは，職場に「異常な人間」が紛れ込んだために生じる職場秩序違反の問題として把握してきた。セクシュアル・ハラスメントをめぐる初の判決（福岡事件・福岡地判平4・4・16労判607号6頁）以降，ようやく，職場において人格を尊重されることが労働者の権利だ，という発想が生まれた。

その後，条文化により事業主の防止措置の対象となっているハラスメント行

為は，セクシュアル・ハラスメントのみ（2006 年改正均等法 11 条）であるが，裁判を通じて，幅広いハラスメント問題が浮き彫りになった。職場においては，各種のハラスメントをめぐる加害者責任と並んで，企業の法的責任も問われ，とくに近年では，パワー・ハラスメント（職場における職権等の力〔パワー〕を利用した人権侵害）が問題とされている[43]。これらの法理の展開によって，暴力的な職場環境にさらされずハラスメントから守られることが労働者の権利とみなされるようになった。このことは，労働の場では非能率と評価されやすい病者，弱者，妊娠・出産する女性，障害のある人や高齢者などを尊重する結果をもたらしている。「労働する身体」をもつ健康な男性のみのホモ・ソーシャルな場であった労働の領域が，今や，「労働する身体」に足りない存在である多様な労働者の存在を可能にするように，変容を迫られている。これはまさに，労働法における女性中心アプローチの貢献といってよいのではないだろうか。

（初出論文：「労働法の再検討——女性中心アプローチ」大沢真理編『ジェンダー社会科学の可能性第 2 巻　承認と包摂へ——労働と生活の保障』（岩波書店，2011 年）43～62 頁）

43）　自治体の代表的な事案としては，川崎市水道局事件・横浜地川崎支判平成 14・6・27 労判 833 号 61 頁：東京高判平成 15・3・25 労判 849 号 87 頁。民間企業では，誠昇会北本共済病院事件・さいたま地判平成 16・9・24 労判 883 号 38 頁など。

第4節　ジェンダー労働法学

はじめに

　ジェンダー労働法学の生成と発展について書く，というテーマをいただいた。労働法研究者にも，ジェンダー問題に無関心な人や好意的でない人もいる。それだけに，このテーマを与えられたことを喜ぶ反面，さて現在，ジェンダー労働法学独自の学的成果とは何であり，その存在意義はどこにあるのか，正面きってそう問い返すと明確な答えがない，というのが本音のところである。

　たしかに私自身は，ジェンダー視点（これを，ジェンダー平等の視点，あるいはジェンダーに敏感な視点，という意味で，以下においても使用する）を大切にしながら，労働法研究に取組んできた。しかし，ジェンダー視点をもつ労働法研究がすべて，「ジェンダー労働法学」という名に値する独自の方法論を貫いているわけではない。私がやってきたこともせいぜい，ジェンダー視点をもって，従来の労働法学説や判例を批判的に検討し，解釈し，立法提言をしてきたにすぎない。

　とはいえ，これから労働法を勉強しようという人たちが，ジェンダー視点を理解し，労働法におけるジェンダー問題に関心をもってくれることは，今後の労働法学の発展にとっておそらく重要なことであるに違いない。そこで，あまり大上段にかまえることなく，ジェンダー労働法学を，「ジェンダー視点をもつ労働法の研究」と幅広く定義したうえで，その生成と発展について，書くことにしたい。

1　フェミニズム法学からジェンダー法学へ

　労働法を学ぶ人にとっては，まず，ジェンダーとは何か，いったいジェンダー法学とはどのような特色をもつ法学なのか，そういう疑問をもつ方もいるだろう。そこで，はじめにこの点についてふれておきたい。

(1) フェミニズムの展開とジェンダーの発見

　フェミニズム（女性解放運動）は，参政権獲得を目標とした時代（後に「第一波フェミニズム」と呼ばれるようになる）を経て，1960 年代には，「法的な平等原則があるにもかかわらず，なぜ男性優位主義が社会に充満しているのか」を問う運動として，再度，隆盛をきわめた。公的分野だけでなく，性や家族という私的分野で女性を抑圧する権威的なシステムが存在する，と主張するこの運動は，第二波フェミニズムと呼ばれた。

　当時，性差は生物学的に決まっている「宿命」だという固定的な観念が，社会を支配していた。第二波フェミニズムは，これに対して，ジェンダーという概念（社会的・文化的性別）を発見して，性差という宿命からの解放をめざした。人の性別・性差が，生物学的なセックスではなく，社会的なジェンダーによって決まるのであれば，性別・性差は変わりうる，という主張である。

　1980 年代に，歴史学者ジョーン・スコットは，ジェンダーに「肉体的差異に意味を付与する知」という定義を与え，社会が構築したジェンダーという知識が，生物学的性差（セックス）そのものに意味を与えている，と述べた[1]。ジュディス・バトラーは，このスコットのジェンダー概念を用いて，生物学的性差研究もジェンダーという知識を使って行われているとして，男／女の性差二分論やアイデンティティ論を批判し，性別アイデンティティは多様であると主張した[2]。

(2) ジェンダー法学へ

　第二波フェミニズムの時代，アメリカのロースクールでは，女性に対する差別的立法や判決を批判する内容のフェミニズム法学や「女性と法」と題する講義がもたれるようになった。法律を学ぶ女性たちは，意識的に，女性の権利について議論を始めたのである。1980 年代には「ジェンダー法」という講義が増え，ロージャーナルにも「ジェンダーと法」と題するものが登場した。欧米

---

1) ジョーン・W・スコット（荻野美穂訳）『ジェンダーと歴史学』（平凡社，1992 年）16 頁。
2) ジュディス・バトラー（竹村和子訳）『ジェンダー・トラブル』（青土社，1999 年）28 頁以下。

では,「ジェンダー法」という名称を意識的に使うことによって,女性の権利のみならず,男／女の性差二分論や性の関係性そのものを取り上げる法学という位置づけが示されたといえよう。

　日本では 1980 年代以降,「法女性学」の先駆的業績[3]や,セクシュアリティと法に関する研究[4]が登場するようになった。法制度としては,1985 年の女性差別撤廃条約の批准・男女雇用機会均等法の制定,1999 年の男女共同参画社会基本法の制定が,固定的な性別役割分業の見直しという機運を高めた。しかし日本では,法女性学などの講義は,短大や女子大ではみられたものの,共学の 4 年制大学法学部では,ほとんど開講されることはなかった。

　今世紀に入ってようやく,日本でも「ジェンダーと法」という科目が,いくつかの法学部や法科大学院で開講されるようになった。日本では「フェミニズム法学」も「ジェンダー法学」も渾然一体となって,「女性の権利」に関わる法学専門教育としてスタートしたため,両者の違いはさほど明確に意識されたわけではない。日本のジェンダー法学の特色は,「司法制度改革」や法科大学院の設置と関わりが深いところにある。国民を中心に据えた司法をめざす司法制度改革の議論の中で,既存の法制度や判決におけるジェンダー・バイアスが告発され,ジェンダー法学教育の必要性が認識されたのである。司法改革の理念の実現と連動して,大規模な法科大学院は「ジェンダーと法」という講義をおくようになり,2004 年 4 月の法科大学院制度のスタートを前に,ジェンダー法学会が 2003 年 12 月に発足した。

　ジェンダー法学は,女性解放や女性の立場にたつフェミニズムをベースに,法学分野のジェンダー問題を探求し,分析する学問として発展してきた。ジェンダー法学は,法学の既存の専門領域(たとえば民法や刑事法など)と並び立つ位置を占めるものというより,各専門領域にジェンダー視点を導入する 1 つの手法である,といってよい[5]。

---

[3]　金城清子『法女性学のすすめ』(有斐閣,1983 年)。
[4]　角田由紀子『性の法律学』(有斐閣,1991 年)。
[5]　ジェンダー法学の目的と課題については,浅倉むつ子「女性の権利」早稲田大学大学院法学研究科・組織的な大学院教育改革推進プログラム編『法学研究の基礎──法と権利』(成文堂,2011 年) 189 頁以下で,より詳しくふれている〔本書第 7 章第 1 節〕。

2 ジェンダー労働法学の存在意義

　ジェンダー法学は，上述のように，観点やアプローチの手法に独自性をもつ法学である。その一画を占める「ジェンダー労働法学」も，ジェンダー視点をもって労働法上の諸問題にアプローチする1つの手法である。

　ジェンダー労働法学は，従来の労働法に対して，どのような存在意義を有するのだろうか。思いつくことをいくつか指摘しておこう。

　第一に，ジェンダー労働法学は，労働法の基礎理論の再構築・見直しを提起する。労働契約法理や集団的労働法の基礎理論が形成された時代に，労働法研究者が念頭においていた労働者のモデルは，「男性・世帯主」だった。しかし，ジェンダー労働法学は，そのような男性労働者モデルの今日的な有効性に疑問を投げかける。これは，労働法の人間像を転換する契機をもたらすだろう。また，そのことを通じて，労働法の基礎理論の見直しもまた，提起されることになるだろう。

　第二に，ジェンダー労働法学は，なんといってもジェンダー関連の特定領域の研究において，存在意義を発揮する。従来から，女性労働問題は労働法研究の一分野を占めていたし，今日では，ジェンダー関連の多彩な問題が研究テーマとして取り上げられている。しかしこのような研究が，必ずしもジェンダー視点をもってなされているとはかぎらない。ジェンダー労働法学は，これら特定領域の研究テーマに関して，ジェンダー視点から分析を加え，それによって既存の労働法学に新たな知見をもたらす。たとえば，雇用平等／差別禁止法理の研究，同一価値労働同一賃金問題，セクシュアル・ハラスメントの法理などにおいて，ジェンダー労働法学はジェンダー平等を追求する視点を明確にすることによって独自性を発揮する。

　第三に，ジェンダー労働法学は，これまで労働法の対象領域から排除されてきたさまざまな問題にも焦点をあてる，という有益性をもつ。労働法は，労働の世界にさまざまな境界を設け，非労働者，自営業者，アンペイド・ワークなどを，明らかに対象外の領域としてきた。しかし，こうした境界の自明性は，大きく揺らぎ始めている。ジェンダー視点の導入は，労働法が排除してきた人々，あるいは労働法が見ようとしてこなかった人々に，改めて焦点をあてる

研究をうながすだろう。たとえば従属的自営業者，性産業従事者，外国人労働者，家族従業者などをめぐる問題は，ジェンダー労働法学によって，労働法の対象領域として浮かび上がることになる。

3 ジェンダー労働法学の展開

(1) 労働法の基礎理論とジェンダー労働法学

これまでの労働法が「労働者としての男性の経験」に依拠した学問であったことを見直し，むしろそれとは異なる「労働者としての女性ならではの経験」を中心におく理論を展開する必要があるのではないか。そのような観点から，私は，ジェンダーに敏感な視座をもつ労働法アプローチを「女性中心アプローチ」(women-centered approach) と呼んできた[6]。「女性としての経験」を中心におくことによって，労働市場の労働とあわせて家族圏の「ケア労働」を行う労働者像を対置したかったからである。

ケア労働を行う労働者像を中心にすえる発想は，従来の労働法理論にさまざまな修正を迫る。無償のケア労働を負担する労働者は，ペイド・ワークとあわせてより長時間労働に従事していることになり，労働時間短縮と休暇取得による私生活の確保が，何よりも優先すべき要求となる。妊娠・出産する身体をもつ女性労働者は，妊娠・出産・育児・介護に伴う就労不能や労働能力の低下による不利益取扱いを経験し，男性を中心に形成された世界に紛れ込む「産む性」「労働能力に劣る性」として，数多くのハラスメントを経験する。それだけに，性暴力・偏見・職場における人権侵害を根絶し，労働者の人格の尊厳を確保することは，労働者にとって基本的な要求とされる。

女性中心アプローチは，現実の男性労働者を排除するものではない。なぜなら，このアプローチは，従来からモデル化されてきた労働者像が，決して男性労働者の実像ではないということを気づかせるからである。現実の男性は，強靱な体力・能力をもって，私生活をうち捨てて職場に没頭できる条件のある人々ばかりではなく，それぞれに身体的・心理的な脆弱性を有し，家庭でも職

---

[6] 浅倉むつ子「労働法とジェンダー――『女性中心アプローチ』の試み」日本労働法学会編『講座21世紀の労働法第6巻 労働者の人格と平等』(有斐閣，2000年)。その後，浅倉『労働法とジェンダー』(勁草書房，2004年) 第2章に所収。

場でも，ケアを支えにかろうじて職務をこなしている人々にすぎない。だからこそ特有な男性問題も生じるのであり，「男性学」の有用性がある。ジェンダー労働法学は，実は「男性規範」にとらわれ苦闘している現実の男性労働者にとっても有益な観点を提供するはずである[7]。

　労働法学会では，2005年春に，ミニシンポジウムとして「ジェンダーと労働法」というテーマをとりあげた。笹沼朋子は，ジェンダー視点をもつ労働法分析として，差別概念と自己決定概念を再検討し，そこに新たな意味づけを行うことによって，労働法全体の再構築を行うという意欲的な報告をした。差別とは一般に「不合理な格差」であるととらえられてきたが，笹沼はそれに異議をとなえ，差別とは「一定の集団を市民社会において劣位に属する集団とみなして，権利と利益を侵害する行為類型」だとする。その結果，差別に対抗する男女平等法理には，男女の格差是正という趣旨以外に，女性の人権，とくに性的自己決定を保障するという性差別禁止の趣旨が存在することが明らかになり，差別禁止の中心的な内容は「性的自己決定の保障」であるということになる。女性は他者からの依存を引き受けざるをえない状況にあるため，限られた選択肢しかもたない。とすれば，その決定の全責任を負わせることは理不尽であり，自己決定権保障のためには，決定のための諸条件整備こそが不可欠であると，笹沼は主張する[8]。笹沼はまた，最近のジェンダー法学の共著の中でも，労働分野について論じている[9]。

　実務家による研究も，ジェンダー労働法学において大きな位置を占めている。中野麻美は，非正規雇用が，ダンピング目的で利用されて，社員としての「身分」になってしまっている実態を具体的に明らかにし，日本社会を，競争による敵対と排除から，働き手を大事にする協働のシステムの構築へと構造改革するために，働き方のスタイルを男性モデルから女性モデルに切り替えるべきだ

---

[7] 浅倉むつ子「労働法の再検討——女性中心アプローチ」大沢真理編『ジェンダー社会科学の可能性第2巻　承認と包摂へ——労働と生活の保障』（岩波書店，2011年）43頁以下参照〔本書第7章第3節〕。
[8] 笹沼朋子「ジェンダー視座による労働法理——差別と自己決定の再定義」日本労働法学会誌106号（2005年）68頁以下。
[9] 三成美保＝笹沼朋子＝立石直子＝谷田川知恵『ジェンダー法学入門』（法律文化社，2011年）168頁以下。

と主張する[10]。水谷英夫は，ジェンダーと法をめぐる理論を深く研究しつつ，グローバリゼーションの中での女性労働を分析して，労働法におけるジェンダー平等な規範の実現をめざすための論陣を張っている[11]。

(2) ジェンダー関連の特定領域の研究

ジェンダーに関わる特定領域の研究において，ジェンダー労働法学が果たす役割は重要である。この領域の研究では，常に，ジェンダー視点と逆のベクトルも働いているからである。

ワーク・ライフ・バランス論は，少子化対策において浮上してきた政策として，労働法学では，しばしば取り上げられるテーマになっている。ジェンダー労働法学としては，個人の生き方や価値感に配慮のない安易な少子化対策に対して警鐘をならす研究[12]や，少子化対策をめぐる諸法の成立経緯や内容をあとづけつつ，性差別的要素や伝統的家族像中核主義を批判的に分析して，将来的には同性カップルをも家族として扱う法制度を示唆する研究[13]などが，注目される。

性別を理由とする差別から障害・年齢を理由とする差別に至るまで，諸外国の立法が禁止する雇用差別の対象範囲が拡大されてきたために，今日では，雇用平等／差別禁止法理に関する研究は，ワーク・ライフ・バランス論と並んで，多くの労働法研究者が取組むテーマになっている。その中には，男女雇用機会均等法，禁止されるべき性差別概念，同一価値労働同一賃金原則，非正規雇用問題など，多くの研究すべき課題が含まれている。

間接差別をめぐる研究としては，黒岩容子が，EU法の間接性差別概念を，単なる「隠された差別の推定」という域を超えて，「平等実現への不合理な障害が存在すること自体を差別とする」意味をもつ概念に発展しているものととらえ，また，それが障害者差別に関する「合理的な便宜」と共通性をもつ，と

---

10) 中野麻美『労働ダンピング』（岩波新書，2006年）225頁以下。
11) 水谷英夫『ジェンダーと雇用の法』（信山社，2008年）参照。
12) 神尾真知子「少子化対策をジェンダー法学はどう見るか」ジェンダーと法3号（2006年）80頁以下。
13) 菅野淑子「少子化対策と労働法——リプロダクティブ・ライツと家族概念からの検討」日本労働法学会誌106号（2005年）83頁以下。

いう主張を展開していることに注目したい[14]。

同一価値労働同一賃金原則に関しては，林弘子の一連の研究が，国際基準による「同一労働同一賃金原則」と「同一価値労働同一賃金原則」の差異を明確にして，労基法4条改正を迫っている[15]。浅倉は，日本の雇用慣行になじまないとされている同一価値労働同一賃金原則の実施システムの具体化を提案し[16]，木村愛子は，カナダのプロアクティブな賃金衡平法を紹介しつつ，国が使用者に「ジェンダー偏見が混入しない職務評価方法を策定する」よう義務づけるアプローチを推奨している[17]。

非正規雇用問題については，川田知子が，ワーク・ライフ・バランスの視点から，雇用形態に基づく不利益取扱いを禁止する一般原則の樹立を提唱している[18]。セクシュアル・ハラスメントは，ジェンダー労働法学がもっとも貢献しうる研究テーマであるが，その立場からは，職場や大学がハラスメントを生じさせやすい社会構造にあることを明確にする必要がある。また，密室における強姦事件などの性暴力において根強く存在する固定観念や偏見，すなわち「強姦神話」を「経験則」とするような，加害者側の主張に対抗する理論を創造していく必要がある。ジェンダー法学会の会員によるハラスメント研究業績としては，水谷英夫と山崎文夫の研究が，包括的で代表的なものであろう[19]。

おわりに

欧米では，以前から，ジェンダー労働法学がそれなりの位置を占めており，

---

14) 黒岩容子「EC法における間接性差別禁止法理の展開」ジェンダーと法4号（2007年）68頁以下。

15) 林弘子「労基法4条と『男女同一賃金の原則』をめぐる法的問題」安西愈先生古稀記念『経営と労働法務の理論と実務』（中央経済社，2009年）367頁以下，同「同一労働同一賃金と同一価値労働同一賃金」ジェンダーと法8号（2011年）78頁以下。

16) 浅倉むつ子「日本の賃金差別禁止法制と紛争解決システムへの改正提案」森ます美＝浅倉むつ子編『同一価値労働同一賃金原則の実施システム──公平な賃金の実現に向けて』（有斐閣，2010年）301頁以下。

17) 木村愛子『賃金衡平法制論』（日本評論社，2011年）241頁。

18) 川田知子「雇用形態と均等待遇──男女がともにワーク・ライフ・バランスを実現できる社会に向けて」ジェンダーと法8号（2011年）106頁以下。

19) 水谷英夫『セクシュアル・ハラスメントの実態と法理』（信山社出版，2001年），山崎文夫『セクシュアル・ハラスメントの法理〔改訂版〕』（労働法令，2004年）。

研究実績も多い。外国で行われる労働法のシンポジウムでは，かならず1本はジェンダー視点をもつ報告が求められるほどである。これまで日本の労働法研究に関わって残念に思ってきたことの1つは，大学院生が女性労働関連の研究テーマを選択するのを好まない指導教授がいるという訴えを，しばしば耳にしたことであった。もっともそれらは，主流の研究テーマを与えることによって，大学院生には研究者としての王道を歩ませたいという，指導教授の善意からでていることも多かったと思われる。しかし最近は，かつてと異なり，ジェンダー関連の研究テーマも労働法の主流のテーマになりつつある。このあたりの変化は大きい。実際，雇用平等／差別禁止法理や，非正規労働問題などの研究テーマは，今日では決して，非主流のテーマとはいいがたいであろう。しかし研究テーマの選択肢は広がっても，ジェンダー視点をもつ研究がどれだけ増えているだろうか。それを指導する研究者は十分に育っているだろうか。疑問である。それだけに，ジェンダー労働法学にとっては，その発想がもっている魅力を損なわずに，理論的な側面でもジェンダー視点をもたない研究に遅れをとらないように，研究者の層を厚くする努力をしながら，緻密な理論を地道に積み重ねていかなければならないと思う。

（初出論文：「ジェンダー労働法学」日本労働研究雑誌621号（2012年4月）80～83頁）

第8章　性差別と人格権侵害

第1節　セクシュアル・ハラスメント

1　問題の所在

　はるか以前から事実として存在していたセクシュアル・ハラスメントが，1990年代に急速に法的問題として浮上した契機は，セクシュアル・ハラスメントの加害者および使用者の法的責任を肯定した福岡事件判決（福岡地判平成4・4・16労判607号6頁）にあったといってよいだろう。以来，今日までに150件を超える判決が蓄積されている[1]。セクシュアル・ハラスメントがとくに労働法上問題になるのは，当該行為が職場の地位を利用して行われることが多く，またその際の使用者の対応如何によって被害者の職場環境がさらに悪化し，その結果，被害が拡大しやすいからである。したがって労働法におけるセクシュアル・ハラスメントの最大の争点が，加害者のみならず使用者の法的責任を，何を根拠にして，いかなるものとして追及できるのかという点にあることはいうまでもない。

　一方，セクシュアル・ハラスメントの防止対策への関心が高まり，1997年改正均等法21条および人事院規則10-10は，使用者のセクシュアル・ハラスメント防止配慮義務を定め，それぞれ指針等によってその内容を詳述している。これら防止対策上のセクシュアル・ハラスメント概念が法的責任をめぐる議論にどのように影響しているのかもまた，重要な論点である。

2　加害者の不法行為責任

　セクシュアル・ハラスメントの加害者に対する責任追及は，不法行為に基づく損害賠償請求として行われ，その場合の被侵害利益として，①「人格的利

---

1) 林弘子「職場におけるセクシュアル・ハラスメント」北九州市立男女共同参画センター"ムーブ"編『ジェンダー白書2　女性と労働』（明石書店，2004年）217頁。

益」(名誉やプライバシー,性的人格権ないし性的自由,女性としての尊厳など),②良好な労働環境の中で働く利益(前掲・福岡事件判決),③平等に処遇される利益などがあげられる。日本の具体的裁判例で,直接③に言及するものは少ないが,将来の法規制の整備によっては(「雇用平等法」が制定されるなど),これを根拠とする訴訟が登場するであろう。

　違法性の判断において,裁判所は,①性的言動の具体的態様(時間・場所・内容・程度,反復・継続性など),②当事者相互の関係(行為者の職務上の地位・年齢,被害女性の年齢・婚姻歴,両者の関係),③被害者の対応等を総合的にみて,④それが社会的見地から不相当とされる程度であること(例:金沢事件・名古屋高金沢支判平成 8・10・30 労判 707 号 37 頁;最判平成 11・7・16 労判 767 号 14 頁)という基準を示している。「反復・継続性」があげられてはいるが,比較的軽微な 1 回限りの行為の違法性も認められており(例:大阪地判平成 8・4・26 判時 1589 号 92 頁,千葉地松戸支判平成 12・8・10 判時 1734 号 82 頁),個々の基準は総合的判断の 1 つの要素にすぎないことがわかる。ただし判断基準に「被害女性の年齢,婚姻歴の有無」を掲げることには賛成しがたい[2]。「18 歳の女性」には人格権侵害という評価をもたらしやすい(例:大阪 A 運送事件・大阪地判平成 7・8・29 判タ 893 号 203 頁)反面,離婚歴のある女性の性的被害度を少なく見積もるという誤った判断を誘発しかねないからである。「被害者の対応」に関しても,いわゆる「強姦神話」[3]の呪縛から裁判所はなお完全には解放されていない。加害者が夜に被害者を呼び出し被害者がそれに応じたことを「無警戒にすぎる行動」であるとし,「行為を断固として拒否する態度に欠けていた」と認定して過失相殺に反映させた事例がなお存在する(仙台高判平成 13・3・29 判時 1800 号 47 頁)。

　それだけに,裁判所が不法行為の成否の判断にあたって依拠すべき「経験則」とは誰のものなのか,すなわち裁判官が抱く被害者像が重要である。この点について,(i)「合理的人間ないしは平均人基準プラス総合的判断枠組を採

---

[2] 「当事者双方の年齢・婚姻歴の有無」について意味不明で疑問とするのは,水谷英夫『セクシュアル・ハラスメントの実態と法理』(信山社出版,2001 年) 266 頁。

[3] 被害者が「抵抗」すれば強姦は避けられたはずという神話。角田由紀子『性の法律学』(有斐閣,1991 年) 33 頁。

用」すべきとする説[4]と，(ii)「女性全般さらには被害者の個人的な状況に即した判断」[5]や，(iii)「性被害や支配従属関係における『被害者』の合理的行動を前提とした『経験則』」[6]によるべきとする説がある。(i)も「総合的判断」の中に「合理的女性基準」を取り入れることを否定してはいないので，(ii)(iii)後者との違いはあまり鮮明ではない。ただ基本的な考え方として，(i)の説がセクシュアル・ハラスメントを性別を問わない問題として把握する傾向を強く打ち出しているのに対して，(ii)(iii)の説は，セクシュアル・ハラスメントを女性差別もしくは性暴力の一環として把握する傾向を示すという違いが看取される。

3 使用者に対する責任追及

　セクシュアル・ハラスメントの被害者は，使用者の責任を追及するにあたって，人事権の行使を伴う対価型セクシュアル・ハラスメントには，無効確認請求（解雇など）や損害賠償請求で対抗し（賃金差別，仕事の割当て，不利益な人事権の行使など），人事権の行使を伴わない環境型セクシュアル・ハラスメントに対しては，もっぱら損害賠償を求めることになる（「対価型」「環境型」は必ずしも截然と区別されず混在しているが，区分すること自体は無意味ではない）。注意すべきは，使用者責任に関しては，直接的なセクシュアル・ハラスメント加害行為のみならずセクシュアル・ハラスメントへの対応に関わって生じる各種の行為が対象になることが多いということであり，その際の法的構成としては，不法行為に基づく場合と労働契約に基づく場合とがある。

(1)　**不法行為構成**

　セクシュアル・ハラスメント行為への対応に関わって，民法 709 条に基づき，使用者に固有の不法行為責任が認定され，損害賠償が命じられる傾向がみられる。使用者が，専務取締役らが行ったセクシュアル・ハラスメント加害行為への対応を放置して逆に被害者側を処分したことにつき，「これら被告会社〔使

---

　4)　山崎文夫「セクシュアル・ハラスメントの諸様相と法的諸問題」比較法制研究 26 号（2003 年）175 頁。
　5)　奥山明良『職場のセクシュアル・ハラスメント』（有斐閣，1999 年）115 頁。
　6)　水谷英夫「日本の『セクハラ』裁判の変遷と特徴」労働法律旬報 1560 号（2003 年）16 頁。

用者〕の行為は……全体として１個の不法行為を構成する」とする判決（岡山事件・岡山地判平成14・5・15労判832号54頁）や，使用者は職場環境調整配慮義務を怠り，不法行為責任を問われるべきとする判決（沼津〈F鉄道工業〉事件・静岡地沼津支判平成11・2・26労判760号38頁）が典型である。セクシュアル・ハラスメントは「企業や大学が構造的に抱える問題であり，法的には，企業や大学自身が事前，事後に自らの責任においてこのような違法不当な行為を排除すべきであるとの考えが広がるようにな」り，その結果，端的に会社自身の組織的責任を問うべきであるとする要請が強まったということであろう[7]。

　セクシュアル・ハラスメント行為自体については，法人の代表者が加害者である場合，法人は民法44条1項を根拠に不法行為責任を負う。他方，従業員のセクシュアル・ハラスメントに対しては，民法715条を根拠に使用者責任が問われる。同条は，他人（従業員）を使用することによって利益を得ている使用者の代位責任を定めるものであるから，加害従業員のセクシュアル・ハラスメント行為が「事業の執行について」行われた場合に，使用者に損害賠償責任が発生する。「事業の執行」概念はかなり幅広く解釈される傾向にあり，最高裁は，被用者の行為が「外形上，……会社の事業の範囲に属する」ものはこれにあたるとして「外形標準説」を採用し（最判昭和32・7・16民集11巻7号1254頁），寿司店の店員が出前の途中で口論から暴力をふるったことについても，「会社の事業の執行行為を契機とし，これと密接な関連を有すると認められる行為」により生じた損害として，使用者責任を肯定する（最判昭和46・6・22民集25巻4号566頁）。

　一方，セクシュアル・ハラスメントについては，上司から部下になされた「業務中」の「職場」もしくは「休憩室」でのわいせつ行為を，従業員の「個人的行為」とみなす判決（三重厚生農協連合会事件・津地判平成9・11・5労判729号54頁）と，「外形上，被告国〔使用者〕の事業の執行につき行われたもの」と認める判決（兵庫〈国立病院〉事件・神戸地判平成9・7・29労判726号100頁）が対立している。前者については「およそセクシュアル・ハラスメント事件で使用者責任の成立を否定しかねない論理になる危険性がある」との批判[8]が有力で

7）　水谷・前掲注2）395頁。

あるが,「正当と考える」見解もある[9]。加害行為の場所,時間は重要な判断基準ではあるが,勤務時間外,職務外の行為であっても,「職務と密接に関連する行為」であれば使用者責任は肯定されるべきである(例:日銀事件・京都地判平成13・3・22判時1754号125頁)。

前掲・福岡事件判決は,加害者のセクシュアル・ハラスメント行為についてだけでなく,被用者を選任監督する立場にある者(専務取締役)のセクシュアル・ハラスメントへの対応行為についても「適切な職場環境を調整する注意義務」違反を認め,その行為を通じて民法715条が適用された。この解釈を採用すれば,「加害者を特定することが困難なセクシュアル・ハラスメントや,顧客や取引先の行為により職場環境が悪化した場合に,それに対する改善策をとらなかったときには,使用者が不法行為責任を負うという帰結が導かれうる」という指摘は重要である[10]。なお,従業員が「職務の執行につき」,職場外の第三者(取引先,顧客等)をセクシュアル・ハラスメント行為により加害した場合も,使用者が715条により責任を負うことになる。この場合は債務不履行構成は意味をなさない。

(2) 債務不履行構成

使用者の責任追及につき債務不履行構成をとる近時の判決は,労働契約上の付随義務として,表現は一定しないものの,使用者に,①プライバシー侵害を防止する「職場環境整備義務」(京都呉服販売会社事件・京都地判平成9・4・17労判716号49頁),②被用者にとって働きやすい環境を保つ「職場環境配慮義務」(前掲・三重厚生農協連合会事件),③セクシュアル・ハラスメント発生後に誠実・適切な事後措置をとって対処,調査する「職場環境維持確保配慮義務」(仙台自動車販売会社事件・仙台地判平成13・3・26労判808号13頁),④意に反する退職を防止する「職場環境整備義務」(前掲・京都呉服販売会社事件)や「解雇・

---

8) たとえば,松本克美「セクシュアル・ハラスメント——職場環境配慮義務・教育研究環境配慮義務の意義と課題」ジュリスト1237号(2003年)140頁。
9) 山田創一「職場におけるセクシュアル・ハラスメントと債務不履行責任」山梨学院大学法学論集49号(2003年)189頁。
10) 山川隆一「わが国におけるセクシュアル・ハラスメントの私法的救済」ジュリスト1097号(1996年)73頁。

退職回避義務」(前掲・仙台自動車販売会社事件) があることを肯定する。④については，労働者が「退職に追い込まれたことに対する法的救済を債務不履行として構成するものであり，わが国における『準解雇』概念の成立に道を拓くもの」と積極的に評価する見解[11]がある一方で，あまりにも広範な義務であって支持しがたいという批判もある[12]。学説は，使用者責任の債務不履行構成に概ね肯定的である[13]が，条件つき否定説もある[14]。

　使用者の義務を広範に設定することへの躊躇は，おそらく，不法行為構成における「働きやすい環境のなかで働く利益」の侵害 (前掲・福岡事件) という被侵害利益に対する同様の批判[15]や，「使用者が……個人的問題に積極的に介入していかざるをえないこととなり……個々の労働者にとってかえって不当な結果を招来させる」と懸念する見解[16]に通じるものであろう。私見では，セクシュアル・ハラスメント防止とプライバシー保護の調整問題は重要な論点ではあるが，債務不履行構成を否定する論拠にはならないと考える。プライバシーの侵害は，むしろ使用者の「労働環境配慮義務」違反そのものであって，セクシュアル・ハラスメント防止における性的自己決定の尊重という観点とは対立する行為である。セクシュアル・ハラスメント防止を理由とする使用者の規制の肥大化は，労働環境配慮義務の内容に関する誤った理解から生じているといえよう。

　この点に関わって，企業や大学が使用者責任を回避するために，従業員同士もしくは管理職と非管理職の社内恋愛を禁止するルールを定めることがある[17]。

---

11) 石田眞「セクシュアル・ハラスメントによる退職と損害賠償」労働法律旬報 1441 号 (1998 年) 22 頁。

12) 山田省三「職場におけるセクシュアル・ハラスメントをめぐる裁判例の分析(2)」法学新報 106 巻 1＝2 号 (1999 年) 108 頁，土田道夫「セクシュアル・ハラスメントを法的に考える」法学教室 234 号 (2000 年) 106 頁。

13) 野間賢「セクシュアル・ハラスメントと使用者の職場環境配慮義務」日本労働法学会誌 91 号 (1998 年) 126 頁以下。

14) たとえば，表田充生「セクシュアル・ハラスメント救済法理に関する一考察」京都学園法学 39＝40 号 (2002 年) 189 頁以下。

15) いかなる意味で働きにくいかを明確にするために「職場においていたずらに性的不快感を与えられずに働く利益」と定式化すべきというのは，山川・前掲注 10) 70 頁。

16) 奥山・前掲注 5) 123 頁。

17) アメリカでも同様である。山崎・前掲注 4) 179 頁参照。

これらは職場結婚を禁止するルールと同様の機能を果たし，プライバシーや恋愛・婚姻の自由の侵害になりかねない。いたずらに職場の人間関係の監視を強化すべきではなく，むしろ職場における人権尊重を徹底する方策を実施すべきである。

　債務不履行構成が不法行為構成よりも優位な点は，証明責任の配分，消滅時効の長短，損害の算定時期などに現れるといわれているが，そればかりではない。債務不履行構成の意味は，「行為規範を具体化し，そのことによって，セクシュアル・ハラスメント自体の予防を実現すると同時に，万一これが起こった場合の二次被害の防止，被害回復を実効性あるものにするという点，すなわち，〈被害防止・回復行為規範具体化機能〉に求められる」[18]。その場合，均等法21条が使用者の職場環境配慮義務の具体的内容の手がかりになることは，多くの論者が認めるところである。しかし同条に基づく「指針」（平成10年3月13日労働省告示20号）の措置は，使用者の最低限の義務内容を構成するに過ぎず，この義務を履行しさえすれば使用者が責任を免れるとはいえない。水谷は，①事前措置義務としての「規定整備義務」「施設整備義務」，②事後措置義務としての「調査義務」「被害拡大回避義務」「再発防止義務」「被害回復義務」，③セクシュアル・ハラスメント行為防止義務があるとして，それぞれの具体化を試みている[19]。

　債務不履行構成の法的効果は，損害賠償に加えて，職場環境配慮義務の履行請求権，職場環境が整わない場合の就労拒絶権，その場合の賃金請求権，休業補償，直接の加害者ないし自らの配置転換請求権，セクシュアル・ハラスメントにより退職を余儀なくされた場合の復職措置や退職に関わる損害の回復など，包括的なものである[20]。山田創一は，安全配慮義務のアナロジーから，職場環境整備義務，職場環境配慮義務における履行請求権および労務給付拒絶権を肯定し[21]，山田省三は，同時履行の抗弁権を肯定できるのではないか，あるいは，少なくとも休業手当を請求しうると主張する[22]。

---

18)　松本・前掲注8) 140頁。同旨，山田（省）・前掲注12) 113頁。
19)　水谷・前掲注2) 222頁。
20)　松本・前掲注8) 141頁。
21)　山田（創）・前掲注9) 213頁。
22)　山田（省）・前掲注12) 126頁。

公務職場のセクシュアル・ハラスメントに関しては，とくに債務不履行構成によるメリットが大きい。すなわち，公務員による「公権力の行使」に係る不法行為の場合は，本人への賠償を認めず国・地方自治体の責任追及に限定され，一方で私人としての行為であるとすれば，本人への不法行為責任追及は可能だが業務執行性がないとして，使用者責任を追及することはできないという矛盾が指摘されている[23]。しかし債務不履行構成によれば，国・自治体に対しては債務不履行責任を追及し，直接の加害者に対しては不法行為責任を追及することができるであろう[24]。

なお，取引先，顧客によって従業員がセクシュアル・ハラスメント被害を被る事案の場合，前掲・福岡事件判決のように選任監督者の不法行為に対する使用者の代位責任を論拠に使用者責任を問う方法もありうるが，債務不履行責任構成では，より直截的に，使用者は，社外からの被害への対応に関する職場環境整備（配慮）義務違反を問われるであろう[25]。

4　その他の論点

セクシュアル・ハラスメントの民事訴訟では，被害の甚大性に比して裁判所が命じる賠償額の低さが批判の対象となってきた。実際，精神的損害に対する慰謝料と弁護士費用はそう大きな金額ではない。しかし最近では，加害の程度，被侵害利益の大きさの程度によっては，消極損害としてそれなりの金額の支払いが命じられるケースがみられる。セクシュアル・ハラスメントそのものにより，あるいはその後の使用者の対応によって，被害者が体調を崩して退職に追い込まれた場合には，慰謝料に加えて，逸失利益として得べかりし賃金相当額を命ずる判決が登場している（1年の賃金額に相当する金額の支払いを命じたのは，前掲・日銀事件，前掲・岡山事件，失業給付受給日数〔180日〕を限度として賃金から失業給付を差し引いた金額の支払いを命じたのは，前掲・京都呉服販売会社事件）。

セクシュアル・ハラスメント概念の多義性については多くの論者が指摘するところであり，法的責任の範囲と雇用管理上の配慮事項の範囲が異なることは

---

23) 林・前掲注1) 228頁。
24) 松本・前掲注8) 144頁。
25) 水谷・前掲注6) 19頁。

当然とされている。ただし，雇用管理事項の具体的範囲を示す均等法21条と人事院規則10-10が定義するセクシュアル・ハラスメント概念が異なっているのは好ましいとは思えない。人事院規則は，①男性職員が被るセクシュアル・ハラスメントも対象としていること，②職員相互間のセクシュアル・ハラスメントも含んでいること，③いわゆる性別役割に基づくジェンダー・ハラスメントも含むという点で，均等法よりも幅広い防止措置を定めている。将来的にはこちらに照準を合わせるべきであろう。

　　　（初出論文：「セクシュアル・ハラスメント」角田邦重＝毛塚勝利＝
　　　浅倉むつ子編『労働法の争点〔第3版〕』（有斐閣，2004年）115
　　　～117頁）

[追記]
　本節の執筆は2004年であったが，以後，セクシュアル・ハラスメントの防止についてはいくつかの法改正があった。本書第3章第1節で書いたように，セクシュアル・ハラスメントに関わる事業主の配慮義務は，2006年に改正された男女雇用機会均等法では「措置義務」として規定され，「必要な体制の整備その他の雇用管理上必要な措置を講じなければならない」となっている（11条1項）。またこのときの改正によって，セクシュアル・ハラスメントは，男女双方の労働者を対象とする性的言動として想定され，かつ，調停と企業名公表の対象となり，防止対策は強化されたといってよい。また，本書第3章第2節の[追記]にあるように，2013年の均等法見直しにおいて「指針」の改正が行われ，セクシュアル・ハラスメントの予防・事後対応については，同性間の言動も含まれること，セクシュアル・ハラスメントの発生の原因や背景には性別役割分担意識に基づく言動，すなわちジェンダー・ハラスメントもありうることが明示された。均等法指針のセクシュアル・ハラスメントの定義は，徐々に人事院規則10-10の定義に近づいてきたといえよう。

第2節　雇い止めと人格権侵害

　男女共同参画社会基本法（「基本法」という）が1999年に国会を通過し，その後，各地方自治体における男女共同参画に関わる条例制定の動きは，全国的な広がりをみせた。全国の都道府県，市区町村において，男女共同参画がめざすべき「目標」になり，2008年には，千葉県を除く46都道府県，17のすべての政令市，305市区，75市町村の合計443自治体（23.8％）で，条例が施行されている。

　ところが，今世紀を前に「基本法」が通過したその同じ国会で，「盗聴法」（犯罪捜査のための通信傍受に関する法律）や「君が代・日の丸法」（国旗及び国歌に関する法律）も成立し，一連の「バックラッシュ（揺り戻し）」といわれる動きも鮮明化した。したがって，この10年は，男女共同参画にとって「推進の10年」であったとともに，バックラッシュ勢力との「闘いの10年」でもあった。ここにとりあげる「すてっぷ館長雇い止め事件」も，以上のような時代背景をぬきにしては語れない。

　2000年末頃から，「日本会議」やその他の保守系の団体から，男女共同参画は「偏った思想」であり，行政の行き過ぎを監視する必要があると声高に主張されるようになり，2002年10月には，それらの声に後押しされて，「男女が，男らしさ女らしさを一方的に否定することなく男女の特性を認め合い」という，本来の男女共同参画には逆行するような文言を取り入れた山口県宇部市の条例が制定された。2003年には，千葉県の男女共同参画条例案が，自民党県連の反対で廃案となった。

　私が条例策定作業に関わった東京都でも，顕著なバックラッシュの動きがあった。2000年に男女平等参画基本条例が制定されたにもかかわらず，都知事が交代すると同時に，従来から設けられていた「職場における男女差別苦情処理委員会」や「女性に係る訴訟支援制度」が廃止され，2002年には東京女性財団が廃止された。またこの頃から，教育現場における性教育や男女混合名簿などの先進的な取組に対する，都教育委員会や都議会議員による非難が強まった。都教育委員会は，2003年には，学校の入学式・卒業式で日の丸に向かっ

て起立し，君が代を斉唱することを義務づける「10・23 通達」（平成 15 年 10 月 23 日 15 教指企 569 号）を出し，従わない教員を処分するようになった。2004 年には，「ジェンダー・フリーに基づく男女混合名簿」を禁止する通知も出した（2004 年 8 月 26 日東京都教育委員会「ジェンダー・フリー」にかかわる配慮事項について」）。

さらに，当時，独創的な性教育を行っていた七生養護学校を視察した都議会議員が，「こういう教材を使うのはおかしい」「感覚がマヒしている」などと教員を非難し，教育委員会がこれを受けて，行き過ぎた性教育を理由として多数の教員を処分した事件では，さすがに東京地裁は，都議が行ったことは教育に対する侵害，不法行為であるとし，また東京都による教員の処分も違法であると判示した（七生養護学校事件・東京地判平成 21・3・12 LEX/DB 25450446，〔東京高判平成 23・9・16 LEX/DB 25472532，最決平成 25・11・28 LEX/DB 25502565〕）。その後もバックラッシュの動向は続き，上野千鶴子東大教授による東京都国分寺市における講座（東京都の委託事業）を，東京都教育庁が取りやめるように指示したという事件も発生した。東京都に生じたものと類似の動きは，当然，全国的にみられる傾向にあり，福井県の公共施設からは「ジェンダー」に関わる書籍の一部が撤去されるという事件も起きたのである。

本件，豊中市・財団による男女共同参画センター館長であった三井マリ子さんの雇止め事件は，まさにこのような全国的なバックラッシュの動きの広がりの最中に生じた事件であった。すなわち，本件は，非常勤館長という有期契約の更新拒否事件，もしくは常任館長としての採用拒否事件であり，労働事件であると同時に，その過程において威圧的で精神的な暴力が駆使されたジェンダー・バッシング事件でもある。いわば労働法とジェンダー法の架橋をなす事件であった。そのような意味から，労働法とジェンダー法を専門としている私にとって，本件の事実の背景にバックラッシュ勢力の影をみいだすことは容易であったし，その中で，三井さんに対する人格権侵害があったことも，たやすく理解できることであった。

ところが，それをまったく理解しない地裁判決（大阪地判平成 19・9・12 判例集未登載）を読んだ時の失望感は，かなり大きいものであった。それだけに，高裁に提出する意見書を書く際に，私がもっとも重要なこととして心がけたの

は，バックラッシュを知らない裁判官でも，「なぜ豊中市や財団が館長を排除するような行為を行ったのか」について腑に落ちるような形で，事実を解きほぐしてみようということだった。事実の概要は必ずしも簡単なものではなく，さまざまな複雑な経緯もからみあっているものの，丹念に，生じたことを時系列的に筋道をたてて分析していくと，事実は非常によくみえてくるのではないかと思う。そして，高裁の裁判官には，この点を十分に理解していただけたと考えている（大阪高判平成22・3・30労判1006号20頁を参照）。

本件は上告されている。しかしながら，全国的な困難な状況の中で，豊中市における男女共同参画拠点施設の館長として誠実に職務を果たしてきた三井マリ子館長に対してなされた，職業上の誇りや尊厳を傷つけるような本件のような人格権侵害行為が，よもや最高裁において「許されるもの」と判断されるはずはないであろう。本件が1日も早く解決されることを望みたい。なお，以下の意見書で「判決文」とあるのは大阪地裁判決であり，時折，書証番号などが（ ）内に記載されていて煩雑なところもあるがこのまま掲載する。

意 見 書

大阪高等裁判所平成19年㈹第2853号損害賠償請求訴訟控訴事件に関連して，以下の通り，意見を述べる。

2008年9月11日

はじめに
——本意見書のねらい

本件は，豊中市における男女共同参画社会の実現をめざす拠点施設「すてっぷ」の非常勤館長であった三井マリ子氏（控訴人）の男女平等へむけた積極的な取組姿勢が，男女共同参画へのバックラッシュ勢力である市議会議員や一部市民から名指しの批判を呼び，控訴人を館長に就任させている豊中市および財団（被控訴人ら）の責任が当該バックラッシュ勢力からしつこく追及されるに至ったことなどをきっかけとして，市および財団が控訴人をうとましく思うようになり，その結果，市および財団の職員らが，財団の組織変更を奇貨として，

控訴人を排除するに至ったことが問題化した事案である。
　私は，労働法およびジェンダー法を専攻する者として，本意見書において，概要，以下のことを主張する。
　バックラッシュ勢力である市議会議員や一部市民から控訴人に対して行われた各種のいやがらせ，虚偽の噂の流布，暴力的な威圧的言動に対して，豊中市および財団は，控訴人を支援するための適切な対応策をほとんどとることなく，終始，控訴人を矢面に立たせてきた。しかしながら，適切な対応を怠ったこのような不作為そのものが本来的には市および財団の労働契約上の責任を問われてしかるべきものであったにもかかわらず，市および財団は，自らの責任を棚上げしたのみならず，かえって，毅然とバックラッシュ勢力に対抗してかかる困難な事態の中でも非常勤館長として誠実に職務を果たしてきた控訴人に対して，その存在をうとましく思うようになり，控訴人を排除しようと企図して，財団の組織変更の時期を意図的に早めて当該組織変更の中で浮上した常勤館長職に関する情報を控訴人に秘匿し，同人が常勤館長職を望んでいないという虚偽の情報を流しつつ密かに控訴人以外の候補者に就任要請を行い，候補者が決定して控訴人が常勤館長職に関する情報を知ったあかつきには，公平さを装うために常勤館長としての採用選考面接を控訴人にも受けさせて，すでに決まっていた控訴人以外の候補者を合格させて同人を排除したのである。
　以上のことは，控訴人の職業上の誇りや尊厳を傷つけるという人格権侵害以外のなにものでもなく，豊中市および財団による共同不法行為であると同時に，労働契約における信義則上の付随義務として使用者が労働者に対して負っているところの「労働者が人格権を侵害されずに働くことができるように職場環境を整備する義務＝職場環境整備義務」違反に該当する。したがって，これによって控訴人が被った著しい精神的苦痛について，市および財団は，不法行為および債務不履行に基づく損害賠償の責任を免れないものである。

1　人格権侵害と使用者の職場環境整備義務

(1)　人格権侵害

　まず，本件において法律論の柱となる人格権侵害について，整理しておこう。人格権とは，「身体・健康・自由・名誉など人格的属性を対象とし，その自由

な発展のために，第三者による侵害に対し保護されなければならない諸利益の総体」と定義されている[1]。つまり人格権とは，人格の精神的側面および身体的側面にかかわる諸利益を総合的にとらえる権利概念である[2]。

人格権は，以上のように，第三者からの侵害に対して保護されなければならない諸利益の総体であるから，民法はこれを個人の尊厳という言葉で表現している（民法1条の2，憲法13条）。すなわち，個人はいかなる者も，身体的利益であると精神的利益であるとを問わず，人間たる尊厳にかかわる人格的利益の帰属主体として保護されなければならないのである。

(2) 使用者による人格権侵害

労使関係においても，一般社会と同様に，当然，人格権が保護されるべきである。職場において，もし労働者の身体の安全，行動の自由，名誉，尊厳，プライバシーなどの人格的利益が侵害された場合には，それが不法行為を構成することは異論のないところであり，これらの諸利益の違法な侵害に対しては，不法行為にもとづく損害賠償および差止め請求が，救済手段として認められてきている。

近年ではとくに，①セクシュアル・ハラスメントをめぐる裁判例，②服務規律など労働者の服装やみだしなみ規制・教育訓練内容をめぐる裁判例，③職場におけるいじめ，仲間はずし，屈辱的取扱いなどをめぐる裁判例，④労働者の健康に関するプライバシー侵害やインターネット利用の監視をめぐるプライバシー侵害をめぐる裁判例など，数多くの人格的利益の保護を争う事案がみられるところである[3]。

労使関係においては，このように，多様な人格権侵害行為が発生し，数多くの事例が法的に争われてきている。もちろん，職場においては，労働者相互間，労働者と労働組合間，労働者と取引先など第三者との間における人格的利益の侵害行為も数多く発生しているが，なんといっても，労使関係に特徴的な事案

---

1) 五十嵐清『人格権論』（一粒社，1989年）7頁。
2) 島田陽一「企業における労働者の人格権」日本労働法学会編『講座21世紀の労働法 第6巻 労働者の人格と平等』（有斐閣，2000年）4頁。
3) 菅野和夫『労働法〔第8版〕』（弘文堂，2008年）146頁。

は，使用者による労働者の人格権侵害行為である。

このような事案としては，使用者が業務命令を通じて労働者の人格的利益を侵害する場合もあれば（ごく一例をあげれば，たとえばタクシー運転手に対する配車差別が人格権を侵害したとした，サンデン交通事件・山口地下関支判平成 3・9・30 労判 606 号 55 頁），業務命令なしに，使用者が労働者の精神的人格的利益を侵害するという場合もある（たとえば，共産党員およびその同調者を監視し孤立させて，ロッカーを無断で開けて私物を写真撮影した使用者の行為が人格権的利益の侵害であるとした，関西電力事件・最判平成 7・9・5 労判 680 号 28 頁）。

雇い止めにおける差別的取扱いが人格権侵害に該当するという判決もある。すなわち，昭和町（嘱託職員不再任）事件（東京高判平成 18・5・25 労判 919 号 22 頁）は，嘱託職員は「再任用されることについて権利ないし法的利益を有していたわけではないが，合理的理由がないのに再任用について差別的な取扱いを受けないという人格的利益を有して」いたのであるから，「任命権者が合理的理由がないのに再任用について差別的な取扱いを行った場合は，再任を希望していたにもかかわらず再任されなかった嘱託職員の人格的利益を侵害するものとして国家賠償法上違法となると解するのが相当である」として，人格的利益の侵害による精神的苦痛に対して慰謝料を認める判断を下している。

(3) 職場環境整備義務

最近では，使用者の職場環境整備義務を根拠として，労働者の人格的利益を保護すべきであるという主張が説得力をもってなされている。職場において使用者は，労働契約における信義則上の付随義務として，「労働者に対して，物理的に良好な作業環境を整備するとともに，精神的にも良好な状態で就業できるように職場環境を整備する義務（＝職場環境配慮義務）を負っている」とするのである[4]。労働者が人格を尊重されながら職場で働くことができるように職場環境を整備することは，使用者の契約上の義務だということである。

使用者はこのように，契約上の義務として，職場環境整備義務を負っているのであるから，使用者，使用者の履行補助者らが，上記義務を怠って労働者の

---

[4] 水谷英夫『職場のいじめ——「パワハラ」と法』（信山社，2006 年）158 頁。

人格的利益や職場環境を侵害した場合には，使用者が契約違反（債務不履行）の責任を問われることになる。このような義務を根拠に，使用者は，労働者の就労を妨げるような事態が発生することを防止する義務，すなわち，労働者が上司，他の労働者，第三者から職場内で人格権侵害を受けるという可能性を除去すべき義務，ならびに，これらの非違行為が生じたときには，直ちに是正を講ずべき義務を負うことになる。もしこの義務に違反して，使用者自身が積極的に職場環境を悪化させ，もしくは漫然とかかる事態の発生を放置した場合には，使用者は，労働契約上の契約責任もしくは不法行為責任を負うことになる。

裁判例でも，各種のハラスメント事案において，さまざまな職場環境整備義務に関する判断がなされている。代表的な事例としては，女性看護師が深夜勤務中に同僚の男性看護師から休憩室で身体をさわるなどの性的行為をされた場合に，使用者に対して，労働契約上の職場環境配慮義務違反の債務不履行責任を認めた例（三重厚生農協連合会事件・津地判平成9・11・5労判729号54頁），男性従業員によって女性更衣室のビデオカメラの隠し撮りがなされた事件で，従業員のプライバシーが侵害されないように職場環境を整える義務に反するとして会社の債務不履行責任を認めた例（京都呉服販売会社事件・京都地判平成9・4・17労判716号49頁）などがある。

(4) **本件における使用者**

以上のように，使用者は労働契約上の義務として，労働者に対して，人格を尊重されながら働くことができるようにする職場環境整備義務を負っているのであるが，本件における豊中市と財団（被控訴人ら）の使用者該当性について，ここで述べておきたい。

控訴人と雇用契約を締結している使用者として，控訴人財団が職場環境整備義務を負うことは，当然である。では，豊中市はどうか。同市は，たしかに控訴人と直接の雇用契約関係にはないが，財団と密接不可分の関係にあり，控訴人の任免についても実質的な決定権をもっている。すなわち，財団は，豊中市とは別法人でありながら，同市からの100％出資によって設立され，その経費はほとんどすべて市からの補助金収入・受託収入でまかなわれている。そして，財団は，豊中市の意向に従って「すてっぷ」を管理しているにすぎず，実際の

財団の人事権も市が掌握していることが明白である。実際，財団理事長は，財団のすべてが豊中市の意向にしたがって運営されていることを認めつつ，「全て任免権の最後の責任は，理事長と市長にあります」と述べているのであり，両者の関係は，先に述べたように，密接不可分の関係にある。

本件事案に関しても，非常勤館長職の廃止や常勤館長候補者の採用選考など，ほとんどすべてが，豊中市のA部長，B課長，そして豊中市からの出向職員であるC事務局長の3名によって決定されており，財団の理事や評議員はほとんど関与していなかったことも明らかになっている。それだけに，被控訴人財団は，被控訴人豊中市の意向に全面的に従っているにすぎず，むしろ控訴人の実質的な使用者は豊中市である。

上記のような関係からいえば，財団のみならず実質的な使用者である豊中市もまた，労働契約上の義務として，労働者である控訴人が人格を尊重されながら働くことができるようにする職場環境整備義務を負うものである。

2 バックラッシュ勢力の横暴で執拗な言動について

本件事案を判断するにあたっては，男女共同参画に関するバックラッシュ勢力の動きと，その勢力に対して地方自治体の職員らがどのような対応を迫られてきているかについての理解が鍵となる。本件は，全国的なバックラッシュの動きに呼応して，2002年頃から豊中市の男女共同参画行政がターゲットとなったという事実が背景にあり，その中で発生した事案という特殊性をもつからである。そこで，具体的な事案に入る前に，まずはバックラッシュ勢力と地方自治体行政の対応について，私たちがどのような認識をもつべきかについて，述べておきたい。

(1) バックラッシュ勢力の攻撃と地方自治体の自己規制

ちなみに，男女共同参画に関するバックラッシュ勢力は，全国組織を背景としており（1998年に創立された「日本会議」が中心），ねらいを定めた地方自治体において，一般市民を装いながら歪曲したデマを流しつつ，特定の個人を名指しで攻撃する行為をしつこく繰り返し（本件において，控訴人が「専業主婦はバカだと言った」というデマもその1つである），ときには地方自治体の一部議員と連

携しつつ行政や男女共同参画拠点施設の職員等に対する執拗で陰湿な攻撃・批判をも行うものであって，この勢力に目をつけられることの恐ろしさは，地方行政に携わる者にとっては周知の事実である。このことに関する正確な理解を前提にしなければ，本件における被控訴人豊中市および財団の対応も理解不能であるため，まずこの点について述べる次第である。

　バックラッシュ勢力の攻撃の仕方は，既述のように執拗で陰湿であるため，そのターゲットになった地方自治体の責任者や職員は，極度の緊張にさらされ重大な疲弊を被ることになり，渦中におかれた職員の中には精神的うつ状態に陥る者すらいる。それだけに，地方自治体にとっては，バックラッシュ勢力に対する対策を「うまく」講じることは死活問題でもあるし，中にはその攻撃を恐れて自主規制をする地方自治体もある。

　地方自治体による対応策の最近の事例としては，つくばみらい市の例がある。すなわち，2008年1月16日に，つくばみらい市主催のDV防止講演会が予定されていたところ，バックラッシュ勢力から大量の開催抗議メールが送信されて，市役所前で拡声器を使って中止を迫る抗議行動が行われたため，これに畏怖した市が講演会を中止したという事例である。全国的に発生している同様の事例についても，提示することはたやすい。要するに，自治体の職員らにとっては，これら勢力と正面きって対峙することは，さらなる攻撃を招くことであり，まさに火に油を注ぐことになって危険きわまりない。それよりも批判をかわすために自主規制して対決を避けるほうが，より「賢明な策」だと考えざるをえないほど，バックラッシュ勢力は畏怖すべき存在であったと言わねばならないのである。

(2)　**豊中市の場合**

　本件事案が発生した時期は，ちょうどバックラッシュ勢力がもっとも勢いを増した時期でもあった。というのも，2002年6月に，山口県宇部市の男女共同参画推進条例が，バックラッシュ勢力の修正を大幅に取り入れた形で成立した時期と重なるからである。本件においても，原判決は，2002年7月25日に豊中市議会でD議員が，宇部市の条例と比較してどうかと質問していると，認定している。まさにこの頃，宇部市条例の制定に力を得たバックラッシュ勢

力は，全国的に各地方自治体が制定しようとしていた男女共同参画に関する条例の策定に際して，宇部市条例と同様の修正を盛り込もうとして活動をいっそう活発化したのであった。そしてこのことを，地方自治体の行政側もよく承知しており，細心の注意を払いながら，男女共同参画条例の成立問題については，できるだけ穏便に取り扱おうとしてきた。すなわち，間違ってもバックラッシュ勢力のターゲットとなるような目立つことや，当該勢力とことを荒立てるようなことはないように細心の注意を払ってきたのである。

とりわけバックラッシュに地方議会の議員が関与している場合には，かかる勢力と一戦を交えることなどがないように，多くの地方自治体は水面下で調整をはかり，気遣ってもきた。一部の議員が加担するバックラッシュ勢力からもし目をつけられて，男女共同参画に関わる行政の姿勢や条例案などの「行き過ぎ」を批判されるようなことにでもなれば，ただでさえ議会対策には過敏なまでに神経を使う立場にいる自治体職員にとっては，これを契機に議員との関係が悪化してことごとく圧力がかかるような事態や自らの業務の遂行に支障をきたすような事態，また，自らの立場がきわめて危うくなるような事態を避けようとする意識が働くのは，当然のことだからである。私はここで，自治体職員批判をしているのではなく，むしろバックラッシュ勢力の横暴かつ執拗な攻撃的言動の実態を認識すべきだと言いたいのである。

以上のような一般的傾向は，本件，豊中市の場合にも該当することであった。このようなバックラッシュ勢力への自治体行政の対応を事実として認識しないかぎり，本件事案の本質はみえてこない。本件は，控訴人が被控訴人豊中市と財団を相手に責任を追及している事案であるが，じつは，被控訴人らが控訴人を常勤館長職にすえたくなかった背景には，万が一にも控訴人を常勤館長に就任させるようなことがあれば，当然，被控訴人豊中市が，バックラッシュ勢力によるさらなる激しい攻撃にさらされるであろうという恐れがあったからであり，その点にかぎれば，被控訴人らにもおおいに同情すべき余地があった事案でもある。もちろん，だからといって，本件の被控訴人らの責任が免除されるわけではない。

3 豊中市および財団による控訴人に対する態度の変化

(1) 館長としての職務遂行に対する評価

　本件被控訴人財団の寄附行為には「男女共同参画社会の実現に寄与することを目的とする」と定められている。非常勤館長として全国公募に応募して採用された控訴人は、男女平等実現にかける強い思いを抱いて、長年、活動を続けてきた者である。それだけに、採用当時は、まさに財団の目的を実行するための最適任者であるという位置づけで、被控訴人らからも評価されていた。実際、控訴人は、男女共同参画推進のための数多くの市民向けの講座や展示を企画・実行して、「すてっぷ」の名を広め、豊中市における男女共同参画社会の実現に貢献してきた。豊中市も財団も、控訴人の館長としてのこれらの職務遂行については、高く評価していたのである。これについては、原判決も認めているところである（判決文40～43頁）。

(2) バックラッシュ勢力からの圧力に対する豊中市と財団の対応

　2002年頃から、豊中市においても、一連のバックラッシュの動きがみられるようになった。控訴人は、男女平等実現にかける強い思いから、バックラッシュに揺るぎない抵抗を示す姿勢を貫いており、そのこともあって、バックラッシュ勢力である一部市民から控訴人に対する名指しの批判が始まった。同時に、控訴人を館長に就任させている被控訴人豊中市と財団の責任をしつこく追及する動きも出始めた。当初は、男女平等にかける強い思いを控訴人と共有していたはずの市と財団の職員は、このような動きの中で、バックラッシュ勢力のターゲットとなっても決して屈しようとしない控訴人をうとましく思うようになり、控訴人に対する姿勢を変化させるようになった。このことを具体的にみていこう。

(a) 「すてっぷ」と控訴人への嫌がらせ

　2002年7月頃から始まった一連の「すてっぷ」の貸室使用問題や控訴人に対する名指しでの嫌がらせなどに関して、原判決は、「一部勢力による『すてっぷ』及び原告に対する批判的活動」があったとしている（判決文43～46頁）。しかし判旨はこれについて、「一種の示威的行動があったに過ぎず、これに対

して，原告が，その活動に影響を受けた様子は窺えず，また，これによって被告豊中市が何らの憂慮を抱いた様子も認められない」とのみ述べている（判決文73頁）。これは，前述のようなバックラッシュ勢力の横暴な体質に目を向けない表面的な把握でしかない。

　市が一般使用や目的使用として認めたバックラッシュ勢力の貸室使用問題について，控訴人は一貫して，「すてっぷ」という男女共同参画の拠点施設の位置づけの観点から，使用を認めるべきではないとして，市による妥協的な対応とは異なる考えを示していた。すでにこの段階で，市の意向と控訴人の意向が対立しはじめていることがわかる。時期を同じくして，D議員は，市議会において，宇部市条例と豊中市条例案との比較の質問を行い，また貸室使用問題や図書の「選書」に関する質問を行っており，豊中市としては，いよいよ自らがバックラッシュのターゲットになったという認識を強めていたはずである。だとすれば，控訴人のように強い姿勢で問題に臨むことが市の意向に反するものであったであろうことは，たやすく理解できる。

　バックラッシュ勢力からの控訴人に対する名指しの嫌がらせや，控訴人を館長にしている豊中市や財団に対する責任追及が，控訴人のみならず，市と財団にとっても相当大きなプレッシャーとなっていたであろうことも，容易に理解することができる。市と財団は，これら一連の事実を通じて，徐々に，控訴人を館長にいだいていること自体がバックラッシュ勢力の注意を自らに惹きつける呼び水となっているとの理解を強めていき，市と財団の職員らは，男女共同参画の観点からは尊敬の対象であったはずの控訴人の存在を，不当にも，少しずつうとましく思うようになっていったのである。

(b) 控訴人を誹謗する噂への対応

　2003年9月，条例の上程を目前に控えた時期に，市議会副議長からA部長に，「控訴人が講演会で専業主婦は頭が悪いと言った」という「噂」があるとの情報が伝えられ，このことをめぐって，副議長にことの真偽をただすために面会したいという意向を示した控訴人と，条例の上程にも影響するから抗議だと受け取られるような面会をするべきではないという豊中市の上層部との間で，方針が明確に対立する事件がおきた。原判決は，市の上層部が「副議長からそのような噂を聞いた際，即座に否定して」いること，副議長との面談を止めよ

うとしたのは控訴人が抗議しようとするつもりであったと認識したためであること，したがって，市は「そのような噂自体を容認，放置しようとしたとは窺えず，……原告（控訴人）が副議長に面談することを止めようとしたことをもって，バックラッシュ勢力に屈したということもできない」としている（判決文 74 頁）。

しかし本件については，A 部長と B 課長は，副議長から話しを聞いたときに，「そのようなことを言うはずはありません」（傍点著者）と（判決文 48 頁），自らの感覚を頼りに否定したにすぎず，けっして，明確な証拠を示して，あるいはその場にいた者の証言を根拠にして，否定したものではない。かえって，控訴人がその発言をしたといわれている講演会の場に居合わせた C 事務局長は，本来，もっとも明確な証言ができたはずであるにもかかわらず，その噂は事実無根であると明確には否定しなかったと，自ら述べているのである（甲 46 号証 35 頁）。したがって，原判決のように，市の上層部が「噂自体を容認，放置しようとしたとは窺え」ない，と言い切ることはできない。

本件については，なぜ，控訴人による市議会副議長への面談を，A 部長らが，それほど懸命に阻止しようとしたのか，明らかではない。副議長への面会は，「噂」が根も葉もないものであることを本人が副議長に直接伝えることが含まれるはずであり，そのことがなぜそれほど「するべきでないこと」なのだろうか。市議会では D 議員と同じ「新政とよなか」という会派に所属する副議長の「気分を害するようなことがあってはならない」という A 部長らの配慮であった，と考えるのが自然であろう。

(c) ファックス事件

2003 年 11 月 15 日に発生した「ファックス事件」[*] について，原判決は，市の対応としては「謝罪はせず，……広報等には謝罪文を掲載しなかった。そして，……事務局長に対し，外部に漏洩し易いファックス送信という手段を用いたことについて，口頭による厳重注意処分を行った」，「原告〔控訴人〕の責

---

〔*〕 ファックス事件　2002 年 12 月 4 日，C 事務局長から，「すてっぷ」の理事，監事，評議員にあてて，バックラッシュ勢力からの攻撃があった事実を知らせる内部文書がファックスで送られたが，そのほぼ 1 年後に，D 議員が「ファックス内容は市民への人権侵害だ」として，市および「すてっぷ」に謝罪を要求し，面談で控訴人を含む職員を恫喝した事件である。

任については，……何の処分も行われなかった」と述べ（判決文 48 頁），「これらの経緯からみて，被告豊中市が，『すてっぷ』の反対勢力に対し，屈服するような態度をとったとはいえない」と判断している（判決文 73 頁）。

　そもそも通常の感覚からいうと，なぜこの時点において 1 年ほども前のファックス文書が外部に漏出したのか，どのような経緯で D 議員がそれを入手したのか，なぜこの事件に関して D 議員が謝罪を要求する立場にあるのか，D 議員と関係者が抗議した席になぜ A 部長が同席しなかったのか，まったく原判決では明らかにされていないことが，おおいに気になるところである。それだけに，単に市が「謝罪しなかった」から「屈服しなかった」という原判決のとらえ方は，やはり表面的なものでしかないように思われる。

　「謝罪しなかった」のは，ことを穏便にすませたいと念じている市をもってしても，ファックスの「内容」について謝罪する理由が見出せなかっただけであって，むしろ，ファックスという手段を利用したことを理由として，C 事務局長を厳重注意処分にしたこと自体，相手の要求を受け入れたといえるのではないだろうか。しかも原判決は，「原告〔控訴人〕には何の処分も行われなかった」（判決文 48 頁）と述べているが，これは控訴人が始末書の提出を拒否したからである。市は，控訴人に対して始末書の提出を求めたのであるから，けっして控訴人を「処分しない」という積極的な意図をもっていたわけではない。このことが，行政が「屈服していない」という結論を導く根拠には，到底，なりえないであろう。

　本件「ファックス事件」への対応で重要なのは，A 部長は同席せず，控訴人を含む女性 4 名のみが，D 議員と関係者 3 人からの抗議の矢面にたたされ，しかも閉庁日である土曜日の午後 7 時から 10 時までの 3 時間，誰もいない庁舎の一室で「抗議を受けた」ことである（これは原判決の表現である）。実際には，D 議員らが行ったことは，冷静な「抗議」と表現できるようなものではなく，机を強打して怒鳴りつけるというものであって，まさに「恫喝・罵倒した」というべき行為である。これについては，被控訴人側の立場において証言した C 事務局長ですら，「怖いなと思いました」と述べ，「びっくりしましたか」との問いに「はい」と答えているのである（平成 18 年 7 月 3 日に行われた C 証人調書速記録 76 頁）。このことを，裁判所は明確に認定すべきであろう。被控訴人市

の逃げ腰の姿勢，無責任な体質が，この事件への対応において，明白にあらわれているからである。

　この事件が，控訴人にとってはもとより，対応した市の職員たちにすら，相当なる精神的な疲弊を招いたことは，誰がみても明らかである。これはまさに，議員による行政に対する暴力的な威圧的言動の実例であり，このような議員の言動に対しては，むしろ市から議員に対して「抗議すべき」ものではないのだろうか。いやしくも「机を強打して相手を怒鳴りつける」というような暴力的言動を市職員が第三者からなされた場合，しかもそれが業務に関わってなされた場合には，当該職員の使用者としての責任から，市および財団は，相手に抗議して謝罪を要求すべきであろう。それが，職員の働く環境を整備する義務を負う使用者としての当然の責務だからである。それをまったくせず，かえって相手をなだめるために，関係者へのおわび行脚をせよ，と控訴人に指示したり，職員を「処分」し，かつ控訴人に始末書の提出を求めるというような市の対応自体，このような威圧的言動を恐れて屈服したことを示しているのではないだろうか。

　このような経緯からも，バックラッシュ派の議員による威圧的な攻撃を恐れて，その要因をつくっている（と考えた）控訴人をうとましく思うようになった市の責任者の内心の動きは，手にとるように理解できる。

(3) 豊中市の態度の変化の時期について

　原判決は，「原告〔控訴人〕は，平成 15 年 6 月ころから，被告〔被控訴人〕豊中市の態度が変化したと主張するが，……そのような事情は窺えない」とする（判決文 75 頁）。

　控訴人がこの時期を市の態度の変化と述べたのは，「男女共同参画をつくる連絡会」が実施したアンケートについて，市が，2003 年 6 月 3 日に，「寝た子を起こすようなことはやめてほしい」と述べたことなどを根拠としている（甲 88 号証）。この事実は，市が，遅くともこの時期には，バックラッシュ勢力を刺激したくないという意図をもっていたことの明確な証拠である。すなわち，市は，バックラッシュ攻撃を受けるにつれて，徐々に，男女平等への強い思いを原告と共有してきた当初の態度を変化させていったのだが，この発言からみ

ても，この時期にはすでに，市の上層部は控訴人をうとましく思うようになっていたことが想定される。

　それだけに，市は，常勤館長の採用がある場合において，もし控訴人を常勤館長にするようなことがあれば，バックラッシュ勢力からの批判にまさに「火に油を注ぐ」結果がもたらされるということには，十分すぎるほど気づいていたはずであり，間違っても控訴人を常勤館長として採用するなどという危険をあえておかそうとは，みじんも思っていなかったはずである。

4　「組織変更」の名の下に行われた人格権侵害

(1)　本意見書における論点の限定

　控訴人は，本件は，非常勤館長としての有期契約の更新が，当然，なされて然るべきであったことを主張している。2008 年 6 月 4 日に，脇田滋龍谷大学教授が提出された「意見書」では，「有期契約については，確立した判例法理に基づいて，使用者側に解雇制限法理脱法という意図がないと言えない限り，契約期間設定自体が無効であると解する必要があ」り，したがって，「恒常的な業務であるのに，それを担当する労働者との労働契約に期間を設定する使用者は，その期間設定について合理的な理由があることを立証することができないときには，期間を定めない労働契約を結んだと解釈することになる」という見解が，説得力をもって展開されている。

　期間の定めのある労働契約をめぐる国際的な動向も加味して考察すれば，私自身，脇田意見書の主張に強い賛意を覚えるが，この点については，すでに同意見書で主張は尽くされているため，屋上屋を重ねることはやめておきたい。むしろ本意見書では，論点を限定して，本件において財団の「組織変更」の名の下に実施された非常勤館長職から常勤館長職への切り替えにおいて，控訴人排除という不当な意図が働いていなかったのかどうか，もしかかる不当な意図がなければ，新たに設けられた常勤館長職に控訴人が就任する可能性があったはずではないのか，少なくとも控訴人にも，他の候補者とまったく平等に常勤館長職に就任する機会が与えられるべきであったのではないか，ということを主張したい。

　にもかかわらず，控訴人は，常勤館長への就任可能性を，豊中市と財団から

意図的に剥奪されたのである。そのことは，控訴人の職業上の誇りや尊厳を傷つける人格権侵害以外のなにものでもない。それゆえ，市および財団は，控訴人の人格権侵害という共同不法行為の責任を負うのみならず，労働契約における信義則上の付随義務として使用者が労働者に対して負っているところの「労働者が人格権を侵害されずに働くことができる職場環境整備義務」違反の責任を免れない。したがって，これによって控訴人が被った著しい精神的苦痛について，市および財団は，不法行為および債務不履行に基づく損害賠償の責任を負うべきである。以下，このことについて，詳細に論じていく。

(2) **控訴人排除の経緯**

本件は，決して，当初から予定されていた（と被控訴人が主張する）「組織変更」が客観的に粛々と行われた結果，たまたま控訴人が排除されることになったという事案ではなく，被控訴人らが，当該「組織変更」を奇貨として（もしくは利用しつつ），放置しておけば常勤館長に就任する可能性があった控訴人を，情報操作を行ってまでして意図的に排除した事案に他ならない。

その点，「組織変更」の経緯について原判決が述べるところは，本件事実に関する認識としては，誤りが多いように思われる。すなわち原判決は，市が当初から進行させていたプロパー職員の増大策（＝財団の強化策）を淡々と実施した結果，館長が常勤化されたにすぎないこと，そして，非常勤館長であり常勤化を自ら「望んでいなかった」控訴人が，たまたま雇い止めになったにすぎなかったかのように認定している。しかし，この点については，事案を細部まで検討していけば，けっしてそうではなく，本件組織変更の経緯の中から，被控訴人による控訴人排除の明確な意図が浮かび上がってくる。そのことを，以下，述べてみたい。

(a) **組織変更の緊急性について**

C事務局長による第一次試案（2002年8月19日付）には，非常勤館長職には限界があるため，館長を常勤化しプロパー職員をあてて，事務局長を兼務するという案が示されていた（乙第19号証3頁）。しかし，そこに記載されている「職員体制整備計画」をみると，これは2002年から2007年にかけての6年間の計画とされており，プロパー化は早くても2006年からを想定していたもの

であった（乙第 19 号証 4～5 頁）。そして，2003 年 5 月 25 日付の C 事務局長による第二次試案でも，「体制整備の方向」として，「館長職を非常勤嘱託から常勤プロパーに変更する」こと，「事務局長職を廃止し，館長の下に次長職を置いて市派遣職員を充て」ることが示されていた（乙第 20 号証 3 頁）。しかし，この原案を作成した C 事務局長は，2003 年 5 月 13 日の評議員会で，「今後の組織，職員体制のあり方としましては，……市と協議をはじめたところでありあます」として，「秋頃を目処に……理事・評議員の意見交換会の開催を検討しています」と述べていたのである（原告最終準備書面 35 頁）。すなわち，財団の組織変更が当初から予定されていたものであったとしても，その実現はけっして 2004 年度という早い段階を想定していたものではなく，かなり中・長期的展望のもとで考えられていたにすぎなかった。

しかしその後，本件の組織変更は，急に速度を速めて，2003 年 10 月には，「非常勤の館長職を 16 年度〔2004 年度〕から廃止する」こと，「事務局長職，館長職を一本化し，組織運営の全体統括者として位置づけ」ること，それが 2004 年度から実現することが示されるようになった（乙 8 号証）。

このように財団の組織変更が，想定されていた時期を早めて，2004 年度に，急遽，実施される必要性があったことについて，被控訴人は，①財団の事務職員の重要ポストが市職員の派遣でまかなわれていたにもかかわらず，平成 14 年度（2002 年度）から「公益法人等への職員の派遣等に関する条例」が施行され，市職員の派遣には本人の同意が必要となったこと，②このため，派遣者の交替が困難になってきており，とくに 2004 年 4 月から C 事務局長の後任の派遣が困難であることが，喫緊の課題として浮上したこと，③事務局長職を常勤プロパー化する必要がある以上，館長と事務局長の一本化も一度にすませてしまうことは十分ありうることを強調し，その合理性を説明している。原判決もこの被控訴人の主張を認めていることがうかがわれる（判決文 53 頁）。

しかし，これに対する控訴人の主張を十分に吟味すれば，①派遣に本人の同意が必要となったのは，なにも平成 14 年（2002 年）からではなく，以前からそうであったこと，②C 事務局長については，派遣期間の延長もありえたはずであるし，また，証拠によれば，2003 年 10 月段階の組織変更案においても，2006 年度までは市から派遣される事務局長体制でいくことが想定されていた

こともあり（乙34号証1～2頁），2004年から市派遣の事務局長体制が不可能になるということは想定されていなかったこと，③指定管理者制度の施行が2003年9月であったことを考慮すると，なぜこの重要な時期に，指定管理者制度を含めて総合的な組織体制の検討を行うこともなく，拙速に2004年度から組織変更を強行したのかは疑問であり，不自然な感を免れないことなど，組織変更の必要性と緊急性には大きな疑問が残る。

したがって，本件組織変更は，決して，市が当初から進行させていたプロパー職員の増大策を淡々と実施したにすぎないものではなく，そこには市と財団の「新たな意図」が反映されていたと考えざるをえない。本件に関しては，その「新たな意図」をさぐりあてることこそ，重要である。そしてその意図の中には，被控訴人らが控訴人をうとましく思い，この際，控訴人を排除してしまおうという意図が含まれていたであろうことについては，すでに述べたことからも明らかであろう。

(b) 不自然な控訴人への説明

この組織変更について，控訴人への説明はどのようになされたのだろうか。

前述のように，2003年5月25日付のC事務局長による第二次試案には，「体制整備の方向」として，「館長職を非常勤嘱託から常勤プロパーに変更する」こと，「事務局長職を廃止し，館長の下に次長職を置いて市派遣職員を充て」ることが示されていた。C事務局長は，この案が「2003年6月の財団事務局運営会議にも提出され，原告〔控訴人〕も了解していた」と述べているようだが，事務局運営会議に提出された資料のどこにも，「非常勤館長職の廃止」という文言は記載されていなかった。そして，このとき資料は単に3枚のみが添付されていたにすぎず，それに即して議論がなされたわけでもない。実際，この資料には，どこにも「館長職の廃止」という文言はでてきておらず，したがって控訴人には，これによって自らの館長職という立場が危ぶまれるようになるという認識は，まったくなかったのである。それゆえ，この当時，控訴人には，非常勤館長職が廃止され，それにともなって自らの離職が現実化しそうだという疑いは，持つべくもなかった。だからこそ控訴人にとっては，自分が「常勤館長に就任する意思を持っている」ことを明らかにすべき必要性があるという認識もなかったのである。

さて，財団の事務レベル協議では，2003年10月中旬頃に「館長職を廃止して，プロパー職員の事務局長に一本化する方針が固まった」のであり（原判決もこのように認定している），早くも事務局長プロパー化のための候補者リストが作成された（乙34号証2頁）。興味深いことに，この当時，館長と一本化される職の名称は「事務局長」であったとはいえ，候補者リストには，けっして事務的・管理的な仕事に従事した経験のある人々の名前があげられたわけではなく，むしろ控訴人と類似の立場にいる人たち，すなわち学識経験者や専門職の人々の名前があげられていた。

この段階を迎えて，控訴人に来年度の更新がないことの説明をするようにと財団理事長から指示されたA部長とB課長は，2003年11月8日の夜9時すぎになって，「次年度から館長と事務局長を一本化するという体制変更案がでているが，これは案であり，正式には理事会で決まる」と控訴人に説明した（原判決の認定もほぼ同じである。判決文56頁）。控訴人は，常勤館長に一本化する案だと理解したが，なお，これを自らの離職とからめて認識したわけではなかった。

もし市が，控訴人を排除する意図をもっていなかったのなら，このときに，当然，控訴人に対して，「常勤事務局長への就任が可能か」あるいは「常勤事務局長候補者リストを作成しようとしているが，そのリストに控訴人を載せることは可能か」等，控訴人の意思の確認をしたはずであった。先に述べたように，この「事務局長職」が想定する候補者としてリストアップされた人々に比べて，控訴人は，決して，職務能力上も劣位におかれる存在ではなかったはずであるから，控訴人の意思確認は，当然，考えられるべきことであった。しかし，市は，それをまったくしなかった。万が一，被控訴人が主張するように，市が事前にC事務局長から「控訴人は常勤は無理だとの返事であった」と聞かされていたとしても，このときに，直接，控訴人の意思を確認する程度のことをしていないのは，きわめて不自然である。これは，控訴人をはじめから常勤職の候補者から外す意図があったからにほかならない。

しかも控訴人は，C事務局長から，2003年夏頃にも「常勤館長職を設けるのだったら第一義的には三井さんです」と告げられていたし，再度，この11月8日にも，A部長とB課長から説明を受けて両者が帰った直後に，控訴人

がC事務局長に対して「館長はどうするの？」という問いかけをしたとき，C事務局長は「第一義的には三井さんです」と答えている。このようなやりとりからみても，控訴人は11月8日の時点において，組織変更を自らの離職と結びつけて理解していたわけではなかった。この点，原判決も，「原告〔控訴人〕が，……館長職にまで影響があると認識していたとまでは考えられない」としている（判決文57頁）。このことは，被告市にとってはきわめて好都合なことであった。

考えてみれば，これだけの重要事項に関する説明としては，A部長とB課長が行った11月8日の説明の方法は，きわめて不自然なものであった。夜9時という誰もが帰宅を急ぐ時間帯に，手短に漠然とした説明が行われたのみであった。むしろ控訴人が組織変更の意味を十分に理解しないほうが，市にとっては利点があったと思わざるをえない。だからこそ，「理事会で決めること」とも述べて，事態を曖昧化しておく必要もあったのではないか。もし控訴人が十分に事態を理解して，その結果，「組織変更により非常勤館長職が廃止されるのであれば，自分が館長として残るためには常勤館長職（この当時は事務局長職）を引き受けなければならない」との意思を固めて，自らの就任希望をいち早く明らかにしていたら，おそらく，市にとって，常勤館長職を引き受ける控訴人以外の人材をさがしだすことの困難性は，著しく増大したであろう。館長としてバックラッシュに毅然と対応し，それだけに市民からも頼りにされ，控訴人は今後の「すてっぷ」になくてはならない人材だという認識を，市の男女共同参画施策に関心をもつ人なら誰もが有していたからこそ，控訴人を差し置いて館長職（この当時は事務局長職）に就任するという候補者を探し出すのは難しかったはずである。したがって，「控訴人は，常勤館長職を引き受ける意思はない」という未確認で虚偽の情報をあえて流しつつ，市は，候補者の決定を急ぐ必要があった。

その意味では，11月8日のC事務局長の「第一義的には三井さん」という発言は，けっして「とっさに答えた」というような偶然のできごとではないことが想定される。あくまでも，控訴人の代わりになる常勤の候補者を探し出すまでは，控訴人が常勤館長職を引き受けるという意図を表明するような事態を避けたいと考えたのであり，市側の人間であれば，この考えを共有していたは

ずだからである。C事務局長の発言は計算しつくされたものであったのではないか。

(c) 常勤館長候補者打診と控訴人の意思に関する虚偽の説明

時系列的には，2003年11月8日の3日後である11日から，常勤館長職（形式的には，この当時は「常勤事務局長」職）の候補者リストに掲載された人々への就任意思の打診が始まった。市は，11月11日にはEに，同月21日にはFに，また11月末か12月はじめにはGに対して（原判決はGへの打診については認定していない），館長と一本化した常勤事務局長への就任を打診している。しかしいずれの人々からも承諾を得られなかったため，市は，12月11日に，Hに常勤事務局長職への就任を打診した。なお，以上の候補者の何人かにも，市は，「三井は常勤は無理」「三井は了承している」と虚偽の説明をしていた。

なぜ市が，控訴人の意思について，虚偽の説明をする必要があったのだろうか。それは，Hが語っていることから，すべて明らかである（甲146号証：2006年12月20日付三井マリ子陳述書2頁）。

すなわち，最初にA部長とB課長がHに就任を打診したときにも，Hは，すぐ「三井さんはダメなんですか」と聞いたが，そのとき，両人は，「三井さんは常勤は無理なんです」「三井さんは了解しておられます」と言ったとのことである。翌年2月頃，面接の前にも，Hは，「三井さんが承知していないのならば，私は行けませんから」と市に述べており，その都度，市からは強硬に説得されたとのことである。Hは，最終的に，本件について，「すてっぷに入って，何人かに『なぜ三井さんは辞めなきゃいけなかったんですか』と聞いた。誰も明確な答えをもっていなかった。『あー，あれはやっぱり三井下ろしだったんだ』と思った。私の中では，『三井下ろしだろう』と確信になっている。すごい意向が働いたんだろうと」と述べている（甲146号証5頁）。

ここから明らかなように，Hにとっても，控訴人を差し置いて，あるいは控訴人の意思を無視して，常勤館長職（この当時は事務局長職）の就任を引き受けるなどということはありえない選択肢であった。だからこそ，市は，控訴人の意思について，虚偽の情報をあえて流しながら，候補者の選定を急いだのである。

市によって候補者への打診がなされていた期間中，控訴人にとっては，きわ

めて困難な日々が続いていた。2003年11月12日には，C事務局長から控訴人に「ファックスをみたD議員がA部長を怒鳴りつけた」との電話が入り，15日朝から対策会議，夜には，すでに述べたようにD議員と関係者3名からの恫喝という「ファックス事件」が発生した。控訴人はこの事件の対応に疲弊し，また忙殺されたため，11月8日の市からの説明についてきちんと確認しようというような，精神的かつ時間的な余裕をまったくなくしていた。考えてみれば，ファックス事件もまた，結果的には，市の上層部にとってかなり好都合な事態をもたらしたとすら言えるのではないか。

さて，控訴人は，12月15日になって，ようやく気を取り直して「組織変更案の見直し」を，文書と口頭で，市に申し入れた。控訴人は，「館長と事務局長の兼務に変わる」という組織改革を見直して欲しいとして，これまでの経緯を知っている自分が一定期間責任者にいることが大切だと述べた。実はこの翌日である12月16日に，Hは，就任を要請されていた事務局長職を受諾するために市を訪問したが，その折，「事務局長職は事務が堪能でないと無理ではないか」という不安を述べたため，市側は「具体的な細かい事務は総務課長がするので，心配いらない」と述べて，Hの不安を取り除いた。このことは，結局，常勤職として想定された職務が「事務局長と館長を一本化したもの」であったとしても，それは，以前の「館長職」となんら変わらないものであったことを示す証拠である。

Hを候補者として確保したことに安心した市は，12月19日に，控訴人に，15日の申し入れへの回答を示したが，この段階で初めて明確に，「館長をおかず，事務局長だけにする」と伝えた。控訴人は，この時点で初めて，自らの地位が危うくなったことを認識したと述べている（原告本人調書36頁）。この時間差は非常に重要である。すなわち，控訴人は，常勤館長候補者（この場合はH）が明確に決まるまで，本件に関する情報を市から故意に秘匿されてきたのであり，その後になって，ようやく控訴人に知らされたという経過が明らかだからである。

(d) 公平さを装った常勤館長選考面接試験

原判決は，「本件の選考手続は，新たに，複数名の候補者の中から選任する手続であるから，裁量の幅は広いということができる」としている（判決文77

頁）。しかし本件は，常勤館長選考試験手続を設けて，一見，公平性を装ってはいるものの，すでに選考される者が決まっていたのであって，けっして「複数名の候補者の中から選任する手続」だったのではない。はじめからHを選考することが決まっていた形式的な面接試験だったのである。

そのような形式を整えて選考試験をあえて実施したのは，控訴人を候補者から排除しようと懸命に情報操作までしてきた市が，最終的には「公平さ」を装わないかぎり，かえって自らの正当化が証明できないと考えたからでしかない。「〔Hが〕適任でないというふうに判断が下った場合には，……我々が辞表を出して謝っても済む問題やないと……覚悟を決め」た，とまで明確に述べたA部長の発言が，すべてを物語っている（判決文79頁）。この発言があるかぎり，公平な選考の結果として控訴人が選考されるなどということは，はじめからありえないものであったことは明白である。選考面接試験はまさに形式のみ整えられて実施されたにすぎず，控訴人は，形式的に面接試験を受けさせられ，欺かれたのである。

原判決も，これについては，選考委員にA部長を入れたこと自体が，「公正さに疑念を抱かせる事情」と述べているのである（判決文79頁）。このことは，単なる手続問題をこえて，本選考試験の本質を浮かび上がらせる特色である。原判決が，そこまで言いながら，なぜ最後に「結果として，本件選考手続自体に不正を窺わせるような事情が存したと認めることはできない」（判決文79頁）と述べているのか，まったく理解に苦しむところである。

さらに，控訴人が，「事業主は……短時間労働者であって通常の労働者として希望するものに対し，これに応募する機会を優先的に与えるよう努めるものとする」としているパート労働法の指針を根拠として，自らが優先採用されるべき地位にいたと主張したことに対して，原判決は，当該指針は法的な義務を課したものではないこと，また，同指針は，同種の業務に関するものであるが，本件の場合は，事務局長を兼務する常勤館長であるため，業務内容も原告〔控訴人〕が従事していた非常勤館長職とは相当異なるため，上記指針の適用を認めることはできない，とする（判決文77〜78頁）。

しかし，本件の常勤館長職は，これまでに述べたことからも明らかなように，まったく非常勤館長職と異なるところはないものであった。その証拠に，既述

のように，2003年12月16日に市を訪れたHが事務に堪能ではないことを理由に不安をみせたところ，市は「具体的な細かい事務は総務課長がするので，心配いらない」と述べて，Hの不安を取り除いた。したがって，本件は，非常勤館長から常勤館長への組織変更にすぎず，両者はまさに「同種の業務」である。つまり本件は，パート労働法の指針の要請がそのままあてはまる業務に関する事案であって，まさに，控訴人は優先採用されてしかるべき地位にいたものである。

一歩譲って，控訴人が「優先採用」されるべき地位にいたということが認められないとしても，少なくとも，控訴人にも，常勤館長職への応募に関して，Hと平等な機会が与えられるべきであった。にもかかわらず，控訴人は，選考面接試験において，Hと平等な機会を与えられていたわけではない。もはや面接試験が行われる前に，結果は明白だったのであって，控訴人には，間違っても常勤館長になるための「平等な機会」など，与えられてはいなかったのである。

(3) 控訴人に対する人格権侵害と市・財団の法的責任

いわずもがなのことではあるが，まず確認しておくべきことは，一連のバックラッシュ勢力からの攻撃への対応に関して，控訴人には，職責上，いかなる落ち度もないということであり，むしろ男女共同参画拠点施設の館長としての職責を十二分に果たしてきたということである。バックラッシュ勢力である市議会議員や関係者から行われた各種の嫌がらせ，虚偽の噂の流布，暴力的な威圧的言動に対して，矢面にたったのは控訴人であり，市および財団は，控訴人を支援するための適切な対応策をとることはほとんどなかった。いわばこのこと自体が，事業主が労働者に対して負うべき，働きやすい環境を整備する義務すなわち「職場環境整備義務」の履行を怠っていることであり，控訴人の労働環境の悪化を無責任に放置した責任を問われてしかるべきであった。

にもかかわらず，この事実を機に，市および財団は，不当にも，控訴人の存在をうとましく思い，策を弄して，控訴人を排除するにいたったのである。まったく何一つ，正当な理由が見出せない排除であるというべきである。

本件においては，控訴人の排除にいたる一連の経過の中で，さまざまな人格

権侵害が行われた。非常勤館長として誠実に職務を果たしてきた控訴人に対して，①財団事務局の組織変更の中から浮上した非常勤館長職から常勤館長職への切り替えに関する情報を，当初から控訴人に秘匿したこと，②控訴人が常勤館長職を望んでいないという虚偽の未確認情報を，意図的に，第三者や控訴人以外の候補者にも流したこと，③その虚偽情報を利用しながら，控訴人以外の候補者に常勤館長職の就任を要請して，就任を応諾する者が出るまで，さらに控訴人に情報を秘匿したこと，④常勤館長職の就任を応諾する者が出たあかつきには，公平さを装うために常勤館長としての選考試験を控訴人にも受けさせたが，それはまったくの形式的な手続きにすぎず，すでに決まっていた候補者を合格させるためだけの試験であり，このことによって控訴人を欺いたこと，⑤そして最終的には，正当な理由もなしに，控訴人を財団から排除したこと，これらの行為によって，控訴人は，自らの人間としての尊厳を傷つけられ，精神的苦痛をこうむり，人格的利益を侵害された。

　実際，控訴人は，首を切られるかもしれない恐怖感，信頼してきた部下（C事務局長）から嘘をつかれてきたことによる屈辱感，そのための心労で眠れない日を過ごしたこと，情報から隔絶されて，まったく知らないところで自分の身分にかかわることが決められている恐怖，最終的にこれまでの実績を無にするごとき取扱いを受けつつ財団から排除されたこと，それらによって著しい精神的苦痛を被り，身体中に湿疹ができ，あざのように残った等と，その被害について語っている。

　以上のことは，市および財団が控訴人に対して行った共同不法行為であるのみならず，控訴人と雇用契約を締結している財団および控訴人の事実上の使用者としての地位にある市が，控訴人に対して負っているところの，労働者が精神的に良好な状態で就労できるようにする職場環境整備義務に違反したものであり，両者は，債務不履行責任を免れない。市と財団は，控訴人が被った精神的苦痛に対する損害を賠償する責任を負うものである。

　　　　　（初出論文：「『すてっぷ』館長雇止め事件意見書」三井マリ子＝浅倉むつ子編『バックラッシュの生贄』（労働旬報社，2012年）173
　　　　　～208頁）

[追記]

　大阪高裁判決（平成 22・3・30 労判 1006 号 20 頁）は，原審を覆して，以下のように判示した。「A 部長が，事務職にある立場あるいは中立的であるべき公務員の立場を超え，控訴人に説明のないままに常勤館長職体制への移行に向けて動き，控訴人の考えとは異なる事実を新館長候補者に伝えて候補者となることを承諾させたのであるが，これらの動きは，控訴人を次期館長職には就かせないとの明確な意図をもってのものであったとしか評価せざるを得ないことにも鑑みると，これらの動きにおける者たちの行為は，現館長の地位にある控訴人の人格を侮辱したものというべきであって，控訴人の人格的利益を侵害するものとして，不法行為を構成するものというべきである」。雇い止めと採用拒否が違法であるという控訴人の主張は否認されたものの，一連の経緯のなかで控訴人が受けた侮蔑的な仕打ちについては，人格権侵害であるとされ，市の A 部長と財団の C 事務局長の共同不法行為として，損害賠償 100 万円と弁護士費用 50 万円の支払いが命じられた。その後，本件は，最高裁に上告されたが，2011 年 1 月 20 日に，上告棄却の判断がなされた。

第3節　女性労働者へのパワー・ハラスメント

　被告（被控訴人）Y社は，ITソフトウェアの製造・開発・販売を業とする会社であり，本件は，Y社で働いていた営業職のなかの唯一の女性であるXに対する解雇事案である。入社以前から営業の業界で有能な人材と評判だったXは，Y社に中途採用されたが，その直後に，同期入社の同職種の男性に比較して，研修をめぐっていっさいのサポートがないという差別的取扱いを受け，最終的な合宿研修に合格できなかった。その後，直接の上司から，Xに対して，営業職の能力がないという非難が始まり，徐々に，職場の上司や同僚からの日常的で執拗な嫌がらせ，嘲笑，無視，仲間外れ，屈辱的な取扱いが広がっていった。これら職場ぐるみのパワー・ハラスメントというべき環境は，1年半も続いた。

　これに対して，Xは精一杯の抵抗をしてきたが，Y社は，ささいな非違行為（時間外労働手当や通勤費の請求，携帯電話の私的使用等に関するもの）を理由としてXの責任を厳しく追及し，解雇するに至った。Xからの解雇無効・地位確認の申立に対して，一審判決（東京地判平成23・3・28労経速2115号25頁）は，職場ぐるみの嫌がらせ行為があったというXの主張については具体的な立証に欠けるとして否定し，それに抵抗してきたXの姿勢を不適切な行動として非難し，解雇以外にY社の対応方法はなかったと述べて，請求を棄却した。

　私が意見書を書くように依頼されたのは，一審判決が出た後だった。面談したXは，営業という仕事に生き甲斐を感じ，真摯に努力してきた有能な女性であると見受けられた。ところが，一審判決を読んだ際，裁判官が，余りにもXに対して強い言葉で非難めいた判断をしている部分に，大きな違和感をもたざるをえなかった。「……〔非違行為に関して〕原告は，強い被害意識のもとで，過度に防衛的なやり取りをし，必ずしも合理的とはいえない自らの言い分に固執し，……その場限りの言い分により主張を変遷させるという傾向が顕著に認められる。……この傾向は，……本件口頭弁論における本人尋問に際しても一貫している。その結果，……一つ一つの非違行為自体は，勘違いの範疇に属するという評価の余地もあるものの，……原告に対しては，労働契約関係を解消

する以外に，方途を失っていると評価せざるを得ない」（傍点は浅倉による）。解雇の原因である非違行為は「勘違いの範疇」に属するささいなものと言いながらも，解雇以外ないと断定した裁判官のこのような感情的なXへの非難は，いったいどこから来るのだろうか。

　本件一審の口頭弁論で，ここまで裁判官を怒らせるような事実があったのかどうか，私は知らない。ただ，刑事事件では，性暴力を受けた被害者があたかも虚偽の申告をしたかのように，裁判官や加害者側弁護士から非難されるということは，よく耳にする。性暴力被害者の救済に携わってきた弁護士によれば，裁判官には想定する「あるべき被害者像」があり，それとは異なる被害者の言い分は信用できないとされることがある，という。角田弁護士は，それを「強姦神話」の1つと位置づけている（角田由紀子『性差別と暴力』（有斐閣，2001年）100頁）。それに類することが，民事事件でも生じていないとはいえないだろう。

　本件で，職場ぐるみの嫌がらせに気丈に立ち向かい，ときには上司にも抵抗し，抗議を続けてきたXは，ハラスメントの「か弱い被害者」ではなく，「生意気で扱いにくいトラブルメーカーの女」として受け止められ，法廷でもそのイメージを強調されたのかもしれない。そうであれば，事実関係をよく吟味して，ハラスメントの事実を浮き彫りにすることによって，被害者はXであり，ささいな非違行為を理由とする解雇はかかるハラスメントの一環として無効であるという主張をしてみよう。そう考えて，私は，本件の意見書執筆を引き受けた。

意 見 書

　東京高等裁判所平成23年(ネ)第3176号地位確認等請求控訴事件に関連して，以下の通り，意見を述べる。

2011年10月11日

はじめに

　本件は，X氏（1審原告，控訴人）が，インフォプリント・ソリューションズ・ジャパン株式会社（1審被告，被控訴人）の複数の社員（直接の上司を含む）

から，約1年半にわたって，軽重さまざまな「いじめ・嫌がらせ行為」を受け続け，被控訴人会社はそれを知りながらも適切な防止措置を講じなかったのみならず，かえって控訴人の「勘違いの範疇に属する」（原審判決）ような，ささいな非違行為をとりあげて，勤務時間の「虚偽申告」，交通費の「不正受給」等の責任を厳しく追及し，そのあげく，控訴人を解雇するに至った，というケースである。

控訴人は，本件訴訟において，(1)解雇無効，労働契約上の地位確認，未払い賃金の支払いを請求し，同時に，(2)被控訴人会社の被用者である控訴人の上司等が控訴人に対して行った不合理ないじめ・嫌がらせは不法行為に該当し，被控訴人は，かかる行為につき使用者責任に基づく損害賠償義務を負う，さらに，(3)被控訴人会社が(2)の上司等の行為を知りつつ放置したことは，労働契約上の安全配慮義務に違反し，損害賠償義務を負う，と主張した。

これに対して，原審（東京地判平成23・3・28労経速2115号25頁）は，本件解雇の理由として被控訴人会社が掲げる，控訴人による勤務時間に関する虚偽申告，時間外手当の不正受給，交通費の虚偽請求，貸与した携帯電話の不正な私用等については，「一つ一つの非違行為自体は，勘違いの範疇に属するという評価の余地もある」と述べながらも，控訴人は，これらの非違行為を指摘されると「強い被害意識のもとで，過度に防衛的なやり取りをし，必ずしも合理的とはいえない自らの言い分に固執し」たりするなど，上司からの業務指示，命令に抵抗するなど不合理な対応を行ったため，被控訴人会社は控訴人に対して「労働契約関係を解消する以外に，方途を失ってい」た，として，解雇は無効ではないという結論を導いた。一方，ささいな非違行為を理由に控訴人を解雇するに至った原因をなす上司らによる「いじめ・嫌がらせ行為」については，判旨は，控訴人の主張は「日常的に職場に不適応を起こしている労働者の愚痴の域を脱しないものであ」るとか，当該「行為が違法なものであることを具体的に根拠付ける主張が十分でない」などと述べて，ことごとく否定した。

この原審の判旨は，あたかも本件を，職場に対して不合理な不満や愚痴をかかえこんだきわめて扱いにくい従業員（控訴人）が，上司による正当な業務指示・命令にことごとく反抗し，職場不適応を引き起こしたため，他に適切な方策を見いだせなかった被控訴人会社がやむをえず当該従業員を解雇せざるをえ

なかった事案である，と認定しているかのようである。しかし，私は，本件に関して提出された準備書面等をできるだけ丹念に読んでみた結果，原審のそのような見方は，本件事案に即した適切な判断であるとはいえず，その本質を把握し損ねているのではないか，との疑問をもつに至った。

　もしこのような原審の判断の誤りが修正されずに控訴審でも維持されるとすれば，本件事案の重要な要素である，被控訴人会社の上司らによる「いじめ・嫌がらせ行為」自体はまったく不問に付されたまま，かえって，かかる行為の被害者である控訴人が「職場不適応者」という烙印を押されたまま解雇に甘んじなければならないという大きな不合理を，裁判所が法的に許容してしまうことになる。このような帰結は，人権侵害にあたる行為からの救済を否定される当該労働者にとって多大な不利益となるばかりでなく，職場における各種の「いじめ・嫌がらせ行為」が急速に拡大している実態を前に，それらに対する効果的な対策を講じようとしている労働法政策担当者の真摯な努力にも水をさすことになり[1]，社会的にもきわめて影響が大きいものといわざるをえない。

　職場における「いじめ・嫌がらせ行為」が発生しているという客観的事実に向き合うことなく，それらを防止すべき使用者の責任を放任するような法的判断は，企業社会のあり方にとっても決して好ましいものではない。本件に類似の事案が他企業でも発生した場合，被害者である労働者を排除することによって，「いじめ・嫌がらせ行為」を企業が一時的にもみ消したとしても，それはけっして当該企業の将来にとってプラスになるものではない。いじめ行為に対して適切な対応をしないことによる職場環境の悪化は，他の従業員にも影響を及ぼし，ひいては企業の評価の低下や信用の失墜をもたらしかねない。それだけに，日本の企業社会に蔓延しつつある「いじめ・嫌がらせ行為」を直視して，それらを可能な限り排除するにはどうすべきかとの観点からも，本件事案の本質を正面から見据えつつ，適切な法的判断がなされる必要があるといえよう。

　以下においては，まず「職場におけるいじめ・嫌がらせ・ハラスメント」の実態に関するいくつかの最近の調査を紹介したうえで，次に，本件事案について，法的な検討を加えていくことにしたい。

---

[1]　2011年7月，厚生労働省は，「職場のいじめ・嫌がらせ問題に関する円卓会議」を招集し，この問題への取組のあり方等について検討を加えている。

1 各種「ハラスメント」の実態と対応

これまで「いじめ・嫌がらせ行為」と述べてきた言動の多くは，「ハラスメント」の言動ということもできる。ちなみに「ハラスメント」には，「職場における職権等の力（パワー）を利用した，上司からの嫌がらせ行為」である「パワー・ハラスメント」や，ステレオタイプ化された性役割をおしつける「ジェンダー・ハラスメント」など，複数のハラスメントが含まれる。本件では，主として「パワー・ハラスメント」が問題になっている。

(1) セクシュアル・ハラスメント

各種のハラスメントのうち，「性的な言動」であるセクシュアル・ハラスメントについては，男女雇用機会均等法（均等法）が特別に規定をおいているために，他のハラスメントに比較して，防止措置が先行して実施されるようになっている。均等法上，事業主はセクシュアル・ハラスメントについて，男女労働者からの相談に応じ，適切に対応するために必要な体制の整備その他の雇用管理上必要な措置を「講じなければなら」ず（均等法11条1項），これら措置の具体的内容については指針（平成18年10月11日厚生労働省告示615号）が出されている。指針に定めた措置を講ずべき事業主の義務は，公法上の履行確保措置の対象である。

すなわちセクシュアル・ハラスメントに関しては，都道府県労働局長が，労使いずれかから援助を求められた場合に，必要な助言，指導，勧告を行い（均等法17条1項），本人がさらに調停を求めるときは機会均等調停会議が調停を行う（同法18条1項）。また，厚生労働大臣は職権によって，事業主に報告を求め，助言，指導，勧告を行うことができ（同法29条），この勧告に従わない事業主に対しては企業名の公表がなされる（同法30条）。29条に規定する報告をせず，または虚偽の報告をした事業主は，20万円以下の過料に処せられる（同法33条）。

2010年度の均等法の施行状況に照らすと，均等法に係る男女差別事案のうち，セクシュアル・ハラスメント事案は圧倒的に多い。都道府県労働局への相談件数2万3,000件のうち，セクシュアル・ハラスメントに関する相談は1万

1,749件,全体の相談の50%を占めている。均等法17条の紛争解決援助の申立受理件数579件中,セクシュアル・ハラスメントは302件で52.2%を占めている。18条の調停申請受理件数75件中でも,セクシュアル・ハラスメントは51件で68.0%を占めている。さらに,2010年度に都道府県労働局が均等法29条により実施した是正指導は,1万1,300件にのぼるが,その中でも,セクシュアル・ハラスメント事案は7,207件,63.8%であった[2]。

(2) 個別労働関係紛争におけるハラスメントの相談・あっせん件数

一方,セクシュアル・ハラスメント以外の,法に定めのない「いじめ・嫌がらせ」(ハラスメント)に関しては,都道府県労働局が,個別労働紛争に関する相談・助言およびあっせんを行っている。

戦後の労働法制においては,労働関係にかかる紛争処理システムは,もっぱら労働組合を一方当事者とする集団的なシステムとして構築されてきたが,徐々に労働組合の組織率が低下し,かつ,非正規労働者も増加してきたため,1990年代からは,個別労使紛争処理システムの構築が大きな政策課題となった。そこで2001年10月から,個別労働関係紛争解決法が施行され,都道府県労働局において,個別労働紛争に関する相談,助言指導およびあっせんが行われているのである。

その中でも,職場の「いじめ・嫌がらせ」に関する相談は,急激に増加する傾向にある。2010年度の全国の労働局等への個別労働紛争相談件数24万6907件において,「いじめ・嫌がらせ」に係る件数は全体の13.9%にのぼり,解雇に関する相談(21.2%)に次いで2番目に多い[3]。

以上のように,個別労働紛争の相談においても,また,前述の均等法における相談や紛争申立事案においても,「いじめ・嫌がらせ」,「ハラスメント」は,圧倒的な増加傾向を示しており,今や,労使紛争の中でももっとも重要な課題の1つとなっていることは間違いない。

---

2) 厚生労働省雇用均等・児童家庭局『平成23年版 働く女性の実情』(2012年)95〜100頁。
3) 厚生労働省「平成22年度個別労働紛争解決制度施行状況」(2011年)より。

(3) あっせん事案にみる職場の「いじめ・嫌がらせ」の実態

　上記の「いじめ・嫌がらせ」事案を含め，個別労働紛争処理の内容については，これまで，1 年に 1 回，厚生労働省から「個別労働紛争解決制度施行状況」として大まかな統計的データが公表されるのみであり，したがって，紛争や紛争処理の具体的な姿そのものはあまり明らかではなかった。しかし 2010 年にはじめて，全国の都道府県労働局のうち 4 局において 2008 年度に扱った助言・指導・あっせんの記録をもとに，その内容を分析する調査研究報告書が出された[4]。同報告書は，2008 年度の 4 つの労働局のあっせん件数 1,144 件中 22.7％ にあたる 260 件の「いじめ紛争」をめぐる事案について，内容に関する分析を行っている。以下では，同報告書から，若干の参考になる部分を紹介しておきたい。

　いじめの当事者については，加害者に着目した場合，①上司から部下へのいじめが 44.4％，②先輩・同僚によるものが 27.1％，③会長や社長など代表者によるものが 17.9％ であり，①の場合には，企業における一般的な管理職の男女比から，男性正社員が多いといってよい。それに対して，被害者に着目した場合には，①女性に対するいじめが 54.6％ と過半数を占め，②非正規労働者とくに派遣労働者からのいじめの訴えは全体の比率よりも高く，③障害者に対するものも少なくない[5]。

　いじめ行為の態様については，①身体的苦痛を与えるもの（暴力，傷害等），②精神的苦痛を与えるもの（暴言，罵声，悪口，差別，偏見，プライバシー侵害，無視等），③社会的苦痛を与えるもの（仕事を与えない等）があるが，③の類型の中には，「社員旅行参加を拒絶される」，「回覧物を回されない」，「暑気払いや忘年会によばれない」，「仕事が与えられない」という事案などが含まれている。このように誰の目からみても不法行為に該当する明白な行為が行われている一方，実際には，「いじめや嫌がらせとは客観的には思えないようなささいな行為についても，いじめ，嫌がらせもしくはハラスメントだとして多くのあっせ

---

[4] 労働政策研究・研修機構編『労働政策研究報告書 No. 123　個別労働関係紛争処理事案の内容分析——雇用終了，いじめ・嫌がらせ，労働条件引下げ及び三者間労務提供関係』（労働政策研究・研修機構，2010 年）。
[5] 労働政策研究・研修機構・前掲注 4）98～99 頁。

んが申請されている」という[6]。この点，同報告書は，何を原因とするかは難しいとしながらも，「少なくとも，いじめや嫌がらせとは客観的には思えないような行為であっても，それを主観的にはいじめと受け止め，悩み，病む数多くの労働者がおり，現に労働紛争に発展している」ことからみて，労働紛争予防の観点から，対応が必要としている[7]。

多くの場合，いじめの被害者はまず上司や会社に相談しているが，「その後，労働局のあっせん手続きを申請していることから，これらの相談はほとんど失敗していると考えてよい」[8]。労働組合があるケースは少ないが，ある場合でも，労働組合による解決はほとんどない。そして，被害者に対するいじめの影響をみると，まずメンタル・ヘルスへの影響が大きく，およそ3割の事案で，被害者は，何らかの精神的な問題を医師に診断されるか，自ら訴えている。そのため，時間がかかる訴訟ではなくあっせん制度で迅速な解決を図り，新たな一歩を踏み出したいという意向もみられる[9]。また，いじめを受けて退職せざるをえなくなったか，いじめ相談をしたことを理由として解雇（雇い止め）されるなど，雇用への影響も多くみられる[10]。

(4) クオレ・シー・キューブによるパワハラの実態分析

2001年に，株式会社クオレ・シー・キューブは，職場における「上司が持つパワーを背景にした，職権を使ったハラスメント」をパワー・ハラスメントと定義することを提唱した。同社の岡田康子と舘野聡子は，電話相談などを通じて把握した実例を素材に，これらパワー・ハラスメントの実態を分析している[11]。

それによると，パワー・ハラスメントには，使用される手段からみて，大きく分けて4つのタイプがあるという。それぞれ，「攻撃型」（人前で怒鳴る，机な

---

6) 労働政策研究・研修機構・前掲注4) 102頁。
7) 労働政策研究・研修機構・前掲注4) 102〜103頁。
8) 労働政策研究・研修機構・前掲注4) 103頁。
9) 労働政策研究・研修機構・前掲注4) 105頁。
10) 労働政策研究・研修機構・前掲注4) 107頁。
11) 岡田康子＝舘野聡子「パワー・ハラスメントを発生させない職場管理」産労総合研究所編『職場のトラブル防止ハンドブック』（労働判例別冊，2006年）28頁以下。

どを叩いて脅す，暴力をふるう），「否定型」（仕事，人格，能力を否定する，被害者の職場における存在を否定する），「強要型」（自分のやり方を押しつける，責任をなすりつける，違法なことを強要する），「妨害型」（仕事を与えない，必要なものや情報を与えない，やめさせると脅す），と呼ばれている。「妨害型」の実例として，「ささいなことで部下と口論してから，その部下に嫌がらせをする上司がいる。大事な会議の日程を教えず，重要書類もその部下だけには回さず，その部下の仕事に影響がでている。口論のきっかけは，上司の書類上のミスを部下が指摘したことで，部下は謝ってすむなら謝りたいと思っているが，上司は挨拶しても話しかけても無視し続けている」という事案が示されている[12]。

　パワー・ハラスメントには段階があり，いきなり重大なハラスメントが行われるのではなく徐々にエスカレートする，という指摘は重要である。仕事上のミスを指摘したり，なんとなく肌が合わないという「第一段階」は，どの職場にもあることだが，「態度」への攻撃や「仕事」への注意などが頻繁に繰り返されるようになると，パワー・ハラスメントの始まりが疑われる（「第二段階」）。そして第三段階では，本人が直そうとしても直せないことや，出身や学歴，身内などへの非難が始まり，「ノルマを達成できないのなら今すぐ会社を辞めろ」というような脅迫や暴力がでてくる。第四段階になると，被害者の心身に不調が現れ始め，仕事が手につかなくなったり，辞職を強要されて解雇されたりすることになる[13]。

　このような段階に至れば，当然に，不法行為が疑われる。ただし，セクシュアル・ハラスメントと同様に，パワー・ハラスメントもまた，職場における継続的な人間関係の中で生じる問題であって，画一的な判断は難しい。岡田と舘野は，①行為の頻度・回数が1回でもパワハラに当たる行為を「レッドゾーン」（違法な業務命令，物理的暴力，法に違反する行為の強要，人権侵害行為など），②回数が少なければOKだが，回数を多く重ねるとパワー・ハラスメントになる危険が高まる行為を「イエローゾーン」，「グレーゾーン」としている（人格を傷つける言動，言葉の暴力，無視・仲間外れ，行き過ぎた教育指導，業務上不必要な注意叱責など）。その結果，被用者が体調を崩したり，精神疾患を発症すれば，

---

12)　岡田＝舘野・前掲注11) 32 頁。
13)　岡田＝舘野・前掲注11) 32～33 頁。

会社は責任を問われることになるであろう。

　紛争になる場合でも，パワー・ハラスメントに該当しない行為も，たしかにある。たとえば，上司から部下に対して行われる，正当な範囲の注意叱責，業務上必要な指示命令，公正な評価や処遇などは，組織の中で行われる指揮命令が具体化したものであって，会社の責任が問われることはない。この点，パワー・ハラスメントとセクシュアル・ハラスメントとの違いを認識しておくことは，重要であろう。すなわち，そもそも上司が有する職務上の権限の中に「性的な言動」は含まれないため，セクシュアル・ハラスメントは，不法行為としての成否については議論があるとしても，企業社会では許されない行為という判断になじみやすい。それに比べて，パワー・ハラスメントには，業務上の権限に基づく言動とそれ以外の言動が混在しているところに難しさがある。パワー・ハラスメントには，上司が有する業務上の権限に基づく言動がエスカレートして，適切な範囲を逸脱する言動にまで発展するという場合もあれば，業務上の権限行使や被用者による職務遂行とはまったく無縁な言動が問題になる場合もあるからである。

　そのように見ていくと，たしかにパワー・ハラスメントの成否をめぐる判断は難しいというべきである。しかし，パワー・ハラスメントは，職場における権限を有している上司による行為であるだけに，相手に及ぼす威力は際だっており，意のままに相手を追い詰め，孤立させ，逃げ場を失わせるような影響力をもつことも確かである。それだけに，この行為の卑劣性も際だっており，けっして見過ごされてはならない。結局は，多くの場合，徐々にエスカレートしていく上司の言動を丹念に跡づけながら，それらが職務上の権限の範囲内のものかどうか，いったいどの段階から，権限の逸脱が生じたといえるのかなどについて，事実に即して見極めていくしかないのである。

2　本件事案の判断
　　　　——ハラスメントの事実について

(1) 本件事案の特色について

　ハラスメントが争われる事案の多くは，被害者が，上司や会社を相手どって不法行為もしくは契約上の責任を追及するという事案である。しかしながら本

件は，通常のそれら事案とは異なり，ハラスメントの被害者である控訴人の方が被控訴人会社から解雇され，しかもハラスメントの加害者である上司らの責任はまったく問われなかったというところに，最大の特色がある。

にもかかわらず原審判決は，解雇の合理性判断には注意を向けているものの，解雇事件を引き起こすに至った上司からのハラスメント行為という事実について，ほとんど直視しようとしていない。そこに，原審の判断を誤らせる原因があったのではないかと思われる。

何よりも本件では，解雇の前段階において継続的に行われてきた控訴人に対する上司らによる各種のハラスメント行為が，どのようにエスカレートしてきたのか，それを丁寧に，事実として認定していくことが，必要不可欠であろう。

⑵ 被控訴人会社と控訴人

被控訴人会社は，IBMコーポレーションと株式会社リコーが共同出資して設立したInfoPrint Solutions Companyの日本法人として，2007年6月に営業を開始した株式会社であり，プリンター等の各種機器やその周辺機器，それらに関するソフトウェア等の製造・開発・販売等を主たる目的としている。2009年7月現在，社員は195名，そのうち営業総括本部に所属する社員は56名，第二営業本部に所属する社員は14名，控訴人が所属するMM営業部の社員は4名である。

控訴人は，専門学校ビジネス本科と短期大学経営システム学科をそれぞれ卒業し，その間，1999年9月から2007年8月まで，さまざまなIT関係の企業で就労していたが[14]，2007年9月1日に被控訴人会社に入社し，箱崎事業所において営業本部第二営業部に配属され，営業職（セールス・スペシャリスト：SSスタッフ，等級はバンド6）[15]として働いていた。

なお，控訴人と同時期に営業職として入社した男性としてはA氏がいた。

---

14) 日本の大手電気通信会社，アメリカに本社をおく世界最大のコンピュータ・ソフトウェア会社，大手セキュリティ・ソフトウェア会社など。
15) 被控訴人会社「格付規程」第2条は，バンドを「職位の等級を表す名称」と定義し，第3条⑴は「職位およびバンドは会社がこれを定める」とし，⑵には，10のバンドを記載している。バンド6はちょうど中位の等級である。

(3) 入社（2007 年 9 月）から 2008 年 7 月まで

　入社後の最初のトラブルは，ELT（エントリー・レベル・トレーニング）と言われる，IBM の営業教育制度を控訴人が受講したことを契機に生じた。控訴人は，入社後，2007 年 10 月から 2008 年 5 月まで約 8 か月にわたり，被控訴人会社の命令で ELT 長期コースを受講したが，かかる長期コースの受講は同期入社の営業職の A 氏には命じられず，また，控訴人の後（2009 年 1 月）に入社した 4 名の営業職社員にも，長期コースの受講が命じられることはなかった。すなわち，当時，控訴人以外の営業職は全員が短期コースを受講したのである。

　この ELT 受講をめぐって，以下の事実が発生した。①通常，ELT 受講にあたっては，受講者をサポートする体制を完備する企業が多いものの，控訴人には上司からのサポートが皆無であった。②サポートがないばかりでなく，ELT 長期コース受講は質量ともに相当ハードなものであるにもかかわらず，控訴人に対してはいっさい通常業務軽減の措置はとられず，したがって控訴人は，この間，ほぼ毎日深夜に至るまで残業せざるをえなかった。にもかかわらず 2007 年 10 月 12 日には，他の管理職や同僚がいる面前で，営業第二部長で直接の上司 B 氏から，「研修と仕事とどっちが大切だ。仕事を優先しろ」とすごい剣幕で怒鳴られる，という事態が発生した。③結果として，控訴人は，すでに他企業で営業職として十分な経験と能力を蓄積していたにもかかわらず，ELT の最終段階である JSS（ジャパン・セールス・スクール）と呼ばれる合宿研修に合格できなかった。このことは控訴人にとって屈辱的なできごとであったが，それだけでなく，JSS に合格していないことを理由に，人事部長 C 氏から，「JSS を受けないと営業の資格はない，辞表を書け」と攻撃され，B 氏からも「JSS に落ちた人は営業から外される」と嫌味を言われることになった（2008 年 10 月頃のできごと）。④また，ELT 卒業を優先させるべきだという B 氏の判断により，控訴人は，2008 年 1 月に実施されたアメリカ本社の POST（プリンティング・アウトプット・ソリューションズ・トレーニング）という研修に参加することができなかったが，他の同僚の営業職の者は，控訴人よりも後に入社した 4 名も含めて全員が，POST 研修に参加した。POST 研修は，全世界の営業担当者に向けて，アメリカ本社が実施する，直近の開発製品や戦略，セールスマネージメントに関する研修であって，営業職の社員が実績をあげるためには有

益な研修である．B氏は当初，「POST研修は全員が参加する重要な研修」と言っていたにもかかわらず，その後に控訴人の参加を拒否しただけでなく，POST研修に出られなかった控訴人にその内容を伝えるなどのフォローもいっさいせず，そのために，控訴人は，いっそう焦燥感，孤立感を深めることになった．

　以上のできごとを通じて，控訴人は，自分が上司から他の同僚の営業職社員とは異なる扱いを受け，いっさいサポートされずに放置されていることを自覚するようになり，孤立感を深めていった．上司B氏らは，縷々理由を述べて，それを否定する．しかし，上記の事実を客観的に観察すれば，控訴人がそのような認識・自覚をもつに至ったことは無理からぬことである．たしかに被控訴人会社が控訴人にELT長期コースを受講させたこと自体は，通常の感覚からいえばけっして非難すべきことではないかもしれない．しかし，長期コースの受講を命じられたのが控訴人のみであったことに鑑みれば，その間，同僚営業職の者とまったく同じように通常業務もこなすように求めることが，控訴人にとっていかに過重な要求であるか，上司B氏に理解できないはずはなかった．にもかかわらず，「仕事を優先しろ」と他人の面前で控訴人を怒鳴りつけたB氏の行為は，他の者からは控訴人が怠けて叱責されたかのように受け取られかねない行為であり，控訴人にとっては屈辱的なできごとというべきであり，管理職としての配慮を欠くものであった．

　また，証言によれば，勤務先企業のサポートなしに独力でJSSに合格することが不可能に近いことは広く知られており，控訴人がJSSに不合格になったことは，被控訴人会社も当然に予測しえた結果であったはずである．にもかかわらず，そのことのみを理由に控訴人に「辞表を書け」と非難したり，嫌味を言ったりする上司らの言動は，管理職としての権限を逸脱した「ハラスメント」以外の何ものでもない．

　これに対して，控訴人が，営業職としての自分の能力はけっして劣っていないこと，きちんと通常業務もこなしているということを，直接の上司以外の，当時の代表取締役社長D氏に逐一報告したことは，公平に受け止めてもらえる第三者に事実を知っておいて欲しいと思った結果であり，なんら責められるべきことではないし，B氏から怒鳴られたときに黙ってしまうだけでなく，言

葉を用いて事情を説明しようとしたことは、けっして「上司に対する反抗的な態度」と受け止められることではなく、かえって職業人としては当然なすべきことをしたに過ぎない。

(4) 2008年7月から同年12月まで

 2008年6月1日付けで控訴人は、事業所移転に伴って大崎本社事務所において勤務することになり、同年8月には営業本部営業推進部の所属となった。当時の組織変更によって、控訴人が所属する「MM営業部」(名称変更)を含めて3つの部を統括する「第二営業本部」部長には、リコーから出向してきたE氏が就任した。また、第一・第二営業本部や販売戦略室などを統括する立場にある「営業統括本部」の部長F氏もまた、リコー出向者であった。MM営業部の部長(控訴人の直接の上司)は変わらず、B氏であった。この時期以降、控訴人の上司にあたるF氏、E氏、B氏、および人事部のC氏などを含む複数の管理職から行われる、控訴人に対するハラスメント、無視、いじめ、敵対的な言動は、徐々にエスカレートしていった。

 この時期には、以下の事実が認められる。①2008年7月に行われた、4月～6月の目標達成の結果報告において、控訴人は代理店訪問件数につき、目標15件に対して43件と報告したが、B氏からは「虚偽報告」だと言われ、アメリカ本社には、控訴人によるものとは異なる結果報告が提出された。控訴人は理由もなく自らの実績を「虚偽だ」と言われ、公正に評価してもらえないことに、大きな焦燥感と不安を抱くようになった。②同年8月のPBCミーティング(パーソナル・ビジネス・コミットメント。6か月間の社員のパフォーマンスの評価のためのミーティング)で、控訴人は、B氏から、「控訴人の新たな上司E氏が、上司に気を使わない控訴人の態度に激怒しており、このままでは何か仕打ちをするだろうから異動したほうがよい」と告げられた。控訴人はこれが気になり、以後はできるだけE氏とF氏に話しかけ、挨拶するようにしたが、両者からは応答してもらえず、まったく無視され続けた。このことは控訴人にとって、精神的に落ち込まざるをえない、つらい環境であった。また、③控訴人は、人事部のC氏から、入社以来、再三にわたって、「自分が面接していたら控訴人を採用しなかった」と言われ続けており、まったく根拠のない嫌がらせを受けて

いると感じていたところ，すでに述べたことであるが，10月にはC氏から，「JSSを受けないと営業の資格はない，辞表を書け」と言われ，その2日後にB氏からも「JSSに落ちた人は営業から外される」と嫌味を言われ，このことは控訴人に大きなストレスを与えることになった。④営業の「担当割当」をめぐるトラブルもあった。2008年11月には同僚A氏の担当業務変更に伴い，控訴人らの「担当割当」が変更されることになったが，E氏によって割り当てられた控訴人の担当は，大手企業ではない中小企業のみで，数も昨年度より少なく，明らかに同じ時期に入社した男性のG氏（正確には控訴人より4か月後の入社）よりも不利なものであったため，控訴人はE氏に再考を求めたが，受け入れられなかった。⑤12月15日には，控訴人のアドレスが人事メール送信アドレスに含まれていなかったために（人事部のミスによるものであった）メールが届かず，控訴人がE氏から指示されたPBCのための作業ができないという事実が生じたが，これをめぐり人事部長C氏は，控訴人がメールを受信していないと述べたことに対して，再三，控訴人に「嘘を言っていないか」と問いつめ，事実が判明した後も「控訴人が嘘を言っていると思った」などと述べて，自らの誤りを認めなかった。⑥12月22日に行われた営業部全体の忘年会に関して，控訴人は幹事である同僚社員H氏から案内をしてもらえず（この点，H氏は出席の返答があった者のみに案内したと述べており，事実をめぐり争いがある），控訴人は他の同僚やD氏に誘われて出席はしたものの，その席で，H氏から舌打ちされ，睨まれ，F氏から「面倒なやつだ」と言われて，気分が落ち込み，強いストレスを感じた。

　以上のような日常的なできごとが続く中で，2008年10月頃から，控訴人は，不眠，めまい，偏頭痛，下痢，嘔吐の症状におそわれるようになり，嫌がらせを受けた夢をみて夜間に飛び起きてしまうこともあった。当時はまだ医者にいくことはなかったものの，上司によるハラスメントというべき上記の事実が控訴人に大きな精神的な苦痛を与えたことは，明らかというべきであろう。

⑸　2009年1月から3月まで

　2009年1月に新組織が発表になったが，控訴人に人事異動はなく，同じ第二営業部の中のテリトリー担当部門が，E氏の担当からB氏の担当へと変更

になったのみであった。

　この時期には，以下のような事実が進行していった。①2009年1月5日，新組織が発表になった直後に，控訴人はB氏に，「またよろしくお願いします」とあいさつしたが，B氏は舌打ちをしたのみであった。②この日以降，担当エリア等の割当をめぐるトラブルが発生した。それは以下のような経緯である。1月5日にE氏とB氏からチームメンバー3人の割当が開示されたところ，控訴人には，これまでにほとんど実績がなかった地区や会社が割り当てられ，他の2人の同僚とは明らかに異なる扱いであることが判明した。控訴人は「割当を公平にして欲しい」と述べたが却下され，その後1月8日には，E氏とB氏は，控訴人に対して，「自分から異動届けを出してどこかへいけ」「あんたについては悪い話ばかり聞いている」(E氏)，「D氏に言いつけたければ言いつけろ。こっちにはF氏がついているんだから」(B氏)などと言った。控訴人はあまりの悔しさに涙を流すしかなかった。③業績評価をめぐるトラブルも，再度，発生した。1月16日に，6か月間の業績評価のために上司と部下が面談して年間目標と評価を設定するPFP（パフォーマンス・フィードバック・プログラム）の入力処理が行われた（これは，以前PBCと呼ばれていたものであり，2009年からPFPへと名称を変更した）。E氏は，必要な面談をしないまま，控訴人が記載した内容を否定して，「コミュニケーション能力の欠如」，「理解能力の欠如」等の低い評価を行ってきたため，控訴人はこれに異議申立てを行った。しかし，書き直しも面談もなされることはなく，E氏の評価がそのまま会社に受け入れられることになったため，控訴人は，不安と焦燥感でいっぱいになった。④この頃から，上司であるE氏とB氏からは控訴人に対するいっさいの業務指示がなされなくなり，会話もなくなり，控訴人は社内で孤立し，放置された状態におかれ続けた。⑤控訴人に，自分が上司からハラスメントを受けていることを自覚させるような事件が，この時期にも，いくつか発生した。たとえば，2月末には，上司の確認が必要とされるインターネット関連のアクセスのトラブルがあったが，控訴人はB氏が対応してくれないために，このトラブルを解決できなかった。また3月には，アメリカ本社のチャネル担当者との会議が開催されたが，他の参加メンバーには事前に英語での質問を準備するように指示があったが，控訴人には詳しい説明も指示もなかったため，当日にその場で英

語での質問を考えるなどして対応しなければならなかった。同じく2月に，控訴人は同僚から，E氏とB氏が「控訴人はすべての代理店から出入り禁止になっている」と公言していると聞かされ，自分に関する低評価が意図的に社内に広められていることに，悔しさと憤りを感じ，正当に評価をしてもらうために何とかしなければならないという焦燥感にかられた。

この時期に至って，控訴人を営業担当グループから排除しようという上司らの動きは，さらにエスカレートしていったことが，観察できる。既述のように，控訴人に対しては，ほぼ日常的に，無視（上記①，④），他の同僚との差別（②，③，⑤），仲間はずれや情報の不提供（⑤），言葉による暴力（②），仕事を与えない（④）などのハラスメントが生じていたというべきである。

⑹ 控訴人の体調について

既述のように，2008年10月頃から，控訴人には，不眠，めまい，偏頭痛，下痢，嘔吐が続き，眠れない状態が続くようになっていたが，2009年になってからは，明確に心身に不調があらわれはじめ，同年2月には，体重が7キロ減少し，外出中にめまいを何度も起こすようになった。めまいを起こした結果，目の前が暗くなって，事務所の外の階段や駅の階段から落ちるという事故も，数度，発生しており，控訴人の体力・気力は，限界に達しつつあった。

このような経緯からみれば，上司から繰り返し受け続けたハラスメントが，控訴人に大きなストレスと精神的苦痛を与えていたことは，容易にうかがわれるところである。控訴人には，そのような精神的苦痛を与える他の事実や要因はいっさい見当たらず，とくに持病をかかえていたわけでもない。したがって，控訴人の体調不良と，同人に対する職場におけるハラスメントを通じてのストレスとの因果関係を否定することは，到底，不可能に近いというべきである。

3 本件事案の判断
―――解雇に関する法的検討

⑴ 解雇に至る経緯について―――原審による事実認定

上述のように，2009年1月の組織変更に伴って，担当職務の割当をめぐり他のメンバーとの公平な処遇を求めたために，控訴人は，B氏やE氏ら上司

からいっさいの業務指示を受けることがなくなっていた。その後に，控訴人に対する解雇が行われたのであるが，この解雇に至る経緯について，原審がどのような事実認定をしているのか，ここで整理しておきたい。

原審は，被控訴人会社の主張をほぼ全面的に採用しつつ，事実認定を行った。その概要は，以下の通りである。①控訴人は，自らの希望によって，2009年1月23日から，主として新規客先開発の仕事をするようになった。このように控訴人の業務が新規客先開発の業務へと変更され，コミッションの前提となる売上目標額の設定に必要な前年度の売上が想定できなくなったため，控訴人は，営業報酬制度の適用対象外となった。その結果，控訴人には，時間管理によって時間外手当が支給されるようになった。この時間管理の変更については，控訴人も認識していた。②この賃金体系は，2009年1月に遡及して適用されることが，控訴人に説明されていた。控訴人は説明を受けていないと主張するが，変更された給与支給時に給与明細に異を挟まなかったことから，控訴人の主張は採用できない。③被控訴人会社の三六協定によれば，残業の限度時間は45時間であるが，2月2日および3月6日に控訴人が提出した勤務ファイルには，所定外労働時間がこの限度時間を超えて記載されていた。B氏は人事部から三六協定違反を指摘されたため，控訴人に，残業の対象となる業務内容，残業を行う必要性，残業予定時間を記載して，事前にB氏に申請をしてその承認を得てから実施すること，事前申請のない残業は認められないことをメールにより通知したが，控訴人は，残業を認めないことはサービス残業の強要に該当するため，労働基準局等に提出すると回答した。④控訴人のかかる反抗的な態度を受けて，B氏は，2月13日には，会社が必要とする手続，届出，報告を拒んだ場合には服務規程違反になる旨の「注意書」を，同月27日には，「改善がみられない場合は相応の措置をとる」旨の「警告書」を出した。⑤同年4月27日，控訴人を囲んで第1回面談が行われた。控訴人が通勤経路と重複する経路の交通費を含めて出張費を請求したことについては，控訴人は，規則違反であることを知らなかったと主張したものの，その後（同年5月20日）に，2008年6月から2009年3月までの交通費の重複請求分3万4980円を返納した。携帯電話の私的使用については，控訴人は，被控訴人会社から不審を指摘された利用先について，後に報告すると回答した。また，被控訴人会社は，携帯電

話の発信地から割り出した控訴人の所在地，事務所への入退館記録などと照らして，控訴人による勤務時間記録表の不正確さを質問し，控訴人に対して，勤務時間記録表を再確認して正しいものを5月11日までに報告するようにと指示した。控訴人は，第1回面談について録音に基づき被控訴人会社により作成された議事録への署名を拒否した。⑥2009年5月19日，2回目の面談が行われた。控訴人は，勤務時間記録表について，客観的事実との齟齬を指摘されると，以前のことは覚えていないと述べ，携帯電話の私的使用についても仕事で使用したものと主張した。⑦控訴人は，5月26日に，勤務時間記録表を訂正のうえ提出したが，それによれば，2009年1月から3月までの間に，時間外手当16時間分，4万4000円が誤請求であったことを認めた。⑧さらに，リコー販売のI氏と同行して営業先を回ったとの記録部分に虚偽報告があったことが，7月7日に判明した。⑨7月27日の被控訴人会社の臨時経営会議で，控訴人を普通解雇とし，控訴人が退職勧奨に応じて退職届を提出したときには退職扱いとする，との結論が出された。⑩7月29日，会社の一室で，B氏，C氏を含む4人から，控訴人に対して解雇が言い渡され，その直後に，退職勧奨を行う前に退出しようとした控訴人と，それを阻止しようとした被控訴人会社の人事部社員とがもみ合いとなったが，控訴人はその部屋から退出した。⑪控訴人は，この折に加療1週間を要する膝関節捻挫を含む傷害を受けたとして，8月3日に，医療機関で治療を受けている。

　以上が，原審において認定された事実である。

(2) **解雇の有効性について──原審による法的判断**

　以上の認定事実をもとに，原審は，本件解雇の有効性について，以下のような法的判断を下した。

　まず判旨は，労働時間管理の点について，労働基準法38条の2第1項を説明したのちに，控訴人を2009年1月23日に「事業場外みなし制度の対象から外して，残業代を支払うようにしたことは，……労働者保護の対象となったもの」であるとして積極的に評価したうえで，「営業職の仕事が事業場外での勤務の比重があることから，使用者が，労働時間を管理するため，時間外労働について，……三六協定に違反しそうな従業員の労働に関して具体的な労働時間

の報告を求めることは，……重要で合理的なものに他ならない」とした。

この判断を前提にすれば，B氏や人事部による労働時間管理に関する業務指示，命令には問題はないのであるから，第一に，それをハラスメントの行為とし，労働時間管理に関する業務指示，命令に従わない控訴人の行動は不適切なものである，とした。

また第二に，会社から指摘されている非違行為に関して，控訴人は「強い被害意識のもとで，過度に防衛的なやり取りをし，必ずしも合理的とはいえない自らの言い分に固執し，さらにはその場限りの言い分により主張を変遷させるという傾向が顕著に認められ」，「この傾向は」，上司や人事部のみならず，「本件口頭弁論における本人尋問に際しても一貫している」から，「一つ一つの非違行為自体は，勘違いの範疇に属するという評価の余地もあるものの，上述の対応を一貫して繰り返す原告〔控訴人〕に対しては，労働契約関係を解消する以外に，方途を失っていると評価せざるを得ない」とした。

さらに第三に，控訴人が，「社外の関係者と口裏を合わせて虚偽の報告をしていることは，労働者としての……不誠実性を推認させる事情であ」るから，「労働契約関係を維持させることを強制することが，妥当」とはいえない，と判示して，請求を棄却した。

(3) 業務変更に至る経緯——エリア割当提案の不利益性について

以上のように，原審は，その事実認定においても，法的判断においても，控訴人の主張をほぼ完全に否定する判断を下した。問題は多々あるが，1つの重要かつ深刻な問題点は，原審が，控訴人が受けた2009年1月の業務変更およびそれに伴う処遇変更の意味を正しく理解していないことである。すなわち，原審は，その変更を，「事業場外みなし制度の対象から外して，残業代を支払うようにした」という側面のみをとりあげて，労働時間管理の「改善」という観点からしかとらえていない。しかし控訴人にとっては，この処遇変更は，自らの営業職としての存在意義にかかわる大きな不利益と受け止めざるをえないものであり，到底，納得しえないものであった。そのような見方の違いが，法的判断に反映しているのである。以下，説明を加えていきたい。

まず，控訴人に対する業務変更の経緯をみよう。業務変更に至る前に行われ

たB氏とE氏からの担当エリア割当の提案は，控訴人にとって，同じグループに所属している他の2名の同僚（J氏，K氏）よりも不利なものであったため，控訴人は，より公平な処遇を求めた。ところが，これを「控訴人が自分からの提案を拒否し続けた」と受け取ったB氏からは，その後いっさい業務指示がなくなり，1月23日を期して，控訴人の意思を確認しないまま一方的に業務変更が行われた。

　重要なことは，控訴人が，なぜB氏からの当初のエリア割当提案を不利益と受け止めたのか，である。それを理解するためには，コミッション制度の仕組みを理解しておく必要がある。コミッションとは「営業報酬」のことである。セールス・リプレゼンタティブ給与規程が適用される営業職の従業員に対しては，本給，セールス・リプレゼンタティブ手当（定額5万円），コミッション，通勤手当，住宅費補助等の手当が支給される。コミッションは，営業職の従業員にとっては，いわば「業績に応じた」報酬部分とでもいうべきものであり，自らの能力・実績に対する会社からの評価を示す重要な賃金である。

　では，そのコミッションの金額はどのようにして決定されるのか。コミッションの決定にあたっては，まず，ラインマネジャーが，営業職の社員ごとに「対象テリトリー（担当顧客など）」を決定し，それをもとに従業員と面談したうえで「売上目標額」を決め，システムから「インセンティブ・プラン・レター（IPL）」をメール発信する。従業員がその内容を確認して「確認ボタン」を押すことにより，当年度の各自のコミッション内容が確定される。そしてその内容である「目標値」をどの程度実現できたかという実績に応じて，コミッションが支払われる。

　この場合，コミッション内容の決定権は最終的にはラインマネジャーにあるものの，上司は部下と事前に話し合い・面談することが基本であり，部下は，納得できない内容であれば，IPLを受領しないことも可能である。部下には，再度の話し合いを求めてIPLを拒否する権利がある。なぜなら，上司から，あまりに達成不可能な目標を設定されれば，従業員はその達成が困難となり，実績が出せずに減収してしまうからであり，それだけに，このコミッション内容の決定は，営業職の従業員にとっては死活問題ともいうべき，非常に重要な意味をもつ。

さて，2009年の新しい体制下で，B氏とE氏が控訴人に当初提案した担当エリア割当について，B氏は「控訴人の経験・実績を考慮してあまり無理のないエリアを提案した」，なぜなら，あまり大きな担当エリアをもつとかえって控訴人にとって不利になるから，と述べている。しかし，この説明だけでは，なぜ控訴人がこの提案を拒否したかを理解することはできない。

このときのエリア割当提案は，以下のようなものであった。控訴人には，北陸，静岡，神奈川の3つのみが割り当てられたが，これらの地区にはこれまでに被控訴人会社に販売協力することを説得されている代理店がほとんど存在しないために，きわめて実績をあげにくいエリアであった。一方，同僚J氏に割り当てられた，残りの東日本のすべてのエリア，K氏に割り当てられた西日本のすべてのエリアには，被控訴人会社の代理店として販売協力してくれる代理店も多いため，そこでは実績をあげることは相対的に有利であった。

もっとも「実績」をあげることができるかどうかは，「目標値」に応じて評価されるものであるから，当初の目標値が大きければ実績はあげにくく，小さければあげやすいことになる。したがってたしかに，B氏が言うように，有利・不利は，単なるエリアの大小だけでは決まらない。しかし，B氏の提案には，驚くことに，「売上目標の数字は公平に3等分しよう」という内容も含まれていたということである（控訴人の陳述書32頁）。エリアの大小にかかわらず目標額を「平等に」設定されれば，割当エリアがきわめて小さい控訴人にとっては，J氏やK氏と同じような目標額を達成することは，当初からほとんど不可能に近いことであった。しかもB氏は，控訴人に，J氏，K氏の手伝いをするように，と伝えたのである。このような不平等なエリア割当提案を承諾することなど，そもそも控訴人にとってはありえない選択肢であった。

いわば，このエリア割当の提案自体が，長く継続していた控訴人に対するハラスメントの延長だったのであり，これを控訴人が拒否して新たな提案をするようにと求めたことは，けっして被害者意識からくる不合理な行動などではなかった。控訴人にとっては，自らのコミッションに関わる当然の要望であったというべきである。

(4) 業務変更——オフ・コミッションになったことの意味

　B氏とE氏は，その後も，営業職社員間のエリア割当を公平なものにしようとはせず，かえって，これを契機に，控訴人を一方的にオフ・コミッションの対象にするという「業務変更」「処遇変更」を行った。その経緯は，以下の通りである。

　B氏からのエリア割当提案を拒否した後，控訴人にはいっさいの業務指示が出されなくなったため，控訴人は，従来どおりの自分の業務をこなしつつ，D氏（当時，会長）からのアドバイスに従って，新規客先開発を中心とする資料作成等の業務を遂行するしかなかった。一方，控訴人からの公平処遇要求を全く受け入れようとしなかったB氏およびE氏は，新規客先開発の仕事のみを控訴人に分担させると一方的に宣言して，控訴人の処遇を，「オン・コミッション」から「オフ・コミッション」へと変更した。なお，この変更期日は1月23日であると，被控訴会社は主張するが，控訴人にはこの期日はまったく知らされていない。

　まず理解しておかなければならないことは，オン・コミッションからオフ・コミッションへの変更の意味である。既述のように，営業職の社員には，コミッション内容が決まった後にその目標値の達成度という実績に応じて，コミッションが支給される。いわばコミッション支給額は，営業職にとっての能力評価にあたるものであるから，この金額の多寡は，労働者にとっては仕事上のインセンティブになることは間違いない。

　控訴人は，被控訴人会社に入社する以前から，営業の業界では適性を備えた有能な人材との評判が高く，実績もあげてきており，営業職という仕事に誇りをもっていた。控訴人は，営業職の魅力について，筆者（浅倉）に対し，以下のように語っている。「顧客とのコミュニケーション，信頼関係の構築，そして認めてもらって商談を成立させるというプロセスそのものが，営業の魅力です。大きな目標達成を成し遂げて，会社や尊敬できる上司に貢献でき，さらに顧客に喜んでもらい次のビジネスにつなげることは，営業の醍醐味です」（控訴人から浅倉宛に出された電子メールより）。

　このように営業職に魅力と誇りを感じている控訴人にとっては，コミッション内容を目標に，可能なかぎり意欲的に働き実績をあげることは，自己のアイ

デンティティの確認そのものであり，最大の生き甲斐ですらあった。それだけに，控訴人にとって，コミッション内容の合意ができないからといって「オフ・コミッション処遇」へと変更されるということは，それ自体が，「おまえは営業職ではない」と言われたに等しい仕打ちと受け止めざるをえないものであった。

ゆえに，控訴人にとって，オフ・コミッション処遇になったことの最大の問題は，「コミッション」実績が評価されなくなったことであり，それはすなわち，自分が営業職から外されたに等しい処遇であった。このことは，かかる決定を行ったＢ氏にとっても，共通した認識であったのではないだろうか。Ｂ氏もまた，控訴人をオフ・コミッションに追いやった結果，控訴人の「営業職としての資格を奪った」かのように感じていたに違いない。Ｂ氏が控訴人を労働者保護対象となる地位におくためにオフ・コミッション処遇にしたということは，到底，考えにくい。

ちなみに，当時，営業職でオフ・コミッション扱いになった者は，控訴人1人であり，他の営業職の者は等しくオン・コミッションであった。

⑸　オフ・コミッション処遇と時間外勤務手当

控訴人は，オフ・コミッションになり，上司からの指示を受けられなくなった後も，営業職であるという自分のアイデンティティを捨てたわけではなく，2009年1月以前と同様の働き方をしており，実態として，かなりの時間外労働を行っていた。

ところが，ここに時間管理の問題が浮上した。控訴人にとっては，オフ・コミッション処遇になったことの最大の関心事はコミッションが支給されなくなったことであったため，その他の処遇変更については，ほとんど理解していなかった。しかも，この処遇の変更について，Ｂ氏からは，手当変更の件（営業手当から副主任手当へ変更されること）を除いてまったく説明がなされなかった。この事実は，時間外勤務手当の受給に関する控訴人の「不正」意図の存否を判断する際に，重要な意味をもつ。もし控訴人に時間外手当不正受給の意図があったと言うならば，当然，控訴人は，オフ・コミッションにより時間外手当を受給できるようになったという事実を，時間外労働を報告する「勤務ファイ

ル」を提出する前に，知っていたといわねばならない。しかし，本件では，控訴人がそれを知ったのは，「勤務ファイル」を提出した2月2日より後の，2月6日のことであった。以下，説明しよう。

　オフ・コミッションになったことによる「処遇変更」の重要部分の一つ目は，「営業手当」（5万円）が副主任手当（4万1,000円）になったこと（これは控訴人には手当の減額として意識された），二つ目は，「事業場外みなし制」が控訴人には適用されなくなり，実際の時間外勤務手当が支給されるようになったこと，であった。後者のみに関していえば，原審も述べる通り，控訴人は，「労働基準法下での労働者保護の対象となったもの」といえるかもしれない[16]。しかし控訴人は，上司から処遇の変更について説明を受けていなかったため，自らの給与等に不安を感じ，2月6日に人事部L氏に問い合わせた。L氏は，当初，きわめて不親切に「手当の変更」のみを説明したが，控訴人が，再度，時間外手当について問い合わせてはじめて，「総額が副主任手当の額を上回る場合に差額を支給する」というメールを返信した。その意味がわからなかった控訴人はさらに，その根拠や意味を再度問いあわせて，ようやく，オフ・コミッションになったために，時間外手当は「みなし」ではなく実際に支払われるようになることを理解したのであった（甲52号証の2）。

　ちなみに，控訴人が1月分の「勤務ファイル」を提出したのは2月2日であった。控訴人はこのとき，人事の指示にしたがってオン・コミッション時代とは異なる「勤務ファイル」を提出したものの，そこに記載された勤務時間について，これまでとは異なり実際に時間外手当が支給されることになるということを，2月6日になるまで知らなかったのである。控訴人にとっては，12月までの「勤務ファイル」も，翌年1月からの「勤務ファイル」も，形式は異なるものの，ほぼ同じ意味しかないものと認識していたのであり，2月2日に提出した1月分の「勤務ファイル」記載の時間外労働に手当支給が発生することを，当初は理解していなかった。それゆえ，控訴人に意図的な「労働時間管理の虚

---

[16] 控訴人会社における事業場外みなし制度の運用が果たして正しいものであったのか，なぜ新規開発業務をする者に対しては事業場外みなし制度が適用されないということになるのかなど，法的な問題が多々あることが気になるが，ここではそれらは主要な争点となっていないので，検討を省くことにする。

偽報告」の意思はありえようはずはなく，単に，従来どおりの勤務時間記載を行ったにすぎない。控訴人に時間外手当不正受給の意図があったという主張は，到底，認めがたい。

控訴人の実際の労働時間は，オフ・コミッションになった後においてもほとんど変わりはなかったが，B氏からは，2月分，3月分の申請を三六協定における限度時間内の労働時間に変更するように命じられ，さらに，同僚には命じられない残業の事前申請・許可手続きを，控訴人のみが行わなければならなくなった。控訴人にとっては，自分だけが，かかる手続きを強要されたことに納得できなかったため，B氏とのやりとりにおいて「反抗的な態度」をとらざるをえない結果になったのだが，5月26日には，勤務時間記録表を修正し，かつ，4月分以降は時間外労働手当の請求そのものを行わなかった。控訴人は，被控訴人会社に対して，時間外労働手当の「不正」請求を続けたわけではない。

控訴人がオフ・コミッションとして，時間管理に関して他の営業職と異なる処遇を受けるようになった原因を作ったのは，そもそもB氏の側であった。加えて，変更された処遇自体について明確な説明も行われないまま，一方的にB氏を通じて時間外労働をめぐる事前申告・承認という指示が出され，その指示に違反したことについて，「注意書」や「警告書」が出されてきたのである。この一連のやり方に，控訴人が反感を持ち抵抗したとしても，それをもって「反抗的な態度」と決めつけることができないことは，この経緯をみれば十分に理解できることであろう。

(6) 交通費の重複請求と携帯電話の私的使用について

以上の他に非違行為としてあげられているのは，交通費の重複請求と携帯電話の私的使用である。前者については，控訴人は出張規則を誤解して請求したにすぎず，本人の責任を問うような虚偽申告とはいえ，控訴人も出張規則を理解したのちは，すぐに重複分の3万4,980円を返却している。

後者については，問題にされている電話私用がわずかな件数でしかないことからも，そもそも「不正」と評価されるべき事実かどうかに疑問がある。かえって，控訴人の携帯電話の発信地と事務所への入退館記録を照らし合わせるなど，微に入り細に入る調査が控訴人のみに対してなされたことに鑑みれば，被

控訴人会社が控訴人の「不正」をあえて仕立て上げようとしたのではないかと，疑われるような状況でしかない。まさに「勘違い」の範疇でしかないささいな行為を，重大な非違行為として扱う被控訴人会社のやり方に不当性を感じ，控訴人は，これらを会社ぐるみのハラスメント行為と受けとめざるをえなかったのである[17]。

たしかに議事録への署名を最後まで拒否したことや，リコー販売のI氏の申し出に応じて営業先を回ったという虚偽記録を提出したことは，控訴人にも行き過ぎがみられ，非難されても仕方がない行為があったといわざるをえない。しかしこのこともまた，被控訴人会社に自分に対する攻撃材料をこれ以上与えたくないという，控訴人のささやかな「抵抗」として理解すべきであろう。

にもかかわらず，長期間にわたって控訴人にハラスメントを行ってきた中心的人物である上司らを含む4人が，閉鎖された会議室において，控訴人1人を取り囲んで，以上のことを理由にして解雇を言い渡すという7月29日のできごとは，控訴人にとって，いかに大きな屈辱，怒り，恐怖の感情をもたらしたことか，理解に余りあるものである。一刻も早く会議室から退出したかった控訴人を押しとどめた人事部職員ともみ合いになった末に，控訴人は，捻挫を伴う傷害を負った。これらは，たまたま事態の経緯の中で生じてしまった不幸なできごとというべきものかもしれないが，控訴人にとっては，大きな精神的ショックとなり，心身ともに痛手を残したのである。

4　結　論
―― 解雇無効ならびに被控訴人会社の不法行為責任

(1) 解雇の法的効力

(a) 解雇権濫用法理

ところで解雇に関しては，労働契約法16条が，「客観的に合理的な理由を欠き，社会通念上相当であると認められない場合は，その権利を濫用したものと

---

[17] 第1回面談の後，2009年5月7日に，控訴人は，社員の相談窓口（Issue and Answers）にメールを送信して，ハラスメントを受けていると訴え，その結果，担当のM氏と数回にわたって話し合いをしたものの，その後，この問題は放置され，解決には至らなかった。

して，無効とする」と定めている。前段の「合理的な理由」の典型としては，勤務成績の不良，病気，非違行為がある。これらいずれかに属するような「客観的に合理的な理由」が認められなければ，当該解雇は解雇権を濫用したものとして無効である。

また，そのような「客観的に合理的な理由」が認められる場合であっても，当該解雇が「社会通念上相当として是認することができない場合」には，解雇権を濫用したものとして無効となる。この「相当性の要件」については，一般的には，解雇の事由が重大な程度に達しており，他に解雇回避の手段がなく，かつ，労働者の側に宥恕すべき事情が殆どない場合にのみ，解雇相当性が認められる。

その前提として，解雇は，通常，就業規則に列挙された事由に基づいて行われなければならない。2003 年の労働基準法改正は，「解雇の事由」を就業規則の絶対的記載事項として掲げ，企業において解雇事由をあらかじめ明示させることとしたのである[18]。

そこで，本件解雇の法的効力を判断するにあたっては，第一に，本件解雇が，適切な就業規則の根拠規定に基づいて行われており，したがってその解雇事由が「合理的解雇事由」にあたるといえるか，第二に，社会的相当性が認められるかどうかであり，このような順序で，以下，判断していくことにする。

(b) 「客観的に合理的な理由」には該当しない

本件において，被控訴人会社は，控訴人が行ったところの，①勤務時間に関する虚偽申告，時間外賃金の不正受給，②旅費立替金に関する虚偽申請，不正受給，③会社貸与の携帯電話の私的利用，④時間外労働等の事前申請に関する

---

18) この就業規則上の列挙が，限定列挙の意味をもつのか，それとも例示列挙にすぎないのかについては，2 つの説がある。解雇権濫用法理が解雇の自由を制限する理論であることを根拠にする「例示列挙説」をとれば，使用者は，就業規則上の解雇事由該当の事実がなくても，客観的に合理的な理由があれば労働契約を終了させることができる。しかし，使用者が就業規則に解雇事由を列挙した場合には，使用者が労働契約上自ら解雇の自由をそれらの事由に制限したものであると解釈できるから，これを「限定列挙」とみなすべきという説もある。現在では後者のほうが通説に近い。菅野和夫『労働法〔第 9 版〕』（弘文堂，2010 年）483 頁は，第 5 版までは，例示列挙説にたっていたものの，以後は説を改めたと述べている。本件事案では，被控訴人会社は，就業規則 50 条 2 号を明確に根拠としているため，いずれの説をとっても結論は異なるものではない。

指示違反，の4つの非違行為が，被控訴人会社の就業規則50条2号の解雇事由に該当する，としている。

しかしながら，就業規則50条2号は，従業員が，「技能または能率が極めて低く，かつ上達または回復の見込みが乏しいかもしくは他人の就業に支障を及ぼす等，現職または他の職務に就業させるに著しく適しないと認められるとき」には解雇とする，という規定である。この条文は，どのように読み込もうとしても，労働者の非違行為に関する規定ではなく，勤務成績不良や職務遂行能力の欠如などを根拠とする解雇に適用される規定である。本件が，控訴人の勤務成績の低評価や職務遂行能力の欠如を正面から解雇事由とするものである場合ならともかく，被控訴人会社が，上記の4つの非違行為を理由とする解雇に関して，就業規則50条2号を根拠としたのは，当該規定の解釈上の誤りにほかならない。

ところで，一般に，就業規則では，解雇事由について，「その他各号に掲げる事由に準じる重大な事由」というような包括条項をおくことが多いが，本件の被控訴人会社の就業規則にはそのような包括規定はない。一方，非違行為に関わると思われる解雇規定としては，就業規則50条4号が，「懲戒解雇されたとき」との定めをおいている。このような就業規則の規定全般から理解できるのは，被控訴人会社では，非違行為にあたる事由に関しては，懲戒解雇に該当する場合でなければ普通解雇は行わないということが，就業規則において明示されているということである。

したがって，労働者の非違行為について就業規則50条2号に基づき行われた本件解雇は，そもそも就業規則上に適切な根拠たりうる規定をもたない解雇であり，それだけで客観的に合理的な理由のない解雇として無効，というべきである。

さて，議論はこれだけですんでしまうと考えるものの，仮に，非違行為に関する普通解雇規定が被控訴人会社におかれていた場合をも想定して，念のために，以下のような検討も加えておきたい。すなわち，控訴人の非違行為が，第一に，労働契約上の義務内容や職場規律の内容に，たしかに違反していると評価されるかどうか，第二に，それらの行為が解雇に該当するほどの重大性を有した義務違反や規律違反であるか，第三に，将来的にかかる非違行為が繰り返

される危険が存するかどうか，などの検討である。

あらためて控訴人の非違行為の内容をみると，繰り返しになるが，それらは，①勤務時間に関する虚偽申告，時間外賃金の不正受給，②旅費立替金に関する虚偽申請，不正受給，③会社貸与の携帯電話の私的利用，④時間外労働等の事前申請に関する指示違反，であった。

すでに詳細に検討したように，控訴人の以上の行為は，もっとも厳格かつ硬直的・形式的な判断をもってすれば，規定違反といえなくもないが，通常の理解からすれば，それらは，そもそもささいな「誤解」や「勘違い」の領域の行為にすぎず，「義務違反」や「規律違反」といえるほどのものではない。まして，それらの行為が，解雇に該当するような重大性をもつものとは言えない。控訴人は，ハラスメントを受けた相手からの指示であったために一時的に反抗的態度には出たものの，①と②については，誤りを認識した後には，勤務時間記録表を修正し，さらに，交通費の重複支給分は返却している。たしかに，上記③④については，最後まで抵抗を示して，自らの誤りを認めなかったものの，それらが解雇に該当するほどの重大性を有する義務違反であるといえるわけはないであろう。また，将来的にも控訴人が，このような「勘違い」行為を繰り返すであろうということは，想定できない。したがって，控訴人のこれらの行為は，解雇の「客観的に合理的な理由」にあたらず，本件解雇は無効である。

(c) **社会的相当性はない**

解雇事由が存することを前提としても，社会的相当性に該当しなければ，解雇は無効である。本件では，解雇の「客観的で合理的な理由」が存しないために，これ以上の検討は不要ではあるが，念のために，社会的相当性に関する判断も加えておきたい。

社会的相当性の判断は，解雇事由が存してもなお，使用者の権利行使に際して求められる基準であり，解雇は過酷にすぎないか，あるいは平等性に反しないかを審査しようとするものである。一般的に，裁判所は，解雇事由と解雇という処分の相当性（均衡性）を問題にし[19]，あるいは，他の労働者との均等な取扱いを問題にしている[20]。

---

19) 高知放送事件・最判昭和 52・1・31 労判 268 号 17 頁。
20) 神田法人会事件・東京地判平成 8・8・20 労判 708 号 75 頁。

本件の場合，この社会的相当性の観点から判断しても，到底，解雇が容認されることはありえない。すなわち本件では，あまりにもささいな事由に対して解雇処分が行われており，これは，著しく均衡に反する過酷な処分であって，到底，相当性があるとは考えられないものである。また，他の従業員に対しては行われない厳格な時間管理の指示（残業の事前申告など）が控訴人のみに行われ，携帯電話の発信地と事務所への入退館記録の照らし合わせによる勤務表の不備の指摘や，電話の私的利用について1件ずつ厳密な調査が行われるなど，異様といえるほどの控訴人に対する責任追及が行われており，控訴人の規則違反行為が「仕立て上げられた」感すらある。このような本件解雇に社会的相当性はなく，無効である。

なお，被控訴人会社は，解雇通知書において，「当社は，貴殿との信頼関係が回復不能なまでに破壊され，貴殿が当社の従業員としての適格性を欠き，将来においても改善の見込みがないものと判断するに至った」と述べている。また，原審判決においても，控訴人に対しては，「労働契約関係を解消する以外に，方途を失っていると評価せざるをえない」という判断がなされている。しかし，このような「信頼関係の破壊・喪失」をもたらす要因を作ったのは，あくまでも，被控訴人会社の管理職らの側であって，控訴人ではない。また，「信頼関係」が真に破壊されているのは，控訴人とハラスメントを行った当該管理職らとの間においてであって，控訴人は，なお，被控訴人会社の営業職として会社に貢献したいという気持ちを十分に維持している。もし異なる管理職の下に配属されれば，控訴人は営業職として，本来の能力を十分に発揮するであろう。

(2) **不法行為責任**

解雇無効のみならず，被控訴人会社による本件の一連の行為は，不法行為に該当し，損害賠償責任を免れないものである。

上司であるB氏，E氏，ならびに，人事部のC氏から，1年半にわたって繰り返し，控訴人に対して行われた各種のハラスメント行為（無視，他の同僚との差別，仲間はずれや情報の不提供，言葉による暴力，仕事を与えないこと）は，時間の経過とともに徐々にエスカレートしていき，上司という立場を利用しつつも，

業務遂行とは無縁な言動や，上司として有する業務上の権限の適切な範囲を逸脱するような言動がみられるようになった。少なくとも 2009 年 1 月頃には，これらの言動は，控訴人に大きなストレスと精神的苦痛を与え，控訴人の体調を悪化させるようになった。この段階に至って，彼ら上司によるハラスメント行為は，不法行為における違法性を有するまでになったといえる。

そして，これらのハラスメント行為は，被控訴人会社の管理職という地位を利用して行われたものであるから，被控訴人の業務の執行についてなされたものであることが明白であり，被控訴人会社は，これらの行為について民法 715 条に基づく使用者責任を負うというべきである。

ところで，控訴人に対する解雇をもたらす原因となったものは，上司らによるエリア割当提案における差別的行為であり，控訴人に対する不利益な業務変更であり，それを契機にして控訴人の「ささいな非違行為」の洗い出しが行われたのであるが，被控訴人会社は，これら上司からのハラスメント行為を承知していたにもかかわらず（社員の相談窓口に控訴人はハラスメント行為の訴えを行っていた），十分な調査・対応をすることなく，上司らによる一方的な情報にもとづき，ささいな非違行為を理由として，控訴人を解雇するに至ったものである。

したがって，控訴人を解雇した被控訴人会社の行為は，民法 709 条の不法行為による違法性を有し，また，故意による責任を免れないと認められ，全体として 1 個の不法行為を構成する。

（初出論文：「インフォプリント・ソリューションズ・ジャパン事件」労働法律旬報 1776 号（2012 年 9 月）41～57 頁）

[追記]

本件の高裁判決（東京高判平成 24・2・16 判例集未登載）は，控訴を棄却し，解雇を有効とした。地裁判決による，X（原告・控訴人）に対する感情的ともいうべき非難めいた表現は，高裁判決では改められたものの，結論は同じであった。高裁判旨は，「控訴人の援用する意見書……は，控訴人は，上司から繰り返し各種のハラスメント行為（無視，他の同僚との差別，仲間外れや情報の不提供，言葉による暴力，仕事を与えないこと等）を受けて大きなストレスと精神的苦痛により体調が悪化したのであって，上司としての権限の適切な範囲

を逸脱したハラスメント行為は，不法行為における違法性を有するまでになっていた旨の意見が述べられている」が，これは「専ら控訴人から説明を受けた事実に基づいて意見を述べているのであり，前提事実を異にするというべき」として，意見書については一顧だにしていない。

　過激な暴力や恫喝を伴う場合は別として，多くの場合，パワー・ハラスメントは，本件のように，職場ぐるみで，長期にわたって，じわじわと労働者を追い詰める形で行われることが多い。日常的に行われる無視，他の同僚との差別的な取扱い，仲間外れ，情報の不提供，言葉による暴力，仕事を与えないなどのハラスメントは，労働者を追い詰め，ストレスと精神的苦痛をもたらす。そのような経緯の中で，労働者がささいな非違行為を行ったとしても，それを会社はどこまで非難できるものだろうか。まして，そのことを理由とする解雇が正当化されるとは，到底，思えない。ところが，高裁の判旨は，このような経過を見ようとせず，控訴人による非違行為はいずれも従業員として不適切な行為であり，控訴人は，業務上の指導に従わず反抗的な態度を示していたことが明らかであったとして，「もはや就業させるのは著しく不適当な事態に至っているというほかないから」，解雇は合理的な理由に基づくものであって，社会通念上相当，という結論に達したものである。どう考えても，判旨は必要かつ十分な検討をしないままに性急に判断を下しており，到底，賛成しがたい。

第9章　同一価値労働同一賃金原則

第1節　イギリスにおける男女平等賃金をめぐる動向

はじめに

　イギリスの男女平等賃金をめぐる動向は，今世紀に入ってからとりわけ，興味深い様相を呈している。この底流に，ブレア政権による斬新な労働立法政策があったことは間違いない。新労働党政権（ニュー・レイバー）による「第三の道」に基づく労働立法政策は，今世紀になってからいっそう明確に全体の枠組みを整えてきているのだが，労働法学者がその中で果たしている役割は大きいものがある[1]。その労働政策においては「公正」が重要な目的であり，差別禁止政策はその中核的な位置を占めている。当然，男女間賃金格差解消方策も，今世紀になってから，かつてなかったほどの積極的な一連の具体策によって推進力を増してきたのである。

　さて，私たちは，2007年9月にロンドンを訪問し，男女平等賃金をめぐる動向についてヒアリング調査を行ってきた[2]。訪問先とヒアリングの日程，応答して下さった方々のお名前と肩書は，表1に掲載した。

　訪問先は，労働法専門のAileen McColganロンドン大学キングスカレッジ教

---

1) 労働党政権の労働立法政策全体については，以下の研究において詳しく論じられている。古川陽二「ニュー・レイバーの労働立法政策とその特質」季刊労働法211号（2005年）157頁以下，唐津博「イギリスにおける新たな労働法パラダイム論」季刊労働法216号（2007年）146頁以下，ヒュー・コリンズ（イギリス労働法研究会訳）『イギリス雇用法』（成文堂，2008年）。

2) これは，科学研究費補助金を受けた以下の研究における「労働法グループ」としての調査である。ヒアリング調査は，以下の方々の参加を得た。黒岩容子，帆足まゆみ，吉田陽一郎，宮崎由佳，内藤忍，秋本陽子。「日本における同一価値労働同一賃金原則の実施システムの構築――男女平等賃金に向けて」平成18年度～平成20年度科学研究費補助金基盤研究（B）：課題番号18310168：研究代表者：森ます美。全体の成果は，森ます美＝浅倉むつ子編『同一価値労働同一賃金原則の実施システム――公平な賃金の実現に向けて』（有斐閣，2010年）として出版した。

表1 2007年9月イギリス同一賃金に関する調査訪問先と応答者一覧

訪問日	訪問先	応答者	肩書
2007.9.17	個人	Aileen McColgan	Professor, School of Law, King's College London
	ACAS	Conrad Almeida	International Programmes Manager
	〃	John Burkitt	Senior Policy Advisor, Individual Conciliation
	〃	Margaret McMahon	Policy Officer
2007.9.18	UNISON	Bronwyn McKenna	Director of Organising and Membership
	〃	Peter Hunter	Unison Scotland
2007.9.19	EOC	Sheila Wild	Director of Employment Policy (London)
2007.9.20	WEU	Sandra Popoola	Senior Policy Adviser of Government Equality Unit
	〃	Diana Cunliffe	
	TUC	Sarah Veale	Head of Equality and Employment Rights Department, TUC
	〃	Sally Brett	Equality Policy Officer, TUC
	〃	Sue Hastings	Freelance consultant on pay and employment issues
	〃	Sara Leslie	Solicitor, Thompsons, Pay and Employment Advice
2007.9.21	ET	Lynn Adams	Secretary of the Employment Tribunals
	〃	Mary Dallas	Liverpool Employment Tribunal
	〃	Elizabeth Potter	Employment Tribunal Chairman, London Central Region
	個人	Susan Corby	Independent Expert on equal pay and, Reader, Business School, University of Greenwich

授．ACAS（Advisory, Conciliation and Arbitration Service：助言・斡旋・仲裁局），UNISON（公務員労働組合），EOC（Equal Opportunities Commission：機会均等委員会），WEU（Women and Equality Unit：政府における女性平等担当部），TUC（Trade Union Congress：労働組合会議），ET（Employment Tribunal：雇用審判所），独立専門家のSusan Corby氏であった．

本節は，このヒアリング調査の紹介を主たる内容としつつ，ニュー・レイバーが展開してきた壮大な労働立法政策のうち，男女平等賃金に関わる政策に焦点をあてて，今日のイギリスの動向を，概括的に紹介する．

1 男女平等賃金へのアプローチ
── ILO 100 号条約の遵守をめぐって

　イギリスにおける平等賃金原則をめぐる実情の分析に入る前に，なぜ現段階で，私たちが男女平等賃金，とりわけ同一価値労働同一賃金原則に着目しているのかについて，日本の事情とも関連させて，説明しておきたい。それは，ILO 100 号条約がめざす「男女同一価値労働同一賃金原則」を日本において実現するためには，いかなる具体的な実施システムが必要であるか，この課題が，現在，日本でも緊急を要する問題になっているからである。

(1) 日本における ILO 100 号条約の履行

　ILO は，男女平等賃金に関する 100 号条約と，職業差別を禁止する 111 号条約を，平等の 2 大基本条約として重視している。しかし日本は，111 号条約についてはなお未批准である。また，1967 年にすでに批准した 100 号条約[3]に関しても，遵守・適用状況が不十分であるとして，ほぼ毎年といってよいほど，ILO 条約勧告適用専門家委員会から「意見 (observation)」を受けている[4]。日本政府もこの「意見」に対して対応策を講じていないわけではない。しかしそれは委員会の意図を適切に汲み取った上での有効な対応ではないため，同委員会からの批判は，近年，一層厳しさを増しているように思われる。
　たとえば 2007 年 3 月の日本政府に対する専門家委員会の「個別意見」は，日本において継続する大きな男女間賃金格差に重大な懸念を表明しつつ，同条約の十分な適用を保障するためには同一価値労働同一賃金原則の立法化が必要であると述べるなど，かなり踏み込んだ提案を行っている[5]。これに対して日

---

3) 2007 年 10 月には，ILO 100 号条約の批准国は 164 か国にのぼっている。
4) 2001 年頃までの日本政府と ILO 条約勧告適用専門家委員会との「対話」については，浅倉むつ子『労働法とジェンダー』(勁草書房，2004 年) 69 頁以下において，詳しく分析したことがある。
5) 「当委員会は (日本) 政府が，本条約の完全な適用を確保する観点から，男女の同一価値労働に対する同一賃金の原則を法令の形で表明することを検討するとともに，この点に関するあらゆる経緯を次回報告に記載するよう希望する」と明記された。ILO, CEACR: Individual Observation concerning Equal Remuneration Convention, 1951 (No.100) Japan (ratification: 1967), par. 4.

本政府は，労基法 4 条は「女性のおかれた平均的な状況や先入観にもとづいた差別的取扱いをすることも禁止して」おり幅広い概念を含むものであるから，「現行条文のままで 100 号条約の要請を満たしている」として，法改正には消極的な姿勢を示しつつ，「男女間の賃金格差解消のための賃金管理及び雇用管理改善方策に係るガイドライン」によって，「企業内における男女間の賃金格差の実態を把握し，対応策を議論すること，賃金決定基準及び評価制度の明確化など公正・透明な制度を整備すること等を進めて」いると回答した[6]。これに対して，翌 2008 年 3 月に，同専門家委員会は，再度，「男女同一価値労働同一報酬原則は，男女が行う職務または労働を，技能，努力，責任，あるいは労働条件といった客観的要素に基づいて比較することを必ず伴う」のであると強調しつつ，日本政府に対して，「法改正の措置をとるよう求める」という個別意見の表明を行った[7]。2 年続きで「法改正」という具体的な措置が求められたという事実からは，ILO の条約勧告適用専門家委員会のこの問題に対する強い意図を読み取ることができる。

　2007 年の日本政府年次報告にも記載されているように，厚生労働省は 2001 年 11 月に「男女間の賃金格差問題に関する研究会」を設けて，2002 年 11 月に報告書を出し，2003 年 4 月には「男女間の賃金格差解消のための賃金管理及び雇用管理改善方策に係るガイドライン」を出した。これは繰り返された ILO からの指摘に一定の対応を行った結果であるといえよう[8]。しかしこの研究会も労基法 4 条の改正にはふれないままであったし，ILO が問題にしている

---

[6]　2007 年日本政府年次報告「同一価値労働についての男女労働者に対する同一報酬に関する条約（第 100 号）」（2005 年 6 月 1 日～2007 年 5 月 31 日）。

[7]　Report submitted to the Conference, 97th Session, 28 May-13 June, 2008, Report of the CEACR, Japan, Equal Remuneration Convention, 1951（No.100）（ratification：1967）, par. 6.

[8]　報告書は市販されている。厚生労働省雇用均等・児童家庭局編『男女間の賃金格差の解消に向けて──男女間の賃金格差問題に関する研究会報告』（国立印刷局，2003 年）。この研究会には私も参加したが，政府が日本における男女間賃金格差の大きさを正面から認めて，格差解消のための方策を検討する研究会をたちあげたことは，画期的なことであったと評価している。これはたしかに ILO との度重なる対話が，国内の政策に影響したものであった。とはいえ，ガイドラインはできたものの，周知はほとんどなされておらず，これにそった行政の具体的な取組がほとんどみえてこないのは残念である。報告書の意義については，浅倉むつ子「国際労働機関」山下泰子＝植野妙実子編著『フェミニズム国際法学の構築』（中央大学出版部，2004 年）485～487 頁参照。

仕事の客観的な評価方法の確立は，まったく具体化されてはいない。たしかに「ガイドライン」が出されたものの，これがどれだけ周知されているのか，またこのことによって，男女間賃金格差の縮小にいかなる効果があがりつつあるのかも不明である。日本政府は，結局，男女間賃金格差の解消については，ガイドラインの配布・指導で十分であるとして，ILO が問題としている具体的な男女間の賃金格差の縮小政策や，同一価値労働同一賃金原則の職務評価を伴う実施方法の検討には，考慮を払おうとしていないように見受けられる。

(2) ILO グローバル・レポート

2007 年に ILO は，差別に関する第 2 回目のグローバル・レポートを公表した[9]。これは，平等のためのレポートとしては，4 年前の第 1 回目のレポート[10]に続くものである。この 2007 年グローバル・レポートは，雇用と賃金において依然として残っている男女間格差に焦点をあてているが，この中で，イギリスは，ペイ・エクィティの推進のモデルのうちの第 2 のタイプ（「モデル 2」）として取り上げられている。「モデル 1」は，賃金差別の撤廃について包括的アプローチをとる国（スウェーデン，カナダのケベック），「モデル 2」は，部分的アプローチをとる国（イギリスとオランダ），「モデル 3」はその混合アプローチをとる国（フランス，スイス）である。

「モデル 2」のイギリスでも，さまざまな手法によって，国内の各機関・組織・企業に対して，ジェンダーバイアスのない職務評価方法の採用が要請され

---

9) *Equality at Work: Tackling the Challenges*, Global Report under the Follow-up to the ILO Declaration on Fundamental Principles and Rights at Work, International Labor Conference, 96 th Session 2007, International Labour Office, Geneva. 堀内光子「ILO『グローバル・レポート 2007』を学ぶ」女性労働研究 52 号（2008 年）23 頁以下はこの概要を紹介している。グローバル・レポートは，1998 年の ILO 総会で採択された「労働における基本的原則及び権利に関する宣言」に基づき作成される ILO の中核的労働事項に関する一連の年次報告書の 1 つである。同宣言は，結社の自由，児童労働の撤廃，強制労働の廃絶，差別撤廃という 4 つの基本的な原則に焦点をあてており，各事項について 4 年ごとに大規模な研究が行われるのである。平等に関するレポートの対象は，ILO 100 号条約，111 号条約である。

10) *Time for Equality at Work*, Global Report under the Follow-up to the ILO Declaration on Fundamental Principles and Rights at Work, International Labor Conference, 91st Session 2003, International Labour Office, Geneva.

ている。とはいえ，それは「要請」にすぎず，賃金格差を測定し，解消する強制力のある手法は欠如している。これに比べて，「モデル1」の諸国では，男性もしくは女性が多数を占める職務を比較して，同一価値の職務間の賃金格差を測定し，一定の期間内において格差を撤廃する手法が確立していると紹介されている。

このレポートをみるかぎり，イギリスが，男女平等賃金の実現に関して，とりわけて画期的な取組をしている国であるとは認めがたいように思われる。しかし，今回のヒアリング調査によれば，平等賃金をめぐるイギリスの動向は，きわめて興味深いダイナミックな胎動を感じさせるものであった。じつは，ILOのグローバル・レポートでも，ごく簡単な記述ではあるが，「イギリスではEOCが一連の有益な事例集の作成をしている」と紹介されている。ただ，この記述だけでは，日本でも，男女間賃金格差解消をガイドラインに委ねているのであって，両国の取組には大差がないようにも思われる。

ところが，イギリスの「事例集の作成」は，後述するように，単なる抽象的なガイドラインの域を超え，個別の機関や企業において，具体的に同一価値労働同一賃金原則を履行するにあたって有益な役割を果たしている。またイギリスでは，同原則の実施に向けた立法改正にも果敢に挑戦を続けているのである。立法に関しては労基法4条で十分であると回答し続けている日本政府の取組とは，おおいに異なっているというべきだろう。

2 イギリスの男女間賃金格差

ヒアリング調査の訪問先では，イギリスの同一賃金法が施行されてから(1975年施行) 30年以上もたつのに，男女間の賃金格差はなお大きいという問題意識がこもごも語られた。

イギリスの男女間賃金格差は，2007年の段階で，①フルタイムの男性とフルタイムの女性の時間当たり賃金格差は17％（男性100に対して女性83），②フルタイム男性とパートタイム女性との時間当たり賃金格差は38％（フルタイム男性100に対してパートタイム女性62）[11]である。この賃金格差について，EOC

---

11) Annual Survey of Hours and Earnings 2006 (ASHE), Office for National Statistics (ONS), accessed 5 June 2007. The Equal Opportunities Commission, Completing the revolution, www.

は，格差を解消するには，前者については20年，後者については25年が必要だと述べ，効果的な取組の必要性を強調している[12]。

翻って日本では，前者は33％（100対67），後者は67％（100対33）であり，イギリスとは比較にならないほど男女間格差が大きいにもかかわらず，行政の取組が遅れていることについて，再度，ここで指摘しておきたい。

イギリスの男女間賃金格差の要因については，①労働市場の男女間の労働の質と経験の差，②男女職域の分離，とくに女性が多い5Cといわれる職務（caring, cashiering, catering, cleaning, clerical）の低評価が大きいこと，③職務の経験の長さの違いや職務の中断（家族的責任によるもの），④パート労働が女性に多く，その多くが低賃金，低技能の職業であることなどが指摘されている。

3　平等賃金原則をめぐる近年の判例動向[13]

(1) 根拠となる規定

1970年の同一賃金法，1983年の同改正法は，賃金およびその他雇用契約上の条件における男女の差別的取扱いを禁止している。すなわち，本法は，同一雇用（in the same employment）において，男性と女性が，①類似労働（like work），②同等評価労働（work rated as equivalent：当該事業所の職務評価制度において，同等

---

eoc.org.uk. Women and Work Commission, *Shaping a Fairer Future*（2006）も同じ数値をあげている。〔現在，EOCはEHRCに統合されており，前掲のサイトは変更されている〕

12) EOCは，前掲注11）のレポートにおいて，これら以外にも，ジェンダー格差に関する主要な22の数値をあげている。たとえば，①退職した後の収入の格差は男女間で40％（退職女性の収入は退職男性の収入の60％），②職業の男女間分離は65％（職業グループの65％が，圧倒的に男性もしくは女性が多い職業である），③フレキシブルな労働の利用に関する格差は，被用者のうち少なくとも1つのフレキシブルな労働形態を利用しているのは，男性の16％に比べて女性は26％である。EOCは，①の解消には45年が必要，②と③については，特別な取組がなければけっして解消されないと述べて，警鐘を鳴らしている。

13) 最近の判例動向については，宮崎由佳「イギリス同一賃金法をめぐる最近の判例動向」季刊労働法217号（2007年）228頁以下，浅倉むつ子「資料：イギリス同一価値労働同一賃金原則に関わる判例一覧」『科学研究費補助金基盤研究（B）課題番号18310168：日本における同一価値労働同一賃金原則の実施システムの構築——男女平等賃金に向けて：平成18年度中間報告書』（2007年4月，非売品）（以下，『中間報告書』とする）51頁以下，吉田陽一郎「判例動向：同一価値労働に関わる賃金格差の立証責任について」『中間報告書』44頁以下，帆足まゆみ「判例動向：同一価値労働における比較対象者の範囲」『中間報告書』46頁以下参照。

と評価される労働に従事している場合)、③同一価値労働 (equal value work：努力、技能、決定等の項目の下に必要とされる要請について同一の価値をもつ労働) に従事しているにもかかわらず、賃金に格差がある場合、その賃金格差が実質的な要因 (material factor) によるものでないときには、女性の契約条件が、平等条項 (equality clause) の効果によって、男性の契約条件と同じものに修正されるとしている。

また、1975年性差別禁止法は、契約条件以外の男女間の差別を禁止している。さらに、同一賃金原則を定めるEEC設立1957年ローマ条約 (以下、EC条約) 119条 (これは1997年アムステルダム条約により改正されたEC条約141条1項に継承された)、男女平等待遇を定める1976年のEC男女均等待遇指令、同指令を改正する2002年EC男女均等待遇 (改正) 指令は、イギリスの国内裁判所においても、重要な法的根拠を提供するものである。

(2) 比較対象者の範囲[14]

近年の判例上の争点の1つは、同一賃金を求める際の比較対象者の範囲である。労働市場をめぐっては、急速に、業務委託や外部委託、下請・分社化が進行しているために、企業の枠を超えて男女平等賃金を主張できるかどうかが、裁判上の争いになる。

この点、イギリスの同一賃金法は、「同一雇用」の男女の比較を前提としている (1条6項) が、EC条約141条にはこのような限定がない。そこで必然的に、原告側はEC条約141条を根拠にして、同一賃金を主張することが多くなる。ECJ (欧州司法裁判所) は、EC条約141条の解釈に関して、2002年のLawrence事件[15]と2004年Allonby事件[16]で、単一の源 (single source) という基準を提示し、「不平等に対して責任を負い、平等取扱いを回復する者」が単一であるかどうか、を手がかりとした[17]。Lawrence事件では、公務の民間委託に

---

14) この部分については、以下の論文も参照のこと。浅倉むつ子「男女間賃金格差縮小政策と企業の取組み――イギリスの場合」石田眞＝大塚直編著『早稲田大学21世紀COE叢書：企業社会の変容と法創造第6巻 労働と環境』(日本評論社、2008年) 123頁以下〔本書第9章第2節〕。

15) Lawrence and others v. Regent Office Care Ltd. and others〔2002〕ECR I-7325, ECJ.

16) Allonby v. Accrington & Rossendale College and others〔2004〕ECR I-873, ECJ.

伴う委託元と委託先の労働者間で男女同一価値労働同一賃金原則の適用が問題となり，Allonby 事件では，紹介業者から業務委託を受ける自営業者になった専門学校教員と委託元の労働者の間における男女同一賃金原則の適用が問題となった。いずれも判決は，「単一の源」ではないと否定する結論に至ったのであるが，委託先の労働者と委託元の労働者を比較するためには，委託元企業が委託先労働者を「指揮している場合」に限られるとの立場をとった。このような ECJ の判断について，私たちがヒアリングを行った労働法学者 McColgan 教授は，この解釈は狭すぎると批判的であった[18]。

イギリスではさらに，EC 条約 141 条の解釈として，同じ雇用主に雇われていても「単一の源」にあるとは認めないという判決がでた。Robertson 事件判決[19] である。本件において，イギリスの CA（控訴院）は，ECJ の判例法に従えば，「単一の源」基準とは，差別的な賃金格差に責任をもつ単一の機関が存在するかどうかによって判断されるべきであるから，それをイギリスの公務員にあてはめたとき，異なる省庁に勤務する公務員を比較対象者にすることはできないと判示したのである。判旨は，イギリスの公務員は中央集権的な賃金交渉や合意ではなく，個々の省庁ごとの予算管理にしたがって省庁ごとに自由に交渉するため，環境食品農務省に勤務する男性の行政官・事務官が，環境交通地域省に勤務する女性の上級秘書との同一賃金を申し立てた本件 Robertson 事件では，両者はともに国によって雇用されているものの，賃金および条件について責任を負う単一の源としては，それぞれに省庁は別個の源になるとした。

ヒアリング調査において，McColgan 教授は，この Robertson 判決も「おおいに問題である」と述べた[20]。McColgan 教授によれば，委託元が賃金について指揮をしていない場合の対応として，①営業譲渡に関する EC 指令を利用する方法，②労働協約を譲渡先企業も含めて締結する方法がある。しかし前者に

---

17) この点については，次の論文も参考になる。西原博史＝黒岩容子「EC 法における性差別禁止法理の発展と変容」比較法学 84 号（2008 年）216 頁。
18) 黒岩容子「Aileen McColgan 教授に対するヒアリング概要」労働法律旬報 1675 号（2008 年）48 頁以下。
19) Robertson and others v. Department for Environment, Food and Rural Affairs [2005] IRLR 363, CA.
20) 前掲注 18）参照。

関しては，イギリスの営業譲渡規則（TUPE）[21]の適用によるわけだが，TUPEは，年金が適用除外であること[22]，また，譲渡元から移動した労働者には適用されるが，譲渡先で新たに雇い入れられた労働者には適用されないという限界もあるとする。

(3) 仮想比較対象労働者，前任・後任の比較対象労働者

イギリスの性差別禁止法では，申立人は，現実には存在しない仮想の労働者を比較対象者にすることができる。すなわち，もし男性であったらかかる不利な取扱いはなされなかったはずであるという主張が可能である。一方，同一賃金法の下では，比較対象者は現実に存在する労働者でなければならない。このことは，倉庫長として週給50ポンドで雇用された女性労働者が，同職務の前任者であった男性に支給されていた週給60ポンドを自分も受給する権利があると主張した1980年のMacarthys事件ECJ判決において，傍論として判断された[23]。本件においてECJは，仮想上の比較対象者との比較を否定した。したがって，判例法理としては，イギリス法もEC法も，同一ないし同一価値労働に実際に従事している（あるいは実際に従事していた）比較対象労働者との間の同一賃金を保障するものであって，比較対象者の労働と100％同一価値の労働であると認められないかぎり，申立人による同一賃金の請求は認められない[24]。

---

[21] 1981年の営業譲渡（雇用保護）規則（Transfer of Undertakings（Protection of Employment）Regulations 1981（SI 1981/1794））は，TUPEと言われているが，これは，1977年のEC指令「企業，事業または事業の一部の譲渡における労働者の諸権利の保護についての，加盟国の法の接近に関する1977年2月14日のEEC理事会指令77/187」（営業譲渡指令）を国内法化したものである。指令の概要は，営業の譲渡に際して，譲渡の時点で適用されていた労働者は譲渡先に移転し，譲渡前の労働条件は譲渡後も維持され，また，譲渡に先立って労働組合または労働者代表との事前の十分な協議を行わなければならないというものである。指令は判例法理を反映する形で，その後，1998年，2001年に改正され，TUPEもまた，2006年に改正された。TUPEについては，榊原秀訓＝家田愛子＝尾林芳匡『イギリスの市場化テストと日本の行政』（自治体研究社，2006年）105頁以下，長谷川聡「業務の外部委託・委託先の変更・社内化におけるイギリス労働者保護の枠組み」季刊労働法219号（2007年）247頁以下参照。

[22] TUPEは，譲受人に継承される労働協約の中で，加盟国の制定法上の社会保障制度以外の，企業内もしくは企業間の補足年金制度に基づく，老齢給付，障害給付または遺族給付には適用しなくてもよいとしている（3条4項）。

[23] Macarthys Ltd. v. Smith [1980] ECR 1275, ECJ.

このことは明確な立法上の限界であるとして，法改正を求める声が高まった。その結果，EUは，2002年に改正されたEC男女均等待遇指令で，仮想比較対象者との比較を可能とする表現を採用し[25]，さらに賃金も同指令の対象に含むことにして[26]，法改正による解決を図ったのである。仮想比較対象者を認めることは，①申立人が同じ価値の労働をしている他の性別の実在の労働者を選定する必要がなくなることによって，立証上の困難性が軽減されること，②男女が従事している労働の価値は異なっているものの，労働の価値の相違以上の賃金格差がある場合でも，同一賃金原則違反を主張することが可能になること，この2点において重要な意味が認められる。

EUの立法上の解決とは対照的に，イギリス政府が今日でもなお，あくまでも仮想比較対象者を認めないという方針を崩していないことは問題であろう。

一方，前任者や後任者との比較は，判例理論によって，EC法においてもイギリスの現行法においても可能であるとされている。前任者については，前掲・Macarthys事件ECJ判決[27]が，EC条約（旧119条）も，また改正前の1976

---

24) すなわち，申立人の労働が，実際に存在する比較対象者の労働の80%の価値にあると評価された場合には，当該比較対象者が受け取っている賃金の80%に該当する賃金を支払えと求めることはできず，労働が100%同一価値ではないことを理由に，当該申立は棄却されることになる。女性が圧倒的に多数を占めるような女性職の職場が多い現状では，申立人にとって，100%同一価値の労働に従事している男性比較対象労働者の発見はかなり難しい。

25) 2002年に，EC理事会および欧州議会は，1976年男女均等待遇指令を改正する指令を制定した（2002年男女均等待遇指令：2002/73/EC）。この指令は，直接差別，間接差別，性別に関わるハラスメント〔セクシュアルな性質の行為に限定されないもの〕，セクシュアル・ハラスメントを「差別」として禁止しているが，たとえば直接差別の定義は，「性別に基づいて，ある者が，比較可能な状況において他の者が取り扱われるか，取り扱われたか，または取り扱われたであろうよりも不利に取り扱われる場合」と述べる。「他の者が取り扱われたであろう」よりも不利な扱いを禁止するという表現には，仮想比較対象者を認める趣旨が明確に反映されている。西原=黒岩・前掲注17) 208頁。

26) 2002年EC男女均等待遇指令（2002/73/EC）の内容は，1975年男女同一賃金指令，1986年企業内年金に関する指令の内容と統合するための2006年男女均等待遇統合指令（2006/54/EC）に引き継がれた。これによって，労働条件のみならず，賃金を含む雇用および職業生活の全般にわたって，性差別が禁止されることになった。2006年男女均等待遇統合指令については，仮訳が公表されている。柴山恵美子「欧州司法裁判所の判例と2006年統合・改正『雇用・職業男女機会均等・待遇指令』」賃金と社会保障1460号（2008年）36頁以下。

27) 前掲注23)。

年 EC 男女均等待遇指令も，男女が同一の使用者の下で「同時に」雇用されている場合に適用を限定するものではないという判断を示したことによって，認められた。後任者についても，それを認めた1996年の EAT（雇用上訴審判所）判決が存在する[28]。

(4) 立証責任について

(a) 申立人側の立証責任

同一賃金を申し立てる労働者は，賃金格差の存在，比較対象者と自らの労働の類似性・同等評価性・同一価値性について，立証しなければならない。間接差別の場合は，ある条件ないし要件を満たす男性の数が女性よりも多いこと（これは当該企業や機関の下で働く労働者や職員に関する統計によって立証される）を証明することによって，それが性に基づく差別であることを立証する必要がある。

これに関する基本判決は，1993 年の Enderby 事件 ECJ 判決[29]である。同判決は，不利に扱われるグループの「圧倒的多数」が女性であり，有利に扱われるグループの「圧倒的多数」が男性であることを統計的に示すことができる場合には，性差別の一応の証明がなされたとするが，不利に扱われるグループの構成がほぼ男女均衡している場合には，性差別の一応の証明は成立していないと判断した。

一方，1999 年の Seymour-Smith 事件 ECJ 判決[30]は，たとえ当該要件の影響を受ける労働者グループの構成において，明確な男女差がなかったとしても，その差異が「継続的で一定」していれば，当該要件が相当程度大きな効果を与えていたことが立証されるとした。すなわち，必ずしも「圧倒的な」男女差が存在する場合にかぎって一応の証明が認められるということではない，とした

---

28) Diocese of Hallam Trustees v. Connaughton〔1996〕IRLR 505, EAT.
29) Enderby v. Frenchay Health Authority and Secretary of State for Health〔1993〕ECR I-5535, ECJ. NHS（全国保健サービス）に上級言語療法士として雇用されていた申立人女性 Enderby が，同僚の男性薬剤師および心理療法士との同一賃金を求めた事件。上級言語療法士は圧倒的に女性が多く，薬剤師と心理療法士は圧倒的に男性が多い職務であった。
30) R v. Secretary of State for Employment, exparte Seymour-Smith〔1999〕ECR I-623, ECJ. 不公正解雇の申立資格がパート労働者に不利益を課していることが間接差別かどうかが争われた事案。

のである。

　この状況の中で，近年の判決には，統計を柔軟に解釈する傾向がみられる。すなわち，刑務所業務の行政職に従事する申立人が刑務官との同一賃金を請求した事案において，2005年のBailey事件CA判決[31]は，不利に扱われているグループ（行政職）の圧倒的多数が女性であるという必要はなく，男女がほぼ同数で構成されていても，「全女性労働者の中で不利益を被っている女性の割合」と「全男性労働者の中で不利益を被っている男性の割合」に格差があって，その格差が継続的で一定しており，男性よりも女性に差別的効果を与えるならば，性差別の一応の証明があると解釈した。

(b)　被申立人側の正当性の抗弁

　類似，同等評価あるいは同一価値の労働に従事しているにもかかわらず，申立人に対して比較対象者との同一賃金が支給されていない場合には，直接もしくは間接差別の推定がなされて，使用者は，正当性の立証（真に実質的な要因があるという抗弁）を求められる。

　なお，同一賃金法の目的は，公正な賃金の保障にあるのではなく，「性に基づく」賃金格差の是正にある以上，賃金格差の理由が性に基づくものでないことを立証すれば，使用者は，当該取扱いの正当性を立証する必要がないというのが，現在のイギリス貴族院の立場である。すなわち，Glasgow City Council事件は，男性教師の賃金が「賃金協定」により支給され，女性インストラクターの賃金が公務等級表にしたがって支給されているという事案であったが，2000年にイギリスの最高裁にあたるHL（貴族院）は，男女間の賃金格差が性によるものでないことの立証責任は使用者にあるとして，この立証責任を遂行するにあたって，使用者は，①提出された説明や理由が，真正なものであって偽装やみせかけではないこと，②格差の要因が「実質的要因」でなければならないこと，③格差の理由は，直接・間接を問わず性の違いによるものではないこと，④格差の要因は，男女間に存在する相当程度の重要（significant）で有意味な（relevant）要因であることを立証しなければならないとした。ただし，③を証明した場合，すなわち使用者が，男女の賃金格差が「直接・間接を問わず

---

31) Bailey and others v. Home Office [2005] IRLR 369, CA.

性によるものではない」と立証できる場合には，使用者には，賃金格差の「正当事由」を証明する義務はないと判示したのである[32]。

これに対して，2005年のSharp事件EAT判決[33]は，賃金格差の理由が，直接または間接の性差別から生じているか否かという主張にかかわらず，客観的に正当化される必要があるかどうかについては，ECJのアプローチと国内裁判所のアプローチの違いがあることを明確にした。すなわち，国内裁判所のアプローチによれば，前掲・Glasgow事件HL判決[34]にあるように，直接・間接差別でないかぎりは，使用者には被用者の性別とは無関係な実質的な要因について言及することだけが要求されるのだが，ECJのアプローチ（2001年のBrunnhofer事件ECJ判決）[35]によれば，直接差別であれ間接差別であれ，賃金格差の客観的な正当化の立証が使用者に要請されるのだということである。そして，Sharp事件EAT判決は，2つのアプローチのうち，ECJの判断に従うべきであるという見解を示したのである。

(c) 正当化事由

賃金格差の正当化事由として，先例において，使用者によって主張されてきたのは，①個人的要因，②企業の組織的要因，③労働市場の要因などである。

①の個人的要因とは，申立人と比較対象者の勤続期間の長さの差，技能の差，資格の差，生産性の差などが，正当性の抗弁として主張されるということである。この点に関わっては，労働の長さ（勤続年数ないし勤務時間数）の差異が，繰り返し正当化事由として持ち出されてきた。1989年Danfoss事件ECJ判決[36]では，フルタイム労働者に対してのみ，基本賃金に加えて付加給が支給

---

32) Glasgow City Council v. Marshall and others [2000] IRLR 272, HL.
33) Sharp v Caledonia Group Services Ltd. [2006] IRLR 4, EAT. 財務会計士の職務についていた女性が，社長の秘書や職場主任としての経歴をもつ男性との同一賃金を主張した事案。
34) 前掲注32）。
35) Brunnhofer v. Bank der Österreichischen Postsparkasse AG [2001] ECR I-4961, ECJ. オーストリアにおいて，銀行の渉外部のローン業務を担当する申立人女性Brunnhoferが，熟練バンキング業務を行う男性同僚との同一賃金を主張した事案。銀行は，男性のほうが重要な顧客を扱う業務を遂行していると主張した。
36) Handels-og Kontorfunktionærernes Forbund I Danmark v. Dansk Arbejdsgiverforening acting on behalf of Danfoss [1989] ECR 3199, ECJ.

されることについて，可動性（mobility），勤務の長さ（length of service），教育訓練経験（training）を決定要素として異なる賃金を支給することが正当化されるかどうかが争点となった。判決は，一般的に勤続年数を基準とすることを許容する判断を行い，使用者は，あえてその正当事由を立証する必要性はないとした。しかしその後，ECJ は，仕事の性質と経験獲得との具体的な関連性の立証を求める方向へと移っていき，たとえばパート労働者について，勤務時間が短いことと経験獲得との間に具体的な関連性があることを使用者は立証すべきであるという判決が相次いだ。

これに対して，2006 年の Cadman 事件 ECJ 判決[37]は，一般に勤続の長さは経験と密接な関連があり，職務遂行能力を向上させるものであるとして，勤続年数による賃金決定の正当化を認める判断をしたのであるが，その一方で，労働者から重大な疑問を生じさせる可能性がある証拠が出された場合には，使用者の側に，当該職務遂行と勤務の長さとの密接な関係を立証する必要があるとした。これは，勤続年数の違いを無限定に正当化事由として認めていない判決であるとしてよいだろう。とはいえ，今回のヒアリングにおいて，Cadman 事件判決に対する McColgan の批判は手厳しいものであった[38]。

上記③であげられた労働市場の要因としては，1987 年 Rainey 事件 HL 判決[39]が，労働市場で不足している十分な経験のある技能労働者を採用する際に，彼らが以前に支給されていた賃金額と同等の賃金を支給する必要があるという正当化根拠を，裁判所として認める判断をしたことが注目される。前掲・Enderby 事件 ECJ 判決[40]も，一定の職種について，賃金を引き上げる必要があったことは，客観的に正当化される経済的理由であることを認めている。ただし ECJ は，客観的正当化の成否を判断するにあたって「比例性審査（proportionality test）」[41]を用いており，目的と手段の均衡性に着目して判断してきてい

---

37) Cadman v. Health & Safety Executive［2006］ECR I-9583, ECJ．この判決については，黒岩容子「勤続年数を賃金決定の基準とすることは間接性差別に該当するか」労働法律旬報 1658 号（2007 年）46 頁以下を参照のこと。
38) 前掲注 18）参照。
39) Rainey v. Greater Glasgow Health Board［1987］IRLR 26, HL．
40) 前掲注 29）。
41) 比例性審査について詳しくは，西原博史『平等取扱の権利』（成文堂，2003 年）113

る。したがって，単に経済的な効果という費用面だけでは正当な目的に該当しないこと，雇用機会を増やすためという理由は社会政策上の正当な立法目的ではあるが，単なる一般論では手段としての適切性の立証にはならないとしている。

また，団体交渉の結果として賃金格差が生じている場合でも，この事実は，賃金格差を客観的に正当化するものではない（前掲・Enderby 事件 ECJ 判決[42]）。

4 平等賃金をめぐる個別紛争の実情

(1) 平等賃金訴訟をめぐる手続的改正の試み

このように，従来，イギリスでは，相当数にのぼる平等賃金訴訟が蓄積され，判例法理を通じて男女間の賃金差別が是正されてきた。救済を効果的に行うために，賃金差別訴訟をめぐる手続に関するさまざまな改正もなされてきた。

その第一は，2002 年雇用法 42 条に基づき，1970 年同一賃金法が改正されて，使用者への質問手続が導入されたことである（同法 7B 条）。この改正によって，同一賃金に関する申立てを行う労働者は，使用者に対して，自らの賃金に関する情報開示を請求する権利を有することになった。これは 2003 年 4 月から施行されている。質問内容に関する法規定があるわけではないが，イギリス政府によれば[43]，①申立人がなぜ同一賃金を得ていないのかを説明し，使用者が比較対象者と考える者がいる場合にはその名前を特定すること，②申立人が決定した比較対象者より申立人が低い賃金しか得ていないという事実の有無，それが事実である場合にはその理由，③申立人と比較対象者が同一労働または同一価値労働をしていることを使用者が認めるかどうか，④申立人自身によるその他の質問が含まれる。④については，詳細なモデルも提示されている。

質問内容と使用者からの回答は，雇用審判所において証拠として採用され，

頁以下参照。比例性審査は，もともとはドイツで警察的規制において目的と手段との均衡を求める基準として発展したものであり，①正当な目的の達成に適切な方法か，②目的を達成するにあたってより制限的な方法がないか，③それがないときでも申立人の利益に過大な影響を与えてはならないという三基準からなるものである。ただし判例はこれら 3 つの基準を常に要件としているわけではない。この点については，黒岩容子「EC 法における間接性差別禁止法理の展開」ジェンダーと法 4 号（2007 年）72 頁参照。

42) 前掲注29)。
43) Women & Equality Unit, *A Guide to the Equal Pay Act 1970* (2005).

質問を受け取った使用者が8週間以内に，故意にまたは合理的な理由なしに回答を拒んだり，あるいは，ごまかしたりあいまいな回答をした場合には，雇用審判所は，それが正義と衡平に反するものとして平等条項違反の推定を含めて違法差別を推定することができるとのことである[44]。

　第二の賃金差別訴訟に関わる手続上の改正は，同一価値労働事案の新たな処理手続の創設であり，これは2004年雇用審判所（構成および手続規定）規則附則6に規定された。すなわち，同一価値労働に関する事案については，特別に以下のような手続がなされることになった。

　(i)　ステージ1の審問：同一価値ヒアリング　　この段階のヒアリングは，申立人と比較対象者の労働が同一価値であるかどうかに関して争いがある場合に行われるものであって，雇用審判所が，両者の労働が同一価値であるかどうかを判断する。審判所は独立専門家に報告書を準備するように求めることもできるが，その場合には，次の「ステージ2」の審問が開始する。申立人は，ステージ1の審問において，比較対象者の名前を明らかにし，当事者双方が，申立人と比較対象者の職務記述書を提出し，すべての事実をお互いに文書で明らかにする。

　(ii)　ステージ2の審問：独立専門家が関与するヒアリング　　雇用審判所が，独立専門家に報告書を依頼すると決めた場合には，ステージ2の手続が開始する。審判所は，独立専門家に，8週間以内に報告書を完成させ，両当事者と審判所に送付するように求めるが，専門家は，これを受けて，申立人と比較対象者の労働が同一価値であるか否かに関する報告書を提出する。ただしそれは必ずしも正式な職務評価を行うということではなく，2つの労働の価値比較を行うということである。

　(iii)　本審問　　最終審問である本審問では，申立人と比較対象者の労働の同一価値性について最終決定が行われる。この段階で使用者が抗弁をすることもある。審判所が専門家に報告書を依頼した場合には，報告書を証拠として採用するか否かを決定するのは審判所である。ただし，事実に基づかない報告書で

---

44)　この質問手続については，以下を参照。内藤忍「イギリスにおける同一賃金紛争の解決手続」労働法律旬報1675号（2008年）42頁以下，黒岩容子「EOCにおけるヒアリング概要」労働法律旬報1675号（2008年）51頁以下。

あると決定しないかぎり，報告書は証拠として採用されなければならない。もし審判所が報告書を証拠として採用しない場合は，審判所が自身で判断を下すか，あるいは別の専門家に依頼することもできる。

このような同一価値労働をめぐる手続において，救済までにどれだけの時間がかかるのかは，賃金差別訴訟が救済としてどれだけ機能しうるかを左右するにあたって非常に重要である。今回の調査では，独立専門家，雇用審判所，ACAS などにおいて，この審問手続の効果や問題点を中心にヒアリングを行った。

(2) 個別紛争の申立および紛争解決の動向

個別紛争の解決は，雇用審判所と ACAS で行われている。イギリスの大きな特色として，雇用審判所への申立事案が ACAS に送付されて，そこで一定の期間，行われる斡旋手続（conciliation）というものがある。ACAS の斡旋手続は，雇用全般の紛争において，かなりの解決率を誇ってきており，全体の申立ケース中，事案によっては 3～4 割が，ここで解決されている[45]。表 2（次頁）を参照しながら，最近の動向の特色について述べることにしよう。

第一に，同一賃金に関する申立件数の増加傾向が，大きな特色である。全ての紛争類型において，雇用審判所への申立が増加している傾向がみられるが，とくに同一賃金に関する申立件数は急速に増加している。2004～05 年には，雇用審判所への同一賃金関係事案の申立件数は 8,229 件，2005～06 年には 1 万 7,268 件，2006～07 年には 4 万 4,013 件である[46]。

その結果，事件の解決が滞り，解決待ちの件数が累積している状況である。今回のヒアリングでは，審判が終わるまでに時間がかかるのは，事件数がきわめて多いからであり，加えて，同一価値労働のケースでは，独立専門家の人数が少ないからだという説明があった。さらに，法律が複雑で不明瞭であり，審理に時間がかかることも指摘された。

---

45) たとえば不公正解雇では 35%，障害者差別では 46% が ACAS の斡旋で解決している。*Employment Tribunal and EAT Statistics (GB) : 1 April 2006 to 31 March 2007.*

46) *Employment Tribunals Annual Report, 2006-2007*, *Employment Tribunal and EAT Statistics (GB) : 1 April 2006 to 31 March 2007*, Table 1: Claims accepted/ rejected by Employment Tribunals.

表2　個別紛争の申立・決着動向

審判所への申立件数	2004～05年	2005～06年	2006～07年
事案全体	86,180件	115,039件	132,577件
同一賃金に関する審判所への申立件数	8,229件	17,268件	44,013件

審判所への申立事案で決着した件数	2004～05年	2005～06年	2006～07年
事案全体	97,966件	86,083件	102,597件
同一賃金に関する決着件数	3,943件（100%）	11,323件（100%）	7,854件（100%）
うち取下げ件数	1,493件（38%）	4,373件（39%）	4,691件（60%）
ACAS斡旋件数	1,559件（40%）	1,441件（13%）	499件（6%）
審問前に棄却された件数	778件（20%）	1,614件（14%）	2,390件（30%）
審判所で認容された件数	20件（1%）	3,722件（33%）	126件（2%）
予備審問で棄却された件数	93件（2%）	23件（0%）	56件（1%）
審問で棄却された件数		124件（1%）	87件（1%）
欠席裁決等		26件（0%）	5件（0%）

Employment Tribunals Annual Report より作成

　ちなみに，独立専門家について，少し述べておこう。独立専門家は，雇用関係・労使関係の大学教員，職務評価・人事管理・雇用関係のコンサルタント，審判所の審判員経験者など，多彩な人々からなるが，2007年の段階でACASのリストにあがっている者は全国で27名しかいない（2006～07年にかけて専門家は5人増えた）。独立専門家の関与を雇用審判所が求めるのは，大きな事件や，とくに職務評価を行うケースや新しい賃金等級に関わるようなケース，multiple ケース（複数の職務，多数の申立人が関与する訴訟）である。事件の処理に時間がかかるのは，やはり専門家が関与する場合であるが，2006～07年にかけて，専門家に付託されたケースは131件であり，これは前年の3倍の数にのぼる。最近では独立専門家を公募して採用している[47]。

　第二に，決着した事件の行方の特色をみておこう。2006年4月～2007年3月の1年間に，同一賃金をめぐる個別紛争がETにおいて決着した件数は7,854件，うち取下げは4,691件（60%）であった。残りの3,163件中，ETからACASに送られてACASの斡旋で解決された件数は499件である（ET1という

47）　帆足まゆみ「独立専門家に対するヒアリング概要」労働法律旬報1675号（2008年）64頁以下。

手続)。これは全体の数値からいえば 6% と少ないが,取下げを除く件数の中では 15.8% を占める。しかも,いったん ACAS に送られれば,その事件は大半が斡旋で解決する[48]。そこでは COT3 と呼ばれている和解文書をモデルに,解決が図られている。

　審問前に棄却された件数は 2,390 件,審判所において認容された件数は 126 件,予備審問で棄却された件数は 56 件,審問で棄却された件数は 87 件,であった[49]。

　これらの数値をみると,目立つ傾向としては,①2005 年以降の取り下げ率の増加,②ACAS に送付される事件の低下傾向,③ET で認容された件数が 2005〜06 年において極端に増大したことなどである。②については,次に述べるように,ET を通さずに ACAS へ直接持ち込まれる解決事案の多さが影響しているのではないかと考えられる。③については,とくに 2005 年度に大規模な地方自治体に関する事案が存在したためであり,この傾向は特別なものであったに過ぎない。

　第三に,ET への申立を通過せずに直接に ACAS へ持ち込まれる non-ET1 という手続事例の増大傾向を指摘しておきたい。2006〜07 年には,これが 5 万 6,000 件にのぼったとのことである[50]。ACAS のヒアリングでは,これら申立事案の約 95% が地方自治体を雇用主とする事案であったと説明された[51]。たとえば Leeds City Council を例にとろう。Leeds City Council では,2006 年 3 月に ACAS に対して斡旋の援助を求めたため,ACAS の斡旋員が間にたって,当該申立人と労働組合,地方当局との調整をはかった結果,95% の申立人が斡旋に応じたといういきさつがある。ACAS での斡旋は,大きな時間の節約にもなる。この件数は,将来ともに増大すると予想されている。

---

48) 黒岩容子「ACAS におけるヒアリング概要」労働法律旬報 1675 号(2008 年)57 頁以下。
49) この数値は,2005 年度までは,*Employment Tribunals Annual Report* による。2006 年度以降は,*Employment Tribunal and EAT Statistics*(GB)(前掲注 46))による。
50) *ACAS Annual Report, 2006-2007*, pp. 32-33.
51) 前掲注 48)参照。

(3) 個別紛争の増加——タイムズ紙の 2007 年 9 月 21 日のトップ記事

以上のように紛争解決手続の改革の試みが続けられてきたとはいえ，今日のイギリスでは，これらの手続上の改正では到底追いつかないほど，賃金差別に関する個別紛争の申立が殺到する事態が生じており，システムはパンク状態である。とりわけ，2005 年から 2006 年にかけて，地方自治体に対する同一賃金申立件数が倍増したことが大きい。その原因の 1 つが，no-win, no-fee 弁護士[52]の活躍であるといわれており，私たちのヒアリング調査でも，しばしばその名前を耳にした。ヒアリング期間の最中に，タイムズ紙に以下のトップ記事が出て（2007 年 9 月 21 日），この問題がイギリス社会の大きな関心事であることもわかった。

少し長くなるが，このタイムズ紙の記事の翻訳を掲載しておこう。EOC の委員長 Jenny Watson が，3 年間のモラトリアム（moratorium：使用者が賃金制度を改善するために平等賃金レビューをしている間は，同一賃金訴訟の申立を受けないという保護期間の趣旨）の導入すら提案せざるをえない状況であることを読み取って欲しい。

> 「賃金平等にとって審判は必ずしも適切ではない」
>
> 　使用者による不公正賃金を訴える女性の数が急速に増加している。Jenny Watson（EOC 委員長）は，地方自治体に対する賃金訴訟の増大が審判のシステム改正を後押ししていると本紙に語った。Watson は，2005 年から 06 年にかけて倍増した訴訟申立件数は，平等賃金の分野で仕事をしている no-win, no-fee 弁護士の活躍の結果だと述べた。多くのケースは地方自治体に対する公務部門労働者からの申立であるが，民間企業も同様に訴訟を提起される危険にさらされている。とりわけボーナスに不透明な部分がある会社や業績審査をきちんと実施していない企業は危険が大きい。
>
> 　すべての訴えがこのまま進行すれば，地方自治体に対する補償金と未払い賃金の請求は，併せて 3 兆ポンドにもなる。Watson は，来週，EOC の委員長職から降りることになっているが（EOC は，新しく発足する機関である平等人権委員会に引き継がれることになっている），全体のシステムは改善が必要だと語った。

---

52) Stefan Cross 弁護士の名前があがっている。

すなわち，Watsonによれば，新たに提起される平等賃金訴訟に関しては，企業が差別的な賃金問題の解決を図るための3年間のモラトリアムを，政府が導入すべきであるという。地方自治体が，長い間，同一価値の労働をしているスタッフ，たとえば食堂のウェイトレスと清掃員との間の賃金差別の是正を怠ってきたために，no-win, no-fee 弁護士が2003年から活動を始めたのであり，審判所はこの弁護士が代理人となっている訴訟に取組んでいる。平等賃金をめぐる訴訟に関して，昨年は4万4,013件の審問が行われ，前年の155％の割合まで増加した。また，現在でもなお結論がでていない多くの積み残しケースがある。

さて，32年前に設立されたEOCは，来月〔2007年10月〕から，人種と障害をカバーする機関へと改組される。そこで彼女の最後のインタビューで，Watsonは，「誰も個人の訴訟の増大がここでストップするという幻想は抱いていない。そのうちにno-win, no-fee 弁護士は，新たなビジネスを探して，民間企業での活動に入るだろう」とも述べた。

「民間では大きな賃金差がある」と彼女は述べる。新たな賃金訴訟を一時的に停止させるべきだという彼女の提案では，会社が，法によって，内部の賃金審査（pay audit）にとりかからねばならないという責任をもつことになる。法はまた，従業員が同僚と賃金に関する情報交換を行うことを禁止するというような会社の方針に変更を迫り，それに対して制裁を科すべきである，という。

「これは，賃金訴訟に対して息をつく余裕を使用者に与えるという方法です」と，彼女は言う。「使用者が賃金に問題があると気づいたときには，2〜3年の余裕を与えることが合理的だと私は考える」という。提訴される企業には2つのタイプがある。1つは，ボーナスの支払いが業績とリンクしていない会社，もう1つは，個別の賃金交渉はしているが職務評価がほとんどなされていないような会社，である。

現在，同じ職務に従事するスタッフが数多く存在するために，5000件もの訴訟をかかえこんでいるような地方自治体がある。民間企業はそれに比べて，より個別的ではあるが，しかし安心している場合ではない。

Trevor Phillipsは来月，新しい機関（平等人権委員会）の長になる予定である。彼は働く女性の権利に好意的であり，Watsonからのバトンを受け取るであろう。

現在，フルタイム男女間で17％，フルタイム男性とパートタイム女性の間で40％の賃金格差がある。労働党が政権についてから3％の縮小があったが，

最近，進歩が止まっている。

　Chartered Management によれば，平均で女性の管理職は4万3,571ポンドを得ており，これは男性の管理職よりも6,000ポンド低い金額である。労働党は前回の選挙の前に，Women and Work Commission を任命して，この問題を見直すことにした。しかしその報告書が昨年出たとき，多くの労働党員は，これが新しい立法提案を否定していることに対して怒りを表明した。

　32年間，EOC は，職場における公正をめざし，とりわけ男女間の賃金平等を推進してきたので，ここになって EOC 委員長が，賃金差別の審判に3年間のモラトリアムを求めるのは奇妙な印象がぬぐえない。実際，この提案は，審判の実態が抱え込んでいる問題の大きさを反映しているのである。すなわち，年間，133% の提訴の増大は，同一賃金法の実施を困難にさせている。

　平等賃金に関する審判・訴訟は，純粋な差別を表面化させてきた。30年間たってもなお，17% の男女賃金格差が解消されていない。その原因の1つは，使用者が個々の訴訟に敗訴しても，全体の賃金構造を見直すことが義務づけられていないからでもある。そして，no-win, no-fee 弁護士が multiple complaints（複数の職務に関連する多数の申立人による訴訟）において，活躍の場を見いだしたからでもある。

　これまでは公的部門での訴訟が増大してきた。しかし民間企業が次のターゲットになるだろう。となれば，2つの結論が導かれる。第一に，民間企業は緊急に，是正されるべき組織的差別の責任をとらなければならない。第二に，長期間の熱心な訴訟によって，ビジネスが圧倒されてしまうことがないようにラディカルな方法がとられなければならない。

　Watson が勧告するモラトリアムは，そのようなステップであろう。それは，使用者に自らの慣行を見直すという実際的な息継ぎの余裕を与えるだろう。モラトリアムは，ジェンダーに基づく賃金格差の言い訳を許容するものではない。危険があるのは，モラトリアム期間が経過した後には，申立人にとっての立証基準がきわめて容易になるだろうということである。

　使用者にとっての関心事は，ジェンダーを考慮しない賃金と使用者の生産性に意識を向けた賃金制度である。このようなシステムが女性にとってメリットをもたらすだろう。機会均等を実現する財産がここにある。

(The Times 2007年9月21日第1面)

5 公務部門における同一賃金訴訟について

 問題は,なぜこれほど急激に同一賃金に関する訴訟が増えているのかである。上記のタイムズ紙の記事にもあるように,その多くは公務部門における同一賃金をめぐる事情による。

 1970年代まで,女性は「女性職」であるがゆえに低賃金を支払われてきた。これに変化が生じたのは,1980年代の訴訟による影響が大きい。

 1983年の改正によって,同一賃金法に,「同一価値労働」に対する同一賃金という申立類型が新設された[53]。これによって,女性が男性とは異なる職務に従事している場合でも,労働の価値が同じであることを立証できれば,同一賃金を申し立てることが可能になった。1986～87年にかけて,公務分野における多くの言語療法士が同一価値労働の訴えを提起したが,全国保健サービス(NHS)当局や保健大臣は,集団的労使交渉が公平になされているかぎり,同一賃金の訴えに対しては正当性の抗弁が成立すると主張してきた。ECJは,Enderby事件判決[54]において,この当局側の主張を否定した。このケースを皮切りに,全国保健サービスならびに地方自治体において,いわゆる「女性職」に従事していた労働者から数多くの男女同一賃金訴訟が提起されるようになった。

 とはいえ,地方自治体における同一賃金訴訟と全国保健サービスにおける同一賃金訴訟においては,若干の相違がある。

(1) 単一地位協約——地方自治体における訴訟の流れ

 伝統的に地方自治体に働く公務労働者には3つのグループがあり,肉体労働者(manual workers)はWhite Bookと呼ばれる労働協約,行政職・専門職・技術職・事務職(APTC)労働者はPurple Book,技能労働者はRed Bookと呼ばれる労働協約において,それぞれに労働条件が決定されてきた。各グループの団体交渉は分離して行われていたが,以前から,このような団体交渉は女性差別を

---

53) 浅倉むつ子『労働とジェンダーの法律学』(有斐閣,2000年)216頁以下に詳しい。
54) 前掲注29)。

もたらすのではないかと懸念されていた。そこで1997年に，UNISONをはじめとする労働組合と雇用主である地方自治体連合との間で，いわゆる「単一地位協約（Single Status Agreement）」が締結され，すべての肉体労働者とAPTC職務従事者は以後，Green Bookといわれる労働協約により労働条件が決定されることになった。賃金についても，これら地方自治体の公務労働者に対しては，1つの職務評価制度の下で支給されることになったのである。

そこで，それぞれの地方自治体は，独自に協約の実施時期を定めて，各労働組合と，以下の点について交渉を開始した。①これまで同一価値労働に対して同一賃金を受けてこなかった女性労働者にいかなる補償をすべきか——EC法の下で，また国内法の下でも，彼女らは6年間のバックペイの申立が可能である。②単一地位協約による改訂によって，賃金を引き下げられる「男性職」従事者に対して，数年間は以前の賃金レベルを保障するという方策が提案されたが，平等原則上，この問題をどのように調整するのか。③協約の実施によって労働者の賃金を引き上げる必要があるが，その財源確保にあたって納税者はどのように保護されるのか。以上のことを検討し始めた地方自治体は，すぐに具体的な困難に直面した。それは，予想されていた通り，財源の枯渇である。

Redcar and Cleveland（R&C）Councilの場合を例にとろう。ここは，Green Bookによって協定された統一的な職務評価による平等賃金を実施した最初の地方自治体であったが，2004年1月にこれを実施した折り，従来よりも180万ポンドのコストが必要になり，結局，Councilの税金を4.5%引き上げざるをえなかった。加えて，Councilが準備した基金から350万ポンドが補充された。そのために，労働者たちも平等賃金の申立を抑制したり，徐々に賃金を減額することに同意したといわれている。

それだけに2007年3月に単一地位協約の具体化の期限が到来したとき，30%のCouncilのみがこれを実現できていたに過ぎなかった。今日の訴訟増大の1つの要因は，地方公務員が，先延ばしになっているこの単一地位協約どおりに賃金を支払うように求めて提訴しているところにある。

(2) 全国保健サービス（NHS）における事情[55]

これに対して，全国保健サービス（NHS）の場合は，事情を若干，異にする。

1999 年以来，政府は，保健サービスに関わるすべての職務をカバーする 1 つの職務評価制度の検討を提案してきたが，2004 年末に，NHS の労使および保健省は，Agenda for Change: Final Agreement と呼ばれる労働協約[56]を締結し，これに基づいて新しい職務評価賃金システムが導入されることになった。この協約は，NHS に直接雇用されているほぼすべてのスタッフ（但し医師，歯科医師を除く）に適用されるものである。独立行政法人であるそれぞれの NHS に雇用されている労働者の 96% が，2006 年 1 月末までに，新たな職務評価制度に基づく賃金率を適用されたといわれている。中央政府は，各 NHS に出資するために膨大な予算を講じたのである。

しかし皮肉なことに，この新たな職務評価制度の導入もまた，同一賃金訴訟の増大をもたらした。なぜなら，Agenda for Change はバックペイを 2004 年 10 月からと定めて，それ以前には遡及しないとしていたが，法的には，労働者に 6 年間のバックペイが認められるはずだったからである[57]。

6 新たな課題へ向けて
──ジェンダー平等義務と単一平等法へ

(1) 平等賃金レビュー（EPR）

このように，同一賃金をめぐる個別紛争の急増は，イギリスにかなりの混乱をもたらしている。とはいえ，冒頭にも述べたように，平等賃金を具体化する積極的な提案はイギリス政府からは持続的に出されており，男女賃金格差を縮小するためのこの国の地道な努力には注目せざるをえない。その 1 つが，平等賃金レビュー（Equal Pay Review. 以下，EPR とする）である。

EPR については，別稿[58]で詳しくふれているので，ここではごく簡単な紹

---

55) 以下，*NHS Job Evaluation Handbook*（2004）による。
56) Department of Health, Agenda for Change: Final Agreement（2004）.
57) もともとイギリスでは，審判所は手続開始日から 2 年以前の時期については同一賃金の裁定を下さないとしていた。しかし Levez v. T.H. Jennings（Harlow Pools）Ltd.［1998］ECR I-7835 事件で，ECJ は，これを EC 法違反であるとした。EAT も，EC の基準をあてはめれば同一賃金法違反の事案に関しては 6 年間のバックペイが適用されなければならないと認めた。Levez v. TH Jennings（Harlow Pools）Ltd.（No. 2）［1999］IRLR 764, EAT.
58) 浅倉・前掲注 14) 123 頁以下〔本書第 9 章第 2 節〕。

介に留める。

　EOCは，2002年に「平等賃金レビューのための手引」[59]を公表し，翌年には，平等賃金の行為準則[60]を策定し，その中で，モデルEPRを提示した。すなわち，企業や公的組織に，一定の手順を踏んだEPRの実施を促し，それによって賃金格差の縮小を図ろうとするものである。

　EOCが推奨するEPRの手法とは，事業主が，労働組合と連携して，①同一事業所におけるすべての被用者を対象に，②「類似労働」「同等評価労働」「同一価値労働」に従事している男女労働者を見つけ出し，③その男女の賃金データを収集し，④両者間の賃金データに，実際に5％以上の「大きな賃金格差」が見いだされる場合には，賃金システムに性差別がないかどうかについてチェックし，⑤賃金平等のためのアクション・プランを作成して，再審査とモニタリングを行う，というものである。EPRの実施は任意であり，それだけに，実際にこれを実施している企業はさほど多くはない。2005年には，公的組織でも民間企業でも，EPRの実施率はほぼ3割程度であった（公的な組織では33％，民間企業では34％）[61]。しかしEPRを実施した組織や企業を対象に行ったケーススタディ調査[62]では，15の調査対象のうち9組織は，「平等賃金レビューのための手引」に従ってEPRを実施したと回答し，また，10組織が，EPRの実施について総合評価においてポジティブな回答をした。EPRによって，平等賃金の訴訟があれば必要になるはずの大きな法的コストを回避できるし，平等賃金の実現は，潜在的な企業の魅力となり，企業活動によい結果をもたらすであろうという意見が目を惹く。

　さて，本節の冒頭で（*1*(2)），ILOのグローバル・レポートが，「イギリスではEOCが一連の有益な事例集の作成をしている」と記述し，それを評価していることについてふれた。定かではないが，思うにこの記述は，EOCが発行している「平等賃金レビューのための手引」のことを指しているのではないだろうか。たしかにこの「手引」は，EPRのモデルを示しており，ここに示さ

---

59) EOC, Equal Pay Review Kit (Manchester, 2002).
60) Code of Practice on Equal Pay (2003).
61) EOC, *Equal Pay Review Survey 2005*, Working Paper Series No. 42 (2005).
62) EOC, *Equal Pay Reviews in Practice* (2005).

れている手順を実行していけば,企業内に EPR が実現されていくのである。このような「手引」の作成は,イギリスの男女間賃金格差の縮小に少なからず有用な役割を果たしていると評価してよいだろう。

(2) ジェンダー平等義務

しかし EOC によって推奨されている EPR は,けっして強制的なものではなく,あくまでも各企業の任意の取組として推奨されているにすぎない。したがって,とくに中小零細規模の民間企業では,これを実施している割合は非常に低いものでしかない。

ところが,公的機関については,2006 年平等法[63]によって設定された「ジェンダー平等義務」の中で,賃金についても一定の活動を行うことが義務づけられた。このことは,いわば公的機関における EPR の実施義務ともいうことができるのではないだろうか。

2006 年平等法は,①EHRC(平等人権委員会)を設立し,②信条差別,性的指向を理由とする差別を禁止し,③公的機関に対するジェンダー平等義務(Gender Equality Duty)を定める法律として制定された。EOC は,これを,30 年間でもっとも有意義な変更とよび,ジェンダー平等義務に関する行為準則を制定した[64]。

ジェンダー平等義務は,2007 年 4 月 6 日から公的機関に対して課せられているものであるが,それには「一般義務」と「特別義務」がある。「一般義務」とは,すべての公的機関に課せられる義務であり,①違法な差別の撤廃,②ハラスメントの撤廃,③男女の機会均等の促進について,「適切な考慮(due regard)」をする義務である。また,法の附表 D にあげられている特定の公的機関には,ジェンダー平等「特別義務」が課せられており,それによって,当該公的機関は Gender Equality Scheme を策定しなければならない。とくに賃金についての「特別義務」として,当該機関は,まずは情報を収集し,男女間の賃金格差の原因について特定し,説明する責任を負うとされている。自らの方針や活動が賃金格差の原因に影響しているかどうかのチェックも行う。そして,

---

[63] Equality Act 2006.
[64] EOC, Gender Equality Duty: Code of Practice, England and Wales (November 2006).

男女間の賃金格差の原因を特定しそれについて説明しないかぎり，ジェンダー特別義務の不履行と評価されることを免れないのである。

ジェンダー平等義務の不履行に対しては，EHRC は，Compliance Notice を発行して，公的機関に，28 日以内に同義務を履行するように求めることができる。もし公的機関がこれを履行しなければ，EHRC は，裁判所に履行命令を出すように求めることができる。裁判所が命令を出してもなお，公的機関がそれに違反すれば，法廷侮辱罪に問われることになる。

(3) 単一平等法へ

さて今日，イギリスでは，性差別禁止法と同一賃金法を統合することも含めた単一平等法に向けた試みが進行中である。

2006 年 2 月に，政府が設けた委員会は，Shaping a Fairer Future という文書を公表した[65]。この文書は，首相からの諮問に応えて，賃金および機会に関するジェンダー格差の原因を検討し，格差を是正するための実践的な考え方を示すものであった。第 1 章「序論」では，男女間の賃金格差の原因について，①労働市場の男女間の労働の質と経験の差，②男女職域の分離，とくに 5C といわれる女性職の価値の低評価が大きいこと，③職務の経験の長さの違いや職務の中断（家族的責任による），④パート労働が女性に多く，その多くが低賃金，低技能の職業であることをあげた。そのうえで，今後の改革方向として，文化を変え可能性を最大化すること（第 2 章）[66]，仕事と家族的生活の調和・統合をはかり（第 3 章）[67]，女性に対する生涯を通じての職業訓練および労働の機会の付与（第 4 章）[68]，職場慣行の改善（第 5 章）[69] などの方向性を示しつつ，40 項目

---

65) Women and Work Commission, *Shaping a Fairer Future*（2006）．
66) ①男女が就く職務のタイプの想定を変えるために，文化を変えること，②少女の選択肢を広げるために，教育，職業訓練を充実させること，が提案されている。
67) ①現在のインフラを用いて地方における解決を図り，②フレキシビリティを中小企業で実現するためのサポートを行うこと等が提案されている。
68) ①中高年女性のために，職業訓練の年齢制限の撤廃を通じて，高賃金職への進出を可能にすること，②変化する経済に適応するために，生涯を通じての職業訓練が必要であること，③女性が管理職や男性職に進出するために，技術と自信を身につけることが重要である，という提案がなされている。
69) ①平等賃金レビューが女性にとって有益であること，これは透明な業績評価賃金制

にわたる勧告を行った。その中には，教育技能省の教育・職業訓練改善のための戦略文書の作成・活用，教師の職業訓練の実践的技能の改善，女性の技能者が不足する分野における研修など，教育研修に関する事項から，女性の起業の推進機関に対するワーク・ライフ・バランスやフレキシブル・ワークの可能性の提唱など，多彩な勧告が盛り込まれていた。

平等賃金に関しては，とくに，公的部門の使用者が平等賃金レビューなどの実施状況を内閣委員会に提出すること（項目32），新しいジェンダー平等義務が，職域分離を含むジェンダー賃金格差の要因，家族的責任や賃金不平等の影響分析のために実施されるべきこと，具体的には，定期的な平等賃金レビューとポジティブ・アクションを含んで行われること（項目33）が勧告されている点に，注目したい。この勧告の進捗状況については，1年後には Women and Work Commission が報告を受けることが予定されているものであった（項目40）。ただし，ここでも強制的な平等賃金レビューは否定されていた。

その後，2006年9月には Government Action Plan[70]が，また翌年4月には，Towards a Fairer Future[71]が公表され，2007年6月に，諮問文書である Discrimination Law Review（DLR）[72]が出された。この DLR に対して，EOC，TUC などが意見を述べている[73]。以下に，EOC と TUC が DLR について，どのような意見を表明したか，若干の紹介をしておきたい。

DLR は，単一平等法への考え方を整理しつつ，新たな立法モデルを示しているが，とくにその第3章が同一賃金にふれている部分である。同一賃金に関する将来的な立法構想は，以下のようなものであった。①単一平等法案の中に，同一賃金条項を入れて規定するが，契約条項と非契約条項に関する訴訟上の違

度をもたらし，訴訟コストを減らすこと，②中小企業での賃金制度の改善，公的部門が率先して平等賃金レビューを行うこと，が提案されている。

70) Department for Communities and Local Government, *Government Action Plan*（2006）.
71) Department for Communities and Local Government, *Towards a Fairer Future*（2007）.
72) Department for Communities and Local Government, *Discrimination Law Review, A Framework for Fairness : Proposals for a Single Equality Bill for Great Britain : A Consultation Paper*（June 2007）.
73) EOC, *EOC response to the Discrimination Law Review green paper, "A Framework for Fairness : Proposals for a Single Equality Bill for Great Britain"*（September 2007）; TUC, *A Framework for Fairness : Proposals for a Single Equality Bill*（2007）.

いを維持する（契約条項については，平等条項を契約内容に含むものとして解釈し，非契約条項については補償金の支払い請求とする），②今日の判例が形成している同一賃金法理を立法の中に組み込むこと，③同一賃金の法制度を簡易化し，その実施を容易にする方法を検討すること，④比較対象者として仮想比較対象者を認めないという方向は維持すること。そのうえで，DLR は，関係各団体に対して，以下の 4 つの主要な問を投げかけている（問の番号は浅倉が便宜上つけたものである）。

問 1「契約上の賃金と非契約上の賃金の現行の区分を残しつつ，単一平等法に同一賃金条項を持ち込むことに賛成するかどうか，すなわち，同一賃金法と性差別禁止法の違いを維持すべきか」。

問 2「同一賃金立法に関する判例法理の内容をふまえた立案が望ましいか」。

問 3「法を明確化し簡易化するために，何をなすべきか，同一賃金法をより適正かつ迅速に機能させる方法はあるか」。

問 4「仮想比較対象者を認めることにはさしたる利益はないのではないか」。

これらの問いかけに対する EOC および TUC からの回答を読むと，双方ともに，現行の同一賃金法と性差別禁止法が十分に機能しておらず，二法の抜本的な改正が必要であるという点については意見の一致をみており，問題意識は DLR と共有している。EOC も TUC も，男女間の賃金格差が事実上大きく，とくに民間分野で賃金格差の是正が一向に進まないことを問題だと把握しており，また，法的には，個人による申立制度では解決に長期間が費やされること，大量の同一事案の訴訟が提起されることによって審判所等の負担が大きくなっていること，個人的訴訟に委ねているだけでは賃金制度の改正がなされないままであるから，本質的な解決には至らないとして，抜本的な法改正が必要であると述べる。そして両者ともに，積極的な賃金格差是正手段として，平等賃金レビューや好事例（good practice）の普及，個人申立による法的な解決以外の集団的な手法による制度的改正が必要であると主張している。

さて，上記の DLR からの問 1，すなわち，同一賃金法と性差別禁止法の違いを維持すべきかという問については，両者ともに，以下のような回答をして

いる。基本的に二法を統合することには賛成である。現行法では，契約事項と非契約事項で根拠となる法律が異なるが，これらは統一して，申立期間や損害賠償の期間も一致させるべきである。しかし現行法がそれぞれにもつ長所は，統合した法に盛り込むべきである。現在，同一賃金法は，契約関係を対象としており，同一価値労働を主張する場合に具体的な比較対象者が必要であり，平等条項が契約内容に導入され，6年分のバックペイが可能である。これに対して，性差別禁止法は，契約条項以外の労働条件を扱うため，比較対象者は不要であり（仮想の存在で足りる），精神的・過重的損害賠償によって解決されている。そこで，これら二法を統合して，単一平等法の下で，同一価値労働同一賃金の主張もできるようにすべきである。

　DLRからの問2，すなわち同一賃金立法に関する判例法理の内容をふまえた立案が望ましいかという問については，いずれの団体も否定的である。理由は，現在の判例法理の動向を，TUCもEOCも好ましいものとはみておらず（とくに単一の源に関する解釈など），これら好ましくない法理を固定化することについて懸念しているからである。

　DLRからの問3は，同一賃金法を実際により適正かつ迅速に機能させる方法はあるか，というものである。EOCの回答は，以下のようなものである。個別企業の賃金制度を労使交渉によって再構築するための過渡的なしくみについては賛成し，モラトリアム期間を設けることにも賛成する。そして，より積極的なアプローチとして，民間企業にジェンダー賃金格差の点検，原因への取組，平等賃金レビューの義務づけを行い，公的部門に対しては，ジェンダー平等義務を強化することを求める。また，より広範に賃金の透明性を確保するために，年次報告において平等賃金レビューの進捗状況が報告されること，賃金情報の開示を求める者に対する解雇は違法とすること，同一賃金をめぐる訴訟上の解決を促進するために，独立専門家の事実認定権限の制限を緩やかにして，専門家がより早期の段階から関与できるようにし，申立人と比較対象者の間で，独立専門家が選任される前に合意形成を行うこと，同一価値評価および独立専門家の役割に関する雇用審判所審判官の理解を促進すること，個人による申立以外に，EHRCや他の利害関係当事者による代理活動を認めること，雇用審判所が法的に強制することが可能な勧告を出すことができるようにすることなど，

具体的な提案を行っている。

　TUCは，代理活動の必要性，労働組合による代理人としての活動の法定化，使用者に対して同一価値労働同一賃金を確保するためのアクションの積極的義務を課すことを提言するが，EOCとは異なり，モラトリアムについては懸念を示している。

　DLRからの問4，すなわち，仮想比較対象者を認めることはさしたる利益はないのではないかという問については，EOCとTUCはいずれも強く反論している。仮想比較対象者を認めない理由には説得力がなく，現実に存在する比較対象者に限定するという現行の要件では，法の射程範囲が限定されてしまうこと（とくに間接差別やパート労働者にとって），他の国内法やEU法との齟齬が生じること，EHRCによる複合的差別等に対するアプローチに困難が生じること，仮想比較対象者を活用すれば，使用者から現実の比較対象者が申立人とどう状況が違うかについて情報が提示され，これによって審判所は，仮想比較対象者が受けるはずの処遇を推測でき，申立人と現実の比較対象者の違いが賃金格差の真の客観的要因かどうかを判断することになり，これによって，たとえば職務評価制度による90％の価値の違いが70％の賃金格差になって現れていることも判明するであろうなどと回答している。

　　おわりに

　イギリスの男女平等賃金をめぐる最近の動向の中でとくに目を惹くのは，1つは，賃金格差を縮小させるための積極的な平等賃金レビューの実施であり，2つには，多様な理由から暗礁に乗り上げている個別の賃金訴訟を何とか正常に機能させるために試みられている法改正の行方である。

　冒頭に述べたように，ILO100号条約に関わって，条約勧告適用専門家委員会から，男女同一価値労働同一賃金原則の完全な適用を確保するために，法の改正も含めた具体的な措置を求められている日本の現状に照らしてみると，イギリスの最近の動向は大いに示唆的である。その示唆するところを汲み取りつつ，当面，日本はこの課題に関して何をなすべきか，最後にまとめておきたい。

　第一に，賃金格差縮小をねらって賃金構造そのものの見直しを含みつつ導入が図られている平等賃金レビューに注目したい。当初はまったく任意的な取組

であった平等賃金レビューは，公的機関については2006年平等法を契機に法的な義務の中に取り込まれているし，民間企業に対しても，具体的なモデルを示し，手引を作成することによって，政府が強力にこれを推進する姿勢を示している。個別の賃金訴訟では申立人の救済は実現しても，当該企業や組織の賃金構造そのものの改善にはつながらないところから，この賃金レビューには，賃金訴訟を補充する効果も期待できるのであろう。もちろん政府のよびかけに応じる民間企業はなお少ない実態ではあるが，このような試みが続けられていけば効果は目にみえてくるに違いない。

　日本ではこのような平等賃金レビューを実施する試みが受け入れられる素地はまったくないのだろうか。私は，「男女間の賃金格差解消のための賃金管理及び雇用管理改善方策に係るガイドライン」が，労使に対して，企業における男女間賃金格差についての実態把握と要因分析を行い，それをふまえて労使間で対応策について議論することを求めていること，さらに格差を定期的にフォローアップし，対応策を常に最新化することを求めていることに注目したい。

　果たして，「ガイドライン」のこの部分だけでも，実現している企業はどれだけあるのだろうか。イギリスのように，内部の男女間賃金格差を労使が実態として把握している企業がどれだけあるだろうか。問いかけたい。企業内部の男女労働者の客観的な賃金格差を把握することは，日本でも，それぞれの企業にとってはいともたやすいことであろう。しかしそれを情報として労使が共有しているだろうか。多くの企業は，「わが社には，男女の『賃金差別』は決してない」と述べるだけで，具体的な男女従業員間に存在する「賃金格差」の数値は公表すべきものではないと考えているのではないか。しかし「平等賃金レビュー」は，まず「賃金格差」の把握からスタートするのである。

　せっかく存在するこの「ガイドライン」が周知されていないことは問題であるが，そればかりではなく，日本に欠けているのは，この「ガイドライン」を具体化するための行政の積極的関与であろう。イギリスをみれば，平等賃金レビューのための手引の作成，好事例の収集・分析などによって，各企業がどのようにすれば平等賃金レビューを遂行できるのかについて，行政による方針が明確になっている。日本でも，「ガイドライン」を根拠として，かかる平等賃金のためのレビューを積極的に推進することは，当面，すぐにとりかかれるこ

とである。

　第二に，同一価値労働同一賃金原則を具体化するための法改正について，議論を深めていかねばならない。ILO条約勧告適用専門家委員会による意見をとりいれて，労基法4条に「同一価値労働同一賃金原則」を明記するという法改正は，必要なことだとは思う。しかし，それだけでこの問題が解決するものでもないだろう。同一価値労働同一賃金原則を法の中に明記する以上は，どのようにすればこの原則を具体化できるのか，より明確な方針を示さないかぎり，法には明記されたが具体的には何も変わらないという結果を招くだけで終わってしまうのではないか。そうならないためにも，法改正としては何が必要か，論議を尽くす必要がある。そして，その延長線上には，労基法4条と均等法の関係についても，解決の方針性を定める必要がある。イギリスでは，折りしも単一平等法の立法化をめぐって，性差別禁止法と同一賃金法の統合に関する議論を交わしている最中である。日本でも，労基法4条と均等法の関係については，均等法改正時に，常に論点としては認識されていながらも，難問として先送りにされてきた[74]。厚生労働省も，担当組織の枠を超えて，この問題を根本的かつ包括的に検討する時期にきているのではないだろうか[75]。

（初出論文：「イギリスにおける男女平等賃金をめぐる最近の動向」
労働法律旬報1675号（2008年7月）6～27頁）

---

[74] たとえば，1997年の均等法改正を前に，当時の参議院議員であった大脇雅子弁護士と私が行った対談でも，この難問についてはなかなか2人とも決断を下すことができずに終わった経験がある。大脇雅子＝浅倉むつ子「対談：男女雇用差別撤廃をめぐる立法案——大脇試案の検討」労働法律旬報1395号（1996年）10頁。
[75] 厚生労働省は，均等法については雇用均等・児童家庭局，労基法については労働基準局がそれぞれ担当部局であるところから，雇用均等・児童家庭局の下で2002年にとりまとめを行った「男女間の賃金格差問題に関する研究会」も，労基法改正は視野に入れないという前提でスタートせざるをえなかった。このような仕組みそのものが，もはや無理をきたしているのである。

第2節　イギリスにおける男女間賃金格差縮小政策

はじめに

　イギリスにおける男女間の平均賃金格差は，2000年には18％であった[1]。ブレア政権は今世紀になってから，この大きな格差を縮小する政策に積極的に取組み始めている。政府から委託を受けて，男女間賃金格差縮小のための提案をとりまとめたDenise Kingsmillは，「ジェンダー賃金格差は，経済的な利益からみても，労使の利益からみても害悪でしかなく，人材管理の失敗を反映するものである」と言い切っている[2]。彼女によれば，人は労働への貢献に応じて支払われるのであって，人材こそもっとも貴重な財産であり，とくにグローバル化，高齢化，少子化といった労働市場の劇的な変化に直面することになる21世紀においては，女性を有効に活用できない企業はけっして生産競争に打ち勝つことはできないという。

　男女間の賃金「差別」については，公正と社会正義に反するとして，早くからILOをはじめとする国際機関においても，撤廃に向けた取組が行われてきた。しかし，近年では，企業における男女間の賃金「差別」はもはや解消されており，今や公正と社会正義に反する事態はまれにしかないととらえる見方や，現に存在する男女間の賃金「格差」は，女性の選択も含めた労働市場における力学の問題であって，国家が関与する政策的な課題とは切り離すべきだという考え方もみられないわけではない。

　しかし果たしてそうなのだろうか。国は，男女間賃金「差別」の解消を超えて男女間賃金「格差」の存在には介入すべきではないのだろうか。前掲のKingsmillの指摘を考慮すれば，男女間賃金「格差」は差別とは異なるとして肯定しうるものでないことは明らかであろう。男女間賃金格差を放任したまま

---

[1] 男性を100とした場合，女性の賃金が82という意味である。この数値は，後に述べるように，2007年には17％に縮小している。

[2] Kingsmill, D., *A Review of Women's Employment and Pay*（Women and Equality Unit, 2001）, pp. 6-7.

企業活動が行われるなら，経済的な利益が損なわれ，社会全体の活気が失われ，ひいては国全体が凋落の一途をたどらないとも限らないからである。法がこのような企業のあり方を放置しておいてよいというものではない。

1990年代後半以降，世界中で労働法規の規制緩和が進展し，失業率が上昇し，正規雇用が縮小するとともに非正規雇用が顕著に増加した。このような規制緩和論が常に依拠してきた労働市場論は，きわめて単純化されたものであって，労働市場に関する法的規制が少ないほど労働市場が活性化するというものであった。しかし，この労働市場論に対しては，「自由な」労働市場をつくりだすよりも，労働市場の劣化をもたらす可能性の方が高いという警鐘も強く打ち鳴らされている[3]。人間の労働は財としての商品と異なり，安価であればよい，というものではない。それだけに，この男女間賃金格差問題に対する法創造のあり方もまた，労働法の1つの可能性を示すものともいえるのではないだろうか。

本節では，このような問題意識の下に，イギリスにおける男女間賃金格差縮小のための取組（国と企業レベル）をとりあげてみたい。男女間賃金格差問題をとりあげるのは，この問題が，企業・市場・生活世界におけるジェンダー格差のもっとも集約された表出であるからにほかならない。

1 イギリスの男女間賃金格差の現状と要因分析

(1) 男女間の賃金格差

イギリスの同一賃金法（Equal Pay Act）は1970年に制定され，1975年に施行された。1983年には，同一価値労働同一賃金原則を明記する大きな法改正が行われた[4]。しかし，同法が施行されて30年以上がたつのに男女間の賃金格差はなお大きいという問題意識は，イギリスの政府関係者に共通している。

2007年の段階で，①フルタイムの男性とフルタイムの女性の時間当たり賃金格差は，17％であり（男性100に対して女性83），②フルタイム男性とパートタイム女性との時間当たり賃金格差は38％（フルタイム男性100に対してパート

---

[3] 田端博邦「企業社会の変容と労働関係」季刊企業と法創造6号（2006年）12頁。
[4] イギリス同一賃金法の制定の経緯と1990年代半ばまでの判例動向については，浅倉むつ子『労働とジェンダーの法律学』（有斐閣，2000年）199頁以下参照。

女性 62)5) である。ちなみに日本では，前者は 33％（100 対 67），後者は 67％（100 対 33）であり，イギリスとは比較にならないほど大きいが，日本政府の対応はきわめて消極的なものでしかない6)。これに比べれば，イギリス政府は男女間賃金格差問題をきわめて重視しており，後に述べるように，賃金格差縮小に向けた取組は，ほぼ政府主導で進んでいる。

(2) 賃金格差の要因について

イギリスの場合，男女間賃金格差の要因は，①労働市場の男女間の労働の質と経験の差，②男女職域の分離，とくに女性が多い 5C といわれる職務（caring, cashiering, catering, cleaning, clerical）の低評価が大きいこと，③職務の経験の長さの違いや職務の中断（家族的責任によるもの），④パート労働が女性に多く，その多くが低賃金，低技能の職業であることなどが指摘されている。

日本では，男女間賃金格差の最大の要因は，「職階の差」と「勤続年数の差」であると指摘されており，賃金制度そのものの問題というよりは，賃金制度の運用の側面や，賃金制度以外の雇用管理面における問題に起因していることが強調される7)。日本政府がいう男女間賃金格差があくまでも正社員の男女間の格差のみに限られていることも，問題である。男女間賃金格差があらゆる領域におけるジェンダー格差のもっとも集約された表出であるということについては，日本の政府も理解しているに違いない。しかし残念ながら，この問題への

---

5) Annual Survey of Hours and Earnings 2006（ASHE），Office for National Statistics（ONS），accessed 5 June 2007. Women and Work Commission, *Shaping a Fairer Future*（2006）も同じ数値をあげている。
6) 日本は，ほぼ毎年，ILO 条約勧告適用専門家委員会から大きな男女間賃金格差を指摘され，2007 年，2008 年の個別意見では，法改正まで要請されているが，日本政府は，さしたる積極的な対応をしていない。ILO, CEACR: *Individual Observation concerning Equal Remuneration Convention*, 1951（No. 100）Japan（ratification: 1967）．
7) 厚生労働省雇用均等・児童家庭局編『男女間の賃金格差の解消に向けて──男女間の賃金格差問題に関する研究会報告』（2003 年）9 頁。同報告書は，公的に「我が国では国際的にみると大きな男女間賃金格差が存在している」と認めている文書として十分に評価に値するものであるが，「現実に存在する男女間の平均賃金の格差は，多くの場合賃金制度そのものの問題というよりは，人事評価を含めた賃金制度の運用の面や賃金制度以外の雇用管理において解決すべき何らかの問題が存在することを強く示唆している」と述べて，企業内部における賃金制度そのものの改革的な取組を主導するには至っていない。

対応策は，手詰まり状態にあるように思われる。

これに対して，イギリス政府が男女間賃金格差縮小のために採用している手法は，大いに参考になる。すなわち，賃金差別撤廃立法を背景とする賃金訴訟を通じての賃金差別解消策と，それを背景とした企業内部の平等賃金レビューの導入という2つの施策を通じて，男女間賃金格差を縮小するという課題に，イギリスは積極的に取組んでいるのである。

2　賃金訴訟を通じての男女間賃金格差解消策の現状

(1)　同一賃金をめぐる近年の判例動向

同一賃金をめぐる法制度として，1970年同一賃金法，1983年同改正法は，賃金およびその他雇用契約上の条件における男女の差別的取扱いを禁止する。すなわちこの法は，同一雇用において，①類似労働（like work），②同等評価労働（当該事業所の職務評価制度において，同等と評価される労働に従事している場合），③同一価値労働（努力，技能，決定等の項目の下に必要とされる要請について同一の価値をもつ労働）に従事している男性と女性の間の賃金に格差がある場合，その賃金格差が実質的な要因によるものでないときには，当該女性（もしくは男性）の契約条件が，平等条項の効果によって，当該男性（もしくは女性）の契約条件と同じものに修正される，としている（同法1条2項(a)(b)(c)）。また，契約条件以外の男女間差別については，1975年性差別禁止法がそれらを禁止している。加えて，EUの雇用平等法理も大きな影響を及ぼしてきた。

さて，現在，イギリスの男女同一賃金をめぐる判例法理が抱える難問は多いのだが[8]，ここでは比較対象者の選択をめぐって生じている困難のいくつかについて，指摘するに留めたい。その1つは，申立人と比較対象者の賃金の決定が「単一の源（single source）」でなければならないという理論であり，その2つは，仮想比較対象者を認めるべきかどうかという問題である。近年，イギリスでも，雇用が複雑化・多様化しており，業務の外部委託や公務部門の民営化によって，賃金差別の申立人が比較対象者を見つけ出すことが難しくなっている。上記2つの問題は，労働市場の変動とおおいに関連するものである。

---

[8]　イギリスの同一賃金訴訟の最近の動向については，本書第9章第1節，同第3節を参照。

第一の点について述べよう。イギリスの同一賃金法は、「同一雇用」の男女の比較を前提としており（1条6項）、これは、①同一の使用者に雇用され、かつ、②同一の事業場あるいは共通の条件が適用されている事業場で雇用されている労働者、という2つの要件の充足を意味する。これに比べて、ECローマ条約141条[9]は、比較対象者を限定する規定を設けていないために、この条約下の判例法理では、より広い範囲の労働者相互が比較されてきた。しかし近年、EUにおいても、労働市場の急速な変化による下請化、外部委託化の進行が進み、比較対象者を見いだすことが難しいという事態が生じてきた。

　ECJ（European Court of Justice：欧州司法裁判所）は、近年、「単一の源」基準を示すことによって、双方の労働者にとって「不平等に対して責任を負い、平等取扱いを回復しうる者」が同じかどうか（単一であるかどうか）を問い、この外縁を画すようになった（2002年Lawrence事件ECJ判決[10]、2004年Allonby事件ECJ判決[11]など）。しかしこの「単一の源」基準による場合でも、外部委託先の労働者と委託元の労働者を比較するためには、委託元企業が委託先労働者を「指揮している場合」に限られるのであって、そこにはある種の限界が生じている。

　イギリスでは、さらに、EC条約141条の解釈として、同じ雇用者に雇われていても申立人と比較対象者を「単一の源」にある者とは認めないという判決が出た。すなわちRobertson事件判決[12]で、CA（Court of Appeal：控訴院）は、ECJの判例法に従えば、「単一の源」基準とは、差別的な賃金格差に責任をもつ単一の機関が存在するかどうかによって判断されるべきであるから、それをイギリスの公務員にあてはめたとき、異なる省庁に勤務する公務員を比較対象者にすることはできないと判示したのである。判旨は、イギリスの公務員は、中央集権的な賃金交渉や合意ではなく、個々の省庁ごとの予算管理にしたがって省庁ごとに自由に交渉するため、環境食品農務省に勤務する男性の行政官・事務官が、環境交通地域省に勤務する女性の上級秘書との同一賃金を申し立て

---

[9]　1957年ローマ条約（EEC設立条約）119条（同一価値労働同一賃金原則）は、1997年アムステルダム条約によりローマ条約141条に改正された。

[10]　Lawrence and others v. Regent Office Care Ltd. and others [2002] ECR I-7325, ECJ.

[11]　Allonby v. Accrington & Rossendale College and others [2004] ECR I-873, ECJ.

[12]　Robertson and others v. Department for Environment, Food and Rural Affairs [2005] IRLR 363, CA.

た本件 Robertson 事件では，両者はともに国により雇用されてはいても，賃金および労働条件について責任を負う「単一の源」は存在しない，という。

このように「単一の源」を厳格に解すれば，当然のことながら，外部委託化や民営化によって雇用先から転出した労働者が低賃金を支払われた場合，委託元が労働者を指揮していない場合には，「単一の源」にある比較対象者を見いだし難くなる。もっとも，その場合の対応としては，営業譲渡に関する EC 指令に依拠する方法や，委託先・譲渡先企業も含めて組合組織化し労働協約を締結する方法があるかもしれない。とはいえ，それぞれに問題があることも事実である。前者に関しては，イギリスの営業譲渡規則 (TUPE) の適用によることになるが，TUPE は年金が適用除外であること，また，譲渡元から譲渡先に移動した労働者には適用されるが，譲渡先で新たに雇い入れられた労働者には適用されないという限界があるからである[13]。

さて，比較対象者の選択をめぐって生じている困難の第二点目は，仮想比較対象者を不可能とする解釈である。イギリスの場合，性差別禁止法は，現実の労働者ではない仮想の労働者を比較対象とすることを可能としている。つまり，「もし男性であったら」かかる不利な取扱いはなされなかったはずであるという主張が可能なのである。一方，同一賃金法の下では，比較対象者は現実に存在する労働者でなければならない。このことは，週給50ポンドで雇用された倉庫長である女性労働者が，同職の前任者男性が支給されていた週給60ポンドを受給する権利があると主張した事件の ECJ 判決[14]が，傍論として述べたことである。このように ECJ は，EC 法上もイギリス法上も，仮想上の対象者との比較を否定している。

このように仮想比較対象者を否定するという解釈をとった場合には，以下のようになるであろう。法の下で申立人が比較対象者との同一賃金を獲得するためには，申立人が比較対象者と 100% 同一価値の労働に従事していると立証しなければならないということである。そう認められないかぎり，同一賃金の請求は否定される。100% 同一価値の労働に従事する比較対象者が見いだせない場合でも，申立人が比較対象者の 90% の価値の労働に従事しているのに 60%

---

13) 本書第9章第1節注21)，22) 参照。
14) Macarthys Ltd. v. Smith [1980] ECR 1275, ECJ.

の賃金しか得ていないという主張が可能なのかと問われれば、イギリス法の下では、それは同一賃金の根拠にはならないということであった。

さて、以上のような、比較対象者の選択をめぐって生じている理論上の困難は、イギリスの労働市場の変動（外部委託や民営化など）が新たに同一賃金法理に投げかけている課題でもあり、同時に、そのような新たな課題に明確に対応しえない同一賃金法自身がかかえる立法上の限界という問題でもある。とはいえ、イギリスは、この問題に対しても、放置することなく、常に立法上の解決を図るべく議論を続けている。ちなみに、EUは、2002年男女均等待遇（改正）指令で、仮想比較対象者との比較を可能とし、さらに賃金も同指令の対象に含むことにしたのであって、法改正によって解決をはかった。これに対して、イギリス政府は、あくまでも仮想比較対象者を認めない方針を崩していない[15]。

(2) 賃金訴訟の急増傾向とその背景

イギリスでは、長年の間、上記のように、国内法、EC法を駆使して、個人が賃金訴訟を提起することによって、男女間賃金差別の解消を図ってきた。賃金差別をめぐる訴訟手続に関しても、さまざまな改正がなされてきた。たとえば、質問手続の導入[16]や、2004年雇用審判所（構成および手続）規則附則6の制定[17]などがある。また、これらの改正とも相まって、ACAS（Advisory, Conciliation and Arbitration Service：助言・斡旋・仲裁局）の斡旋手続が大きな機能を果たしてきていることがイギリス法上の特色でもある。

ところが、現在、これら手続的な法改正の効果を無にしかねないほど、賃金差別に関する個別紛争の申立が殺到する事態が生じている。ET（Employment Tribunal：雇用審判所）への同一賃金申立件数をみると、8229件（2004～05年）、

---

15) 一方、前任者や後任者との比較は可能であることに注意しておくべきであろう。本書第9章第1節参照。
16) 2002年雇用法によって、1970年同一賃金法に、使用者への質問手続が導入された。これは、同一賃金に関する申立人が、同一賃金に関する情報に関する「質問（question）」を使用者に行い、応答を得ることによって、使用者から情報を引き出すことができるようにしたものである。同法7B条。
17) 1983年に開始した同一価値労働の類型に関する紛争処理手続が複雑であること、時間がかかることに批判が高まり、2004年にこの附則6が導入された。

1万7268件（2005～06年），4万4013件（2006～07年）へと激増しているのである[18]。その結果，審査期間の長期化も生じている。もっとも審査期間の長期化傾向は，訴訟の急増と同時に，独立専門家の数が不足しているという事実も影響しているのであるが[19]。

さて，申立件数の激増の背景には，以下に述べるように，イギリスの公務員労働組合と地方自治体の労働協約の進展，NHS（National Health Service：全国保健サービス）における賃金制度改革がある。

ブレア政権がスタートした1997年，公務員労働組合は地方自治体との間で「単一地位協約（Single Status Agreement）」を締結した。それまでは，地方自治体において働く労働者には3つのグループがあり，そのうち，肉体労働者と行政職・専門職・技術職・事務職（APTC）は，異なる労働条件下におかれてきた。しかしこの協約において，すべての肉体労働者とAPTC職務の労働者は，単一の職務評価制度の下に統一されることになった。各地方自治体は，①歴史的に同一価値労働に対して同一賃金を受けてこなかった女性労働者[20]にいかなる補償をすべきか——EC法・国内法の下では，差別賃金については6年間のバックペイが可能である，②単一地位協約の導入によって改訂賃金を支給される場合でも，これまで高賃金を得ていた労働者に対しては，数年間は従来の賃金レベルが保障されるのであるが，平等原則上この問題をどのように調整するのか，③交渉事項を実現し賃金を引き上げるために，納税者をどのように保護するのかなどについて，労働組合との交渉を開始した。しかしこの単一地位協約をめぐって，各地方自治体はすぐに具体的な困難に直面することになる。

たとえばRedcar and Cleveland（R & C）は，2004年1月に平等賃金協定を実施した最初のCouncilであるが，統一的な職務評価（Green Book）に基づいて賃

---

18) *Employment Tribunals Annual Report, 2006-2007, Employment Tribunal and EAT Statistics (GB): 1 April 2006 to 31 March 2007*, Table 1: Claims accepted/rejected by Employment Tribunals.

19) 独立専門家は，2007年度にはイギリス全土で27名がACASのリストに登録されている。同専門家は，審判所の決定を受けて，当該事件に関して専門的知識に基づく「報告書」を提出する。訴訟手続においては，雇用審判所が独立専門家の意見書を待つ段階で，もっとも時間がかかると指摘されている。

20) 低評価を受けてきた多くの職務は，女性職といわれるものであって，この単一地位協約によって賃金が上昇する労働者の多くは女性であった。

金を支払うために，180万ポンドが必要であった。そのためにCouncilの税金は4.5％引き上げられ，さらにCouncilが準備した基金から350万ポンドが補充された。労働者はこの動向を勘案して，申立を自主規制したり，徐々に賃金を減額したりすることに同意したという。それだけに，2007年3月に単一地位協約の導入期限を迎えたとき，全国で30％の地方自治体のみがこの協約を実施できたにすぎない。そのようなときに，多くの地方公務員が単一地位協約の実現を求めて提訴したのである。それは，タイムズ紙でJenny Watson（前EOC委員長[21]）が述べているように，賃金平等の分野で仕事をしているno-win, no-fee弁護士の活躍が大きく影響した[22]。このように地方自治体に対する公務部門の労働者からの訴訟の増大が，法的手続を滞らせており，また，すべての訴えがこのまま進行すれば，地方政府に対する補償金と未払い賃金の請求は併せて3兆ポンドにもなるとすら言われている。

　これに比較してNHSの事情は，若干，異なる[23]。2004年末に，NHSは労使間で労働協約（Agenda for Change: Final Agreement）を締結し[24]，これに基づいて新しい職務評価賃金システムを導入した。この協約は，NHS組織によって直接に雇用されるすべてのスタッフに適用されることになり，政府は膨大な予算を講じて，ほぼ2006年1月末までに，96％の労働者に協約に基づく新たな賃金率を適用した。

　このように，NHSでは政府が出資してほぼ解決が図られた一方，地方自治体の場合は，中央政府の出資がないためになお大きな混乱が生じているのである。

---

[21] EOCは，2007年10月に他の差別撤廃のための委員会と合併して，「平等人権委員会（EHRC）」に改組された。これは後に述べるように，2006年平等法（Equality Act 2006）による。

[22] 成功しなければ報酬はいらないという弁護士に多くの公務員の依頼が殺到して，全国で数多くの訴訟が開始したとのことである。成功すれば25％の報酬が得られるので，弁護士にとっても損はない。Stefan Cross弁護士の名前があがっている。2007年9月21日 The Timesのトップ記事参照〔本書第9章第1節〕。

[23] *NHS Job Evaluation Handbook*（2004）による。

[24] Department of Health, *Agenda for Change: Final Agreement*（2004）。協約の締結主体は，①UK保健当局，②NHS連盟，③組合，④職業団体であり，協約は，新しい賃金システム，その実施，新賃金システムの運用のための措置の3部分で構成されている。

Jenny Watson は，政府は，会社が差別的な賃金問題の解決を図る3年間のモラトリアムを導入すべきであると述べている[25]。「これは，賃金訴訟に対して息をつく余裕を使用者に与えるという方法」で，「使用者が賃金に問題があると気づいたときには，2～3年の余裕を与える」という仕組みとして合理的なものだという。32年間，EOC は，職場における公正をめざし，とりわけ男女間の賃金平等を推進してきた機関であり，ここにおいて EOC 委員長が，賃金差別の審判に3年間のモラトリアムを求めるというのは，若干，奇妙な印象がぬぐえない。しかしこのことは，Watson がこのような提案をせざるをえないほど，訴訟の急増が抱え込んでいる問題が大きいということでもあるだろう。年間で133% の提訴の増大は，イギリス社会に深刻な影響を及ぼしているのである。

3 平等賃金を確保するための手法
—— Equal Pay Review（EPR）

この段階になって，にわかに注目を集めているのが，平等賃金レビュー（Equal Pay Review〔EPR〕）という手法である。個別の訴訟を通じての賃金差別の救済が前述のような困難に直面しているときに，個別訴訟のみでは解決がつかない賃金制度そのものを改善して男女間賃金格差を縮小するために，これは，もう1つの有効な方法ではないかという声が高まっている。

(1) 平等賃金レビュー（EPR）導入の経緯について

EPR の導入の経緯をたどってみよう。2001年3月，EOC の同一賃金タスクフォースは，ジェンダー賃金格差の実情を明らかにして，政府，使用者，労働組合，そして EOC 自体に向けて，数多くの勧告を行った。この勧告には，EOC がモデルとなる EPR のプロセスを示すこと，これを行為準則に盛り込むことなどが含まれていた。

EOC は，勧告に従って，2002年に the Equal Pay Review Kit を公表し，2003年に，平等賃金の行為準則[26]を策定した。また，政府は，すべての公務部門

---

25) 前掲注22) の The Times の記事による。
26) EOC, Code of Practice on Equal Pay（2003）.

が2003年4月までにEPRを実施するように要請し，2002年にはそれを援助するために，Equal Pay Guidanceを発表した。多くの政府部局はこのEPRの導入を推進している最中である。

では，平等賃金レビューと訳しておいたEPRとは何か。それを理解するために，EOCの行為準則が述べる「モデルEPR」について，紹介しておこう。

(2) モデルEPRとは

EOC行為準則によれば，モデルEPRでは，企業・組織が，規模のいかんにかかわらず，必ず一定の手順をふみ，一定の特徴をそなえた手法をとらなければならない。規定された特色をそなえないものは，似ているとしてもEPRとはいわない。また，EPRを実施するためには，被用者の参加を得，また可能な場合には，労働組合代表者の参加が得られるようにすべきだとされている。

第一段階で，企業・組織は，賃金レビューの範囲を決定し，必要なデータを確定しなければならない。

対象としては，同一事業所・サービスにおけるすべての被用者が含まれることが望ましいとされている。使用者が収集するデータとしては，①年金やその他の便宜供与を含むあらゆる賃金，②個々の被用者の特徴（性別，フルタイムかパートか，職務上の資格，労働時間，働いている時間帯・場所，勤続の長さ，賃金表〔pay ratings〕における等級・業績など），③とくにパート労働者についての情報収集が重要とされる。情報は組織によって異なるだろうが，レビューを実施するときに誰が関与するのかは重要である。なぜなら，異なる観点が反映されること，賃金制度等の知識や理解，人事管理，平等問題，とくに賃金制度における間接差別の効果についての理解などが必要だからである。使用者は，労働組合代表や被用者代表をいつ関与させるかについて，考慮する必要がある。また，外部の専門家やACASも，EPRについて，実務的で独立した公平なアドバイスをすることが可能である。実際には，レビューを実施する組織の4分の3が，すべての労働者を対象として行われているとのことである。

第二段階では，どこに同一労働の男女が存在するのかについて決定する。すなわち，法が同一賃金の支払いを求める「類似労働」「同等評価労働」「同一価値労働」に従事している男女を確定することである。

このことは，EPR にとってはもっとも基本的な事項である。使用者の恣意的な裁量によって「平等な価値」を決定しているような，分析的な職務評価制度をもたない企業・組織は，男女が同一労働をしているかどうかについて評価するための代替的な手段を見いだす必要がある。EOC の Equal Pay Review Kit は，この点について示唆している[27]。また，分析的な職務評価制度をもつ企業・組織であっても，これらの制度が性別を理由とする差別のない方法でデザインされ，実施されているかどうかをチェックする必要がある[28]。

第三段階では，賃金格差を確認するための賃金データを収集する。基本賃金の平均額と総収入を計算し，賃金パッケージの各要素ごとに，総収入を比較することによって，同一労働をしている男女の賃金に関する情報を収集・比較する。その場合，使用者は，時間当たり賃金とフルタイム報酬総額のいずれかについて，これを行うこととされている。

第四段階では，「類似労働」「同等評価労働」「同一価値労働」に従事している男女の間に，基本賃金もしくは総収入に関して「大きな賃金格差」がある場合は，使用者はその原因をさぐるためにさらに調査を行い，その原因について説明責任を負う。ここにいう「大きな賃金格差」とは，5% 以上の賃金格差をさすとされている[29]。そのような場合には，使用者は，賃金格差について，職務担当者の性別以外に実質的な理由があるのかどうか，賃金政策・実務が性差別的ではないかどうかを判断するために，賃金システム全体を見直し，チェックすることになる。この部分について，行為準則にはいくつかの具体例が示されている。たとえば長期勤続者を優遇する賃金制度が男女間賃金格差に影響している例[30]や，非社会的な労働時間に対して支給される割増賃金の仕組みが

---

27) 公式の賃金等級制度や職務評価制度をもたない組織は，全国職業資格（National Vocational Qualifications）を利用した「技能・知識の枠組」を使用して，それぞれの職務を，レベル 1～レベル 4 に格づけるという方法が提示されている。EOC, *Guidance Notes for the Equal Pay Review Kit*（Manchester, 2002）, 5 Assessing equal value, pp. 1-5.

28) Ibid., Guidance Note 4 Job Evaluation schemes free of sex bias, pp.16-33.

29) Ibid., An Introduction, p.9.

30) ある組織では，男女の平均基本給に 23% の賃金格差があった。男女労働者を比較しうる等級（grades）の 50% において，5% を超える賃金格差が男女間に見いだされた。初任給と業績給には問題はなかったが，長期勤続に関わる賃金部分と過去のリストラクチャーの影響に問題が見いだされた。すなわち，リストラクチャー以前の人たちは，賃

男女間賃金格差に影響している例[31]などである。

　また，行為準則は，近年の賃金制度自体の変化にふれている[32]。数多くの職務グループを扱う賃金システムは，伝統的に，同じグレードにある職務を幅広く同一価値をもつものとして扱ってきた。それらは職務評価制度の下で類似の点数評価を受けたり，同等と理解されてきたからである。ところが，近年では，グレードやバンドの数を少なく，その幅を広くして，より業績や市場の影響力を利用しようとする制度が増える傾向にある。EOCによれば，シングル・ブロード・バンドやシングル・ブロード・グレードは，著しく異なる価値の職務を1つに含みこむものであって，男女間に及ぼす影響の点から幅広く制度全体を見直さねばならないとしている。

　第五段階では，賃金平等のためのアクション・プランを策定して，再審査とモニタリングを行う。賃金格差が性別と関連している場合には，使用者は被用者に平等賃金を支払わねばならない。使用者が，男女の賃金にはいかなる格差もないし，また格差が純粋に非差別的な理由からきていると主張できる場合もあるだろう。しかしその場合でもなお，使用者は，労働組合とともに定期的にモニタリングに取組み，常に賃金システムの見直しを続けることが推奨されている。これは賃金制度をジェンダー・バイアスのないものにするために必要不可欠な作業である。

　モデルEPRとはこのようなものであるが，実際にEPRを実施している組織や企業はどの程度あるのか。また，そこで実施されているEPRは，モデルEPRとして適切に評価されるものなのだろうか。

　　　金等級の上から4分の1の地位におり，そこには男性が多く，以後に就任した人やキャリア・ブレイクをとった人たちの中には女性が多いが，その人々は上級の等級レベルに上がるチャンスはほとんどないという状況であった。EOC, above, n. 26, par. 82. この事例の出典は，Neathey, Dench & Thomson, *Monitoring Towards Pay Equality*（Institute for Employment Studies, EOC, 2003）である。

31）　ある企業では，非社会的な時間（unsocial hours）のための賃金として基本給の20％にあたる割増賃金が支払われていた。1998年を境に，この割増賃金は，これ以前から在職していたスタッフのみに支給されることになった。その後，伝統的に男性職であった分野に女性が参入したが，彼女らに割増賃金は支給されることがなく，その結果，男性は女性よりも2.5倍の割増賃金を得ることになった。この例の出典も，前掲注30）と同じである。

32）　EOC, above, n. 26, par. 83.

(3) EPR の実態について

 今世紀になって，イギリス政府の平等賃金への取組は加速化したといってよい[33]。EOC は，大企業の 50％，その他の 25 人以上の企業のうちの 25％ は，2005 年末までに EPR を実施すべきだとして，そのための調査を次々に実施した[34]。

 そのうちの 1 つである IFF 社が実施した調査[35]によれば，500 人以上の規模の公的組織・民間企業の 14％ は 2003 年までに EPR を完了し，2004 年には 33％ と倍増した。しかし 2005 年には，その回答は 34％（78 件）に伸びただけであって，停滞傾向がみられる。官民の内訳でいえば，公的組織では 33％（20件），民間企業は 34％（58 件）が EPR を実施している。規模が小さくなるにつれてこの数値は下がり，2005 年段階で，100 人以上 499 人以下の組織・企業では 16％（41 件），25 人以上 99 人以下の組織・企業では 10％（38 件）のみが，EPR を実施しているにすぎない。このように EPR の普及率は必ずしも高いわけではない。しかし義務づけられているわけでもないのに，大規模な組織・企業は 3 分の 1 が EPR を実施しているという事実には，注目すべきであろう。

 さて，EPR を実施したことがあるという組織を対象にして EOC が 2005 年に実施したケーススタディ調査[36]から，それぞれの組織・企業が実施したという EPR について，その内容や効果をみていきたい。本調査において，EOCは，以下の基準に基づいて，15 の組織・企業を調査対象として選択した。すなわち，①EPR 実施組織のうち，少なくとも女性比率が 20％ を越えているもの，②公的部門と民間のサービス業と製造業を含むこと，③100 人以上 499 人までの中規模と，500 人以上の大規模組織が含まれること，④スコットランド

---

33) 2004 年 7 月に，ブレア首相は，ジェンダー賃金格差と女性雇用に影響する諸問題に取組むために，Women and Work Commission を立ち上げることを決定した。

34) たとえば，2003 年の Incomes Data Services（IDS）による調査，2004 年 10 月に実施した IFF Research 社による調査，および Institute for Employment Studies（IES）による調査などがある。

35) EOC, *Equal Pay Reviews Survey 2005*, Working Paper Series No. 42（2005）. これは前掲注 34) の IFF Research 社が実施した調査である。調査は 2005 年 10〜11 月にかけて，全国の 872 の公的組織と民間企業に対して行われた。

36) EOC, *Equal Pay Reviews in Practice*（2005）. これは前掲注 34) の IES が実施した調査である。

とウェールズにも事業所がある組織であること。ただし対象となったある製造業の企業の女性比率は20％以下であった。

最終的に選択された15の組織・企業の内訳は，公的セクターが7組織，製造業が1社，民間サービス業が7社であった。また，500人以上規模が14, 250～500人の規模が1であった。2つはウェールズに，2つはスコットランドに，残り11はイングランドに，それぞれ中枢・本社機能をもつ。

調査対象組織はすべて，なんらかの職務評価調査（job evaluation study; JES）を利用しているが，すべての労働者に適用されている単一の制度をもつところは1つのみである。他の組織では，等級化された賃金制度[37]，またはブロードバンド賃金構造をとっており[38]，多くの組織が，市場関連の賃金あるいは業績関連の賃金というような裁量的要素を含む制度を採用している。また多くの組織は，この調査が対象としたEPRは初回のEPRとして実施したと回答しているが，中には，2回目や3回目のEPRを実施したと述べているものもあった。

EPRを実施した理由については，労働組合や政府，または設立団体など，外部からの圧力によるという回答と同時に，むしろ積極的に，EPRが「好事例」であるからそれを実施したかったという回答も寄せられている。

15組織のうち9組織が，EOCのEqual Pay Review Kitに従ってEPRを実施したと回答している。このEOCの文書の影響力はそれなりに大きいというべきだろう。もっとも，細部にまでわたって実際にモデルに即してEPRが実施されているわけではない。

多くの場合，EPRは，賃金管理を担当する管理部門によって遂行されている。外部のコンサルタントや法律アドバイザーに助力を求めているところもある。調査対象の組織は，1つの例外を除いて労働組合が存在する。したがって労働組合は賃金交渉に関与しているが，EPRに組合代表が参加している組織はむしろ少数であった。多くの場合，労働組合は情報を開示されているが，その方針決定には関与していないとのことである。職務の価値を判断するにあたって，新しいJESを導入したというところは少ない。また，職務の価値について職

---

[37] たとえば「事例4」は，JESはないがGrade-based systemsはあり，としている。Ibid., p. 7.

[38] たとえば「事例7」は，Broad-banded structureを採用している，とする。Ibid., p. 7.

務評価において判断しているかという問に，Yes の回答をしている組織は 7 組織であった。

　すでにみたように，EOC 行為準則は，「類似労働」「同等評価労働」「同一価値労働」に従事している男女の間に，基本賃金もしくは総収入に関して 5% を超える賃金格差がある場合は，使用者はその原因について説明責任を負うとしている。今回の調査対象組織の多くには，5% 以上の賃金格差が認められた。EPR を実施した 14 組織のうち，9 組織にはこの格差がみられ，みられなかったのは 5 組織であった（「事例 4, 11, 12, 13, 14」）。ある組織には 40% の男女間賃金格差があった（「事例 10」）。格差の多くは男性が高い賃金を得ているものであるが，中には女性の賃金が高いという事例もあった。多くの組織はこの男女間賃金格差には正当な理由があると主張している[39]。しかし実際にはより注意すべきこともあると指摘されている。たとえば時間外労働手当に関する管理職の裁量の大きさや，労働市場の賃金格差が反映されているもの，賃金保護やレッドサークル，残業への特別手当へのアクセスの差異などは要検討事項であるという。

　この男女間賃金格差があるからといって，すべての組織がアクションを起こしているわけではないが，アクション・プランとしては，賃金決定を行う者に対する教育訓練の実施，管理職の研修（「事例 6」），賃金制度の大幅な変更（「事例 10」）などが紹介されている。「事例 13」は，8 項目の内容にわたるアクション・プランを実施した。①新しい業績管理システムを導入したデータの見直し，②初任給と昇進の見直し，③残業が公正に配分されているかどうかの見直し，④手当や便宜供与の見直し，⑤賃金のベンチマーク職務の見直し，⑥人事管理戦略の見直し，⑦内部・外部市場からの採用において，現在のジェンダーバランスの再考，⑧ジェンダーに関する年次統計の導入，である。

　EPR の効果に関する問をみよう。これに関しては，さほど大きな効果があったという回答はない。賃金格差が 5% 以上あった 9 組織のうち，EPR によってジェンダー賃金格差が縮小したと明快に回答した組織はわずかであった。しかし，調査者は，それは EPR が初めてのものであることからくる限界であ

---

[39] たとえば，女性がより最近になって高い等級に昇進したという理由から，低賃金が説明されている。Ibid., p. 28.

ると指摘している。中には，EPR によって賃金格差が縮小したという組織もあり，とくに「事例10」は参考になる事例だとされている。なぜなら，男女間賃金格差が29％から13％へと縮小したからである。

調査対象となった組織のトップに，EPR の総合評価をきいたところ，15組織のうち10がポジティブな回答をしている。ネガティブな回答をしたのはわずか2組織にすぎず，3組織はニュートラルであった。公的な機関はとりわけ，これをポジティブに評価する傾向がある。「事例11」では，EPR によって，同一賃金の訴訟申立にかかるはずの大きな法的コストを回避することができるということが，積極的な評価としてあげられた。ある組織は，平等賃金が潜在的な企業の魅力になって，企業活動によい結果をもたらしているとも述べている。

本件調査は，結論的にイギリスには4類型の EPR があるとする。A 類型は「包括的な実施類型」であり，EPR がすべての労働者とあらゆる報酬をカバーしているものである。この類型はあまり多くない。B 類型は「ブロードタイプ」である。これもかなり広い範囲で実施がなされている。C 類型は「より限定された類型」であり，一部の労働者に限定して実施され，JES は利用されておらず，基本給の分析のみに焦点があてられている。最後の D 類型は，今後ともこれを実施する予定はないというものである。EOC の Equal Pay Kit は，A 類型に近いものであり，これを導入している包括的な EPR は，公的部門に幅広くみられる。とはいえ，EOC の行為準則に配慮している組織はなお少ないといわねばならない。

4　さらなる課題に向けて

以上のように，平等賃金レビュー（EPR）は，大企業の約3分の1において実施されており，かなりの普及率であるようにもみえるが，政府が目標として掲げていた2005年末までに50％という数値は達成されていない。男女間賃金格差の解消は，イギリスにおいてもなお大きな課題である。

とはいえ，賃金格差解消のための施策は次々に打ち出されており，イギリス政府のこの問題に対する取組への強い決意は揺るぎないものといってよい。とくに近年の動向として注目したいことの第一は，2006年平等法の制定によって導入された公的機関に対するジェンダー平等義務であり，第二は，単一の平

等法に向けた法改正の動向である。

(1) ジェンダー平等義務と公的機関の EPR

2006年平等法 (Equality Act 2006) は、平等法分野に以下のような3点にわたる大きな改革をもたらした[40]。

第一は、宗教・信条差別と性的指向を理由とする差別を全面的に禁止したことである[41] (2006年平等法, part 2 & part 3)。

第二は、これまで、それぞれの差別事由に応じて設けられていた差別撤廃のための独立機関を統合したことである。すなわち、性差別を管轄してきた機会均等委員会 (EOC)、人種差別を管轄してきた人種平等委員会 (CRE)、障害差別を管轄してきた障害者権利委員会 (DRC) を統合して、宗教・信条差別と性的指向差別もあわせて管轄する新機関として、平等人権委員会 (Equality and Human Rights Commision: EHRC) が設立された (2006年法, part 1)。EHRC は 2007年10月にスタートしたため、すでに述べたように、EOC は9月いっぱいでその任務を終えたのである[42]。

第三に、公的機関に対するジェンダー平等義務 (Gender Equality Duty: GED) を規定したことである[43]。EOC はこれについて、「30年間でもっとも有意義な変更である」と評価して、ジェンダー平等義務に関する行為準則を制定した[44]。本節のテーマと関わるこのジェンダー平等義務の内容について、行為準則に示されていることを紹介しておきたい。

公的機関はすでに、人種平等義務および障害者平等義務を負うものとされて

---

[40] この法については、鈴木隆「イギリス雇用差別禁止法の再編(6)」島大法学50巻3=4号 (2007年) 17頁以下が詳しく紹介している。

[41] 性的指向、宗教・信条を理由とする差別のうち、雇用・職業訓練分野における差別については、2003年の各規則によって違法となったところだが、これに加えて2006年法によって、物品、施設・サービスの提供、公務の執行等に関するこれらの差別が違法とされた。

[42] 新たな機関への統合は、これまでのEOCのスタッフを、500名から350名に減らすことにつながったという。*Equal Opportunities Review*, No. 169 (2007), p. 20.

[43] 2006年法84条・85条は、性差別禁止法に新たなジェンダー平等義務を創設する条文であり、これに基づいて性差別禁止法に76A条〜76D条が設けられた。

[44] EOC, Gender Equality Duty: Code of Practice England and Wales (November 2006).

きたが，この法によって2007年4月から，ジェンダー平等義務も課せられることになった。すべての公的機関と当該機関に代替する公的機能を果たす私的団体は，その職務を行うにあたり，①違法な差別の撤廃（性差別[45]）や同一賃金法違反の撤廃），②ハラスメントの撤廃，③男女の機会均等の促進，という3つの「一般的義務」を負う。公的機関は，自らが実施する業務にかかわって，すなわち，自らが行う政策方針の提示において，サービスの供給において，サービス・デザインの決定や変更において，公的機能を果たすことにおいて，使用者としての役割において，それぞれに「一般的義務」を果たす必要がある。とくに「使用者としての役割」において，同一賃金をめざすジェンダー平等義務の履行が求められているといってよい[46]。

さらに，法の付表Dにあげられている特定の公的機関は，「ジェンダー平等特別義務（Gender Specific Duty）」を負う。特別義務は，一般義務を実施するための手段がその内容になっているものであり，中心にあるのは，公的機関がGender Equality Scheme（GES）を策定するということである。具体的には，①GESを準備し公表すること，②その準備にあたって被用者，サービス利用者等と協議し，収集した情報を考慮し，ジェンダー賃金格差の原因に言及すること，③GESを実施すること，④GESを見直し，改訂すること，⑤年次的に進展を報告することが求められる。GESは2007年4月3日までに，策定され発表されている。

賃金に関しても[47]，「ジェンダー特別義務」として，公的機関は，まずは情報を収集し，男女間の賃金格差の原因を特定して，説明する責任を負うとされている。自らの方針や活動が賃金格差の原因に貢献しているかどうかのチェッ

---

[45] ここにいう性差別とは，性別変更をしようとしている人，すでに性別を変更した人に対する差別を含む。2007年12月21日以降，性差別禁止法における「性差別」はそのように解釈されている。

[46] ウェールズの公的機関が行ったEPRは，ジェンダー平等義務の一例として，行為準則で紹介されている（Code of Practice, p. 24）。500人以上規模のスタッフを雇用するウェールズの公的機関はEPRを実施した。実施以前には，複雑な賃金システムに多くのgradeがあり，その適用から外れている労働者も多かった。女性は男性の81%の所得（時間当り）だったが，1999年にEPRを始め，actionがとられてからは，賃金格差は13%に縮小したとのことである。現在，女性は男性の87%の所得である。

[47] EOC, above, n. 26, pp. 23, 34.

クも行う。そして，男女間の賃金格差の原因を特定して，説明しないかぎり，特別義務の不履行と評価されることを免れない。

ジェンダー平等義務は，どのようにして履行されるのか。EHRC は，主たる政府機関と協力して，ガイダンスを策定し，好事例を集め，それを観察して普及させ，ジェンダー平等義務の進捗状況と遵守状況を監視する。さらに，EHRC は，一般義務と特別義務の不履行に関して，28 日以内に履行するように命ずる compliance notice を発行することができる。公的機関がこれを履行しなければ，EHRC は裁判所に対して，公的機関に対して実施を命ずるように求めることができる。裁判所が命令を出してもなお，当局がそれに違反する場合は，法廷侮辱罪に問われることになる。

以上のようにみると，賃金に関する EPR は，公的機関においてはすでに義務づけられ，その実施も強制力をもって推進されていることがわかる。残る問題は，中小規模の民間企業であろう。

(2) 単一の平等法にむけて

イギリスの男女同一賃金をめぐる判例法理が抱える難問については，冒頭に指摘した通りであるが，この問題に関してイギリス政府は，大規模な立法上の見直しを通じて，なんとか解決を図ろうとしている。すなわち，イギリス政府は，今世紀になってから，平等賃金法と性差別禁止法という二法が併存している状況の再検討を行い，明確で単純化された 1 つの平等立法の枠組みに向かって，議論を進めてきた。Single Act への法改正である。そのためのさまざまな諮問文書が出ているが，中でも重要なのは，2007 年 6 月の Discrimination Law Review（DLR）である[48]。

政府が単一平等法への考え方を整理して示している立法モデルの第 3 章は，同一賃金にふれている。同一賃金に関する将来的な立法構想は，以下のようなものである。

①単一の平等法案の中に，同一賃金条項を入れて規定するが，契約条項と非

---

48) Department for Communities and Local Government, *Discrimination Law Review, A Framework for Fairness: Proposals for a Single Equality Bill for Great Britain: A Consultation Paper* (June 2007).

契約条項に関する訴訟上の違いを維持すること（契約条項については平等条項を契約内容に含むものとして解釈し，非契約条項については補償金の支払い請求とする），
②判例によってもたらされている同一賃金法原則を立法の中に組み込むこと，
③同一賃金の法制度を簡易化しその実施を容易にする方法を検討すること，
④比較対象者として仮想比較対象者を認めないという方向は維持すること。
そのうえで，関係各団体に対して，以下の問を投げかけている。
①契約上の賃金と非契約上の賃金の現行の区分を残しつつ，単一平等法に同一賃金条項を持ち込むことに賛成するかどうか。
②法を明確化し簡易化するために，比較対象者をどうすべきか，何が比較されるべきか，どのようなことが使用者の抗弁となるか。

2007年9月には，DLRからの問に対して，EOC，TUCなどが意見を述べている[49]が，この単一平等法をめぐる議論はまさに現在進行形の法改正であり，ここではあえてふれないでおこう。ただ，この議論の中には，本節3(1)で述べたところの，法制度上の問題に対する真摯な議論が含まれている。

お わ り に

ここで，若干のまとめをしておこう。以上みてきたように，イギリスの男女間賃金格差をめぐる最近の動向として目を惹くのは，個別の賃金訴訟を通じた賃金差別の救済が，多様な理由から暗礁に乗り上げている状況であり，それを補うものとして注目を集めているのが，格差の縮小をねらい賃金構造そのものの見直しを含む平等賃金レビューの実施である。当初は，まったく任意的な取組であった平等賃金レビューは，2006年平等法によって，公的機関については法的な義務となったし，民間企業に関しては，モデルを示したり，手引き書を作成することによって，政府主導で導入が図られている。

このような動きは，一見すると，差別撤廃というハードローから，政府による指導を通じた格差是正のためのソフトローへと，イギリスの法制度が重点を

---

49) EOC, *EOC response to the Discrimination Law Review green paper, "A Framework for Fairness: Proposals for a Single Equality Bill for Great Britain"* (September 2007); TUC, *A Framework for Fairness: Proposals for a Single Equality Bill* (2007).

移したかのようにみえなくもない。しかし，そのように断ずるのは早計であろう。イギリス社会の基底には，男女間賃金差別撤廃のための強制力のある法制度の存在と，訴訟を通じた有効な差別救済・是正制度が存在する。社会的な変化によって浮上してくる立法上の不備や法の機能不全に対しては，法的な議論を通じてよりよい法制度のあり方が常に検討されているのであって，現時点は，その途上にあるというべきであろう。それだけに，平等賃金レビューが民間企業にとって任意でありながらも，3分の1の大企業がそれを導入している背景として，この立法の存在を無視することはできない。すなわち，平等賃金レビューによって同一賃金訴訟申立にかかる大きな法的コストを回避しようという企業の意図が，そこには存在するのである。もし賃金差別を撤廃する法制度自体が脆弱なものであれば，おそらくイギリス企業といえども，平等賃金レビューの実施率はより低いものになるであろう。

　もっとも，一方で，好事例として評価を得ようという企業の意図も働いており，いちがいに法制度のみを強調することも誤りというべきかもしれない。むしろ，平等賃金レビューによる男女間賃金格差縮小の動向を支えているものとしては，2つの原動力を指摘すべきであろう。1つは強制力をもつ賃金差別撤廃立法であり，もう1つは好事例としての優良企業という社会的評価である。

　男女間賃金格差の縮小政策は，これらの原動力を通じて推進され，その結果，公正と正義を実現するのみならず，企業社会を活性化する効果をもたらすものとしても期待されるのである。

（初出論文：「男女間賃金格差縮小政策と企業の取組み──イギリスの場合」石田眞＝大塚直編『早稲田大学21世紀COE叢書　企業社会の変容と法創造第6巻　労働と環境』（日本評論社，2008年）123〜146頁）

第3節　男女同一価値労働同一賃金をめぐる判例動向
　　──イギリスとEU

はじめに

　正規・非正規労働者間の「同一価値労働同一賃金原則」にしても，男女労働者間の「男女同一価値労働同一賃金原則」にしても，それらの原則を日本において実現するためには，どのような法的な課題があるのだろうか。立法改正も含めて，どのような法的対応策を講じれば，同原則を日本社会に実際に根づかせることができるのだろうか。

　このような問題関心の下に，本節では，長年にわたってこの問題をめぐって数多くの裁判例が蓄積されてきたイギリス国内の動向を分析しながら，「男女同一価値労働同一賃金原則」の意義と課題を検討する[1]。なお，それぞれ判例にはたとえば【1】というように番号が付してあるが，これは後掲の表（484～486頁）の整理番号である。一覧表には，判例の日付や掲載されている判例集が記載されている。

　これまでイギリスで判例法理が展開されてきたのは，主として「男女間」の賃金差別の分野であるため，本節では主として，男女間の同一価値労働同一賃金原則の問題を取り上げる。中心となってきた実定法は，1970年同一賃金法（Equal Pay Act 1970）である。しかし2010年5月に，関連の立法枠組みを大幅に改訂する新平等法が成立した。その結果，同一賃金に関する従来の法規定は，内容自体に大きな影響はないものの，現在では，条文の表現や条文番号がかなり大幅に変化している。本節の記述は，この改正が行われる前の同一賃金法の条文に依拠しているが，新法については本書第9章第4節を参照していただきたい。雇用形態を理由とする賃金差別は本節のテーマではないが，女性の多く

---

[1]　本節では，裁判所を，以下のように表記する。HL：イギリス貴族院（House of Lords），CA：同控訴院（Court of Appeal），EAT：同雇用上訴審判所（Employment Appeal Tribunal），ET：同雇用審判所（Employment Tribunal），ECJ：欧州司法裁判所（European Court of Justice）。

が非典型労働者であるところから，本節でも，女性に対する間接差別という視点から，パート労働者の賃金差別事案をとりあげることにする。

1 男女同一価値労働同一賃金法制の概要

イギリス国内の判例法理を検討することが本節のテーマであるが，ここでは，イギリス法とEU法[2]を共に対象とする。それは以下の理由による。イギリスは1972年にECに加盟する際，EC加盟に関する法律（European Community Act 1972）を制定し，EC（現EU）法規を国内法規に優位するものとして取り入れた。イギリスは，EUの条約や指令に適合するように国内立法を整備し，解釈しなければならない。また，イギリスで男女賃金差別を主張して争う者は，イギリス法の他に，EUの条約や指令を根拠として，イギリスの裁判所に提訴することができる。訴訟においてEU法の解釈が争われる場合には，イギリスの裁判所からECJに対して，EU法の解釈を問う手続がとられる[3]。このようにイギリス法とEU法は相互に関連しており，両者を一体としてとりあげて検討することが必要不可欠である。

(1) イギリス法の概要と特色
(a) 同一賃金法の概要

イギリスの1970年同一賃金法（Equal Pay Act 1970）は，賃金その他の雇用契約上の条件（残業代，ボーナス，諸手当，昼食券などの福利厚生給付等を含む）における男女平等を保障する[4]。同法は，概要，以下のように規定する。

---

2) EU（European Union）は，超国家組織であり，独自の法体系をもつ。歴史的には，1957年の条約により，EEC（欧州経済共同体）ほかによる体制が設立され，以来，条約の改正を繰り返しながら統合が進められてきた。本節では，2009年12月のリスボン条約発効までは，条約の名称をEC条約と表記する。この条約発効を契機に，EECの後身であるEC（欧州共同体）が発展的に解消し，条約の名称もEU運営条約へと変更された。

3) 先決裁定手続。最終審は義務的に，他の裁判所は任意に，ECJに裁定を付託する。

4) 一方，1975年の性差別禁止法（Sex Discrimination Act 1975）は，同一賃金法と重複しないように，雇用契約で定めのない雇用関係の事項（たとえば採用，職業訓練，昇進，配転，解雇その他）について，性別を理由に不利益を受けないことを規定する。2つの法は，相互補完的に国内の性差別を撤廃するために機能している。

(i) 同一の雇用において，①女性が，男性と「類似労働」(like work) に就いている場合 (1条(2)(a))，②女性の労働が，職務評価調査 (job evaluation study) により，男性の労働と「同等と評価される労働」(work rated as equivalent) である場合 (1条(2)(b))，③女性の労働が，努力，技能，決定等の項目の下に課せられる要請 (demands) の程度からみて，男性の労働と「同一価値 (equal value)」である場合 (1条(2)(c))，に該当するにもかかわらず，男女間の賃金に差異があるときには，

(ii) 使用者が，その賃金の差異が「性別以外の真に実質的な要因」(genuinely due to a material factor. 以下，「GMF」という) によることを立証しないかぎり (1条(3))，

(iii) 女性の雇用契約に含まれているとみなされる平等条項 (equality clause. 1条(1)) の効果によって，女性の契約条件は，男性の契約条件と比較して不利にならないように修正されたものとして扱われるか，あるいは，男性の有利な契約条件が女性の契約にも含まれるものとして扱われる (1条(2)(a)(b)(c))。そして，女性には，男性と平等な契約条件として，男性と同一賃金の支払いを受ける権利が保障される。

なお，上記(i)の③の規定は1970年法には存在しなかったが，1982年のECJ判決[5]を受けて，1983年に，この規定を導入する改正が行われた。

(b) 同一賃金法の特色

イギリスの同一賃金法の特色は，第一に，男女が遂行する「職務」に第一義的に着目している点であり，男女の職務もしくはその価値が同一である場合には，当該男女が原則として同一賃金の権利を有すると規定する。性に平等な賃金を請求するにあたり，申立人は，自分とは異なる性別の比較対象者を選び，両者の職務を比較しつつ，それらが類似・同等評価・同一価値であることを主張するアプローチが取られる。

第二に，同法が，上記の職務の比較に関して具体的で詳細な規定を置いていることも特色の1つである。同法は，争われる事案を，3つの類型（「類似労働」「同等評価労働」「同一価値労働」）に分類し，それぞれに関して，男女の職務の比

---

5) United Kingdom 事件 ECJ 判決【10】。

較の基本となる要素を定めている。

　第三に，同法は，賃金格差を是正する法的手段に関して重要な特色をもつ。すなわち，同法は，雇用契約に平等条項が規定されているものと法的にみなし，その契約上の平等条項を媒介にして，異なる賃金を定めている契約内容自体を修正させ，いわば平等賃金を得る権利を契約上の権利として創設する方法をとっているのである。

(2) EU 法の概要と特色
(a) 条約および指令[6]の概要

　EU 法では，EU 運営条約 157 条が，男女同一価値労働同一賃金原則を規定する。同条 1 項は「各加盟国は，同一労働又は同一価値労働に対して男女労働者に同一賃金の原則が適用されることを確保する」と規定し，同 2 項は，「賃金」の定義および出来高給ないし時間給における「性別に基づく差別のない平等な賃金」とは何かを定義する。

　1957 年 EEC 設立時の条約 119 条もほぼ同文の内容を規定していたが，当時の規定は，男女「同一労働」同一賃金原則であり，「同一価値労働」が含まれるか否かは明らかではなかった。しかし 1975 年男女同一賃金指令により，条約 119 条に「同一価値労働」が含まれることが明確化され[7]，1997 年アムステルダム条約により，条文番号が 119 条から 141 条へと変更され，条約自体にも「同一価値労働」が明文で盛り込まれた。さらに 2009 年 12 月のリスボン条約発効により，EC 条約 141 条は，EU 運営条約 157 条に引き継がれ，現在に至っている。ゆえに，以下では EC 条約前 141 条とする場合がある。

　指令レベルでは，2006 年男女均等待遇統合指令[8] 4 条が，「同一労働又は同

---

  6)　EU 法体系の最上位にある条約の規定は，内容が明確で留保付きでないときには，加盟国内において直接に法的効力を有し，私人間も規律する。一方，条約に基づき制定される二次立法である指令は，加盟国に指令内容の国内法化を求めるものである。定められた期限を過ぎても指令に適合した国内法化が実現しなかったときには，加盟国市民は加盟国に対して，指令を法的根拠として請求を行うことができる。ただし，指令は私人間では直接の法的根拠とはならない。

  7)　同指令（75/117/EEC）1 条 1 項は「条約 119 条に定められた男女同一賃金原則とは，同一労働又は同一価値労働に関し……あらゆる賃金差別を撤廃することである」と規定する。同規定が 119 条を明確化したものであることについて，Worringham 事件判決【7】。

一価値の労働に関し，報酬のあらゆる側面及び条件について性別に基づくあらゆる差別が撤廃されるものとする（1項）。特に，賃金決定に職務評価制度が用いられている場合，男女同一の基準に基づき，性別に基づくあらゆる差別を排除するものでなければならない（2項）」と規定する。これは，男女同一価値労働同一賃金原則を，賃金に関する性差別禁止原則と同義のものとして位置づける旨を，明確にしたものである。

(b) EU法の特色

EU法上の男女同一価値労働同一賃金原則の第一の特色は，男女同一価値労働同一賃金原則を賃金に関する性差別禁止原則を意味するものと，明確に位置づけていることである。それを窺わせる規定はEC条約旧119条2項にもあったが，1975年男女同一賃金指令1条1項でより明確に規定され，2006年男女均等待遇統合指令4条1項に承継された。男女同一価値労働同一賃金原則を性差別禁止と同義のものと解することにより，EU法では，以下でも述べる通り，男女の職務の価値の同一性に着目する手法のほかに，賃金制度などの性差別的な効果に着目した間接性差別禁止法理が，大いに発展するところとなった。

第二の特色は，条約の規定が極めて簡潔なことである。それだけに，条約を補完する指令やECJの判例法理が，条約の解釈に関して重要な役割を果たす。

第三の特色として，EU法は，加盟国に実効的措置をとるよう義務づけるに留まり，具体的な救済措置を規定していない。これには，EU法の実施権限は加盟国に属するという，EUと加盟国の権限配分が影響している。

2 男女同一価値労働同一賃金原則をめぐる判例法理

(1) 2つの訴訟類型

イギリスやEU諸国では，1970年代以降，男女同一価値労働同一賃金原則をめぐり多数の訴訟が提起され，ECJにも多くの先決裁定が付託された。これらの判例の中には，2つの訴訟類型が見出される。1つは，男女が遂行する「職務」に第一義的に着目し，両職務の価値の同一性を論拠として，男女同一

---

8) 2006年男女均等待遇統合指令（2006/54/EC）は，1975年男女同一賃金指令（75/117/EEC），2002年男女均等待遇指令（2002/73/EC），1986年企業内社会保障男女均等処遇指令（86/378/EEC）および1997年挙証責任指令（97/80/EC）を統合した。

賃金を求めるという類型である（以下，「職務価値の同一性に着目した訴訟類型」という）。イギリスの同一賃金法をめぐる事案の多くがこの類型であり，EU 法を根拠とする事案にもこの訴訟類型がみられる。

もう1つは，間接性差別禁止法理をめぐる訴訟類型である。男女同一賃金原則や男女差別禁止が浸透するにつれて，明らかな性差別的賃金制度や取扱いは次第に是正されていき，問題の焦点は，パート労働に対する差別処遇など，性以外の理由に基づき女性（男性）に不利益な効果を生じさせる賃金制度や取扱いに対する法的規制へと，移行していった。その中で，賃金制度などの性差別的「効果」に着目して差別を立証する間接性差別禁止法理が形成されていくが，とりわけ EU 法では，条約上の男女同一賃金原則をめぐる判例において，この法理はめざましい発展をみせた。

以下では，男女同一価値労働同一賃金原則をめぐる判例上の新たな争点について概観したうえで，上記の2つの訴訟類型ごとに，検討を加える。

(2) 男女同一価値労働同一賃金原則の射程

近年では，いずれの国でも業務委託や下請・分社化が進行し，請負，派遣など非典型労働者が急増して就労形態も多様化している。そのため，男女同一価値労働同一賃金原則の射程範囲をめぐる論点が，改めて裁判上の大きな争いとなっている。

(a) 申立の資格

イギリス同一賃金法は，申立人につき「グレートブリテンの事業所で雇用されている女性」(1条(1)) と規定する。「雇用されている」とは，「雇傭契約（contract of service)[9]，徒弟契約または何らかの労働または労務を自分自身で（personally）行う契約に基づいて雇用されている」という意味であり (1条(6)(a))，「被

---

[9] 小宮文人『現代イギリス雇用法――その歴史的展開と政策的特徴』（信山社出版，2006 年）5 頁は，「雇傭契約（contract of service)」と「雇用契約（contract of employment)」を訳し分けており，これは多くのイギリスの制定法が, contract of employment を, contract of service と contract of apprenticeship（徒弟契約）を含むものと定義しているからだと説明する。「employed」という語は，EU 条約の「worker」と同様の広さを持つ概念と解されている。IDS, *Equal Pay: Employment Law Handbook* (Incomes Data Services Ltd., 2008), p. 49.

用者」(employee) という定義よりも，広く解釈されている。すなわち自分自身で労働する契約であれば，自営業 (self-employed) の者も本法の適用対象に入る場合がある[10]。また，派遣労働者 (agency worker) も同一賃金法に基づき申立を行うことができる[11]。

　一方，EU 運営条約 157 条（EC 条約旧 119 条，前 141 条）は，男女「労働者」(workers) の同一価値労働同一賃金原則を規定するが，条約に「労働者」の定義規定はなく，解釈に委ねられている。2004 年 Allonby 事件 ECJ 判決【46】は，労働者とは「一定の期間，報酬を受けることの見返りに，他者の指揮の下で当該他者のために労務を提供する者」と幅広く解したが，EC 条約前 141 条 2 項が，賃金を，雇用に関して労働者が使用者から受領する報酬と規定していることとの関係で，「労務の受領者と従属関係にない独立した労務提供者 (independent providers) を含」まないとしている。

(b)　対象事項──「賃金」概念

　イギリス同一賃金法は，賃金だけではなく，傷病休暇や休日を含む雇用契約上の条件も，平等に取り扱われるべき事項とするが，契約内容にない支払い (payments) や便宜 (benefits) に関する差別は，性差別禁止法の管轄事項である。したがって同一賃金法は，雇用契約の内容ではない公的な年金に関しては適用されない。ただし，職業年金は，同一賃金法が 1995 年年金法により改正されたため，適用対象になっている。

　EU 運営条約 157 条は，対象を「賃金」(pay) に限定するが[12]，その概念を広く定義している[13]。ECJ も，1971 年 Defrenne I 事件判決【1】で，EC 条約旧 119 条の賃金を「使用者との雇用関係において労働者が受領する全ての対価」と広く解釈した。判例は，いわゆる給与のみならず，職域年金をはじめとする企業内福利厚生給付[14]や，雇用労働者に対する法律上の給付[15]も，賃金

---

10)　1984 年 Quinnen 事件 EAT 判決【11】。
11)　2001 年 Allonby 事件 CA 判決【41】。
12)　賃金以外の労働条件や社会保障給付については，指令による規制がある。しかし社会保障に関する男女均等待遇指令（79/7/EEC）は，男女平等を「漸進的に実現する」としているため，「賃金」か「社会保障給付」かによって，法的な保障に大きな違いが生じる。
13)　EU 運営条約 157 条 2 項。2006 年男女均等待遇統合指令も広い定義を用いている。

に該当するとしている。このように、EU運営条約157条が内包する賃金に関する性差別禁止という規範は、雇用関係における給付全般にわたり幅広く確立されたものといえるのであり、それは同条の直接的効果を通じて、加盟国法にも及ぼされた。

(c) 企業の枠を超えた同原則の適用——比較対象者の範囲

(i) 立法上の定義と従来の判例

近年の労働市場の変化に伴い大きな争点となっている問題は、同一賃金を求める際の比較対象者の範囲である。イギリス同一賃金法は、比較対象者が「同一雇用」にあることを要件とするが (1条(2)(a)(b)(c))、この「同一雇用」とは、申立人と比較対象者が、同一の使用者もしくは関係使用者 (associated employers) によって、①同一の事業所で雇用されていること、あるいは、②異なる事業所であっても、共通の雇用条件 (common terms and conditions of employment) で雇用されていること、を意味する (1条(6)(c))。すなわち男女の賃金平等は、使用者が同一ないし共同であり、かつ事業所が同一の場合、あるいは、事業所が異なっていても「共通の雇用条件」下にある場合に、主張できる。問題は「共通の雇用条件」の解釈である。これについて 1996 年 British Coal 事件 HL 判決【34】は、「同一 (identical) という意味」の共通条件を要求するのは厳格に過ぎ、むしろ「実質的に比較可能」という広い基準の要求である、として、幅広い目的的アプローチを採用している[16]。

一方、EU 条約および関連の指令には、比較対象者の範囲の明文規定はない。ECJ は 1976 年 Defrenne Ⅱ 事件判決【2】で、EC 条約旧 119 条の対象は「立法規定」や「労働協約」による直接差別を含むが、「同一事業所 (same establish-

---

14) たとえば、1982 年 Garland 事件判決【9】(退職後に配偶者が宿泊施設利用)、1986 年 Bilka 事件判決【12】(法的年金に代わる企業年金)、1992 年 Bötel 事件判決【25】(経営協議会参加時の賃金保障)、1996 年 Gillespie 事件判決【32】(労働協約による出産手当)。

15) たとえば 1989 年 Rinner-Kühn 事件判決【20】(法律上の疾病休業時の賃金)、1999 年 Seymour-Smith 事件判決【37】(不公正解雇に対する補償)。

16) 判例は以前からこれを広く目的的に解釈してきた。1988 年 Leverton 事件 HL 判決【19】は、「『共通の雇用条件』概念は……幅広い範囲の被用者に適用可能な条件を、必然的に予期している」(para. 7) として、男女間で、労働時間や休日の条件に相当の違いがあったとしても、比較可能であると結論づけた。この考え方が、1996 年 British Coal 事件 HL 判決【34】に継承されている。

ment）や同一雇用（service）」における同一労働の賃金格差には，なおさら（even more）適用されるとした。これは，119条の適用範囲を，イギリスの同一賃金法の場合よりも広いものと認識していたことを示すものである[17]。それだけに申立人側は，EU条約を根拠にして同一賃金を主張することが多い。ただし，判決が示す比較対象者の範囲は明確とは言い難く，近年の下請化や外部委託化が進むなかで，改めて条約の適用範囲が問われている。

(ii) ECJによる新たな判断

2002年Lawrence事件【43】では，公務の民間委託に伴い，委託元と委託先の労働者間の男女賃金格差にEC条約旧119条が適用できるかが争点となった。ECJは，同条の適用範囲に関して，賃金格差の原因が「単一の源（single source）に帰しうるか」どうかを問う新たな基準を示し[18]，単一の源か否かは「不平等に対し責任を負い，平等取扱いを回復する者」が申立人と比較対象労働者にとって同じか否か，によって判断するとした。

2004年Allonby事件判決【46】も「単一の源」の考え方を踏襲した。民間委託に伴い，業務委託を受ける自営業者と委託元労働者との間の男女同一賃金原則の適用について，ECJは，「単一の源」基準を採用し，委託元が委託先を指揮している（dictate）場合には，両者は単一の源にあると述べて，委託先の労働者にも同一賃金が支払われるべきだとの判断を示した（ただし当該事案に関しては，男女同一賃金原則の適用を否定）。

(iii) イギリスの新たな判例動向

上記ECJ判決の後，イギリス国内では，2005年Robertson事件CA判決【47】が，EC条約前141条の解釈として，同じ雇用主に雇われている労働者について「単一の源」にあることを否定した。CAは，ECJ判決のいう「単一の源」は，差別的な賃金格差に責任をもつ単一の機関が存在するか否かによって判断されると解釈し，異なる省庁（環境交通地域省と環境食品農務省）に働く男女労働者は，ともに公務員ではあるが，両者の賃金は個々の省庁ごとの予算管理にしたがって決定されており，「単一の源」にはないと結論づけた。2005年

---

17) Barnard, C., *EU Employment Law*（Oxford University Press, 2006），p. 351.
18) 担当法務官は同旨の意見を提出しており，その理論的根拠として，条約141条が，雇用差別の責任を負う者，正当化の抗弁をなしうる者への規範であると述べている。

Armstrong 事件 CA 判決【50】も，Robertson 事件判決【47】の基準を適用して，被申立人の NHS 病院トラストは，申立人と比較対象者に関わるボーナス協定の締結に責任をもつ機関とはいえないとした。

このような CA の立場は，ECJ が Lawrence 事件【43】で示した解釈よりも限定的なものである。この限定的解釈によれば，使用者が賃金レベルの決定や交渉を部局ごとに行うことによって，EC 条約前 141 条の適用を免れるという事態を生じかねない[19]。しかしその後 CA は，2007 年 South Tyneside Metropolitan Borough Council 事件 CA 判決【54】で，前述の 1996 年 British Coal 事件 HL 判決【34】の基準，すなわち実質的に比較可能であるという「広い基準」に基づく解釈を採用した。現在のところ，このように，イギリスの国内裁判所の見解は統一されていない。

(iv) 学説による批判

「単一の源」基準に批判的な学説もある。Fredman は，「単一の源」を基準に，狭い意味で「不平等に対し責任を負い，平等取扱いを回復する者」が同一か否かによって同一賃金原則の適用の可否を決定するのは，このような賃金格差が「不平等か否か」の判断と「それを非難しうるか否か」の判断とを混同するものであって，不平等の意味を狭く解している，と批判する。今日の賃金差別は，ある者の非難されるべき行為（男女別取扱い）から生じるというよりは，しばしば，制度的かつ複合的な要因から不利益が生じるのであるから，業務委託者も，業務委託という制度から生じた賃金の不平等については責任を負うべきであると，Fredman は言う[20]。

一方，イギリスには，営業譲渡による労働条件の低下を規制する規則（TUPE）[21] がある。しかしこの規則は，営業譲渡に際して，譲渡前の労働条件

---

19) 以下の文献は，使用者は部門化（departmentalisation）を進めて，EC 条約前 141 条の適用を免れようとするだろうと CA を批判する。Baker & McKenzie and Blackstone chambers, *Tolley's Discrimination in Employment Handbook* (LexisNexis Butterworths, 2008), p.400.

20) Fredman, S., 'Marginalising Equal Pay Laws', *Industrial Law Journal*, Vol. 33, Issue 3 (2004), pp. 282-283.

21) 1981 年営業譲渡（雇用保護）規則（「TUPE」）は，EU の 1977 年営業譲渡指令（77/187/EEC）を国内法化したものである。指令は 1998 年，2001 年に改正され，TUPE もまた 2006 年に改正された。長谷川聡「業務の外部委託・委託先の変更・社内化におけるイギリス労働者保護の枠組み」季刊労働法 219 号（2007 年）247 頁以下参照。

を譲渡後にも維持させる規定であって，譲渡先に移動した労働者の従前の賃金の保全にとっては有益だが，譲渡先で新たに雇用される労働者の保護に役立つものではない。Fredmanは，民間委託や下請化が女性職で多発しているとして，委託化や請負化による女性賃金の低下に対抗する男女平等の視点からのアプローチが必要だと，強調する。McColganも，Robertson事件CA判決【47】がECJ以上に適用範囲を限定したことについては「おおいに問題である」とし，TUPEによる救済では現実的にも不十分だと批判した[22]。

なお，2006年男女均等待遇統合指令の立法化にあたり，EC委員会の当初提案には「単一の源」の明記が盛り込まれていたが[23]，改正法からは削除された。

(3) 職務価値の同一性に着目した訴訟類型

男女同一価値労働同一賃金原則につき，「職務価値の同一性に着目した訴訟類型」と「間接性差別禁止法理をめぐる訴訟類型」が見いだせることは前述の通りである。ここでは，前者の類型の判例をとりあげて検討する。この訴訟類型では，申立人が，他の性別の比較対象者と同一労働ないし同一価値労働であること，ならびに，両者の間に賃金格差があることを立証し（使用者の性差別的意思や意図の立証は不要），これに対して被申立人は，賃金格差は正当化されるものであるとの反証を行うことになる。

(a) 比較対象者の選定——「実在する」ことが必要か
(i) 従来の判例の動向

比較対象者は「同一」価値労働に従事する「実在の労働者」でなければならないのか，それとも，現実には存在しない「仮想の労働者」を比較対象とすることは認められるのか。仮想の労働者を設定できれば，申立人女性と同一価値の職務に従事する男性が実在しない場合でも，「仮に，当該女性の職に男性が就いていたならば，支払われたはずの賃金」と「申立人女性の賃金」とを比較して，その格差を理由に，同一賃金原則違反を主張できる。申立人女性が自分と同一価値労働に従事する男性労働者を現実の職場に見いだせない場合，この問題は，同一価値労働同一賃金原則の有効性をめぐる重要な分岐点となる。

---

22) 本書第9章第1節参照。
23) COM (2004) 279 final, pp. 9, 24.

イギリスでは，性差別禁止法が，実在しない仮想の労働者を比較対象とすることを明文で認めているのに対して（同法1条(1)(a)(b)），同一賃金法には同旨の明文規定がないため，同法では比較対象者は現実に存在する労働者でなければならないと解釈されてきた[24]。

EU法下の判決も，EC条約旧119条は比較対象者が実在する（していた）ことを要求している，と判示した。1980年Macarthys事件ECJ判決【6】は，比較対象者は，申立人と同時期に職場にいたことは必要ではなく，過去に存在した労働者であってもよいが，その前提として，実在することが必要であると判示した。仮想比較対象者を否定する理由として，同判決は，EC条約旧119条を加盟国で直接適用するには，比較は，実際に遂行された職務との具体的評価に基づくものに制限されるべきと述べる。条約を直接に権利主張の根拠とするには規定内容が明確かつ留保付でないことが要件とされるが[25]，仮想比較対象者との比較では，その明確性が担保されないと判断したのであろう。

1988年Murphy事件ECJ判決【15】は，申立人女性の職務の価値が比較対象者男性の職務の価値よりも高い事案につき，EC条約旧119条は，労働の価値が同一か類似の場合に適用される原則であるとした。ただし，申立人の労働の価値が比較対象者のそれよりも高い場合には同原則の適用を認めることができるとして，ECJは，結論的に，両者の職務は比較可能と判断した。しかし，より高い価値の労働に従事している申立人女性に，比較対象男性との「同一賃金」の支払いを認めたにすぎない。ECJは，EC条約旧119条の要請として，「労働価値に比例する賃金」（賃金は労働の価値に比例すべきであるという原則）が含まれるとは判断していない。

(ii) EUにおける新たな立法動向

比較対象者の「実在性」を要求することの不合理性は，男女差別においてのみならず，1997年アムステルダム条約によって差別事由に加えられた障害者や年齢に関する事案では，さらに顕著である。そこでEUは，2000年雇用・職業均等待遇一般枠組指令（2条2項(a)(b)）および人種・民族的出身均等待遇指

---

24) ただし，申立人女性が就いている職務の前任者や後任者に男性がいる場合には，彼らも比較対象者と認められてきた。1996年 Diocese of Hallam Trustee 事件 EAT 判決【33】。
25) C-26/62 Van Gend en Loos v Nederlandse Administratie der Belastingen [1963] ECR 1.

令（2条2項(a)(b)）において，「直接差別とは，ある者を他の者が……取り扱われたであろう（would）よりも不利に扱う」こと，また「間接差別とは，（中立的基準などが）……ある者にとって特定の不利益となるであろう（would）場合」である，として，仮定状況を含む表現を用いて定義し，仮想比較対象者との比較を可能とする立法的解決を図った。

その後，男女の賃金平等についても，2002年改正の男女均等待遇指令2条2項（2002/73/EC，同改正指令は賃金を対象に含む）および2006年男女均等待遇統合指令2条1項(a)(b)（2006/54/EC）は，上記2000年の両指令と同様の表現を導入して，仮想比較対象者を認めることにした。この立法上の修正により，判例法理の問題点が克服されたと考えられる。

仮想比較対象者を認めることは，次の2点において，重要な変化をもたらす。第一に，申立人が同一価値労働に従事する他の性別の実在の労働者を選定する必要がなくなり，立証上の困難性が著しく軽減される。第二に，男女が従事する労働の価値の差異以上の賃金格差がある場合には，同一価値労働同一賃金原則違反を主張することが可能になる。これらの変化は，いわば「狭義の」同一価値労働同一賃金原則から，「労働価値に比例する賃金原則」ないし「公正賃金原則」への移行を意味するものであるといってよいだろう[26]。

(iii) イギリスにおける反応

このようなEUの立法動向をみれば，イギリスでも同様の法改正がなされて然るべきであった。男女の職域や地位に偏りがある現状において，比較対象者を，「同一ないし同一価値」労働を行う「実在」の男性労働者に限定することは，同原則の適用範囲を狭め，差別是正機能を著しく低めることになるとして，学説も批判的であった[27]。また，法制度としても，性差別禁止法は仮想比較対象者に依拠することを認めているのであり（同法1条(1)(a)(b)），学説の批判も十分理解できるものであった。

その後，イギリスでは従来の差別立法を統合する「平等法」制定の議論が進

---

[26] 詳しくは，黒岩容子「2002年EC指令が仮想比較対象者を認めたことの意義とその影響」労働法律旬報1675号（2008年）37頁以下。

[27] Barnard, adove, n. 17, p. 346; Burrows N. and Robinson M., 'An Assesment of the Recast of Community Equality Laws', *European Law Journal*, Vol.13, No.2（2007），p. 199.

み，仮想比較対象者を認めるべきか否かが議論になった。EOC（Equal Opportunities Commission：機会均等委員会）や労働組合などは，仮想比較対象者を認めるべきであると主張し，他方，イギリス政府は，これを認めない方針を崩さず，結局，2010年平等法には，仮想比較対象者を認める明文規定は導入されなかった。政府は，2002年改正男女均等待遇指令前文では賃金と他の労働条件とが区別されており，同指令も賃金にまで仮想比較対象者を認めてはいない，という独自の見解をとっている[28]。政府は，仮想比較対象者概念の導入によって，同一賃金法が「公正賃金法（fair pay for equal work law）」へと変化することを懸念していると思われる[29]。今後，仮想比較対象者に関するEU指令の解釈は，訴訟によって争われる可能性が大きい。

(b) 職務の評価をめぐって

(i) イギリスにおける申立の3類型

前述のように同一賃金法は，労働者が同一賃金を申立て得る場合として，男女労働者が同一の雇用において，①「同一ないし類似労働」，②「同等と評価される労働」，③「同一価値労働」に従事している場合，という3類型をあげている。

① 類似労働　「類似労働」とは，(i)男女の労働が同一（the same），あるいは，概ね類似の性質であり，(ii)仮に労働に差異があるとしても，その差異が雇用条件に関わる実質的な重要性をもたない場合である（同一賃金法1条(4)）。

労働に差異があるか否かについて，些細な差異や単なる職務記述の違いは，差異に当たらない[30]。また，ある労働が被用者の職務記述に組み込まれているとしても，その労働の一部が分離され区別されているような場合には，労働の差異としては無視されてもよい[31]。勤務時間帯の違いは，賃金の基本レートが争点となっている場合において，労働の「類似性」を否定する論拠にはならない。夜業をすれば夜業手当，時間外労働には時間外労働手当が，別途，支給されるからである[32]。休日労働も同様である。他方，夜に1人で監督者なしで夜

---

28) Barnard, adove, n. 17, p. 346. Barnardは，政府が根拠とした2002年改正男女均等待遇指令前文は，2006年男女均等待遇統合指令では削除されたと指摘している。
29) Incomes Data Services, *Equal Pay* (2008), p. 116.
30) 1978年Shields事件CA判決【3】。
31) 1978年Maidment事件EAT判決【4】。

勤するというような付加的な責任が労働に課されていることは，実質的に重要性のある差異として，類似労働を否定する要素になりうる[33]。

② 同等評価労働　「同等評価労働」とは，企業ないし企業グループに職務評価調査制度があり，その下で男女の職務が同等と評価される場合である（同一賃金法1条(2)(b)）。男女が同等評価労働に従事しているというためには，「分析的で非差別的な職務評価調査制度」が，使用者によって行われていなければならない[34]。当該職務評価調査制度では，努力，技能，決定等などの項目の下に，労働者に課せられる要請としての「客観的な基準」[35]に照らして，職務の内容が評価されている必要がある（同法1条(5)）。通常，男女の職務が同一のbandやgradeに位置づけられる場合，両者の職務は「同等評価労働」とみなされている。

同等と評価されていない場合には，当該職務評価調査自体が性差別的である，あるいは，依拠するには不適切なものであると言えないかぎり，同一賃金法違反の主張はできない（同法2A条2A項）。それだけに，職務評価調査は，「分析的で非差別的」であることを要請されるのである。分析的でない職務評価調査には，評価の際に使用者の差別的な思い込みや態度が入り込みやすい[36]。また，伝統的に女性とされてきた職務要素は低い評価を受けやすいため，十分な注

---

32) 1978年Shields事件CA判決【3】。
33) 1987年Thomas事件EAT判決【14】。
34) ただし使用者は，職務評価調査の実施を義務づけられているわけではない。2007年のある調査によれば，イギリスで職務評価調査を導入している企業は，民間では49％，公的分野では80％である。この数値は中小企業ではより一層少ない。The E-Reword Job Evaluation Survey 2007 (22 June 2007). 2007年ヒアリング調査では，政府のWEC（女性平等担当部）が，民間企業では40％の企業しかJESを導入していないと述べていた（本書第9章第1節参照）。上記2007年E-Reword調査は，2003年と2007年を比較し，2003年段階での民間導入企業は39％としているので，2007年ヒアリング内容と一致している。4年間の間に職務評価調査制度を導入した企業数は，相当増加したということであろう。
35) 個々の被用者ごとに異なるような項目，たとえば生産性や勤続期間などは，ここにいう重要な項目にはあたらないといわれている。Baker & McKenzie and Blackstone Chambers, above, n. 19, p. 397.
36) 1988年Bromley事件CA判決【16】では，被申立人企業が「一対比較法（paired comparison）」による職務評価制度を導入していたが，CAは，当該職務評価は，基準職務だけを分析的に比較するものであり，全体としては「非分析的なもの」であると判断した。

意が必要である。

③　同一価値労働　「同一価値労働」とは，職務に対して使用者が求める努力，技能，決断等の程度からみて，男女の職務が同一価値とされる場合であり（同一賃金法1条(2)(c)），前述のように，1983年から導入された類型である。

1条(2)(c)の規定によれば，女性労働者は「類似労働」や「同等評価労働」が適用されない場合に，「同一価値労働」を根拠に，同一賃金を得る権利を有する，とある。しかしこの条文は，「類似労働」「同等評価労働」の申立をしなければ「同一価値労働」の申立ができないという意味ではない。女性労働者が比較対象者として選択した男性が，たまたま類似労働，同等評価労働と認められる場合には，前二者の申立が優先するという意味であって，申立人女性が別の男性を比較対象者に選んで「同一価値労働」の申立をすることは，何ら妨げられない。もしそれが認められなければ，使用者は，女性労働者と類似労働をするトークンとしての男性（名目的存在としての男性）を職場に1人でも採用しておけば，同一価値労働の申立を避けることができることになってしまい，誠に不合理な結果となるからである[37]。もっとも，分析的で差別的でない職務評価調査によって男女の職務価値が異なると評価されている場合には，同一価値労働の申立は棄却される場合がある（2A条(2)）。

(ii)　ECJによる職務比較の判断枠組み

イギリスの国内裁判所判例の多くは，上記のように，職務の比較を行う際の具体的な方法を詳細に検討しているが，これに対してECJの判決は，職務の比較に関する基準の大枠を示している点に特色がある。

1980年Macarthys事件ECJ判決【6】は，「同一労働」とは職務の性質（nature of the services）に関する概念であると判示した。これは，「同一労働」か否かを，使用者にとっての職務の価値——使用者が得る収益や他に委託した場合に要するコスト——によってではなく，客観的な職務それ自体の価値により判断するものである。その根拠について，Ellisは，もし使用者にとっての価値で評価するとすれば，男女の職域が分離し女性職の賃金が男性職より低い現状においては，女性職従事者の代替は安価で可能であるため，女性職の価値評価は男性

---

[37]　1988年Pickstone事件HL判決【18】。

職よりも低くなるからだと説明している[38]。EC条約前141条（現EU運営条約157条）は，まさに女性職の市場における低価値を問題とし，それを是正するための規定であるから，使用者にとっての職務の価値で評価することは，条約の目的に反するものといえよう。

1995年Royal Copenhagen事件ECJ判決【30】[39]は，職務の価値が「比較可能な状況にあると言えるためには，労働の性質（nature of work），求められる教育訓練（training requirements），労働条件（working conditions）のような一連の要素を考慮して」判断されるべきだ，と述べ，職務の価値の客観的判断に関する具体的な基準を示した。同判決は，以後のリーディングケースとなっている。

1999年Wiener Gebietskrankenkasse事件ECJ判決【38】では，精神療法士としての職務に雇用されている医師と心理学者が同一労働といえるか否かが問題となり，判決は，職務遂行者のもつ知識・技能によって，精神療法士としての職務の具体的内容が異なる，とした。判決は，「職務」を評価対象としつつ，従事する労働者の教育訓練や資格が職務自体の内容に影響を及ぼすことを考慮している。また2001年Brunnhofer事件ECJ判決【42】では，男女銀行員の職務の同一性が問題となり，判決は，労働協約において同じ職務カテゴリーに分類されているからといって同一労働ないし同一価値労働とはいえず，仕事の性質，求められる教育訓練，労働条件といった一連の要素を考慮することが必要であるとした。

(c) 何をもって賃金格差とするのか

男女の賃金の格差の存否は，賃金を構成する基本給や諸手当ごとに，比較されるのか，それとも賃金の総額が比較されるのだろうか。

イギリスの同一賃金法では，1988年Hayward事件HL判決【17】が，たとえ申立人の契約条件に比較対象者よりも有利な条件（疾病手当と有給の食事時間）が含まれているとしても，男女の契約条件が平等か否かは個別に比較されるべきであって，ひとかたまりのものとして扱われるべきでないと判示した[40]。

---

38) Ellis E., *EU Anti-Discrimination Law*（Oxford University Press, 2005）, pp. 158-159.
39) この事件では，出来高払いのロクロ師（体力を要し，男性労働者の多い職）と絵付師（繊細さが要求され，女性が多い職）が，同一労働ないし同一価値労働か否かが問題となった。

一方、ECJ では、賃金の総額を対象に格差の有無を判断する判決群[41]と、賃金を構成する要素ごとに比較して格差の有無を判断する判決群[42]とが存在し、両群の判例を理論的にどのように統一的に理解するのかが問題となっている。2000 年 Jämställdhetsombudsmannen 事件 ECJ 判決【40】の担当法務官は、「透明で実効性ある審査を行うために、原則として、男女同一賃金原則は、賃金構成要素ごとに適用される。しかし、賃金の構成が複雑で要素ごとに比較することが困難ないし不可能な場合には、賃金総額を対象とした包括的な評価を唯一有効かつ適切な方法として用いている」と解して、両群の ECJ 判例は統一的に理解できるとした。これに対して、2007 年 Voß 事件 ECJ 判決【56】の担当法務官は、判断対象を「賃金の総額」とするか「個々の構成要素」とするかについては、優先すべき順位はなく、裁判所が当該事案に最も適切な手段を選ぶべきであるとの意見を述べている。

(d) 性差別禁止原則との関係

イギリスの同一賃金法下では、職務の比較が男女同一価値労働同一賃金原則の出発点である。判例上の立証責任ルールによれば、申立人が、他の性別の比較対象者と「類似」「同等評価」あるいは「同一価値」の労働に従事しているにもかかわらず、両者の間に賃金格差があることを立証すると、当該賃金格差は、直接もしくは間接の性差別であるとの推定を受け、使用者が、当該賃金格差が「性別以外の真に実質的な要因」によることを立証した場合には、性差別の推定は覆される[43]。このような立証法則からみると、裁判所は、同一価値労働に従事する男女間に賃金格差がある場合に、一応、性差別を推定することにより、賃金に関する性差別禁止原則の枠組みの中に、男女同一価値労働同一賃金原則を取り込んでいる。同一賃金法は、法文上、「性差別」という表現を使用していないが、両者はこのように位置づけられている。

---

40) 本件については、浅倉むつ子『労働とジェンダーの法律学』（有斐閣、2000 年）261 頁参照。

41) 1989 年 Danfoss 事件 ECJ 判決【21】、1995 年 Royal Copenhagen 事件 ECJ 判決【30】、2007 年 Voß 事件 ECJ 判決【56】など。

42) 1990 年 Barber 事件 ECJ 判決【22】、2000 年 Jämställdhetsombudsmannen 事件 ECJ 判決【40】、2001 年 Brunnhofer 事件 ECJ 判決【42】など。

43) 2000 年 Glasgow City Council 事件 HL 判決【39】など。

一方、EU法はより端的に、明文で、男女同一価値労働同一賃金原則を、賃金に関する性差別禁止を意味するものとして規定する（現EU運営条約157条2項、2006年男女均等待遇統合指令4条）。1980年Macarthys事件ECJ判決【6】は、同一労働に従事する男女の賃金格差は、性差別ではないと反証されないかぎりEC条約旧119条違反、すなわち性差別（この時期には直接性差別を想定）と推定されると解釈した。2001年Brunnhofer事件ECJ判決【42】は、原告による「比較対象者との同一労働ないし同一価値労働」および「両者の賃金格差」の立証によって性差別が一応推定されること、使用者は、「賃金格差の要因が性とは関係なく」かつ「その要因が必要な目的を有し、目的達成に適切かつ必要な手段（目的と手段の比例性）」であることを立証すれば、賃金格差を正当化しうると判示した。男女が同一ないし同一価値の職務に従事しながらも両者に賃金格差があるという事実から、直接ないし間接の性差別が推定される、という立証手法がとられている。

このようにイギリス同一賃金法もEU法も、男女同一価値労働同一賃金原則を、男女の職務価値の同一性にもかかわらず賃金格差があることをもって、直接ないし間接の性差別を推定する立証の手法として位置づけている。

(4) **間接性差別禁止法理をめぐる訴訟類型**
(a) **間接性差別法理が出現した背景**

これまで職務価値の同一性に着目した訴訟類型の展開の経緯をみてきたが、1980年代以降、EU法の下では、性差別的効果に着目する間接性差別禁止法理が展開されるようになった。男女間賃金をめぐる初期の事案は、男女の職務の同一性の主張・立証を通じての同一賃金請求事案が主流であった。当時は、男女別の賃金や福利厚生制度、女性ゆえの低賃金処遇などが横行していた時代であり、まずは、加盟各国における明示的あるいは隠された直接性差別がEU法に違反するか否かが問題となったのである。したがって、この時期の判決による男女同一価値労働同一賃金原則の適用、すなわち職務価値の同一性および男女の賃金格差からの性差別の推定は、明示的ないし隠された直接性差別を想定したものであった。

しかし1970年代も後半になると、1976年DefrenneⅡ事件ECJ判決【2】で

EC条約旧119条の加盟国への直接かつ私人間も含む効力が認められ，また，男女同一賃金指令の各国への適用猶予期間も経過して，男女別の賃金処遇は変更を迫られた。他方，この頃から問題となったのは，性中立的な基準の中に女性／男性に不利益を与える意図が隠されている事案や，性差別な意図はないが制度の仕組み自体が女性／男性に不利な効果を与えるような賃金制度や賃金処遇であった。こうした問題が間接性差別として争われるようになり，ECJにおいては，「一方の性に不利益な効果」が生じていることに着目して性差別を推定するという間接性差別禁止法理が形成され，展開されていくようになった[44]。

(b) 間接性差別禁止法理の形成と展開

EU法における間接性差別禁止法理は，1981年Jenkins事件ECJ判決【8】を経て，1986年Bilka事件ECJ判決【12】により，基本的枠組みが形成された。

Jenkins事件ECJ判決【8】は，賃金の高いフルタイムで働いているのが圧倒的に男性であり女性の割合はかなり低いという事実に着目して，外形上は性中立的な賃金制度であっても生じている結果を基に性差別と判断していく論理の道筋を示した。しかしこの判決は，「その歴史および使用者の意図を考慮し」と述べており，使用者が隠れた性差別意図を有していることを性差別成立の要件としたと解される余地を残していた。

Bilka事件は，職域年金制度からのパート労働者の除外が女性差別に該当するか否かが争われた事案だが，1986年ECJ判決【12】は，使用者の性差別意図の有無を問うことなく，性中立的基準により性差別的効果が生じていることに着目して，性差別の成立を認めた。同判決は，年金制度からのパート労働者除外措置が多数の女性に影響を与える場合には，使用者によって正当化の立証がなされない限り，EC条約旧119条に反する性差別になるとし，当該措置を正当化するためには，使用者が，その措置の目的が真に必要であり，かつ，その目的を達成する手段が適切かつ必要であることを立証しなければならない，と判示した。

このBilka事件ECJ判決【12】がリーディングケースとなり，以後，ECJは，

---

44) EU法における間接性差別法理の詳細については，黒岩容子「EC法における間接性差別禁止法理の形成と展開(1)(2・完)」早稲田法学会誌59巻1号（2008年）89頁以下，同59巻2号（2009年）173頁以下参照。

使用者の性差別意図を問うことなく，(i)性中立的な規定・基準・取扱いが，(ii)一方の性別の者に不利益な効果を生じている場合には，(iii)当該規定等を設定した側が正当化——すなわち当該規定等の目的と手段（内容）の比例性が必要ということ——を反証として示すことができないかぎり，性差別として EC 条約旧 119 条に違反することを規範内容とする間接性差別禁止法理を確立した。

上記(i)の規定・基準・取扱いなどの範囲について，ECJ は特段の限定をせず，使用者が個別に実施する取扱いだけでなく，社会制度や人事制度などから構造的に生じている男女賃金格差をも，広く審査の対象にしている。パート労働者の権利を制限する処遇[45]，世帯単位を給付要件とする失業補償制度[46]など，雇用や社会制度に関する事案が多数を占める一方，非典型労働に伴う新たな男女格差問題も，審査対象として浮上した。ジョブシェアリング後にフルタイムへ復帰した労働者に対する賃金格差[47]，雇用契約下にない就労者を職域年金から除外する問題などである[48]。

また，ECJ は，上記(ii)の「一方の性別に不利益な効果」（性差別的効果）の有無について，(a)性中立的な規定や基準などによる不利益な効果（影響）が，(b)一方の性別に対して不均衡に生じているか，という 2 段の枠組みによって判断してきた。(b)について，判例は，基本的には統計的証拠から「不均衡」を数量的に判断するが，その場合も，単に数値の多寡を画一的に判断するのではなく，様々な角度からの総合的判断基準を示している[49]。(iii)の正当化の判断については，後述する。

---

45) たとえば，1991 年 Nimz 事件 ECJ 判決【23】。
46) たとえば，1991 年 Belgium 事件 ECJ 判決【24】。
47) 1998 年 Hill 事件 ECJ 判決【35】。
48) 2004 年 Allonby 事件 ECJ 判決【46】。
49) Seymour-Smith 事件 ECJ 判決【37】は，たとえ当該要件がもたらす影響に明確な男女差がなかったとしても，その差異が「継続的で一定」していれば，女性に相当程度大きな効果を与えていたことが立証されるとした。イギリスの最近の判決においても，統計を柔軟に解釈する傾向がみられる。2005 年 Bailey 事件 CA 判決【48】。なお，EC 法レベルでは，2002 年男女均等待遇指令による間接性差別の定義の修正によって，法規定上，差別的効果を統計資料以外の証拠によって立証することも認められることが明らかになった。

(c) 「同一価値労働」の位置づけ

　以上のように展開してきた間接性差別の成否を争う男女賃金差別事案の中には，間接性差別禁止法理を適用する前提条件として，「申立人と比較対象者の職務の同一性もしくは同一価値性」が必要，とする判決がある。一方，その前提条件を必要としない判決もある。いったいなぜこのような 2 つの傾向が見出されるのだろうか。

　1981 年 Jenkins 事件 ECJ 判決【8】は，パート労働者とフルタイム労働者が「同一労働」であることを前提として，両者の賃金額の格差の性差別性を問題とし，1993 年 Enderby 事件 ECJ 判決【27】も，女性が多い職種（言語療法士）と男性が多い職種（薬剤師等）との間に賃金格差がある場合には，「少なくとも」両方の職務が同一価値である場合に，性差別が推定されるとした。

　これに対して，1986 年 Bilka 事件 ECJ 判決【12】は，パート労働者とフルタイム労働者が同一ないし同一価値の労働（以下，「同一（価値）労働」と表記する）に従事しているか否かを問題とすることなく，間接性差別禁止法理を適用した。

　両者の違いは，事案の違いであろう。Jenkins 事件【8】や Enderby 事件【27】など，男女の賃金額の格差自体が争われた事案では，男女がいかなる職務に従事していたかが賃金額決定における重要な要素である。性差別を推定するためには，申立人は，賃金格差とともに男女が同一（価値）労働に従事していることを立証しなければならない。他方，Bilka 事件【12】にみられるような事案では，職務内容は年金制度加入の可否とは関係しないため，職務の同一（価値）性は立証事項には含まれなかったのである。ECJ は，間接性差別禁止法理の適用に関して，問題とされる事柄の性質や内容によって，柔軟な立証手法をとってきたといえるであろう。

　ところが ECJ は 1990 年代半ば頃から，職務の同一（価値）性を，差別禁止法理を適用する場合の前提条件である「比較可能性」の判断要素とするようになった。1993 年 Birds Eye Walls 事件 ECJ 判決【28】を契機として，ECJ は，差別とは「同様の状況に対し異なったルールを適用すること，あるいは，異なった状況に対して同じルールを適用すること」だとして，性差別というためには，その前提条件として，男女間に「比較可能性」が存在することが必要だと

の解釈を示すようになった。そして，男女の労働の「同一価値」性を「比較可能性」の判断要素の一つとして，申立人に比較対象者と同一価値労働に従事していることの立証を要求している[50]。

(5) 賃金格差の正当化──使用者による抗弁

申立人が求められている立証を行い，その結果，賃金格差について性差別の一応の推定がなされた場合，使用者は，どのような抗弁によってその推定を覆し，男女間の賃金格差を正当化できるのだろうか。以下，検討していく。

(a) 正当化の判断枠組み

(i) イギリス同一賃金法の枠組み

同一賃金法は，使用者に，賃金格差の正当化として，男女の賃金の差異が「性別以外の真に実質的な要因」(GMF) によるという立証を求めている（1条(3)）。GMF について，条文では，「類似」「同等評価」労働の場合には，「実質的な差異による」ことを証明しなければならないとし，「同一価値」労働の場合には，「実質的差異でありうる」ことを証明することによって，性差別の推定が覆され，その賃金格差は正当化されると規定する（1条(3)(a)(b)）[51]。

この正当化の抗弁について，2000年 Glasgow City Council 事件 HL 判決【39】は，使用者は，①提出された説明や理由が真正で偽装やみせかけではないこと，②格差の要因が「実質的要因」であること，③格差の理由は，直接・間接を問わず性の違いによるものではないこと，④格差の要因は，男女間に存在する，相当程度，重要（significant）で有意味な（relevant）要因であることを立証しなければならない，とした。そして③を証明した場合，すなわち使用者が，男女の賃金格差が「直接・間接を問わず性によるものではない」と立証できる場合には，使用者には，それに加えて賃金格差の「正当事由」を証明する義務はない，と判示した。同一賃金法の目的は，公正な賃金の保障にあるのではなく，「性に基づく」賃金格差の是正にある以上，賃金格差の理由が直接および間接

---

50) 黒岩・前掲注44)「(2)」188～191頁。
51) 前者（1条(3)(a)）の場合，正当化される賃金格差は「性別以外の実質的な違い」に基づくものでなければならず，それらに限られるが，後者（1条(3)(b)）の場合には，より幅広い抗弁が認められることになる。詳しくは浅倉・前掲注40) 257頁参照。

的に性に基づくものでないことを立証すれば，使用者は，当該取扱いの正当性を立証する必要がない，というのが，現在のイギリス最高裁（かつての貴族院）の立場である[52]。

　GMF が具体的にどのようなものかについては，1986 年 Rainey 事件 HL 判決【13】が一定の指針を示している。すなわち「実質的（material）とは，重要かつ有意味であること（significant and relevant）を意味するが，これは，技能，経験，訓練など，当該個人が職務にもたらす単なる個人的な資質等に係る事項に限られるものではない。使用者の経営活動の効率性に影響する経済的要素にかかわる差異もまた，重要である」という。当該事案では，経験のある義肢装具師を採用するために，民間企業に働く中途採用者に以前の賃金額と同程度の賃金を支払い，その結果，申立人女性と賃金格差が生じたことについて，使用者には正当事由があるとした[53]。

(ii)　EU 法の枠組み

　EU 法における正当化の抗弁については，専ら，間接性差別に関する事案において問題とされ，その成否が審査されてきた[54]。ECJ は，1986 年 Bilka 事件判決【12】以来，正当化の成否の審査として，性中立的な規定や基準が設定された「目的の正当性」および「目的とそれを達成するために選ばれた手段の必要性・適切性」の均衡を求める比例性審査基準（proportionality test）を用いてきた。すなわち，性中立的基準の「目的」と「手段としての必要性・適切性」の審査を通じて，「労働者が性中立的な基準等により被る性差別的な効果」と「当該性中立基準を用いる側の必要性」との調整を図る。

---

52) 2005 年 Sharp 事件 EAT 判決【49】は，使用者は，賃金格差が直接ないし間接の性差別と無関係であると立証するだけでは足らず，さらに客観的正当化の立証が必要であると判示して注目を集めたが，以下の判例は，その後もさらなる「正当化の立証は不要」としている。2005 年 Armstrong 事件 CA 判決【50】，2006 年 Villalba 事件 EAT 判決【51】，2007 年 Bainbridge 事件 EAT 判決【53】，2007 年 Middlesbrough Borough Council 事件 EAT 判決【55】。

53) 本件については，浅倉・前掲注 40) 258 頁参照。

54) EU 法では，従来，直接性差別については，制定法上の規定がない限り禁止の除外は認められないと考えられてきた。そして賃金に関しては，その他の労働条件とは異なり（1976 年男女均等待遇指令 2 条 2 項・3 項，2006 年男女均等待遇統合指令 14 条 2 項），除外を認める制定法上の規定がない。

この調整にあたって、ECJ は、1999 年 Seymour-Smith 事件判決【37】以降、性差別禁止が EU 法上で優位的価値を有することを踏まえて判断するという姿勢を確立した[55]。これ以後は、対象となる性中立的な基準の「性格」(国の立法によるものか、企業などにおいて設けられている私的な基準なのか)、基準の「目的」(市民の生命や健康をめざすものなのか、雇用創出をめざすものなのか等)、その基準によって被る不利益の程度など、あらゆる要素を総合的に勘案・考慮しながら調整を図り、正当化の成否を判断している。

また総合的に勘案・考慮する際の視点として、ECJ の判例は、対象となる基準等の正当性を一般論として述べるだけでは不十分であるとして、個々の事案に則って具体的に主張・立証することが必要だとする[56]。法的措置(手段)の必要性・適切性の判断にあたっては、「他にとることのできる手段」の有無を重要な判断要素とする傾向もみられる[57]。

(b) **賃金決定基準と正当化事由**

賃金格差の正当化として多くの使用者が持ち出すのは、申立人を含む労働者の賃金を決定するにあたって実際に用いている各種の基準であり、公正な賃金決定基準に従った結果、賃金の格差が生じているにすぎないという抗弁である。

どのような基準に則って賃金を支給するかは、原則として契約自由に委ねられており、その基準にも、たしかに多種多様なものがある。裁判例では、「可動性」(mobility：勤務時間や勤務場所の変更にどの程度適応できるか)、「勤続時間や勤続年数の長短」、「求められる教育訓練」、「人員不足の職務に誘引するため」、「労働協約上の取り決め」など、様々なものが、賃金決定基準として、格差の正当化の抗弁として登場し、問題となった。

これらの賃金決定基準を分類するとすれば、(i)職務自体が必要とする各種のファクターという基準、すなわち、当該職務の遂行において求められる「知識・技能水準」や「責任」、「労働環境」など。(ii)労働者個人の属性による賃金

---

55) これ以前は、ECJ は、社会政策の決定権限が加盟国にあることを考慮し、加盟国の社会政策立法の事案では正当性を緩やかに認めていた。たとえば 1995 年 Nolte 事件 ECJ 判決【31】。
56) たとえば 2003 年 Kutz-Bauer 事件 ECJ 判決【44】。
57) たとえば 1999 年 Seymour-Smith 事件 ECJ 判決【37】、2003 年 Kutz-Bauer 事件 ECJ 判決【44】。

決定基準，すなわち，当該個人の「勤続年数」や「教育訓練」など。ただしこの「属性」には，職務に投入された労働の成果と関わりのある「属性」もあれば，それとはまったく無関係な「属性」もあるので注意が必要である。(iii)その他の賃金決定を左右する市場的な要素，すなわち，人手不足の職に労働者を誘引するために高額の賃金を支払うという場合や，労働協約や交渉によって賃金決定が行われる場合など，以上の3つに区分することができよう。

(i) 職務自体に伴う賃金決定基準

職務の同一性に着目する判例においては，職務自体に伴う賃金決定基準は，職務が「同一価値」であるか否かの判断要素であるが，間接差別法理の判例では，これらはすべて従来から，賃金格差の正当化の成否を判断する際の要素と認められてきた。

たとえば，その職務が必要とする労働時間や勤務場所の変更にどれだけ適応できるかという「可動性」の差異や「教育訓練の程度の違い」について，1989年 Danfoss 事件 ECJ 判決【21】は，それらが「仕事を遂行する上で重要である」ことを使用者が立証できたときは，賃金格差の正当化事由になると判示した。「基本給以外に不都合時間帯勤務手当の支給やシフト勤務を理由に時間短縮されていること」も，2000年 Jämställdhetsombudsmannen 事件 ECJ 判決【40】で，正当化事由を構成すると判断されている。

(ii) 労働者個人の属性に伴う賃金決定基準

労働者個人の属性に着目した正当化事由としては，申立人と比較対象者の勤続期間の長さの差，勤務成績の差，技能の差，資格の差，生産性の差などが，主張されてきた。これらの基準は，職務能力や労働の成果の差異を生みだしていると判断されるかぎり，正当化事由と認められている。

「勤務の長さ」(length of service) は，勤続年数あるいは勤務時間数の違いという形で，繰り返し正当化事由として持ち出されてきた。Danfoss 事件では，勤務年数を手当額決定基準の1つとすることが正当化されるかが争点となり，1989年 ECJ 判決【21】は，一般的に労働者が勤務した長さは，経験の獲得と密接に関係し，経験を積めば労働者の職務遂行能力は向上すると述べて，勤続年数を手当支給の基準とすることは正当化されるとした。

しかしその後 ECJ は，職務の性質と経験獲得との具体的な関連性の立証を

求める方向へと判断を進めた。とくにパート労働とフルタイム労働との賃金格差に関しては，勤務時間数の長短と経験獲得とに具体的な関連性があることを，使用者は立証すべきであるという判決が相次いだ[58]。

これに対して 2006 年 Cadman 事件 ECJ 判決【52】[59]は，勤続年数を決定基準に含む賃金について，「一般に」勤務の長さは経験と密接な関連があり，職務遂行能力を向上させるとして，正当化を認めた。ただし，同判決は，労働者から重大な疑問を生じさせる可能性がある証拠が出された場合には，使用者の側に，当該職務遂行と勤務の長さとの密接な関係を立証する必要があるとしており，勤続年数の違いを無限定に正当化事由として認めるものではない。とはいえ，この判決は，従来の判例が勤務の長さの違いと経験獲得との関連性を仕事の性格に則して具体的に立証するよう求めてきたことと見解を異にするものであり，学説からの批判が強い[60]。2007 年ヒアリング調査でも，Cadman 事件 ECJ 判決【52】に対する McColgan の批判は手厳しいものであった[61]。

1989 年 Rinner-Kühn 事件 ECJ 判決【20】は，パート労働者は「企業との結びつきが弱い」という理由は，「特定の範疇の労働者に関する一般的な説明でしかない」として，正当化を否定し，2003 年 Schönheit 事件 ECJ 判決【45】は，パート労働者の退職年金に関して，フルタイム労働との時間比例を超えた減額は正当化されないとして，勤務時間数の違いに比例する範囲でのみ，その正当性を認めている。

(iii) 市場的要素など「外的な要因」による賃金決定基準

イギリスの 1978 年 Clay Cross 事件 CA 判決【5】は，賃金格差の正当事由である「実質的要因」として，前職で受けていた賃金よりも低い賃金ならその企業では働かないだろうというような，「外的な圧力」(extrinsic forces) は考慮さ

---

58) 1991 年 Nimz 事件 ECJ 判決【23】，1998 年 Hill 事件 ECJ 判決【35】など。
59) Cadman 事件 ECJ 判決【52】について，黒岩容子「勤続年数を賃金決定の基準とすることは間接性差別に該当するか」労働法律旬報 1658 号（2007 年）46 頁以下を参照。
60) たとえば，Beck, G., 'The state of EC anti-sex discrimination law and the judgment in Cadman, or how the legal can become the political', *European Law Review*, Vol. 32, No. 4 (2007), pp. 549-562.
61) 黒岩容子「Aileen McColgan 教授に対するヒアリング概要」労働法律旬報 1675 号（2008 年）49 頁。McColgan 教授は，Cadman 判決について，これまでの先例にも反する「不当な判決だ」と述べている。

れるべきではない，としていた。これに対して，1986年Rainey事件HL判決【13】は，Clay Cross事件CA判決【5】が述べる正当事由は「不当に制限的」であると批判して，使用者にとっての経営上・人事管理上の効率性という理由もまた，正当事由に含まれると判断した。たとえば，一般労働市場においてとくに優秀な技能労働者が不足しているというような企業外的な圧力も，正当事由として考慮されるべきだ，というのである。

ECJも，正当化事由から外的要因を全く排除してきたわけではなく，たとえば，1993年Enderby事件ECJ判決【27】は，「人員不足職種における高賃金による誘引の必要」について，その目的の正当性を肯定した。しかし一方，その場合には，高賃金を支払うことによって人員不足が解消できるということを，具体的に立証するように求めている。

外的要因との関係で，イギリスにおいて近時とりわけ問題となっているのは，賃金制度改革に伴う賃金の変動の問題である。ブレア政権時代，公務員労働組合が締結した「単一地位協約」により，従来の職種ごとの職務評価制度が廃止され，すべての職種の地方自治体労働者に統一職務評価制度が適用されることになった。それに伴って生じたのは，従来の賃金が引き下げられる労働者（主として男性職）を対象に，彼らの賃金を，一定期間，特別に保護すること（従来の賃金水準を維持すること）が許されるかどうかという問題である。

2007年Middlesbrough Borough Council事件EAT判決【55】[62]は，賃金保護政策の合理性を認める判断を行ったが，同事件の控訴審である2008年事件CA判決（3つの事件が統合されている）【57】は，このEATの判断を覆して，本件の賃金保護政策は同一賃金法に違反するとの結論に到達した。CAは，使用者が過去の賃金差別について意図的でなかったということは，変更された後の賃金格差（女性が賃金保護制度から排除されていること）が一応明白な差別であるか否かの問題とは無関係である，EATは，賃金保護制度が過去の賃金差別を解消するために必要な激変緩和措置として導入された場合には，女性の排除は

---

62) 本件の賃金保護は，ACASの指導の下に行われ，初年度は以前の賃金を100％保護し，2年目は新旧の賃金制度の下で生じる格差の75％を保護，3年目はその50％，4年目は，年間2000ポンドを超えた部分の賃金喪失分のみに対する保護が適用され，その後は保護が解消されるというものであった。

正当化されるとの見解を表明したが、このルールを一般化すれば、使用者は、賃金差別の違法性が判断された場合には、常に、法の遵守のためにさらに3～4年かけることが許されることになってしまうと述べている。本件では、賃金保護制度（レッド・サークル）は、事案に即して判断された結果、正当性の抗弁として認められなかった。その後2010年平等法は、「賃金格差を縮減するという長期的目的」を適法なものとして認めており、この問題は、一定の立法的な解決が図られたと考えられる。

(6) 救済措置
(a) 契約上の賃金請求権

イギリスの同一賃金法には、既述のように、男女の賃金格差が違法である場合には、雇用契約の平等条項ないし法的にみなされた平等条項（1条(1)）を介して、同一賃金を受ける契約上の権利が保障される、すなわち契約上の賃金請求権が認められる、という特色がある。したがって、同一賃金を支払われる権利が将来に向かって保障されるとともに、差別を受けた労働者は、通常、訴訟提起の日から過去6年に遡って差額を請求しうる（第2ZB条(3)）。

かつて同一賃金法は、賃金請求の遡及期間を2年に限定していたが、1998年Levez事件ECJ判決【36】[63)]を受けて、同法は2003年に改正された。請求できる額についても、かつては上限が定められていたが、1993年MarshallⅡ事件ECJ判決【26】により、請求額の上限規定や利子排除規定はEC法の保障する権利の実効的な保障の確保に反すると判示され、廃止された。

(b) レベルアップによる救済

イギリス同一賃金法は、賃金額の是正は、平等条項の効力により「（女性の契約条件が男性より不利なときは）不利にならないよう修正」（1条(2)(a)(i)、同(b)(i)、同(c)(i)）し、「（男性の利益になる条件が女性の契約にないときは）かかる条件が含まれる」（1条(2)(a)(ii)、同(b)(ii)、同(c)(ii)）ように修正されなければならない、として、

---

63) ECJは、請求権の遡及を制限すること自体は違法でないが、他の国内同種事案より不利であってはならないと述べるとともに、使用者が申立人に対して他の性の労働者の賃金を偽っていた場合にも2年以上遡及できない国内法は、EC条約旧119条（現EU運営条約157条）に違反すると判断した。

有利な条件へとレベルアップする方法での救済を規定している。

このレベルアップによる救済は，EU 法も平等実現として予定するところである[64]。1976 年 Defrenne II 事件 ECJ 判決【2】が述べるように，EC 条約旧 119 条は社会政策の章に置かれて，労働条件の改善および労働者の生活水準の向上を目的に含んでいるからである（これは現 EU 運営条約 157 条も同じ）。ECJ は，国内裁判所は，同条に反する賃金規定や処遇について，労働協約の再締結など特別な措置を待つことなく，直ちにそれらを無効として，不利益を受けていない労働者と同じ扱いをするよう求めている[65]。ただし，ECJ は，いったん平等を回復した後に，男女とも平等にレベルダウンすることは EU 法に反するものではないとする[66]。

3 男女同一価値労働同一賃金原則の意義

(1) 公正な賃金制度の構築に向けて

以上，イギリス同一賃金法と EU 法の下における判例法理の展開について，検討してきた。職種や職務，雇用形態が異なっていても，職務評価によって同一価値の労働には同一賃金を支払うこと，また，仕事の価値が異なる場合でも，価値に比例した賃金の支払いを求めるという「同一価値労働同一賃金原則」に比較して，本節で検討してきた「男女同一価値労働同一賃金原則」は，あくまでも男女間における同原則の適用という意味を有するものにすぎない。その意味では，一般的な同一価値労働同一賃金原則が，職務を基準とした公正な賃金の確保の要請という意味をもつのに対して，男女間の同原則は，むしろ第一義的には，性差別禁止原則の一環として位置づけられるものである。男女同一価値労働同一賃金原則は，男性同士もしくは女性同士の「同一価値労働」を射程に含むものではない。

しかし，男女間に適用されるにすぎないとはいえ，男女同一価値労働同一賃金原則は，賃金決定における職務の重要性を使用者に認識させ，属人的で恣意的な賃金決定や正当性のない賃金決定を規制するような影響をもたらすといえ

---

64) Barnard, above, n. 17, pp. 379-380.
65) たとえば，1991 年 Nimz 事件 ECJ 判決【23】。
66) 1994 年 Smith 事件 ECJ 判決【29】。

よう。なぜなら，同原則の下では，申立人により，男女の職務の同一性・同一価値性ならびに賃金格差が立証されれば，性差別が推定され，賃金格差の正当化の立証責任が使用者に転換されるからである。それゆえに，確かに使用者は賃金決定基準について直接的に規制されるものではないが，訴訟を通じて，職務価値以外の事由を賃金決定基準に用いる場合には，当然のことながら男女別の基準であってはならないこと，また，その基準によって男女賃金格差を生じないこと，もし，男女賃金格差が生じる場合にはそれを正当化するだけの理由を示すことなどが義務づけられていると解釈できる。

　男女同一価値労働同一賃金原則を定めるILO 100号条約に関しても，同条約の主要な目的は，賃金決定の重点を，人の属性に対する評価から，職務に対する評価へと移行させるところにあったと言われている[67]。同様に，イギリスやEUの立法も，男女同一賃金原則を通じて，賃金決定基準から，差別の要因となりやすい人的属性に伴う基準を排除して，職務の価値を賃金決定の基本ないし出発点とするルールを確立するという役割をもっているのである。

　もっとも，それぞれの社会における賃金形態は多様であり，必ずしも国が一定の賃金形態を企業に強制することはできない。また，属人的基準は差別の要因になりやすいといっても，各人の能力や経験あるいは成果などを一律に賃金決定基準から排除すべきだともいえないであろう。そこで，男女同一価値労働同一賃金原則は，客観的な職務価値以外の賃金決定基準を，正当化審査のふるいにかけるのである。その結果，同原則は，使用者に対して，客観的な職務価値など，裁判所において通用するような正当性と透明性をもつ賃金決定基準を採用するように誘導するという重要な機能を果たしていると言えよう。

(2) 男女同一価値労働同一賃金原則の課題

　イギリス同一賃金法をめぐる事案において，裁判所は，同一労働もしくは同一価値の労働であるにも拘らず男女間に賃金格差がある場合に，性差別を，一応，推定する。そのうえで，イギリス同一賃金法の重要な特徴でもあるが，平等条項を雇用契約に導入するという立法上の「性差別の救済手段」を講じて，

---

[67] Hoskyns, C., *Integrating Gender, Women-Law and Politics in the European Union* (Verso, 1996), p. 53.

それにより，男女同一賃金の権利を契約内容として創設する。同法にはもともと，「差別」という文言は使われていないが，イギリスの裁判所は，男女同一価値労働同一賃金原則を，賃金に関する性差別禁止原則の中の立証法則の1つとして位置づけているといえよう。一方，EU 法では，条約および諸指令に「性別に基づく差別のない賃金」をもって「男女同一賃金」と解する旨の明文があり，男女同一賃金原則が性差別禁止原則の範疇に位置づけられていることは，立法上，明確である。そのうえで，ECJ も，職務価値の同一性に着目した立証方法を，性差別の立証の中に位置するものとして捉えてきた。

このような経緯をみると，イギリス法も EU 法も，男女同一価値労働同一賃金原則を，賃金をめぐる性差別推定のための立証法則として法制化したものと言ってよいであろう。そこで改めて，性差別禁止という視点から，男女同一価値労働同一賃金原則の課題についても述べておきたい。

この原則はあくまでも，「比較」を前提としたうえで適用されるものにすぎず，他の性別の比較対象者の存在が前提とされてきた。この考え方を厳格に貫けば，同一労働もしくは同一価値労働に従事する男性という比較対象者がいない場合には，同原則は機能しないことになる。その欠陥を補うために「仮想比較対象者」を認めるべきだという主張がなされてきた。

EU では，すでに述べたように，2002 年男女均等待遇（改正）指令および 2006 年男女均等待遇統合指令を通じて，男女の賃金平等に関して仮想比較対象者が認められることになった。同一価値労働に従事する他の性別の実在の比較対象者を選定する必要はなくなったのである。このような EU 法の変化については，狭義の「同一価値労働同一賃金原則」が，「労働価値に比例する賃金原則」ないし「正当性の程度に比例した賃金原則」へと修正されたと説明することもできる。このことによって，男女間の「職務の違いに見合わない賃金格差」は是正されることになるであろう。

しかし，EU 加盟国であるイギリスは，2010 年平等法でも仮想比較対象者の導入には消極的態度をとった。あくまでもイギリス政府は，同一賃金法は「同一ないし同一価値労働の比較」を前提とした男女差別賃金を禁じる法であり，労働の価値の差を反映した「公正賃金」を実現する立法ではない，という立場を維持している。

性差別禁止という視点からいえば，そもそも賃金に関して「他者と比較できようができまいが，性という属性で不利益をあたえてはならない」という原則の確立は不可欠である。なぜなら，労働の価値は「等しく」はないが，性を理由として不利益を与えるべきではないという賃金関連事案（たとえば，男性職は高い賃金，女性職は低い賃金というような事案）に対応する必要があるからである。さらに，賃金の「額」をめぐる争いではなく，賃金や手当の受給資格といった事案（すなわち職務価値の同一性を前提としない事案）では，労働の価値はそもそも問われない。これは，端的に「性を理由とした不利益扱いの禁止」という，比較を要件としない，より広い意味での性差別禁止原則が適用されるべき事案である。それだけに，性差別禁止原則は，同一価値労働同一賃金原則を不可欠の分野として組み込むが，同時に，性差別禁止原則が独自に機能する賃金関連分野の事案も存在するのである。

　以上のことを考慮すれば，男女同一価値労働同一賃金原則が性差別根絶のために機能しうる範囲は限定されており，むしろ，性差別禁止原則と併用ないし使い分けていくことが重要である。

　イギリスと EU は，1970 年代に男女同一価値労働同一賃金原則を法的に確立し，さまざまな問題に直面しながら，男女の賃金格差の是正のために，同原則を機能させてきた。日本でも，男女同一価値労働同一賃金原則の重要性は長く強調されてきた。しかし，日本でこの原則を実効的に履行していこうとするときに，いったい何が欠如しており，何が必要とされているのかを考えると，実は，最も基本となる男女同一価値労働同一賃金原則の規範内容は，これまで必ずしも明らかにされてきたわけではないという現実にいきつくのである。

　本節では，イギリスと EU における法的実践の蓄積から学び，男女同一価値労働同一賃金原則の法的構造や規範内容の発展を分析し，そこで同原則が直面している課題や将来の可能性について検討してきた。ここで明らかになった課題を，日本においてどのように実現するべきか，その具体的検討が，次の課題である。

表　参照判例一覧

整理番号	判決日	裁判所	事件番号	事件名	掲載誌
1	1971.05.25	ECJ	80/70	Defrenne Ⅰ : Defrenne v Belgiun	[1971] ECR 445
2	1976.04.08	ECJ	43/75	Defrenne Ⅱ : Defrenne v Sabena	[1976] ECR 455
3	1978.04.27	CA		Shields v E. Coomes (Holdings) Ltd.	[1978] WLR 1408
4	1978.06.27	EAT		Maidment v Cooper & Co (Birmingham) Ltd.	[1978] IRLR 462
5	1978.07.11	CA		Fletcher v Clay Cross Ltd.	[1978] IRLR 361
6	1980.03.27	ECJ	129/79	Macarthys Ltd. v Smith	[1980] ECR 1275
7	1981.03.11	ECJ	69/80	Worringham v Lloyds Bank Ltd.	[1981] ECR 767
8	1981.03.31	ECJ	96/80	Jenkins v Kingsgate Ltd.	[1981] ECR 911
9	1982.02.09	ECJ	12/81	Garland v British Rail Engineering Ltd.	[1982] ECR 359
10	1982.07.06	ECJ	61/81	Commission of the European Communities v United Kingdom	[1982] ECR 2601
11	1984.03.13	EAT		Quinnen v Hovells	[1984] IRLR 227
12	1986.05.13	ECJ	170/84	Bilka-Kaufhaus GmbH v Karin Weber von Hartz	[1986] ECR 1607
13	1986.11.27	HL		Rainey v Greater Glasgow Health Board	[1987] IRLR 26
14	1987.05.15	EAT		Thomas v National Coal Board	[1987] IRLR 451
15	1988.02.04	ECJ	157/86	Murphy v Bord Telecom Eireann	[1988] ECR 673
16	1988.03.30	CA		Bromley v H. & J. Quick Ltd.	[1988] IRLR 249
17	1988.05.05	HL		Hayward v Cammell Laird Shipbuilders Ltd.	[1988] IRLR 257
18	1988.06.30	HL		Pickstone v Freemans plc	[1988] IRLR 357
19	1988.12.15	HL		Leverton v Clwyd County Council	[1989] IRLR 28
20	1989.07.13	ECJ	171/88	Rinner-Kühn v FWW Spezial-Gebäudereinigung GmbH	[1989] ECR 2743
21	1989.10.17	ECJ	109/88	Handels-og Kontorfunktionærernes Forbund I Danmark v Dansk Arbejdsgiverforening, acting on behalf of Danfoss	[1989] ECR 3199
22	1990.05.17	ECJ	C-262/88	Barber v Guardian Royal Exchange Assurance Group	[1990] ECR I-1889
23	1991.02.07	ECJ	C-184/89	Nimz v Freie und Hansestadt Hamburg	[1991] ECR I-297
24	1991.05.07	ECJ	C-229/89	Commission of the European Communities v Belgium	[1991] ECR I-2205
25	1992.06.04	ECJ	C-360/90	Arbeiterwohlfahrt der Stadt Berlin v Bötel	[1992] ECR I-3589
26	1993.08.02	ECJ	C-271/91	Marshall v Southampton and South-West Hampshire Area Health Authority (Marshall Ⅱ)	[1993] ECR I-4367
27	1993.10.27	ECJ	C-127/92	Enderby v Frenchay Health Authority	[1993] ECR I-5535

第3節　男女同一価値労働同一賃金をめぐる判例動向　485

整理番号	判決日	裁判所	事件番号	事件名	掲載誌
28	1993.11.09	ECJ	C-132/92	Birds Eye Walls Ltd. v Roberts	[1993] ECR I-5579
29	1994.09.28	ECJ	C-408/92	Smith v Avdel Systems Ltd.	[1994] ECR I-4435
30	1995.05.31	ECJ	C-400/93	Specialarbejderforbundet i Danmark v Dansk Industri, acting for Royal Copenhagen A/S	[1995] ECR I-1275
31	1995.12.14	ECJ	C-317/93	Nolte v Landesversicherungsanstalt Hannover	[1995] ECR I-4625
32	1996.02.13	ECJ	C-342/93	Gillespie v Northern Health and Social Services Board	[1996] ECR I-475
33	1996.05.21	EAT		Diocese of Hallam Trustee v Connaughton	[1996] IRLR 505
34	1996.05.22	HL		British Coal Corporation v Smith	[1996] IRLR 404
35	1998.06.17	ECJ	C-243/95	Hill v Revenue Commissioners	[1998] ECR I-3739
36	1998.12.01	ECJ	C-326/96	Levez v Jennings Ltd.	[1998] ECR I-7835
37	1999.02.09	ECJ	C-167/97	R v Secretary of State for Employment, ex-parte Seymour-Smith	[1999] ECR I-623
38	1999.05.11	ECJ	C-309/97	Angestelltenbetriebsrat der Wiener Gebietskrankenkasse v Wiener Gebietskrankenkasse	[1999] ECR I-2865
39	2000.02.03	HL		Glasgow City Council v Marshall	[2000] IRLR 272
40	2000.03.30	ECJ	C-236/98	Jämställdhetsombudsmannen v Örebro läns landsting	[2000] ECR I-2189
41	2001.03.23	CA		Allonby v Accrington & Rossendale College	[2001] IRLR 364
42	2001.06.26	ECJ	C-381/99	Brunnhofer v Bank der Österreichischen Postsparkasse AG	[2001] ECR I-4961
43	2002.09.17	ECJ	C-320/00	Lawrence v Regent Office Care Ltd.	[2002] ECR I-7325
44	2003.03.20	ECJ	C-187/00	Kutz-Bauer v Freie und Hansestadt Hamburg	[2003] ECR I-2741
45	2003.10.23	ECJ	C-4/02	Schönheit v Stadt Frankfurt am Main	[2003] ECR I-12575
46	2004.01.13	ECJ	C-256/01	Allonby v Accrington & Rossendale College	[2004] ECR I-873
47	2005.02.22	CA		Robertson v Department for Environment, Food and Rural Affairs	[2005] IRLR 363
48	2005.03.22	CA		Bailey v Home Office	[2005] IRLR 369
49	2005.11.01	EAT		Sharp v Caledonia Group Services Ltd.	[2006] IRLR 4
50	2005.12.21	CA		Armstrong v Newcastle upon Tyne NHS Hospital Trust	[2006] IRLR 124
51	2006.03.31	EAT		Villalba v Merrill Lynch & Co Inc.	[2006] IRLR 437
52	2006.10.03	ECJ	C-17/05	Cadman v Health & Safety Executive	[2006] ECR I-9583

整理番号	判決日	裁判所	事件番号	事件名	掲載誌
53	2007.03.23	EAT		Bainbridge v Redcar & Cleveland Borough Council	［2007］IRLR 494
54	2007.06.28	CA		South Tyneside Metropolitan Borough Council v Anderson	［2007］IRLR 715
55	2007.07.17	EAT		Middlesbrough Borough Council v Surtees	［2007］IRLR 869
56	2007.12.06	ECJ	C-300/06	Voß v Land Berlin	［2007］ECR I-10573
57	2008.07.29	CA		Redcar & Cleveland Borough Council v Bainbridge; Surtees v Middlesbrough Borough Council	［2008］IRLR 776

注 〈掲載誌の表示〉ECR：European Court Reports, WLR：Weekly Law Reports, IRLR：Industrial Relations Law Reports.

（初出論文：「イギリス法・EU 法における男女同一価値労働同一賃金原則」森ます美＝浅倉むつ子編『同一価値労働同一賃金原則の実施システム――公平な賃金の実現に向けて』（有斐閣，2010 年）219〜251 頁）

＊　なお，本初出論文は黒岩容子氏との共著であり，初出表「参照判例一覧」（本書 484〜486 頁）は秋本陽子氏の作成である。いずれも浅倉との共同研究の結果であり，ここに明記して収録させていただくことにする。収録に同意していただいたことをお二人に感謝申し上げたい。

第4節　イギリス2010年平等法における賃金の性平等原則

はじめに

　本節は，対象に応じて個別に制定されてきた複数の差別禁止立法を統合・強化したイギリスの2010年平等法（Equality Act 2010）に焦点をあて，この新法が旧来の1970年同一賃金法（Equal Pay Act 1970, 以下，「同一賃金法」という）をどのように継承し，かつ改革したのかを明らかにすることを目的としている。

　イギリスにおいて，長い間，雇用における性差別を規制してきたのは，同一賃金法と1975年性差別禁止法（Sex Discrimination Act 1975, 以下，「性差別禁止法」という）であった。同一賃金法は，賃金その他の雇用契約上の条件（時間外労働手当，ボーナス，諸手当，疾病休暇手当，昼食券や社用車などの福利厚生給付等を含む）に関する性差別を禁止し，一方，性差別禁止法は，同一賃金法と重複しない範囲，すなわち契約に定めのない雇用関係上の事項（たとえば採用，職業訓練，昇進，配転，解雇その他）に関する性差別を禁止してきた。これら二法は，1975年12月に同時に施行されて以来，相互補完的に機能しつつ，数多くの裁判例を生み出してきたのである。

　性差別を規制するこれら伝統的な法制度は，2010年平等法によって大きく変容した。同一賃金法と性差別禁止法は，他の差別禁止立法とともに廃止され，新しい平等法の中に継承され，再編成されたのである。賃金の性平等については，2010年平等法の中に同一賃金法をほぼ継承する内容の条文が定められ，同時に，これまでの同一賃金法をより実効的なものにするための条文が新設された。

　私は，本書第9章第3節で，イギリス法における男女同一価値労働同一賃金原則をめぐる判例動向を分析したが，当該判例法理の基礎となっていたのは同一賃金法であったことから，そこでは2010年平等法にはほとんどふれなかった。したがって本節は，同第3節の補充という側面をもっている。そこで，以下，2010年平等法の内容を紹介しながら，イギリスが，本法において，賃金

の性平等をめぐりどのような新機軸を打ち出したのか，検討してみたい。

なお，本節では，「差別禁止」を「平等」の実現という意味において使用しており，いずれの表現を用いるかを厳密に区別しているわけではない。ただ，イギリスでは，2010年平等法以前は，性や人種などの事由ごとに差別禁止法が制度化されていたが，それらを統合する2010年平等法は「平等」という用語を使っている。そこに込められている意図は，2010年平等法が，単なる個々の違法な差別行為の禁止・撤廃を超えて，公的機関に対して，社会経済的不平等を軽減する義務（第1編：1条～3条）ならびに平等促進のための義務（第11編：149条～159条）を課したところにある。すなわち平等法は，個々の差別を禁止するだけでなく，より積極的に平等を促進する法律になった[1]。平等法の目的に関する分析は本節の主題から離れるので詳しくは述べないが，以上のような理由から，ここでは，2010年平等法以前は「差別禁止」という表現を用いることが多く，同法以降は「平等」という表現を用いることが多くなっている。

1 新平等法の成立

(1) 2006年平等法

イギリスが新しい平等法を制定した背景には，EU（ヨーロッパ連合）における平等立法をめぐるダイナミックな動きがあった。EUは，1997年のアムステルダム条約の締結を契機に，差別禁止の対象を性以外の事由にも拡大するなど，差別禁止法の新たな発展段階を迎えた。2000年には，性以外の差別事由に関わる2つの指令（人種・民族的出身均等待遇指令[2]，雇用・職業均等待遇一般枠組指令[3]）が，さらに2002年には，性差別に関する76年指令の改正指令（男女均等待遇指令[4]）が，それぞれ制定された。これら3つの新指令の内容を遵守するためにも，イギリスは，差別禁止に関わる国内法の大規模な再編に踏み出すことになった。

---

1) この点を強調するのは，宮崎由佳「イギリス平等法制の到達点と課題」日本労働法学会誌116号（2010年）である。
2) Council Directive 2000/43/EC.
3) Council Directive 2000/78/EC.
4) Council Directive 2002/73/EC.

一方，イギリス国内ではこれまで，さまざまな差別禁止立法がパッチワーク的に制定されてきており，制度体系は複雑化していた。そこで政府は，上記のような EU 法制を遵守するための対応としてのみならず，社会における各種不平等の根本原因を見直して旧来の複数の差別禁止立法の実効性を見直す作業に取組むことになり，その結果，21 世紀初頭の 10 年の間に，多くの法制度改革が実現したのである[5]。

　2005 年 2 月，労働党政府は，平等を促進して差別を排斥する単一の平等委員会の設置と，包括的に平等を取り扱う単一の平等法（the Single Act）の制定を宣言して，その作業に着手した。まず前者に関する立法として，2006 年平等法（Equality Act 2006）が制定された。差別を排斥するために設けられてきた既存の委員会，すなわち，性差別に関わる「機会均等委員会（Equal Opportunities Commission. 以下，EOC とする）」，人種差別に関わる「人種平等委員会（Commission for Racial Equality）」，障害差別に関わる「障害者権利委員会（Disability Rights Commission）」は，本法の下で，廃止・統合され，単一の委員会が新設された。「平等人権委員会（Equality and Human Rights Commission, 以下，EHRC とする）」である。同法は，EHRC の権限および任務について定めをおく[6]。

(2) 2010 年平等法

　その後に，単一平等法の制定に向けた 2 つの文書が公表された。一つ目は，イギリス社会に根強く存在する差別と不平等の原因を調査し，単一の法的枠組みを含む平等の手立てを勧告した Equalities Review[7]，二つ目は，差別禁止立法の基本原則を検討し，より効果的な立法のあり方を内容とする Discrimination Law Review[8] である。後者は，2007 年 6 月 12 日に公表されたもので，単

---

[5] イギリスの差別禁止法制をめぐる一連の改革の経緯については，鈴木隆「イギリス雇用差別禁止法の再編⑴〜⑹」島大法学 48 巻 1 号〜50 巻 3＝4 号（2004〜2007 年）が詳しい。

[6] 詳しくは，鈴木・前掲注 5 ⑴〜⑹，宮崎・前掲注 1）参照。

[7] Department of Communities and Local Government, *Fairness and Freedom : the Final Report of the Equalities Review*（London, DCLG 2007）.

[8] Department of Communities and Local Government, *Discrimination Law Review : A Framework for Fairness : Proposals for a Single Equality Bill for Great Britain*（London, DCLG 2007）.

一平等法案に規定されるべき内容に関する諮問文書という位置づけである。諮問事項については，総計4,226件の回答がよせられたとのことである[9]。翌2008年6月には，立法化に向けたさまざまな要求項目を諮問する「より公正な未来のための枠組み――平等法案」[10] が公表され，その中で，ある職務への就任にあたって平等な資質をもつ候補者の中から誰を選択するかについては，過小代表であること（ある特性をもつ者が当該職務に就任している割合が少ないこと）を考慮しうるようにポジティブ・アクションを拡張すること，被用者が同僚と賃金について議論するのを禁ずる契約条項を撤廃すること，雇用審判所の差別申立に関する勧告権限を拡大して，申立人以外の職場の労働者全体に勧告内容を適用できるようにすること，性別・人種・障害分野において公的機関が有していた平等義務を，性別再指定，年齢，性的指向，宗教・信条の分野にも拡大すること等が提言された。

1か月後の2008年7月，政府は，より詳細な情報を含む「平等法案――諮問への政府からの応答」[11] を公表するに至った。平等法案は，2009年4月27日に下院に提出され，各種の修正を受けながらも，2010年4月8日に女王によって裁可された。ところがこのわずか1か月後の総選挙で，労働党政権から保守党・自由民主党連立政権への交代が行われた。

2010年平等法の大半の条文は，同年10月1日から施行され，これをもってイギリスの差別禁止法制は新たな段階に入った。同法は，同一賃金法，性差別禁止法に加えて，1976年人種関係法（Race Relations Act 1976），1995年障害差別禁止法（Disability Discrimination Act 1995），2003年雇用平等（宗教・信条）規則（Employment Equality (Religion or Belief) Regulations 2003 SI 2003/1660），2003年雇用平等（性的指向）規則（Employment Equality (Sexual Orientation) Regulations 2003 SI 2003/1661），2006年雇用平等（年齢）規則（Employment Equality (Age) Regulations 2006 SI 2006/1031）をすべて一旦廃止したうえで，同法の中に統合した。一方，2006年平等法は，部分的に改正されたうえ，維持されている。

---

9) 鈴木隆「雇用平等法の最近の動向について」季刊労働法224号（2009年）。
10) Framework for a Fairer Future－The Equality Bill (Cm 7431).
11) The Equality Bill－Government response to the Consultation (Cm 7454).

2 賃金の性平等
　　　——旧法の継承という側面

(1) 2010年平等法の構造

2010年平等法は，年齢，障害，性別再指定[12]，婚姻および民事パートナーシップ[13]，人種，宗教もしくは信条，性別，性的指向[14]という「保護特性（protected characteristics）」に関わるさまざまな形態の差別[15]を禁止し，同時に，社会経済的不平等を軽減する公的部門の義務について定める，全218条からなる法律である。

同法の「第5編　労働」は，「第1章　雇用等」，「第2章　職域年金制度」，「第3章　条件の平等」，「第4章　補則」から構成されている。契約条件以外の雇用上の差別は，第1章で禁止されているが，禁止事由である保護特性は性別に限られているわけではない。一方，契約条件である賃金の差別は第3章で禁止されており，こちらは「性平等」という見出しの下に，男女間の差別のみが扱われる。

2010年平等法のこのような条文の形態は，性差別禁止法と同一賃金法が，契約外の労働条件と契約内の条件に関する差別をそれぞれ守備範囲としてきた伝統的な法規制の構造を継承したものである。以下においてはまず，2010年平等法が旧法を継承している側面について，紹介する。

(2) 等しい労働（equal work）の3類型

2010年平等法において賃金の性平等を定める個々の条文は，若干の修正を

---

12) Gender reassignment は，生理学上その他の性の特質を変更することによって自己の性別を再指定することである。性適合と訳されることもあるが，ここでは性別再指定としておきたい。
13) 2004年に，同性間カップルの関係を制度的に保護する民事パートナーシップ法が制定された。
14) 性愛の対象としていずれの性別に関心が向かうのかを示す。異性愛，同性愛，両性愛，非性愛が含まれる。
15) さまざまな形態の差別には，直接差別（13条），結合差別（14条），間接差別（19条），障害に起因する差別（15条），障害に関する合理的調整義務違反という差別（20条・21条）がある。

含みながらも,ほぼ同一賃金法の規定を継承しているものが多い[16]。

　2010年平等法は,賃金に関して性平等条項(sex equality clause)が適用される場合を,「ある者(A)が,異性の比較対象者(B)が行う労働と等しい労働(on work that is equal)のために雇用されている場合」としている(64条1項(a))。性平等条項については次項で説明するとして,ここではAとBの労働が「等しい」とされる場合の3つの類型を説明する。

　第一は「類似労働」,第二は「同等評価労働」,第三は「同一価値労働」である(65条1項(a)(b)(c))。それぞれの概念は,65条2項から6項に詳細に規定されており,条文の内容は,以前の同一賃金法とほぼ同じである。

　第一類型の「類似労働」とは,AとBの労働がほぼ類似しており,いくつかの差異があってもそれらが実際上重要でない場合をいう(65条2項)。差異の重要性の有無の判断は,当該差異の発生頻度や差異の性質と範囲を考慮して行われる(65条3項)[17]。

　第二類型の「同等評価労働」は,職場における職務評価調査において,労働者への要請(demands)の観点からAとBの職務が同一価値と評価された場合のことをいう(65条4項(a))。また,当該職務評価が性差のある制度(sex-specific system)でなければ両者の職務が同一価値と評価されたであろう場合,のことでもある(65条4項(b))。後者の意味は,職務評価制度自体に性差に係る偏向があって,男女の労働に異なる価値を設定している場合には(65条5項),価値が異なるという評価を受けていても,男女の労働は同一価値であると想定する,ということである。

　そもそも職場における職務評価調査は,「努力,技能,意思決定という要素に基づいて労働者に求められる要請の観点から,職務を評価する目的で実施される」ものでなければならない(80条5項)。したがって,企業内で実施される職務評価は「性差のある制度」であってはならず,完全で,分析的で,厳格で,公平な適用可能性のある,可能な限り客観的なものでなければならないとされている[18]。

---

16) 同一賃金法の詳細については,本書第9章第3節を参照。
17) この規定は,以前の同一賃金法の1条2項(a)および同条4項とほぼ同じである。
18) Incomes Data Services, *The Equality Act 2010: Employment Law Guide* (IDS, 2010), p. 152.

第三類型は，上記の第一と第二の類型には該当しないが，「努力，技能，意思決定という要素に基づいてAに求められる要請の観点から」，Bの労働がAの労働と価値において等しい場合，であり（65条6項），同一賃金法1条2項(c)の規定を継承したものである。

(3)　性平等条項

　Aの労働がBの労働と比較して，以上の3類型の「等しい労働」のいずれかに該当する場合，2010年平等法は，Aの労働条件に性平等条項が含まれているものとして取り扱う（66条1項）。性平等条項は，本法に違反するAの契約条件を比較対象者Bの契約条件と同じ内容に修正し（66条2項），これによって，比較対象者の賃金と同一の賃金を支給されるAの権利は，将来においても，契約上，保障される。

　このように，性平等条項を雇用契約に読み込むことによって賃金の性平等を確保する仕組みは，同一賃金法の最大の特色といってよいものであったが（同法1条3項），2010年平等法も，その特色を継承している。

(4)　実質的な要因の抗弁

　ただし，使用者が，Aの条件とBの条件の差異が「実質的な要因（material factor）」を理由とするものであると証明しうる場合には，性平等条項はいかなる効果をももたらさない（2010年平等法69条1項）。法は，この条文によって，等しい労働に従事する男女間の賃金格差正当化の抗弁として，「実質的な要因」の立証責任を使用者に課しているのである。

　「実質的な要因」は，性別を理由とするものであってはならず（69条1項(a)），また，当該要因の結果として特定の性別の者が不利益を被る場合には（69条2項），当該差異が「適法な目的達成のための比例的な手段でなければならない」（69条1項(b)）。これらの条文を通じて，法は，賃金格差を正当化するためには，直接性差別ならびに不公正な間接性差別があってはならないと定めているのである。

　　以下，*IDS Guide* として引用する。

同一賃金法も，賃金格差を正当化する「真に実質的な要因 (genuine material factor)」の抗弁について規定していた (同法1条3項)。2010年平等法は，「真に」という表現を削除したものの，内容的には同一賃金法とほぼ類似の規定をおいているのである。

3 賃金をめぐる性平等の新機軸

以上に述べた2010年平等法の内容は，かつての同一賃金法の条文ないし判例法理をほぼ継承するものである。一方，これまでイギリスでは，同一賃金法改正の必要性が繰り返し指摘されてきた。同一賃金法がありながらも，事実上の男女間賃金格差が大きく縮小することがなかったからである。2007年に私たちが実施した男女平等賃金に関するイギリス調査でも，当時のフルタイムの男女の賃金格差は100対83，フルタイム男性とパートタイム女性の賃金格差は100対62であり，この格差を解消するには20年から25年を要すること，より効果的な法制度改革が必要であることなどが，ヒアリング対象者からは，こもごも語られていた[19]。

そこで，2010年平等法は，賃金の性平等を確保し法の実効性を高めるために，新たな条文を導入した。そのような改革的側面について，ここでは検討しておきたい。第一は契約条件 (賃金) の性平等と契約条件以外の雇用上の性平等の関係について，第二は実質的な要因の抗弁に関して，第三は男女間賃金格差情報の公表義務に関して，第四は労働条件に関する情報開示をめぐって，である。以下において，それぞれがどのような意味をもつ改革なのかを論じる。

(1) 賃金の性平等と賃金以外の性平等の関係について

賃金の性平等と賃金以外の性平等の関係については，目立たないながらも，2010年平等法の制定によって，ドラスティックな変化がもたらされた。

(a) 同一賃金法と性差別禁止法の守備範囲と比較対象者

これまで同一賃金法と性差別禁止法は相互補完的に機能してきたのであるが，差別の是正・救済機能については両法の間にはかなりの違いがあった。

---

19) この調査のまとめについては，浅倉むつ子「イギリスにおける男女平等賃金をめぐる最近の動向」労働法律旬報1675号 (2008年) 〔本書第9章第1節〕参照。

同一賃金法は，契約条件に性差別がある場合を対象として，性平等条項を雇用契約に読み込むことを通じて，申立人の契約条件を比較対象者の契約条件と同じ内容へと修正してきた。性平等条項は，賃金を含む契約条件の性平等を確保する仕組みである。一方，同一賃金法が扱わない契約条件以外の性差別，たとえば採用や昇進などに関する差別は，性差別禁止法がカバーしてきた。性差別禁止法違反の救済は，雇用審判所による権利確認命令，補償金支払い命令，差別的行為によって生じた不利益を除去しまたは減殺する措置の勧告を通じて行われてきた（同法65条1項(a)(b)(c)）。この二法の救済・是正機能を対比するとき，性平等条項が強力かつ確定的な救済機能を有していることに注目すべきであろう。

　このような差別の救済・是正機能の差異は，二法が想定する「比較対象者」概念にも影響していた。性差別禁止法は，異なる性別の比較対象者が「実際に」どのように扱われているか（実在の比較対象者）に加えて，「仮に」異なる性別の比較対象者がいたとしたらどのように扱われたであろうかを想定して（仮想比較対象者），性差別の成否を判断してきた。たとえば性差別禁止法1条1項(a)は，「ある者が，ある女性を，彼女の性を理由として，男性を扱う（treat）よりもあるいは扱うであろう（would treat）よりも不利に扱う場合には」，女性に対する差別を行ったものとする，と規定した。このような表現で，性差別禁止法は仮想比較対象者を許容してきたのである。

　一方，同一賃金法は性差別禁止法類似の明文規定をもたなかったため，同法における比較対象者は実在する労働者でなければならないのかをめぐり，議論となった。もし「仮想比較対象者」が許されなければ，申立人は，等しい労働に従事する実在の比較対象者を見いださないかぎり賃金差別を争うことができない。ある女性が，自分の賃金は性差別の結果であって，もし自分が男性であったならより高額の賃金が得られたはずだと立証できたとしても，実在の比較対象者がいないかぎり，法に基づいて自らの権利を主張することはできないのである。

　同一賃金法の判例の中には，比較対象者は，必ずしも申立人女性と同時期に職場にいる男性である必要はなく，申立人女性が就いている職務の前任者男性でもよいとするものがあった[20]。しかし，前任者も実在の男性であることに変

---

20) Diocese of Hallam Trustee v. Connaughton ［1996］IRLR 505, EAT.

わりはない。同一賃金法をめぐる判例法理は，あくまで比較対象者は実在の労働者であるという立場をとってきた。

(b) EU 法からの要請とそれをめぐる争い

EU 法はこの問題にどのように対応してきたのだろうか。1957 年 EEC 設立時の条約 119 条（旧条約 119 条とする）は，男女同一労働同一賃金原則を定めていた。ヨーロッパ司法裁判所（European Court of Justice, 以下，ECJ とする）は，旧条約 119 条の下では，申立人が前任者男性と自らの労働を比較することは可能だが，当該比較対象者は必ず実在する者でなければならないと判断してきた[21]。

しかし EU は，2000 年の雇用・職業均等待遇一般枠組指令 2 条 2 項(a)(b)において，「直接差別とは，ある者を他の者を……取り扱うであろう（would）よりも不利に扱う」場合であり，「間接差別とは，（性中立的な基準などが）……ある者にとって特定の不利益となるであろう（would）場合である」と，仮定状況を含む表現を用いて定義することによって，仮想比較対象者との比較を可能とする立法的解決を図った。その後，賃金の平等に関しても，2002 年男女均等待遇（改正）指令（これは賃金を対象に含む）[22] 2 条 2 項や 2006 年男女均等待遇統合指令[23] 2 条 1 項(a)(b)が同様の規定をおくことになった。EU は，立法上の改革を通じて，賃金に関する性差別事案で仮想比較対象者を否定してきたそれまでの判例法理を修正したのである[24]。

---

21) Macarthys Ltd. v. Smith [1980] ECR 1275, ECJ. 本件では，同一のポストに就いた後任女性と前任男性との賃金格差は性差別かどうかが争われたが，ECJ は，「異なる時期に 1 つのポストに就いた 2 人の労働者の間にある賃金格差が性による差別といかなる関連もない要因によるものと説明できる場合には，EC 条約 119 条には違反しない」としつつ，比較対象者は実在することが必要，という先決裁定を下した。森ます美＝浅倉むつ子編著『同一価値労働同一賃金原則の実施システム――公平な賃金の実現に向けて』（有斐閣，2010 年）254 頁（秋本陽子＝黒岩容子執筆部分）参照。

22) 2002 年のこの指令は，76 年男女均等待遇指令（Council Directive 76/207/EEC）を改正する指令でもあるが，同時に，75 年男女同一賃金指令（Council Directive 75/117/EEC）に定める賃金も適用対象に含むものとして定められている。黒岩容子「EU 法における男女同一賃金原則」早稲田法学会誌 61 巻 1 号（2010 年）227 頁。

23) Council Directive 2006/54/EC. この指令は，男女同一賃金指令や 2002 年男女均等待遇指令などを統合するものである。黒岩・前掲注 22) 229 頁。

24) EU が指令改正により仮想比較対象者という考え方を導入したことについて，詳細は，黒岩容子「2002 年 EC 指令が仮想比較対象者を認めたことの意義とその影響」労働法律旬報 1675 号（2008 年）を参照のこと。

EUのこのような立法動向を受け，イギリスでも同様の法改正を求める主張が登場した。男女の職域や地位に偏りがある現状において，比較対象者を等しい労働を行う実在の男性労働者に限定することは，賃金の性平等の適用範囲を狭め，差別是正機能を著しく弱めるものであるとして，学説も従来からこれに批判的であった[25]。また，すでに性差別禁止法は仮想比較対象者を認めているのであるから（同法1条1項(a)(b)），賃金に関する性平等も同様にすべきであるという批判にも説得力があった。それだけに，2010年平等法の制定時にも，仮想比較対象者を認めるべきか否かが議論になった。

EOCや労働組合は，賃金の性平等に関しても仮想比較対象者を認めるべきだと主張したが，イギリス政府は従来の方針を崩そうとはしなかった。政府は，EU法に関して，2002年男女均等待遇指令の前文では賃金と他の労働条件とが区別されているのであって，同指令は賃金の性平等までも含めて仮想比較対象者を認めているわけではない，とする独自の見解を採った。この政府の見解に対しては，根拠とされている2002年男女均等待遇指令の前文は，すでに2006年男女均等待遇統合指令において削除されている，という批判が行われた[26]。

イギリス政府の強硬姿勢には，それなりの理由があった。政府が懸念していたのは，賃金をめぐる争いに仮想比較対象者概念を導入すると，同一賃金法は「公正賃金法（fair pay for equal work law）」へと変化してしまうことになり，そのことは本来の法の趣旨に反する，ということであった[27]。たとえば男性庭師が賃金に不服がある場合，仮想的に比較すべき女性介護士を想定して，両者の労働は同一価値だと主張することを通じて，男性介護士との同一賃金を申し立てることができることになってしまう。このような事態は，あらゆる労働に公正賃金を導入することと同じだ，というのである[28]。

このような政府の説明には，たしかに一理あるだろう。とはいえ，性別を異にする比較対象者がいないというだけで，露骨な賃金の性差別が救済されずに

---

25) Barnard, C., *EU Employment Law* (Oxford University Press, 2006), p. 346; Burrows, N. and Robinson, M., "An Assessment of the Recast of Community Equality Laws", *European Law Journal*, Vol. 13, No. 2 (2007), p. 199.

26) Barnard, above, n. 25, p. 346.

27) Incomes Data Service, *Equal Pay: Employment Law Handbook* (IDS, 2008), p. 106.

28) *IDS Guide*, p. 159.

（賃金の救済は同一賃金法によるしかない）放任されてしまうということもまた，到底，納得が得られるものではなかった。

(c) **2010年平等法の対応**

(i) 一般的な性平等と賃金の性平等の二分化を維持する70条

2010年平等法は，原則として，賃金以外の性平等と賃金の性平等とを異なる条文によって規定するという従来の二分化の手法を維持している。すなわち，2010年平等法「第2編　平等」「第2章　禁止行為」は，直接差別（13条），間接差別（19条）をはじめとする賃金以外の一般的な平等について定め，他方，同法「第5編　労働」「第3章　条件の平等（equality of terms）」は，契約条件の性平等について定める。

前者すなわち一般的な平等規定は，「Aが，保護特性（年齢，障害，性別など）を理由として，Bを他の者よりも不利益に取り扱う場合または取り扱うであろう（would）場合，AはBを差別するものとする」（直接差別禁止規定，13条(1)項）と定めており，比較対象者が実在するか否かにかかわらず，当該不利益取扱いが保護特性（性別）を理由とするものであれば，直接差別と判断されうる条文になっている。一方，後者すなわち契約条件の性平等規定は，「ある者（A）が，異性の比較対象者（B）と等しい労働に雇用されている場合」（64条1項(a)）に適用されるとしており，あくまでも実在の比較対象者を想定する表現を用いている。ただし，「Bの労働は，Aが行う労働と同時期に行うものに限定されない」（64条2項）という定めもあり，これは従来の同一賃金法にはなかった新たな規定である。契約条件である賃金に関する差別は，64条を根拠にして争われる。

では，2010年平等法64条は，賃金の性平等に関して，比較対象者の範囲を同一賃金法よりも拡大したのだろうか。2010年平等法の「注釈」[29]によれば，64条は比較対象者について定める79条と合わせて読まれるべきであって，79条は従前の立法上の規定に比べて比較対象者の範囲を拡大したものではない，

---

29) Equality Act 2010: Explanatory Notes (April 2010), para. 219. 「注釈」は，立法時に法の原案を準備した政府部局が，いかなる意図をもって当該立法を企画・立案したのかを説明しているものであって，法の内容を理解するのに有益である。しかし議会の承認を得た条文解釈を提供するものではない。

という。そして，いずれの条文も，賃金の性平等に関する事案において，比較対象者を実在の人間に限定しており，仮想の比較対象者を想定していない，と解釈している。すなわち，2010年平等法は比較対象者の範囲を拡大したわけではないと理解すべきであろう。ただし，先に述べた64条2項は新しい規定であり，申立人の前任者を比較対象者として許容するものだが，これは，先に述べたECJのMacarthys判決の内容を継承した規定にすぎない。

以上のような二分化の手法を明確にしているのが，2010年平等法70条である。70条1項は，「（一般的な）性差別に関する規定は，下記の場合はAの契約条件について効力を有しない。(a)性平等条項……により修正される場合……，または，(b)69条……がなければ当該修正が行われたであろう場合……」と述べる。すなわち本条は，（一般的な）性差別に関する規定は，性平等条項によって修正される契約条件には効力を及ぼさず，また，実質的な要因の抗弁（69条）がなければ修正されるはずの契約条件には効力を及ぼさない，と定めているのである。

Aの契約上の条件（すなわち賃金）に関しては，性差別を禁止する規定は効力を及ぼさないと定めるこの70条は，以前の性差別禁止法8条5項と同じ効果をもつ条文である。賃金に関わる申立であれば，当該申立人は一般的な性差別の訴えを選択できない，ということである。このかぎりでは，2010年平等法は，賃金の性平等と賃金以外の性平等の関係性について，旧来の二分化の手法を維持しており，何一つ改革的な修正をしていないように思われる。

(ii) 賃金差別の救済に関する71条

実は，2010年平等法の新機軸は，71条に見いだすことができる。同条は，もっぱら賃金に関する労働条件であって（71条1項(a)），かつ，性平等条項が効力を有しない場合（71条1項(b)）に適用される，と定める。すなわち，賃金に関わる性差別と認められるが，性平等条項によって契約条件が修正されない場合には，この条文が適用されることになる。そして，71条2項は，前述の70条の規定（契約上の条件に関しては，性差別を禁止する規定は効力を及ぼさないとする規定）は，71条1項に定める当該契約上の条件が，同法13条（直接差別），14条（結合差別――2つの保護特性の結合を理由とする差別――）に違反する場合を除いて，効力を有しない，と定めている。71条1項と2項が意味している

のは，要するに，契約上の条件が性平等条項によって修正されない場合でも，それが直接差別や結合差別に該当するときには，性差別一般を禁止する規定が効力をもちうる，ということである。

2010年平等法は，この71条の規定をおくことによって，賃金の性平等と賃金以外の性平等の申立事案を厳格に二分する手法を修正したといえる。なぜなら，賃金に関する差別は，一般的な性差別とは異なり，原則として契約条件に関する第5編第3章により，性平等条項によって修正されるのだが，性平等条項が適用されない場合には，直接性差別もしくは結合差別に該当する場合にかぎって，一般的な性差別と同じ救済が可能になるからである。このように，限られた状況下ではあるものの，2010年平等法では，一般的な性平等を定める規定の下で，賃金に係る差別を取り扱うことが認められることになった。

では，71条2項に該当するような賃金差別，すなわち性平等条項が適用されない賃金差別とは，いったいどのような場合なのだろうか。それは，実在の比較対象者が見いだせないという場合である。2010年平等法の「注釈」は，具体的事案として，「使用者が女性被用者に，『お前が男だったらより高い賃金を支払ったはずだ』と告げる場合や，黒人女性被用者に，『お前が白人男性だったらより高い賃金を支払ったはずだ』と告げる場合であっても，当該女性が，比較すべき男性被用者がいないために平等条項違反を主張できないようなとき，彼女は，直接差別もしくは結合差別（性と人種の）の訴えを，本条を根拠として，使用者を相手に申し立てることができる」と述べる[30]。2010年平等法は，賃金に関する性平等の申立について，71条に基づく場合には仮想比較対象者を容認した，といえるのである。ただし，ここで主張できるのは，あくまでも直接差別もしくは結合差別に該当する場合であって，賃金に関する間接差別は，一般的な性平等原則の下ではなく，契約条件に関する性平等違反として，すなわち性平等条項による契約条件の修正の主張として，争われなければならない。

(2) 実質的な要因の抗弁に関する69条3項

先に述べたように，2010年平等法は，「等しい労働」に従事する男女間の賃

---

30) Equality Act 2010: Explanatory Notes (April 2010), para. 246.

金格差を正当化する抗弁として，「実質的な要因」を立証するよう使用者に求めている（69条1項）。この場合，69条3項は，「69条1項の目的に照らして，男女の労働条件の不平等を軽減するという長期目的は，常に適法な目的とみなされる」と規定した。これは，以前の同一賃金法にはなかった新しい条文であり，従来の判例法理が形成してきた賃金の性平等法理を修正する内容をもっている。なぜこのような条文が設けられたのだろうか。

本条が設けられた背景には，「賃金保護政策」をめぐる争いがあった。「賃金保護政策」は，性差別的な従来の賃金制度を改善して，性平等の賃金システムを導入しようという試みの中で生まれたものである。すなわち，ブレア政権時代，公務員労働組合と地方自治体政府は，現業，行政職，技能職という職種ごとに締結されていた3つの労働協約制度を見直して，すべての職種の公務労働者に共通する1つの労働協約の締結により，労働条件を統一化する改革を行った。「単一地位協約（single status agreement）」の締結である。これにより，すべての職種が単一の職務評価制度の下におかれることになった。結果的に，多くの女性職の旧来の賃金は引き上げられ，一方，多くの男性職の旧来の賃金は引き下げられることになった[31]。しかし地方政府の中には，そのような賃金の激変を緩和するために，賃金が低下する職種の労働者（主として男性）を対象に，旧来の賃金を一定期間，特別に保護するという政策（レッド・サークルともいう）をとるものが登場した。

この賃金保護政策の対象になるのは，賃金が低下する職種すなわち男性職のみであって，保護の対象から多くの女性は排除された。そのため今度は，女性労働者から，賃金保護政策には合理性がなく，同一賃金法に違反するという訴訟が提起されることになった。

裁判所は，この女性たちからの訴えを認める方向で決着をつけた。2008年のCA（控訴院，Court of Appeal）判決は，下級審であるEAT（雇用上訴審判所，Employment Appeal Tribunal）の判断を覆して，賃金保護政策は同一賃金法に違反する，という結論に達した。CAによれば，もしEATのように，性差別的な賃金制度を是正するために旧来の賃金が引き下げられる労働者の賃金額に一定の

---

31) 詳しくは，森ます美「イギリス公共部門における職務評価制度」昭和女子大学女性文化研究所紀要35号（2008年）参照。

金額を上乗せする「賃金保護政策」を認めれば，使用者は，違法な賃金差別を是正し法を遵守するために常に3～4年も費やすことを許されてしまう，という[32]。

そこで2010年平等法は，69条3項で，「男女の労働条件の不平等を軽減するという長期目的は，常に適法な目的とみなされる」と規定することによって，賃金額の激変を緩和するために，一方の性別の労働者に賃金を上乗せする賃金保護政策は適法である，とあえて宣言したのである。前述のCA判決は，この立法規定によって，覆されたことになる。

(3) 男女間賃金格差情報の公表義務に関する78条

2010年平等法は，国務大臣が，250人以上の労働者を雇用する民間企業の使用者に対して，男女間賃金格差情報の公表を義務づける規則を制定しうる，と定める（78条1項・2項）。公表は12か月以上の間隔をおくものとし（78条4項），公表義務に従わない使用者には即決判決により罰金が科せられ，また，法が規定する強制手続の対象となる（78条5項）。

2010年平等法の「注釈」は，78条の目的は「個々の企業の性別賃金格差を公的な領域の問題にすることである」と説明している[33]。もっとも賃金の「格差」をどのように表出するかについては，さまざまな方法があり，EHRCは，各企業が選択する格差測定基準として，①時給の中央値の男女格差，②等級や仕事の種類ごとに算出した，平均的な時間給と総平均所得の男女格差，③平均的な初任給の男女格差，の中からの選択を提示している[34]。

イギリスでは，2010年平等法以前から，男女間の賃金格差を縮小するために，企業に対して自発的に「平等賃金レビュー」を実施するよう求めてきた。企業向けにレビューの詳細な方法やモデルを示すガイドを発表し，行為準則にその実施のプロセスを規定し，レビューの実態と効果を調査してきた[35]。しか

---

32) Redcar & Cleveland Borough Council v. Bainbridge; Surtees v. Middlesbrough Borough Council [2008] IRLR 776, CA. 詳しくは，森＝浅倉・前掲注21）246頁以下（浅倉むつ子＝黒岩容子執筆部分）〔本書第9章第3節〕および同書212頁以下（宮崎由佳執筆部分）参照。

33) Equality Act 2010: Explanatory Notes (April 2010), para. 273.

34) *IDS Guide*, p. 177.

し企業の任意に委ねているのでは男女間賃金格差縮小の効果は薄いとして，EHRC は義務的な平等賃金監査（mandatory equal pay audits）を求め，TUC（労働組合会議）も，制定法による義務づけを要求してきた。2010 年平等法はこのような要求に応えるために 78 条を設けたのである。とはいえ，この条文は，企業規模を限定しており，また，義務の内容が「情報の公表」のみであることなどから，完全な意味での平等賃金監査といえるものではない。だが，それに向けた第一歩であると位置づけられている。

ところが，法制定時の労働党政府は，企業は自発的に情報を公表することが望ましいとして，「2013 年 4 月までは 78 条に基づく規則を制定しない」と説明し[36]，当面は EHRC のモニタリングによって，賃金格差情報の公表は企業の自発的な実施に任せるという姿勢を示した。そして，2010 年 5 月に政権をとった保守党・自由民主党連立政権は，この規則をいつ制定するのかをまだ明らかにしていない。

(4) 労働条件についての情報開示をめぐる 77 条

2008 年 6 月の「より公正な未来のための枠組み」[37]は，被用者が同僚と賃金について議論することを禁ずる労働契約上の条項（機密条項）は撤廃されるべき，という問題提起を行い，これを受けて，2010 年平等法 77 条ができた。

同法 77 条は，法に定められている保護特性（たとえば性別，人種，障害など）とその保護特性をもつ労働者の賃金等の労働条件との間に関連性があるかどうかを明らかにする目的であるかぎり，労働者が自らの労働条件を開示することや，同僚に労働条件の開示を求めることを妨げてはならない，と規定する（77 条 1 項・2 項・3 項）。すなわち本条は，保護特性を理由とする労働条件差別の証明に関連するかぎりでの情報開示について，これを禁止してはならない，とする条文である。もしこれに反して，使用者が，情報開示を行った労働者等を不利益に扱うことがあれば，それは本法が定める「報復」とみなされる（77 条 4 項・5 項）。

---

35) 本書第 9 章第 2 節参照。
36) Equality Act 2010: Explanatory Notes（April 2010），para. 274.
37) 前掲注 10)。

この 77 条について，2010 年平等法の「注釈」は，2 つの例をあげて，本条違反の行為に該当するか否かを説明している[38]。第一の例は，男性同僚よりも低い賃金しか支払われていないと考えた女性労働者が，同僚に賃金額を尋ね，彼がそれを教えたところ，使用者が同僚を懲戒処分としたという例である。これは 77 条違反の行為であり，同僚は使用者に対して「報復」の訴えを提起することができる。第二の例は，労働者が，自分が働く企業と競争関係にある企業に転職してより良い条件を得るために，自らの賃金額を開示した場合である。この場合，使用者が当該労働者に対して契約上の機密条項違反だと主張することは，77 条違反にあたらず，可能である。後者の例は，差別の立証とは無関係だからである。

　おわりに

以上，2010 年平等法が，どのように，旧来の同一賃金法の内容を修正し，賃金の性平等原則の実効性を高めようとしているのかを明らかにしてきた。それらは，以下の 4 点にわたる。

第一に，2010 年平等法は，性平等条項によって申立人の契約内容が修正されるのは，あくまでも比較対象者が実在する場合であるとしながらも，比較対象者が見いだせない場合，賃金の性差別を一般的な性平等規定の下で争いうる，とする条文を設けた (71 条)。第二に，従来の賃金不平等を是正する目的をもって，一方の性別の労働者に賃金を上乗せする賃金保護政策は，賃金格差を正当化する抗弁として適法，とする規定をおいた (69 条 3 項)。第三に，国務大臣が，250 人以上の労働者を雇用する民間企業の使用者に対して，男女間の賃金格差情報の公表を義務づける規則を制定できる，という規定を新設した (78 条)。そして第四に，性差別を証明するために労働者が労働条件に関する情報開示を行うことを禁ずる契約条項を，使用者に対して禁止したのである (77 条)。

とくに，2010 年平等法 71 条が，どのような意義を有するのかについて説明が必要であろう。71 条の重要性を説く見解は[39]，これまで賃金に関する性平

---

[38] Equality Act 2010: Explanatory Notes (April 2010), para. 271.
[39] *IDS Guide*, pp. 161-162.

等の枠組みに該当しないために救済不能であったような事案が，71条の下では雇用に関する直接差別として救済できるようになる，と強調している。それらは，以下の4つの場合に該当する事案であるという。

　第一は，労働の価値の差異に均衡しない賃金格差を直接差別として訴える場合，である。同一賃金法の下では，女性が，男性比較対象者と「同一価値」の労働に従事していることを根拠として同一賃金を主張することはできたが，比較対象者の労働の価値がわずかばかり高いだけなのに彼が不相応に高い賃金を得ていることを根拠にした申立は認められなかった。しかし2010年平等法71条の下では，比較対象者の労働とのわずかな価値の違いによる不均衡な賃金格差を，賃金の性差別として主張しうる，という[40]。

　第二は，申立人より低価値の労働に対して申立人と同一の賃金が支払われていることを，直接差別として訴える場合である。同一賃金法の下では，同一価値の労働に従事する男性比較対象者を見いだせない場合には違法性を主張できなかったが，2010年平等法71条の下では，より低い価値の労働をする男性比較対象者が自分と同じ賃金を得ていることについて，賃金の性差別だと主張しうることになるだろう[41]。

　第三は，自分の後任者である男性に高額な賃金が支払われたことを，直接差別として訴える場合，である。同一賃金法の下では，前任者の男性との比較は許容されたものの，後任の男性に高額の賃金が支払われたことを違法と申し立てた事案について，EATは，後任者との比較は推測的・仮想的なものを伴うとして棄却した[42]。2010年平等法64条2項が，比較されるべき労働は「同時期に行うものに限定されない」と定めていることは前述したが，「注釈」の立場は，この規定は判例法理を確認したにすぎず，前任者との比較を許容するものと説明している。しかし，71条に依拠して，これを直接性差別として争う場合には，後任者との比較も可能とされるであろう[43]。

　第四は，「同一の使用者」要件を満たさない場合，である。賃金の性平等に

---
40) *IDS Guide*, p. 161.
41) *IDS Guide*, pp. 161-162.
42) Walton Centre for Neurology and Neuro Surgery NHS Trust v. Bewley [2008] ICR 1047, EAT.
43) *IDS Guide*, p. 162.

ついては，比較対象者は，同一の使用者（関連使用者も含む）に雇用されており，かつ，同一の事業所で労働している者でなければならない（2010年平等法79条3項）が，71条の下では，仮想比較対象者によって直接差別を主張できるため，「同一の使用者」の枠組みにとらわれる必要はないからである[44]。

　2010年平等法71条の下で，上記の見解が述べる4つの類型に該当する申立が，どの程度行われ，その申立が功を奏するのかどうか，今のところはまだ確認できない。今後の審判所への申立と判例の動向を注視する必要があるだろう。

　賃金（契約条件）に関する差別をめぐって，性平等条項により契約内容を修正・補充する救済の手法と，一般的な性差別と同じ救済の手法があること，前者の場合には，比較対象者との同額の賃金が将来にわたって支給されるために，実在する比較対象者が必要であること，一方，それらが直接差別もしくは結合差別と認められるかぎり，賃金以外の性差別と同様に補償金支払命令等の救済に依拠すること，イギリスの2010年平等法が採用したこのような解決策は，日本の賃金差別訴訟になじんでいる私たちにとっては，理解することが容易である。日本の賃金をめぐる性差別事案の中にも，労基法4条違反として同法13条の直律的効力が認められる事案と，損害賠償によって救済される事案があるからである。

　さて，本節では，2010年平等法の賃金に関わる新しい条文内容のみを取り出して検討を加えた。紹介した1つひとつの条文をみるかぎり，賃金格差是正に向けた効果はささやかなものと映るかもしれない。しかし2010年平等法は，これらの条文以外にも，多くの改革的な内容を含む法であり，同法の効果は，立法内容全体を分析する中でのみ正確に評価しうることになるであろう。そのような作業は，今後の課題としておきたい。

　　　　　　　　（初出論文：「イギリス2010年平等法における賃金の性平等原則」
　　　　　　　　西谷敏先生古稀記念『労働法と現代法の理論　下』（日本評論社，
　　　　　　　　2013年）283～303頁）

---

[44] *IDS Guide*, p. 162.

第5節　同一価値労働同一賃金原則の実施にむけて

　　はじめに

　「同一価値労働同一賃金」は，その妥当性を誰もが認めざるをえない，しごく当然の法原則だと思われる。しかしこの問題ほど，混乱し，誤解して受け止められている問題はないのではないだろうか。
　一方には，この原則は，企業横断的に締結される労働協約における職務給という賃金決定システムと整合性をもつのであって，個別企業ごとに職能給や年功給を採用している日本では実現不可能だ，という主張がある。他方，日本はこの原則を一刻も早く法改正によって実現せよと，国際機関から再三にわたって勧告されている（たとえば，ILO条約勧告適用専門家委員会による2008年の「意見」，国連の女性差別撤廃委員会〔CEDAW〕による2009年の「総括所見」など）。
　個別の企業の賃金支払形態を抜本的に変えるなどということは，立法を通じて強制できることではないように思われる。しかし，国際機関からの要請をこれ以上，放置しておくこともできそうもない。いったい日本としてはどうしたらよいのだろうか。
　この問題は，研究者にとっても，企業や政府を批判していれば済むものではなく，責任をもって実現可能な政策提言をしなければならない時期にきているのではないだろうか。本節では，このような問題意識にたって，同一価値労働同一賃金原則を日本で実現するために必要な新たな法改正と紛争解決システムについて，提案することにしたい。
　同一価値労働同一賃金原則をめぐる議論を混乱させる原因の1つは，論者がこの原則を，「男女労働者間」のものとして論じているのか，それとも労働者一般に適用されるものとして論じているのかがあいまいなところにある。「男女労働者間」の同原則については，ILO 100号条約や労基法4条をめぐる男女の賃金差別問題として論じられるが，「労働者一般」に適用される同原則については，「一般的均等待遇原則」として，主としてパート労働者差別の問題として論じられる。

1 「男女間」の同一価値労働同一賃金原則と労基法4条

　男女間の「同一価値労働同一賃金原則」については，賃金に関する性差別を禁止している労働基準法（労基法）4条が，この原則をどのように扱っているのかが問題である。ILOの条約勧告適用専門家委員会もCEDAWも，日本の法規定に，同一労働及び同一価値労働に対する同一賃金の原則を確認する規定がないことを問題とし，条約が定めている原則は，男女の職務・労働を「技能，努力，責任，あるいは労働条件といった客観的要素に基づ」いて比較することを要請しているものだ，と指摘している〔本書第9章第1節397頁〕。

　たしかに労基法4条には「同一価値労働同一賃金」を定める明文規定がない。同条は，賃金の性差別を禁止している条文であるため，男女労働者が「同一労働」「同一価値労働」に従事しながらも別賃金を支払われていることは，性差別を推定させる事実ではあるが，4条違反の必須の要件事実ではない。

　一方，労基法4条は，「男女同一価値労働同一賃金原則」を排除しているわけではない[1]。女性労働者が，「同一価値労働」に従事する男性労働者を比較対象として，自らの低賃金を違法だと主張し，認められた事案もある（京ガス事件・京都地判平成13・9・20労判813号87頁）。にもかかわらず，国際機関から批判されるのは，現行法では，男女同一価値労働同一賃金原則に則って判断することが裁判所に義務づけられているわけではないからであろう。現に，比較

---

[1] 労基法4条は，同原則を排除しているのではなく，「緩やかにこの原則を肯定していると解しうる」という見解に，私は賛成である。浜田冨士郎「労基法4条による男女賃金差別の阻止可能性の展望」片岡曻先生還暦記念『労働法学の理論と課題』（有斐閣，1988年）382頁，浅倉むつ子『労働法とジェンダー』（勁草書房，2004年）73頁。ILO100号条約制定当時，（男女）「同一価値労働同一賃金」は，むしろ「同一労働同一賃金」としてしか理解されていなかったという研究がある。居城舜子「ヴェルサイユ条約における同一価値労働同一賃金原則の含意」常葉学園大学研究紀要教育学部29号（2009年）27頁以下，林弘子「労基法4条と『男女同一賃金の原則』をめぐる法的問題」安西愈先生古稀記念『経営と労働法務の理論と実務』（中央経済社，2009年）367頁以下。それは否定しないが，このような国際条約等の成立の経緯から，労基法4条は男女間における「同一価値労働同一賃金」原則を否定する条文であると解釈することはできないのではないか。立法当時に想定されなかった事態がその後に認識されることは，まれではないし，解釈は立法当時の「立法者意思」のみに依拠するものではないからである。もちろん私も，立法論としての法改正提案を否定しているわけではない。

すべき「要素」にまで踏み込んで男女の職務の価値を比較した判決は，京ガス事件のみである。京ガス事件では，たまたま原告側が，原告（女性）と比較対象者（男性）の職務を分析して両者の同一価値性を証明する専門家の意見書を裁判所に提出することができ，被告側がさしたる反論をしなかったために，裁判所がこれを証拠として採用して結論に達したものである。必ずしも，男女間の賃金差別事案の審査において同一価値労働同一賃金原則に基づき司法判断をすることが，労基法4条の規範内容になっているわけではない。それだけに，ILOやCEDAWが指摘するように，この原則を明文化するという法改正を行う重要性は，きわめて大きい。

ただし，条文にこれらの原則を書き込めば足りる，というわけでもない。より重要なことは，法的紛争解決にあたって，裁判所や行政機関が男女同一価値労働同一賃金原則にのっとって判断するシステムを具体的に構築することである。このような具体的なシステムが構築されて初めて，同原則を実施する責務を国が果たしているといえるのではないだろうか。

また，念のために述べておくと，労基法4条には，性を理由とする賃金差別を禁止する部分があり，この部分は，職務内容の同一性・同一価値性の有無を問わず，賃金に係る性差別全般を禁止する条文として重要である。仮に法改正がなされるとしても，賃金に関する性差別禁止規定は，同一価値労働同一賃金原則とあわせて，明示的な規定を残しておく必要がある。

2 「正規・非正規労働者間」の同一価値労働同一賃金原則とパート労働法

従来の労働法制は，憲法14条1項に列挙されているような事由，すなわち，人種，信条，性別，社会的身分又は門地など，社会一般に行われてきた特定の事由による差別と，「雇用形態による差別」とを同列に扱うことはなかった。前者は「社会的差別」であり，古くから法律を通じて禁止・規制されてきたが，後者を「差別」として禁止・規制すべきであるという「一般的均等待遇原則」ともいえる考え方は，より新しく登場したものである[2]。

---

2) 社会的差別禁止原則と一般的均等待遇原則の違いについては，毛塚勝利「労働法にお

雇用形態による差別を規制する法律がまだない頃，丸子警報器事件・長野地裁上田支部判決（平成8・3・15労判690号32頁）は，「同一（価値）労働同一賃金の原則が，……一般的な法規範として存在していると認めることはできない」としながらも，賃金格差の違法性の判断にあたっては，「同一（価値）労働同一賃金原則の基礎にある均等待遇の理念は，……ひとつの重要な判断要素として考慮されるべき」と述べた。この判決の後，1998年10月27日に行われた労働関係民事・行政事件担当裁判官協議会で，最高裁は，正社員と臨時労働者との間に賃金格差を設けることは，「実定法上，同一労働同一賃金の原則を定めた規定も見当たらないことから，公序に反する場合でない限り，有効と解すべきであるとする点でほぼ見解が一致した」ととりまとめたが[3]，当時のパート労働法は努力義務しか定めていなかったため，このような説明がありえたのかもしれない。

しかしその後，事情は一変する。2007年には，労働契約法の制定とパート労働法の改正があり，「実定法」ができたからである。すなわち，労働契約法は3条2項で，「労働契約は，労働者及び使用者が，就業の実態に応じて，均衡を考慮しつつ締結し，又は変更すべきものとする」旨を定め（均衡考慮の原則），パート労働法は，パート労働者に対する差別的取扱禁止規定を新設する改正を行った。

2007年パート労働法改正はとくに重要であった。同法は，パート労働者の賃金その他の処遇について，「職務内容」，「人材活用の仕組み（職務変更・人事異動の有無・範囲）」，「労働契約期間」の3点から，パート労働者を以下の4つのカテゴリーに分けて，法規制した。そのカテゴリーとは，①タイプ：通常の労働者（正社員）と同視すべきパート労働者，②aタイプ：職務内容が正社員と同一のパート労働者，②bタイプ：職務内容も異なるパート労働者，③タイプ：職務内容・一定期間の人材活用の仕組みが正社員と同一のパート労働者で

　　ける平等」労働法律旬報1495＝1496号（2001年）49頁以下，同「平等原則への接近方法」労働法律旬報1422号（1997年）4頁以下，同「差別禁止と均等待遇」『労働法の争点〔第3版〕』（有斐閣，2004年）118頁以下参照。
[3] 1998年10月27日の最高裁裁判官協議会の内容は，弁護士からの情報公開請求に対して最高裁が開示した文書（最高裁秘書353号平成13年7月10日）〔労働法律旬報1524号（2002年）14頁以下に収録〕によって明らかになった。

ある。

　①タイプは，「職務内容」「人材活用の仕組み」「労働契約期間」がすべて通常の労働者と「同一」であるパート労働者であり，このカテゴリーの労働者には，賃金，教育訓練，福利厚生その他すべての待遇について，「短時間労働者であることを理由」とする差別的取扱いが禁止される（パート労働法8条1項）。そしてこの部分が，賃金に関する初の強行規定である。

　上記①タイプ以外のパート労働者については，事業主は，通常の労働者との均衡を考慮しつつ，職務の内容，成果，意欲，能力または経験等を勘案して，賃金を決定するように努力しなければならないとされた（同法9条1項）。ここには②aタイプ，②bタイプの労働者が含まれる。さらに③タイプのパート労働者については，事業主は，通常の労働者と同一の方法により賃金を決定するよう努力する義務があると規定された（同条2項）。

　パート労働者のカテゴリー分類の詳細は，施行通達に記載された[4]。2007年法改正の問題は多い。たとえば職務内容にしても，かなり厳密な「同一性」が要求されており，この基準を前提にすれば，パート労働者が同法8条の「均等待遇原則」3要件を満たすことは相当に困難である。この法が同一価値労働同一賃金原則を採用するものであるならば，雇用形態にかかわらず従業員の職務の内容と責任について比較がなされ，それらが総合ポイントとして等しいか否かが判断されるべきであった。

　このような批判はあるものの，非正規労働者の賃金差別に介入する実定法上の規定ができたことの意義は大きい。これまで労働法学では，解釈論としても立法論としても，パート労働者の均等待遇・平等取扱いを否定する学説や，同一価値労働同一賃金原則は職務給を採用している欧州的な賃金形態を前提として構築されたものだということを根拠に，日本における同原則の立法化を消極的に解する学説があったが，2007年のパート労働法改正を契機に，こうした立法消極論は否定されたといってよい。あとはこの枠組みをいかに実効性のあるものにまで高め，充実させていくかであろう。

---

[4] 「短時間労働者の雇用管理の改善等に関する法律の一部を改正する法律の施行について」（平成19年10月1日基発1001016号）。

3 賃金差別の紛争解決手続
——現状と課題

　男女労働者間にしても，正規・非正規労働者間にしても，賃金差別をめぐる紛争の多くは，企業と個々の労働者間の個別労働紛争である。個別労働紛争は1990年代以降に大幅な増加傾向がみられるようになり，2001年には個別労働関係紛争解決促進法が，2004年には労働審判法が制定された。行政，司法のそれぞれにおいて，労働関係の専門的な解決手続が整備されたのである。問題は，このような労働紛争解決手続の改革が，賃金差別事件の解決にあたっても，有効に機能しているかどうかである。

　個別労働紛争解決促進法は，行政機関によって個別労働紛争を解決するための立法である。都道府県労働局は，この法律に基づき，相談・助言・指導を行い，紛争調整委員会によるあっせんを行う。ただし均等法，パート労働法，育児介護休業法の下での紛争については，個別労働紛争解決促進法の一般的定めによるのではなく，それぞれの法律が定める独自の解決手続による。都道府県労働局長は，当事者からの求めに応じて，助言・指導・勧告を行い（均等法17条，パート労働法21条），紛争調整委員会に「調停」を行わせることができる（均等法18条，パート労働法22条）。調停では，調停案を作成して，当事者にその受諾を勧告できる（均等法22条，パート労働法23条）。均等法にはさらに，厚生労働大臣が必要と認めるときは，事業主に対して，報告を求め，または助言，指導，勧告をすることができるという規定があり（均等法29条1項），その結果，是正勧告が行われて，事業主がこれに従わない場合には，企業名の公表が行われるという手続もある（均等法30条）。ところが，男女間の賃金差別紛争は労基法に規定されている問題であるため，均等法の適用対象ではなく，行政機関による紛争解決手続にのることはない。これが1つの問題である。

　他方，一般民事紛争に関しては，救済をめぐる司法手続の硬直性や，迅速・簡易な解決に欠けることなどが問題となり，それらを解決する仕組みとして労働審判手続が創設された（2004年，労働審判法）。労働審判法では，裁判官（労働審判官）1名と労働関係の専門的な知識を有する者（労働審判員）2名によって構成される合議体（労働審判委員会）が紛争処理を行い，原則として3回以内

の期日において審理を終結する。手続には調停が組み込まれているが，調停により解決できないときは審判が下される。審判では，権利関係の確認，金銭支払命令やその他相当と認める事項を定めることができる。当事者が審判を受諾できないときは，審判は失効して，裁判手続に入る。

　労働審判手続はこのように，労使専門家が参加する簡易・迅速な，調停を組み込んだシステムであるが，賃金差別事件は現在のところ，労働審判に適さないケースと考えられている。3回以内の期日で調停を成立させ，調停が成立しない場合には審判を下して手続を終えるのが労働審判の原則であるため（労働審判法15条），複雑な事案は労働審判になじまないとして，手続を終了させることができるからである（労働審判法24条1項）。賃金差別事案では，立証をめぐって原告側の負担が大きいばかりでなく，裁判所にとっても複雑な認定が必要とされるため，賃金差別事件を労働審判で処理することには，問題の構造上，かなりの困難が予測される。それだけに，複雑になりやすい賃金差別紛争を，労働審判を通じて解決可能にするための手立てを具体的に提案することは可能かどうか，これがもう1つの問題である。

4 「同一価値労働同一賃金原則」を実施するために

　以上の検討をふまえると，男女労働者間および正規・非正規労働者間において「同一価値労働同一賃金」原則を実施するためには，法制度と紛争解決手続の両側面に関して，かなり根本的な改革が必要になりそうである。

(1) 法改正をどうするのか

　男女間の賃金差別問題に関しては，第一に労基法の改正が望まれる。労基法4条の現行規定（賃金に関する性差別の禁止）を4条1項として維持しながら，第2項を新設し，「同一労働・同一価値労働の男女に同一賃金が支払われていない場合には，性差別が推定される」と規定することを提案したい。労基法4条は，従来から，男女賃金差別訴訟における重要な根拠規定であるため，性差別禁止原則としての側面を第1項で維持しながら，第2項の規定を加えることにより，ILOやCEDAWからの批判にこたえることになるであろう。

　改正後は，4条2項を通じて，原告が比較対象者と同一価値労働を主張する

賃金差別事案については（原告は同一価値労働であることについて，ごく簡潔に一応の立証を行うことになるであろう），裁判所は，男女同一価値労働同一賃金原則に則った法的判断を行うことを義務づけられることになる（後に述べる独立専門家の利用など）。もっとも「同一価値労働」の男女に同一賃金が支払われていないことは「性差別の推定」にすぎないから，使用者は当該賃金格差の正当性を反証することが可能であり，たとえば，各人の能力や経験，成果などの差異は正当性の根拠として考慮されうるだろう。

賃金支払制度との関係では，同一価値労働同一賃金原則が規定されるとしても，それは必ずしも職務給を無条件に義務づけるものではない。職務給以外の，たとえば年功給や職能給という賃金支払制度を採用する企業においても，これらの制度自体が同一価値労働同一賃金原則に反するか否かを問うものではなく，同一価値労働である男女間において賃金格差がある場合には，その賃金格差の合理性を使用者が立証しなければならないということが法的要請になるというべきであろう。たしかに職務給制度はこの原則にもっとも見合った賃金支払形態ではあるが，法的な審査の過程で，それ以外の賃金支払形態を採用している企業であっても，賃金格差が合理的な根拠によって生じていることを立証できれば，違法とはいえないのである。

第二に，均等法を改正するという課題も不可欠である。均等法は，賃金を含んで，募集・採用から定年・退職・解雇に関するあらゆる雇用上の性差別を禁止するように，改正されるべきである。この法改正によって，男女間の賃金差別とパート労働者の賃金差別が，同じように行政機関による紛争解決手続を通じて解決可能となるであろう。

労基法4条との重複は，問題にする必要はない。行政機関による紛争解決手続についてみれば，明白で悪質な性差別賃金については労基法4条違反として，罰則の適用も含めて労働基準監督行政が取り扱い，そうでない場合には，間接差別禁止規定違反も含めて，均等法上の紛争解決手続にゆだねられることになるであろう。もっとも，労働基準監督行政と都道府県労働局が相互に連絡・調整をはかるシステムが必要になる。

第三に，非正規労働者の賃金差別に関しては，パート労働法の改正が当面の課題である。同法の均等待遇（差別禁止）を定める8条1項の適用要件は，あ

まりにも狭すぎる。少なくとも「人材活用の仕組みと運用」の「同一性要件」は見直すべきであろう。重要なことは，法が定める賃金決定基準に基づき，それぞれの職務の価値を総合ポイントとして比較することであって，1つの基準に該当しないからといって，比較対象から除外するという手法は誤りであることを強調しておきたい。加えて，パート労働法9条1項・2項の賃金決定に関する規定は，努力義務ではなく明確な義務規定にし，私法的な効力をもたせ，同時に，法に定める紛争解決手続の対象事項とすべきである。

(2) 紛争解決手続をどうするのか

　紛争解決手続に関しては，2つの新たな法的システムを提案したい。第一は，賃金差別事案が，司法上，迅速・簡易な解決のために設けられた労働審判制度に適さないと受け止められている問題と関わって，事案審査の「複雑性」を軽減するために，賃金差別紛争に関する特別な手続を労働審判法に導入してはどうかという提案である。第二は，男女間の賃金格差縮小のために，「平等賃金レビュー」の実施を奨励するという提案である。

　いずれに関しても，私が参考にしているのは，イギリスの同一賃金法の紛争解決手続である。そこで，日本の制度改正提案について具体的に述べる前に，ごく簡単ではあるが，イギリスの男女同一賃金法に関わる紛争解決手続について，紹介しておこう[5]。

　イギリスの同一賃金法（1970年）は，紛争解決に関しては，①男女間の賃金差別紛争にあたって，使用者に対する質問手続が法に定められていること，②雇用審判所の手続の前には，行政機関（ACAS：助言・あっせん・仲裁局）による迅速な紛争解決が試みられていること，③雇用審判所では同一価値労働事案独自の紛争解決手続が設けられていること，などの特色をもつ。

　①の質問手続とは，労働者が自身の賃金に関する質問状を使用者に送り，関連の情報開示を使用者に請求できるという手続であり，雇用審判所に申立をする前と申立後21日以内に行うことができる。使用者が回答しない場合には，

---

[5] 詳しくは，内藤忍「実効性の確保に向けて」森ます美＝浅倉むつ子編『同一価値労働同一賃金原則の実施システム――公正な賃金の実現に向けて』（有斐閣，2010年）283頁以下参照。

審判所は使用者に不利な判断を行うことができるので、審判に関する事実は事前に明らかになっているため、手続の簡略化がなされることになる。②については、雇用審判所に申し立てられた事案はまずACASに送付されて、一定期間、あっせんが試みられるというシステムである。同一賃金に関する事案ではACASのあっせんで解決する事案は10％程度であり、残りの8割近くがあっせんの後に審判所において取下げになっている。総じていえば、同一賃金事案の解決にACASが果たしている役割は、非常に大きいといわれている。

③は、事案が同一価値労働をめぐるものである場合、申立人と比較対象者の労働が「同一価値」のものであるかどうかについて、審判所が、あらかじめ名簿に記載されている職務分析・労使関係専門家（独立専門家という）に報告書の提出を依頼できるという制度である。専門家は8週間以内に報告書を作成して提出する。専門家は企業など関係者から情報提供を受け、インタビューを含む調査権限を有する。2009年度は30名弱の専門家が選任・登録されているとのことである。

日本でも、賃金差別事案において、とくに「同一価値労働」の成否がからむ事案が多くなれば、そこでは、労働の価値の比較をめぐる判断において、かなりの手間・知識・人手が必要となり、労働審判制度にのせる際の困難は当然のように想定されるであろう。しかしだからと言って、労働審判手続から同一賃金関連の事案を除外して、通常の裁判手続にゆだねるのみでは、比較対象者が「同一価値労働」に従事していることを証明する責任は原告に課され、訴訟の長期性・硬直性ともあいまって、紛争解決の困難性は一向に解消されない。

そこで、考えうる方法として、事案審査の「複雑性」を軽減するために、イギリスの制度を参考にして、賃金差別紛争に関する特別な手続を労働審判法に導入し、かかる紛争を簡易・迅速に解決する方策を提案したい。すなわち、男女労働者間および正規・非正規労働者間の賃金差別事案について、労働審判の申立があった場合には、労働審判委員会は、申立人と比較対象者の職務の価値が同一であるかどうかについて、実際に評価する能力をもつ独立専門家に報告書の作成を依頼することができるという仕組みである。これは、訴訟における専門家鑑定書と類似の役割を果たすものであって、労働審判委員会は、これを重要な1つの証拠として重視することができる。独立専門家については、あら

かじめ名簿を作成し，登録しておき，必要に応じて，労働審判委員会がその判断を仰ぐことができる。当該独立専門家がどのような手法によって職務の価値の判断を行うのかについては，あらかじめ規則などでその概要を定めておく必要がある。独立専門家が依拠する手法については，参考にすべき職務分析調査方法などがすでに存在するし，新たな提案もなされている[6]。独立専門家には十分な教育・訓練が必要であることはいうまでもない。

　さて，残された第二の提案は，男女間の賃金格差縮小のための「平等賃金レビュー」の実施というものであった。これもまた，イギリスで試みられている「平等賃金レビュー」を参考にしている。イギリスでは，男女間の賃金格差縮小のために，行為準則において詳細が定められている「平等賃金レビュー」の実施が奨励されているという事実がある[7]。

　この仕組みを日本に取り入れるためには，法的な根拠規定が必要である。考えられるのは，均等法10条やパート労働法14条に基づく「指針」である。法改正のあかつきには，均等法において男女間の賃金差別が禁止され，パート労働法で非正規労働者に対する賃金差別が禁止されるが，使用者は，いずれの場合でも，合理的な理由がある場合を除いて同一価値労働同一賃金原則を遵守することが求められる。これは使用者の賃金差別行為を禁止する条文であるが，この差別禁止という法的要請を超えて，使用者がグッド・プラクティス（望ましい行為）として「平等賃金レビュー」を実施することを「指針」に書き込むことは，不可能ではないだろう。このような新たな指針の機能は，単なる行政機関による条文解釈機能にとどまらないものであって，自発的なポジティブ・アクションの「推奨」という機能ももつことになる。もっとも，指針にもとづく単なる「推奨」では実施効果があがらないだろうから，ある種のインセンティブを組み込むことも考えられてよい。たとえば次世代育成支援対策推進法における一般事業主行動計画のようなものである[8]。

---

6)　詳しくは，森ますみ「日本における同一価値労働同一賃金原則の実施システムの構築——本研究からの提案」森＝浅倉編・前掲注5）321頁以下を参照。
7)　本書第9章第2節参照。
8)　次世代育成支援対策推進法では，基準に適合する一般事業主として認定を受けた場合には，商品などに一定の表示を付することができるとする（同法13条・14条）。〔次世代法の2014年法改正については，本書第5章第2節の［追記］を参照。〕

「平等賃金レビュー」において，労働者が同一価値労働に従事しているか否かを，企業がいかなる基準によって判断するのかについては，すでに述べた独立専門家による職務の価値比較の手法も参考にしつつ，決定されることになるであろう。平等賃金レビューでは，各企業内における同一価値労働に従事している男女，もしくは正規・非正規労働者の賃金格差を客観的に把握し，そこに賃金格差があるときにはその原因をつきとめ，格差の是正計画をたてて，実施することになる。その際，先に述べたように，事業主がこのような是正計画を誠実に実施しているか否かを認定し，認定された事業主は何らかの対外的に公表しうる「表示」を利用できるようにする，ということも提案したい。平等賃金レビューを実施していることは，男女間，正規・非正規間における賃金格差が紛争になった場合においても，企業側にとっては合理性の抗弁がしやすくなるという副次的な効果もあるだろう。

イギリスでは，2010年平等法において，「男女間賃金格差情報の公表を250人以上の規模の民間企業に義務づける規則制定権が国務大臣に付与された（同法78条)[9]。日本でも，今後，大企業のみにしぼって，かかる情報公開制度を導入することができれば，「平等賃金レビュー」による企業内部の賃金格差を縮小するための企業の努力に，より一層，拍車がかかることは間違いない。将来の課題である。

（初出論文：「『同一価値労働同一賃金原則』実施の手法を考える」
国際人権21号（2010年）32〜37頁）

[追記]
　本節執筆後の2014年4月16日に，パート労働法は再度改正された。この法改正については，本書第5章第4節の［追記］を参照していただきたい。

---

[9]　本書第9章第4節参照。

終章　包括的差別禁止法制の構築に向けて

第1節　女性差別撤廃委員会による第5回目の日本レポート審査

はじめに

　2016年2月16日，女性差別撤廃委員会（CEDAW）による第5回目にあたる日本政府レポート審査がジュネーブで行われた[1]。第63会期CEDAWは2月15日に開催され，その2日目となる2月16日の午前と午後のセッションが，日本の審査に割り当てられたのである。審査対象は，日本政府が2014年9月に同委員会に提出した第7回・第8回レポートであった[2]。私はこの審査を傍聴したので，自ら見聞したことを含めて，ここにCEDAWの審査内容を整理しておく[3]。

　今回も「日本女性差別撤廃条約ネットワーク（JNNC）」は，レポート審査に係る情報提供とロビー活動を展開してきた[4]。CEDAWは，第7回・第8回日本政府レポートをめぐって，2015年7月27日に開かれた第63会期前作業部会において，日本のNGOから提出された「要望書」[5]等を参照しつつ，あらかじめ検討を行い，同年7月30日に主要な関心事項にあたる「課題リスト」

---

1)　第4回までの審査状況については，本書第2章第2節，第7章第1節2を参照のこと。
2)　第7回・第8回日本政府レポートは，内閣府HPに掲載されている（http://www.gender.go.jp/international/int_kaigi/int_teppai/pdf/report_7-8_j.pdf）。
3)　私は，過去の第1回から第3回の審査については，ニューヨークの国連会場で傍聴した。第4回目の審査の傍聴はかなわなかったが，今回の第5回目の審査は，ジュネーブの国連会場で傍聴することができた。
4)　日本のNGOは2002年に「日本女性差別撤廃条約ネットワーク（JNNC）」を立ち上げ，CEDAWによるレポート審査を傍聴・監視する活動を継続している。
5)　JNNCは，CEDAWの「課題リスト（List of Issues）」に盛りこまれるべき事柄に関する「要望書」をCEDAW委員に送付した。「要望書」国際女性29号（2015年）60頁以下。

を採択し、日本政府に、6週間以内に回答するように要請した[6]。日本政府は、これに対する「回答」を公表してCEDAWに送付し[7]、JNNCも今回の審査に向けて、カウンターレポートにあたるNGO Joint Report（Japan）を作成し、事前にCEDAW委員に送付した[8]。そのうえで、2016年2月16日の審査が行われたのである。

1 「性差別」の定義ならびに雇用関連項目をめぐる審査内容

　レポートを審査する23名のCEDAW委員は、全世界を代表する「徳望が高く、……（女性問題について）十分な能力を有する専門家」（女性差別撤廃条約17条）であり、国際法・国際人権問題・ジェンダー問題等にかかる専門的知見を備えた人々である[9]。CEDAWが各国審査にかける時間は、1か国につき約5時間と比較的短い時間でしかないものの[10]、それぞれの委員の発言には専門的な優れた知見が豊富に含まれており、将来にわたって私たちがしっかりと参照すべき内容であることはいうまでもない。また上述のように、委員たちは、各国のGO・NGOから十分な情報を得て、準備期間も設けたうえで審査に臨んでおり、たとえ短時間であっても、その発言は本質を鋭くつくものであって、学ぶべきことは多い。女性差別撤廃条約は、政治的・経済的・社会的な性差別全般に関わるため、日本政府レポート審査の対象となるすべての項目を紹介するわけにはいかないが[11]、本書と関係する項目として、性差別概念ならびに

---

6) List of Issues in relation to the combined seventh and eighth periodic reports of Japan, CEDAW/C/JPN/Q/7-8. 日本政府はこれを「質問事項」と訳し、JNNCはこれを「課題リスト」と訳している。JNNC訳「日本の第7・8次報告書に関する課題リスト」国際女性29号（2015年）56頁以下。

7) 日本政府の回答は内閣府HPに掲載されている（http://www.gender.go.jp/international/int_kaigi/int_teppai/pdf/response_7-8_j.pdf）。

8) JNNC『NGOジョイント・レポート（日本）』（2016年1月10日）。なお、CEDAWに提出されたNGOからのレポートは全部で26本あり、JNNCのレポートもその1つである。すべてのレポートをみるには、CEDAWのHPを参照のこと（http://tbinternet.ohchr.org/_layouts/treatybodyexternal/SessionDetails1.aspx?SessionID=1007&Lang=en）。

9) 現在の委員は以下に掲載されている（http://www.ohchr.org/EN/HRBodies/CEDAW/Pages/Membership.aspx）。

10) 日本政府レポート審査は、2016年2月16日の午前（10時05分～13時05分）および午後（15時～17時05分）の約5時間であった。

雇用関連項目をめぐる CEDAW 委員と日本政府との質疑応答について，ここで簡単に紹介しておこう。

(1) 禁止すべき「性差別」の定義について

　禁止すべき「性差別」概念については，JNNC の上述の「要望書」が，総論で，以下のように明確に指摘していた。日本政府がレポートで用いている gender equality は，日本語では男女共同参画と表現されるが，その場合の意味は gender participation of men and women であること，男女共同参画社会基本法 3 条には「差別的取扱いを受けないこと」等を旨とする記載はあるが，「差別」に関する定義はなく，したがって条約 1 条の定義（「性に基づく区別，排除又は制限」）を充足していないのではないかということ，また条約 1 条に関しては，CEDAW の 2003 年「最終コメント」パラグラフ 22 が，「条約第 1 条に沿って，直接差別および間接差別の両方を含む，女性に対する差別の定義を国内法に盛りこむことを勧告」したこと，2009 年「総括所見」パラグラフ 21 もそれを繰り返し指摘したこと，また，条約の定義を「国内法に完全に取り入れるために緊急の措置を講じ，次回報告においてこの点に関する進捗状況を報告する」ように求めていたこと，にもかかわらず，今回の日本政府レポートは，条約 1 条の「差別の定義」について明確な報告をしていないこと，などである。なお，この差別の定義については，CEDAW からの「課題リスト」には掲載されず，したがって日本政府からの回答にも，これに関連する記載はなかった。

　一方，日本政府レポート審査では，第 1 条に関して，Zou 委員（中国）から，「日本政府が条約 1 条における差別の定義を国内法に採り入れていないことは非常に残念である。それを妨げている要因はどこにあるのか？　条約にある差別の定義の国内法への導入について真摯に検討されたのか？」との質問があり，加えて，「日本語の男女共同参画は，gender equality とは異なり，人権分野においてよりも経済成長の文脈において使用される言葉だと言われているようだが，

---

11) 本章を執筆している 2016 年 8 月段階では，日本政府レポート審査の内容について，以下の文書がそれぞれ，概要を明らかにしている。CEDAW/C/SR.1375, CEDAW/C/SR.1376. より詳しい審査内容に関する情報は，2016 年 12 月に出版される国際女性の地位協会発行「国際女性」30 号に掲載される予定である。

この点についての政府の見解を聞きたい。また，条約によってカバーされるすべての分野における実質的なジェンダー平等を確保するためになされていることについて，政府の見解を説明して欲しい」とのコメントもあった[12]。

これに対して，日本政府代表団は，「日本国憲法は性別による差別を禁止している。また，国は，憲法 98 条 2 項により，条約を誠実に遵守する義務があり，ゆえに条約は国内法としての効力がある。また，1999 年の男女共同参画社会基本法は，男女の個人としての尊厳が重んぜられること，男女が性別による差別的取扱いを受けないこと，男女が個人として能力を発揮する機会が確保されること，を規定する（3条）。基本法における『差別的取扱い』は，条約を検討したうえでの規定であり，行為の受け手に注目し，行為者の意図を問わず，差別を受けないことをめざしている。そして同法 4 条は，社会における制度・慣行については，差別がないとしても男女に偏った影響を及ぼす可能性がある場合には，それをできるかぎり中立的なものにするように配慮しなければならない，と規定する。基本法における差別の定義はこのように条約を十分にふまえたものであり，条約は基本法に反映されている」と回答した[13]。

この回答については，再度，Zou 委員が，「私は条約 1 条の定義が日本の国内法に含まれていないことを指摘しているのであって，定義の欠如を問題にしている。その理由を聞いているのだ」と発言したが，日本政府からは，「有識者の議論を経て，『意図がなくとも差別に該当する』という意味を含めた」という回答が繰り返され，議論はすれ違ったままであった。

Zou 委員によるジェンダー平等と男女共同参画という用語の差異の指摘に対して，日本政府代表団は，「基本法は個人としての能力発揮をうたっており，潜在的失業者である 300 万人の女性が輝ける社会を求めているのであるから，けっして男女共同参画を単に経済発展のための戦略と位置づけているわけではない」と回答した[14]。

---

12) CEDAW/C/SR.1375, para. 8.
13) この部分は，日本政府レポート審査会場で，私が直接，聞き取ったメモに基づいており，公的な文書を参照しているわけではない。以下においても，引用を明確にしていない部分については，同様である。
14) CEDAW/C/SR.1375, para. 18.

(2) 雇用関連項目について

　雇用について定める条約11条に関して，日本政府は，CEDAWの「課題リスト」において，以下の12項目について更なる措置を示すように求められていた[15]。①雇用における男女平等を促進するための包括的政策の発展，②マイノリティ女性の労働市場への参加促進，③水平・垂直双方の職務分離の撤廃，④有期・短時間の非正規雇用に女性が際立って多いことに対する取組，⑤妊娠・出産を理由とする解雇の撤廃，⑥女性が仕事と家庭の両立不能によって仕事を辞めざるをえないことへの対策，⑦家族的責任に関する男女間における平等な分担の促進，⑧同一価値労働同一賃金原則を認める法規定の採用を含む，男女の同一価値労働同一賃金の確保，⑨職場におけるセクシュアル・ハラスメントに制裁を科す法規定の採択，⑩女性の無償労働の金銭的価値の研究調査，⑪年金給付におけるジェンダー格差の縮小，⑫保育の質の確保，である。

　日本政府はそれらへの「回答」として，審査前に，以下のような情報提供を行っていた[16]。非正規やマイノリティ女性を含むすべての女性の職場における活躍を推進するため，2015年に女性活躍推進法が制定されたこと（上記項目の①②③関連）。女性活躍推進法に基づく行動計画策定にあたり，事業主は，男女間の賃金格差の主な要因である「女性管理職比率」と「勤続年数の男女差」を含む女性活躍状況の把握・分析を行い，これによって賃金格差の縮小が期待されること（⑧関連）。均等法上のセクシュアル・ハラスメント規定を根拠として行政指導が実施されていること（⑨関連）。妊娠・出産・育児等を理由とする不利益取扱いは，均等法と育介法で禁止されており，2015年の最高裁判決を踏まえて出された通達に基づき，厳正な対処をしていること[17]（⑤⑥関連）。2015年4月から施行された改正パート労働法により，差別的取扱いの禁止対象となる短時間労働者の範囲が拡大されたこと，また「正社員実現加速プロジェクト」が推進されていること（④関連）。男性の家事・育児等への意識啓発活動（イクメン企業アワード等）を行っていること，2016年に出生時両立支援取組

---

15) 前掲注6）参照。
16) 前掲注7）参照。
17) 広島中央保健生活協同組合事件・最判平成26・10・23労判1100号5頁をうけて行われた，平成27年1月23日付の「男女雇用機会均等法解釈通達」ならびに「育児・介護休業法解釈通達」の一部改正（雇児発0123第1号）をさす。

助成金（仮称）を創設する予定であること，2014年雇用保険法改正による育児休業給付率の引き上げ実施等を行ったこと（⑦関連）。2015年から子ども・子育て支援新制度を実施していること，待機児童解消に向けた保育受入枠の整備をしていること，保育士の処遇改善等を講じていること（⑫関連）。年金給付の格差是正の観点や女性の就労促進の観点などから，短時間労働者への社会保険の適用拡大を2016年から実施すること（⑪関連）。無償労働の貨幣評価については2008年に実施したこと（⑩関連）。

それらの情報を得たうえで，日本政府レポート審査において，CEDAWの各委員から出された主たるコメントは，以下の通りであった。(1) ILO 100号条約を批准している日本は同一価値労働同一賃金原則を実施する用意があるのか？最高裁は男女同一賃金についてかなり狭く解釈しているのではないか（Bruun委員・フィンランド）。(2)出産時差別については，とくに非正規女性に対する差別を明確に禁止する必要があるのではないか（Bruun委員）。(3)なぜ日本はILO 111号条約を批准しないのか（Bruun委員）。(4)日本は包括的な反差別法を作る予定はあるのか（Haidar委員・レバノン）。(5)家事労働者に関するILO 189号条約を批准すべきではないか（Haidar委員）。(6)先住民や障害をもつ女性たちに対する差別について情報が欲しい（Haidar委員），(7) LGBTの人々に対する雇用差別について情報が欲しい（Schulz委員・スイス）。

日本政府は，これらの質問に，概要，以下のように回答した。(1)労基法は男女同一賃金を規定しており，その原則にそって解釈が行われているので，更なる法規定は不要である。女性活躍推進法によって賃金格差の解消を推進することが期待される。(2)非正規に関しては，現政権も非正社員と正社員の賃金格差を是正するプランを検討している。(3) ILO 111号条約の批准については，国内法との整合性を検討する必要がある。(4)今のところ，包括的な差別禁止法を策定する動きはない。(5)家事労働者が労働契約下にある場合には，すべての労働法規が適用されるが，個人の家庭において働いている場合は適用されないため，ILO 189号条約の批准については検討が必要である。(6)マイノリティ女性の調査としては，北海道のアイヌの人々の調査があり，部落についても過去6回の調査がある。(7) LGBT差別のための特別な立法はないが，労基法が一般的に適用され，労使トラブルがある場合には個別労働紛争解決法が適用されること

になる。

　CEDAW委員からの質問は、いずれもジェンダー格差を解消するために必要な立法や施策を求める的を射たものであり、日本政府もこれまでに、それなりの対策を講じてきてはいるが、なかなか実績をあげられずにいる。とくに国際基準を遵守する国家責任を考慮すれば、同一価値労働同一賃金原則を実施する具体的な手立て、基本条約であるILO111号条約の批准、包括的な差別禁止法の立法化、その中に民族的出身や性的指向・性自認による差別禁止を含めることの必要性等は、とりわけ重要であり、今後とも検討すべき課題として受け止めるべきである。

2　「慰安婦」問題をめぐる質疑応答

　今回の審査においては、「慰安婦」問題をめぐって紛糾があったことを特記しておく。日本政府は、第7回・第8回レポートにおいて、この問題について、女性差別撤廃条約は批准以前に生じた問題に対して遡及的に適用されないこと、個人の請求権の問題については法的に解決済みであること、しかし日本政府は慰安婦問題が女性の名誉と尊厳を深く傷つけたことを認識してアジア女性基金（AWF）を設立し、歴代首相も謝罪と反省を表明した手紙を元慰安婦に直接送った等、と記載していた。

　この点について、CEDAWは「課題リスト」において、「『慰安婦』の強制的連行（forcible removal）を示す証拠はなかった」という日本政府の公式声明について、更なる情報を要求した。日本政府は、これに応じて、審査前に、2015年12月28日にソウルで行われた日韓外相会談の合意により、両国政府が慰安婦問題について「最終的かつ不可逆的に解決されることを確認した」として、「日本政府が発見した資料の中には、軍や官憲によるいわゆる『強制連行』は確認できなかった」、「中国や東ティモールを含む、アジア女性基金の対象外となる国々の『慰安婦』に対する補償措置を講じ、加害者を訴追する意思……はない」、政府として教科書でこの問題に言及するように国民の意識を高めることについては、「日本では国定教科書制度はとっていないため、個別具体の記述について政府として」回答できない等と言及する回答を行った。しかし一方、この回答に添付された日韓両外相共同記者発表において、岸田外務大臣は、

「当時の軍の関与の下に，多数の女性の名誉と尊厳を深く傷つけた」，この「観点から，日本政府は責任を痛感している」(2015 年 12 月 28 日) と述べていた[18]。このように「責任を痛感する」と言いつつも，あくまで「強制連行」の証拠はないと主張する日本政府の立場は矛盾しており，私も，国際社会からの理解は得にくいだろうと予測していた。

日本政府レポート審査では，やはり 2009 年の「総括所見」パラグラフ 38 の勧告と同じく，第 6 条に関わって，「日本政府は，被害者への補償，加害者処罰，国民に対する教育を含む永続的な解決を見いだす努力を行うのかどうか」という率直な質問が出された (Hofmeister 委員・オーストリア)。これに対しては，日本政府代表団団長の杉山晋輔外務審議官が，10 分を超える時間をかけて，日本語で回答を行った。それは周到に準備された発言であり，この発言部分は「女子差別撤廃条約第 7 回及び第 8 回政府報告審査 (質疑応答部分の杉山外務審議官発言概要)」として，外務省の HP に掲載されている[19]。外務省の確固たる意図が感じられる。

その内容は，繰り返しになるが，「軍や官憲によるいわゆる『強制連行』を確認できるものはなかった」こと，強制連行は故吉田清治氏によるねつ造であり，これを朝日新聞が事実であるかのように報道したことが国際社会に大きな影響を及ぼしたこと，朝日新聞はその後事実関係の誤りを認めたこと，20 万人という数字も女子挺身隊との混同によるものであること，性奴隷という表現は事実に反すること，しかし日韓両国政府は合意に達して，今後，日韓政府が協力して，元慰安婦の方々の名誉と尊厳を回復する事業を行うこと，そして最後に，日本は先の大戦の補償問題は解決済みという立場をとっていることを付け加えるものであった。

これについては，Zou 委員から，「日本政府の回答は非常に不満である。歴史を変えることはできないはずだ。『強制連行』がなかったというのなら，なぜ日韓政府の合意が必要だったのか，矛盾していないか。日本政府はなぜ，河野談話も認めたところの，女性たちの意に反した慰安所への募集が軍の要請で行われたという事実を否定するのか。日本政府は元慰安婦の女性たちに謝罪の

---

18) 前掲注 7) 参照。
19) http://www.mofa.go.jp/mofaj/files/000136254.pdf

手紙を送るのか，また，適切な救済を行う法的責任をどう考えるのか。関与した者の訴追はするのか」という追加的な指摘があった。

これに対して杉山審議官は，日本が認めている「『当時の軍の関与の下に』というのは，慰安所は当時の軍当局の要請により設置されたものであること」を述べているだけであって，慰安婦の募集は「軍の要請を受けた業者がこれに当たった」と繰り返しつつ，「Zou 主査からの御指摘は，いずれの点においても，日本政府として受け入れられ」ず，「事実に反する」と，強く反論した。審査する立場の専門家からの指摘に強い口調で「事実に反する」と反論するこの発言は，委員会と締約国が相互に誠意をもって対話するという審査の様子を見てきた私にとっては，正直なところ，かなり「異様な光景」という印象を受けた。

その後の朝日新聞の報道によれば，当初，外務省は，日韓両政府の合意をふまえて詳細な回答を避ける方針でいたところ，首相補佐官から「外務省が事実を明らかにしないことが問題をこじらせた」と反発されて方針転換を指示され，それを受けて，外務省もこのような詳細な発言をしたとのことである[20]。だからこそ外務省はこの発言を HP に掲載し，たしかな証拠として示すという対応をとったのであろう。しかしこのような対応をしているかぎり，「慰安婦」問題について日本が真摯に反省しているということをどれだけの委員が納得してくれるだろうか。残念ながら日本政府は，国際人権機関との建設的対話の意味を取り違え，対応を誤っているといわねばならないのではないか。

3 「総括所見」とフォローアップ項目

以上のような審査ののち，2016 年 3 月 7 日に，CEDAW から「総括所見」が出された[21]。今回の総括所見は，かなりの部分が 2009 年に出された総括所見（第 6 回レポートに対するもの）[22]の項目を繰り返し指摘しつつ，更なる努力

---
20) 2016 年 3 月 5 日朝日新聞。
21) Concluding observations on the combined seventh and eighth periodic reports of Japan, CEDAW/C/JPN/CO/7-8（URL：http://tbinternet.ohchr.org/_layouts/treatybodyexternal/Download.aspx?symbolno=CEDAW%2fC%2fJPN%2fCO%2f7-8&Lang=en）。なお，「総括所見」とは JNNC の訳であり，日本政府の仮訳は「最終見解」となっている。
22) CEDAW/C/JPN/CO/6.

を要請するものが多く，これは CEDAW が，日本の条約実施義務の履行がなお不十分であると判断していることをうかがわせる。

総括所見のなかで，本書と関わるいくつかの項目について，紹介しておこう。

第一に，「差別の定義」をめぐる総論的部分に関連する項目に注目したい。パラグラフ9は，立法府の条約の完全履行義務について述べ，日本に，(a)条約を完全に国内法化し，(b)すべての関係者の条約・委員会の一般勧告に関する意識を高め，(c)選択議定書の批准を検討し，委員会による先例についての研修を実施し，(d)総括所見の完全実施のため，目標・指標をそなえた行動計画の策定，を求めている。パラグラフ11は，条約1条の「女性に対する差別」の定義を国内法に採り入れるよう求めている。

パラグラフ13は，法制度上の差別撤廃が不十分である，として，(a)婚姻適齢・夫婦の氏・女性の離婚後の待婚期間について，民法改正を行うこと，(b)婚外子に関する残る差別的規定を撤廃すること，(c)マイノリティ女性に対する複合的／交差的差別を禁止する包括的な反差別立法を制定するように，求めている。パラグラフ15は，パリ原則に基づく国内人権機関の設置を求めている。パラグラフ17は，ジェンダー主流化とジェンダー予算を含む諸活動を効果的に遂行するため，国内本部機構の強化を勧告している。

パラグラフ19は，暫定的特別措置であるが，とくに，マイノリティ女性の権利を強化するために必要な手段として，暫定的特別措置の採用を求めている。パラグラフ21は，(a)伝統的な男女役割を強めている社会規範を変える努力をすること，(b)ジェンダー差別を強化するような，ポルノ・ビデオゲーム・アニメの製造・販売を規制する法的手段を効果的に履行すること，(c)差別的なジェンダー役割固定化を廃止するために，教科書等を見直すこと，(d)民族的マイノリティ女性や移住女性に対する攻撃となる，差別的な発言やプロパガンダを禁止する法律を作ること，(e)それらマイノリティ女性への差別をなくすためにとられた措置のインパクトについて，独立専門機関によるモニタリング・評価を定期的に行うこと，を求めている。最後に，パラグラフ50は，日本政府に選択議定書の批准を奨励している。

第二に，雇用関連項目としては，パラグラフ35で，(a)同一価値労働同一賃金原則を実施し賃金のジェンダー格差を縮小するために，女性活躍推進法，労

基法等の下で一層努力すること，(b)男性の育児参加を促し，十分な保育施設の提供を確保すること，(c)職場におけるセクシュアル・ハラスメントを明確に禁止し，適切な制裁を科す法規定を作ること，(d)セクシュアル・ハラスメントに関する労働法と行動規範を遵守させるための定期的な労働監督の実施，(e)マイノリティ女性に関する雇用分野の調査の実施・統計の提供，(f)女性家事労働者の地位に関する情報の提供，(g)ILO 111 号条約および 189 号条約の批准の検討，を掲げている。

　今回の総括所見では，これらの項目のうち，パラグラフ 13 (a) の民法改正，ならびに，マイノリティ女性のためのいわゆるヘイト・スピーチ禁止立法（パラグラフ 21 (d)）と独立専門機関によるモニタリング（パラグラフ 21 (e)）がフォローアップ項目に指定された。日本政府は，今後 2 年以内に，フォローアップ項目について，再度，報告書を提出し，CEDAW の審査を受けることになるのである。

　第三に，総括所見は，パラグラフ 29 において，「慰安婦」問題に関して，当該条約の下で第二次大戦期の性的侵害行為を扱うことに問題はないとしつつ，(a)日本の指導者や公職者は自らの責任を軽減するような発言をやめること，(b)被害者への効果的な救済と被害回復措置の提供，(c)被害者の権利保障としての二国間合意の実施，(d)「慰安婦」問題を教科書に取り入れること，(e)次回の報告において，被害者の権利のための協議等の情報を提供すること，を求めた。日本政府が日韓の二国間合意を契機に「慰安婦問題」は解決済みであるという印象を定着させようとしたことは裏目に出た，といわざるをえないだろう。

小　括

　CEDAW は，今回の総括所見の相当程度を費やして，日本では以前に出された総括所見がなお履行されていないと指摘しながら，日本政府に対して，それらの再度の履行を求めている。このような指摘の底流には，日本政府が国際人権基準をしっかりと理解していないことへのいらだちがある。それは，とくに「慰安婦」をめぐるやりとりに明確に現れることになった。日本政府が「強制連行」という事実の存在を否定し，「性奴隷」という表現の誤りを主張し，政府による誠実な取組を強調しても，総括所見は，そのような姿勢こそが責任逃

れであるとして，政府に対して，より誠実に「被害者中心アプローチ」をとるように求めたのである。

「慰安婦」以外の問題についても，CEDAW は，法制度上の整備状況を歓迎しつつも，女性の権利侵害が完全にはなくなっていないことを，繰り返し，問題としている。今回の総括所見の新たな特色としては，移住女性・民族的マイノリティ女性・障害をもつ女性など，女性の中でもとくに不利益を被っている人々の権利に焦点をあてていることである。近年，CEDAW は，女性であることとマイノリティであることの「複合的／交差的差別」を意図的にとりあげる傾向にある。

たとえば総括所見は，パラグラフ 13(c)において，マイノリティグループに属する女性に対する差別である「複合的／交差的差別」を禁止する包括的な反差別立法の制定を求めている。また，暫定的特別措置についても，マイノリティ女性や障害をもつ女性の権利を強化するための必要な手段と位置づけている（パラグラフ 19)。

じつは，CEDAW は，2010 年の一般勧告 28 号において，締約国の中核的義務として，差別の交差性（intersectionality）について，以下のように述べている。「性別やジェンダーに基づく女性差別は，人種，民族，宗教や信条，健康状態，身分，年齢，階層，カースト制及び性的指向や性自認など女性に影響を与える他の要素と密接に関係している。性別やジェンダーに基づく差別は，このようなグループに属する女性に男性とは異なる程度もしくは方法で影響を及ぼす可能性がある。締約国は，かかる複合差別及び該当する女性に対する複合的なマイナス影響を法的に認識ならびに禁止しなければならない。締約国はまた，そのような差別の発生を防止するため，必要に応じて，条約 4 条 1 項ならびに一般勧告 25 号に基づく暫定的特別措置を含め，政策や計画を採用ならびに推進しなければならない」（パラグラフ 18)。また，一般勧告 25 号も，複合差別（multiple discrimination）について，「女性のある集団は，女性だということで彼女らに対して向けられる差別による苦しみに加え，人種，民族，宗教，障害，年齢，階級，身分やその他の別の理由に基づく多重な形の差別によって苦しんでいるかもしれない。……締約国は，かかる女性に対する多重な形の差別と彼女らへのその複合的な悪影響を撤廃するために，特定の暫定的特別措置をとる

必要があるかもしれない」(パラグラフ12)と述べている。CEDAW委員長である林陽子弁護士も，CEDAWは2010年の一般勧告28号以降，急速に，複合差別を大きくとりあげるようになっていると指摘している[23]。

では，同委員会が一貫して求めている性差別を禁止する包括的な立法の必要性と，このような複合的／交差的差別の禁止とは，いったいどのような示唆を日本に与えるのだろうか。次の節では，イギリスの新たな立法を対象として，この問題について検討してみることにしたい。

（未公刊）

[追記]
　本節の校正時（2016年9月）に以下の文献に接した。本節の内容には反映できていないが，日本のNGOによる重要な活動記録である。日本女性差別撤廃条約NGOネットワーク『女性差別撤廃条約　第7・8次日本政府報告審議とJNNCの活動記録　国連と日本の女性たち』(2016年8月)。

---

23)　林陽子「女性差別撤廃委員会での複合差別に関する議論の進展と日本」IMADR-JC通信181号（2015年）8〜9頁。

第2節　イギリスにおける包括的差別禁止立法の意義

はじめに

　本書の終章第1節で検討したように，CEDAW は，日本に対して，性差別に関する立法上の定義をおくべきこと，包括的差別禁止立法を制定して ILO 111 号条約を批准すること，複合差別を禁止すること，同一価値労働同一賃金原則を実施することなどを含む重要な提言を，繰り返し，行ってきた。本節では，CEDAW が行っている提言のうち，とくに包括的差別禁止法の制定と複合差別禁止の必要性について，理解を深めるために，イギリスの 2010 年平等法（Equality Act 2010）を検討する。

　CEDAW は女性差別を取り扱う人権委員会であるために，包括的「性」差別禁止立法の必要性を強調するが，2010 年平等法は，性別以外の事由も対象とする包括的差別禁止立法である。そして複合差別とは，性別とその他の事由が重複的・重層的に機能する差別を指すものであるため，むしろ，イギリスの立法の研究こそ，CEDAW の提言のねらいを明確に把握するために役立つのではないだろうか。

　イギリスでは，2010 年 4 月 8 日，膨大な条文が複雑に入り組んでいた既存のさまざまな差別禁止法を 1 つの法律に統合する 2010 年平等法が成立した。イギリス労働法学の第一人者 Bob Hepple は，この法の特色を以下のように 3 点にまとめている[1]。第一に，本法は，平等に関する既存の諸立法や管轄機関を統合する包括立法という特色をもつ。統合されたのは，主要な 9 つの分野にわたる差別禁止立法や規則[2]であり，その内容を単一の機関である平等人権

---

[1] Hepple, B., *Equality, The New Legal Framework* (Hart Publishing, 2011), p. 1.
[2] 具体的には，1975 年性差別禁止法（Sex Discrimination Act: SDA），1970 年同一賃金法（Equal Pay Act: EPA），1976 年人種関係法（Race Relations Act: RRA），1995 年障害差別禁止法（Disability Discrimination Act: DDA），2003 年雇用平等（宗教・信条）規則（Employment Equality (Religion or Belief) Regulations 2003 SI 2003/1660），2003 年雇用平等（性的指向）規則（Employment Equality (Sexual Orientation) Regulations 2003 SI 2003/1661），2006 年雇用平等（年齢）規則（Employment Equality (Age) Regulations 2006 SI

委員会（Equality and Human Rights Commission: EHRC）が強制力をもって実現する[3]。第二に，本法は，差別・ハラスメント・報復等，禁止される行為概念を明確化し，それらを，性別や人種などあらゆる差別事由（保護特性）[4]に対して横断的に適用するという特色をもつ。第三に，本法は，変革的ないくつかの実効性確保手段を包含する法としての特色をもつ。その代表的な手法は，差別廃絶のために公的機関が適切な配慮をするという積極的義務（positive duty）の規定である。

2010年平等法の成立は，イギリスの長い歴史の中でも画期的なできごとであり，平等をめぐる幾多の攻防の結果，イギリス社会が達成した卓越した成果といえる。ただし，同法が成立してわずか1月後の総選挙によって，政権は労働党から保守党・自由民主党へと交代し，同年10月1日から施行された同法は，新たな見直しに直面している。

1　2010年平等法はなぜ必要だったのか

包括的な平等法が，イギリスにおいてなぜ必要とされたのか。これについては数多くの説明がなされているが[5]，それらを以下の3点にまとめることができる。

第一は，従来の膨大な差別禁止立法を簡易化し，利用しやすくするためであった。これまでイギリスでは，次々に新たな法がモザイク的に制定されてきたものの，その結果，法の内容は複雑となり，国民が救済手続にアクセスすることは難しくなっていたし，国も，複数の機関を設けることによる費用負担など

2006/1031）。
- [3] 従来の機会均等委員会（Equal Opportunities Commission: EOC），人種平等委員会（Commission for Racial Equality: CRE），障害者権利委員会（Disability Rights Commission: DRC）が，EHRCに統合された。
- [4] 2010年平等法は，禁止される差別事由を「保護特性（protected characteristics）」として規定する（同法4条以下）。
- [5] ケンブリッジ大学を中心とする著名な学者グループによる「提言」のサマリー部分では，11項目の理由が示されている。Hepple, B., Coussey, M. and Choudhury, T., *Equality: A New Framework, Report of the Independent Review of the Enforcement of UK Anti-Discrimination Legislation*（The Cambridge Center for Public Law, 2000）。この文献はCambridge Reviewといわれている。

の悪影響を被っていた。それだけに，より理解しやすい，簡潔で統一性のある包括的立法が望まれていたのである。

　第二は，ヨーロッパ人権条約と EU 法を遵守するためであった。1998 年に人権法を制定してヨーロッパ人権条約への「編入」を実現したイギリスは，同条約に適合するための国内法改正を行い，いくつかの差別禁止立法を制定した。また EU も，1997 年アムステルダム条約の締結を契機に，差別禁止対象事由を次々に拡大し，2000 年から 2002 年にかけては 3 つの指令（人種・民族的出身均等待遇指令[6]，雇用・職業均等待遇一般枠組指令[7]，男女均等待遇改正指令[8]）を制定した。これらの指令を国内において遵守するため，イギリスは，反差別法の大規模な再編を必要としたのである。

　そして第三の理由は，立法を整備してもなお差別を解消しえない社会状況を変革するためであった。実際，イギリスでは，徐々に明白な差別は解消されていったものの，女性は依然として，職業上の分離，低賃金，パートタイム労働，不平等賃金，妊娠差別，セクシュアル・ハラスメントに直面しており[9]，人種マイノリティ，障害者，ゲイやレズビアン，高齢者などは，偏見やステレオタイプによる差別を被っている状況にあった。問題は，これらの差別が，狭義の差別概念（＝「個人による作為」という不利益取扱い）では把握しきれない「組織内にある態度，方針，慣行」によって引き起こされていることであり，これを自覚して，イギリスでは，より効果的な差別解消方策が求められていたのである。

2　立法の経緯[10]

　2005 年総選挙のマニフェストで，労働党政府は，「単一の平等委員会の設置」と「包括的に平等を取り扱う単一の平等法の制定」を宣言した。前者に関する立法として，まず，2006 年平等法（Equality Act 2006）が制定された。この法において，差別を排斥するために設けられていた既存の委員会（EOC，CRE，DRC）が廃止・統合されて，単一の委員会（EHRC）が新設されたのである。

6）　Council Directive 2000/43/EC.
7）　Council Directive 2000/78/EC.
8）　Council Directive 2002/73/EC.
9）　Hepple, above, n. 5, p. 15.
10）　この部分は，本書第 9 章第 4 節における記述と重複する部分がある。

EHRC は，これまでの 3 委員会が対象としてきた人種差別，性差別，障害差別に加えて，性的指向差別，宗教差別，年齢差別を対象に加え，それらの事由にかかる平等促進機能と法強制機能を果たす委員会として位置づけられている。EHRC の平等促進機能としては，行為準則の作成，諸法のモニタリング，各機関への情報提供や助言等が重要であり，法強制機能としては，調査（investigations）役割が注目される[11]。

2006 年法の後に，単一平等法の制定に向けた 2 つの文書が公表された。一つ目は，イギリス社会に根強く存在する差別と不平等の原因を調査し，単一の法的枠組みを含む平等の手立てを勧告した the Equalities Review[12]，二つ目は，差別禁止立法の基本原則を検討し，より効果的な立法のあり方を内容とする the Discrimination Law Review であった[13]。同年 9 月 4 日までに，後者に記載された協議事項に対して 4000 件を超える応答があり，それに対する政府の評価（assessment）も公表された[14]。このような丁寧な手続きを経て練りあげられた単一の平等法案は，2009 年 4 月 27 日に下院に提出されたが，保守党は，不況時代の経営に過剰な負担をもたらすとして反対した。関連団体からのヒアリングと数多くの修正論議を経て，ほぼ 1 年にわたる国会の審議の後，2010 年 4 月 8 日に，2010 年平等法は，女王による裁可を受けて成立した。

同法の大半の条文は 2010 年 10 月 1 日から施行された。これによってイギリスの差別禁止法制は新たな段階を迎えたのである。

---

11) EHRC は，違法行為がなされたか否かの調査権限を有し，違法行為を認めた場合には，違法行為通告（unlawful act notice）を出し，通告を受け取った者は違法行為の継続を回避するアクション・プランを EHRC に提出しなければならない。

12) Department of Communities and Local Government, *Fairness and Freedom : The Final Report of the Equalities Review*（London, DCLG, 2007）.

13) Department of Communities and Local Government, *Discrimination Law Review : A Framework for Fairness : Proposals for a Single Equality Bill for Great Britain*（London, DCLG, 2007）. この文書は 2007 年 6 月 12 日に公表されたもので，単一平等法案に規定されるべき内容に関する協議文書という位置づけである。内容は「第 1 部 法の調和と簡易化」，「第 2 部 より効果的な法」，「第 3 部 法の現代化」という 3 部構成になっており，政府が国民に対して意見を求める協議事項とその結論に至った理由が丹念に説明されている。

14) Government Equalities Office, *The Equality Bill―Government Response to the Consultation*, Cm 7454（London, The Stationery Office, 2008）. この文書は，付則も含めて総計 209 頁に及ぶ。

3　2010年平等法

2010年平等法は，全16編，全218か条，28の付則から構成されている。政府平等局（Government Equalities Office）を始めとする関係省庁は，2010年8月に，2010年平等法の「注釈」[15]を公表した。「注釈」は国会の承認を得た文書ではなく，包括的な解釈を提供するものでもないが，本法の意味を理解する助けになる。EHRCは，さらに，2011年4月6日に，本法に関する3つの行為準則[16]を発出した。それらは，平等賃金，雇用，サービス，公的機関等に関する行為準則である。平等法を理解するには，これらの文書も参考にする必要がある。

(1)　適用対象分野

2010年平等法は適用対象となる分野を幅広くとらえており，サービスの提供（第3編），不動産（第4編），労働（第5編），教育（第6編），団体（第7編）が関わる差別について，適用される。

(2)　禁止される差別事由（保護特性）

前述のように，2010年平等法4条は，禁止される差別事由を「保護特性（protected characteristics）」とよび，年齢，障害，性別再指定（gender reassignment），婚姻および民事パートナーシップ，妊娠・出産，人種，宗教または信条，性別，性的指向の9種類を列挙している。それぞれの意味は，5条ないし12条が規定する。

複数の事由にわたる差別を禁ずる立法には，2つのアプローチがある[17]。1つは「一般的・開放的アプローチ」であり，何人も，特定の事由「その他のあ

---

15)　Equality Act 2010 Explanatory Notes, August 2010. 以下，E.N. として引用する。

16)　EHRC, Code of Practice on Equal Pay; Code of Practice on Employment; Code of Practice on Services, Public Functions and Association の3つである。行為準則の法的性質については，内藤忍「イギリスの行為準則（Code of Practice）に関する一考察——当事者の自律的取組みを促す機能に注目して」（JILPT ディスカッションペーパー DPS-09-05, 2009年）を参照。

17)　Hepple, above, n. 1, pp. 27-28.

らゆる差別なしに権利と自由を享受しうる」と規定する方法で，世界人権宣言2条に代表される[18]。もう1つは，EU指令が採用している，事由を特定して保護を与える「特定的アプローチ」である。2010年平等法は「特定的アプローチ」を採用しており，同法4条は，かなり広範囲の事由を列挙しているとはいえ，いくつかをカバーしていない（たとえば，言語，政治上の意見，財産など）。それだけに，「一般的アプローチ」の採用を求める声もあるが，反面，ここに示された9種類の差別事由は，従来からEU法が合意を重ねてきた事由であり，手堅い手法ともいえる。本法は，これら9種類の事由による差別を1つの法律の中で統合して禁止する形を採用することによって，「平等のヒエラルキー」の解消をめざしたのである[19]。

　個々の保護特性に関して留意すべき点をあげておこう。性別再指定は，「性の生理学上その他の属性を変更し自己の性別を再指定する目的で，ある処置または処置の一部の実施を予定するか，すでにそれを開始しているか，または終了したものをいう」（7条）と規定されており，対象者は必ずしも医学的管理下にあることを要求されない[20]。民事パートナーシップが婚姻とならんで保護

---

18) 世界人権宣言2条1項は，「何人も，人種，皮膚の色，性，言語，宗教，政治上もしくは他の意見，民族的もしくは社会的出身，財産，門地又はその他の地位というようないかなる種類の差別も受けることなしに，この宣言に掲げられているすべての権利と自由とを享受する権利を有する」と規定する。

19) 従来の差別禁止法制では，差別禁止事由に応じた規制の幅には広狭があり，これがヒエラルキーと表現されるものである。もっとも2010年平等法においても，差別禁止事由のヒエラルキーはかなり解消されたとはいえ，残っている。たとえば同法における「人種」は，皮膚の色，国籍，民族的出身を含むが（平等法9条1項），カーストについては，閣内大臣は，命令によりカーストを本条に含むか例外を設けるかについて本条を修正しうる（may...amend），と規定するにすぎない（9条5項）。連立政権はかかる命令を発出しない方針を出していたが，2013年企業規制改革法（the Enterprise and Regulatory Reform Act 2013）97条は，平等法9条5項を「修正しなければならない（must...amend）」という文言に変更し，これによって人種とカーストの関係について見直すことが大臣に義務づけられた。

20) 「注釈」は，女性に生まれた者が，医学上の処置を受けることなく男性として生きる決定をした場合であっても，本条の保護特性をもつ者に該当する，と述べている。E.N., above, n. 15, para. 43. 性的マイノリティ差別に関しては，佐々木貴弘「日本における性的マイノリティ差別と立法政策——イギリス差別禁止法からの示唆(1)〜(3)」国際公共政策研究（大阪大学大学院国際公共政策研究科）17巻2号135頁，18巻1号223頁・2号109頁（2013〜2014年）が参考になる。

特性にあげられていることも重要である（8条）。イギリスでは2004年に民事パートナーシップ法が成立し，同性カップルは登録制度によって婚姻に相当する内容の権利保障がなされている。性的指向とは，性愛の関心の対象がいずれの性別に向かうのかを示す用語だが，異性愛，同性愛，両性愛の存在が明記されている（12条）。また，障害に関しては，「障害をもつ者」とは，現在のみならず，過去に障害をもっていた者も含むと規定されている（6条4項）。

妊娠・出産は，2010年平等法4条において列挙されているものの，他の保護特性とならぶ形で5条以下に定義規定があるわけではない。妊娠・出産が禁止対象となる範囲に関わる条文で，労働以外の分野（17条）と労働分野（18条）に分けて，妊娠・出産の意味するものが定義されている。

(3) 禁止される行為類型——雇用分野を中心に

2010年平等法第5編（労働）第1章は，雇用およびその他の労働分野を取り扱う。雇用分野全般に関しては，以下のように規定する。

> 39条1項　使用者Aは，(a)採用の決定に関する取り決め，(b)雇用する際に提供する条件，(c)雇用の提供について，求職者Bを差別してはならない。
>
> 2項　使用者Aは，(a)雇用条件，(b)昇進，異動，訓練，その他の給付，便益，サービスの機会の提供もしくは不提供，(c)解雇，(d)その他の不利益等について，Aの被用者であるBを差別してはならない。

本法はこのように，雇用に関しては，使用者を名宛人として，求職者と被用者に対する差別を禁止する。これを前提に，以下においては，使用者に対して禁止される差別行為にはどのような類型があるのかを検討する。それら差別行為類型は，雇用にかぎらずあらゆる分野において禁止されるものである。

(a) 直接差別

平等法13条1項は，直接差別について，以下のように規定する。

> 13条1項　保護特性を理由として（because of），AがBを，他者を扱うよりも，もしくは扱ったであろう（would）よりも，不利に扱う場合，AはBを差別するものとする。

保護特性と不利益取扱いの結びつきに関する表現（「理由として」）は，これまでに使われてきた"on the ground of"から"because of"へと変更された。立法

過程では，繰り返し，この表現上の修正によって従来の解釈は変わらない，ただし，これによって一般の人々はより法にアクセスしやすくなるはずである，と説明された[21]。本条の表現からは，実在しない仮想の対象者との比較も可としていること（「扱ったであろう」という仮定法の表現）も読み取れる。もっとも，従来の差別禁止立法も，比較対象者を実在の者のみに限定せず，「仮に」保護特性をもたない比較対象者がいたとしたら扱われたであろう場合を想定しうる規定であったため[22]，この点は従前の立法の継承にすぎない。

行為準則は，2010年平等法が定める直接差別は，「関係性差別（discrimination by association）」と「認識上の差別（discrimination by perception）」を禁止する規定として解釈されねばならない，と述べる[23]。「注釈」も，「直接差別は，当該の人が他の者よりも不利に扱われる理由が4条に示される保護特性である場合に，生じる。この定義は，"かかる特性をもつ者"（たとえば障害者）と被害者との関係性を理由として不利益取扱いが行われた場合や，被害者が"かかる特性をもつ"（たとえば特定の信仰）と誤って認識されたことを理由とする場合などをカバーしうるほど幅広い」としている[24]。

従前の差別禁止立法では，「差別の被害者」が保護特性をもつ者に限定されるか否かの取扱いは，統一されていなかった。従来，人種，性別，宗教もしくは信条，性的指向にかかる差別は，「認識上の差別」を含むものと解釈されてきたが，障害にかかる「認識上の差別」や「関係性の差別」，年齢にかかる「関係性の差別」は，立法上，明確な禁止規定はなかった。障害による「関係性の差別」について，Coleman事件CJEU判決は，イギリスの国内法は，2000年のEU雇用・職業における均等待遇一般的枠組指令を遵守すべく，障害をも

---

21) E.N., above, n. 15, para. 61 ; House of Commons Public Bill Committee (Equality Bill) 8 th sitting col 244 (16 June 2009) (Solicitor-General).
22) たとえば性差別禁止法1条1項(a)は，「ある者が，ある女性を，彼女の性を理由として，男性を扱うよりもあるいは扱うであろう（would treat）よりも不利に扱う場合には」，女性に対する差別を行ったものとする，と規定していた。ただし，同一賃金法はかかる明文規定を有しないという課題を残していた。この点については，本書第9章第4節参照。
23) EHRC, Employment Statutory Code of Practice, paras. 3.17〜3.21.「認識上の差別」は「誤認差別」とも訳されている。
24) E.N., above, n. 15, para. 59.

つ子の主たる介護者であることを理由とする不利益処遇を，障害を理由とする差別として禁止するものと解釈されるべきである，とした[25]。この判決の影響もあり，2010年平等法は，被害者を保護特性保持者のみに限定しないと解釈するのである。

もっとも，平等法13条自体は「関係性差別」や「認識上の差別」を明文化していない。実は，明文化を求めた修正案は否決された。しかし，「注釈」は，「関係性差別」について，イスラム教徒の女性がキリスト教徒の夫と婚姻していることを理由に，イスラム教徒の店員からサービスの提供を拒否されたという場合を，夫との関係性を理由とする直接的宗教差別の具体例としている[26]。また，「認識上の差別」について，アフリカ人らしき名前から黒人であると誤って認識されたために使用者から採用拒否された事例を，誤った認識に基づく直接的人種差別の具体例としている[27]。

(b) 間接差別

2010年平等法は，間接差別について，以下のように規定する。

> 19条1項　AがBの保護特性に関わって差別的である規定（provision），基準（criterion），慣行（practice）をBに適用する場合，AはBを差別するものとする。
>
> 2項　前項の目的に照らして，当該規定，基準，慣行とは，以下のものをいう。
>> (a)　Aが，Bの保護特性を共有しない者にも，当該規定，基準，慣行を適用しもしくは適用するであろう場合。
>>
>> (b)　当該規定，基準，慣行が，Bの保護特性を共有する者に，Bの保護特性を共有しない者と比べて特定の（a particular）不利益をもたらす場合，もしくはもたらすであろう場合。
>>
>> (c)　当該規定，基準，慣行が，Bに不利益をもたらす場合，もしくはもたらすであろう場合。
>>
>> (d)　かかる規定，基準，慣行が適法な（legitimate）目的を達成する比例的

---

[25] Coleman v. Attridge Law [2008] IRLR 722, 2008年7月17日CJEU先決裁定。本判決以降，障害者の障害を理由とする不利な取扱いを禁じたイギリス1995年障害差別禁止法（DDA）は，2000年EU枠組み協定が規定する「障害に基づくすべての差別類型」にも適用されるものとして解釈されるようになった。

[26] E.N., above, n. 15, para. 63.

[27] Ibid.

（proportionate）手段であることを，Aが証明できない場合。

 3項　該当する保護特性は，年齢，障害，性別再指定，婚姻および民事パートナーシップ，人種，宗教または信条，性別，性的指向である。

　間接差別は，Aが，Bと同じ保護特性を共有する者にも共有しない者にも同じ規定，基準，慣行（これらをPCPと表現する）を適用する場合，当該保護特性を共有する者およびBに特定の不利益がもたらされるとき，Aが，当該PCPが正当な目的を有し，かつ，その目的達成のための比例的手段であることを証明できない場合に，生じる。「注釈」は，間接差別の2つの事例を示している[28]。一つ目は，ある女性が育児のために交代制の労働慣行を遵守できず，使用者による特別な配慮措置もないために離職を余儀なくされたという場合，使用者は，かかる労働慣行の正当性を証明できないかぎり，女性に対して間接差別をしたとされる，という事例である。二つ目は，より高位の学位をとりたいと考えていた信仰心の厚いユダヤ人エンジニアが，専門的訓練を実施する会社がユダヤ教の安息日である土曜日のみに選抜試験をする慣行であったために，それに応募しないと決定する場合，その慣行を正当化しえなければ，当該会社は間接差別をしたことになる，という事例である。

　従来の差別禁止立法が定める間接差別に関する定義には，4つのものがあった。第一は，性差別禁止法と人種関係法の定義であり，これらは，一方の性別もしくは人種グループが「かなりわずかしか（considerably smaller）」充足しえない「要件もしくは条件（requirement or condition）」を課すことを間接差別としており，その場合，「要件もしくは条件」は強制的なものと解され，また，どの程度の割合の充足率であるかが問題とされてきた。第二の定義である，EU立証責任指令[29]遵守のために導入された2001年性差別（間接差別及び立証責任）規則[30]は，第一の定義の「要件もしくは条件」をPCPに置き換えたが，統計的な比較アプローチをそのまま維持していた。第三は，EUの一般枠組指令で使われている定義であり，これは，イギリス国内の2003年雇用平等（宗教・信

---

28)　E.N., above, n. 15, para. 81.
29)　Council Directive 1997/80/EC.
30)　Sex Discrimination (Indirect Discrimination and Burden of Proof) Regulations 2001, SI 2001/2660, reg 2.

条) 規則，2003年雇用平等（性的指向）規則，2006年雇用平等（年齢）規則における定義と同じである。これらは「特定の不利益（a particular disadvantage）」という表現を採用しており，2010年平等法はこの定義を導入したのである。第四は，2006年平等法45条3項の定義で，雇用以外の分野の宗教・信条を理由とする間接差別に対して採用されたものであった。2010年平等法19条は，上記の4種の間接差別禁止規定をいったんすべて廃止して，改めて第三の定義を単一の規定として採用した。既述のように，これはEU法をモデルとしており，「特定の不利益」と定めることにより，数量割合的に差別的効果が生じるという立証を必要としないため，たとえば専門家による社会学的立証による差別の推定が可能になったと考えてよい[31]。

間接差別を正当化するためには，19条2項(d)が定めるように，比例性審査（proportionality test）が用いられる。これもEU法が採用している審査基準であるが，イギリス国内の裁判所では，この審査においては，①PCPの目的が基本的な平等権の制限を正当化しうるほど十分に重要であるか，②その手段が，当該目的と合理的な関連をもつか，③その手段が，当該目的を達成するために必要であるか，という3段階が必要である，といわれている[32]。

さて，平等法19条3項が定めるように，間接差別は妊娠と出産を除くすべての保護特性について禁止されるが，障害を本条の対象とする保護特性に含めるか否かについては，長きにわたる議論があった。これについては後に，「障害に起因する差別」の項目でふれる。

もう一点，間接差別禁止規定に関して言及すべきことは，救済に関わる条文である。2010年平等法124条2項は，雇用審判所の救済には，(a)権利宣言命令，(b)補償金支払命令，(c)適切な勧告があるとしつつ，同条4項は，19条違反としての間接差別が認定されるものの，PCPの適用において被申立人側に差別的意図がなかったことが判明した場合には，同条5項を適用する，と規定する。124条5項は，同条2項にいう(b)の補償金支払命令は，(a)または(c)の命令の発

---

31) EUにおける間接差別をめぐる法規定の変遷と判例動向については，黒岩容子「EC法における間接性差別禁止法理の形成と展開(1)(2)」早稲田法学会誌59巻1号89頁・2号173頁（2008年，2009年）を参照。

32) R v. Secretary of Secretary of State for Defence [2006] IRLR 934, CA; Hepple, above, n. 1, p. 70.

出を検討した後に出されねばならない，と定める。すなわち，差別意図のない間接差別については，審判所は，補償金の支払いを命じる前に，まず権利宣言と勧告を命じなければならないのである。補償金の額は過失による不法行為において受けとることができたはずの損害賠償金額相当とされている以上，意図的でない間接差別禁止規定違反に対して，補償金支払命令よりも権利宣言命令と勧告命令を優先させるという本条の規定は，合理性があるといってよいであろう。

(c) 障害に起因する差別

2010年平等法は，とくに障害という保護特性にかぎって，以下の規定をおく。

15条1項　Aは，以下の場合には，障害者Bに対して差別を行うものとする。
(a) Aが，Bの障害の結果として生じる何か（something）を理由としてBを不利に扱う場合。
(b) Aが，当該取扱いが，適法な目的を達成するための比例的手段であると証明しえない場合。

2項　Bが障害をもつ者であることをAが知らず，かつ，知ることを合理的に期待し得なかったことをAが証明しうる場合には，本条1項は適用されない。

本条は，障害に起因する差別を禁止するものである（起因差別）。なぜこのような規定が設けられたのだろうか。障害差別を禁止してきた従前の1995年障害差別禁止法（DDA）は，制定当初，障害に「関連する差別（disability-related discrimination）」を禁止する規定をおいた。直接差別や間接差別という，従来の差別禁止法理で使われてきた差別概念ではなく「関連差別」という新たな概念を使用したのは，障害を直接的な理由とする直接差別の禁止規定では効果が期待できないからであり，また，統計的証拠という比較方法を伴う間接差別の禁止は，多様な状態の人々を含む障害という差別事由に関しては十分に機能しないと考えられたからであった[33]。その後，EU法の規定と整合性をもたせるために，2004年に，DDAに直接差別禁止規定が導入された[34]。このとき以来，障害に関しては，直接差別と関連差別を禁止する規定がおかれてきた。

---

33) DDAの障害差別概念については以下を参照。長谷川聡「イギリス障害者差別禁止法の差別概念の特徴」季刊労働法225号（2009年）49頁以下，同「イギリス」『平成20年度内閣府「障害者の社会参加推進に関する国際比較調査研究」委託報告書』（WIPジャパン株式会社，2009年）177頁以下。
34) EU2000年「雇用・職業均等待遇一般枠組指令」を遵守するためである。

雇用分野では，DDA の関連差別禁止概念はかなり活用されてきたが，2008年の Malcolm 事件貴族院判決[35]によって事情が変わることになった。本件は，アパートを賃借していた統合失調症の申立人が，禁止されていた転貸を行ったために住宅局から強制退去させられたことについて，障害者に対する差別として訴えた事案である。申立人は，自分は統合失調症のために転貸禁止を理解できなかったので，適切な比較対象者は，非障害であり，禁止内容を理解して転貸しなかった賃借人である，と主張した。しかし貴族院はこれを退け，正しい比較対象者はアパートを転貸した非障害者であるから，本件の申立人は当該比較対象者よりも不利に扱われたわけではなく，したがって障害差別はなかった，という結論に達した。本判決以降，比較対象者を限定する傾向が主流となったため，障害差別の申立はかなり困難になった。

そこで，2010 年平等法制定の折，政府は，障害に関しては，関連差別禁止規定の代わりに間接差別禁止規定の導入を図ることによって，狭められていた比較対象者概念を広げようとした。しかし，間接差別禁止規定の導入だけではこの困難は解決しえないという主張が有力となり，最終的に，障害に関しては，関連差別の代わりに，間接差別と起因差別という 2 つの禁止規定が平等法に導入されることになったのである[36]。

以上の経緯により，2010 年平等法は，障害という保護特性に関しては，直接差別と間接差別の禁止（13 条・19 条）に加えて，起因差別を禁止する規定をおくことになった（15 条）。起因差別は，障害そのものではなく，障害に起因する，あるいは障害の結果である「何か」——たとえば欠勤する必要があることなど——を理由とする不利な取扱いを差別とするものであり，非障害者と比較して不利益を被っていることを主張する必要はない。それゆえ，Malcolm 判決が提起した困難性は克服された。

2010 年平等法が，障害に関して，直接差別以外に，起因差別と間接差別の 2 つの禁止規定を設けているのは，両者において「障害を知っていたかどうか

---

35) Mayor and Burgesses of the London Borough of Lewisham v. Malcolm [2008] IRLR 700, HL.
36) この間の経緯は，川島聡「英国平等法における障害差別禁止と日本への示唆」大原社会問題研究所雑誌 641 号（2012 年）36 頁以下参照。

(認知の必要性)」に違いがみられるからである[37]。起因差別は，差別する側が被差別者の障害を認知している場合にのみ成立するのに対して，間接差別は，差別者がその障害を認知していない場合にも成立する[38]。

(d) 障害者に対する調整義務の不履行

2010年平等法は，障害者に対する合理的調整義務（他の国では合理的配慮義務ともいう）について，以下のように規定する。

> 20条1項　本法がある者に合理的調整を義務づけている場合，本条，21条，22条，該当する付則が適用される。以下においては合理的調整義務を負う者をAとする。
> 2項　合理的調整義務は以下の3つの要請により構成される。
> 3項　第一の要請は，Aの規定，基準，慣行が，非障害者と比較して障害者に，関連事項について実質的な不利益（substantial disadvantage）[39]をもたらす場合，かかる不利益を避けるためにとられるべき合理的な措置であること。
> 4項　第二の要請は，ある物理的形状[40]が，非障害者と比較して障害者に，関連事項について実質的な不利益をもたらす場合，かかる不利益を避けるためにとられるべき合理的な措置であること。
> 5項　第三の要請は，補助的な援助（auxiliary aid）の提供がなければ，非障害者と比較して障害者に，関連事項について実質的な不利益がもたらされる場合，かかる補助的な援助の提供を行うべき合理的な措置であること。
> 21条1項　第一ないし第三の要請の不履行は，合理的調整義務の不履行であ

---

37)「注釈」は，起因差別が生じるためには，使用者は，当該障害者が障害をもっていることを知っていること，あるいは知っていることが合理的に期待されなければならない，とする。E.N., above, n. 15, para. 69.

38) 川島・前掲注36) 38頁は，①比較対象者の必要性，②正当化の可能性，③障害認知の必要性，④保護対象の範囲，という観点から，平等法における障害に係る3つの差別概念の異同を整理している。

39) 2010年平等法では，「関連事項について実質的な不利益をもたらす場合」というフレーズが繰り返し使われる。付則によれば「関連事項」とは，求職者に対しては「誰を雇用するかの決定」であり，被用者に対しては「雇用においてなされる各種の事柄」である（付則8第5条）。「実質的」という意味は「少ないまたは些細であることを超える」という意味とされている（平等法212条1項）。

40) 物理的形状とは，(a)建物のデザインまたは構造の特徴，(b)建物への通路，出口，入口の形状，(c)建物の家具・調度，設備，素材，備品，その他の家財，(d)その他の物理的要素や性質，を意味する（平等法20条10項）。

2項　Aが障害者に対してかかる義務を履行しない場合には，障害者を差別するものとする。

　2010年平等法は，このように使用者が行うべき障害者に対する合理的調整義務について，①使用者の規定，基準，慣行の変更，②施設等の物理的形状の変更，③補助的な援助の提供という3つを規定する。かつてDDAは，補助的な援助の提供義務を役務提供者の義務としては規定していたが（DDA21条4項），雇用分野においてはこれを記載せず，上記の①と②のみを定めるのみであった。したがって2010年平等法は，使用者の合理的調整義務を明文規定によって拡張した，といえよう[41]。かかる合理的調整義務の費用負担を障害者に求めてはならない旨の規定（平等法20条7項）も，DDAにはなかったものである。

　川島によれば，障害をめぐる合理的調整には，「対応型合理的調整（reactive reasonable adjustment）」と「予測型合理的調整（anticipatory reasonable adjustment）」がある[42]。「対応型」は，障害者個人から具体的要求を受けた後に相手側が講じなければならない措置であり（事後的・個別的措置），「予測型」は，具体的要求を受ける前に，相手側が障害者一般のニーズを予測しながら事前に講じなければならない措置である（事前的・集団的措置）。2010年平等法は，DDAの規定を継承する形で，雇用に関して「対応型」を採用している，という。

　「対応型」と「予測型」の区別はどこにあるのだろうか。2010年平等法の下では，使用者は，利害関係のある障害者が求職者である場合でも，雇用されている被用者である場合でも，当該障害者が障害をもつこと，そして実質的に不利な立場におかれていることを知っているか，または知っていることを合理的に期待される場合にかぎり，調整義務を負う（同法付則8第20条1項・2項）。したがって，使用者が相手の障害について認識をもっていないかぎり，調整義務を負うことはない。一方，障害者には，自ら障害を有していることを知らせる義務やどのような調整が行われるべきかを示す義務はないため[43]，障害者から知らされない以上，使用者は調整義務を負うわけではない。そのかぎりでは，

---

41)　川島・前掲注36) 40頁参照。
42)　川島・前掲注36) 39頁。
43)　EHRC, above, n. 23, para. 6.24.

雇用分野における使用者の調整義務は，たしかに「対応型」であるといえよう。

ただし，使用者の代理人，産業保健アドバイザー，人事管理役員，採用担当者が応募者や従業員の障害を知る場合には，使用者に障害の認識がなかったとはいえない[44]。さらに使用者は，自らが合理的調整義務を負うか否かを明確にするためになしうることを，すべて行わねばならない[45]。たしかに，雇用の文脈では，合理的調整は具体的な個人に合わせてなされるべきであるから，事前に予測して行う合理的調整義務を想定した条文とはいえないが，さりとて相手が合理的調整の実施を要求してくるまで使用者が漫然と待っていてよい，というものでもなさそうである。

最後に重要なことは，2010年平等法が，かかる合理的調整義務の不履行は障害者に対する差別である，という明確な規定をおいていることである（21条2項）。

(e) ハラスメント

2010年平等法は，直接差別，間接差別等と並んで，保護特性に関わるハラスメントを，禁止行為の1つの類型としたうえで，以下の規定をおく。

26条1項　AがBに下記の行為をする場合はハラスメントを行うものとする。
  (a) Aが当該保護特性に関係して（related to）望まれない行為を行い，かつ，
  (b) 当該行為が，以下の目的または効果を有する場合。
    (i) Bの尊厳（dignity）を侵害すること，または，
    (ii) Bにとって脅迫的，敵対的，冒瀆的，屈辱もしくは攻撃的環境を作り出すこと。
2項　以下の場合，AはBにハラスメントを行うものとする。
  (a) Aが性的性質をもつ（sexual nature）望まれない行為を行った場合，かつ，
  (b) 当該行為が1項(b)で言及された目的または効果を有する場合。
3項　以下の場合，AはBにハラスメントを行うものとする。
  (a) Aまたは他の者が，性的性質の望まれない行為を行う場合または性別再指定や性別に関係する望まれない行為を行う場合，
  (b) 当該行為が1項(b)で言及された目的または効果を有する場合で，

---

44) Ibid. para. 6.21.
45) Ibid. para. 6.19.

(c) Bによる当該行為の拒絶または受容を理由として，AがBを，Bが当該行為を拒絶または受容しなかった場合に扱ったであろうよりも不利に取扱う場合。

4項 ある行為が1項(b)の「効果」を有するか否かを決定するにあたっては，以下のそれぞれが考慮されなければならない。

(a) Bの認識（perception），

(b) 当該事案の他の状況，

(c) 当該行為がかかる効果をもつことが合理的であるか否か。

5項 保護特性とは，以下のものをいう。年齢，障害，性別再指定，人種，宗教または信条，性別，性的指向。

人種と性に関しては，従来の差別禁止立法にもハラスメント禁止規定が設けられていたが[46]，それ以外の保護特性についてはこのような条文はなかったため，2010年平等法が本条を設けた意義は大きい[47]。本条のハラスメントは，「差別」とは別の行為カテゴリーとして類型化されている。そのために，本条違反の行為に関しては比較対象者を見いだす必要はない[48]。たとえ男性が同じように尊厳を侵害されていても，女性に対して行われる行為は性に関わるハラスメントと主張しうるのである。

本法のハラスメントは，以下の3つに類型化される。①「望まれない行為」が，尊厳の侵害，脅迫的で不快な環境を生み出す目的・効果を有する場合（26条1項），②性的な行為が，尊厳の侵害，脅迫的で不快な環境を生み出す目的・効果を有する場合（同条2項），③上記の行為の拒絶・受容に関わって不利益がもたらされる場合（同条3項）。ただし，「婚姻と民事パートナーシップ」「妊娠・出産」は，ハラスメントの保護特性には含まれず（同条5項），これらに関

---

46) 1976年人種関係法3A条（2003年改正）ならびに1975年性差別禁止法4A条（2005年改正）。EU指令はハラスメントの禁止を，性・人種に「関連した（related to sex or race）望まれない行為」と規定しており，かつてのイギリス法の表記である「性・人種を理由とした（on the ground of sex or race）」という規定とは異なるものであった。イギリスは2008年に，性差別禁止法をEU指令に合わせる形で修正したが，人種関係法の改正は行わなかった。

47) 内藤忍「イギリスにおけるハラスメントの救済——差別禁止法の直接差別から平等法26条のハラスメントへ」日本労働法学会誌123号（2014年）135頁以下。

48) EHRC, above, n. 23, para. 7.2.

するハラスメントは，13条の直接差別として把握される[49]。

　本条において「保護特性に関係して（related to）」なされた行為と規定されたことにより，ハラスメントは幅広い射程をもつことになった。すなわち，直接差別禁止規定と同様に，労働者自身が当該保護特性を有する場合のみならず，保護特性をもつ者との関係性を理由とするハラスメントや，誤って当該保護特性を有していると認識されたために生じたハラスメントについても，本条違反は成立する[50]。たとえば，外貌醜状の息子をもつ労働者に対して同僚が不快な態度をとった，というような場合は障害に関わるハラスメント，同僚の黒人が人種的に差別される言葉を投げかけられたのをみた白人労働者がその言葉によって攻撃的な環境におかれた場合は，人種に関わるハラスメント，さらには，ターバンを巻いた労働者がイスラム教徒だと誤解されて受けるハラスメントは，宗教に関わるハラスメントとして訴えを提起しうる。

　2010年平等法は，新たに第三者によるハラスメントに関する使用者の責任について，以下のような規定を定めた。

　　40条1項　使用者Aは，被用者ならびに求職者であるBに対して，ハラスメントを行ってはならない。
　　2項　1項には，第三者がBにハラスメントを行う場合，かつ，第三者のかかる行為を防止するために合理的に実施可能な措置をAが怠った場合も含まれる。
　　3項　Bが第三者から少なくとも2回以上のハラスメントを受けたことをAが知っている場合でなければ，2項は適用されない。その場合，第三者とは同一人である必要はない。
　　4項　第三者とは，AおよびAの被用者以外の者をいう。

　本条によれば，使用者は，自己の被用者もしくは求職者が第三者からハラスメントを受けていることを認識しているかぎり，使用者としての責任を免れることはできない。ただし責任を問われるのは，ハラスメント行為の3回目からである。ここにいう第三者とは，当該使用者によって雇用される同僚労働者は含まず[51]，使用者が直接コントロールできない取引先や顧客などを意味する。

49）　Incomes Data Services, *The Equality Act 2010*（IDS）, p. 63.
50）　EHRC, above, n. 23, paras. 7.9–7.11.

「注釈」には，強いナイジェリアなまりをもつ店員が顧客から度重なる侮辱的発言を受け，それを訴えられたにもかかわらず使用者がそのようなハラスメントの再発を防止しようとしない場合，使用者は人種ハラスメントの責任を負う，という事例が示されている[52]。

従来の使用者責任を拡大したこの条文については，制定当初から企業の責任を過大化するという反対論があり，後述する2013年企業規制改革法によって，40条2項ないし4項は削除された。

(f) 報　　復

2010年平等法は，本法に基づいて申立を行い，証拠や情報を提供し，法違反を主張することを理由として報復することを禁止している（同法27条）。

(4) 結合差別（Combined discrimination）：二重の保護特性

2010年平等法は，複数の保護特性にわたる差別禁止規定として，2つの保護特性が結合した差別を禁止するために，以下のように，「結合差別禁止規定」をおく。

14条1項　2つの保護特性の結合（combination）を理由として，AがBを，これらの保護特性のいずれをも有しない者を扱いあるいは扱ったであろうよりも不利に扱う場合は，AはBを差別するものとする。

2項　当該保護特性とは，年齢，障害，性別再指定，人種，宗教または信条，性別，性的指向をいう。

3項　第1項によって本法違反を認定するにあたり，Bは，結合関係にある当該保護特性のそれぞれを別個にとりあげて，AがBを直接に差別したことを証明する必要はない。

禁止されている複数の保護特性にかかわって使用者が労働者を差別することは，一般的に「複合差別（multiple discrimination）」と呼ばれている。もっとも複合差別にも以下のようにさまざまな態様がある。

---

51) 職場内の同僚被用者によるハラスメント行為に対しては，使用者は，雇用主としての責任を負う。すなわち「ある者（A）が雇用の過程で行った行為は雇用主の行為とみなす」とする（平等法109条1項）。ただし，使用者が当該被用者の行為を防止するあらゆる合理的手段をとった場合には，責任を問われることはない（同109条4項）。

52) E.N., above, n. 15, para. 149.

第一の態様として，複数の保護特性をもつある労働者が，個々の特性を根拠として，複数回にわたり差別を受けるという場合がある。たとえば，Mariという黒人女性が，人種を理由に昇進を拒否され，その1か月後にも，女性であることを理由に配転申請を拒否された，という場合である。この事案は，前者は人種差別として，後者は性差別として解決されることになる。ある論者は，このような場合を「通常の複合差別（ordinary multiple discrimination）」という[53]。

　第二の態様としては，単一の行為が，ある労働者の2つ以上の保護特性にかかわっている場合がある。たとえば，黒人と女性を昇進させたくない使用者が，Mariの昇進を拒否して，代わりに白人男性を昇進させたという場合である。昇進拒否自体は1度きりの行為だが，直接的人種差別でもあり，直接的性差別でもあるといえる。これを「付加的差別（additive discrimination）」という[54]。この場合，被差別者からすれば，多重的に自分は差別されているという怒りがあるのだが，いずれかの保護事由に基づく救済が確実になされれば，法的には解決されることになる。通常は，いずれかの事由による差別として立証可能性の高いほうを選択することになるだろう。もちろん2つの差別事由によるそれぞれの差別を立証できれば，そしてその両者に矛盾がなければ，2つの差別として提訴することは可能である。

　ただし，多重的に不利益を被っているのだから複数の事由による差別を主張しさえすればよいかというと，そのことがかえって，1つの事由にもとづく差別を否定することになりかねないので，注意が必要である。たとえば黒人女性Mariが使用者に妊娠したことを告げた2日後に，仕事の能率が悪いということで突然解雇されたという場合を想定しよう。Mariは，使用者が常日ごろから人種差別主義者だと知っており，この解雇は妊娠を理由とする解雇であると同時に，人種を理由とする解雇であると考えた。しかし，人種が理由だというのなら，なぜ使用者は，彼女が妊娠するまで解雇しなかったのか？　本件の場合には，人種差別にまで踏み込まなくとも，差別事由としてより強い効果を及ぼした妊娠差別にねらいを定めるやり方がよいということになる。

53）　Tamara Lewis, *Multiple Discrimination――A guide to Law and evidence*（A Central London Law Centre Publication, 2010）, pp. 12-14.
54）　Ibid., pp. 15-17.

さて,複合差別の第三の態様としては,異なる保護特性の「結合」や「交差」によって生じる差別がある。第一や第二の態様とは異なり,第三の態様は,2つ以上の複数の差別事由が交錯して機能するために,個々の事由による差別が立証しにくいという状況をうみだすことがある。このような複合差別を,とくに「交差差別（intersectional discrimination）」ということが多い。例としては,黒人女性が差別を受けているが,黒人男性は差別されないために人種差別を主張することは難しく,白人女性は差別されないために性差別を主張することも難しいという場合があげられる[55]。そして,「2つ以上」の保護特性に関わる「複合差別」のこのような態様を交差差別という一方[56],2010年平等法は,「2つ」の保護特性を理由とする差別を禁止する14条を設け,これを「結合差別」と名づけた。そもそも交差差別は,「2つ以上」の保護特性を理由とする差別概念であるが,そこには,直接差別,間接差別,報復,ハラスメントという差別行為の類型が重複して存在するのが実態である。しかし2010年平等法14条は,これら交差差別のうち,「2つ」の保護特性を理由とする直接差別のみを禁止する「結合差別」禁止規定を設けたのである。

結合差別禁止規定を設ける契機となった事例は,Bahl事件判決であった。アジア系黒人女性であるMs Bahlが,人種と性別の複合差別を受けたと主張したところ,雇用審判所（ET）はこれを差別と認める判断を下したが,雇用上訴審判所（EAT）と控訴院（CA）は,まず人種差別と性差別を個々に立証する証拠となる事実を見いだす必要があり,主たる差別事由を確定して判断すべきであったとして,ETの結論を覆したのである[57]。控訴院のこの判断に従えば,人種と性の差別について,それぞれ直接的な証拠を提出せよ,ということになり,もし2つの保護事由による差別の推論を覆す証拠が見いだされれば,訴えは退けられることになる。本件に即していえば,Ms Bahlは,黒人男性よりも不利益を被ったとして性差別を主張するか,白人女性よりも不利益を被ったと

---

[55] Muriel Robinson, "Multiple discrimination: is there a need for s.14 Equality Act 2010?", *Equal Opportunities Review* No. 235 (2013), p. 14; Lewis, above, n. 53, pp. 18-22.

[56] 交差差別という用語は,主に研究論文で使われており,複合差別の特定のタイプであるが,判例上はあまり登場しないという。Lewis, above, n. 53, p. 18.

[57] Bahl v. The Law Society [2004] IRLR 799. 本件については,浅倉むつ子「複合差別」労働法律旬報1735＝1736号（2011年）4頁,で簡単に紹介したことがある。

して人種差別を主張するかを選択することになる。ところが，交差差別は，いずれかの理由を特定しえない場合が多いため，このような取扱いは実際的ではない。そこで，2010年平等法14条3項は，「結合差別」の場合には，個々の事由に関して差別があったことを直接的に立証する必要はない，と規定して，救済すべき射程を拡大したのである。ただし14条2項が定めるように，結合差別事由のなかに「妊娠・出産」と「婚姻・民事パートナーシップ」は含まれていない。

2010年平等法の制定過程では，the Discrimination Law Review が複合差別の事例で法的救済が得られない場合とはいかなる場合かという協議事項を提示し，その回答結果を勘案して，同法14条が制定されたという経緯がある。法案段階でも交差差別禁止規定の賛否をめぐって激しいやりとりがあったというが，限定的な形であるにせよ本条が設けられたのは，政府部内の経済・産業担当に対する平等担当の勝利である，と評価されている[58]。

2010年平等法14条に対しては，企業等に不当な負担を課すという経済界からの批判が強いため，2012年5月，政府は，当面，結合差別禁止規定の発効を先延ばしにするというステートメントを公表した。したがって本条は，まだ施行されていない。

小　括

包括的差別禁止立法としての2010年平等法は，以上にみたように，ほぼすべての保護特性に共通する禁止されるべき行為類型として直接差別，間接差別を規定し，障害に関しては，特別に，障害に起因する差別と調整義務の不履行を定め，さらにハラスメントと報復を禁止する規定をおいた。そのうえで，包

---

58) Hepple, above, n. 1, pp. 61-62. 2010年平等法14条については，繰り返しになるが，①差別事由を2つのみに限定していること，②妊娠・出産，婚姻・民事パートナーシップという事由を含んでいないこと，③直接差別のみに限定され，間接差別をカバーしていないことなど，なお批判がある。しかし③の批判に関連して，最近，人種と性別が交差して差別的効果をもたらす軍隊の配置規定を問題とする判決が登場し，話題をよんでいる。この判決は2010年法以前に出されたものであるため，14条の規定に依拠するまでもなく，裁判所は，間接差別にも結合差別の成立可能性ありと判断した，といわれている。Ministry of Defence v. DeBique [2010] IRLR 471.

括的立法としての特徴を存分に反映する条文として，結合差別禁止規定を定めた。ここに至るまでには，イギリスが数十年にわたり，差別禁止立法を発展させてきたという歴史的事実を忘れてはならない[59]。

2010年平等法から私たちが得られる最大の示唆は，イギリスが，この法を構想することを通じて，さまざまな差別概念の統合と調整をはかる議論を重ね，それを通じて差別概念を深化させ，社会的理解を広げてきたということであろう。この法によって，イギリスは，平等のヒエラルキーを解消し，まさに社会を変革しようとしている。Heppleが述べる「第五世代の法」である2010年平等法は，「変革的平等」をめざして，上記のような行為類型を作り上げてきた。

翻って日本の平等をめぐる立法状況をみると，差別に関する法的規制がないわけではないが，統一された定義はなく，個別事由ごとの規制にとどまっている。唯一，均等法には，間接差別禁止がきわめて限定的ではあるが規定された。しかしながら，この規定を障害差別について広げようという立法府の努力はまったくなされないままであり，差別概念の議論も深められていない。この件については，本書終章第3節で述べることにする。イギリスの包括的差別禁止立法に倣って，日本でも，法において禁止される差別概念の議論を深化させることが，変革的社会を実現するためには必要不可欠である。

最後に，冒頭でもふれたが，イギリスでも平等法に逆風が吹いていることについて説明しておきたい。2010年平等法が成立した直後の総選挙で登場した保守党・自由民主党連立政権の影響である。この逆風は，3つの動きに集約することができる[60]。第一は，新たな立法による2010年平等法の改正の動きで

---

[59] Heppleは，イギリスの差別禁止立法を5つの世代に時期区分して，以下のように述べる。第一世代は1965年人種関係法の時代であり，「形式的平等」を指導の理念として，公的な場面における直接差別を禁止した。第二世代は，1968年人種関係法であり，ここでも「形式的平等」が理念であったが，その対象範囲は，雇用，住居，サービスの提供にまで拡大された。第三世代は，1970年同一賃金法，1975年性差別禁止法，1995年障害差別禁止法であり，「形式的平等」から「実質的平等」もしくは「事実上の完全な平等」へと，理念が展開された。第四世代は，「包括的平等」（comprehensive equality）の出発点となるローマ条約13条がアムステルダム条約による改正で登場した時代であり，ここではあらゆる差別の禁止がインクルーシブなヨーロッパ社会を推進する手段と位置づけられた。そして最後の第五世代が，「変革的平等」（transformative equality）をめざす2010年平等法である，という。Hepple, above, n. 1, p. 11.

ある。2013年企業規制改革法[61]（the Enterprise and Regulatory Reform Act 2013）65条および66条は，2010年平等法における第三者によるハラスメント禁止規定（40条2項〜4項），質問手続（138条）[62]という2つの条文を削除した。もっとも一方で，同法98条は，平等賃金に違反した企業に平等賃金監査（equal pay audit）を命じうる権限を雇用審判所に付与するという条文（新139A条）を2010年平等法に付加したのであり，単純な逆風ばかりではない[63]。しかしさらに2015年には，規制緩和法（Deregulation Act 2015）の成立によって，2010年平等法が拡大した雇用審判所の勧告権限に関する124条3項も削除された[64]。

　第二に，連立政権による大幅な予算削減によって，EHRCの弱体化傾向がみられる。EHRCの予算は，2010年の7000万ポンドから，2013年には1710万ポンドへ削減され，さらなる削減も予定されている。職員も，2012年には368人であったが，2013年には217人へ，2014年には185人になった。EHRCの助言・支援サービスは民間委託された。

　第三に，2013年7月29日に雇用審判所の手続きに必要な費用が引き上げられたため，司法へのアクセスが脅かされ，提訴件数が劇的に減少している[65]。

---

60) "Meeting the challenges to discrimination law", *Equal Opportunities Review*, No. 247, pp. 7-10.

61) 本法に関する邦文文献としては，鈴木隆「イギリスにおける規制緩和の動向と労働法制への影響」季刊労働法243号（2013年）117頁以下，がある。

62) 質問手続とは，本法違反が発生したと考える者が，違反行為をしたとされる者に対して質問を送り，関連する情報を請求することができるとする規定であり，旧差別禁止立法の類似条文を統合したものである。これについては，内藤忍「実効性の確保に向けて」森ます美＝浅倉むつ子編『同一価値労働同一賃金原則の実施システム』（有斐閣，2010年）283頁以下参照。

63) この点は以下の論文でも紹介されている。内藤忍「企業の差別是正の取組みを促進する法的なしくみのあり方」生活経済政策213号（2014年）21頁以下。

64) 2010年平等法124条3項は，雇用審判所は，被申立人に対して，一定の期間以内に差別行為により生じた不利益を除去・縮減する措置を行うことを勧告しうると規定したが，その際には，申立人のみならず，当該訴訟に関与していないが同様の状況にある者に対する不利益も対象にすることができるものであった。この条文は，差別が個人に対する不利益であるだけでなく，同じ保護事由を共有する者たちに共通に生じるという発想を反映していた。宮崎由佳「イギリス平等法制の到達点と課題」日本労働法学会誌116号（2010年）121頁以下。

65) 2013年以降，雇用審判所手続開始には250ポンド，ヒアリングには950ポンド，雇用上訴審判所では，それぞれ200ポンドと1200ポンドが必要となった。"Meeting the challenges to discrimination law", *Equal Opportunities Review* No. 247, p. 8.

もっともこの動向も，政権交代によってはまた異なる方向からの風が吹くかもしれず，常に変動可能性を含んでいる。
　このようなイギリスの逆風傾向をみるとつい悲観的になりがちだが，Heppleはそれを戒めて，「平等法の未来に対する悲観主義は終わりにすべきだ。私たちは，たくさんの手段をもっている。平等な機会に関与してきた人々が利用しうる，既存の，かつ，新しい法的権利という手段，EHRC を再生させる手段，労働者代表を通じた紛争解決という新しい形を発展させる手段，脆弱な労働者を保護するように労働市場を再規制し，また，基本的人権としての平等の砦を作るための手段だ」と述べている[66]。まさに，変革的平等法時代へと世論をリードした研究者としての真骨頂を示す言葉であろう。

> （初出：「包括的差別禁止立法の意義——イギリス 2010 年平等法が示唆すること」山田省三 = 青野覚 = 鎌田耕一 = 浜村彰 = 石井保雄編『労働法理論変革への模索——毛塚勝利先生古稀記念』（信山社，2015 年）581～608 頁）

---

66) Ibid.

第3節　障害差別禁止をめぐる立法課題

はじめに

　日本国内の雇用分野で，法によって禁止される差別といえば，伝統的には国籍，信条や性による差別であった。労働基準法3条・4条や男女雇用機会均等法によって，これらの差別は明文で禁止されてきた。

　それ以外の差別事由に関しては，法による禁止の対象事項であるという認識は，かなり遅れて登場した。年齢については，2001年に施行された改正雇用対策法が，労働者の募集・採用において年齢制限を課さないように努力する義務を事業主に課し，2007年改正で，これが義務規定となった。現在では，高年齢者雇用安定法が65歳までの継続雇用確保措置について規定している。とはいえ，年齢が雇用上禁止される差別事由だという社会的合意が形成されているのかと問いかけた場合，なお，自信をもって肯定しにくい実態がある。

　一方，障害については，年齢とは異なる道筋がみえてきた。障害者雇用に関しては，日本は長い間，雇用の量的拡大をめざす「雇用割当アプローチ」を採用してきた[1]。その中心に位置する法律が，「障害者の雇用の促進等に関する法律」（以下，「障害者雇用促進法」ないし「雇用促進法」とする）である。障害者雇用促進法は，1960年制定の身体障害者雇用促進法を前身として，1976年に，当初は努力義務だった雇用率制度を法的義務化し，雇用納付金制度を創設した。1987年には現行の名称に改められ，障害者全般の雇用促進のための法律となり，1997年以降は，知的障害者も雇用義務の対象となった。制度発足時には1.1％だった障害者法定雇用率は，徐々に引き上げられ，2013年からは2.0％となっている。

　従来の量的拡大政策に変化をもたらしたのは，2013年の障害者雇用促進法

---

[1]　障害に基づく雇用差別禁止政策によって障害者の雇用に対応する手法は，「差別禁止アプローチ」といわれる一方，一定割合の障害者雇用を使用者に義務づける政策によって対応する手法は，「雇用割当アプローチ」と名づけられている。長谷川珠子「日本における障害を理由とする雇用差別禁止法制定の可能性——障害をもつアメリカ人法（ADA）からの示唆」日本労働研究雑誌571号（2008年）68頁以下。

改正である。これを契機に，同法は，事業主に，障害者差別の禁止と合理的配慮の提供を義務づけたのであり，日本の障害者雇用法制は，「差別禁止アプローチ」をあわせもつ法体系となった。障害者雇用の質の改善にも目が向けられたといってよい。ここに至る経緯を遡れば，2010年から障害者権利条約の批准に向けた国内の障害者制度改革が進められ，障害者基本法改正（2011年），障害者総合支援法制定（2012年），雇用以外のすべての分野の障害差別を解消する「障害者差別解消法」制定（2013年）等の流れをみることができる。日本の障害者政策は，これらの立法によって大きく軌道修正を迫られてきた。

現在，雇用分野では，性別と障害が，募集・採用から定年・解雇までのあらゆるステージにおいて差別が禁止されるべき事項として認知され，具体的な法規制が行われている状況にある。そこで，本節では，障害差別禁止法制の整備・改正過程において，禁止されるべき障害差別の概念化をめぐる議論や複合差別をめぐる議論を分析・紹介しながら，現行法の構造と残されている問題点を指摘する。

1 障害差別禁止法制をめぐる経緯

(1) 障害者権利条約への対応

2006年12月の第61回国連総会で，障害者権利条約[2]が採択された前後から，日本国内でも，障害差別禁止法制を求める声が高まった。内閣府は，2008年から09年にかけて，「障害者に対する障害を理由とする差別事例等の調査」を，全国の障害種別ごとの団体や家族団体等の協力を得て実施した。条約の批准をめざすこの機運のなかから，あらゆる分野の障害差別の実態を目にみえるものとして受け止め，何が差別であるかの尺度を示し，差別を受けた場合の紛争解決の仕組みを整えるという議論が始まった。

日本政府は，2007年9月に，障害者権利条約に署名した。同条約は，障害に特化して障害者の権利を包括的に規定するはじめての人権条約である。同条約の批准に先立ち，後に述べるように，国内法を整備することを目的とする，障害者雇用促進法を含む一連の法改正が行われたのである。

---

[2] 障害者権利条約については，長瀬修＝東俊裕＝川島聡編『障害者の権利条約と日本——概要と展望〔増補改訂〕』（生活書院，2012年）が詳しい。

最終的に，障害者権利条約は，2013年11月19日の衆議院本会議，12月4日の参議院本会議において，全会一致で，批准が承認され，翌2014年1月20日に，国連事務総長に批准書が寄託された。日本は140番目の条約の締約国となった。なお，2015年11月現在，160か国が同条約を批准している。

(2) 障がい者制度改革推進会議から障害者政策委員会へ

障害差別禁止立法をめぐる経緯においては，2009年9月に誕生した3党連立政権（民主党・国民新党・社民党）が果たした役割を無視することはできない。09年12月の閣議決定で「障がい者制度改革推進本部」が設置され，この下に，2010年1月，「障がい者制度改革推進会議」（以下，「推進会議」とする）が設けられた[3]。「推進会議」から出された意見・提言は，将来の日本の障害者政策の強固な土台を築くにふさわしい内容を備えたものであり[4]，部分的にではあるが，その後の法改正に影響を与えていった。

2011年7月には障害者基本法（以下，「基本法」とする）改正案が可決・成立し，差別禁止原則が法条文のなかに盛りこまれた。すなわち，基本法は4条1項で，「何人も，障害者に対して，障害を理由として，差別することその他の権利利益を侵害する行為をしてはならない」と定め，また，同条2項で，「社会的障壁の除去は，……負担が過重でないときは，それを怠ることによって……違反することとならないよう，その実施について必要かつ合理的な配慮がされなければならない」と規定した。障害者差別の禁止，社会的障壁，合理的配慮などの用語が，初めて法規定のなかに登場したものの，それらが内包する意味については，十分な議論がなされたとはいえず，なお曖昧なままであった。

2012年7月，基本法に基づいて，「推進会議」に代わる障害者政策委員会（以下，「政策委員会」とする）がスタートし，同年9月14日には，「推進会議」

---

3) 「推進会議」は24名の構成員のうち14名が障害者とその家族であり，当事者参画という観点からみて，これまでにない新しい組織であった。障害者権利条約の基本精神である「私たち抜きに私たちのことを決めるな（Nothing about us without us!）」という標語を踏まえた政策立案組織が，日本で初めてスタートした，と評価できる。

4) 2010年6月「障害者制度改革の推進のための基本的な方向（第一次意見）」，同年12月「障害者制度改革の推進のための第二次意見」，2011年8月障がい者制度改革推進会議総合福祉部会「障害者総合福祉法の骨格に関する総合福祉部会の提言」等。

時代から継続していた「差別禁止部会」が、「『障害を理由とする差別の禁止に関する法制』についての差別禁止部会の意見」をとりまとめ、公表するに至った（以下、「差別禁止部会意見」もしくは「部会意見」とする）。この「部会意見」において初めて、障害差別について、掘り下げた議論が行われたといえるのではないだろうか。「部会意見」が求めた「障害差別禁止法」は、公共的施設・交通機関、情報・コミュニケーション、商品・役務・不動産、医療、教育、雇用、国家資格等、家族形成、政治参加（選挙等）、司法手続というあらゆる領域の障害差別を対象とするものであった。

(3) 障害者差別解消法と障害者雇用促進法改正

労働・雇用分野における障害者権利条約への対応をどのような基本的枠組みで行うのかは、重要な関心事であった。内閣府における障害差別禁止法の検討と同時並行的に、厚生労働省も、条約批准に向けた雇用分野の法的整備について、継続的に審議を重ねてきた。厚労省は 2008 年から研究会をたちあげ、2012 年 8 月 3 日には、3 つの研究会[5]が、それぞれ報告書をとりまとめ、公表した。

一方、2012 年末の総選挙で民主党から自民党への政権交代が行われたことによって、雇用分野の法案を含む、すべての分野にわたる障害差別禁止法案についての与野党間の折衝・調整が始まることになった。

雇用分野については、2013 年 3 月 14 日に、労働政策審議会障害者雇用分科会「今後の障害者雇用施策の充実強化について（意見書）」がとりまとめられ（以下、「雇用分科会意見書」という）、同月 21 日に、「障害者の雇用の促進等に関する法律の一部を改正する法律案要綱」（障害者雇用促進法改正法案要綱）が、審議会において了承された。

2013 年の第 183 回国会には、厚労省から、雇用促進法改正法案が、提出確定の A 法案として登録され、他方、「障害を理由とする差別の解消の推進に関する法律案」（仮称）が、内閣府から、検討中の C 法案として登録されることになった。広く国民の意見をきき、与党内の議論も含めて検討を行う必要があ

---

[5] 「労働・雇用分野における障害者権利条約への対応の在り方に関する研究会」、「障害者雇用促進制度における障害者の範囲等の在り方に関する研究会」、「地域の就労支援の在り方に関する研究会」。

るため，後者はＣ法案として登録されたとのことである[6]。その後，政府部内と与党内にそれぞれ，障害者差別解消法案ワーキングチームが設置され，2013年3月に与党としての考え方がとりまとめられ，4月からは，自民党，公明党，民主党の3党による協議が開始され，折衝の末，法案の方向性について合意がはかられた。

その結果，雇用促進法改正法案は，2013年6月13日に成立し，同月19日に公布され，一部を除いて2016年4月1日から施行されている。一方，障害者差別解消法案は，2013年4月26日に閣議決定がなされ，同年6月19日に可決・成立し，同月26日に公布されて，一部を除き，やはり2016年4月1日から施行された。

2 障害差別禁止法制の基本的論点

(1) 内閣府「差別禁止部会意見」の概要

障害者に対する差別禁止は，かつて人権擁護法案（2002年3月閣議決定）において議論されたことがあった。そこでは，障害を理由とする差別は，救済されるべき人権侵害として位置づけられていた。しかし当該法案は，メディアの反発を受けて廃案となり，その後は閣議決定に至ることはなかった[7]。一方で，障害者権利条約の批准をめぐり，差別禁止法制は喫緊の課題となり，2011年の障害者基本法改正時には，「国は，……差別の禁止に関する制度……について検討を加え，……法制の整備その他の必要な措置を講ずること」という附帯決議がついた（参議院内閣委員会附帯決議6項）。

障害に基づく差別の基本的論点については，内閣府と厚労省が並行して検討してきたものの，先にも指摘したように，内閣府の「差別禁止部会意見」(2012年9月14日）が，もっとも詳細な検討を加えた文書といってよい。その概要を整理しておきたい。

「差別禁止部会意見」は，障害をめぐる差別禁止法制について，第1章「総

---

6) この間の事情については，障害者差別解消法解説編集委員会編『概説 障害者差別解消法』（法律文化社，2014年）6〜7頁参照。
7) 人権擁護法案については，山崎公士『国内人権機関の意義と役割——人権をまもるシステム構築に向けて』（三省堂，2012年）に詳しい。

則」，第2章「各則」，第3章「紛争解決の仕組み」にわたり，以下のような内容をとりまとめた。

(a) 「総則」：理念・目的，国の責務，障害の概念

　第一に，差別禁止法の理念としては，①障害者の完全参加と平等に制約をもたらす社会的障壁としての差別を解消すべきこと，②差別解消は，相手方を一方的に非難し制裁を加えるためではなく，共生社会に向けた共通ルールを作るものであること，③差別解消は，これからの活力ある社会を作るためであること，が掲げられ，法の目的は，①社会の人々に行為規範を提示し，②個人を差別的取扱いから保護し，③国等の責務を定め，④共生社会を実現するところにある。

　第二に，国の基本的責務としては，①差別防止に向けた調査，啓発等の取組，②ガイドラインの作成等，③円滑な解決の仕組みの運用と状況報告等があるが，とくに留意する領域は，①障害に加えて女性であることで複合的に困難な状況にある「障害女性」のための適切な措置，②障害に関連して行われるハラスメント防止の施策，③国等が認定する資格の取得を制限する欠格条項についての適切な措置，である。

　第三に，「障害に基づく差別」の「障害」概念について，差別禁止法では性や人種のように個人に関係した属性として「障害」を定義する必要があるため，「心身の機能の障害（インペアメント）」を中心とした「障害」概念を採用すべきである。これは，「差別という社会的障壁の発生の契機となる事由を特定する」ためであるから，「社会モデル」の考え方とは相反しない[8]。

　「障害」を主として「機能障害」ととらえつつも，その範囲についてはなお検討すべきであり，たとえば軽微で一時的な機能障害までも含むのか，また，

---

8) 障害の「医学モデル」と「社会モデル」については，障がい者制度改革推進会議「障害者制度改革の推進のための基本的な方向（第一次意見）」（2010年6月7日）が詳しく述べている。「医学モデル」は，心身の機能・構造上の「損傷」（インペアメント）が必然的に「障害」（ディスアビリティ）をもたらすという考え方で，個人への医学的働きかけ（治療・訓練等）を常に優先し，障害の克服のための取組はもっぱら個人の適応努力によるものととらえる。「社会モデル」は，社会的な障壁の除去・改変によって障害の解消を目指すことが可能だと認識し，障壁の解消にむけての取組の責任を障害者個人にではなく社会の側に見いだす。障害者権利条約は，障害がインペアメントと社会的障壁の相互作用から生まれるという考え方にたっており，「社会モデル」は，現在では，もはや否定すべくもない考え方である。

医学的な機能障害以外の社会的制約を受ける身体的特徴（極度に身体の大きな人など）も含むのか，などの議論については保留せざるをえない。ただし，WHO（世界保健機関）のICF（国際生活機能分類）が構造障害としているものは含まれる[9]。

(b) 「総則」：差別の概念（その1）――不均等待遇

「禁止されるべき差別」概念には，4つの類型がある。すなわち，①直接差別（障害を理由とする区別，排除，制限等の異なる取扱いがなされる場合），②間接差別（外形的には中立の基準等が適用されるが，結果的に障害者に不利益が生じる場合），③関連（起因）差別（障害に関連する事由を理由とする異なる取扱いがなされる場合），④合理的配慮の不提供（他の者と平等な機会・待遇を確保するために障害者にとって必要な変更・調整がなされない場合）である。それらのうち，①から③は，「不均等待遇」として一本化すべきである。

一本化すべき理由は，1つの事例が2つ以上の概念によって構成されることがありうるからである。たとえば1つの事例を間接差別もしくは関連（起因）差別として構成することは可能であり，両者は重複することがあるため，間接差別は関連（起因）差別に統合するのが適切である[10]。また，直接差別と関連差別も区別が困難な場合もある。それゆえ，これら3つの類型を「不均等待遇」として一本化するが，不均等待遇禁止規定は，上記三類型の差別の禁止をすべて含むものと解釈されなければならない。

「障害又は障害に関連する事由」を理由とする異なる取扱いである不均等待遇については，障害に関連する事由は多様であり，また，「異なる取扱い」の中には，過去に存在した障害，将来発生する障害，誤認された障害を理由とする「異なる取扱い」や，障害者の家族であることを理由とする「異なる取扱い」等も含まれる。「障害又は障害に関連する事由」以外にも異なる取扱いの理由が存在することは，本法の適用の妨げとならない。

---

9) この考え方にしたがって，「差別禁止部会意見」は，外見上の容貌も障害に入るとの見解をとった。
10) たとえば，盲導犬同伴者の利用を拒否するレストランがある場合，「犬の同伴お断り」という外形的中立的な規則を間接差別とするのか，それとも，視覚障害という機能障害に関連する事由による関連差別とするのかについては，そのいずれも可であるから，両者は重複する。

不均等待遇は，客観的にみて正当な目的の下に行われたものであり，かつ，目的に照らしてやむを得ない場合には，例外的に是認される。しかし，正当化事由の立証責任を不均等待遇の行為者に負わせるなど，立証責任の配分は考慮されなければならない。

積極的差別是正措置は，将来，社会的障壁が除去された際には廃止されることが望ましいが，当面は，禁止される差別には当たらない。ただし，積極的差別是正措置として想定される「雇用率制度」については，その具体的な内容からみて，「障害者の事実上の平等を促進し，又は達成するために必要な特別の措置（障害者権利条約）」であることが求められる。

(c) 「総則」：差別の概念（その2）――**合理的配慮の不提供**

上記(b)で述べた「禁止されるべき差別」概念の四番目の類型である「合理的配慮の不提供」は，「差別と位置付けられ，相手方に積極的な作為義務が課される」。なぜこのような合理的配慮の不提供が差別になるのか。

その社会的背景は，以下のように説明される。非障害者も，実は，自身が有する心身の機能や個人的能力だけで日常生活や社会生活を送っているわけではなく，各種の人的サービス，社会的インフラの供与等の支援を受けている[11]。しかしこうした支援は，非障害者を基準に制度設計されているために，障害者は利用できない。それゆえ，これらの支援について障害者も利用できるように合理的配慮を提供しないことは，実質的に，障害者に対して非障害者と異なる取扱いをしているのと同じである。ゆえに，「合理的配慮の不提供」もまた差別になるのである。

事実上，障害者に対するこれら「合理的配慮」は，すでにさまざまな分野において，一定程度実施されているのだが，それらの内容は，障害の態様や配慮が求められる状況に応じて変わるために，あらかじめ確定することはできない。典型的なものを例示するとすれば，それらは，①基準や手順の変更（勤務時間の変更など），②物理的形状の変更（段差の解消など），③補助器具・サービスの提供（音声読み上げパソコンなど）である。

---

11) たとえば2階建てのスーパーマーケットを利用するには「階段」があり，大教室で受講する学生たちには「マイク」や「モニター」が設置されている。非障害者も，「階段」や「マイク」等がなければ，商品の購入や勉学の機会を享受できない。

もっとも，合理的配慮は，相手方に無制限の負担を求めるものではなく，「過度の負担」が生じる場合は，合理的配慮の提供を義務づけられることはない。「過度の負担」か否かの判断にあたっては，①経済的・財政的なコスト（相手方の性格，業務の内容，業務の公共性，不特定性，事業規模，その規模からみた負担の割合，技術的困難の度合いなど），②業務遂行に及ぼす影響（業務遂行に著しい支障が生じるのか，提供される機会やサービス等の本質が損なわれるかどうか）等を考慮する必要がある。その立証責任の配分の在り方は，措置を求められた者に負わせるなどの配慮が必要である。

合理的配慮は個別性の強い概念であり，具体的場面に即した判断が要請されるため，法律上は，ある程度抽象的な規定としておき，政府がガイドラインを作成，周知すべきである。合理的配慮の内容は，障害者と配慮を求められた者の間での協議により確定されることが望ましいが，合意できない場合には，調停や司法の場で判断されることになる。合理的配慮を実効性のあるものにするためには，障害者からの求めがない場合でも，あらかじめ何らかの措置をしておくことが望ましい（事前的改善措置）。

(d) 「各則」——雇用

「差別禁止部会意見」の各則には，公共的施設・交通機関から司法手続まで，10の分野が掲げられたが[12]，ここでは「雇用」分野（第6節）のみをとりあげて概要を紹介する。

差別が禁止される事項には，募集・採用から解雇，退職，再雇用に至るまで，雇用に係わるすべての事項を含めることが求められる。相手方は，すべての事業主である。福祉的就労でも，実体として労働者性が認められる場合には，対象となる。労働者性が認められない福祉的就労については，「役務の提供」分野で，差別が禁止される。採用に関しては，法律その他の制限がない限り，事業主に採用の自由があるとする三菱樹脂事件最高裁判決[13]があるが，障害があることによる採用拒否を不均等待遇として禁止することは，法律による制限

---

12) 10の分野は以下に掲げるものである。「公共的施設・交通機関」，「情報・コミュニケーション」，「商品・役務・不動産」，「医療」，「教育」，「雇用」，「国家資格等」，「家族形成」，「政治参加（選挙等）」，「司法手続」。

13) 最大判昭和48・12・12民集27巻11号1536頁。

であるから，最高裁判決と矛盾するものではない。

　雇用に関して職務遂行能力が問われるのは当然であるから，障害者が，合理的配慮が提供されても当該職務の遂行に必要とされる本質的な能力がない，という理由によって採用されなかった場合には，その採用拒否は不均等待遇には当たらない。

　雇用分野における合理的配慮については，関係当事者である労働者側の委員，使用者側の委員，障害者側の委員，公益委員の参画の下で，政府が，わかりやすい具体例を伴うガイドラインを策定すべきである。

　職場における差別の解決のあり方については，①職場内の自主的解決，②既存のADR（行政型裁判外紛争解決制度）による解決，③司法による判断がある。通勤時の移動支援や職場内での身体介助が事業主のなすべき合理的配慮であるのか，行政による福祉サービスであるのかについては，引き続き検討する。

(e) 「紛争解決の仕組み」

　紛争解決については，本来的には，当事者間で自主的に解決されることが望ましいが，それ以外に，「中立・公平な第三者が当事者間に関与する仕組み」を設ける必要があり，①相談および調整の機能，②専門家を含む中立・公平な機関による調停，③当事者が第三者の判断に解決を委ねることをあらかじめ合意する仲裁，④準司法的な機能をそなえるような機関による裁定，などの仕組みが考えられる。とくに調停においては，勧告や公表を行うなど，解決の実効性を図る仕組みが検討されるべきである。

　労働の分野では，個別労働紛争の解決の促進に関する法律に基づく都道府県労働局長による情報提供・相談等や紛争調整委員会によるあっせん等の仕組みが設けられているが，差別禁止法に係る紛争解決に，既存の仕組みを利用することも妥当であり，引き続き検討されるべきである。

　以上の仕組みによっても解決が図られない場合は，最終的には司法の判断に委ねられる。差別禁止法は，司法判断の基準となる裁判規範性も有し，私人間で差別が行われた場合に，差別をしてはならないと求めることに法的根拠を認め，相手方に対する法的な権利を認める法である。

　しかし，何が差別に当たるかを判断する基準は本法が提示するとしても，実際に差別を受けた場合にどのような救済が認められるかは，民法等の一般法と

民事手続法に従って判断される。たとえば，差別行為の差止め請求や妨害排除請求，合理的配慮の作為請求が，どのような場合に認められ，判決として容認され，強制執行の対象になるかについては，物権や人格権に基づく差止め等に関する民法の解釈，民事訴訟法や民事執行法等の解釈に委ねざるをえない。

したがって，障害差別禁止法の施行後に，司法的解決が差別禁止について機能しているのかどうかについては検証して，不十分であれば団体訴訟等の訴訟形態も含め検討し，必要な措置をとることが求められる。

また，今後，制度自体に関する問題点が指摘されることによって，既存の制度や施策が明らかになることも考えられるので，政策委員会において，必要に応じて，政策的提言が行われることも期待される。

(2) 検討すべき論点

内閣府の「差別禁止部会意見」は，上記のようにまとめられたが，これらの論点のうち，重要と思われるものについて，若干の検討を加えておく。

(a) 「障害に基づく差別」の保護対象者

「差別禁止部会意見」は，「障害」を主として「機能障害」ととらえながらも，禁止されるべき差別は「障害に基づく差別」とした。この考え方によれば，障害者のみならず，非障害者であっても，「障害や障害に関連する事由を理由とする異なる取扱い」を受ければ，差別禁止法制によって保護されることになる。たとえば，過去に存在した障害，将来発生する障害，誤認された障害を理由とする差別や，障害者の家族や介助者であることを理由とする差別も，禁止の対象であるということになる。すなわち，ここでは，差別禁止法は，「障害」差別禁止法として想定されていたのである[14]。

障害に伴う不利益の原因として社会の問題をとくに強調する「障害の社会モデル」の視座に照らせば，機能障害に起因する不利益は，けっして本人が実際に有する機能障害のみからではなく，機能障害への人々の無理解，偏見，固定

---

14) 川島聡「英国平等法における障害差別禁止と日本への示唆」大原社会問題研究所雑誌 641 号（2012 年）は，イギリスの 2010 年平等法が，障害者だと誤認された者や障害者と関係がある者を明確に保護していることを評価している。川島は，内閣府「差別禁止部会意見」の取りまとめに中心的に関与した。

化した概念やイメージという社会的障壁からももたらされる。そうであれば，機能障害をもつ人のみならず，特定の障害に係る疾病に罹患していると誤って認識された非障害者や，障害の子をもつことを理由として差別される非障害の親もまた，障害に基づく差別から保護されるべき対象者でなければならない。「差別禁止部会意見」によれば，差別禁止法は，障害者差別のみならず，障害差別を幅広く禁止する法律であることが望ましいとされていたのである。

(b)　禁止される「差別概念」について

「差別禁止部会意見」は，禁止される差別概念を既述のように 4 つの類型に整理した。一方，労働政策審議会「雇用分科会意見書」(2013 年 3 月 14 日) は，直接差別は禁止すべきだが，「間接差別については，①どのようなものが間接差別に該当するのか明確でないこと，②直接差別に当たらない事案についても合理的配慮の提供で対応が図られると考えられることから，現段階では間接差別の禁止規定を設けることは困難」との結論に至り，それが最終的には雇用促進法改正に反映した。しかし，この「雇用分科会意見書」には賛成しかねる。

そもそも「差別禁止アプローチ」は，差別に対する救済を保障するものの，「雇用割当アプローチ」に比較すれば，どのような状態が障害に該当し，いかなる行為が違法な障害差別になるのかを当事者が判断することは困難，という問題点を有する。それはある種の予測可能性の低さ，すなわち不明確性を伴うものであって，とくに間接差別のみにかぎらないはずである[15]。にもかかわらず，その不明確性を補って余りあるメリットがあるからこそ，「差別禁止アプローチ」の導入に意味があるのである[16]。そうであるなら，予測可能性の低さを補うための努力をいかになすべきかを議論すべきであって，はじめから間接差別禁止規定を設けないという結論に至るのは，努力を放棄しているに等しい[17]。「差別禁止アプローチ」の問題点を克服するために，各国では，禁止

---

15)　この点を分析しているのは，長谷川・前掲注 1) 73～74 頁。

16)　「雇用割当アプローチ」は，使用者の義務が客観的に明確であり，それだけに違反の有無も明白，ゆえに実効性が確保されやすいという利点がある。しかし反面，それだけでは深刻な人権侵害事案に対応できず，さまざまな職場における差別問題が放置されてしまうという問題を抱えている。

17)　「雇用分科会意見書」が，「どのようなものが間接差別に該当するのか明確でない」と述べる理由が，男女雇用機会均等法の間接性差別禁止規定（同法 7 条）の新設時のと

される差別事例を例示し，事業主の行為に関するガイドラインを策定している。

もっとも，「直接差別」「間接差別」という表現を明文化するかどうかは検討の余地がある。「差別禁止部会意見」は，諸外国の立法例を検討した結果，既述のように「直接差別」「間接差別」「関連（起因）差別」を「不均等待遇」として一本化したうえで，「不均等待遇」に上記3つの類型の差別の禁止がすべて含まれるべき，と述べた。重要なことは，差別の事案をいずれの差別概念にあてはめるかではなく，同部会意見が述べるように，諸外国で違法とされている差別事案を排除することがないような包括的な規定を創設することである。

「差別禁止部会意見」が上記3つの差別を「不均等待遇」として一本化する提言に至ったのは，主としてイギリスの障害差別立法をめぐる条文上・判例上の複雑な発展・変遷を検討したうえでの選択であった。この点については，本書終章第2節で述べた。重複するが，ここで，簡単に繰り返しておきたい。イギリスの1995年障害差別禁止法（Disability Discrimination Act: DDA）は，人種や性別などとは異なり「関連差別」を禁止したが，その後，EU指令との整合性を図るために，2004年法改正時に，直接差別禁止規定を新設した。ところが，2008年のMalcolm事件の貴族院判決（本書544頁参照）を契機に，DDAの関連差別を主張することがかなり困難になったため，2010年平等法では概念の見直しがなされることになった。当初は，関連差別の代わりに間接差別のみの導入を図るという案が出たものの，最終的に，イギリス政府は，関連差別概念の代わりに，間接差別と起因差別の両方を平等法に導入することになった。すなわち，現行のイギリス2010年平等法は，障害に関する「直接差別」（13条），

きと同じであるとすれば，差別禁止規定の行政指導は事業主に対して違法事例を明確にして実施すべきであるにもかかわらず，間接差別については，従来，社会において許容されてきた基準・規定自体が問題となるために，違法な事案を特定・限定することが難しい，という理由ではないかと推測される。実際，均等法の間接性差別禁止規定は，この理由から，二重，三重に対象範囲を限定され，本来は豊かな広がりをもつはずの同規定の効果が著しく減殺される結果となった。しかし，この雇用分科会意見書を是としてしまうことは，均等法制定時に犯した誤りを障害差別禁止立法においても繰り返すだけではないだろうか。行政指導は事例を示すこと（例示）によって行えばよく，違法となる範囲の限定は必ずしも不可欠ではない。また，私法的効力を有する規定が，立法後に，判例の展開に応じてさまざまな事案へと適用範囲を拡張していくのは，当然ありうることであろう。均等法の間接性差別禁止規定に関する批判は，本書第3章第2節を参照のこと。

「間接差別」(19条),「起因差別」(15条)を禁じている。起因差別においては，申立人は，非障害者と比較して自ら不利益を被っていることを主張する必要はなく，障害に起因する何かを理由に不利益に扱われたことを主張すれば足りるため，Malcolm判決が提示した困難性は克服されることになった。さらに間接差別禁止規定が設けられたのは，起因差別と間接差別では，「障害を知っていたかどうか（認知の必要性）」に違いがあるからである。起因差別は，差別する側（使用者）が障害を認知している必要があるが，間接差別は，使用者が被差別者の障害を知らない場合でも成立する。

イギリスでも，禁止される差別概念はそれぞれに特色を有するため，いずれを省略することもできないのだが，以上の3つの概念を厳密に区別することは難しく，その必要もない。これらが重複する場合も十分にありうるからである。それだけに日本では，これらを一括する規定を設けておくべきではないかという議論となり，「差別禁止部会意見」は，「不均等待遇」という概念を設ける提案をしたのである。

(c) 合理的配慮の不提供と差別／差別禁止の私法上の効果

厚労省の「雇用分科会意見書」は，「障害者に対して職場における合理的配慮の提供を事業主に義務付けるべきである」としつつ，「合理的配慮……の不提供を差別として禁止することと合理的配慮の提供を義務付けることはその効果は同じであると考えられることから，端的に事業主への合理的配慮の提供義務とすることで足りる」とした。これは，「合理的配慮の不提供」は禁止される差別であると位置づける必要があるとした「差別禁止部会意見」とは異なる。果たして「雇用分科会意見書」が述べるように「義務付け」と「差別」禁止の「効果」は同じといえるのだろうか。

「合理的配慮の不提供」が差別だとすれば，差別されないことは障害者の権利であり，法的に，差別されないことを請求する権利が認められるはずである。一方，「義務付け」規定によって，「配慮しないこと」が事業主の義務違反になるとしても，それはあくまでも法が定める「公法上の義務違反」にすぎず，法が定める予定の差別救済条項の対象となる行為にすぎない，と解釈する可能性が残されている[18]。それを避けるためにも，「合理的配慮の不提供」を差別として明確に禁止すべきとする「差別禁止部会意見」を支持したい。

さらに、「雇用分科会意見書」は、差別禁止規定の私法上の効果を否認している点に特色がある[19]。差別を禁じる一方で私的効力を付与しない理由は、禁止の効果が多様だからということのようである。ちなみに雇用上の性差別を包括的に禁止する男女雇用機会均等法も、雇用に係るすべての事項を対象にするが、均等法における規定が私法的強行規定であることに争いはない。すなわち、均等法違反の行為は、法律行為としては無効であり（たとえば均等法に反する業務命令や就業規則の定め）、対象となる労働者に損害を与えれば不法行為として賠償責任が発生し、それらに違反する就業規則については、労働基準監督署は変更命令を発することができる（労基法92条2項）。それゆえ、雇用に係るすべての事項が対象であるとの理由から、障害差別禁止規定の私法的効力を否定する雇用分科会意見書には、賛成しかねる。

もっとも、私法的効力を容認し、また合理的配慮の不提供を差別として規定すべきとする「差別禁止部会意見」も、禁止規定違反の行為や合理的配慮の不提供がいかなる私法上の効果をもたらすかについては、民法や民事執行法等に委ねざるをえないと述べる[20]。しかし同意見は、だからといって私法的効力を否定するものではない。差別禁止規定に私法的効力を認めても、これらの規定から差別的取扱いの是正を求める「請求権」が発生するのか、使用者に対して裁判所がどこまで強制しうるかという問題は、別途、存在しうるからである。使用者の行為の多くは、たとえば教育訓練を行わない、採用しない、業務軽減を行わないなど、多様な事実行為の集積であるから、民事訴訟を通じて使用者に具体的な作為をどこまで請求できるのか等の問題は、個別具体的に裁判で争われることになるであろう[21]。

---

18) 厚生労働省「労働・雇用分野における障害者権利条約への対応のあり方に関する研究会」第4回議事録をみると、この点について議論がなされたことがわかる。

19) 「雇用分科会意見書」は、「障害を理由とする差別の禁止については、雇用に係る全ての事項を対象としており、禁止規定に反する個々の行為の効果は、その内容や状況に応じ様々であり、個々に判断せざるを得」ないことから、私法上の効果を規定することは困難であるとした。

20) 「差別禁止部会意見」は、「例えば、差別行為の差止め請求や妨害排除請求、合理的配慮の作為請求がどのような場合に認められ、判決として認容され、強制執行の対象になるかについては、物権や人格権に基づく差止め等に関する民法の解釈、民事訴訟法や民事執行法等の解釈に委ねざるを得ない」という。

3 障害者差別解消法

(1) 概　　要

2013年6月19日に可決・成立した「障害を理由とする差別の解消の推進に関する法律」（以下、「障害者差別解消法」ないし「差別解消法」とする）は、本則6章26か条、附則7か条からなる法律であり、その内容は、おおむね、以下の通りである。

第一に、本法は、「障害を理由とする差別の解消」を推進することによって、すべての国民が、障害の有無によって分け隔てられることのない共生社会を実現することを目的とする（1条）。

第二に、内閣総理大臣は、障害差別解消の基本的な方向、差別解消措置に関する基本的な事項等を含む「基本方針」を、障害者政策委員会の意見を聴いて策定し、閣議決定し、公表する（6条）。

第三に、行政機関等（独立行政法人等が含まれる）および事業者は、「障害を理由」とする「不当な差別的取扱い」によって障害者の権利利益を侵害してはならない（7条1項・8条1項）。また、障害者から社会的障壁除去の必要性が表明された場合、その実施に伴う負担が過重でないときは、行政機関等は「必要かつ合理的な配慮をしなければならない」（7条2項）。他方、事業者は「必要かつ合理的な配慮をするように努めなければならない」（8条2項）。合理的配慮義務はこのように、行政機関等には義務づけられた一方、事業者には努力規定にとどまった。

第四に、行政機関等は、基本方針に即して、差別禁止および合理的配慮に関する「国等職員対応要領」を策定する義務を負う（9条1項）。また、主務大臣は、事業者の適切な対応に必要な「対応指針」を定め（11条1項）、その実施に関して、事業者の報告聴取、助言、指導、勧告を行う（12条）。

---

21) この問題は、たとえば採用差別をめぐる議論でもなされてきた。裁判所が使用者に差別された労働者の採用を命ずることは、契約締結の強制（締約強制）となるので難しいとしても、不法行為としては損害賠償を命じうるであろう。また締約強制にならないかぎりは、裁判においてまったく作為請求ができないわけでもなく、契約上の請求権があることを確認する訴訟は可能であろう（たとえば教育訓練が就業規則などで明示的に制度化されている場合）。これらは、個別具体的に裁判で争われる。

第五に，行政機関等および事業者は，必要かつ合理的な配慮を行うための「環境の整備に努めなければならない」(5条)。この条文は，不特定多数の障害者にあらかじめ行われる事前的改善措置（施設のバリアフリー化など）や，障害に係る欠格条項等の見直しなどを，「環境整備」として努力義務化したもの，と考えられる。

　第六に，本法は，差別解消のために独自の救済機関を設ける規定をおいていないが，国および地方公共団体は，差別に関する紛争の防止・解決のための体制整備を図り（14条），関係行政機関は，差別に関する相談や差別解消の取組のために，障害者差別解消支援地域協議会を組織できる（17条1項）。

　差別解消法の施行は公布から3年後の2016（平成28）年4月1日であり（附則1条），施行後3年の見直し規定がある（附則7条）。

(2) 意義と課題

　差別解消法は，多くの課題を残してはいるが，障害という事由に基づく「あらゆる分野の差別」の解消を図る初めての具体的な立法としての意義がある。目的規定には，障害者が，「その尊厳にふさわしい生活を保障される権利を有する」ことや，「障害の有無によって分け隔てられることなく」という一文も盛り込まれた（1条）。解消されるべき差別として，「不当な差別的取扱い」という作為のみならず，「合理的配慮の不提供」という不作為が位置づけられたことも重要である。さらに，基本方針の策定にあたり，障害者政策委員会の意見聴取が定められていること（6条4項），対応要領・対応指針の策定にあたり，障害者の意見の反映措置が要請されていること（9条2項，10条2項，11条2項）も，当事者参画という意味において，注目したい。

　一方，差別解消法は，すでにふれた「差別禁止部会意見」が提案した障害差別禁止立法の理想からは，かなりかけ離れた内容の不十分な法律でしかない。すなわち，第一に，障害差別とは何かという定義がなく，禁止される「不当な差別」の意味があいまいである。「差別禁止部会意見」は，欧米各国の立法例を分析したうえで，禁止されるべき差別概念の類型化の議論を深め，最終的には「障害に基づく差別」を，「不均等待遇」（直接差別，間接差別，関連・起因差別）と「合理的配慮の不提供」としてとりまとめた。しかしこの提言は，差別

解消法には反映されないままであった。

　第二に，同法は，民間業者に対する合理的配慮を努力義務としている。そもそも合理的配慮義務は，負担が過重である場合には行わなくてよいものであるから，あえて努力義務にする必要はなかったはずである。

　第三に，同法においては新たな救済機関が設けられず，既存の紛争解決の仕組みを利用することとされた。とくにこれまで紛争が多かった教育分野や交通機関の利用に関しては，本法に基づいて，いかにすれば効果的な紛争解決が図れるのか，大きな課題が残されている。

　以上のような限界のある法律ではあるものの，差別解消法が制定された意義は大きい。差別解消法の成立によって，障害者権利条約が批准されたため，今後，締約国としての条約遵守義務に基づき，国連の障害者権利委員会へ定期的に国家レポートが提出される。これによって，国際機関と協力しつつ，障害当事者がなすべき監視活動の舞台が整うことになる。また，当初はどのような限界のある法律であっても，障害差別は解消されるべきという規範を社会に定着させる努力を続けることによって，さらなる法改正が恐らく可能になるだろう。参議院内閣委員会で12項目の附帯決議がついたことも大きなできごとであった。この中には，条約の趣旨にのっとり障害女性や障害児に対する複合差別の現状認識を図ることなどが含まれている。今後，障害を理由とする差別的取扱いの具体的相談事例や裁判例の集積を図るなどして，必要性が生じた場合には，施行後3年を待つことなく見直しをするということなど，きわめて重要な内容も盛り込まれた。とにもかくにもこの法を生み出したことによって，障害差別をなくすという壮大な道程への第一歩が，間違いなく刻まれたのである。

4　改正障害者雇用促進法

　障害者差別解消法は，雇用分野に関しては障害者雇用促進法の定めるところによると規定し（13条），雇用に関しては，差別解消法成立の6日前（2013年6月13日）に，衆議院本会議で，改正障害者雇用促進法が可決・成立した。

(1)　差別禁止立法としての性格と法の目的規定

　障害者雇用促進法は，この2013年の改正によって，差別禁止と障害者の雇

用促進をあわせもつ性格の法律となった。改正法1条は，目的規定の中に，従来からの3つの措置（①雇用促進措置，②職業リハビリテーション措置，③障害者の自立促進措置）に加えて，④均等な機会と待遇の確保ならびに能力を有効に発揮するための措置，を規定することになった。ただし，④の措置が，本法の中でどの程度の比重をもつかについては，なお疑問である。1条は，①から④の措置を「総合的に講じ，もって障害者の職業の安定を図ることを目的とする」と規定しており，雇用安定を図る立法としての従来ながらの性格が前面に出ているからである。雇用における性差別を規制する男女雇用機会均等法は，目的規定に「法の下の平等を保障する日本国憲法の理念にのっとり」とうたっているが（同法1条），雇用促進法にはこのような規定はない。

それだけに，障害者権利条約が「締約国は，障害者が他の者との平等を基礎として労働についての権利を有することを認める」（27条1項本文）と明確に規定しているのに比較して，雇用促進法1条が事業主の「措置」を講じるとしていること，障害者はあくまでその措置の結果を受け入れる客体にすぎないことを問題であるとして，「法律の世界でもすでに亡霊と化しつつある措置という文言がなお明記されているのは驚きである」という厳しい批判もある[22]。

この批判は，均等法が制定されたときの状況を彷彿とさせる。1972年成立の勤労婦人福祉法を全面改正して1985年に出発した均等法は，「福祉法」という性格を受け継いだために，募集・採用・配置・昇進に関する平等処遇を事業主の努力義務とするなど，理想からはほど遠い法としてスタートした。その後の数次にわたる法改正によって，かなり性差別禁止立法としての性格を強めてきたものの，均等法はいまだに，先進諸国の雇用差別禁止立法に比べて特異な性格をもつ法律であり，今回の改正雇用促進法も，均等法の規定に倣った形式をとったものである。

池原毅和は，日本の雇用差別禁止立法は「行政法規的アプローチ」をとっている，と述べる[23]。すなわち，雇用促進法にしても，差別解消法にしても，事業主や国に対して，差別をしないこと，合理的配慮を行うこと（その行為を

---

[22] 清水建夫「障害者権利条約から見える労働・雇用に関する国内法改正の限界」労働法律旬報1794号（2013年）37頁。
[23] 池原毅和「合理的配慮義務と差別禁止法理」労働法律旬報1794号（2013年）11頁。

「措置」と表現している）を求める立法ではあるが，一方，障害のある人にそれに対応した権利を明確に定めるものではない。その意味では，日本の立法は，世界的な差別禁止法がモデルとする「民事法的アプローチ」とは異なる。他国の立法は，障害者に対する差別禁止と合理的配慮の請求権を明文で定めているのに比べて，日本では，法に違反すれば行政法規違反として行政指導の対象となり，その他の行政的な手法によって差別解消が図られるものではあるが，民事的効力について明示的に規定する条文はないのである。

もっとも，均等法と同様，雇用促進法も，差別禁止規定に反する場合の私法的効力については，解釈上，公序良俗（民法90条）や不法行為（民法709条）という民法の一般的規定を通じて効力が生じるとされている。「雇用分科会意見書」でも「私法上の効果については，民法第90条，民法第709条等の規定に則り個々の事案に応じて判断される」とされ[24]，国会でも繰り返しこの点は確認された。しかし，差別に関する司法救済はありうるとしても，これは本法の間接的な効果にすぎない。

とはいえ，雇用差別からの救済については，従来から，司法救済のみに委ねておくべきではなく，簡易・迅速・安価な行政的な紛争解決が必要だといわれてきた。したがって問題は，その紛争解決の実効性であろう。この点は，後にとりあげることにしたい。

(2) 障害者の範囲

改正雇用促進法は，障害者について，「身体障害，知的障害，精神障害（発達障害を含む。……）その他の心身の機能の障害……があるため，長期にわたり，職業生活に相当の制限を受け，又は職業生活を営むことが著しく困難な者」と定義する（2条1号）。旧規定に比べて，精神障害に発達障害が含まれることを明記し，「その他の心身の機能の障害」という文言を追加することによって，基本法や差別解消法の定義との整合性を図ったものである。

重要なポイントは，改正雇用促進法が，差別禁止の対象となる「障害者」を2条1号で規定すると同時に，事業主の雇用義務の対象となる障害者を，「対

---

[24] 「雇用分科会意見書」2頁。

象障害者」とする別規定をおいたことである（37条2項）。「対象障害者」とは，「身体障害者，知的障害者又は精神障害者（精神保健及び精神障害者福祉に関する法律……第45条第2項の規定により精神障害者保健福祉手帳の交付を受けているものに限る……）をいう」とあることから，対象障害者は，障害に係る手帳所持者であると解釈されている[25]。一方，雇用率以外の雇用促進制度，たとえばハローワークでの職業紹介などの対象となる障害者は，差別禁止規定の対象と同じく2条1号が規定する障害者であり，手帳所持者にかぎらない。雇用率の場合は，対象となる障害者を明確に確定する必要があることから，このように書き分けられているのであろう。

　差別禁止規定に関して，問題となるのは，雇用促進法2条1号の定義が，障害者基本法2条1号ならびに差別解消法2条1号の定義（「身体障害，知的障害，精神障害……がある者であって，障害及び社会的障壁により継続的に日常生活又は社会生活に相当な制限を受ける状態にあるもの」）と異なっている点である。すなわち第一に，雇用促進法には，基本法や差別解消法にはない「長期にわたり」「著しく困難」という表現があること，第二に，基本法や差別解消法にはある「社会的障壁」という用語が雇用促進法にはないこと，である。

　第一については，雇用促進法の旧規定がそのまま引き継がれただけであり，とくに範囲を狭めるという意図によるものではないため，基本法や差別解消法に比べて障害の範囲に広狭の差はないと解釈してよいだろう[26]。第二について，雇用分科会では，本法が日常生活一般ではなく職業生活に関する法律であることから，基本法や差別解消法の文言と異なり，職業生活における相当の制限を受けるという文言を引き続き使用したものであると説明されたとのことであるが，長谷川は，「社会的障壁」が入らなかったことによって，障害者の範囲が狭くなるかどうかは必ずしも明らかでない，と述べている[27]。

　長谷川は，雇用促進法の障害者には5つのグループがあるとする[28]。①身

---

25) 岩村正彦＝菊池馨実＝川島聡＝長谷川珠子「(座談会) 障害者権利条約の批准と国内法の新たな課題」論究ジュリスト8号 (2014年) の18頁，長谷川発言による。
26) 「座談会」前掲注25) 18頁，長谷川も同意見。
27) 「座談会」前掲注25) 18頁，長谷川発言。
28) 長谷川珠子「日本における『合理的配慮』の位置づけ」日本労働研究雑誌646号 (2014年) 17頁。

体障害者手帳をもつ身体障害者（2条2号），②療育手帳を所持している知的障害者（同条4号），③精神障害者保健福祉手帳を所持している精神障害者（同条6号），④精神障害者（発達障害を含む）のうち，統合失調症，躁うつ病，てんかんなどの罹患者で，障害者手帳を所持していない者（同条6号），⑤各種の手帳を所持しない，発達障害者や難治性疾患患者等で，長期にわたる職業生活上の相当の制限を受ける者，である。すでに述べたとおり，雇用促進法の雇用率制度の対象者は①②③に限定されるが（37条2項の「対象障害者」），差別禁止，合理的配慮，障害者雇用促進制度の対象となる障害者は，①から⑤のすべてである。そして，⑤のグループには，さまざまな障害者が含まれ，難病患者もまた，「長期にわたり，職業生活に相当の制限を受け，又は職業生活を営むことが著しく困難な者」であるかぎりは，差別禁止，雇用促進の対象となる。

　従来から，ハローワーク等の職業紹介窓口などでは「職業生活に相当の制限を受け」という規定を狭く解釈することにより，対象者を狭めてきたとのことだが，事業主が障害を認識しているかぎり，差別禁止の対象となる障害者を限定することは，そもそも許されるべきではない。当人の障害がいくら軽微なものであろうとも，それを理由とする差別が許されてよいとはいえず，障害の程度の軽重によって対象となる者とそうでない者を区別する取扱いは，法の趣旨に反するというべきである。

　なお，過去に障害をもった者，遺伝的素因で将来障害をもつ可能性がある者，障害がある子を介護している親などについては，「雇用促進法は，現に障害があるため職業生活を営むことが困難な人に対して雇用の促進を図ることを目的とした法律」であるから，労働者本人に障害がなければ，法の対象とはならない，とする解釈が有力である[29]。たしかに雇用促進法2条1号は，障害をもつ個人を対象とした規定であるように読めるから，明文上この解釈を否定する根拠はない。しかし，障害者に対する偏見の強い使用者が，ある求職者が障害をもっていると誤解して，それを理由に当該個人を採用拒否したという場合，これが差別ではないと解釈することは果たして妥当なのだろうか。実際，差別解消法の『Q&A』では，「問9-5　障害者の親が子どもの障害を理由として不

---

29)　「座談会」前掲注25) 19頁，長谷川，岩村発言。

当な差別的取扱いを受けた場合などは，本法の対象になるのか」という問いに対して，「(答) 本法は，あくまで障害者本人を対象とするものではあるが，例えば，障害児をもつ親が，当該障害児の付き添いとして当該障害児とともに施設を利用しようとしたときに，当該障害児の障害を理由として障害児同伴での施設の利用について不当な差別的な取り扱いを受けた場合などは，対象となりうるものと考える」と記述されている[30]。差別解消法と雇用促進法の対象となる「障害者」概念にさしたる相違があるわけではないため，このことは雇用促進法にも該当しうるのではないか。

(3) 禁止される差別の概念

雇用促進法における差別禁止は，男女雇用機会均等法に倣う形式をとって，採用時および採用後に分けて規定されている。募集・採用については，「事業主は……障害者に対して，障害者でない者と均等な機会を与えなければならない」（34条）とされ，採用後については，「事業主は，賃金の決定，教育訓練の実施，福利厚生施設の利用その他の待遇について，労働者が障害者であることを理由として，障害者でない者と不当な差別的取扱いをしてはならない」と規定する（35条）。

雇用促進法には，差別についての定義規定がない。この点，基本法は，差別禁止について，「何人も，障害者に対して，障害を理由として，差別することその他の権利利益を侵害する行為をしてはならない」（4条1項）としており，これを受けて，差別解消法は，国や事業主に対して，「……障害を理由として障害者でない者と不当な差別的取扱いをすることにより，障害者の権利利益を侵害してはならない」とする（7条1項，8条1項）。

基本法および差別解消法の定義に含まれている「権利利益の侵害」は雇用促進法の規定にはないが，一方，差別解消法と雇用促進法はいずれも，「不当な差別的取扱い」を禁止する，と規定している。これらの規定形式からは，以下

---

[30] 内閣府障害者施策担当『障害を理由とする差別の解消の推進に関する法律 Q&A』（2013年6月）。このQ&A集は，国会審議における答弁を集約し，内閣府としての考え方をまとめたものである。と付記されており，障害者政策委員会の資料として配布されたものである。

のような解釈問題が浮上する。第一には，一般法である基本法と差別解消法の規定を受けて，雇用促進法においても，権利利益を侵害する行為に該当しないかぎり，差別をしても法に違反したことにならないのかという問題であり，第二には，禁止される差別とは「不当な」ものに限られ，「不当でない差別的取扱い」は許されるのか，という問題である。

第一の問題については，差別解消法の解説でも国会の議論でも，明示的に問題とされてはいない。それゆえ，このような表現があるからといってあえて規制されるべき差別概念を狭めて解釈をすることは，法が想定するところではないというべきだろう。

また，第二の問題については，差別解消法の『Q&A』において，「『不当な』差別的取扱いという用語は，たとえば，職業安定法等，幅広い分野にわたる多くの法律で用いられている」，「『不当な』とは，当該取扱いに正当な理由がある場合には，本法により禁止される不当な差別的取扱いには該当しないという趣旨である」と説明されており[31]，国会の議論でも，「職業能力等を適正に評価した結果によるものといった合理的な理由による異なる取扱いを禁止するものではない」という趣旨だと説明されている[32]。この限りでは妥当な規定であり，これもとくに問題とする必要はないであろう。

さて，雇用促進法が禁止する「障害者であることを理由」とする「差別的取扱い」とは，直接差別を禁止する規定であり，間接差別の禁止は含まれないと明示的に説明されている[33]。「雇用分科会意見書」もそのように述べ，既述の通り，間接差別禁止規定を設けなかったのは何が間接差別に該当するか明確ではないからであって，直接差別にならない場合でも合理的配慮によってカバーしうるということを，その根拠としている[34]。

---

31) 前掲注30)『Q&A』問10-3への（答）。
32) 平成25年6月7日第183回国会（衆議院）厚生労働委員会の小川誠高齢・障害者雇用対策部長による答弁。
33) 平成25年5月30日第183回国会（参議院）厚生労働委員会における田村憲久厚生労働大臣の答弁。
34)「雇用分科会意見書」は，「障害を理由とする差別（直接差別）については，禁止すべきである。また，車いす，補助犬その他の支援器具等の利用，介助者の付き添い等の社会的不利を補う手段の利用等を理由とする不当な不利益取扱いについても，障害を理由とする差別（直接差別）に含まれるものとすることが適当である。……なお，間接差

既述のように，差別解消法の立法過程では，「差別禁止部会意見」が，禁止されるべき差別概念を大きく2つに整理した。「不均等待遇」(ここには「直接差別」「間接差別」「関連差別」が含まれる)と「合理的配慮の不提供」であった。しかしこれらの議論を経て，結局，差別解消法と改正雇用促進法は「不当な差別的取扱い」(＝直接差別)と「合理的配慮の不提供」のみを差別として規定することになった。議論の経緯において，「差別禁止部会意見」は，就業規則の「マイカー通勤禁止規定」(外形的には障害に中立的な規定)により障害をもつ労働者が職場復帰できないという事例(事例1)を「間接差別」の例示とし，車いす使用者に対する入店拒否事例(事例2)を「関連差別」の例示として示した。条文の評価においては，「雇用分科会意見書」が述べるように，これらの事例が合理的配慮によってカバーしうるのか否かがポイントになるであろう。たしかに事例2に対しては，「車いす使用」を合理的配慮として申出をして，それに応じないことが差別に該当すると解釈することによって，対応しうるかもしれない。しかし，事例1については，どうだろうか。事例1も「マイカー通勤許可」という合理的配慮の申出をして，それに応じないことが差別に該当すると解釈することによって，対応しうるのかもしれない。とはいえ，合理的配慮の申出は，個々の障害者・労働者がそれぞれに行うものである以上，募集・採用条件に掲げられている規定や基準それ自体の変更・改変にはつながらない。つまり，当該基準や規範それ自体は維持しつつ，障害者に個々の対応を行って配慮する，というものが合理的配慮である。それに対して，間接差別は，当該規定や基準それ自体を「無効化」するものであるから，合理的配慮の義務づけとは異なる意義がある。したがって，やはり間接差別に関する独立の禁止規定をおくべきであったと考える。

間接差別の事例としては，さらに，議論の過程で，「事務員の採用にあたって，運転免許証の所持を条件とすること」や「業務遂行上不可欠なものとは認められない基準が設定された場合」が示されることがあった[35]。均等法に

別については，①どのようなものが間接差別に該当するのか明確でないこと，②直接差別に当たらない事案についても合理的配慮の提供で対応が図られると考えられることから，現段階では間接差別の禁止規定を設けることは困難である。将来的には，具体的な相談事例や裁判例の集積等を行った上で，間接差別の禁止規定を設ける必要性について検討を行う必要がある」としている。

は存在するところの「間接差別禁止規定」(均等法7条)が,障害者差別に関して設けられなかったことについては,やはり立法上の不備というべきであろう。

(4) 合理的配慮義務

差別解消法が,行政機関と民間業者の合理的配慮義務を書き分けた[36]のに対して,雇用促進法は,事業主に,合理的配慮を義務づけた。すなわち,雇用促進法は,「事業主は,……募集及び採用について,障害者と障害者でない者との均等な機会の確保の支障となっている事情を改善するため,……障害者からの申出により当該障害者の障害の特性に配慮した必要な措置を講じなければならない」とする (36条の2)。また,採用後に関しては,「障害者である労働者について,障害者でない労働者との均等な待遇の確保又は障害者である労働者の有する能力の有効な発揮の支障となっている事情を改善するため,その……労働者の障害の特性に配慮した職務の円滑な遂行に必要な施設の整備,援助を行う者の配置その他の必要な措置を講じなければならない」(36条の3) とする。

募集・採用時に,障害者からの申出を契機とするのは,どのような障害者が応募してくるか事業主にはわからないからである。なお,合理的配慮の措置を講じるにあたって,事業主は,「障害者の意向を十分に尊重しなければなら」ず (36条の4第1項),障害者からの「相談に応じ,適切に対応するために必要な体制の整備その他の雇用管理上必要な措置を講じなければならない」(36条の4第2項)。

法改正以前から,障害をもつ労働者からは,使用者を相手に合理的配慮の不提供や廃止を争う訴訟が提起されてきており,判決の中には,信義則や権利濫用などの一般条項を使って使用者の取扱いを違法と判断するものがみられた[37]。合理的配慮義務には,法の定めを待つまでもなく,現実の労使関係に

---

35) 2013年12月4日の第5回「改正障害者雇用促進法に基づく差別禁止・合理的配慮の提供の指針の在り方に関する研究会」における田中伸明委員の発言。

36) 差別解消法は,行政機関には「配慮をしなければならない」と義務づける一方 (7条2項),民間事業者には「配慮をするように努めなければならない」(同法8条2項)という努力規定にとどめている。

37) たとえば代表例として,「排尿・排便異常」障害があるバス運転手が,通常シフトで

おいて必要かつ妥当な要請とされてきたものが含まれるといってよい。改正雇用促進法によって改めて義務づけられる措置とは，障害者等の「均等な機会・待遇の確保や能力発揮の支障となる事情の改善に必要な措置」であり，その枠組みは，①施設・設備の整備，②人的支援，③職場のマネジメントに関する配慮と考えるのが適当，とされている[38]。富永晃一は，「それ以外の措置（例えば職務遂行能力等に無関係な備品整備等）は義務付けられない。また職務の（周辺的でなく）本質的な要件・要求水準自体の変更要求も，上記の必要性を欠くと思われる」と述べる[39]が，どの範囲までがここに含まれるかについては，議論があるところだろう。いずれにせよ，合理的配慮は個々の労働者の障害や職場の状況に応じて提供されるものであって，多様かつ個別性が高い[40]。具体的な内容を定める指針がきわめて重要である。

　合理的配慮を講じることが「事業主に対して過重な負担」を課すことになる場合には，事業主はかかる配慮義務の提供を免れる（同法36条の2，36条の3の各但書）。この負担の過重性を判断するにあたっては，企業規模，業種，企業の置かれている財政状況，経営環境や合理的配慮に関する経済的支援等も考慮すべき，とされている[41]。合理的配慮の提供は，あくまでも事業主の義務であり，費用については個々の事業主が負担すべきものである。ただし，納付金制度の仕組みを活用するなどして，事業主の経済的負担を支援することは，合理的配慮の提供を拡大する点からも，望ましい[42]。

(5) 実効性の確保と紛争解決の仕組み

　改正障害者雇用促進法は，差別禁止ならびに合理的配慮義務に係る条文（34

　　勤務する義務がないことの確認を求めた仮処分において，裁判所は，「障害者に対し，必要な勤務配慮を合理的理由なく行わない」ことは公序良俗ないし信義則に反する場合がありうるとした。阪神バス（勤務配慮）事件・神戸地尼崎支決平成24・4・9労判1054号38頁。

38）「雇用分科会意見書」3頁。
39）富永晃一「改正障害者雇用促進法の障害者差別禁止と合理的配慮提供義務」論究ジュリスト8号（2014年）33頁。
40）「雇用分科会意見書」3頁。
41）「雇用分科会意見書」4頁。
42）「雇用分科会意見書」4頁。

条，35条，36条の2から36条の4まで）の実効性を確保するために，厚生労働大臣が必要と認めるときには，事業主に対して助言，指導，勧告をする（36条の6）と定める。行政主導による職権的な履行確保である。男女雇用機会均等法も，性差別に関して類似の実効性確保規定をもつが（均等法29条），同法では，勧告にもかかわらず事業主がそれに従わなかったときにはその旨を公表できる，とある（均等法30条）。これに対して，雇用促進法には，差別禁止に関する企業名公表制度がなく，実効性確保の点で均等法に劣後する。

　一方，雇用促進法は，法定雇用率（43条）を遵守しない事業主には雇入れ計画作成を命じ（46条1項），当該計画の適正な実施を勧告し（46条6項），正当な理由なく勧告に従わない事業主を公表しうると定める（47条）。雇用促進法の2つの目的（雇用促進と差別禁止）のうち，雇用促進に関する義務違反のみに企業名公表制度が用意されていることからみると，差別禁止は本法全体の位置づけとしては従たるものなのではないか，という疑問が払拭しえない。

　当事者間の紛争解決については，雇用促進法上，以下の3つの規定が整備された。

　第一に，自主的な解決のための規定である。事業主は，障害をもつ労働者から苦情の申出を受けたときは，労使の構成員からなる企業内の苦情処理機関で，自主的な解決を図る努力義務を負う（74条の4）。ただし採用時の紛争はここには含まれない。

　第二に，紛争当事者の双方もしくは一方から紛争解決の援助の申立がある場合は，都道府県労働局長が必要な助言，指導または勧告をすることができる（74条の6第1項）。事業主は，労働者が紛争解決の援助の申立を行ったことを理由として，解雇その他の不利益取扱いをしてはならない（74条の6第2項）。

　第三に，それでも紛争解決に至らない場合は，当事者の双方もしくは一方からの申立により，都道府県労働局長が紛争解決調整委員会に調停を行わせることができる（74条の7第1項）。事業主は，労働者が調停を申請したことを理由として不利益取扱いをしてはならない（74条の7第2項）。この調停に関しては，均等法の規定が準用される（74条の8）。ちなみに準用される均等法の規定によれば，調停では，紛争調整委員会が調停案を作成し，関係当事者にその受諾を勧告することができる（均等法22条）。しかし当事者が調停案の受諾勧告に従

わない場合には，調停は打ち切りとなり（均等法23条1項），残る司法手続に委ねられる。均等法，パート労働法，育児介護休業法，そして障害者雇用促進法などに共通するこのような調停システムが，紛争処理に関してどの程度の効果をあげているのかについては，今後とも十分な調査が必要である。

　改正障害者雇用促進法が民事的救済について定めをおいていないこと，ただし一般条項を通じた司法救済は否定されていないことについては，すでに述べた。今後，紛争解決の実をあげるためには，本法が，民事的にも実効性のある条文をそなえる必要がある。とりわけ差別が争われる場面は，賃金も含めて多様であるため，労基法13条のような規定をおき，差別的な労働契約内容を無効化して内容を補充する効力（補充的効力）を付与すべきである。これによって，差別がなかったとすれば得られたはずの格付けや職位が，司法救済を通じて確保されることが望ましい。

小　括

　改正障害者雇用促進法には，これまでに指摘してきた問題のほかにも，検討すべき課題が多く残されている。それらすべてにふれることはできないが，以下において，2つの問題をとりあげたい。

　1つは，本法における障害者差別禁止と雇用率制度の関係をどう整理すべきかという問題である。これについては，雇用促進法は，障害者を有利に扱うことを認めている片面的差別禁止立法であることから（同法が禁止するのは「不当な」差別である），障害者を有利に扱うことは差別ではなく，それゆえ，雇用率制度を障害者のみに実施される「積極的差別是正措置」として位置づけることによって，差別禁止と雇用率制度は矛盾しないものと説明されている[43]。障害者権利条約の規定に照らしても[44]，また，雇用率制度が障害者雇用促進に果たしてきた役割からみても，差別禁止規定と雇用率を共存させる政策をとることに，私も反対するものではない。しかし，それはあくまでも雇用率制度が

---

[43]　「雇用分科会意見書」は，「障害者への異なる取扱いのうち，積極的差別是正措置は禁止すべき差別としないこととすることが適当である」と述べる（2頁）。

[44]　障害者権利条約も，障害に基づくあらゆる差別を禁止し，合理的配慮の実施を確保する一方で，障害者の事実上の平等を促進し，達成するために必要な特定の措置は差別としないという定めをおいている（5条）。

「積極的差別是正措置」として位置づけられるかぎり，という留保つきである。

「指針の在り方研究会報告」は，指針に記載する差別事例として，「一般求人において，障害者は正社員にせず，契約社員や嘱託社員にしかしないという募集を行うこと」を示した。その際，「一般求人において」と記載すべきことが，再三，経営団体から強調されていた。これは，「障害者向け求人」はここには含まれない，という趣旨であると理解できる。このことから推測するに，「障害者雇用率」を充足するための「障害者枠募集」では，「非正社員」としての募集が多いのではないかという懸念が残る[45]。このような障害者の異別取扱いは「積極的差別是正措置」の名に値するといえるのか，疑問である。現に，採用時に障害者枠に一律に付与された試用期間（6か月）が，障害の多様性を考慮しない差別として不法行為に該当するとして提訴された事案がある[46]。裁判所は，これを障害者雇用の維持・拡大をはかる目的と機能を有しており合理的である，と判示した。しかし，差別禁止規定が立法化された現在，このような障害者枠の求人募集が合理的とされるためには，あらためてそれが積極的差別是正措置としての意味を有するのかどうか，理論的検討に付されるべきであろう。

とりあげたい問題のもう1つは，通勤支援についてである。「指針の在り方研究会」の第5回議事録によれば，通勤支援については「合理的配慮の提供の問題」として議論する旨の発言がある[47]。しかし最終的な研究会報告では，これに関する記述はない。私の推測では，研究会報告が合理的配慮は労働者の日常生活に必要な眼鏡や車いす等の提供を含まない，としているところからみても，通勤支援は合理的配慮から除外されたのではないかと思われる。しかし，通勤にかかる移動支援は，障害をもつ労働者にとって重要度がきわめて高いにもかかわらず，制度の谷間にあるために，手立てが講じられていない深刻な問題である。

すなわち，障害者総合支援法の「同行援護」「行動援護」では，経済活動に

---

45) 清水建夫は，厚労省が雇用差別を率先して進めてきた例として，同省が，雇用促進法を「意図的に歪曲して解釈し，事業主に対し障害者雇用は非正規雇用でよいとする取り扱いを一貫して行ってきた」と批判する。清水・前掲注22) 37頁。

46) 日本曹達事件・東京地判平成18・4・25労判924号112頁。

47) 2013年12月4日第5回「指針の在り方研究会」議事録より。前掲注35) 参照。

係る外出や通年かつ長期にわたる外出の移動のための支援は対象外とされており，同法の地域生活支援事業である「移動支援」では，市町村が独自に対象を決めるものの，多くの市町村が「同行援護」等の規定に倣っているために，全国の自治体の7割以上が通勤・通学目的の移動支援を認めていない。したがって，障害者に職業訓練や職業紹介を行っても，自力で通勤できる人しか働くことができないというのが，現実の支援システムなのである。

　障害をもつ労働者にとっては，通勤時の移動支援は，まさに死活問題である。このような状況において，通勤支援をまったく事業主の合理的配慮から除外してしまってよいのだろうか。現在，障害者雇用納付金制度に基づく助成金として，重度障害者等通勤対策助成金[48]や障害者介助等助成金[49]があるものの，これらが通勤時の持続的な移動支援にとって有効利用しうるものかどうかは疑問である。実際には，日々の通勤における移動支援さえあれば働くことができるという障害者は多いのではないか。もし就労の意思と能力がありながらも就労できない障害者がいるとすれば，その根本的な解決は，なによりも障害差別禁止にとって喫緊の課題であろう。縦割行政によって相互に支援が押しつけられるのではなく，また，制度支援の谷間に陥るのでもなく，総合的・包括的視点から率先して取組まれるべき課題として位置づけられなければならない。

　　　（初出：「障害差別禁止をめぐる立法課題」広渡清吾＝浅倉むつ子＝今村与一編『日本社会と市民法学――清水誠先生追悼論集』（日本評論社，2013年）589〜613頁，「改正障害者雇用促進法に基づく差別禁止」部落解放研究201号（2014年）89〜110頁。以上の2論文を統合し，加筆した）

---

[48]　障害者の通勤を容易にするための措置を行う事業主等に支給（通勤援助者の委嘱1人につき1回2,000円等）。

[49]　適切な雇用管理のために必要な介助者等の配置・委嘱を行う事業主に支給（職業コンサルタントの配置1人につき月15万円等）。

第4節　包括的差別禁止立法の検討課題
――雇用分野に限定して

はじめに

　本書を閉じるにあたって，第二次安倍政権が目玉として打ち出した最新の立法政策である「女性活躍推進法」について評価しておきたい。2012年12月に自公連立によってスタートした現政権は，アベノミクス労働・雇用改革として労働法規の大幅な規制緩和策を打ち出す一方[1]，成長戦略の目玉である「女性の活躍推進」を急浮上させた。その結果実現した「女性活躍推進法」は，さまざまに課題を抱えてはいるものの，法体系上の位置づけとしては，男女格差を是正するためのポジティブ・アクション義務づけ法といえよう。それだけに，この法律自体を積極的に評価することはやぶさかではない。

　ところが，アベノミクスの雇用改革の中でも，とりわけ労働時間法制改革としての労働基準法改正案と，常用代替を促進する労働者派遣法の抜本的改正は，ジェンダー平等に否定的機能しか果たさないことが明確であり，女性活躍には逆行する政策といわざるをえない。このような矛盾した労働政策が臆面もなく実施されているのは，現政権が，日本的雇用におけるジェンダー格差の主要因を明確に把握しようとしていないからであろう。女性活躍に関する政権の本気度が疑われねばならない。

　では，本当に女性の活躍を推進するためには，何が必要なのだろうか。本節では，そのための立法政策として，包括的差別禁止法を提案したい。もっとも雇用分野に限ってみても，現状の日本の差別禁止法制はモザイク的に入り組んでおり，包括的差別禁止立法を実現に移す段階へとたどり着く前になすべき第一段階の立法改革の課題は，数多くある。この第一段階である当面の立法改革については，本書の随所で指摘してきたので，ここでは繰り返さない。むしろ本節では，その次のステップ（第二段階）として，ジェンダー格差を解消する

---

[1]　アベノミクスの経済・労働政策批判については，「特集アベノミクス成長戦略と労働法制の危機」季刊労働者の権利305号（2014年）の各論文を参照。

ための望ましい法改革として位置づけられる包括的差別禁止立法の検討課題について，雇用分野に限定して論点を提起する。

1 「女性活躍推進法」の概要と評価

　2015 年 8 月 28 日，第 189 回通常国会において，「女性の職業生活における活躍の推進に関する法律」（「女性活躍推進法」とする）は全会一致で可決成立した。衆議院では，自民，公明，民主 3 党共同提出の修正案が採択された。衆議院内閣委員会では 14 項目，参議院内閣委員会では 16 項目の附帯決議がなされた。同法は 10 年間の時限立法であり，2016 年 4 月 1 日から施行されている。同法 5 条に基づく「女性の職業生活における活躍の推進に関する基本方針」，8 条 1 項に基づく「一般事業主行動計画等に関する省令」（「省令」とする）[2]，7 条に定める「事業主行動計画策定指針」（「指針」とする）[3] も，それぞれ具体化されている。

(1) 女性活躍推進法に至る経緯

　女性の活躍による経済活性化推進という発想は，第二次安倍政権で初めて登場したものではない。民主党政権下の 2012 年 6 月 22 日に，女性の活躍による経済活性化を推進する関係閣僚会議は「『女性の活躍促進による経済活性化』行動計画～働く『なでしこ』大作戦」を決定・公表し，女性が活躍するためには，①男性の意識改革，②思い切ったポジティブ・アクション，③公務員から率先して取組む，という 3 本柱を提起した。同年 7 月 31 日の閣議決定「日本再生戦略」は，格差社会で失われつつある分厚い中間層を復活させるための重点施策の 1 つに「女性の活躍促進による経済活性化」を位置づけ，2012 年末までに工程表を策定して，政府全体で取組むという方針を明らかにした。しかし民主党政権は，2012 年 12 月に自民党政権に交代することになった。
　第二次安倍政権は，2014 年 6 月に「『日本再興戦略』改訂 2014――未来への

---

　2)　「女性の職業生活における活躍の推進に関する法律に基づく一般事業主行動計画等に関する省令」平成 27 年 10 月 28 日厚生労働省令 162 号。

　3)　「事業主行動計画策定指針」平成 27 年 11 月 20 日内閣官房・内閣府・総務省・厚生労働省告示 1 号。

挑戦」を閣議決定し，その中に，「女性の活躍推進に向けた新たな法的枠組みの構築」を盛りこんだ。雇用均等分科会から提出された「報告」を受けて[4]，労働政策審議会は，2014年9月30日に，厚生労働大臣に「女性の活躍推進に向けた新たな法的枠組みの構築について」を建議した。同年10月には法案要綱が策定され，第187回臨時国会に提出されたものの，11月21日の衆議院解散により，これは廃案となった。そこで政府は改めて，同一の法案を2015年2月20日に，第189回通常国会に提出し，冒頭のような経緯で，同法は成立をみたものである。

(2) 女性活躍推進法の概要
(a) 目的（1条）と基本原則（2条）

女性活躍推進法は，全34条からなる法であって，男女共同参画社会基本法の基本理念にのっとり，女性活躍推進の基本原則を定め，「男女の人権が尊重され，かつ，急速な少子高齢化の進展，国民の需要の多様化その他の社会経済情勢の変化に対応できる豊かで活力ある社会を実現する」という目的を定めている（1条）。衆議院における修正の結果，「男女の人権が尊重され」という上記の傍点部分が挿入された。社会経済情勢への対応という部分は，当初，目的規定の冒頭にあり，あたかも女性活躍にとって最重要課題であるかのような位置づけであったところ，衆議院における修正によって文末におかれたため，「豊かで活力ある社会」の修飾語にすぎなくなったと考えられる。

女性の職業生活における活躍の推進に関する基本原則は，以下の3点である。第一に，「職業生活における活躍に係る男女間の格差の実情を踏まえ」て，就労意思をもつ女性に対する，採用，教育訓練，昇進，「職種及び雇用形態の変更」その他の機会の積極的な提供・活用を通じて，また，「性別による固定的な役割分担等を反映した職場における慣行が……及ぼす影響に配慮して」，個性と能力が十分に発揮できるようにすること（2条1項），第二に，家族を構成する男女が，相互の協力と社会支援の下，職業生活と家庭生活との円滑かつ継続的な両立が可能になるようにすること（同条2項），第三に，女性の職業生活

---

[4] 労働政策審議会雇用均等分科会「女性の活躍推進に向けた新たな法的枠組みの構築について（報告）」（2014年9月30日）。

と家庭生活の両立に関し，本人の意思が尊重されるべきこと（同条3項）である。以上の傍点部分もまた，衆議院における修正で挿入されたものである。

(b) **民間事業主（一般事業主）の3つの義務**

同法は，事業主としての国，地方公共団体（「特定事業主」という），民間事業主（「一般事業主」という）が，上記の原則に従って必要な施策や取組を実施する責務を負うことを定める。一般事業主は，「指針」(7条) に基づき，①状況把握・分析義務，②計画の策定・届出・公表義務，③定期的情報公表義務を負う。ただし，これら3つの義務は，常時雇用する労働者が301人以上の企業については法的義務であるが（8条1項，3項ないし6項），300人以下の企業については「努力義務」である（8条7項）。

(i) 一般事業主の状況把握・分析義務

「一般事業主」は，「省令」で定めるところにより，女性の活躍状況の把握と改善すべき事情の分析を行わなければならない（8条3項）。

「省令」によれば，状況把握・分析は，必ず把握すべき項目（「必須把握項目」）と，必要に応じ把握する項目（「任意把握項目」）について行われる（省令2条）。必須把握項目は4項目，任意把握項目は21項目である。指針は「別紙一」において，女性活躍に向けた課題，それらに応じた「必須項目」（第一欄）と「任意項目」（第二欄）を図表1（次頁）のように示している。雇用管理区分（職種，資格，雇用形態，就業形態等の区分）ごとに把握されるべき項目には（区）という表示，派遣労働者を含めて把握すべき項目には（派）という表示がある。

条文にも，①採用した労働者に占める女性労働者の割合，②男女の継続勤務年数の差異，③労働時間の状況，④管理的地位にある労働者に占める女性労働者の割合という4項目が示されており（8条3項），これが指針・省令の必須項目（第一欄）である。企業は，必須4項目および選択した任意項目について，状況把握・分析を行う。なお，必須項目の③，すなわち労働時間の状況は，衆議院の修正により，条文に付加された。

注目したい点は，任意項目（第二欄）の中に，「各職階の労働者に占める女性労働者の割合及び役員に占める女性の割合」，「男女別の1つ上位の職階へ昇進した労働者の割合」，「男女の人事評価の結果における差異」が掲げられていることである。企業がこれらの項目を任意にであれ選択するようになれば，数年

592　終章　包括的差別禁止法制の構築に向けて

別紙一（第二の二（二）関係）

図表 1　状況把握の必須・任意項目

(区) ＝雇用管理区分ごとに把握（典型例：一般職／総合職／パート）
(派) ＝派遣先事業主においては派遣労働者も含めて把握

女性活躍に向けた課題	第一欄	第二欄
採用	採用した労働者に占める女性労働者の割合（区）	男女別の採用における競争倍率（労働者の募集に対する募集者の数を採用者の数で除した数）（区）
配置・育成・教育訓練		労働者の配置の状況（区） 男女別の将来の育成を目的とした教育訓練の受講の状況（区） 管理職や男女の労働者の配置・育成・評価・昇進、性別役割分担意識その他の職場風土等に関する意識（区）（派：性別役割分担意識など職場風土等に関する意識） 10事業年度前及びその前後の事業年度に採用された労働者の男女別の継続雇用割合（区）
継続就業・働き方改革	男女の平均継続勤務年数の差異（区）	男女別の育児休業取得率及び平均取得期間（区） 男女別の職業生活と家庭生活との両立を支援するための制度（育児休業を除く）の利用実績（区） 男女別のフレックスタイム制、在宅勤務、テレワーク等の柔軟な働き方に資する制度の利用実績（区）
	労働者の各月ごとの平均残業時間数等の労働時間の状況（区）	労働者の各月ごとの労働時間の状況（区） 管理職の各月ごとの労働時間等の勤務時間の状況（区） 有給休暇取得率（区）
評価・登用	管理職に占める女性労働者の割合	各職階の労働者に占める女性労働者の割合及び役員に占める女性の割合 男女別の一つ上位の職階へ昇進した労働者の割合（区） 男女の人事評価の結果における差異（区）
職場風土・性別役割分担意識		セクシュアルハラスメント等に関する各種相談窓口への相談状況（派）
再チャレンジ（多様なキャリアコース）		男女別の職種又は雇用形態の転換の実績（区） 男女別の再雇用又は中途採用の実績（区）（派：雇入れの実績） 男女別の職種若しくは雇用形態の転換者、再雇用者又は中途採用者を管理職へ登用した実績 非正社員の男女別のキャリアアップに向けた研修の受講の状況（区）
取組の結果を図るための指標		男女の賃金の差異（区）

（資料出所：事業主行動計画策定指針」）

の間に，職能資格等級ごとの男女の昇格・昇給状況が明らかになるかもしれない。また，取組の結果（進捗）を図る指標として，「男女の賃金の差異」が任意項目に示されていることも評価したい。しかもこの項目は雇用管理区分ごとに把握することになっているため，一般職／総合職の男女比率や正規／非正規労働者の男女比率とともに，それらの職掌・職種ごとの男女賃金格差が明示されることになるのではないか。訴訟においても入手することが難しかった資料が，もし企業内部において把握・分析されるのであれば，雇用管理改善の取組にとって有益な効果をもたらすのではないだろうか。行政は，各企業がどの項目を任意項目として選択し，状況把握・分析しているのか，統計などをとり，公表して欲しいものである。

(ii) 一般事業主の行動計画策定・届出・周知・公表義務

一般事業主は，一般事業主行動計画を定めて厚生労働大臣に届け出なければならない（8条1項）。この行動計画では，①計画期間，②達成しようとする目標，③取組の内容と実施時期を定めなければならず（8条2項），「目標」は，状況把握・分析の結果を勘案して「数値を用いて定量的」に定めなければならない（8条3項）。この目標は，それぞれの企業が実情に応じて設定することになる。行動計画は，省令の定めに従って，労働者に周知され，公表されなければならない（8条4項・5項）。なお，一般事業主は，行動計画に基づく取組を実施して，そこに定められた目標を達成する努力義務を負うが（8条6項），この部分は衆議院の修正によって追加的に規定されたものである。

(iii) 一般事業主の定期的情報公表義務

一般事業主は，省令が定めるところにより，求職者が女性の育成や登用に積極的な企業を選択できるように，当該事業の女性の活躍に関する情報を，定期的に公表する義務を負う（16条1項）。情報を公表する項目は，「指針」の「別紙三」の項目の中から事業主が適切と認めるものを選択することになっており，これらは，必須4項目に任意項目の中から選択された10項目を加えた14項目である（次頁図表2）。男女別の育児休業取得率や有給休暇取得率，男女別の再雇用または中途採用の実績等の項目が含まれているが，人事評価の結果における男女の差異や男女の賃金の差異等の項目は含まれていない。

図表2　定期的情報公表項目

別紙三（第二の六（二）関係）　　　（区）＝雇用管理区分ごとに公表（典型例：一般職／総合職／パート）
　　　　　　　　　　　　　　　　　（派）＝派遣先事業主においては派遣労働者も含めて公表

情報公表項目
採用した労働者に占める女性労働者の割合（区）
男女別の採用における競争倍率（区）
労働者に占める女性労働者の割合（区）（派）
男女の平均継続勤続年数の差異
10事業年度前及びその前後の事業年度に採用された労働者の男女別の継続雇用割合
男女別の育児休業取得率（区）
労働者の一月当たりの平均残業時間
雇用管理区分ごとの労働者の一月当たりの平均残業時間（区）（派）
有給休暇取得率
係長級にある者に占める女性労働者の割合
管理職に占める女性労働者の割合
役員に占める女性の割合
男女別の職種又は雇用形態の転換実績（区）（派：雇入れの実績）
男女別の再雇用又は中途採用の実績

（資料出所：「事業主行動計画策定指針」）

(c) 認定制度と受注機会の拡大措置

　厚生労働大臣は，一般事業主からの申請に基づき，女性活躍推進に関する取組の実施状況が優良なものであることその他，省令の定める基準に適合している旨の認定を行う（9条）。認定の方法については省令が定める（省令8条）。

　認定を受けた事業主（認定一般事業主）は，表示（認定マーク）を，商品や広告に使用することができる（10条1項）。この認定は，基準に適合しなくなったとき，法に基づく命令に違反したとき，不正手段によって認定を受けたときには，取り消されることがある（11条）。

　国は，認定一般事業主等（認定事業主および取組の実施状況が優良な一般事業主）に対して，役務や物品調達の受注機会を増大する施策を実施する（20条1項）。地方公共団体も同様の努力義務を負う（同条2項）。

(d) 特定事業主の義務

　国・地方公共団体（特定事業主）もまた，301人以上の一般事業主とほぼ同じ内容の義務を負う（15条以下）。すなわち，女性活躍状況等を把握し，改善すべき事情を分析したうえで（15条3項），「特定事業主行動計画」を策定し（同条1項・2項），職員に周知し（同条4項），公表し（同条5項），さらに，取組実施状況を毎年少なくとも1回は公表しなければならず（同条6項），また，取組の実施と目標達成の努力義務を負う（同条7項）。なお，女性の職業選択に資するための定期的な情報公開は，一般事業主と同様，特定事業主に対しても課せられている（17条）。地方公共団体は，女性活躍推進の取組を効果的かつ円滑に実施するために，関係機関により構成される「協議会」を組織する（23条1項）。

(e) 履行確保措置

　厚生労働大臣は，法の施行に関して必要がある場合には，一般事業主から報告を徴収し，助言・指導を行い，または勧告をすることができる（26条）。報告をしない者，または虚偽の報告をした者は，20万円以下の過料に処せられる（34条）。

(f) 施行時期

　本法は公布日（2015年9月4日）から施行されたが，事業主行動計画策定部分は，2016年4月1日からの施行である（附則1条）。民間事業主，国の部局，地方公共団体はすべて，法の成立からわずか半年余りの間に，一般事業主もしくは特定事業主行動計画を策定し，公表し，実施することが義務づけられた。本法は，10年間の時限立法である。

(g) 衆・参両院における附帯決議

　本法の施行に関して，政府と地方公共団体が講ずべき適切な措置についての附帯決議が，衆議院では14項目，参議院では16項目にわたって，採択された。とくに以下の項目は注目したい。なかには指針や省令に反映されたものがある。

- 公労使によって「男女の賃金格差」の是正に向けた検討を行うこと（衆議院第2項，参議院第1項）。男女の賃金格差を，状況把握の任意項目に加えること（衆議院第2項，参議院第4項）。
- 非正規労働者の待遇改善のために，パート労働法9条のガイドラインの策

定を検討すること（衆議院第3項）。実態把握，分析，目標設定，行動計画の策定・公表等は，雇用管理区分ごとに行われること（参議院第2項）。
・派遣労働者については，派遣元に加えて派遣先の「行動計画」に雇用形態変更等の機会の積極的な提供などが盛りこまれるように検討すること（参議院第3項）。
・一般事業主行動計画および特定事業主行動計画の策定にあたって，男女の育児休業取得割合，男女間の賃金格差，正規労働者の男女割合について，状況把握の任意項目に加えること（衆議院第5項・第8項，参議院第4項・第9項）。
・公務員の臨時・非常勤職員について，制度の趣旨，勤務の内容に応じた任用・勤務条件が確保できるよう配慮すること（衆議院第9項，参議院第10項）。
・施行後3年の見直しにあわせて，均等法改正を検討すること（衆議院第12項，参議院第16項）。
・地方公共団体に作られる協議会には，男女共同参画センター，労働組合，教育訓練機関等を加えるように検討すること（衆議院第10項，参議院第11項）。
・配偶者からの暴力，ストーカー行為による女性の活躍が阻害されないように相談・支援体制を充実させること（参議院第14項）。
・あらゆるハラスメントの防止に向けて，均等法，育介法改正を積極的に検討すること（参議院第15項）。

(3) 女性活躍推進法の課題および特色

　女性活躍推進法の立法化の背景には，雇用における大きなジェンダー格差の存在がある。立法当時の数値（2013年）でいえば[5]，雇用者に占める女性割合が43.3％と増加していても，その半数以上が非正規雇用であり（53.9％），意思決定層に登用されている比率は著しく低い（7.5％）。しかも実際に就業できていないが就業を希望するという女性は，315万人にのぼるため，本法は，このような潜在的労働力をいかに活用するかという点に関心をおく。その意味で，

---

[5] 労働政策審議会雇用均等分科会「報告」・前掲注4) 4～5頁参照。

本法は，日本の将来の経済成長をめざし，労働生産性を高めるための女性活躍の推進という点に焦点をあてた立法である。とはいえ，経済成長政策一本やりでは潜在的女性労働力を活用できるものではなく，女性の活躍を阻む要因の解消にも取組むため，衆議院の修正によって本法の目的規定にも盛りこまれたように，「男女の人権の尊重」という権利保障的観点も併せもつ法ということもできよう。

さて，法が掲げる女性活躍推進という目的を企業に対して効果的に履行させるためには，本法の仕組みにはなお不十分な点がいくつかある。

(a) **女性活躍推進法の課題**

第一に，状況把握・分析項目として掲げられている項目を企業の任意の選択に委ねているだけでは，あまり効果は期待できない。省令と指針には，既述のように，4つの必須項目と21の任意項目が掲げられている。たしかに衆議院の修正で「労働時間の状況」が必須項目に付加されたこと，任意項目の中に，男女の賃金格差，労働者の中の非正規労働者の男女比率，男女の昇進・昇格格差，雇用管理区分ごとの男女の採用実績や配置実績など，欠かせない項目が入ったことは，意義として評価できる。とはいえ，任意項目は，企業が選択しなければ意味がない。したがって今後は，基本的な項目を可能なかぎり必須項目に盛りこむ必要がある。

第二に，法は，行動計画策定・運用はあくまで事業主の専権事項であるかのように規定しており，労働者側の関与の定めがない。実際には，状況把握にしても，行動計画の策定・履行にしても，実際に職場で働く労働者の意見なくして正しい情報は得られないであろう。したがって，行動計画策定に関しては，労使によって構成される組織をおき，そこが責任をもって策定するという規定をおくことが望ましい。労働者によるモニタリングは必須である。そのことは行動計画の策定・運用時に限られない。企業は，本法に基づき，行動計画を労働者に周知し（8条4項），公表し（同条5項），さらに，一定の項目についての女性活躍情報を定期的に公表する義務を負うものである（16条1項）。このような規定によって当該企業の女性労働者がおかれた状況についての情報は，求職者，労働組合，個別労働者にも明らかにされる。労働側はこれら情報を意識的にチェックすることによって，当該企業の目標達成に向けた努力をモニタリ

ングしてゆくべきであろう。

　第三に，行動計画の内容や実施状況については，さらに，行政による監視・指導体制が不可欠である。行動計画の策定，周知，公表のチェックだけではなく，実際にその内容がどこまで実現されているのか，行政は定期的にチェックし，改善がみられない企業については，勧告も行うなどの対応が必要である。たしかに優良企業の認定業務は行政が実施する形式になっているものの，それは申請があった一部企業のみであり，また，文面の報告のみで認定するのでは真の女性活躍を推進することにはならない。行政がいかにして事実としての行動計画の履行をモニタリングしうるのか，十分な仕組みづくりが求められる[6]。

(b) ポジティブ・アクション立法としての特色

　女性活躍推進法の特色を3点にわたって整理しておこう。第一に，本法は，ポジティブ・アクション義務づけ法としての性格をもつ。2015年9月25日に閣議決定された「基本方針」は，男女共同参画社会基本法や均等法に基づくポジティブ・アクションが事業主の自主的な取組に委ねられているのに比較して，女性活躍推進法は，ポジティブ・アクションの実効性を高め，それを通じて男女の実質的な機会均等をめざす法である，と位置づけている。たしかに均等法14条は，ポジティブ・アクション措置を実施する事業主を国は援助できると規定するが，かかる措置が事業主に義務づけられているわけではなく，任意に委ねられている。それに比べて，女性活躍推進法は，事業主としての国，地方公共団体，民間企業に，行動計画の策定と届出を義務づけ，書き込まれた数値目標の実施について努力するように求めることを通じて，女性活躍の推進という法目的を達成することをめざす法である。すなわち，女性活躍推進という目的のために，ポジティブ・アクション措置を事業主に義務づける法としての性格をもつ。

　第二に，ポジティブ・アクション立法のなかでも，本法は，当事者に目標設定を委ねる法という特色をもつ。すなわち，達成すべき目標を設定して積極的

---

6) 次世代法においては，101人以上の企業の96％は行動計画を策定しているといわれている。しかし，計画策定時の労働者側ニーズを把握している企業は24％でしかない。行動計画の策定も実行も，事業主に委ねられているため，企業内におけるモニタリングはまったく不十分である。したがって，ときには次世代法に基づく優良認定を受けた企業でマタニティハラスメント事件が生じたりもしている。

な措置を講じる法をポジティブ・アクション立法と呼ぶ場合，達成すべき目標について，本法のように当事者が目標値を設定する立法（第一類型とする）と，法自体が数値目標を定める立法（第二類型）がある。本法は，企業等が自ら状況を把握・分析して，行動計画において達成すべき目標を定める第一類型の立法である。

現在，第二類型の立法としては，障害者雇用促進法における障害者雇用率制度がある。障害者雇用促進法は，明確に障害者雇用率を設定し[7]，この法定雇用率について，事業主からの報告義務（43条7項），未達成事業主への雇入れ計画作成命令（46条1項），計画が著しく不適当な場合は計画変更勧告（46条5項），必要な場合は計画の適正な実施を勧告（46条6項），とくに雇用状況の改善が遅れている企業には公表を前提とした特別指導の実施，そして正当な理由なく勧告に従わない場合は，企業名の公表（47条）という一連の法的仕組みを設けている。このように障害者雇用促進法が法定障害者雇用率を設定しているのは，労働者総数（失業者を含む）に対する対象障害者である労働者総数（失業者を含む）の割合を基準とするという明確な理念があるからであって（同法43条1項・2項），客観的に算定可能な数値が決まるからである[8]。一方，第一類型の立法としては，本法のほかには次世代育成支援対策推進法（「次世代法」）がある。

目標値が法定されていないことを批判する見解もみられるが，各企業等が自らの状況を把握して，行動計画ごとに目標を定める手法は，複雑で多様化してきた企業組織がそれぞれ関係当事者と協議しながら状況に応じて問題を発見し，改善に取組むこともできるというメリットも認められる。このような手法は海外でも法規制として登場してきている[9]。

---

7) 2013年4月からの障害者法定雇用率は，一般民間企業は2.0%（障害者雇用促進法施行令9条），特殊法人等は2.3%（同10条の2第2項），国および地方公共団体2.3%（同2条），都道府県教育委員会は2.2%（同2条）である。

8) 障害者雇用率は，概ね以下のように算定されている。（常用雇用障害者数＋失業障害者数）÷（常用雇用労働者数＋失業者数）＝障害者雇用率。もっとも失業障害者数は，公共職業安定所への有効求職登録者数であって，ハローワークに登録している障害者数である。障害者の場合には多くの人が福祉的就労をしていることから，この数値は就業希望の障害者の数を反映していないという批判がある。峰島厚＝岡本裕子「障害者雇用の推進方策のあり方」立命館産業社会論集48巻1号（2012年）197頁参照。

第三の特色として，本法は行動計画の実施促進のために，優良企業へのインセンティブ付与という方法を採用している。当初は規定されていなかった履行の努力義務規定（8条6項）が衆議院の修正によって導入されたが，これは単なる努力義務にすぎない。したがって，どのように行動計画の目標値を達成するのかは，大きな課題であった。そのために本法は，行動計画の実施状況が優良な企業を基準に照らして認定し，認定事業主に「表示」の使用を認めるという手法をとっている（9条・10条）。また，認定一般事業主等は，公契約の受注機会の増大が約束されている（20条）。

　このようなインセンティブ方式は果たしてどれほどの効果が見込まれるだろうか。認定方式は，次世代法も採用している手法である。これは，進んでいる企業の取組を活発化させる効果はあるかもしれないが，遅れている企業の状況を底上げするメカニズムには欠ける[10]。この弱点を克服するために示唆的である韓国の法制度を以下において紹介することにしたい。

(4) 韓国の積極的雇用改善措置に学ぶ

　韓国は，「男女雇用平等と仕事・家庭両立支援に関する法律」（以下，「男女雇用平等法」）の2005年改正で「積極的雇用改善措置」に関する規定を新たに導入し，2006年3月1日から実施している。興味深いのは，韓国では，同じ業界の他の企業と比べて女性雇用率や女性管理職比率が低い企業の場合は「間接差別」（男女雇用平等法2条1号）の疑いがあるとみなされ，それを根拠に，すべての人事管理の段階が点検され，積極的措置による改善が要求されていることである[11]。男女格差がある企業における「積極的雇用改善措置」義務の不履行は，間接差別の訴えの対象となる基準や条件等の合理性抗弁を難しくする

---

9) イギリスの法規制のあり方としての内省的・応答的アプローチ（reflexive approach）については，以下を参照。宮崎由佳「イギリスにおける男女平等賃金規制のあり方の変遷」毛塚勝利先生古稀記念『労働法理論変革への模索』（信山社，2015年）609頁以下。

10) 「企業の背中を押し，女性活躍に関わる状況を底上げするメカニズムが弱い」との批判は妥当である。大嶋寧子「女性活躍推進法案の課題——韓国・ドイツの制度との比較をふまえた検討」みずほインサイト2015年3月11日。

11) 朴宣映「韓国の『男女雇用平等法』における積極的雇用改善措置の推進現況および課題」労働法律旬報1844号（2015年）45頁以下参照。

ことになるであろう。

　韓国の積極的雇用改善措置の仕組みは，以下の通りである。500 人以上の民間企業（2008 年 3 月から）[12] とすべての政府系機関（2013 年 5 月から）[13] がこの措置の対象である（「対象企業」とする）。

　第一段階として，これら対象企業は，毎年「職種別・職位別の男女労働者の現況」報告書を，雇用労働部長官に提出しなければならない（雇用平等法 17 条の 3 第 2 項）。提出しない場合は 300 万ウォン以下の過料が科せられる（39 条 3 項 3 号）。雇用労働部長官は，同種産業の類似規模企業を比較して，女性雇用割合や管理職女性比率が比較グループ企業の平均の 70% に満たない企業を選定して[14]，「実施計画書」を作成・提出するよう要求する（17 条の 3 第 1 項）。

　第二段階として，女性雇用の基準を満たさない企業は，「実施計画書」を作成し，提出しなければならない（17 条の 3 第 1 項）。企業は，「実施計画書」に，自主的に，女性雇用比率や女性管理職比率の達成可能な目標を記載するが，1 年間の計画は必須，中長期計画も推奨される。

　第三段階として，1 年経過した時点において，当該企業は「実施計画書」による実績内容と結果について「履行実績報告書」を提出する（17 条の 4 第 1 項）。

　そして第四段階として，雇用労働部長官は，提出された「履行実績報告書」の内容を審査・評価して，履行実績がふるわない事業主に対しては履行を促す期限を通告する。一方，履行実績が優良な企業については表彰する（17 条の 4 第 2 項〜第 5 項）。3 年連続で実施計画が未履行であった企業に対しては，企業名を公表する（17 条の 5）[15]。

　じつは，2013 年当時，女性雇用率が基準を満たさないために「実施計画書」を提出した企業数は 899 にものぼり，全対象企業の 59.2% を占める高い数値を示していた。このように 6 割もの企業が業界平均 60%（2013 年当時）に満たないことは，女性労働者がおかれている状況の厳しさを示すものであった[16]。

---

12) 導入当時は 1000 人以上の民間企業が対象であった。
13) 導入当時は 1000 人以上の政府系機関のみが対象であった。
14) 2015 年に，この数値は 60% から 70% に変更された。
15) 企業名公表制度は 2015 年に導入された。
16) なぜ遵守率がこれほど低いのかについては，「会社内の組織文化，男性選好の家父長的雇用システム」，「女性人材の低い雇用率」，「女性人材管理に対するインフラ不足」，

図表3　韓国の「積極的雇用改善措置制度」導入後の女性管理職比率の伸び

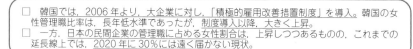

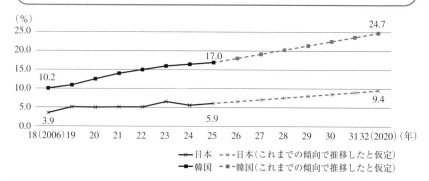

（資料出所：第 146 回労働政策審議会雇用均等分科会　資料7，14 頁）

しかし，「積極的雇用改善措置」の実施によって，韓国における女性雇用比率と管理職女性割合は，確実に増加してきている。女性雇用比率は 2006 年から 2014 年の間に，30.7％ から 37.7％ へと 7％ 程度上昇し，管理職比率も同期間に，10.2％ から 18.4％ へと 8.2％ 増大した。

もっとも韓国の「積極的雇用改善措置」についても，以下のような課題が指摘されている。①適用対象の企業はより拡大されるべき，②女性比率の数値と

「女性面接官の不在」，「女性人材のうち，管理職の昇進対象になる母数の絶対不足」，「女性の早期離職傾向が続くことにより，女性の人材育成システムが未整備」，「女性昇進対象者の自然減少（結婚，出産による離職の発生）」，「男性中心の昇進システム」，「女性人材の専門性欠如」，「育児休職を代替する人材不足」などが指摘されている。大沢真知子＝金明中「韓国の積極的雇用改善措置制度の導入とその効果および日本へのインプリケーション」RIETI Discussion Paper Series 14-J-030（2014 年）23 頁。

しての改善傾向はみられるものの，質的な改善が行われているかどうかは確認できないため，雇用形態を追加して女性雇用の質的な改善を確認できるようにすべき，③「現況報告書」に賃金に関する情報を入れ，また女性管理職比率を入れるべき，という指摘である[17]。

しかし日本の女性活躍推進法にとって，韓国の法制度は，比較しうる企業グループの平均の7割に達していない女性比率の企業に対して，「実施計画書」の提出，実施を義務づける点で，きわめて示唆的である。もし日本でも，必須項目に関するデータを分析して，産業別・企業規模別の平均数値を算出し，その一定割合を「女性活躍最低水準」として設定して，少なくともそのラインに到達するまで行政指導を繰り返すという仕組みが実現すれば，女性労働者の雇用改善はより現実的になるのではないだろうか[18]。

2 包括的差別禁止立法を構想する

(1) 女性活躍推進に逆行する立法政策批判

女性活躍をめぐる政策については，たしかに課題も残されているとはいえ，積極的に評価されてしかるべきであろう。ところが，女性労働者の多くはなお，これらの政策の底流にあるものがアベノミクスの「雇用改革」であることに，大きな不信感を抱いている。なぜなら，第一次政権当時にジェンダー平等や女性の権利である「リプロダクティブ・ヘルス／ライツ」に強い否定的態度を示してきた安倍晋三総理が，近年になって一転して「女性活躍」を強調しだしたことへの警戒心があるからである[19]。

加えて，女性労働者が現政権に根強い不信感を示すのは，女性活躍推進とは明らかに対立するような立法政策が平然と提起されていることから，女性活躍

---

[17] 朴・前掲注11）56頁。
[18] 大嶋・前掲注10）参照。
[19] 安倍晋三氏は，1999年男女共同参画社会基本法制定を機に激しさを増した「ジェンダー・フリー・バッシング」の中心的担い手といわれており（自民党「過激な性教育・ジェンダーフリー教育実態調査プロジェクトチーム」の座長でもあった），第二次安倍政権で登用された自民党の女性閣僚たちの多くは，当時も率先してジェンダー平等に反対してきた人たちだった。こういう人たちが閣僚となり，担っている「女性活躍推進」とは，いったいいかなる狙いがあるのか，女性たちが不安と疑問を抱いたのも無理はなかった。

政策に取組む現政権の本気度を疑っているからである。それらの1つは労働時間法制改革をめざす労働基準法改正，もう1つは，常用代替を促進する労働者派遣法の抜本的改正などの立法政策に他ならない。これらの立法は，女性活躍推進法が審議された第189回国会において，同時進行的に議論され，最終的に，前者（労基法改正案）は継続審議となり，後者（派遣法改正案）は可決・成立に至った。これらの立法に対する本格的評価はまた稿を改めて論じなければならないとしても，少なくとも，女性の活躍推進政策との関連では，これら法案が女性の活躍を推進するとは到底，思えず，むしろ逆行すると捉えられるのも無理からぬところがある。もう少し詳しく論じておこう。

(a) 労働基準法改正案

第一に，労働基準法改正である。2015年4月に国会に提出された「労働基準法等の一部を改正する法律案」の最大の特色は，「高度プロフェッショナル制度」の創設が盛りこまれたことであった。

この制度につながる議論は，すでに1994年の日経連裁量労働制研究会で始まっていた（アメリカのホワイトカラーイグゼンプション（WE）制度の検討）[20]。2006年の秋から冬にかけては，労働政策審議会で当該制度の検討が大詰めを迎え，法案提出に至ったものの，「残業代ゼロ法案」という批判によって，2007年1月，導入が断念されたことは周知の通りである。当時，導入されようとしたWE制度は批判されたものの，なお時間配分や業務量全体について自らコントロールできる労働者が対象であった[21]。

一方，第二次安倍内閣は，発足直後に産業競争力会議と規制改革会議を設置して，雇用改革の検討を始め，2014年4月から5月にかけて，両会議で「新たな労働時間制度」の創設を提案した[22]。2014年6月24日の閣議決定「『日本再興戦略』改訂2014」は，雇用改革を「働き方改革」と言い換えて，「健康確保や仕事と生活の調和を図りつつ，時間ではなく成果で評価される働き方を

---

[20] 日経連裁量労働制研究会「裁量労働制の見直しについて（意見）」（1994年11月）。
[21] 毛塚勝利＝浅倉むつ子＝浜村彰＝龍井葉二「（座談会）いまなぜ生活時間なのか？」労働法律旬報1849号（2015年）6頁における浜村発言（10頁）参照。
[22] 産業競争力会議の雇用・人材分科会主査・長谷川閑史氏による提案。この「新たな労働時間制度」の提案は，2014年4月22日の産業競争力会議と経済財政諮問会議との合同会議ならびに同年5月28日の産業競争力会議の2回にわたり行われた。

希望する働き手のニーズに応える，新たな労働時間制度を創設する」と述べた。この時点における「新たな労働時間制度」は，成果給を前提とする働き方で，業務遂行方法や労働時間・健康管理等について裁量度が高く，自律的に働く人材を対象とする制度として意識されていた。

ところが，2015年4月3日に国会に提出された労働基準法改正案の「高度プロフェッショナル制度」は，業務遂行上の裁量性のある労働者に限定されるものではなかった。年休を除くすべての労働時間規制から適用除外されるこの制度の対象者は，「高度の専門的知識等を必要とし，その性質上従事した時間と従事して得た成果との関連性が通常高くないと認められるものとして厚生労働省令で定められる業務」であった（新41条の2第1項1号）。従来の労基法の適用除外制度は，労働時間管理に裁量性をもつ「管理・監督者」が対象であるが（労基法41条2号），高度プロフェッショナル制度は，自らの業務遂行方法や業務量について裁量性がない労働者を時間規制から外すことを想定していたのである。

当該法案は，一方で，高度プロフェッショナル労働者を適用除外するにあたり，いくつもの要件を課すものではあったが，いずれの要件も，長時間労働からくる「働き過ぎ」を抑止する決定的な効果をもたらすものではない[23]。それだけに，働き方を自ら決定するだけの裁量権限をもたない労働者を労働時間規制から適用除外する仕組みとして，この制度はまさに，「働かせ放題法案」「過労死法案」と批判されても仕方がないものである。

高度プロフェッショナル制度は，そもそも，時間に応じた賃金支払いから解放されたいという経営側の要望を反映するものに他ならない。たしかに，企業

---

[23] 制度導入の要件として，①5分の4以上の労使委員会決議，②行政官庁への届出，③書面等の方法による労働者の同意が必要であり，対象労働者は④合意により職務が明確に定められ，⑤年収が平均給与額の3倍以上でなければならず（労働政策審議会「建議」では1075万円以上），かつ，⑥使用者は事業場内外での労働時間を把握し，⑦次の3つのいずれかの措置を講じなければならない（休息時間の確保と深夜業の回数制限，健康管理時間を一定以内とする，4週間を通じ4日以上かつ1年を通じて104日以上の休日の確保）とされている。しかし①と②はなんなくクリアされる要件であり，③も労働者にとって「不同意」を表明することのほうが難しい。年収の高い労働者なら過労死しないのかと問われれば，⑤の要件は歯止めにはならず，⑥と⑦も，使用者にとっては大きな障壁たりえない。

が労働時間と賃金を切り離す賃金政策を採用するのは自由だが，そのような賃金制度を採用したからといって，労基法の適用を排除できるわけではない。むしろ一定量の出来高や成果を義務づける働かせ方こそ，長時間労働を生みだし，労働者の健康を害する恐れがあり，だからこそ，最低限の労働時間管理を行う必要があるというべきだろう。労働時間規制は労働基準法の中でも基本的根本的ルールであり，最低基準である。それだけに，これを適用除外する仕組みについて容易に賛同することはできない。この法案が，今後も，再度，登場してくる可能性はおおいにある。

女性の活躍との関連性はどうなのだろうか。2つの理由から，この労基法改正は女性活躍推進に完全に逆行している。第一に，WE制度の提案登場の背景には，これがワーク・ライフ・バランスを可能にする「多様な働き方」であるとの位置づけがあったらしいが[24]，その根拠はまったく示されていない。労働時間管理が緩やかな労働者ほど労働時間が有意に長いことを立証する研究[25]は存在する反面，労働時間規制から適用除外されるがゆえにより自由時間を確保できるという実例は，おそらく一部の大学教員のように非常に限定された職種においてしかみられない。そうだとすれば，WEの延長上にある高度プロフェッショナル制度の導入提案も，長時間労働を増やしこそすれ，ワーク・ライフ・バランスの推進とは縁もゆかりもない，むしろそれには逆行する政策だといわねばならない。

第二に，男性が多いであろう高度プロフェッショナル該当者の労働時間は，制度導入によって一層長時間化し，彼らから家事・育児時間がますます奪われることが想定される。そうであれば，「夫の家事・育児時間が長いほど，第1子出産前後の妻の就業継続割合が高い」という事実[26]からみても，制度導入

---

24) 政府の規制改革・民間開放推進会議が2005年12月の答申で，WEを「仕事と育児の両立を可能にする多様な働き方」だと位置づけたことについては，「労働時間規制をなくせば，仕事と育児が両立するなどというのは，端的に『ウソ』です」と批判されている。濱口桂一郎『新しい労働社会』（岩波新書，2009年）31頁。

25) 小倉一哉＝藤本隆史「長時間労働とワークスタイル」JILPT Discussion Paper Series 07-01（労働政策研究・研修機構，2007年）。

26) 夫の平日の家事・育児時間が長いほど妻の就業継続割合が高いという事実は，女性活躍推進法の立法過程でも繰り返し，資料として提出されている。厚生労働省「第9回21世紀成年者縦断調査」（2011年）。

の結果，妻たちはさらに退職率を高めることになってしまうだろう。これではまったく女性活躍推進に逆行していると批判されても仕方がない。

　繰り返そう。女性活躍推進を阻む大きな要因の1つは，日本社会に根強い性別役割分業であり，男性たちの長時間労働である。夫の家事・育児関与時間が長ければ長いほど，妻の就業継続が可能になる。それだけに，労働時間短縮に逆行する高度プロフェッショナル制度は，女性の活躍を推進するよりもむしろこれを阻害する政策であるといわねばならない。

(b)　2015年の労働者派遣法改正

　女性活躍推進とは明らかに対立する立法政策の2つ目は，労働者派遣法改正であった。そもそも1985年の労働者派遣法によって，間接雇用である労働者供給事業の一部分が解禁されたときから，労働者派遣に対する法規制は一貫して規制緩和の道をたどり，労働者の多くが派遣業務に従事するようになった[27]。派遣労働者が就業している業務の比率は，「一般事務」が32.3％ともっとも高く，次いで「事務用機器操作」23.4％であるが[28]，これら2つの業務に従事しているのは圧倒的に女性が多く，女性の派遣労働者の28.5％が「事務用機器操作」に，26.9％が「一般事務」に従事している[29]。

　規制緩和一辺倒であった労働者派遣法改正に異なるベクトルが働くようになったのは，2008年秋のリーマン・ショックがもたらした派遣労働者の大量解雇という社会現象を契機とした見直し論議であり，具体的には，民主党政権下で，労働者保護を強化する2012年労働者派遣法改正が行われた。この法改正によって，日雇派遣は原則禁止され，グループ企業内の派遣比率は8割までに制限され，マージン率の公開が義務づけられた。また，労働者派遣が違法であり，労働者派遣の提供を受ける者（派遣先企業）が違法であることを知りながら派遣労働者を受け入れている場合には，その者が派遣労働者に対して労働契

---

27)　当初は専門的業務である13業務のみに許容されていた労働者派遣（ポジティブリスト方式）は，1996年改正で26業務へと拡大され，1999年には対象業務を原則自由化した（ネガティブリスト方式）。さらに2003年改正では，製造業務派遣も解禁され，専門業務以外の派遣期間制限は1年から3年に延長された。

28)　厚生労働省「平成24年派遣労働者実態調査の概況」（平成25年9月5日）表6（9頁）より。

29)　厚生労働省・前掲注28）表24（19頁）より。

約の申込みをしたものとみなすという規定が設けられた（派遣法40条の6）。この「みなし規定」は2015年10月1日から施行されることになっていた。なお，派遣労働者が直接雇用の申込みの「みなし」を承諾したにもかかわらず，派遣先が当該派遣労働者を就労させない場合には，厚生労働大臣は必要な助言，指導，勧告をすることができる（40条の8第2項）。またかかる勧告に従わない企業については，厚生労働大臣はその旨を公表することができると規定された（同条3項）。

ところが2012年派遣法改正直後に政権交代があり，その結果，さらなる改正派遣法案が提案され，それらは2度の廃案を経て，3度目に第189回国会に提出され，2015年9月11日に，衆議院で可決・成立するに至った。改正法は，①一般労働者派遣事業（いわゆる登録型）と特定労働者派遣事業（いわゆる常用型）の区別を廃止して，すべてを許可制にし，②業務単位の派遣可能期間の制限を廃止して，派遣先の事業所ごとの期間制限と派遣労働者ごとの期間制限を設けるようにし，③派遣元事業主の雇用安定措置を義務化した。この改正がもたらした最大の変化は，派遣法の期間制限がほぼ空洞化したというところにあったといわねばならない。それは以下のようなことである。

派遣期間の制限については，2015年改正以前は，専門的26業務については派遣期間の制限なし，専門的26業務以外の業務（いわゆる自由化業務）については，原則1年とされていた（ただし派遣先事業所の過半数代表の意見聴取によって3年まで延長）。2015年改正法は，この26業務であるか否かを基準とする区分を廃止して，派遣元と無期契約を締結している派遣労働者，60歳以上の派遣労働者，産前産後休業・育児休業・介護休業を取得する労働者の業務を代替する派遣労働者等にかかる労働者派遣を，期間制限の対象外とした（40条の2第1項ただし書）。そして，これ以外の労働者派遣については，業務にかかわらず，①事業所単位の期間制限（40条の2，35条の2），および，②派遣労働者個人単位の期間制限（40条の3，35条の3）へと組み替えることにしたのである。

事業所単位の期間制限（上記①）とは，派遣先における派遣可能期間を，事業所ごとに3年以内に制限したということである（40条の2第2項）。ただし派遣先は，期間の上限である3年到達時の1か月前までに，派遣先の事業場の過半数代表から意見聴取を行えば，その派遣可能期間をさらに3年まで延長でき

る（40条の2第3項・第4項）。一方，派遣労働者個人についての派遣可能期間制限（上記②）とは，派遣元事業主に，派遣先の事業所における組織単位ごとの業務について，3年を超える期間同一の派遣労働者を派遣してはならないとし（35条の3），派遣先についても，事業所単位で派遣可能期間を延長した場合であっても，同一の派遣労働者については，当該派遣先の事業所における組織単位ごとの業務について3年を超える期間継続して役務の提供を受けてはならないとするものである（40条の3）。

　このように，派遣可能期間の制限を，業務内容によるものから，事業所単位および派遣労働者個人単位のものへと改正したことについて，浜村は，今回の改正が，労働者派遣法の唯一ともいうべき政策原理——常用代替防止——をほぼ空洞化させた，と批判している[30]。なぜなら，今回の改正によって，無期雇用の派遣労働者には期間制限がなくなったからであり，有期雇用の派遣労働者についても，就業場所を変更することによって同一の派遣労働者の永続的使用が可能となったからである。さらには，事業所単位の過半数代表の意見をきくだけで，派遣先は派遣を永続的に使用できるようになった。これではたしかに，3年という受入期間制限の意味はほとんどなきに等しく，派遣法の「常用代替防止」はきわめて弱体化した。労働者派遣法は，浜村が述べるように，まったく別物に生まれ変わったといえるのかもしれない。

　とくに「みなし規定」の施行を期待していた派遣労働者からは，2015年派遣法改正によって，直接雇用に転換する機会を喪失したという強い批判が提起された[31]。とくにこのことは女性労働者に影響をもたらしたといってよい。なぜなら，女性派遣労働者の多くは，長年，「事務用機器操作」という専門業務として受入期間なしに就労してきたが，その実態は，伝票の起票，文書作成などの定型業務，さらに電話対応，来客へのお茶出しなどの庶務・雑務も含まれていたため，従来の派遣法に照らせば明らかに「違法状態」だったのである。2015年9月を期して，かかる「違法派遣」には「みなし規定」が適用される

---

30) 浜村彰「これはもう労働者派遣法ではない」労働法律旬報1847号（2015年）4頁以下。

31) 渡辺照子「格差・差別にあえぐ派遣の女性労働者，そのエンパワーメントの方法を探る」女性労働研究60号（2016年）71頁以下。

ことが予定されていたために，多くの女性派遣労働者はこれを期待していた。ところが，改正派遣法の成立によって，業務区分は廃止され，「違法状態」は合法化されることになった。それだけに，女性たちの多くは，直接雇用へ転換する機会を喪失したばかりか，従来は専門26業務該当性が認められていたために受入期間制限がなかったのに，改正後は3年で雇い止めとなる。組織単位を変えれば3年以上の就労は可能だが，3年ごとに失職する可能性があるというのは大きな痛手に違いない。改正派遣法を審議する2015年の国会では，女性派遣労働者が被る以上のような不利な影響について，派遣労働者自身が繰り返し語るという光景がみられたものの[32]，最終的には改正案が見直されることはなかった。女性活躍推進にまったく逆行しているという批判が，このような派遣法改正に対して投げかけられるのは，上記のような理由からは，当然のことであった。

一方，改正派遣法案の審議難航に直面して，政治的妥協として，2015年9月16日に，「労働者の職務に応じた待遇の確保等のための施策の推進に関する法律」が成立した。この法は，政府が派遣労働者の派遣先での均等・均衡処遇の実現に必要な措置（法制上の措置を含む）を3年以内にとるべきことを謳うものであるが，どのような措置がとられるかは，なお今後の課題として残されている。

(2) 雇用におけるジェンダー格差の主たる要因

もし現政権が女性労働者の「活躍」を真に望むのであれば，先進国でも類まれといわれるほど大きなジェンダー格差の要因にこそ，しっかり目を向けるべきである。日本の雇用におけるジェンダー格差の第一の要因は，日本企業の中にある構造的な制度・慣行である。たとえば，「職能資格制度」における人事考課・査定は，職務上の知識や判断力のみではなく，「熱意，協調性，指導性」などの不明瞭な基準に基づいて行われている。基準が曖昧な分，上司の裁量の幅は大きい。「女性は子育てが大事。責任ある仕事は任せられない」という管理職男性の無意識下にあるジェンダー・バイアスは，査定結果に影響せざるを

---

[32] 第189回国会では，衆議院の厚生労働委員会，参議院の厚生労働委員会，名古屋の地方公聴会で，それぞれ派遣労働者が意見を述べた。渡辺・前掲注31)参照。

えない。バイアスのかかった査定は「性差別」そのものだから，どの企業も「差別はない」と安穏としていられるはずはない。にもかかわらず，このような性差別を違法行為としてあぶり出すための法制はなお未整備である。日本の企業文化を支配している性差別的機能をもつ制度や慣行を是正するためには，均等法をより実効性のあるものに改正しなければならない（立証責任の配分や効果的な救済制度など）。しかし，安倍政権の政策には，見事にこれが欠落している。

　そして，日本の大きなジェンダー格差の第二の要因は，日本社会に根強い性別役割分業である。育休取得率の男女格差（2015 年には男性 2.65％，女性 81.5％）や，6 歳未満の子をもつ夫の 1 日あたりの家事関連時間が 67 分という数字（欧米各国では日本の 2.5 倍から 3 倍）が，それを物語っている。男性たちも必ずしも育児・家事を忌避したいわけではなく，これは長時間労働がもたらす弊害である。育児世代である 30 代の男性の 5 人に 1 人は週 60 時間以上働いている。前述したように，夫の家事・育児関与時間の長さは，妻の就業継続に影響をもたらすのであり，ジェンダー格差縮小には，労働時間短縮がもっとも有効なのである。にもかかわらず，この期に及んで労働基準法改正案が提出されてきた。労基法改正案は「時間貧困化法案」，「過労死促進法案」としかいいようがなく，どう考えても，女性の活躍とは完全に逆行する[33]。この時間貧困化法案が国会を通過したなら，日本のジェンダー格差は一層拡大するに違いない。政権はその責任をどうやってとるつもりだったのだろうか。

　「女性の活躍」政策にとっては，女性管理職の数を増やすだけでなく，将来の管理職候補である働く女性の層をより厚いものにして，女性が自己の意思に反してキャリアを中断されない仕組みを作ることこそ，最重要課題である。その前提条件は，日本の企業文化を根強く支配している性差別慣行を根源から断ちきること，すなわち効果的な差別禁止立法を整備することといわねばならな

---

[33] 労働時間短縮のための対案としては以下を参照のこと。浅倉むつ子「労働時間法制のあり方を考える――生活者の視点から」自由と正義 2016 年 2 月号 41 頁以下，浅倉むつ子「金では購えない『時間』の価値」労働情報 910＝911 号（2015 年）3 頁，浅倉むつ子＝山田省三＝内藤忍＝中野麻美「（座談会）男女雇用機会均等法成立から 30 年――なぜ日本のジェンダー格差は縮小しないのか」労働法律旬報 1844 号（2015 年）7～37 頁，毛塚＝浅倉＝浜村＝龍井・前掲注 21）。

い。

(3) 雇用差別関連法制の現状

雇用差別に関連する現行の法制度は、どのような状況にあるのだろうか。すでに述べたことの繰り返しになる部分もあるが、再度、整理しておきたい。今日、EU諸国等において当然に禁止されるべきと想定されている差別事由は、類型化すれば、以下の3つである。第一は、非選択的な人的属性としての人種、民族、皮膚の色、出身国、性別、年齢、障害、性的指向など[34]、第二は、選択的な人的属性としての宗教、信条、婚姻上の地位など[35]、第三は、短時間、有期、派遣などの雇用契約的属性である。

第三の事由による差別は、第一、第二の事由と異なり、人格的尊厳や市民的自由の侵害となるものではないが、雇用領域に特有な差別事由として大きな影響を及ぼしており、禁止対象とすべきである。ただ、第一と第二の事由による差別（社会的差別ともいわれる）は、選択的かどうかに関わらずさまざまな領域において不利益な取扱いの排除を求めるものだが、第三の事由は、雇用という領域の中での不利益取扱いの排除のみが求められる、という違いがある[36]。

以上の類型の差別事由について、現行法制の概要は次のように素描できる。憲法14条1項（「人種、信条、性別、社会的身分又は門地により」差別されない）の趣旨を体現する第一、第二類型の事由に基づく差別規制法としては、関連の国際条約（国連[37]、ILO）、労基法[38]、均等法[39]、高年齢者雇用安定法[40]、雇用対

---

34) 本人が選択できない属性により不利益を与えることは個人の人格的尊厳を損ねる行為であり、それらが「先天的」であるかどうかは重要でない。

35) これらは、個人が自由に選択しうる属性に基づく異なる取扱いであり、選択する自由があるのに人をその属性をもって不利益に扱うことは反規範的である、という根拠による。

36) 詳しくは、毛塚勝利「非正規労働の均等処遇問題への法理的接近方法」日本労働研究雑誌636号（2013年）14頁参照。

37) 日本は、以下の国連の条約を批准している。社会権規約（1979年批准）、自由権規約（1979年批准）、女性差別撤廃条約（1985年批准）、人種差別撤廃条約（1995年批准）、障害者権利条約（2014年批准）。

38) 労基法3条は、国籍、信条、社会的身分を理由とする労働条件差別を禁止し、4条は性別を理由とする賃金差別を禁止している。

39) 均等法は、性別を理由とする募集・採用、配置、昇進、降格、教育訓練、福利厚生

策法[41]，障害者基本法[42]，障害者差別解消法[43]，障害者雇用促進法[44]があり，第三類型の雇用形態による異なる取扱いに関する法としては，短時間労働者法（パート労働法）[45]，労働契約法[46]がある。

　ただし，日本には包括的な差別禁止立法は存在せず，法規制は個別事由ごとにモザイク的に形成されてきたために，統一性はない。事由によってはまったく放任されているものもある。たとえば性的指向を理由とする差別などはそれに当たる。もっとも特別な立法がない場合でも，私人間における度を超した差別事案については，民法の一般条項を通して（公序良俗違反や不法行為として）救済されうる[47]。したがって裁判を通じてある程度の理論的蓄積はみられる

　　　措置，職種・雇用形態の変更，退職勧奨，定年，解雇，労働契約更新差別を禁止する（5条，6条）。ただし労基法4条が対象とする賃金を除く。
40)　高年齢者雇用安定法は，60歳を下回る定年年齢の定めを禁止し（8条），65歳までの高年齢者雇用確保措置を定める（9条）。
41)　雇用対策法10条は，募集・採用における年齢にかかわりない均等な機会の確保を定める。
42)　障害者基本法4条1項は，障害を理由とする差別禁止を定め，同条2項は，社会的障壁の除去のための必要かつ合理的配慮について定めをおく。
43)　障害者差別解消法は，障害を理由とする不当な差別的取扱いを行政機関等と事業主に対して禁止し（7条1項，8条1項），社会的障壁の除去のための必要かつ合理的配慮を，行政機関等の義務とし（7条2項），事業主の努力義務とする（8条2項）。
44)　障害者差別解消法13条によって雇用分野の規制を全面的に委ねられた障害者雇用促進法は，事業主による障害を理由とする募集，採用差別（34条），賃金の決定，教育訓練の実施，福利厚生施設の利用その他の待遇（35条）差別を禁止し，また，事業主に対して，求職者（36条の2）と雇用する労働者（36条の3）に対する合理的配慮を義務づけている。
45)　パート労働法は，事業主が短時間労働者と通常の労働者との待遇を相違させる場合には，労働者の職務の内容や配置の変更の範囲その他の事情を考慮して不合理と認めるものであってはならない（8条）との原則を示し，「通常の労働者と同視すべき短時間労働者」（通常の労働者と職務内容が同一で，人材活用の仕組みが同一の範囲内と見込まれる者）については，短時間労働者であることを理由とする差別的取扱いを禁止し（9条），それ以外の労働者についても通常の労働者との均衡を考慮して賃金を決定する努力義務を課している（10条）。
46)　労働契約法20条は，有期契約労働者と無期契約労働者の労働条件の相違は，労働者の職務の内容や配置の変更の範囲その他の事情を考慮して，不合理と認められるものであってはならない，とする。
47)　性的指向を理由とする宿泊施設利用時の差別について，地方公共団体の責任を認めて，国家賠償法に基づき損害賠償を命じた裁判例がある。府中青年の家事件・東京地判平成6・3・30判時1509号80頁，東京高判平成9・9・16判タ986号206頁。

ものの、それらの解釈は統一されておらず[48]、司法救済の限界は厳然として存在する。解釈の不統一については、日本の法制において「差別」とは何かという定義規定がないことも関連していると思われる[49]。

現行法下で、募集・採用から労働契約終了までのすべての雇用ステージで差別が禁止されているのは「性別」と「障害」に限られているため、これらに係る差別禁止法制の内容をもう少し立ち入って比較してみよう。

障害に関しては、あらゆる領域（雇用・教育・サービスの提供など）を対象とする「障害者差別解消法」があり、「雇用」領域の特別法として「障害者雇用促進法」が制定されている。一方、性別に関しては、男女共同参画社会基本法が「男女が性別による差別的取扱いを受けないこと」を旨とする社会形成を謳うものの（同法3条）、性差別禁止を中心におく法律ではないために、同法は、障害に関する法制との対比では「障害者基本法」に匹敵する法律にすぎない。ゆえに、性別に関しては、すべての領域を対象とする差別禁止法制がないまま、雇用領域の法律のみが存在する。それでは、2つの差別事由に係る法制を雇用領域に限定して比較してみよう。

性別については、賃金差別を規制する労基法と賃金以外の差別を規制する均等法という行政上の管轄の分離が、包括的な救済を困難にしている。たとえば均等法7条に導入された間接性差別は、労働基準監督行政においては賃金差別を構成する法概念とは受け取られておらず、是正の対象にはならない。一方、障害については、障害者雇用促進法が賃金も含むあらゆる雇用ステージの障害者差別を禁止しているが、同法は直接差別のみを禁止し、間接差別の禁止は含まないと説明されている[50]。障害に関しては、事業主に募集・採用時ならび

---

48) たとえばコース別雇用をめぐる性差別事案について、以下の三つの裁判例を比較しただけでも、おおいに解釈上の差異がみられる。住友電工事件・大阪地判平成12・7・31労判792号48頁、野村證券事件・東京地判平成14・2・20労判822号13頁、兼松事件・東京高判平成20・1・31労判959号85頁。

49) 女性差別撤廃委員会（CEDAW）の2009年「総括所見」22項は、「委員会は、……女性に対する差別の定義を国内法に完全に採り入れるために緊急の措置を講じる……よう求める」と勧告し、2016年3月の「総括所見」も同様の勧告を繰り返した。本書終章第1節参照。

50) 2013年5月30日第183回国会（参議院）厚生労働委員会における田村憲久厚生労働大臣の答弁。間接差別禁止規定を設けなかったのは何が間接差別に該当するか明確で

に雇用されている障害者に対する合理的配慮義務を課す規定があるが（雇用促進法36条の2，36条の3），性別に関しては類似の規定はない。また，均等法にはセクシュアル・ハラスメントに関する事業主の雇用管理上の措置義務規定があるが（均等法11条），障害に関しては，これに匹敵する規定はない。

　法規定の内容を実現する仕組みと救済については，雇用領域では，均等法が他の立法のモデルとなっている（均等法モデル）。すなわち均等法は，差別禁止に関して，厚生労働大臣が必要と認めるときの事業主への職権的な助言，指導，勧告の規定をおき（同法29条），障害者雇用促進法も，差別禁止と合理的配慮に関して均等法と同様の定めをおく（同法36条の6）。ただし，同条に基づく勧告に従わない場合の企業名公表は均等法のみが定めており（同法30条），障害差別に関する類似規定はない。当事者間の紛争に関しては2つの法の規定はほぼ一致しており，事業主による苦情の自主的解決の努力義務（均等法15条，障害者雇用促進法74条の4），紛争解決援助が申請された場合の助言，指導，勧告（均等法17条，障害者雇用促進法74条の6第1項），都道府県労働局長が必要と認めるときに行わせる紛争調整委員会（機会均等調停会議）による調停（均等法19条以下，障害者雇用促進法74条の7第1項）がある。

　雇用領域の差別禁止法制が，均等法という行政指導中心の法律をモデルとしているため，法規定の内容の実現には大きな限界がある。行政指導は違法性の存否を判定せず，問題の着地点を見いだすのみであり，調停も一方当事者が調停案を受諾しなければそれ以上の強制力はない。たとえうまく行政指導を通じて差別を止めさせることができたとしても，明確な権限が付与されていない状況では，指導や調停をする担当者の誠意と熱意に依拠せざるをえない。差別された当事者にとっては，白黒の決着をつけられない行政指導や調停は，時間の浪費としか映らず，最終的には民事訴訟に行き着くことになる。このように「行政法規的アプローチ」をとる日本の雇用差別禁止法制は，使用者に差別しないように求める立法ではあっても，被差別者にそれに対応した権利を明確に定める「民事法的アプローチ」をとるものではないと批判されている[51]。

　　はないからであり，直接差別にならない場合でも合理的配慮でカバーしうるということがその根拠とされている。2013年3月14日労働政策審議会障害者雇用分科会「今後の障害者雇用施策の充実強化について（意見書）」も参照。

(4) 新たな雇用差別禁止法をめざして
(a) 包括的差別禁止立法の必要性

　法規定の内容を実現するにあたってこのような限界のある雇用差別禁止法制の現状を根本から見直さないかぎり，日本における根強い男女格差が解消されることはないだろう。もっとも，問題は雇用領域に限られない。戦時性暴力をめぐる議論やヘイトスピーチの現状をみるにつけ，この国では，差別は反規範的な言動であるという認識が，いまだに社会の隅々にまで浸透しているわけではないと思わざるをえない。それゆえに，あらゆる領域を対象とする包括的な差別禁止立法を構想して，改めて，他者の基本的人権を侵害する差別的行為が誰に対しても許されるものではないということを，国家の意思として示す必要があると考える。そこで，雇用差別禁止に先立って，まず，包括的な差別禁止立法の構想について，検討してみたい。

　第一に，あらゆる領域を対象とする差別禁止立法を構想するにあたり，障害分野の法制が参考になる。現在，障害に関しては，あらゆる領域を対象とした障害者差別解消法があり，加えて，雇用領域を規制する障害者雇用促進法が特別法として制定されている。差別の反規範性の認識を社会に広げるためには，雇用や教育，サービスの提供等を含むあらゆる領域を対象にする法律を作ることは意味がある。あらゆる領域・あらゆる差別事由を対象にした包括的な差別禁止立法の「総論」で，法の「理念・目的」，対象となる「差別事由」，「差別の定義・形態」等について定め，「各論」において，もしくは独立の領域ごとの「差別禁止法」において，雇用領域の差別を禁止するという構成をとることが望ましい[52]。

　総論に規定する「理念・目的」で重要なことは，なぜ差別が禁止されなければならないのかを明確にすることである。個人が差別されないことは基本的人権である。イギリスの労働法学者，サンドラ・フレッドマンによれば，平等に

---

51) 池原毅和「合理的配慮義務と差別禁止法理」労働法律旬報 1794 号 (2013 年) 8 頁参照。

52) すでに述べたところであるが，障害者差別解消法の制定過程で示された障害者政策委員会差別禁止部会「『障害を理由とする差別の禁止に関する法制』についての差別禁止部会の意見」(平成 24 年 9 月 14 日) や，イギリス 2010 年平等法 (Equality Act) が，その際に参考になる。

は，①すべての人々の尊厳と価値の尊重，②コミュニティ内部への人々の受容と承認，③社会からの排除が及ぼす不利益なサイクルの切断，④社会への完全参加，という潜在的な四つの目標があり，それらを達成することは国家の積極的な義務である，という[53]。それゆえ，差別を放置することは，平等への侵害を許容し，国家の義務に違反する。差別禁止立法の理念・目的として，あらゆる差別は反規範的な行為であること，すべての人にとって差別されないことは基本的人権であることを明確に規定すべきであろう。

(b) 禁止されるべき差別事由

禁止されるべき「差別事由」には，①人種・民族的出身・国籍・皮膚の色，②性別・性的指向・性自認，③婚姻上の地位，④妊娠・出産，⑤年齢，⑥障害，⑦宗教・信条，⑧社会的身分，⑨雇用形態などの契約的属性，が含まれるべきである。⑨は，雇用領域のみにおいて禁止される差別事由であるが，①から⑧は，すべての領域に共通する。これらのうち，国籍・信条・社会的身分は労基法3条においても禁止されている伝統的差別事由ではあるが，実際にはほとんど放置されてきたに等しい。ゆえに，新しい法で改めて禁止されるべき差別事由として位置づけられるべきである。

さて，上記の⑨の差別事由を設けるべきだという点については，多少，説明を要する。なぜなら，欧米諸国では，「人的属性を理由とする差別」と「雇用形態を理由とする差別」は規制を異にすると考えられており，賃金の平等を実現する「同一価値労働同一賃金原則」についても，性別を理由とする格差には適用されるが，雇用形態を理由とする格差には，立法がないかぎり直接的に適用可能な法原則とは解されてはいない，という研究が，労働法上の常識と考えられているからである[54]。もし，この欧米に関する分析を日本の立法論議にもそのまま持ち込むとすれば，正規／非正規間の同一価値労働同一賃金原則を立法化することは，EU諸国においてすら実現されていない無謀な要請を強行する立法政策であるかのように受け取られかねないであろう。ところが，正

---

53) S. Fredman, *Human Rights Transformed: Rights and Positive duties*, (Oxford University Press, 2008), p. 179.
54) (独)労働政策研究・研修機構『雇用形態による均等処遇についての研究会報告書』(2011年) 参照。

規／非正規労働者のいずれにも職種・職務給制度が存在し，産業別に設定される協約賃金が適用されるために，そもそも賃金格差が問題になることが少ないEU諸国とは異なり，日本では，正規／非正規労働者には異なる賃金制度が適用されているという実態がある。そうであれば，だからこそ正規／非正規労働に関する同一価値労働同一賃金原則の立法化が，日本ではぜひとも必要とされるといえるのではないだろうか。いわば，正規／非正規間の同一価値労働同一賃金原則は，日本においてこそ特段の有効性を発揮する政策課題なのである[55]。

包括的差別禁止立法を制定するメリットの1つは，いくつかの差別事由が重複する複合差別を違法とする条文を規定しうることである。複合差別禁止規定を新たに設ければ，同条を根拠として複合差別を根絶する政策が実施されることになる。実際，差別事由が2つ以上重複する場合の差別的効果には，甚だしいものがありうる。たとえば在日朝鮮人女性（人種とジェンダーの複合差別）や女性障害者（障害とジェンダーの複合差別）が被る不利益は，女性一般が被る不利益，男性の在日朝鮮人，男性の障害者が被る不利益と比較して，異なる特徴をもつのみならず，より大きなものになりやすい。それだけに，政策的にも率先して撤廃・是正に取組むべき課題なのである。イギリスでは2010年平等法が2つの事由が重複する「結合差別」禁止規定を設けたことによって[56]，差別の訴えは10%程度増大すると予想された。日本でも，複合差別に苦しむ女性たちに対する情報把握や対策の必要性は，女性差別撤廃委員会などからも指摘されているところであり，包括的差別禁止立法において複合差別禁止規定ができれば，その条文がもつ意義は大きい（本書終章第1節参照）。

(c) 差別の定義・形態

禁止されるべき「差別」としては，直接差別と間接差別の両方を規定すべきである。直接差別とは，差別事由に該当する者に対する異なる取扱いである。間接差別とは，外形的には中立的な規定や慣行等であっても，それらが適用さ

---

[55] もっとも，性差別や人種差別禁止原則と雇用形態差別禁止原則が同じ構造で条文化されるべきということではない。たとえば，間接差別の禁止は，性差別や人種差別に関しては立法化されるが，雇用形態差別については現実的ではない。

[56] 2010年平等法14条。

れることによって，結果的に特定の事由に該当する者に不利な結果をもたらし，しかもその規定や慣行等が正当であることを証明しえない場合，である。

　以前に比べれば，たしかに，「差別をしてはいけない」というルールについてそれなりに社会の理解は進んでいる。それだけに，偏見や悪意に根ざした意図的・明白な直接差別は徐々に減少している。しかしその代わりに，一見しただけでは合理的かどうかの判別が困難な構造的差別が存在し，その場合には，差別する側には「差別している」という意識はない[57]。それゆえ，差別禁止法制は，社会や職場に存在する事実上の不均衡やこれらが原因で発生する構造的差別を是正対象にしなければ，ほとんど効果がないことになる。このような構造的差別を根絶する法技術として，「間接差別」，「関連差別」，「起因差別」という概念[58]が創設されたのである。

　現在，日本では，性別に関してのみ均等法7条が間接差別禁止規定をおく。しかしこの条文は，行政指導を想定しているため，厚生労働省令で定める具体的な三事例のみに限定して適用されているにすぎない（均等法施行規則2条）[59]。

---

[57]　雇用領域では，使用者は異口同音に「わが社に男女差別はない。賃金・昇進・昇格はまったく男女平等に一つの職能資格等級制度によって運用されている」と言う。しかし実際に賃金・昇格には著しい男女格差がある。中国電力事件・広島高判平成25・7・18労経速2188号3頁：労判1804号76頁でも，使用者の差別はないという弁明にもかかわらず，同期同学歴の男女従業員間には大きな賃金・昇格格差があった。本件に関して高裁に意見書を提出した統計学の専門家である山口一男（シカゴ大学教授）によれば，もし昇格の機会が平等であったとすれば，このような著しい格差が生じる可能性は統計学的にはほとんどゼロに近い数値だという（1兆の1万分の1の更に177分の1というとてつもなく小さい数値）。本件訴訟については，中野麻美「中国電力男女差別賃金事件広島高裁判決」労働法律旬報1804号（2013年）18頁参照。

[58]　すでに述べたように，「関連差別（related discrimination）」はイギリスの1995年障害差別禁止法で，「起因差別（arising discrimination）」はイギリスの2010年平等法で用いられている概念であり，どちらも障害という差別事由に特有な概念である。一時期まで，間接差別の立証では，ある基準等が特定の事由に該当するグループとそうでないグループにもたらす結果を統計的に比較するという手法が用いられてきた。しかし，障害の存在形態は実際には各人各様であり，統計的証拠を用いる比較がかなり難しいために，他の事由とは異なって，統計的な手法を用いなくともよい関連差別や起因差別概念が，間接差別の代わりに用いられてきた。本書終章第2節参照。

[59]　①募集・採用に当たり，一定の身長，体重または体力を要件とすること，②コース別雇用管理制度におけるすべての労働者の募集・採用，昇進，職種の変更に当たり，転居を伴う転勤を要件とすること，③昇進に当たり転勤経験を要件とすること，の3例である。

今後，制定されるべき包括的な差別禁止立法では，あらゆる差別事由に関して直接差別と間接差別を禁止する規定を設けるべきであり，省令で事例を示すとしてもそれらは例示にすぎないことを明確にすべきである。

(d) ハラスメントの禁止

イギリスの 2010 年平等法は，直接差別，間接差別と並んで，多くの差別事由（年齢，障害，性別再指定，人種，宗教または信条，性別，性的指向）に係るハラスメントを禁止している[60]。ハラスメントは，尊厳を侵害し，または脅迫的・敵対的・冒瀆的・屈辱的・攻撃的環境を作り出す行為と定義されている。このことは，日本で包括的差別禁止立法を構想する場合にも参考にしたい。

日本では，現行法上，唯一，ハラスメントに関する規定をもつのは均等法である。均等法は事業主に対するセクシュアル・ハラスメントの「措置義務」規定をおく（均等法 11 条）。措置の内容は指針において示されており，①セクシュアルハラスメント防止方針の明確化・周知・啓発，②相談・対応の体制整備，③事後の迅速・適切な対応，④上記と併せて講ずべき措置，とされる（均等法セクシュアルハラスメント指針・平 25・12・24 厚労省告示 383 号，平 18・10・11 厚労省告示 615 号）。しかしこの条文は，事業主に対する明確なセクシュアル・ハラスメント禁止規定ではなく，ここに定められた「措置」の不履行が法に違反するにすぎない。現在，数多く提起されているセクシュアル・ハラスメントに関する民事訴訟は，民法の一般条項である不法行為や使用者の負うべき契約上の義務を根拠にして提起されているため，訴訟では一定の「度を超した」差別事案でないかぎり，救済されることはなく，また，行政指導は「措置の不履行」に対して行われるにすぎない。

性的な言動であるセクシュアル・ハラスメントにかぎらず，人の尊厳を侵害する各種のハラスメント行為が，障害や国籍に関わって日本のあらゆる場で頻繁に生じていることは，歴然とした事実である[61]。包括的差別禁止立法では，事業主を含むすべての国民に対して，あらゆるハラスメントを明確に禁止する

---

[60] 2010 年平等法 26 条。
[61] その代表的な事実は，在日朝鮮・韓国人に対して日本全国で繰り返されている中傷的表現「ヘイトスピーチ」であり，日本政府はこれに毅然と対処すべきだとして，国連人種差別撤廃委員会の「最終見解」によって勧告を受けた。2014 年 8 月 30 日朝日新聞。

規定をおき，雇用分野においては，従業員が行ったハラスメントは「事業主の行為」とみなして，事業主の責任を問いうる違法な行為として規定すべきである。

(e) 雇用領域の差別禁止規定を実現するために

包括的差別禁止立法の「各論」で，雇用領域に特化した規定を設ける場合には，募集・採用，賃金，解雇等，企業社会への入口から出口に至るまでのあらゆる雇用ステージが対象とされなければならない。性別に関して，均等法と労基法4条が分断されていることによる弊害に鑑みて，均等法，労基法，障害者雇用促進法などの抜本的改正による統合が必要となろう。

現在，議論になっている賃金に関する差別禁止原則の一環として，同一価値労働同一賃金原則をどのように理解すべきか，一言，私見を述べておきたい。2016年1月の安倍総理大臣による施政方針演説で急浮上した「同一労働同一賃金原則の実現」は，6月2日の閣議決定（「ニッポン一億総活躍プラン」）にも盛りこまれて，労働契約法，パート労働法，労働者派遣法の一括改正等の検討が開始することを予測させている。このスローガンを具体化するための専門家による検討も始まり，2016年3月23日には「同一労働同一賃金の実現に向けた検討会」がスタートした。検討会の議論をリードする水町勇一郎（東京大学教授）が4月22日の第3回検討会で示した基本的な考え方[62]は，以下のような内容である。①同一労働同一賃金とは，職務内容が同一または同等の労働者に対し同一の賃金を支払うべきという考え方であるが，法律上には「同一労働同一賃金」を規定せず，「合理的理由のない処遇格差（不利益取扱い）の禁止」という形で条文を作ること，②職務内容が同じであれば常に同じ賃金というわけではなく，「合理的理由」があれば賃金格差は許容される。ただし職務内容に関連しない給付は同一でなければならず（均等ルール），一方で職務内容に関連する給付は職務内容の違いに応じたバランスのとれた給付であること（均衡ルール），③処遇の違いが合理的か否かは，給付の性格に応じて問われるべきであり，給付とのバランスが必要であること，である。

水町が主張する「合理的理由のない処遇格差の禁止」原則の実現には反対す

---

[62] 同一労働同一賃金の実現に向けた検討会第3回「資料2」（水町勇一郎「同一労働同一賃金の推進について」「補足【Q&A】と【参考文献】」）（平成28年4月22日）。

るものではない。ただし，処遇格差禁止を賃金において具体化する「同一価値労働同一賃金原則」は，法律上，明記されねばならないであろう。そうしないと日本では，「人材活用の仕組みと運用」の差異が強調されて，職務の価値とは無関係な基準によって賃金格差が合理化されてしまうからである。そして「同一価値労働同一賃金原則」は男女間および正規／非正規間の差別禁止の具体化として位置づけられねばならないと考える。当面の法改正においては，①男女間については，現行の労基法 4 条の規定（賃金に関する性差別の禁止）を 4 条 1 項として維持しつつ，2 項を新設して，「同一労働・同一価値労働の男女に同一賃金が支払われていない場合には，性差別が推定される」と規定すること，均等法にも賃金差別禁止規定をおくこと，②正規／非正規間については，労働契約法ならびにパート労働法において，「短時間であること，有期であることを理由として，賃金その他労働条件について差別してはならない」という差別禁止原則をおき，さらに賃金については，「使用者は，原則として，通常の労働者と短時間労働者・有期労働者の賃金について，同一価値労働同一賃金原則を遵守しなければならない。ただし職務内容が異なるなど合理的理由がある場合には，この限りではない」という規定をおくことを提案したい。単に「不合理な労働条件」を禁止する規定だけでは，何を基準に合理性判断を行うのかの判断が不明確となり，職務内容の異同を反映した賃金の支払い原則があいまい化してしまうであろう。また，「同一・同等労働」のみを同一賃金の条件とするのでは，女性のみに割り当てられた職務（たとえば京都市女性協会事件[63]の原告が従事していた相談業務など）と同一職務に従事する男性がいないことによって，差別の認定が受けられなくなってしまう。同一賃金原則を通じて格差是正の対象となる賃金は，手当部分のみならず基本給部分がメインであること，合理性判断はあくまでも職務内容を中心とすること，したがって合理性判断をするにあたっては「職務評価」が欠かせないことを理解して，法改正がなされるべきである[64]。

---

[63] 大阪高判平成 21・7・16 労判 1001 号 77 頁。
[64] この点については，本書第 9 章第 5 節，ならびに浅倉むつ子「日本の賃金差別禁止法制と紛争解決システムへの改正提案」森ます美＝浅倉むつ子編『同一価値労働同一賃金原則の実施システム』（有斐閣，2010 年）301 頁以下参照。

もう1つ重要なことは，雇用差別禁止規定をどのように実現すべきなのか，その方法である。これまで，雇用領域の差別禁止に関しては，均等法がモデルとされてきた。差別禁止規定を導入した2013年の改正障害者雇用促進法も，均等法をモデルとしたために，前述のように「行政法規的アプローチ」をとった。たしかに行政指導は，差別禁止規定の実現にあたって，現在でも一定の効果をあげている。平成26（2014）年度の均等法における行政指導は，雇用管理の実態把握を行った事業所に対する職権的な是正指導（均等法29条）が1万3,253件，一方，紛争解決援助の申立に関しては（均等法17条），申立受理件数は396件，援助を終了した398件中285件（約7割）について，助言・指導・勧告が行われた結果，解決がなされている[65]。しかし，行政指導や調停で解決できない事案は暗数も含めば膨大にのぼるはずであり，その原因をさぐりながら，より効果的な差別禁止規定の実現のあり方を提案することは，私たちに課せられた課題である。

現在，日本の労働法全体の実効性確保制度は，複雑に入り組んでおり，労働法分野の各法規の内容に応じて，違反に対する刑事罰，行政処分，当事者間の紛争解決を通じた権利の実現，任意の履行を求める行政指導，政策的な目標の実現への支援など，さまざまな実現手段が採用されている[66]。重要なポイントは，雇用差別は，本来，許されてはならない人権侵害だという認識である。使用者の納得を得ることや，諸種のインセンティブ（助成金や承認マークの付与など[67]）による誘導，啓発活動等が，差別を解消するために効果的な場合があるとしても，最終的には，法的強制力をもって差別的行為は排除されなければならない。均等法モデルの「行政法規的アプローチ」における唯一の強制力は，「勧告」とそれを遵守しない場合の企業名公表にある。しかし，現実には，文書による勧告が出されない限り企業名公表はなく，均等法上，企業名公表が行われることはきわめてまれである[68]。せめて行政権限の行使を充実させて，

---

[65] 「平成26年度都道府県労働局雇用均等室での法施行状況」。
[66] 山川隆一「労働法の実現手法に関する覚書」西谷敏先生古稀記念『労働法と現代法の理論（上）』（日本評論社，2013年）75頁以下参照。
[67] 次世代育成支援対策推進法における「くるみん」マークの付与や，女性活躍推進法における「えるぼし」マークの付与など。
[68] 均等法30条に基づき企業名公表が行われたのは，2015年9月4日に医療法人医心

企業名公表制度を実質的に機能させるべきである。

　一方，個人が差別されたとき，紛争を解決するシステムの充実が不可欠であるが，そのためには，何よりもまず差別禁止規定が明確に私法的効果をもつ条文として位置づけられなければならない。つまり，差別禁止規定は，差別された労働者に対して差別を排除する請求権を保障する「民事法的アプローチ」を有する条文でなければならない。この点が均等法モデルには欠けているために，事業主が均等法に違反した場合でも，法的な救済を得ようとする個人は，民法の一般条項に基づき民事訴訟を提起して，法律行為の無効確認，損害賠償請求を基礎とした救済を求めるしかない。その場合，均等法違反であることは格別な意味をもたず，公序良俗違反や不法行為該当性の審査が行われるにすぎないことになる。労働者が差別されない権利が明確に私法上の効力をもつ個人の権利として保障されてはじめて，その権利の救済をどうすべきかが議論されることになるという指摘は，今日でも色あせてはいない[69]。雇用差別禁止法制は，単なる行政的な差別規制法ではなく，個人に民事法的な権利を付与する法律として再生すべきである。

　　　　　　　（初出：「『女性活躍新法』とポジティブ・アクション」ジェンダー法研究第 2 号（2015 年）19〜36 頁，「雇用差別禁止法制は『女性活用』の前提条件」法律時報増刊『改憲を問う——民主主義法学からの視座』（日本評論社，2014 年）209〜214 頁。以上の 2 論文をもとに，全面的に加筆・修正した）

　　会牛久皮膚科医院が妊娠を理由とする解雇を撤回しなかったとして公表された事例のみである（2015 年 9 月 4 日厚生労働省プレスリリース）。

69）　浜田冨士郎「均等法の現状と課題」日本労働研究雑誌 538 号（2005 年）4 頁。

事項索引

あ 行

ILO100 号条約 ………… 9, 19-, 396, 426, 524
ILO103 号条約 ……………………… 290, 307
ILO111 号条約 ………… 396, 524, 525, 529
ILO149 号条約（看護職員条約）………… 253
ILO156 号条約 … 117, 132, 147, 149, 162, 222
ILO157 号勧告 ……………………………… 253
ILO183 号条約 …………………………… 140
ILO189 号条約 …………………… 524, 529
ILO 憲章 24 条 ……………………………… 24
EC 条約 119 条 …………………… 401, 454
EC 条約 141 条 …………… 401, 402, 433
EU 運営条約 157 条 …………… 454, 457
育児介護休業法…… 40, 49, 117, 118, 122, 132,
    134, 136, 142, 147, 163, 190, 208, 210, 223
育児休業法 ………… 44, 132, 147, 210, 222
一般勧告 ……………………………… 264, 277
一般勧告 12 号 …………………………… 264
一般勧告 19 号 …………………………… 264
一般勧告 25 号 …………………………… 530
一般勧告 28 号 …………………………… 530
一般女性保護……………………… 114, 115, 117,
    119, 160, 226
営業譲渡規則（TUPE）………… 403, 434
欧州司法裁判所（ECJ）………………… 433

か 行

外部労働市場 ………………………………… 3
家父長制 ………………………………… 257
関係性差別 ………………………… 539, 540
間接差別 …… 44, 45, 46, 59, 68, 273, 309, 322,
    540-, 544, 569, 570, 580, 581, 600, 614, 619
間接性差別 ………………………… 13, 60-, 469-
関連差別 ………………………… 543, 544, 569
起因差別 ………………………… 543-, 569, 570
機会均等委員会（EOC）………… 395, 464

企業規制改革法 ……………………… 555
擬似パート ……………………………… 48
規制緩和法 ……………………………… 555
均衡処遇 ………………… 48, 52, 174, 175
勤労婦人福祉法 ………… 56, 115, 129, 221
ケアレス・マン ………………………… 302
ケア労働 ………………… 298, 299, 320
軽易業務転換 …………………… 114, 190, 208
結合差別 ………………… 274, 311, 550, 552, 618
行為準則 ………………………………… 50
強姦神話 ………………………… 326, 362
合計特殊出生率 …………… 57, 124, 221
交差差別 ……………………………… 552
公私二元的ジェンダー規範 …… 158, 261, 269
高度プロフェッショナル制度 ………… 604-
坑内労働 …………………… 65, 114, 117
高年齢者雇用安定法 ……………… 52, 612
公民権法第 7 編（アメリカ）…… 61, 73,
    202, 203
公務員労働組合（UNISON）………… 395, 418
合理的調整義務 ……………………… 545-
合理的配慮…………… 17, 18, 564-, 570-,
    574, 581, 582-, 586, 615
コース別雇用 ……………… 6, 42, 45, 46,
    63, 73, 105, 109
個人通報制度 ………………………… 264
個別労働関係紛争解決法 ………… 366, 512
雇用管理区分……………… 2, 7, 8-, 25, 42, 65,
    72-, 591, 593
雇用・職業均等待遇一般枠組指令… 462, 488,
    496, 534
雇用審判所（ET）…………… 395, 413, 435
雇用対策法 ………………………… 52, 612
雇用平等（宗教・信条）規則 ……… 490, 541
雇用平等（性的指向）規則 ………… 542
雇用平等（年齢）規則 ……………… 490, 542
雇用率制度 ………………………… 585, 599

さ 行

差別的効果法理（アメリカ） ………… 68
暫定的特別措置 ………… 59, 268, 274, 528
ジェンダー ……………………………… 258
ジェンダー概念 …………… 257, 258, 280
ジェンダー・ハラスメント ………… 365
ジェンダー平等義務 …………… 421, 446
ジェンダー法学 … 259-, 262, 269, 285, 318
ジェンダー法教育 …………………… 294
次世代育成支援対策推進法 … 38, 77, 135, 136, 142, 151, 164, 223, 599
時代制約論（説） ………………… 84, 87, 93
実質的な要因 …………………… 493, 501
質問手続 ……………………………… 555
障害差別禁止法（DDA） ……… 490, 543, 569
障害者基本法 ………… 17, 52, 559, 613, 614
障害者権利条約 ………………… 16, 558, 575
障害者雇用促進法 …… 18, 77, 557, 574, 613, 614
障害者差別解消法 …… 17, 560, 572-, 613, 614
障害者政策委員会 …………………… 559
障害の社会モデル ……………… 562, 567
少子化社会対策基本法 …… 40, 121, 124, 135, 151, 164, 223
条約勧告適用専門家委員会 …… 21, 49, 396, 426, 508
職業安定法 ……………………………… 51
職能給 ………………………………………… 3
職能資格 ……………………………… 100
職能資格給 …………………………………… 6
職場環境整備義務 ………… 329, 331, 332, 337-, 350, 358
助言・斡旋・仲裁局（ACAS） …… 395, 411, 413, 435
女性活躍推進法 ……………… 38, 80, 589-
女性国際戦犯法廷 …………………… 271
女性差別撤廃委員会（CEDAW） … 43, 53, 58, 62, 70, 264, 266, 508, 519
女性差別撤廃条約 ………… 39, 56, 58, 90, 91, 114, 262
女性中心アプローチ … 121, 299, 301, 304, 320
女性平等担当部（WEU） …………… 395
人格権侵害 …………………… 337, 350, 358
人材活用の仕組みと運用 ……………… 7
人事院規則 10-10 …………………… 333
新時代の「日本的経営」 ………… 5, 39, 298
人種関係法 ……………………… 490, 541
人種・民族的出身均等待遇指令 …… 462, 488, 534
真に実質的な要因（GMF） …… 453, 468, 473, 474, 494
深夜業免除 ……………… 119, 153, 210, 226
性差別（間接差別及び立証責任）規則 … 541
性差別禁止法 …………… 61, 68, 74, 401, 403, 424, 432, 487, 541
性的指向 ……………………… 538, 613
性的自己決定 ………………………… 139
性平等条項 →平等条項
生物学的性差 ………………… 13, 282
性別再指定 …………………………… 537
性別二元論 ……………………… 258, 282
セクシュアル・ハラスメント …… 43, 45, 65, 80, 290-, 314, 323, 325-, 365, 370, 529, 615, 620
積極的雇用改善措置 ………………… 600-
積極的差別是正措置 ………………… 585-
全国保健サービス（NHS） ……… 418, 436
選択議定書 …………………… 264, 277
総会基準適用委員会 …………………… 21
総括所見 ……………………… 267, 527
相当な注意 …………………………… 265
ソフトロー ……………………………… 308

た 行

第一波フェミニズム ……………… 256, 317
第二波フェミニズム ……………… 256, 317
第三波フェミニズム ……………………… 257
単一地位協約 ………… 417, 436, 437, 478, 501
単一の源 …………… 401, 432, 433, 459, 460
男女共通規制 ………………………… 161
男女共同参画社会基本法 ……… 77, 133, 147, 334, 614

事項索引　627

男女共同参画推進条例 ……………………71
男女均等待遇指令（1976年）……… 186, 187, 199, 405
男女均等待遇（改正）指令（2002年）
　……………… 61, 69, 202, 203, 404, 435, 463, 464, 482, 488, 496, 534
男女均等待遇統合指令（2006年）… 454, 455, 463, 482
男女同一賃金指令 ……………………… 454, 455
男女平等参画基本条例（東京都）……… 334
男女別コース（制）…… 9, 43, 82, 84, 105, 292
調査制度 …………………………………… 264
直接差別 ……………………………… 538, 569
通勤支援 ……………………………………… 586
ディーセント・ワーク …………………… 40
同一価値労働同一賃金原則…… 312, 323, 523, 617, 622
同一賃金法（アメリカ）………………… 73
同一賃金法（イギリス）…… 74, 400, 403, 409, 424, 430, 432-, 452, 464, 487, 515
得点要素法 ………………………………… 314
独立専門家 ……… 314, 395, 410, 412, 425, 516
努力規定 ……………………………… 89, 92, 93
努力義務 ………………… 56, 58, 117, 223, 591

　　　　　　な　行

内部労働市場 ………………………… 3, 5, 37
認識上の差別 ……………………… 539, 540
妊娠差別禁止法（アメリカ）…………… 202
妊娠労働者に関する指令 ………………… 199
ネガティブ・リスト ………………… 51, 150
年功給 ……………………………………………3

　　　　　　は　行

パート労働法 … 7, 8, 22, 23, 36, 37, 40, 44, 47, 52, 53, 174, 176, 510, 613
売春防止法 ………………………………… 139
パパ・ママ育休プラス …………………… 122
ハラスメント ………………………… 547-, 620
パワー・ハラスメント ……… 315, 365, 368-, 393
平等条項 …… 453, 492, 493, 495, 499, 504, 506

平等人権委員会（EHRC）… 421, 422, 446, 489, 532, 535, 555
平等賃金監査 ………………………… 503, 555
平等賃金レビュー（EPR）… 314, 419, 423, 425, 427, 438, 502, 515, 517
平等法（2006年）……………… 421, 427, 445, 446, 488-, 534
平等法（2010年）…… 14, 16, 37, 272, 311-, 487-, 518, 532
比例性審査 …………………… 408, 474, 542
フォローアップ ……… 53, 267, 268, 277, 529
複合差別 ……… 273, 310, 530, 550-, 618
不便な時間帯 ……………………………… 253
ベネット修正条項 ………………………… 73
法女性学 …………………………………… 259
ポジティブ・アクション ……… 45, 75-, 598
母性保護 ……………… 113, 115, 117, 160, 190
母体保護法 ……………………………… 140

　　　　　　ま　行

マイノリティ女性 …………………… 528, 529
マタニティ・ハラスメント ………… 123, 207
民事パートナーシップ …………………… 537
民法（家族法）改正 ……… 267, 278, 528

　　　　　　ら　行

立証責任指令 ……………………………… 541
レイプ・トラウマ・シンドローム ……… 291
労働組合会議（TUC）…………………… 395
労働契約法 …………… 49, 118, 167, 175, 176, 234, 302, 387, 510, 613
労働者派遣法……… 39, 40, 51, 53, 133, 150, 223, 607, 609
労働審判法 …………………………… 512, 513
ローマ条約119条　→EC条約119条

　　　　　　わ　行

ワーク・ライフ・バランス …… 35, 40, 156-, 161, 165, 301, 323
ワーク・ライフ・バランス憲章 …… 156, 303

判例索引

〈最高裁判所〉

最判昭和 24・5・10 刑集 3 巻 6 号 711 頁 ………………………………………… 140
最判昭和 32・7・16 民集 11 巻 7 号 1254 頁 ……………………………………… 328
最大判昭和 43・12・25 民集 22 巻 13 号 3459 頁（秋北バス事件）…………… 251
最判昭和 46・6・22 民集 25 巻 4 号 566 頁 ………………………………………… 328
最判昭和 48・3・2 民集 27 巻 2 号 191 頁（林野庁白石営林署事件）………… 231
最大判昭和 48・12・12 民集 27 巻 11 号 1536 頁（三菱樹脂事件）…… 88, 565, 566
最判昭和 52・1・31 労判 268 号 17 頁（高知放送事件）……………………… 390
最判昭和 56・3・24 労判 360 号 23 頁；民集 35 巻 2 号 300 頁（日産自動車事件）……… 56, 87
最判昭和 61・7・14 労判 477 号 6 頁（東亜ペイント事件）………… 167, 229, 232
最判平成元・12・14 労判 553 号 16 頁；民集 43 巻 12 号 1895 頁（日本シーリング事件）
　………………………………………………………………………… 195, 196, 306
最大決平成 7・7・5 民集 49 巻 7 号 1789 頁 …………………………………… 278
最判平成 7・9・5 労判 680 号 28 頁（関西電力事件）………………………… 339
最判平成 9・2・28 労判 710 号 12 頁；民集 51 巻 2 号 705 頁（第四銀行事件）… 251
最判平成 10・4・9 労判 736 号 15 頁（片山組事件）………………………… 243
最判平成 11・7・16 労判 767 号 14 頁（金沢事件）…………………………… 326
最判平成 11・9・17 労判 768 号 16 頁（帝国臓器（単身赴任）事件）……… 229
最判平成 12・1・28 労判 774 号 7 頁（ケンウッド事件）…………………… 229
最判平成 15・12・4 労判 862 号 14 頁（東朋学園事件）…… 140, 178, 181, 194, 195, 246, 289, 306
最大決平成 25・9・4 民集 67 巻 6 号 1320 頁 …………………………………… 278
最決平成 25・11・28 LEX/DB25502565（七尾養護学校事件）………… 284, 335
最判平成 26・10・23 労判 1100 号 5 頁；民集 68 巻 8 号 1270 頁（広島中央保健生活協同組合事件）
　………………………………………………………………… 208, 209, 523
最大判平成 27・12・16 民集 69 巻 8 号 2427 頁 ………………………………… 278
最大判平成 27・12・16 民集 69 巻 8 号 2586 頁 ………………………………… 278

〈高等裁判所〉

東京高判昭和 54・3・12 労判 315 号 18 頁；労民集 30 巻 2 号 283 頁（日産自動車事件）…… 87
名古屋高判昭和 58・4・28 労判 408 号 27 頁（鈴鹿市事件）………………… 82, 83
大阪高判昭和 58・8・31 労判 417 号 35 頁（日本シーリング事件）………… 195
仙台高判平成 4・1・10 労判 605 号 98 頁（岩手銀行事件）………………… 83, 88
東京高決平成 5・6・23 判時 1465 号 55 頁 …………………………………… 278
東京高判平成 7・9・28 労判 681 号 25 頁（ケンウッド事件）……………… 229
東京高判平成 8・5・29 労判 694 号 29 頁（帝国臓器（単身赴任）事件）………… 149, 229, 232
名古屋高金沢支判平成 8・10・30 労判 707 号 37 頁（金沢事件）…………… 326
東京高判平成 9・9・16 判タ 986 号 206 頁（府中青年の家事件）…………… 613

東京高判平成 9・11・20 労判 728 号 12 頁（横浜事件）……………………………… 292
仙台高判平成 10・12・10 労判 756 号 33 頁（秋田県立農業短期大学事件）………… 292
東京高判平成 12・12・22 労判 796 号 5 頁（芝信用金庫事件）………… 46, 47, 82, 83, 84, 273
仙台高判平成 13・3・29 判時 1800 号 47 頁 ……………………………………………… 326
東京高判平成 13・4・17 労判 803 号 11 頁（東朋学園事件）………………………… 178, 180
東京高判平成 15・3・25 労判 849 号 87 頁（川崎市水道局事件）…………………… 315
広島高岡山支判平成 16・10・28 労判 884 号 13 頁（内山工業事件）………………… 28, 30
東京高判平成 18・4・19 労判 917 号 40 頁（東朋学園事件）………………………… 178, 183
東京高判平成 18・5・25 労判 919 号 22 頁（昭和町（嘱託職員不再任）事件）……… 339
東京高判平成 19・6・28 労判 946 号 76 頁（昭和シェル石油事件）…… 25, 100, 107, 109, 293
東京高判平成 20・1・31 労判 959 号 85 頁（兼松事件）…………… 25, 28, 100, 102, 293, 614
大阪高判平成 21・7・16 労判 1001 号 77 頁（京都市女性協会事件）………………… 622
大阪高判平成 22・3・30 労判 1006 号 20 頁（すてっぷ館長雇い止め事件）… 284, 334, 336, 360
東京高判平成 23・9・16 LEX/DB 25472532（七尾養護学校事件）………………… 284, 335
東京高判平成 23・12・27 労判 1042 号 15 頁（コナミデジタルエンタテインメント事件）… 208
東京高判平成 24・2・16 判例集未登載（インフォプリント・ソリューションズ・ジャパン
　事件）………………………………………………………………………………………… 392
広島高判平成 25・7・18 労経速 2188 号 3 頁；労旬 1804 号 76 頁（中国電力事件）
　…………………………………………………………………………………… 100, 101, 619
名古屋高金沢支判平成 28・4・27 労働判例ジャーナル 52 号 27 頁（東和工業事件）……… 100

〈地方裁判所〉

東京地判昭和 41・12・20 判時 467 号 26 頁；労民集 17 巻 6 号 1407 頁（住友セメント事件）
　…………………………………………………………………………………………… 55, 90
東京地判昭和 44・7・1 労民集 20 巻 4 号 715 頁（東急機関工業事件）……………… 86
大分地判昭和 49・4・17 労判 201 号 81 頁（九州国際観光バス事件）……………… 229
秋田地判昭和 50・4・10 労民集 26 巻 2 号 388 頁（秋田相互銀行事件）…………… 83
前橋地判昭和 52・11・24 労判 293 号 69 頁（ナカヨ無線通信機事件）……………… 229
津地判昭和 55・2・21 労判 336 号 20 頁（鈴鹿市事件）……………………………… 82, 83
大阪地判昭和 56・3・30 労判 361 号 18 頁（日本シェーリング事件）……………… 195
新潟地判昭和 59・10・15 労判 446 号 43 頁（日本軽金属新潟東港工場事件）……… 229
盛岡地判昭和 60・3・28 労判 450 号 62 頁（岩手銀行事件）………………………… 83
東京地判昭和 61・12・4 労判 486 号 28 頁；労民集 37 巻 6 号 512 頁（日本鉄鋼連盟事件）
　…………………………………………………………………… 83, 84, 86, 88, 94, 106, 292
東京地判平成元・1・26 労判 533 号 45 頁（日産自動車（家族手当）事件）………… 83
東京地判平成 2・7・4 労判 565 号 7 頁（社会保険診療報酬支払基金事件）………… 82, 83
山口地下関支判平成 3・9・30 労判 606 号 55 頁（サンデン交通事件）……………… 339
福岡地判平成 4・4・16 労判 607 号 6 頁（福岡事件）……………………… 314, 325, 329, 330
東京地判平成 4・8・27 労判 611 号 10 頁（日ソ図書事件）………………… 27, 83, 108
東京地判平成 5・9・28 労判 635 号 11 頁（ケンウッド事件）………………………… 229
東京地判平成 5・9・29 労判 636 号 19 頁（帝国臓器（単身赴任）事件）…………… 149, 232

東京地判平成 6・3・30 判時 1509 号 80 頁（府中青年の家事件）·································613
東京地判平成 6・6・16 判時 651 号 15 頁（三陽物産事件）·································83, 84
横浜地判平成 7・3・24 判時 670 号 20 頁（横浜事件）·································292
大阪地判平成 7・8・29 労夕 893 号 203 頁（大阪 A 運送事件）·································326
長野地上田支判平成 8・3・15 労判 690 号 32 頁（丸子警報器事件）·································47, 510
大阪地判平成 8・4・26 判時 1589 号 92 頁·································326
広島地判平成 8・8・7 労判 701 号 22 頁（石崎本店事件）·································83
東京地判平成 8・8・20 労判 708 号 75 頁（神田法人会事件）·································390
東京地判平成 8・11・27 労判 704 号 21 頁（芝信用金庫事件）·································82, 83, 273
秋田地判平成 9・1・28 判時 1629 号 121 頁（秋田県立農業短期大学事件）·································292
京都地判平成 9・3・27 判時 1634 号 110 頁（京都大学事件）·································291
京都地判平成 9・4・17 労判 716 号 49 頁（京都呉服販売会社事件）·································329, 332, 340
札幌地決平成 9・7・23 労判 723 号 62 頁（北海道コカ・コーラボトリング事件）·································232
神戸地判平成 9・7・29 労判 726 号 100 頁（兵庫〈国立病院〉事件）·································328
津地判平成 9・11・5 労判 729 号 54 頁（三重厚生農協連合会事件）·································328, 329, 340
東京地判平成 10・3・25 労判 735 号 15 頁（東朋学園事件）·································178, 179
静岡地沼津支判平成 11・2・26 労判 760 号 38 頁（沼津〈F 鉄道工業〉事件）·································328
大阪地判平成 11・7・28 労判 770 号 81 頁（塩野義製薬事件）·································83, 84, 87, 108
大阪地判平成 12・2・23 労判 783 号 71 頁（シャープライブエレクトロニクスマーケティング事件）·································82, 83
大阪地判平成 12・7・31 労判 792 号 48 頁（住友電工事件）·································9, 83, 84, 85, 86, 88, 95, 106, 292, 614
千葉地松戸支判平成 12・8・10 判時 1734 号 82 頁·································326
大阪地判平成 12・11・20 労判 797 号 15 頁（商工組合,中央金庫事件）·································82, 83
京都地判平成 13・3・22 判時 1754 号 125 頁（日銀事件）·································329, 332
仙台地判平成 13・3・26 労判 808 号 13 頁（仙台自動車販売会社事件）·································329, 330
大阪地判平成 13・3・28 労判 807 号 10 頁（住友化学事件）·································83, 84, 85, 86, 88, 96, 106, 292
岡山地判平成 13・5・23 労判 814 号 102 頁（内山工業事件）·································83
大阪地判平成 13・6・27 労判 809 号 5 頁（住友生命保険事件）·································8, 88
京都地判平成 13・9・20 労判 813 号 87 頁（京ガス事件）·································25, 27, 30, 50, 83, 313, 508
東京地判平成 14・2・20 労判 822 号 13 頁（野村證券事件）·································46, 83, 84, 85, 86, 87, 98, 106, 108, 109, 273, 293, 614
岡山地判平成 14・5・15 労判 832 号 54 頁（岡山事件）·································328, 332
大阪地判平成 14・5・22 労判 830 号 22 頁（日本郵便逓送事件）·································47
横浜地川崎支判平成 14・6・27 労判 833 号 61 頁（川崎市水道局事件）·································315
東京地決平成 14・12・27 労判 861 号 69 頁（明治図書出版事件）·································149, 167, 232
東京地判平成 15・1・29 労判 846 号 10 頁（昭和シェル石油事件）·································83
東京地判平成 15・11・5 労判 867 号 19 頁（兼松事件）·································100, 102, 106, 108
神戸地姫路支決平成 15・11・14 判時 185 号 151 頁（ネスレジャパンホールディング事件）·································232
さいたま地判平成 16・9・24 労判 883 号 38 頁（誠昇会北本共済病院事件）·································315

名古屋地判平成 16・12・22 労判 888 号 28 頁（岡谷鋼機事件） ………… 100, 106, 108, 109, 293
大阪地判平成 17・3・28 労判 898 号 40 頁（住友金属事件） ………………… 100, 106, 293
東京地判平成 18・4・25 労判 924 号 112 頁（日本曹達事件） ……………………………… 586
東京地判平成 19・3・26 労判 937 号 54 頁（日本航空インターナショナル事件）… 120, 154, 210,
　　　　　　　　　　　　　　　　　　　　　　　　　　　　　　211, 212, 235, 237, 241, 252
大阪地判平成 19・9・12 判例集未登載（すてっぷ館長雇い止め事件） ………… 284, 334, 335
東京地判平成 19・11・30 労判 960 号 63 頁（阪急交通社事件） …………………………… 100
東京地判平成 21・3・12 LEX/DB 25450446（七尾養護学校事件） ……………… 284, 335
東京地判平成 21・6・29 労判 992 号 39 頁（昭和シェル石油（現役女性）事件） …… 25, 100
広島地判平成 23・3・17 労経速 2188 号 14 頁（中国電力事件） ……………………… 100, 101
東京地判平成 23・3・28 労経速 2115 号 25 頁（インフォプリント・ソリューションズ・ジャ
　パン事件） …………………………………………………………………………………… 361, 363
神戸地尼崎支決平成 24・4・9 労判 1054 号 38 頁（阪神バス（勤務配慮）事件） ……… 583
大分地判平成 25・12・10 労判 1090 号 44 頁（ニヤクコーポレーション事件） ……… 176
東京地判平成 26・7・18 労経速 2227 号 9 頁（フジスター事件） ………………………… 100
金沢地判平成 27・3・26 労働判例ジャーナル 40 号 16 頁（東和工業事件） …………… 100

著者紹介

浅倉 むつ子（あさくら むつこ）
　1948年　千葉県に生まれる
　1979年　東京都立大学大学院博士課程単位取得退学
　1979年から　東京都立大学法学部にて勤務
　1993年　早稲田大学より法学博士号授与
　2004年から現在まで　早稲田大学大学院法務研究科教授，
　　　　　　　　　　東京都立大学名誉教授

〈主著〉
　『男女雇用平等法論――イギリスと日本』（ドメス出版，1991年，第11回山川菊栄賞受賞）
　『均等法の新世界――二重基準から共通基準へ』（有斐閣，1999年）
　『労働とジェンダーの法律学』（有斐閣，2000年）
　『労働法とジェンダー』（勁草書房，2004年）
　『フェミニズム法学――生活と法の新しい関係』（共著，明石書店，2004年）
　『導入対話によるジェンダー法学〔第2版〕』（監修，不磨書房，2005年）
　『比較判例ジェンダー法』（共編著，不磨書房，2007年）
　『同一価値労働同一賃金原則の実施システム――公平な賃金の実現に向けて』（共編著，有斐閣，2010年）

雇用差別禁止法制の展望

2016年12月15日　初版第1刷発行

著　者　　浅倉 むつ子
発行者　　江　草　貞　治
発行所　　株式会社　有　斐　閣
　　　　　　　　　　　郵便番号 101-0051
　　　　　東京都千代田区神田神保町2-17
　　　　　電話(03) 3264-1314〔編集〕
　　　　　　　(03) 3265-6811〔営業〕
　　　　　http://www.yuhikaku.co.jp/

印刷・大日本法令印刷株式会社／製本・大口製本印刷株式会社
© 2016, Mutsuko Asakura. Printed in Japan
落丁・乱丁本はお取替えいたします。

★定価はカバーに表示してあります。

ISBN 978-4-641-14466-8

JCOPY　本書の無断複写（コピー）は，著作権法上での例外を除き，禁じられています。複写される場合は，そのつど事前に，(社)出版者著作権管理機構（電話03-3513-6969, FAX03-3513-6979, e-mail:info@jcopy.or.jp）の許諾を得てください。

本書のコピー，スキャン，デジタル化等の無断複製は著作権法上での例外を除き禁じられています。本書を代行業者等の第三者に依頼してスキャンやデジタル化することは，たとえ個人や家庭内での利用でも著作権法違反です。